Транзиты и Солнечные Революции

Моей матери посвящается

Чиро Дишеполо

ТРАНЗИТЫ И СОЛНЕЧНЫЕ РЕВОЛЮЦИИ

Новая система для двух старинных методов

Издательство Ricerca '90

Чиро Дишеполо
Транзиты и Солнечные Революции
Издательство Ricerca '90, США 2013. – 810 стр.
Перевод с итальянского и редактура: Екатерина Новикова
Оформление и компьютерная верстка: Пино Валенте

Copyright © 2013 Издательство Ricerca '90
viale Gramsci, 16
80122 Napoli - Italy
www.cirodiscepolo.it
info@cirodiscepolo.it

Даты рождения людей, упомянутых в этой книге, в основном были взяты из базы данных Луиса М. Роддена и из архивов Чиро Дишеполо. Другие данные рождения были взяты из баз данных астрологических Интернет сайтов.
Астрологические карты и расчеты были выполнены с помощью исключительно точных астрологических программ Astral и Aladino (в том числе с помощью Модуля для Автоматизированного Поиска Целенаправленных Солнечных Революций «RSMA»).

Транзиты и Солнечные Революции
Содержание

Предисловие 7
Предисловие ко второму изданию на английском языке 10
  1. Тридцать хороших правил 15
  2. Транзиты Солнца 24
  3. Транзиты Луны 67
  4. Транзиты Меркурия 116
  5. Транзиты Венеры 164
  6. Транзиты Марса 210
  7. Транзиты Юпитера 262
  8. Транзиты Сатурна 310
  9. Транзиты Урана 366
  10. Транзиты Нептуна 418
  11. Транзиты Плутона 470
  12. Дома Солнечной Революции 518
  13. Планеты в Домах Солнечной Революции 542
  14. Луна СР в Домах Солнечной Революции 544
  15. Меркурий СР в Домах Солнечной Революции 548
  16. Венера СР в Домах Солнечной Революции 552
  17. Марс СР в Домах Солнечной Революции 560
  18. Юпитер СР в Домах Солнечной Революции 574
  19. Сатурн СР в Домах Солнечной Революции 586
  20. Уран СР в Домах Солнечной Революции 598
  21. Нептун СР в Домах Солнечной Революции 606
  22. Плутон СР в Домах Солнечной Революции 612
  23. Индекс опасности года 617
  24. Предисловие к Примерам 620

Послесловие
  25. Предисловие ко второму изданию 737
  26. Предсказания: почему Да 740
  27. Вопрос здоровья 744

28. Что делать, когда нельзя уехать 758
29. Результаты последних исследований 763
30. Основная библиография 770

Компендиум
31. Краткое предисловие к Компендиуму 787
32. Психоанализ и бегство 789
33. Ссылки на трансакционный анализ 794
34. Некоторые связи с мифологией 797
35. Некоторые связи с религией античного Рима 799
36. Активная Астрология и Магия 801
37. Хищничество 804
38. Библиография Компендиума 807

Предисловие

Я подсчитал, что к весне 1997 года, после двадцати семи лет интенсивной астрологической практики, послал отмечать целенаправленный день рождения, в общей сложности, около десяти тысяч человек[1], и важно то, что спустя год с этими людьми мы обсудили полученные результаты этой изумительной практики, Целенаправленной Солнечной Революции.

Однако данная книга адресована всем, кто намерен изучить Солнечные Революции, вне зависимости от того, собираются ли они практиковать целенаправленные дни рождения или нет. Я сослался на такое большое количество случаев, чтобы дать понять, без всякого намека на глупое тщеславие или самонадеянность, что мой опыт в данном вопросе является достойным внимания, и что, в отличие от других авторов, я занимаюсь не теоретическими упражнениями, а реальной практикой.

В этой книге вы найдете замечания, разительно отличающиеся от тех, которые вы можете прочитать в любом другом тексте. Приведу всего два примера: из следующих глав вы узнаете о том, что Солнечная Революция с Юпитером в соединении с МС, в целях социального и профессионального роста субъекта в течение данного года, по своим позитивным результатам будет в сотню раз слабее, чем Солнечная Революция с Асцендентом в Десятом Доме радикса, а также вы прочитаете о том, что одной из самых наихудших ситуаций, с которой вы можете столкнуться,

---

1.) Иногда бывает, что в течение одного дня даже десять разных человек, включая друзей, коллег и учеников, звонят мне, чтобы спросить совета, и поскольку мой компьютер всегда включен, то с помощью программы Molriv и беседуя с уже подготовленными по этому вопросу людьми, я за несколько минут помогаю определить место назначения. Аналогичным образом, спустя год с теми же людьми мы обсуждаем и комментируем, хоть и кратко, полученные результаты. В то время, как насчет многих вещей у меня могут быть самые настоящие провалы в памяти, о ЦСР я практически никогда ничего не забываю.

является положение Асцендента Солнечной Революции в Первом Доме радикса. Эти и многие другие соображения, как уже было сказано, проистекают из длительной практики и основываются на многих тысячах полученных индивидуальных результатов, подтверждающих абсолютно все, что изложено в этой работе.

Хотелось бы уточнить, что эта книга не заменяет ни мое «Руководство по транзитам» (*Guida ai transiti*), ни мой «Практический Трактат о Солнечных Революциях» (*Trattato pratico di Rivoluzioni solari*), а скорей она должна дополнить эти работы и еще больше помочь понять транзиты и Солнечные Революции, особенно в свете дальнейших исследований, проведенных мной за многие годы, прошедшие с момента издания тех двух книг.

В этой книге я намереваюсь продемонстрировать три вещи:

1) Невозможность выполнения достоверных предсказаний, если транзиты и Солнечные Революции не рассматриваются совместно.

2) Чрезвычайно негативное значение Двенадцатого, Первого и Шестого Домов.

3) Рассматривая совместно транзиты и Солнечные Революции, и при этом используя мой метод их прочтения, можно осуществлять очень надежные и достоверные предсказания.

Безусловно, я не отрицаю, что другим очень хорошим астрологам может удаваться осуществление довольно точных предсказаний с помощью других систем анализа, но все же я думаю, что другие методы обречены на значительно меньшую эффективность по сравнению с предложенной мной системой. Я считаю, что даже тот, кто использует в своей практике Солнечные Революции, но интерпретирует их, следуя другим школам, не сможет достигнуть настолько же блестящих результатов предсказаний, которые можно получить, придерживаясь правил, изложенных на следующих страницах этой книги. И я заявляю об этом, исходя не из некой своей воображаемой непогрешимости в теоретических рассуждениях, а из огромной практики, позволяющей мне наметить классификации, указать приоритеты, говорить о шкале значений и о восклицательных знаках, которые можно смело поставить рядом с определенными понятиями.

И только вы, читатели, впоследствии скажете, работает мой

метод или нет. Вы можете посоветовать его своим коллегам или безжалостно отбросить прочь, но сначала испробовав его и, естественно, не пытаясь, по крайней мере в экспериментальной фазе, менять правила по своему усмотрению.

Я уверен, что практика подтвердит мою правоту. Я не претендую на стопроцентную точность, но лишь на высочайшую степень проверяемости и контролируемости результата, чтобы позволить вам избежать серьезных ошибок. Мы все совершаем ошибки, но важно прилагать усилия не к тому, чтобы никогда не допускать ошибок, а чтобы ошибаться как можно реже.

Еще пару вещей. Вы увидите, что в описании транзитов менее заметно присутствие того, кто пишет, поскольку я старался быть как можно более «тихим» в общении Читателя с книгой. И наоборот, когда вы будете читать раздел о Солнечных Революциях, то услышите мой голос более явственно, от первого лица, и с очень личными комментариями, и это потому, что я чувствовал потребность в отношении этих вопросов выйти на поле, занять более четкую позицию, по сравнению с транзитами, подчеркнув тем самым очень личный характер речи.

Наконец, хотелось бы добавить, что в этой книге вы часто встретите термины «негативный» и «позитивный», когда речь идет об отдельных положениях транзитов и Солнечных Революций. Многие придут в ужас из-за «подобных языковых выражений», и будут утверждать, что нужно говорить только о гармоничных или напряженных положениях, но никогда о позитивных и негативных. Прошу прощения, но я не выношу демагогии, и в эпоху, когда слепых называют лишёнными зрения, бедных – малоимущими, инвалидов – лицами с ограниченной трудоспособностью, а черных – не принадлежащими к странам Европейского Союза, я предпочитаю называть вещи своими именами. Даже если вы попытаетесь переубедить меня всяческими способами, вам все равно никогда не удастся услышать от меня, что транзит Сатурна по Солнцу в Двенадцатом Доме является дисгармоничным, или что он способствует нашему росту. Я всегда буду убежден, что в первую очередь – это несчастье, которое любой человек предпочтет избежать, а лишь затем, пожалуй, что оно может также поспособствовать нашему росту.

Предисловие ко второму изданию на английском языке

Дорогие Читатели,

спасибо, спасибо, спасибо!

Эта книга имела огромный успех и была продана по всему миру: в США, Канаде, Европе, России, Азии и даже в Центральной Африке!

Ваше одобрение подтверждается очень большим количеством писем, ежедневно получаемых мной со всех концов света, в которых вы задаете вопросы, чтобы лучше прояснить для себя суть некоторых тем, изложенных на страницах этой книги.

Сегодня, в то время как я пишу, счетчик моего блога показал, что численность посещений этой веб-страницы превзошла полмиллиона!

Посмотрите здесь:

http://cirodiscepolo.blogspot.it/2012/09/our-first-half-million-web-pages-visits.html

Таким образом, я хотел бы воспользоваться новым изданием этой удачной книги, чтобы проиллюстрировать вам некоторые фундаментальные понятия.

Кто-то написал в комментарии о моей книге, что она очень вредная. Другой рецензент из Англии оставил отзыв, написав: "...Книга только для отважных и смелых, она против ля-ля-ля духовности... ".

Как вы считаете, врач, который говорит своему пациенту: «Прекратите так много курить, а иначе вы рискуете через несколько лет заболеть раком!», - он террорист или хороший и практичный профессионал, который предупреждает о реальной, а не мнимой опасности, от которой может пострадать его пациент?

Мои правила проистекают не из абстрактной теории, а из

почти 43 лет практики, из более 100,000 реальных консультаций, а также из более 25,000 Целенаправленных Солнечных Революций, осуществленных как мной самим, так и многими другими людьми, последовавшими моему совету, с наблюдением полученных результатов в следующем году.

Кроме того, нужно помнить, что когда я пишу об очень тяжелом состоянии здоровья, я всегда подразумеваю и физическое, и психическое самочувствие: женщина, которую покинул любимый мужчина, страдает не меньше человека, заболевшего раком!

Более того. Ужасный год становится еще более тяжелым для человека, если Целенаправленная Солнечная Революция его близких родственников тоже плохая. В противном случае негативный эффект окажет меньшее влияние.

Многие люди могут серьезно пострадать, и остаться в неведении насчет нанесенного им вреда. Иной раз мне доводилось одновременно консультировать и мужа, и жену. Муж, который не уезжал для Целенаправленной Солнечной Революции, год спустя удовлетворенно заявлял: «Вот видите? Я никуда не поехал, и со мной не случилось ничего страшного!». Но я то знал, что у его жены завязался роман с другим мужчиной, и естественно, не мог рассказать ему об этом.

Мы не всегда знаем о наличии у нас опасных заболеваний. Лично я пережил потерю двух моих сестер, умерших от рака. Вторая из них скончалась от страшной раковой опухоли кишечника, которая, по мнению врачей, росла в ней на протяжении приблизительно десяти лет. Наконец, хотелось бы уточнить о том, что сложно было упомянуть иностранным читателям на около 600 страницах одной книги, но о чем я неоднократно повторял во многих своих итальянских книгах. Я никогда не говорил, что каждый раз, когда Марс оказывается в Первом, Шестом или Двенадцатом Доме Солнечной Революции, мы будем мучиться с язвой желудка или нам ампутируют ногу. Наоборот, я всегда утверждал, что каждый раз, когда мы страдаем от язвы желудка или нам ампутируют ногу, наверняка в карте нашей Солнечной Революции наблюдается положение Марса, Солнца, стеллиума или Асцендента в Первом, Шестом или Двенадцатом Доме.

Чтобы продемонстрировать мою теорию, я привел 100 показательных примеров, связанных с общеизвестными событиями исторического характера: любой из вас может их проверить.

Иногда мне приходится слышать запросы подтверждения, например, в виде предсказания событий по последней Целенаправленной Солнечной Революции Президента Соединенных Штатов Америки. Но этого просто невозможно сделать, поскольку по соображениям личной безопасности Президент США постоянно передвигается, и вероятно даже он сам будет не в состоянии сказать, под каким небом он находился во время своей Солнечной Революции.

Если же вы действительно хотите проверить методику, то изучите свои собственные карты, а также СР ваших родственников и друзей, или возьмите несколько примеров из истории, как я сделал в других своих книгах, рассмотрев случай Мата Хари, у которой отравили детей, или день рождения Мадонны, когда она по прибытию в Англию, в Бристоль, через несколько часов после Солнечной Революции упала с лошади и получила множественные переломы.

Еще одним пунктом, который часто вызывает вопросы и просьбы о разъяснениях, является факт того, что я не учитываю угловые аспекты планет и зодиакальные знаки в моем методе интерпретации событий. Причина в том, что за долгие годы своей практики я убедился в первостепенном значении положения планет в Домах СР, их влияние является самым мощным, а любые другие показатели проявляются гораздо более слабо.

Попробуйте разместить Марс в Шестом Доме Солнечной Революции, и вы убедитесь, что даже имея одни только гармоничные аспекты, он проявится настолько же ужасно, как и Марс, пораженный плохими угловыми аспектами. И наоборот, если переживая проблемный период в отношении денег, вы поместите Венеру, даже с самыми напряженными аспектами, во Второй или Восьмой Дом СР, то получите такую же финансовую помощь, которую вам принесла бы Венера с исключительно гармоничными аспектами.

Мой метод, основанный на практическом опыте, отдает первое место Домам СР, и лишь самое последнее – планетам, и один хороший американский коллега из Чикаго сделал верный вывод о том, что нет необходимости делать какие-либо поправки к эклиптике, чем обычно занимаются, в частности, многие американские коллеги.

Кроме того, есть еще один исключительно важный момент!

Кое-кто сетовал на то, что в книге не описаны аспекты соединения планет. Совершенно верно, но это вызвано вовсе не моей писательской ленью (некоторые мои книги насчитывают более тысячи страниц текста), а убежденностью в том, что аспект соединения вмещает в себе все другие. Иначе говоря, если транзитный Юпитер проходит по натальной Венере, он будет склонен проявляться одновременно в качестве секстиля, трина, квадратуры, полуквадрата, полутораквадрата, оппозиции… Соответственно, нужно прочитать обо ВСЕХ этих аспектах, чтобы понять, что именно принесет нам рассматриваемый транзит. В только что приведенном примере, Юпитер может принести нам новую любовь, материнство или отцовство, или новую работу для нашей жены, или же скандальную историю, связанную с нашим партнером… Вот почему я не написал о значении соединения Юпитер-Венера, вам необходимо прочитать обо всех транзитах Юпитера к Венере.

На сегодняшний день необходимо учитывать, помимо перечисленных здесь «Тридцати правил», еще четыре дополнительных, которые уже предполагались мной в 1997 году, но я должен был подвергнуть их длительной проверке, прежде чем принять в качестве действительных и написать о них в моих последующих книгах.

31) Каждая планета, расположенная в пределах 2,5 градусов от куспида (с любой стороны границы, разделяющей два Дома), будет работать в обеих Домах. Это относится как к Целенаправленным Солнечным Революциям, так и к Целенаправленным Лунным Революциям, транзитам и положениям радикса.

32) Если есть стеллиум между Первым и Двенадцатым Домом СР, то даже когда он состоит из позитивных планет, таких как Юпитер, Венера и Меркурий, он должен читаться точно таким же образом, как положение Асцендента СР в Двенадцатом Доме радикса.

33) Если есть стеллиум в Восьмом Доме СР, то даже когда он состоит из позитивных планет, таких как Юпитер, Венера и Меркурий, он должен читаться точно таким же образом, как положение Асцендента СР в Двенадцатом Доме радикса.

34) Нельзя размещать Марс и Сатурн в одном и том же Доме СР или Лунной Революции, в каком бы то ни было, за исключением Третьего и Девятого Дома. Многие мои ученики, недооценивая это правило, нанесли серьезный вред себе самим и другим людям.

Благодаря публикации нового издания этой моей удачной книги также я могу сообщить своим Читателям, что существует возможность бесплатного и свободного использования алгоритма для расчета **Индекса опасности года** по данному адресу:

http://cirodiscepolo.homeip.net/oroscopi_net/tabulati/formnascitam.asp?oroscopo=Punteggio

Я хочу завершить это предисловие ко второму изданию на английском языке книги *Транзиты и Солнечные Революции* одной правдивой и очень интересной историей.

Один мой ученик спросил меня три года назад в моем блоге, в какой части мира ему следовало бы поселиться, чтобы достичь счастья в любви. Я посоветовал ему отправиться в Таиланд, в город Паттая, и вот уже три года он живет там счастливо в окружении женщин, как ему и хотелось.

Как-то раз он решил посетить буддийский монастырь, и разговорился там с одним монахом, на английском языке. Он сказал ему, что в Италии есть такой астролог (то есть я), который каждый год советует тысячам людей Целенаправленный день рождения. Монах одобрил это и добавил, что разместить себя под самыми лучшими звездами в момент своего дня рождения – это очень правильный поступок (к вашему сведению, буддийские монахи изучают Астрологию даже по десять часов в день, начиная с первых классов школы и заканчивая моментом их смерти).

Тогда мой ученик спросил его: «Как же вы объясните тот факт, что многие астрологи, особенно итальянские, спорят и даже борются с этим человеком, который на сегодняшний день считается величайшим экспертом по Целенаправленным Солнечным Революциям?»

«Очень просто, – ответил монах, – почти наверняка в карме этих людей пока что отсутствует возможность быть в состоянии увидеть и понять величие Целенаправленного дня рождения!».

Приятного вам чтения,

Неаполь, 24 сентября 2012 года.

Глава 1
Тридцать хороших правил

Правила, которые вы собираетесь прочитать и изучить, вовсе не претендуют на то, чтобы стать продолжением Библии, они просто вытекают из моего личного опыта. Эти правила нужно комплексно взять себе на вооружение и проверить, чтобы затем принять их или отвергнуть, в зависимости от полученных результатов. По моему мнению, они работают, и здорово, но я не хочу давить на вас, а лишь желаю, чтобы вы испытали их на практике. Если, используя эти правила, вы обнаружите, что они помогают вам делать очень надежные предсказания, гораздо более точные, чем по методам других учителей, то можете сообщить мне ваши впечатления (по электронной почте, мой адрес: info@cirodiscepolo.it, мой Интернет сайт: www.cirodiscepolo.it). Однако я хочу попросить вас взять эти правила единым «блоком». Если вы действительно собираетесь попробовать их на практике, то должны использовать их как единое целое, а не выбирая отдельные правила в произвольном порядке.

Тридцать правил следующие:

1) Двадцать дней до дня рождения и двадцать дней после него являются чрезвычайно важными, как в позитивном, так и в негативном смысле. Зачастую именно в эти дни происходят самые важные события всего года.

2) День рождения – это действительно особый день, когда могут случиться необычайные вещи. Джакомо Казанова, скрупулезно описывая факты своей жизни, в своих мемуарах рассказывает, что день его рождения целых семь раз совпал с необычайными событиями, как позитивными, так и негативными, и эти происшествия коренным образом изменяли его жизнь. Например, один раз он сбежал из тюрьмы (венецианец успел побывать в большинстве европейских тюрем), а в другой раз он стал миллионером (за всю жизнь он несколько раз обретал и терял миллионные состояния). Я не знаю, почему день рождения такой особенный. Есть у меня одна идея на этот счет, но не будучи в ней полностью уверенным, я предпочел бы пока ее не высказывать. Тем не менее, даже если я не могу дать теоретическое объяснение этого факта, я просто констатирую, что это работает. Попробуйте, начиная с сегодняшнего дня, слушая новости и читая газеты, обращать внимание на это правило, и вы увидите, что постоянно повторяются сообщения о том, как русский мафиози арестован в роскошном отеле в день своего рождения, убийца Джованни Фальконе арестован в день рождения своей жертвы, футболист забивает решающий гол в день своего рождения, и так далее. Примеров можно было бы привести тысячи.

3) Если в семье субъекта за короткий период времени случаются несколько дней рождения подряд, то эти дни становятся «взрывными», самыми настоящими фитилями, готовыми зажечься в любой момент, и вокруг них, как правило, концентрируется еще большее количество важных событий.

4) Помните, что если Асцендент или стеллиум, или Солнце СР оказываются в Первом, Шестом или Двенадцатом Доме, почти без всякой разницы между ними, то год будет очень тяжелым, пагубным, опасным, негативным на все триста шестьдесят градусов, в любой области жизни, а не только касательно отдельно взятого здоровья, работы или любви. В подавляющем большинстве случаев речь будет идти о черном годе, который надолго запомнится вам своими неприятными событиями. Я отдаю себе отчет в том, что такими словами неимоверно преувеличиваю указанное значение, но это именно то, что я намерен сделать. Никто из авторов не высказывался еще настолько подчеркнуто, но я считаю необходимым и правильным не только акцентировать внимание на определенных своих правилах, но и поставить восклицательные знаки именно здесь, а не в другом месте. Кто-то говорил о Двенадцатом Доме в несколько негативном смысле, но думаю, что никто и никогда прежде меня настолько его не демонизировал. Кроме того, никто еще так не криминализировал значения Первого и Шестого Дома, но попробуйте следовать этому правилу, а затем дайте мне знать. Когда задействованы эти Дома, то могут произойти беды и несчастья во всех областях и направлениях нашей жизни: со здоровьем, с законом, с деньгами, проблемы в личной жизни, в связи со смертью близкого человека, и так далее.

5) Все, что сказано в предыдущем абзаце, также относится и к положению Марса в Первом, Шестом или Двенадцатом Доме Солнечной Революции. Это положение, даже само по себе, способно погубить год, который предполагался очень позитивным, судя по другим элементам карты Солнечной Революции или по транзитам.

6) При анализе карты Солнечной Революции я советую обращать внимание всего лишь на несколько самых важных элементов: а) куда попадает Асцендент СР по отношению к Домам радикса; б) куда попадает стеллиум СР по отношению к Домам Солнечной Революции; в) куда попадает Солнце СР по отношению к Домам Солнечной Революции; г) куда попадают вредители (но прежде всего Марс) по отношению к Домам Солнечной Революции; д) а затем уже, и *только после этого*, другие положения планет в Домах СР. Я решительно не рекомендую учитывать другие элементы, как например, ретроградность планеты, или ее гармоничную или напряженную аспектацию, поскольку они имеют если и не совсем нулевое значение, но очень низкое, в порядке дробных десятичных чисел по сравнению с целыми числами положений, перечисленных выше. Приведу один пример: Марс в Двенадцатом доме СР для шестидесятилетнего человека всегда будет опасен, независимо от того, является ли Марс ретроградным или нет, пораженным, в изгнании, или в падении, или в любом другом состоянии. Солнечная Революция с исключительной ясностью описывает двенадцать месяцев, которые она охватывает, но нужно остерегаться ошибочного желания прочитать ее таким же образом, как натальную карту, рассматривая управителей, производные Дома, и все тому подобное. На самом деле все это не только не прояснит картину в целом, но и скроет другие ее значения, самые верные и важные.

7) Седьмой Дом почти всегда означает официальные бумаги, проблемы с законом, возможные конфликты с правосудием, разнообразные войны, напряженные отношения, сильные ссоры, разногласия с партнером или даже развод, открытую вражду. В некоторых случаях речь может идти даже о ситуациях, когда субъект становится жертвой актов терроризма, насилия или нанесения вреда его имуществу (например при запугивании со стороны мафиозных структур).

8) Юпитер и Солнце, как в транзитах, так и в Солнечной Революции, находясь во Втором, Седьмом и Восьмом Домах, работают подобно бистабильному осциллятору, в том смысле, что они, как правило, склонны инвертировать на сто восемьдесят градусов предыдущую ситуацию: если есть спокойствие, то они приносят бурю, а если есть война, то они способствуют восстановлению мира. Внимательно читайте соответствующие главы о положениях планет, но обязательно учитывайте это правило, во избежание грубых ошибок и полностью неверной интерпретации при анализе астральной ситуации.

9) Акцентированные значения Второго и Восьмого Дома в большинстве случаев указывают на крупные расходы, самые настоящие утечки денег, и гораздо реже на доходы и денежные поступления.

10) Одиннадцатый Дом зачастую связан со смертью, горестными утратами, и в гораздо большей степени, чем Восьмой Дом, где основным значением являются деньги, и лишь второстепенным – смерть (в 90% случаев Восьмой Дом, задействованный в СР, также как и в транзитах, говорит нам не о смерти, а о финансовых проблемах). Даже сегодня, по прошествии многих лет с момента этого открытия, я удивляюсь, как могло так получиться, что ни один коллега не заметил этой вещи раньше меня. Ведь речь идет о настолько прозрачной и очевидной реальности, что только слепой, или представитель CICAP («Итальянского Комитета по Контролю Утверждений о Паранормальных явлениях»), мог бы не увидеть этого. Попробуйте проанализировать пару десятков смертей, произошедших в вашей семье или у ваших друзей, и вы убедитесь в непогрешимости этого правила.

11) Трины и секстили Урана и Нептуна прежде всего, но также и Плутона, очень часто являются предвестниками несчастий. Я уже представляю, как насчет этого возникает хор протестующих голосов: «Но как это? Ведь в таком случае предполагается, что в жизни человека присутствует гораздо больше негативных аспектов, чем позитивных?». А я отвечаю: «Вы это только сейчас заметили? Не правда ли, что на каждого человека, выигравшего в лотерею, приходится по крайней мере тысяча людей, которые падают с лестницы, теряют работу, становятся жертвами тяжелой болезни, обнаруживают, что их сын принимает наркотики, что супруг им изменяет?». Это самая обычная и простая, хоть и жестокая, реальность. На одно радостное событие приходится по крайней мере тысяча несчастных. Трины и секстили тоже очень часто проявляются в негативном направлении.

12) Всегда учитывайте транзитные аспекты полуквадрата и полутораквадрата, которые имеют огромное значение, точно такое же, как квадратуры и оппозиции. Не пренебрегайте ими, потому что вы можете упустить очень многое в оценке ситуации. С другой стороны, мой опыт показывает, что аспекты полусекстиля, секстиля и квиконса оказывают очень слабое влияние, или даже вообще не имеют никакого значения.

13) Асцендент Солнечной Революции в Десятом Доме радикса почти всегда приносит исключительно позитивные события, как вы сможете прочитать в соответствующей главе этой книги. В противоположность этому, положение Юпитера на МС Солнечной Революции производит довольно слабый эффект, безусловно гораздо более скромный, чем Асцендент СР в Десятом Доме радикса. Почему это происходит, опять же, я не могу объяснить, но это абсолютно точно соответствует действительности, и вы сможете убедиться в этом сами.

14) Асцендент СР в Десятом Доме радикса, когда одновременно наблюдаются плохие транзиты Сатурна или Урана, Нептуна или Плутона в Десятом Доме или в напряженных аспектах к МС, или к Асценденту, Солнцу или Луне (включая соединения), приносит серьезные неприятности и достаточно значительный вред, который нельзя недооценивать.

15) В дни, когда одновременно наблюдается очень много транзитных аспектов, как позитивных, так и негативных, следует ожидать действительно особенных событий, а значит нужно держать под наблюдением такой период, и быть настороже, пребывая в состоянии бдительной защиты.

16) Некоторые из самых драматичных моментов жизни случаются, когда напряженный транзит Сатурна, Урана,

Нептуна или Плутона, по отношению к Солнцу, Асценденту, МС или натальной Луне, суммируется к положению Асцендента, стеллиума, Солнца или Марса Солнечной Революции в Первом, Шестом или Двенадцатом Доме. Здесь просто невозможно ошибиться.

17) Все то, что уже в силе, подчеркивается и преувеличивается транзитами и Солнечной Революцией. Например, если у субъекта в натальной карте имеется плохой Уран в Восьмом Доме, то когда транзитный Уран окажется в оппозиции к этому положению радикса, человеку следует ожидать тяжелых финансовых проблем.

18) Положительный эффект Десятого Дома Солнечной Революции может касаться только одного единственного события, и вовсе не обязательно вызывать ряд многочисленных позитивных фактов. Читайте соответствующую главу книги.

19) Никогда не забывайте, что существуют три переменные, описывающие эволюцию жизни человека, а именно: генетическая информация, то есть биологическое наследие родителей, которое передается через дезоксирибонуклеиновую кислоту; звездный определяющий фактор; и экономические, культурные, исторические, политические и социальные условия периода и территории, на которой человек рождается и живет. Если бы Наполеон Бонапарт родился на плоскогорье в Африке в 1400 году, то он не стал бы императором. По мнению некоторых биологов существует и четвертая переменная (но они считают ее третьей, поскольку не учитывают влияние звезд), действующая в виде «случайных» связей между нейронами. Но возникает вопрос, как можно утверждать о существовании каких-либо «случайных» явлений в природе, в которой все, кажется, следует точным универсальным законам? И как можно утверждать, что такие явления не определяются положением планет в момент рождения человека?

20) При попытке датирования событий года, соответствующих определенной Солнечной Революции, что является на самом деле очень сложной задачей, следует учитывать также влияние Лунных Революций, помимо транзитов более или менее быстрых планет. К примеру, когда Солнечная Революция предсказывает крайне негативные события, необходимо проследить за положением Марса в течение года, главным образом в его напряженных аспектах к Солнцу, Асценденту, МС и Луне. В годы хороших Солнечных Революций, напротив, нужно смотреть на соответствующие транзиты Юпитера и Венеры.

21) Многие думают, что описание транзитов в Домах радикса может быть идентичным описанию положения планет в Домах Солнечной Революции, но это вовсе не так, и вы убедитесь в этом, читая соответствующие главы книги.

22) Если указания транзитов и Солнечной Революции по значениям контрастируют между собой, то необходимо действовать следующим образом. Мой опыт показывает, что если транзиты очень плохие и угрожающие, но при этом Солнечная Революция достаточно посредственная, нейтральная, не рискованная, можно сказать «ни плохая, ни хорошая», то год не принесет драматичных событий, и нам не стоит об этом беспокоиться. Если же наоборот, транзиты не очень важные, почти нейтральные, и совершенно не опасные, но при этом Солнечная Революция плохая, тяжелая и угрожающая, даже в связи с одним только положением Асцендента в Первом, Шестом или Двенадцатом Доме, то безусловно следует ожидать очень коварного и негативного года.

23) Какие орбисы нужно учитывать при рассмотрении транзитов? Здесь нет жесткого правила, и все зависит от того, с какой скоростью движется аспектирующая планета. Быстрые планеты, такие как Солнце, Луна, Меркурий, Венера и Марс, могут действовать, как правило, даже в пределах орбиса пяти градусов до и после образования точного аспекта (соединения, квадратуры, секстиля, и так далее). Транзиты Юпитера и Сатурна обычно можно считать действительными с орбисом в три градуса, опять же, до и после образования точного аспекта. Для Урана и Нептуна следует учитывать максимум пару градусов, но иногда случается, что они действуют и с более широким орбисом. Это связано с эффектом суммирования, когда они проявляются одновременно с другими транзитами более быстрых планет. Для Плутона, который может оставаться в одной и той же точке даже на протяжении десяти лет, нужно учитывать орбис максимум в один градус, за исключением вышеупомянутых ситуаций. Что касается полуквадрата и полутораквадрата, их орбис должен быть минимальным, и составлять приблизительно два-три градуса для быстрых планет и один-два градуса для медленных.

24) Транзиты Марса имеют тенденцию действовать с опережением, в том смысле, что они проявляются чаще на входе, чем на выходе. Но не нужно рассматривать это правило, как абсолютное и безоговорочное.

25) Транзиты должны рассматриваться, в некотором смысле, одновременно и как негативные, и как позитивные, вне зависимости от того, идет ли речь о квадратуре или о трине. Чтобы понять, как проявится транзит, в позитивную или в негативную сторону, необходимо изучить Солнечную Революцию, которая на самом деле представляет собой «открытую книгу», исключительную по своей предсказательной ясности. Тот, кто прочитает Солнечную Революцию и транзиты в соответствии с методом, описанным в этой книге, вряд ли сможет серьезно ошибиться в своих предсказаниях.

26) Помните, что зачастую Восьмой дом имеет отношение к тюрьме.

27) Тройные транзиты являются гораздо более тяжелыми, чем простые. Планета может пройти в соединении с другой, и продолжить свое движение, не возвращаясь назад. В некоторых же случаях, однако, транзитная планета проходит в аспекте в первый раз в прямом движении, затем второй раз в ретроградном, и вновь проходит в прямом движении, в третий и последний раз. Такие тройные транзиты являются гораздо важнее других.

28) Транзиты планет, в особенности медленных, в Домах, и даже в пустых, имеют огромное значение и предоставляют нам ценнейшую информацию. Прочитайте соответствующие главы этой книги.

29) Для многих планетарных транзитов, в целях их лучшего понимания, очень полезно спросить у консультируемого, что произошло в его жизни в предыдущем цикле этого же транзита. Например, транзит Юпитера во Втором Доме может принести как большие денежные доходы, так и значительные расходы, и чтобы выполнять надежные предсказания, полезно поинтересоваться у субъекта, что с ним случилось с этой точки зрения, когда двенадцатью годами ранее наблюдался такой же транзит Юпитера во Втором Доме.

30) Один из ключевых моментов интерпретации Солнечной Революции, на мой взгляд, состоит в том, что необходимо придавать минимальное значение угловым аспектам, которые образуются между различными положениями планет в карте СР. Попытаюсь лучше объяснить на примере. В случае, если у некого Иванова Марс СР будет просто великолепно аспектирован, но расположен в Шестом Доме СР, то он всегда и однозначно будет губительным, и образуемые им благоприятные аспекты с другими планетами СР вообще никак (или почти никак) не повлияют на ситуацию. Другими словами, если мы, например, Марсу в Шестом Доме СР присвоим значение 100 (как негативный показатель, выраженный в цифрах), то мы можем добавить 1 или вычесть 1 за каждый образуемый им аспект трина или квадратуры. Следовательно, не стоит питать иллюзий на этот счет, и я по-прежнему убежден, что бесполезно пытаться подсластить пилюлю. Положение Марса в Первом, Шестом или Двенадцатом Доме СР является отвратительным и наихудшим, независимо от того, «гармонично» ли он аспектирован или «дисгармонично».

Неаполь, 23/4/1997

Глава 2
Транзиты Солнца

Транзиты Солнца, а также Луны, Меркурия и Венеры, имеют очень ограниченное значение в характеристике событий нашей жизни, охватывающих периоды времени от года и более. В действительности они могут определить лишь направление и качество временных промежутков, сжатых до нескольких дней, не более двух или трех. Солнце безусловно является первым сигнификатором либидо, и поэтому оно проясняет наш ментальный мир, куда мы направляем наши усилия, чем хотим заняться в определенный период. Солнце – это также сила нашего сознательного «Я», и следовательно от его расположения в значительной мере зависит наличие или отсутствие заряда оптимизма, который мы можем вложить в каждое наше действие. Кроме того, от расположения Солнца зависит и существующее соотношение, ежедневно соизмеряющееся, между нашей рациональностью и внутренними подсознательными силами. Солнце символизирует также фигуру отца, сына, брата или мужа, и следовательно его транзиты предоставляют нам полезную информацию об этих людях. Помимо этого, первое светило теснейшим образом связано с нашим престижем, с социальным и профессиональным ростом. Когда я говорю, что эти транзиты имеют ограниченное значение, то при этом не нужно забывать, что «действие ограниченное во времени» не является синонимом «малой интенсивности». На самом деле почти у всех нас в течении года имеется конкретный краткий критический период, ровно через полгода после дня рождения, именно тогда, когда транзитное Солнце один раз в году оказывается в аспекте оппозиции к своему натальному положению. В эти дни мы замечаем больше препятствий и помех разного рода, и зачастую ощущаем физические недомогания и психические беспокойства. То же самое мы можем сказать и про дни, когда транзитное Солнце находится в квадратуре к своему натальному положению, но эффект «оппозиции» кажется гораздо более ярко выраженным, так что например человек, родившийся 15 февраля почти наверняка испытает эндемический критичный период около 15 августа каждого года.

Солнце в гармоничном аспекте с Солнцем

В дни, когда транзитное Солнце благоприятно смотрит на свое натальное положение, мы в большей степени заряжены энергией, как на физическом, так и на ментальном уровне. Нас наполняет легкий, но существенный дух оптимизма, и мы ощущаем необходимость действовать, подтверждать реальными фактами нашу глубинную волю самоутверждения, успеха и реализации во всех областях жизни. Это те дни, когда мы можем начать работу над новым проектом или приступить к практической реализации некой давно задуманной идеи. Нас окружает большая поддержка, уважение и престиж. В эти дни также вероятно получение хороших новостей, связанных с работой, или нашей интеллектуальной, спортивной, музыкальной и любой другой деятельностью. В эти периоды времени мы ощущаем потребность быть более непосредственными, солнечными, и действовать с более подчеркнутым и высоким «чувством чести». Наша гордость растет в хорошем смысле слова, поэтому мы готовы пойти пусть и на небольшие битвы, но в открытом поле и не прибегая к двойной игре, вне зависимости от наших природных наклонностей в этом направлении. Во время этого транзита мы также можем стать свидетелями роста и достижения определенной цели, временного или окончательного, нашего сына или отца, брата или мужа. Будучи более спокойными и оптимистичными, мы можем попытаться подвести частичные итоги, чтобы определить на будущее, в каком направлении лучше приложить нашу энергию. Естественно, данный транзит приносит особую пользу тем людям, гороскоп рождения которых склоняет их быть менее солнечными, более закрытыми и интровертными. Тем не менее речь идет, как уже упоминалось выше, о считанных днях.

Солнце в напряженном аспекте с Солнцем

В эти дни мы испытываем небольшое, но заслуживающее внимания падение тонуса, нашей физической и психической силы.

Из-за осаждающего нас дуновения пессимизма мы начинаем замечать в жизни больше трудностей. Мы склонны размышлять с долей меланхолии и даже немного с пораженческим настроением. Ощущение отсутствия энтузиазма и жизненной силы может привести к тенденции босать дела, даже начатые всего несколько недель назад. Солнце представляет собой архетип жизни, и не случайно, что в скандинавских странах, где кромешная темнота наблюдается ежегодно в течении очень долгого периода времени, существует высокий процент самоубийств. Когда наблюдается напряженный аспект первого светила к его натальному положению, правильней всего было бы нам направить на себя больше света и солнечных лучей, либо непосредственно, больше бывая на открытом воздухе, или косвенно, с помощью ламп. Освещение в эти дни является действительно важным и существенным. Наша психика чувствует реальную нехватку *яркости*. Мы переживаем момент разочарования, падения нашей популярности и потери имиджа в глазах других. Это не удачное время для того, чтобы предстать перед начальником, просить о повышении по службе, или подавать заявку, от которой может зависить наше профессиональное будущее. Как я уже говорил ранее, это особенно заметно в тот период года, когда Солнце находится в оппозиции к своему натальному положению, поэтому многие люди замечают, что если они родились например в середине апреля, то особенно напряженный период у них случается примерно в середине октября, а родившиеся в начале июля сталкиваются с легким кризисом к концу календарного года и в начале января, и так далее. С точки зрения макробиотики, я бы посоветовал насыщать организм энергией *Ян* с помощью кофе, чая и других подобных продуктов. Этот транзит также влияет на наш внешний вид и имидж, делая его менее ярким и менее блестящим. В эти дни мы можем получить плохие новости, касающиеся брата, сына, отца или мужа. В этот короткий промежуток времени предпочтительно избегать подведения итогов и принятия решений, касающихся нашего будущего в целом.

Солнце в гармоничном аспекте с Луной

В дни, когда первое светило находится в благоприятном аспекте к нашей радиксной Луне, наша личность переживает момент здорового внутреннего равновесия и гармонии между сознательной и подсознательной частью, что древние называли *coniuctio oppositorum*. На самом деле, речь идет об удивительном сплаве рациональности и эмоциональности, который великолепно выражается прежде всего в аспекте соединения двух светил. Но с трином и секстилем мы тоже чувствуем большое внутреннее спокойствие и мир, и не испытываем практически никаких трений внутри и вне себя. Чтобы лучше понять этот аспект, нужно сравнить поведение лиц, родившихся с гармоничными аспектами между Солнцем и Луной с поведением явившихся на свет с напряженными аспектами двух светил. Первых мы видим хорошо сбалансированными, выдержанными, спокойными и вдумчивыми людьми. Другие же, как правило, ведут себя как вечно тревожные люди, поспешные, возбужденные, обеспокоенные и абсолютно несбалансированные. Аналогичным образом, когда Солнце находится в положительном аспекте с нашей натальной Луной, то мы чувствуем себя менее напряженными, более расслабленными, спокойными и радостными, более склонными к внутреннему и внешнему диалогу. Мы положительно относимся к себе и к другим. Мы способны подвести итоги нашей ситуации и с большей ясностью оценить события этого периода. Также мы более терпимы по отношению к ближним, готовы предоставить им больше пространства. Речь идет не о потере собственного «Я» или, если вы предпочитаете, своего Эго, но о сиюминутной валоризации наших самых глубоких внутренних сил. В эти дни мы можем получить хорошие новости о сестре, дочери, жене или матери. Во время этого транзита вышеупомянутые лица женского пола покажутся нам более спокойными и уравновешенными. В эти дни мы можем завязать новые дружеские или любовные отношения и они окажутся максимально выгодными для нас.

Солнце в напряженном аспекте с Луной

Во время этого транзита, длящегося всего несколько дней, мы находимся в состоянии конфликта по отношению к самим себе и к окружающим. Между нашей мыслительной и эмоционально-бессознательной частью ощущается большее разделение надвое, своеобразная дихотомия. Доктор Джекил и мистер Хайд внутри нас переживают момент максимального трения, когда один хочет убить другого. Это дни, когда преобладает возбужденное состояние, и возможно мы будем меньше спать, но нельзя сказать, является ли недостаток сна причиной беспокойства или наоборот. Мы напряжены и раздражительны, сварливы, чрезмерно настороженны по отношению к окружающим. Мы вовсе не спокойны, а критерии наших оценок испытывают явную тенденцию к преувеличению и пессимизму. Если существует явление ликантропии, то в эти дни мы в некой мере, пусть крохотной, но значительной, переживем это состояние. Так же, как оборотням в новеллах Пиранделло и многих других писателей, нам тоже хотелось бы выйти в ночь и повыть. Все наше бытие пронизано общим чувством недовольства и беспокойства. Нам хотелось бы менять и менять, но вот только неизвестно, что именно. Наша личная способность оценивать ситуацию затмевается ментальным туманом и трудно определяемым общим возбуждением, которое овладевает нами целиком, и подталкивает в направлении решений ошибочных, избыточных и неподходящих. В эти дни лучше не принимать какие-либо важные решения, и прежде всего избегать дискуссий, от которых могут зависеть наши сентиментальные и любовные отношения. Мы плохо расположены к окружающим, и чувствуем подобное жесткое настроение людей по отношению к нам. Во время этого транзита мы можем получить плохие новости, касающиеся сестры, дочери, жены или матери, или же кто-то из них становится особенно беспокойной, расстроенной и переживает определенно тяжелый момент.

Солнце в гармоничном аспекте с Меркурием

В течении нескольких дней, когда транзитное Солнце находится в хороших аспектах с нашим радиксным Меркурием, мы переживаем моменты усиления интеллектуальных способностей, то есть мы мыслим более трезво и рационально. Нам удается лучше понимать окружающих, и складывается ощущение, что другие тоже отлично нас понимают. Мы более охотно выслушиваем других, и с большим желанием общаемся, выражаем наши идеи. Мы чувствуем возросшее желание приятных перемещений, например небольшой прогулки на машине или мотоцикле. Идея вождения в этот период безусловно нас привлекает. Мы хотим путешествовать, и зачастую делаем это на самом деле. Необходимость общения овладевает нами, но в нормальной, а не в невротической форме, и подталкивает нас на поиск других форм комуникации с ближним, например с помощью радио, телевидения или Интернета. Для навигации в сети этот транзит является одним из самых лучших, так как возможны очень хорошие шансы найти для себя новые и интересные сайты. В эти же дни мы сами можем создать хорошие домашние WEB страницы. Но потребность в коммуникации, которую мы обсуждаем, необходимо подразумевать в широком смысле слова и в обоих направлениях, и от нас к другим, и наоборот. В эти дни мы часто получаем важную или интересную корреспонденцию, а зачастую и сами испытываем желание написать многим людям. Телефон звонит чаще, и мы легче контактируем с трудными собеседниками. Также растет наше желание читать, и это идеальное время для начала чтения особо трудной или громоздкой книги, какого-нибудь тома, пролежавшего годы на полке. Не стоит удивляться нашему возросшему интересу к рекламе об автомобилях и мотоциклах на страницах газет и по телевидению. Этот период времени также благоприятен для приобретения и подсоединения к компьютеру нового принтера или заказа новых фирменных бланков и визиток. Мы также ощущаем рост наших коммерческих способностей, и даже можем обнаружить временный талант в бизнесе, это хорошие дни для того, чтобы избавиться от ненужного предмета, старого электробытового прибора и т.д. В эти дни мы можем получить хорошие новости, касающиеся родного или двоюродного брата, шурина или зятя, или улучшить наши отношения с кем-то из них.

Солнце в напряженном аспекте с Меркурием

В те несколько дней, когда Солнце располагается в негативном аспекте к Меркурию, нам становится труднее понимать других людей и быть понятыми ими. Мы немного запутанно выражаемся, или испытываем нетерпение при выслушивании других. Это неудачное время для всех видов касающейся нас коммуникации. Проявляется скорей не снижение интеллектуальных способностей, а проблема нашего взаимодействия с другими, что на языке информатики называют проблемой скорости интерфейса. Мы можем стать особо чувствительными, в негативном смысле, к паузам или повторам в речи других, или наоборот, с трудом следовать скорости выражения концепций нашего собеседника. Мы замечаем также различные трудности, связанные с типичными инструментами комуникации: не можем подключиться к телефонному номеру, с которым до этого проблем не было, не можем соединиться с интернет провайдером, чтобы прочитать электронную почту, ломается наш факсимильный аппарат, телевизор, радио или телефонный аппарат. В эти дни мы можем получить обратно письмо, ранее посланное кому-то, потому что адрес назначения был неправильно указан или отсутствовали некоторые детали. Может также случиться, что мы получим нежелательное письмо или неприятную телеграмму, или огромное количество бесполезного спама в электронной почте. При этом транзите часто случается, что в самое неудобное и неподходящее для нас время, нам приходится вынужденно отвечать на многочисленные телефонные звонки или открывать дверь почтальону. Может быть нам придется отправиться в короткую поездку без всякого на то желания, или случится так, что неожиданно окажется необходимым ежедневно ездить на работу на общественном транспорте. С этим транзитом часто случаются неисправности или технические сбои в работе машины, мотоцикла или принтера. Не планируйте покупку этих вещей, время для этого не благоприятно. Это не лучшее время и для общения на расстоянии с родным или двоюродным братом, зятем или шурином, и в течение этого транзита мы можем получить плохие новости, касающиеся кого-то из них. Было бы хорошо в эти дни избегать попыток продажи, покупки или торговли вообще, это не время для бизнеса даже мелкого, с помощью объявлений в городской газете. Особая наша наэлектризованность способна даже спровоцировать явление временной бессонницы, но не волнуйтесь, это скоро закончится.

Солнце в гармоничном аспекте с Венерой

В течение этих нескольких дней мы чувствуем себя решительно лучше, со всех точек зрения. Ощущение психофизического благополучия помогает нам оптимистично оценивать и сегодняшний день, и будущую нашу жизнь. Мы живо ощущаем желание быть *soft*, мягими по отношению к нашему окружению, быть добрыми со всеми и сглаживать углы в общении, быть более терпимыми, открытыми и склонными к пониманию, как никогда. Больше ощущается расположенность и симпатия, исходящая от других по отношению к нам. Будет ли у нас беседа со служащим банка, почтальоном или курьером, мы обнаружим, что наши отношения протекают более гладко, чем когда-либо. Мы также более устремлены к любви в прямом смысле слова, и эти периоды в течении года являются идеальными для уик-энда страсти, секса и нежности. Это замечательные дни для попытки примирения с любимым человеком, или же для завязывания новых сердечных отношений. Поскольку эти дни благоприятны для ухаживания, мы можем использовать их, чтобы написать любовное письмо, послать цветы и конфеты, попытаться завязать отношения по телефону с интересующим нас человеком. В этот период речь идет не только о нашей более высокой готовности к любви и теплым дружеским отношениям, но и о более глубоком интересе ко всему, что красиво, эстетично, художественно и развлекательно. Мы переживаем период гедонизма в любой области повседневной жизни, во время которого особенно благоприятно приобретать предметы одежды, ювелирные изделия, бижутерию, мебель, картины, безделушки, и так далее. Возросшее эстетическое чувство позволит нам заключить выгодные сделки по приобретению предметов, стоимость которых будет расти со временем. Это благоприятный период также с точки зрения творчества, чтобы писать картины, вырезать из камня, изготавливать керамические изделия, вообще заниматься домашними поделками. Можно посоветовать посещение музеев, частые походы на спектакли, концерты, в рестораны, в ночные клубы и дискотеки. Мы почувствуем большое и сильное стремление к наслаждению, игре, веселью и занятиям любовью. В этом смысле данные дни являются очень правильными для зачатия потомства. Кроме того, в эти дни мы можем успешно позаботиться об улучшении своего собственного тела с помощью массажей, грязевого и термального лечения, косметических процедур для нашей кожи и для волос, посещения парикмахера, визажиста, косметолога, и всего другого, что могло бы помочь улучшить психофизическое состояние нашей личности. Этот транзит может также сообщить о позитивном моменте для нашей подруги, жены, сестры или матери.

Солнце в напряженном аспекте с Венерой

В эти дни может материализоваться преувеличенный гедонизм, и повести нас по пути излишних поисков довольствий, с довольно неприятными последствиями. Мы можем желать удовлетворения чувств любой ценой, а значит позволить себе лишнее в еде, выпивке и сексе. «Наедаться до отвала» никогда не считалось полезным, и за иллюзорным удовлетворением чувств почти всегда скрывается опасность страдания от колик всякого рода, имеется в виду и ментальных тоже. Например многие преступники, к вашему сведению, становятся такими под влиянием доминирующей Венеры в их натальном гороскопе, а значит имеют тенденцию перебарщивать даже ценой насилия или убийств. Таким образом, Венера несомненно является планетой красоты, нежности, поэзии и романтики, но она же как огромный магнит притягивает низкие животные инстинкты. Следовательно, в эти дни будет полезно держать под строгим контролем наши инстинкты, и больше работать мозгами в направлении здорового образа жизни. Вне зависимости от вышеназванных излишеств, в период этих транзитов наше состояние здоровья может быть не очень хорошим, или даже плохим. На самом деле, ведь Венера, кроме прочего, является сигнификатором здоровья, а значит цикличным образом, когда Солнце будет образовывать напряженный аспект к этой планете, то здоровье будет иметь тенденцию ухудшаться. Тем не менее, это всего лишь временные недомогания, которые быстро уступают место другим периодам здоровья, вызванным последовательным формированием гармоничных аспектов первого светила по отношению к четвертой, если наблюдать с Земли, планете нашей Солнечной системы. Венера также связана с деньгами, поэтому в эти дни года возможности чрезмерных расходов более выражены. Было бы нелишним остерегаться азартных игр и любых форм финансовых рискованных спекуляций. Но утечка денег, в малых и больших количествах, может быть вызвана также и преувеличенными тратами на покупки, в этом случае остается в силе совет об умеренности и сдержанности. И вообще, в период длительности данного транзита, нашим главным паролем должно быть слово умеренность. Тем не менее, в концепции любого диссонирующего аспекта заложен динамизм и усилие, смысл которого в этом случае может проявиться в наших переживаниях или страданиях о любимых людях, сестре, дочери или матери. С кем-то из них может произойти небольшая неприятность.

Солнце в гармоничном аспекте с Марсом

Когда транзитное Солнце смотрит благоприятно на наш натальный Марс, мы переживаем момент возрастания психофизической энергии. Легкий, но реальный излишек сил позволяет нам сосредоточиться на собственных проектах, ступая точно в желаемом направлении, а не двигаться окольными путями, обходя препятствия. Полностью осознавая, что нужная скорость включена, мы решительно направляемся вперед с такой степенью целеустремленности, что и сами удивляемся. Мы не склонны ставить под сомнение принятые решения, и такая жесткость на этом этапе может помочь нам принять важные и смелые решения. Идеи на счет того, чем мы желаем заняться, ясны как никогда, и этим моментом нужно воспользоваться. Сразу же после этого пика (можем сказать *spike*) энергии неизбежен физиологический спуск, такой же естественный, как и резкое повышение до этого, а значит мы должны срочно действовать, чтобы не потерять преимуществ этого волшебного момента. Такое количество энергии желательно использовать в основных проектах, но натуральный ее избыток будет правильно использовать в активных занятиях спортом и сексом. Это подходящий момент для здоровой спортивной деятельности и для любой физической активности от танца до бега трусцой, от лыж до гимнастики. В идеале подошел бы бег на открытом воздухе, но если мы не можем уехать из города, то будет достаточно и велосипеда. Благодаря потению, как известно, мы выделяем множество вредных токсинов, вот почему комплексный цикл «Спорт-потение-душ» – это лучшее, что мы можем сделать вообще, и особенно в эти дни. Также и занятия здоровым сексом могут помочь нам направить этот избыток энергии в лучшую сторону. Мы можем также воспользоваться этой транзитной ситуацией для выполнения работ, давно отложенных до лучших времен, например заняться перестановкой шкафов, сменой меблировки квартиры, сборкой книжных полок, любой починкой в домашних условиях. Суть в том, чтобы заняться любой деятельностью, связанной с применением физической силы, той, которой нам так не хватает в повседневном стрессе. С транзитным Солнцем в хорошем аспекте к Марсу мы располагаем большим количеством энергии, достаточной чтобы быть в состоянии выполнить некоторые дополнительные задачи, требующие приложения непривычных нам усилий. Во время этого транзита мы также можем почувствовать сильное влечение к механике и даже реально ей заняться, взять в руки инструменты, чтобы отремонтировать наш автомобиль или велосипед, или помочь сыну разобраться с устройством электрического игрушечного поезда. Рубить дрова и разделывать мясо тоже может быть полезно.

Солнце в напряженном аспекте с Марсом

Когда Солнце располагается в напряженном аспекте к нашему натальному Марсу, мы переживаем время резкого конфликта с миром. Мы чувствуем себя раздражительными, нервными, напряженными, полемичными и агрессивными. Мы не расположены смотреть на вещи в совокупности и всесторонне, а эмоции побуждают нас быть не в ладах прежде всего с собой, а затем и с другими. Мы полностью забываем, что необходимо сосчитать до десяти, прежде чем реагировать на внешние раздражители, и ведем себя как первейшие представители знака Овна. Мы отмечаем некое беспокойство внутри, склонность к борьбе и раздорам любого рода. Вся наша мудрость, накопленная годами, исчезает за считанные часы. Ясность ума нас не покидает, так что мы прекрасно осознаем наше поведение, но тем не менее, у нас не получается не быть агрессивными. Великий Карл Густав Юнг говорил, что субъективная реальность эквивалентна объективной, поэтому во время этого транзита нас окружает агрессивность, независимо от вашего непосредственного участия в подобном негативном поведении. Мы без труда заметим, что люди обращаются к нам грубо и недружелюбно, как если бы они понимали наше отношение заранее, прежде чем мы произнесем первое слово. Наша популярность, маленькая или большая, резко падает. Никто нам не симпатизирует, и вообще нас окружает враждебное настроение. Когда это электрическое напряжение достигает довольно высоких значений, тогда даже окружающие нас предметы начинают ломаться и разрушаться. В эти дни тарелки и стаканы легко выпадают из наших рук, телевизор ломается, в компьютере все идет наперекосяк, и даже ваш телефонный аппарат не набирает правильные цифры, несмотря на свою исправность. Это действительно неудачный период, и не стоит настаивать, а лучше просто переждать эту маленькую бурю, ведь она продлится всего несколько дней. Лучшим советом в данном случае будет рекомендация мирно переждать в сторонке, а не бросать вызов судьбе (или дьяволу?). В эти дни мы должны быть особенно осторожными, и не только в межличностных отношениях, чтобы избежать возможных ссор, но главным образом в отношении своего тела, так как мы легко можем пораниться ножом, упасть с лестницы или поскользнуться на банановой кожуре. В эти дни мы можем попасть в дорожно-транспортное происшествие или попотеть при замене проколотой шины колеса. Зачастую этот транзит вынуждает людей выполнять непредвиденную работу по переносу тяжестей, как например перемещение одежды из одного шкафа в другой или транспортировка огромных и тяжелых ящиков. Обычно в эти дни случается также поход к зубному врачу или выполнение других медицинских процедур, подразумевающих ранения, порезы, перевязки и тому подобное. Марс также является потенциальным носителем инфекции, поэтому необходимо быть очень бдительными относительно возможных заражений, например, избегать употребления в пищу сырых морепродуктов или немытого салата.

Солнце в гармоничном аспекте с Юпитером

Когда транзитное Солнце смотрит благоприятно на наш натальный Юпитер, мы переживаем дни, прежде всего, характеризующиеся замечательной волной оптимизма. Мы более спокойно смотрим на жизнь, нас переполняет доверие не только к себе, но и к окружающим. Мы наблюдаем за течением времени с миром в душе, и проецируем позитивные мысли во всех направлениях. Мы будто бы вдыхаем атмосферу фильмов Фрэнка Капра, и думаем, что мир должен обязательно нам улыбнуться. Возможно, что мы недооцениваем проблемы, но это просто здорово, что периодически бывают дни, когда можно строить планы без ущербного и депрессивного влияния мрачного пессимизма. Мы более снисходительны к самим себе и к другим, ощущаем недостаток чувства критики и недоверия, но в обмен мы проецируем себя в будущее с оптимизмом, и закладываем начало тех малых или великих предприятий, которые никогда бы не возникли, если бы периодически в нашей жизни не действовал бы подобный транзит.

Это счастливый для нас момент, и он нераздельно связан с позитивностью, излучаемой нами в окружающий мир с помощью положительных мыслей. Это период полного расслабления, достаточный для восстановления сил перед будущими напряженными транзитами, особенно Сатурна. Мы в большей степени чувствуем себя в мире со всеми, и желаем распространить на всех это ощущение спокойствия. Во время этого транзита желательно провести переоценку проектов, отмененных пусть даже несколько дней до этого под влиянием других угнетающих и деморализующих транзитов. Этот транзитный аспект особенно необходим мелким и крупным предпринимателям и коммерсантам. В их натальных картах Юпитер обязательным образом должен занимать важное место, ведь иначе им никогда бы не удалось преодолеть множество рисков, связанных с их деятельностью. Поскольку это удачный период, то мы можем рисковать больше, но за исключением азартных игр, и попытаться сделать нечто, превышающее наши обычные возможности. Именно при такой звездной конфигурации мы можем провести открытие магазина, создать новое совместное предприятие, заверить контракт у нотариуса, выйти замуж, переехать в новый дом и так далее. Одним словом, нужно поторопиться, ведь этот транзит не будет длиться долго! В эти дни возможно также получение хороших новостей, касающихся нашей работы, и в любом случае повышающих наш престиж каким-то образом, от маленьких до больших вещей: повышение по службе, слова похвалы, хорошие отзывы прессы, общественное признание, награды... Поскольку эффект плацебо является важным компонентом любого лечебного процесса, будет также уместно начать новую терапию именно во время этого транзита, так, чтобы лекарство, соединившись с нашим собственным положительным настроем, смогло произвести максимальное воздействие и привести к ожидаемым результатам.

Солнце в напряженном аспекте с Юпитером

В дни, когда Солнце образует напряженный аспект с нашим радиксным Юпитером, мы можем пострадать от негативного эффекта переизбытка уверенности в себе. Гипертрофия, как в физическом, так и ментальном смысле, – это потенциальный враг, которого мы должны остерегаться. Розовые очки закрывают нам глаза и мешают увидеть реальность в ее истинном измерении. Маленькие проблемы, таким образом, раздуваются до гигантских размеров и наоборот. Мы не можем быть объективными, и склонны скорее к деформации наших мысленных образов, будто бы в кривых зеркалах луна-парка. Нам даже вполне удается осознать то, что этот период жизни выглядит как «помешанный», но, тем не менее, мы не делаем должных выводов, и очень часто, все же, попадаем в беду. Во-первых, наши ошибочные суждения могут разрушить существующие отношения, или хуже того, мы завяжем новые, которые нас погубят. Мы должны позаимствовать у знака Девы немного подозрительности и недоверчивости, чтобы избежать неприятностей, но в эти дни внутренние звоночки нашей интуиции не предупреждают нас вовремя. Наблюдается также в нас тенденция к полному расслаблению, а эта ошибка поведения ведь практически не встречается в мире животных, где природа наилучшим образом вооружила эти создания для защиты от опасностей жизни. Если мы умеем читать и понимать эфемериды, то должны быть начеку в течение этих дней, и постоянно напоминать себе о том, что прежде чем принимать любое решение, ситуацию необходимо очень тщательно проанализировать, чтобы в последствии горько не пожалеть о содеянном. Эти дни, «по-юпитериански» окрашенные, готовят нам маленькие ловушки, эффекты которых мы можем потом расхлебывать долгие годы. Недооценка опасности может выразиться, например, в рискованных финансовых инвестициях, ведущих к тяжелейшим последствиям в будущем. Также мы можем недооценить опасность, кроющуюся в начале новых любовных отношений, или в случайном, а значит рискованном, сексуальном контакте. Гипертрофия, характеризующая данный транзит, может также проявиться через переедание, с последующим ухудшением состояния здоровья. Моментальное отравление крови мы тоже можем внести в список возможных последствий этого транзита. Кроме этого, небольшое дуновение непопулярности может нас коснуться, или того хуже, негативная популярность может быть приобретена нами из-за скандала или возможного уголовного обвинения со стороны частных или официальных лиц. Если у нас хранятся скелеты в шкафу, то они могут выпасть наружу именно в эти дни. Частичка, так как речь все же идет о быстром транзите, невезения преследует нас в этот период.

Солнце в гармоничном аспекте с Сатурном

Когда транзитное Солнце благоприятно смотрит на наш

натальный Сатурн, мы переживаем день, характеризующийся мудростью, самоконтролем и чувством ответственности. Редко когда нам удается быть такими рациональными и так крепко стоять на земле. Мы способны делать глубокие умозаключения, в точности оценивать окружающую нас реальность, взвешенно и ответственно планировать будущее. Будто бы в нас вселился старичок, который думает и говорит за нас. Кажется, что мы в миг постарели, в хорошем смысле слова. Если бы мы всегда были такими ответственными, то избежали бы множества маленьких и больших трагедий нашей жизни. Естественно, все это имеет свою цену, которая выражается в падении нашего энтузиазма. На нашей стороне не будет ни крошки оптимизма, и мы будем думать и действовать как бы с заниженым тонусом, выглядя разочарованными и даже подавленными. Такова обратная сторона медали этого транзита. Конечно же, невозможно иметь все сразу, и жизнь дарит нам дни оптимизма, чтобы мы пустились в путь, а дни пессимизма, чтобы затормозить нас. И на этих ситуативных качелях мы должны найти соль жизни и открыть способ наилучшего взаимодействия с транзитами, чтобы обуздать их. При этом типе транзита, которым мы сейчас занимаемся, дни благоприятны для обдумывания и взвешивания, но не для активных действий. Сатурн – это Кронос, в мифологии означающий Время, Старость, и он дает нам возможность для составления долгосрочных планов, подобных так называемым двадцатилеткам Стран бывшего восточного блока. Планы Сатурна, на самом деле, широкие, и спроецированы они на долгосрочную перспективу, относятся всегда к проектам важным и амбициозным, требующим долгой подготовки и прочной конструкции. Во время этих транзитов мы можем планировать поступление на университетский курс, открытие ипотеки для покупки дома, начало коллекционирования древних медалей и так далее. Мы должны также попытаться вовлечь и других людей в данный момент особой ясности нашего ума, предлагая хороший совет и оценку ситуации для тех, кто нуждается в нашем мнении. В эти дни маловероятно наше знакомство с молодыми новыми друзьями, скорей всего мы будем контактировать с пожилыми людьми, у которых сможем многому научиться. Желательно было бы также почитать серьезные книги вместо того, чтобы смотреть банальности по телевидению, но это произойдет естественным образом, так как нас будут привлекать более серьезные обязательства, а любая форма легкомыслия или бесполезного отдыха будет вызывать отвращение. Мы можем также воспользоваться возможностью, чтобы начать строгую диету, ведь на самом деле Сатурн почти всегда сопровождает простота и воздержанность. В эти дни еда нас меньше привлекает, и можно воспользоваться этим для периодического здорового голодания. Этот транзит также хорош для периодов изоляции, и нам стоит выехать в загородный дом в селе или в горах, удалиться на дачу или в другое уединенное место, где можно было бы погрузиться в размышления и медитацию.

Солнце в напряженном аспекте с Сатурном

Когда транзитное Солнце находится в плохих аспектах к нашему натальному Сатурну, мы переживаем день кризиса, печали и уныния. Мы ощущаем холодную атмосферу вокруг нас и отсутствие человеческого тепла. У нас складывается впечатление глубокого одиночества, и что во всем мире мы единственные вынуждены справляться с тысячей испытаний, которые жизнь ежедневно нам устраивает. Мы проживаем момент глубокого пессимизма, тенденцию полного отказа и отречения, общую склонность к меланхолии и грусти. Нам хотелось бы сбежать от этого, но мы не способны даже развеселиться, потому что, в некотором смысле, наше сердце разбито. Мысли направлены лишь на худшее, и даже при всем желании нам не удается увидеть проблески света сквозь свинцовые тучи, заставшие все небо над нашей головой. Результатом всего этого является подавленное состояние, чувство поражения, беспомощность, которая овладевает нами и имеет тенденцию к подрыву всех наших последних сил. Мы готовы сдаться даже прежде, чем начнем бой. Мы наблюдаем недостаток сил, и обнаруживаем в себе безволие. Одновременно мы ощущаем в подчеркнутой и гнетущей форме сильнейшее чувство долга, на грани одержимости. И этот толчок к безукоризненному поведению является дополнительной блокировкой наших действий, и мы еще больше ощущаем тревожность этого периода. Подводя частичные итоги разных периодов нашего существования, мы осознаем, сколько обязанностей осталось не выполнено, и в этом отношении транзит не плохо проявляется, потому что позволяет нам исправить допущенные в прошлом ошибки в отношении нашего родителя, ребенка, партнера. Мы судим сами себя гораздо строже, чем обычно, но именно это может усилить нашу готовность помогать другим, и наше осознание ситуаций, когда мы вторгаемся в чужое пространство. Несомненно мы переживаем трудное время, когда даже минимально мы не можем рассчитывать на удачу. К ней мы взываем во многих повседневных ситуациях, как например, когда ждем автобуса, а он опаздывает, или когда мы совершаем рискованный обгон. Так вот, в этих и других случаях мы должны знать, что звезды не только не благоприятствуют нам, но на самом деле действуют в противоположном направлении. Период времени, о котором идет речь не благоприятен для того, чтобы просить о повышении зарплаты или улучшения нашего положения на работе. Мудрость должна подсказать нам, что необходимо отложить до лучших времен наши рабочие планы, требующие поддержки начальника. Будучи по своей природе тесно связанным с изоляцией, Сатурн в эти дни может привести нас к принудительной изоляции, например в клинике для медицинского обследования. Состояние здоровья не будет хорошим, и мы можем страдать от разных расстройств, но особенно в связи с костями или зубами. Все виды отдыха и досуга прекратятся если не по нашей воле, то по жизненным обстоятельствам. Это время не подходит ни для празднований, ни для развлечений, он предназначено лишь для того, чтобы тяжело работать и производить. Усталость, физическая и ментальная, и отсутствие развлечений будут характеризовать эти дни.

Солнце в гармоничном аспекте к Урану

Когда Солнце располагается в положительном аспекте к нашему натальному Урану, мы чувствуем сильный толчок к обновлению. Независимо от наших консервативных или прогрессивных природных наклонностей, нас будет привлекать все новое, альтернативные маршруты, никогда нехоженые пути, первопроходство и новаторство в самом широком смысле слова. Во время этого транзита наш дух находится под влиянием своего рода центробежной силы, которая побуждает нас к действиям, чтобы вырваться из тупиков повседневной жизни, попытаться и посметь. Мы чувствуем себя так, будто бы весь день провели в поезде, а как только сошли на землю, то захотели компенсировать потерянное время за счет избытка активности и трудолюбия. Мы так спешим, как будто бы не хотим терять ни секунды драгоценного времени.

Мы хотели бы ускорить все наши действия, и мысли с горячной стремительностью проносятся в нашем мозге. Электричество – это пожалуй то слово, которое лучше всего выражает наше душевное состояние во время этого планетарного транзита. Кипучесть вообще характеризует и наши проекты, и наши дела. Складывается впечатление, что у нас возрастает способность понимания всех вещей, что мы становимся умнее, чем когда-либо, наверняка более шустрыми и внимательными к действительности. Увеличивается скорость ввода/вывода информационных данных, которыми мы обмениваемся с окружающей средой. Мы уделяем больше внимания техническим и научным вопросам и больше настроены заниматься ими. В эти дни мы можем воспользоваться всем этим, чтобы больше читать, и например, научиться управлять новым видеомагнитофоном или пультом дистанционного управления спутниковой тарелкой, или новой компьютерной программой. У нас лучше получается применение на практике технических и научных знаний, а также нас привлекают фотография, кино, электроника и астрология. Если мы никогда не меняли вилку у лампы, то это подходящее время для первой попытки, и также это отличный период времени, чтобы записаться на компьютерные курсы, начать повышение технической квалификации или научную стажировку в одном или нескольких предметах, которые нам по душе. Транзит также благоприятствует приобретению электронного оборудования в целом, и поиску новых друзей, которые примут конечно характер этого конкретного планетарного аспекта. «Электрическое напряжение», которое проходит через наши вены, также может помочь нам принять молниеносные решения, которые могут сильно обновить застойную ситуацию, длящуюся долгое время. Таким образом, мы оказываемся, даже если только на несколько часов, более смелыми и предприимчивыми, практичными и действенными.

Солнце в напряженном аспекте с Ураном

В течение нескольких дней, когда Солнце проходит в напряженном аспекте с Ураном, мы подвержены дискомфортному состоянию крайней степени возбуждения, своего рода френезии, которое делает нас чрезвычайно нетерпимыми к любой ситуации тупика, застоя и чрезмерной рефлексии. Мы движимы неким революционным духом, который вынуждает нас уничтожить любой признак с трудом достигнутого ранее равновесия. Это нечто электрическое, в худшем смысле этого слова, что, как при коротком замыкании, уничтожает всякую нашу сдержанность и дипломатичность. Мы предстаем перед окружающими возбужденными и нервными, но главным образом мы нетерпимы ко всем и вся. Нам хотелось бы, чтобы другие поспевали за нашей необычной скоростью, и мы сердимся, если этого не происходит. Мы не желаем мириться с медлительностью других и даже нашей собственной, желая того, чтобы тело следовало за исключительной скоростью нашего мозга в этот период. Мы не в состоянии координировать входящие и исходящие сигналы нашего мозга, как будто бы наш интерфейс, представленный пятью чувствами, засорился. Акцентированная нервозность, которая нас характеризует во время этого транзита, сравнима с эффектом нескольких чашек кофе, выпитых одна за другой. Как электрическая лампочка под напряжением выше обычного, мы также можем ярче сиять или выйти из строя от короткого замыкания. Как следствие, состояние общего возбуждения может привести к различным нервным расстройствам, включая бессонницу. Мы будем гораздо быстрее писать на клавиатуре компьютера, но при этом будем также допускать больше ошибок. То же самое будет происходить, если мы играем на фортепиано или гитаре. Необходимо быть намного более осторожными при вождении машины, так как этот транзит увеличивает нашу уязвимость к возможным авариям. Мы более незащищены в этот период от всех происшествий, и не только дорожно-транспортных, но и связанных с электричеством, падениями, порезами, горючими материалами, случайными огнестрельными ранениями. В общем говоря, в этот период нам лучше остаться дома и смотреть телевизор, муча пульт дистанционного управления переключением каналов. Во время этого транзита противопоказана покупка компьютеров, телевизоров, устройств видеозаписи, и вообще электронного оборудования. Не стоит удивляться, если в эти дни в нашем доме сломается один или несколько электробытовых приборов. Кроме того, нужно быть особо осторожными, чтобы из-за нашей невоздержанности не разрушить старую дружбу. В самом деле, мы менее терпеливы, чем обычно, и поэтому склонны к ссорам.

Солнце в гармоничном аспекте с Нептуном

Когда Солнце проходит под благоприятным углом к Нептуну, мы испытываем волну вдохновенной фантазии и воображения. Наше чувство практики почти полностью отступает в сторону, чтобы освободить место для силы подсознания. В эти моменты мы жаждем одиночества, чтобы насладиться прекрасными ментальными путешествиями. Прослушивание хорошей музыки или долгая поездка в тишине по автомагистрали могут вызвать в нас множество мечтаний. Нас пронизывает ветер романтики, и мы отдаемся ему полностью, будто пускаясь плавь по морским волнам. Мы испытываем повышенную уязвимость к внешним факторам, которые могут изменять наше состояние души. Как эмоциональные губки, в хорошем смысле слова, мы впитываем вдохновение из окружающей среды. Предметы и пейзажи вокруг нас кажутся не такими, как прежде, и окутываются новыми и богатыми значениями. Мы черпаем вдохновение из падающего с дерева листа или из пятна на оконном стекле напротив. Если кто-то предложит нам пройти тест пятен Роршаха, то мы будем в состоянии часами говорить об одной кляксе. Если наша работа связана с художественной деятельностью, то в эти дни нам будет удаваться все с максимальной силой и великолепным вдохновением. Также мы можем рассчитывать на так называемое шестое чувство, которое поможет лучше понять окружающих. Если мы занимаемся психологией или астрологией, то сможем лучше ставить диагнозы. В любом случае мы можем рассчитывать на положительное расширение ума и наделение его шестым чувством. Мы можем стать немного телепатичными, и, почему бы и нет, даже ясновидящими, если гороскоп рождения содержит подобную информацию. В этот короткий период мы заинтересованы в изучении всего того, что связано с эзотеризмом, парапсихологией, астрологией, психологией, и так далее. Нас манит также в направлении идеальном и/или мистическом. Мы больше понимаем других людей, желаем оказать им помощь, поухаживать за ними, испытываем жалость к бедным и обездоленным. Мы более восприимчивы к вопросам, связанным с бедностью в мире, социальной несправедливостью, войной и всеми трагическими сценариями, которыми каждый день изобилуют новостные телеканалы. Это подходящее время, чтобы присоединиться к гуманитарной организации, некоммерческому союзу добровольцев, к пацифистам или к партии зеленых.

Также мы чувствуем влечение к мистике и религии. Если мы верующие, то можем воспользоваться этим периодом, чтобы уединиться для молитвы, в ином случае эти чувства могут нам помочь приблизиться к таинствам веры, возможно через изучение Священных Писаний. На более практическом уровне мы можем насладиться великолепным путешествием по морю или принять участие в курсах по подводной рыбалке. Также мы можем воспользоваться лекарством, которое поможет отчасти облегчить наши проблемы (вообще говоря, это благоприятное время для начала приема психотропных препаратов).

Солнце в напряженном аспекте с Нептуном

Во время прохождения Солнца в напряженном аспекте с Нептуном мы чувствуем себя прежде всего очень растерянными. В мыслях нет ясности, и здраво рассуждать нам удается с трудом. Окутывающий нас туман направляет в воображаемый мир, в котором невозможно четко отличить реальные вещи от гипнотических внушений. В эти часы лучше избегать принятия важных решений из-за высокого риска ошибок. Мы можем переоценить ничтожную проблему, или наоборот, недооценить жизненно важный вопрос. Наше восприятие опасности приглушается, а следовательно мы подвергаемся большему риску во всех отношениях. Мы можем принять боль в животе за признак экстрасенсорного восприятия и наговорить глупостей. В ситуации, когда нам нужно провести техническую экспертизу, можно легко допустить ошибку. Ляпсус сопровождает нас в эти часы, и может даже навсегда испортить репутацию, убедив других людей в нашей ненадежности. Также зачастую мы подвержены различным психическим беспокойствам, в невротическом смысле, а не психотическом. Например, мы можем испытывать депрессию и уныние. С этой точки зрения мы склонны смотреть на черную сторону вещей, и нам кажется, что эта мрачная картина перед глазами будет длиться вечно. Мы падаем духом из-за чепухи, и также приходим в возбуждение без всякого повода. Если от нашего суждения зависит судьба важного проекта, то лучше отложить решение на несколько дней. Небольшая, но неприятная параноидальная тенденция может овладеть нами, заставив нас думать, что все на нас сердятся, что жизнь тяжелая, что судьба враждебна, и что даже наши родственники - враги. Мы изображаем из себя жертву и становимся невыносимыми в межличностных отношениях, особенно с ближайшими родственниками и партнером. Порой становимся назойливо плаксивыми, что давит на окружающих. Во время этого планетарного транзита мы склонны общаться с психически больными людьми или фанатиками в области политики, идеологии или религии. Мы ведем себя как экстремисты и способны преувеличивать в проявлениях не столько мистических, сколько экзальтированных. В эти дни мы также рискуем стать жертвой алкоголя, лекарств, или даже наркотиков. Желательно не начинать терапию на основе психотропных препаратов в этот период времени. На самом деле, даже курение «травки» может оказаться крайне негативным и разрушительным опытом в эти дни. Нужно держаться подальше от невротических людей, которые могли бы оказать чрезвычайно негативное влияние на нас, не посещать ужасных и страшных спектаклей. Лучше избегать путешествий по морю, особенно на небольших лодках. Также необходимо сторониться подводной охоты и погружения на глубину моря, быть крайне осторожными при вождении автомобиля, так как этот транзит может спровоцировать совершение непростительных ошибок.

Солнце в гармоничном аспекте с Плутоном

Когда Солнце проходит под благоприятным углом к Плутону, мы наслаждаемся мощным приливом позитивной энергии, которую можно использовать для реализации амбициозного и важного проекта. Наши внутренние силы, самые животные, в лучшем смысле этого слова, склонны всплывать на поверхность в эти часы и вести нас прежде всего в направлении более глубокого понимания самих себя. Мы становимся более обворожительными в глазах других, и обнаруживаем также больше очарования в окружающих нас людях. Наши интеллектуальные возможности обретают огромную силу, прежде всего проявляющуюся в способности проникать в суть вещей, быть лучшими наблюдателями, стратегами, более глубокими людьми, своего рода «детективами». Большая творческая энергия наполняет нас, давая возможность реализовать самые амбициозные проекты, уникальные начинания и давние мечты. Мощь, которую мы замечаем вокруг нас, идет изнутри, это священный огонь нашего духа, который резонирует с внешним миром, с силами природы.

Мы становимся более жизнедеятельными, и помня том, что Эрос – это жизнь, мы естественным образом получаем мотивацию в направлении секса. Те, кто с нами рядом, замечают этот призыв и отвечают на него соответственно, если они тоже находятся в подобной транзитной ситуации. Наша личность имеет тенденцию быть более заметной, а наши слова – более весомыми. Нас окружает аура большей харизмы, и нам удается более эффективно навязывать свое мнение и волю. В эти дни вероятно получение более престижного и ответственного назначения по работе. Все, что мы делаем во время этого транзита, может привести к выдающимся результатам. Также мы проявляем больший интерес к проблемам смерти или полицейским темам. В этом смысле могут быть удачными наши занятия в качестве сыщика или шпиона любителя, например попытка расследования какой-нибудь небольшой тайны нашей семьи. Соответственно, этот период времени подходит для покупки «жучков», электронных подслушивающих или записывающих устройств, и так далее. Это время также удачно для работ по археологическим раскопкам, поиску подземных источников воды, добычи золота. Мы можем начать курс сексуальной терапии.

Солнце в напряженном аспекте с Плутоном

В дни, когда Солнце проходит в напряженном аспекте с Плутоном, имеют тенденцию проявляться наши глубинные животные инстинкты, в негативном смысле слова. Достигают максимального уровня агрессивность и разрушительные стремления, которые овладевают нами лишь в худшие моменты нашей жизни. Мы неуступчивы и грубы с другими, и если наша натальная карта подтверждает это, то можем даже стать опасными для окружающих. Возможно, что нас сильно впечатлит событие, связанное со смертью. В этот период вообще тяжелые мысли о смерти преследуют нас, и от них трудно отделаться. Особо эмоциональные люди в эти часы будут чувствовать себя очень плохо, а человек, который находится под тяжелым давлением жизненных проблем, может даже начать думать о самоубийстве. Деструктивность в широком смысле слова овладевает нами во время этого транзита, и может обратиться как против нас самих, так и против окружающих. Риск заключается в том, что мы можем нанести вред нашим близким людям, и не только на ментальном уровне. Если в нас изначально заложен инстинкт убийцы, то он проявится в течение этих дней. Наихудшие сексуальные инстинкты также имеют тенденцию всплывать на поверхность и влиять на наше поведение. Чтобы избежать возможного проявления худшей части, присутствующей в каждом из нас, нам как никогда необходим строжайший самоконтроль. Мистер Хайд может выйти наружу и совершить какое-то преступление. В то же время мы рискуем иметь проблемы, связанные с импотенцией или фригидностью. В любом случае наша сексуальность оказывается нарушенной и не способной выразиться в лучшем виде. В эти дни повышен риск заражения половыми инфекциями. «Детектив», живущий внутри нас, жаждет выйти наружу, и вполне может подтолкнуть к совершению действий, которых впоследствии мы можем стыдиться. Нездоровые идеи могут вызвать наш интерес к миру загробной жизни, что проявится в попытках посещения спиритических сеансов или подобных мероприятий, и может негативно сказаться на состоянии нашего психического здоровья. Это не подходящее время для подземных исследований любого рода, а также для начала терапевтического курса, касающегося сексуальной сферы.

Солнце в аспекте с Асцендентом

Смотрите Солнце в Первом Доме.

Солнце в аспекте с МС

Смотрите Солнце в Десятом Доме.

Солнце в аспекте с Десцендентом

Смотрите Солнце в Седьмом Доме.

Солнце в аспекте с IC

Смотрите Солнце в Четвертом Доме.

Транзит Солнца в Первом Доме

Когда Солнце проходит через наш Первый Дом, то наша концентрация полностью сфокусирована на Эго, и мы очень невнимательны к проблемам других. Однако не следует рассматривать этот факт как негативный, ибо природа заботится о разносторонней ориентации нашего либидо, в более или менее равные промежутки времени. Если сейчас мы сосредоточены на себе, то через полгода будем действовать с точностью до наоборот, и обратимся главным образом по направлению к окружающим.

Между тем, эта возросшая способность сосредоточиться на себе позволит нам лучше сфокусироваться на наших программах и стратегических планах. Несомненно, мы будем более эгоцентричными и склонными играть ведущую роль, но когда такое поведение не проявляется преувеличенно и здраво распределяется во времени, то оно тоже является естественным. Мы будем чувствовать себя героями ситуации и протагонистами, максимально привлекая к себе внимание других. Также мы можем немного грешить самовлюбленностью, а нарцисс – это почти синоним слова протагонист. Ставя себя в центр внимания, мы будем действовать с антропоцентрической позиции, предпочитая всему и всем наши личные потребности и нужды. Главным образом мы будем заботиться о собственной личности, начиная с психологической стороны. Если окружающие не проявят по отношению к нам достаточный уровень заинтересованности, то мы сделаем все возможное, чтобы направить максимум доступной энергии на нашу персону. Мы будем себя баловать больше, чем обычно, особенно прислушиваясь к голосу наших личных потребностей. В период этого транзита, длящегося около тридцати дней, если мы перегнем палку, то можем стать эгоистичными и эгоцентричными, но я уже упомянул, что это нормальное явление, когда оно происходит периодично и в ограниченные промежутки времени. В течение этих недель мы будем больше заботиться о своем теле с точки зрения эстетики и оздоровления. Мужчины могут решить отрастить усы или бороду, а женщины – поменять цвет волос или тип макияжа. Если мы желаем внести изменения в наш режим питания или способ физической активности, то это самый благоприятный период, чтобы начать следовать новой диете для дезинтоксикации и очищения организма (например, с помощью макробиотики), и для похудения, или же завести полезную привычку посещения тренажерного зала по часу в день. Это также наилучшее время, чтобы начать серьезно практиковать определенный вид спорта, будь то теннис, плавание или боевое искусство. Наш разум очень сильно сосредоточен на психофизическом благосостоянии нашего организма, поэтому стоит воспользоваться ситуацией и принять решения, которые могут принести максимальную выгоду в плане нашего оздоровления. В эти дни рекомендовано посещение зубного врача или прохождение медицинского осмотра. Конечно же, очевидно, что когда одновременно с прохождением Солнца по Первому Дому наблюдаются напряженные транзиты других планет, мы можем пережить избыток стресса, связанный с переутомлением от напряженной работы. В таком случае в эти дни мы можем ощутить плохое самочувствие, тяжесть и усталость, рискуем простудиться или пострадать от неправильного питания. Мы можем даже серьезно заболеть или подвергнуться хирургической операции, если подобные указания присутствуют в общей картине нашей натальной карты. Соответственно, следует избегать чрезмерного стресса и марафонских забегов в работе, в сексе и в спорте. Было бы лучше позаботиться о теле с помощью восстановительных саун, целительных массажей, хорошего горячего душа после легкой утренней пробежки. Нам будет полезна мягкая хиропрактика для уменьшения болей в спине или массаж шиацу.

Транзит Солнца во Втором Доме

Когда Солнце проходит по нашему Второму натальному Дому, внимание в основном направлено на деньги и всяческие материальные блага, которые можно ни них приобрести. Наше либидо стремится к прибыли, и в этот период около тридцати дней, как никогда, мы действуем практически и конструктивно, стараясь улучшить наше финансовое положение. Все начинается в сознании, наполненном мыслями о практическом направлении доступной нам энергии. В течение этих недель мы стремимся наилучшим образом использовать все доступные ресурсы, чтобы более эффективно взаимодействовать с окружающей средой и найти лучшие средства для выживания. Если бы мы жили в каменном веке, то в этот период занялись бы поисками лучшей пещеры для укрытия и пищи для выживания. На сегодняшний день второй Дом означает почти исключительно деньги, и поэтому мы ориентированы на то, чтобы заработать их как можно больше. Это один из тех периодов года, когда мы крепко стоим на земле и рассуждаем в практическом и конструктивном смысле. Оглядываясь по сторонам, мы ищем любые способы увеличения наших экономических ресурсов. Чувство спекуляции, в широком смысле слова, в эти дни максимально усиливается и получает особый резонанс. Разумно оценивая сложившуюся ситуацию, мы стремимся найти любые пути для большего заработка. И обычно нам это удается, так что этот период соответствует той части года, когда в наши карманы поступает больше денег. Однако зачастую в это же время повышаются и наши расходы, и мы с удовольствием тратим ранее заработанные деньги. Кроме того, наше внимание обращается также на проецируемый нами образ, отчасти как во время транзита Солнца в Первом Доме, но если тогда нашей целью было здоровье, то сейчас настала очередь внешнего вида. Мы прилагаем усилия, чтобы стать красивее и эффектнее с эстетической точки зрения. Следовательно, мы будем чаще посещать парикмахеров, массажистов, косметологов и маникюрш. Найдем время для занятий фитотерапией или принятия грязевых ванн, которые помогут нам освежить и омолодить кожу. Зачастую мы изменяем свою прическу либо решаем иначе одеваться. Это подходящее время, чтобы сфотографироваться и самим поснимать на видеокамеру или пофотографировать других людей. Можно заметить, что в этот период мы нередко приобретаем электробытовые приборы, связанные с изображением: новый телевизор, видеомагнитофон, фотоаппарат, и тому подобное. Нас больше интересует театр и кино, так что порой мы сами пробуем свои силы в любительском драматическом искусстве. Если в течение этого транзита Солнце получает напряженные аспекты от других планет, то может случиться, что эти приблизительно тридцать дней окажутся для нас тяжелым и трудным периодом времени с экономической точки зрения, когда мы столкнемся с обременительными финансовыми обязательствами, не имея достаточных платежных средств. Тогда наше сознание оказывается переполнено негативными мыслями об экономических проблемах. Мы беспокойно пытаемся разрешить эти проблемы, и зачастую занимаем деньги у друзей или берем кредит в банке. Если мы не будем осторожны, то рискуем также потратить слишком много, и в будущем остаться без достаточных средств. Мы должны также принять возможные меры безопасности против ограбления, чтобы не стать жертвой воров или мошенников. Во время этого вида транзита лучше избегать любых попыток спекуляций, особенно на фондовой бирже.

Транзит Солнца в Третьем Доме

В период времени, когда первое Светило проходит по Третьему Дому радикса, у нас возникает желание движения, как на физическом, так и на психическом уровнях. Нас особо привлекают перемещения и поездки. Если мы любим водить машину, то это лучшее время для организации приятного путешествия. Если же мы отдаем предпочтение поезду или любому другому виду транспортных средств, то этот период идеально подходит для поездки, например, чтобы навестить брата или сестру. Мы чувствуем сильную потребность вырваться из тупиков повседневной жизни, хотя бы ненадолго уехать за город или на море. Но прежде всего мы ощущаем желание движения на психическом и ментальном уровне. Наш ум оказывается более гибким и склонным к упражнениям, таким как игра в шахматы или разгадывание кроссвордов. Наше любопытство возрастает до предела, и этот позитивный всплеск явно и однозначно проявляется в желании читать. Это подходящий момент для того, чтобы насладиться чтением хорошей литературы, подготовиться к экзамену или конкурсу, принять участие в курсах повышения квалификации. Мы чувствуем себя более мотивированными и способными к обучению и преподаванию. Этот период времени благоприятен для получения водительских прав всех категорий, включая удостоверение на право управления маломерным судном. В течение этих недель, как правило, мы также весьма активны в отношении переписки, уделяем ей больше времени. Например, мы можем решить отправить важные письма, написание которых долгое время откладывалось. Мы будем получать больше почты, увеличится количество наших входящих и исходящих телефонных звонков. В течение этого месяца мы больше, чем обычно, занимаемся делами наших братьев и сестер. Также невестка или зять могут оказаться в центре нашего внимания. Этот период времени является самым подходящим для покупки нового автомобиля или мотоцикла, а также для ремонта транспортных средств. Если наша работа связана с интеллектуальной деятельностью, то это удачный момент для начала написания книги, подготовки важной для нас лекции или доклада. В эти недели возрастают наши коммерческие способности, и этим можно эффективно воспользоваться, попытавшись заключить малую или большую торговую сделку. Например, выгодно продать старый электробытовой прибор или удачно купить на блошином рынке второй принтер для компьютера. Если во время этого транзита Солнце получает негативные аспекты других планет, то мы должны быть особенно осторожными, чтобы не оказаться участниками дорожно-транспортного происшествия. Следует избегать езды не только на машине, но и на велосипеде и мотоцикле. Необходимо обезопасить себя от кражи автомобиля, например, установив сигнализацию. Мы склонны быть излишне нервозными, так что лучше позволить уму отдохнуть в это время, насладившись прослушиванием хорошей музыки и избегая интеллектуального напряжения в изучении трудных предметов. Если это возможно, то лучше отложить сдачу экзаменов, так как их результат окажется хуже ожидаемого. В эти дни мы будем ощущать напряжение в отношениях со всеми окружающими, от курьера до служащего почтового отделения. Следует избегать переписки во избежание потери корреспонденции или ошибочной ее доставки, которая может спровоцировать дипломатические инциденты. Это не подходящее время для путешествий, так как мы можем зачастую столкнуться с задержками транспорта, забастовками, или другими подобными неприятностями. Одному из наших братьев или сестер возможно потребуется помощь, и мы хорошо поступим, если пойдем им на встречу.

Транзит Солнца в Четвертом Доме

Когда Солнце проходит по Четвертому Дому нашего радикса, мы замечаем отчетливую тенденцию к интроверсии и самоанализу. Мы желаем максимально сосредоточиться на себе, на собственных проблемах, на нашей семье и корнях, в целом на нашей самой приватной сфере. Мы избегаем общества, выхода в свет, встреч и общения с другими людьми. Ощущаем огромную потребность оставаться дома, в четырех стенах, и сама идея убежища, крепости и защитного материнского лона овладевает нами всецело, подталкивая в направлении диалога с нашим самым глубинным уровнем личности. Мы констеллируем то, что в психологии называется мифологемой Великой Матери, то есть потребность в защите, находящую свое самое точное выражение в символах зонтика, материнского лона и дома. Это чувство имеет некоторое отношение к идее домашнего очага, когда мы сидим за столом у зажженного камина, а на улице холодно и идет дождь. Это возвращение к истокам, внутренние поиски и ностальгическое обращение к предродовой и внутриутробной жизни. Мы хотели бы оградить себя, укрывшись среди домашних стен, возведенных как берега некого идеального острова, отделяющего нас от мира и его забот. С психологической точки зрения это означает стремление уйти от ответственности, поиск защиты у настоящей матери или ее психической проекции, попытку бегства от реальной жизни с ее многочисленными опасностями. Значение понятия времени обретает чрезвычайную важность, так как прошлое безопасно, а воображаемое будущее нас терзает видениями страшных монстров. Полное погружение в воспоминания умиротворяет и утешает. Мысленно мы возвращаемся в детство, как в зеркальное отражение беззаботной реальности, ведомой и управляемой матерью всемогущей, но прежде всего милосердной и снисходительной к нам. Мы чувствуем сильное влечение к традициям и истокам, к семье в качестве защитного бастиона, воздвигнутого против пронизывающе-мужского образа общества. Мы хотим изолироваться, окружить себя высочайшими стенами, оградиться от всего внешнего даже звуковым барьером, лишь бы воссоздать подобие того успокоительного и защищенного мира, которым была наша жизнь в материнской утробе. Усиливается желание пустить корни, поселиться в неком городе, доме. Наше внимание фокусируется в основном на родителях и на жилище. Мы будем вкладывать больше энергии в заботу о наших стариках и в улучшение дома, в котором живем. Это тот период, когда мы серьезно рассматриваем возможность инвестирования в недвижимость или взятия кредита на приобретение собственного жилья. Если же дом у нас уже есть, то мы будем планировать его ремонт, расширение, модернизацию, частичную или полную смену мебели. Это подходящее время для запроса необходимых разрешений на строительство, начала работ и взятия кредита для реализации вышеперечисленных планов. Мы можем в этот период забронировать дом для проведения летнего отпуска или приобрести жилье для клубного отдыха таймшер. Начиная задумываться во время этого транзита о том, что наши родители не вечны и могут нас скоро покинуть, мы стараемся быть к ним как можно ближе. Если же Солнце проходит в напряженном аспекте к важным точкам нашего радикса, то вполне вероятно, что в это время наше внимание к собственным старикам окажется вынужденным, и нам по серьезным причинам придется за ними ухаживать и заниматься их здоровьем. Существует также вероятность того, что нашему дому потребуется срочный ремонт, или у нас возникнет конфликтная ситуация с владельцем жилья или с нашим арендатором. Могут появиться большие трудности с выплатой кредитных взносов, а новые налоги на недвижимость могут стать для нас настоящим тяжелым испытанием. В этот период могут возрасти все наши расходы на жилье. Не стоит затевать в доме ремонт или проводить любого рода работы.

Транзит Солнца в Пятом Доме

Когда Солнце пересекает наш Пятый натальный Дом, наш дух стремится к приятному времяпровождению и отдыху. Нас сопровождает состояние души, склонное к развлечениям, веселью, любви и играм. Мы чувствуем, что наши аккумуляторы разрядились, и мы решительно настроены пополнить запасы энергии с помощью развлечений в самом широком смысле слова. Таким образом, вы вновь открываете для себя удовольствие от чтения книги, но не монографии, просмотра шоу по телевидению, но не политических дебатов или познавательных документальных фильмов. Мы мысленно откладываем любую возможность углубленного изучения чего бы то ни было или повышения культурного уровня нашей личности. Мы просто хотим максимально расслабиться, и на девяносто процентов нам это удается. Гнушаемся обязательствами по работе и делаем все возможное, чтобы отдохнуть, а о долге мы подумаем после. Мы твердо намерены выделить себе небольшое пространство для спокойствия, радости и удовольствия. Наше Эго с гедонизмом проецируется в жизнь. В этот период мир игры нам принадлежит, и мы нацелены исследовать его во всех направлениях. Мы находим больше возможностей для проведения досуга, и если обычно мы считаем это пустой тратой времени, то теперь отдых обретает жизненно важное значение. Мы больше расположены к любви и сексу. По сути это наш психологический настрой, пропитанный игровыми намерениями, находит конкретные способы их реализации. Мы проецируемся вовне с энтузиазмом, и в течение этого приблизительно месячного транзита мы не раз проведем веселый вечер в дружеской компании. Мы чаще станем посещать дискотеки, ночные клубы, рестораны, кино, театр, концерты... Наверняка проведем несколько выходных дней со своим партнером, и в наших буднях будет больше секса, чем обычно. Если мы занимаемся искусством, то наша продуктивность возрастет и по качеству и по количеству. Наша склонность к жизни проявится также через увеличение способности к деторождению в эти недели. Это наиболее удачное время для зачатия ребенка, отцовства или материнства. Нас больше, чем обычно будут привлекать азартные игры, такие как карты, казино, а также спекуляции на фондовой бирже. Это подходящий период, чтобы записаться в кино-клуб, и вообще, чтобы начать новое хобби, которое может быть связано с увлечением любого рода, от садоводства до информатики, от вязания крючком до коллекционирования марок. У нас есть отличный шанс получить огромное удовольствие от круиза или от путешествий в целом. Наша возросшая расположенность к наслаждениям, в этот период времени около месяца, может проявиться в романтичной влюбленности или даже привести к страстной любви, сводящей с ума. В случае, когда этот транзит связан с напряженными аспектами, необходимо принять все возможные меры предосторожности от завязывания потенциально плохих сентиментальных отношений и от нежелательного отцовства и материнства. Мы должны остерегаться невоздержанности в игре, так как в этот период можно потерять огромные суммы денег, как за зеленым столом казино, так и торгуя акциями на бирже. Сын или дочь могут в эти дни доставить нам неприятности. Стресс от излишеств в удовольствиях может негативно сказаться на нашем здоровье. Было бы лучше избегать любой невоздержанности в эти дни, будь то чрезмерное употребление алкоголя или переедание. Акцентированная психическая склонность к удовольствиям создаст проблемы на работе.

Транзит Солнца в Шестом Доме

Когда Солнце проходит по нашему натальному Шестому Дому, мы начинаем уделять особое внимание заботе и уходу за нашим телом. В зависимости от преобладающих индивидуальных склонностей к эстетике или гигиене, мы направим большое количество энергии на заботу о красоте или здоровье собственного тела. Еще до того, как мы найдем практическое применение этому стремлению, оно направит нас в сторону поиска нашего благосостояния в широком смысле слова. Внутренне мы ощущаем большее присутствие чувства осторожности и благоразумия, а также острую необходимость позаботиться о самих себе. В хронологической последовательности Домов это может означать попытку исправить ситуацию после излишеств, допущенных во время транзита Солнца по Пятому Дому. Мы больше размышляем о собственной личности и о наших ограничениях. Констеллируя психологию муравья, мы пытаемся подвести частичные итоги нашего образа жизни, подвергая себя строгому и очень критичному суждению. Наименьшим нашим дефектом в этот период времени будет именно чувство критики, оно настолько возрастет, что даже превратит нас в занудливых с другими. Мы будем способны сделать скрупулезный самоанализ, особенно с поведенческой точки зрения. Будем наблюдать за собой, как через линзу микроскопа, чтобы обнаружить любой самый минимальный внутренний дефект. Настолько аналитический и критический настрой мог бы особенно нам помочь в осуществлении планов по началу глубинного психоанализа с терапевтом. Мы будем чаще, чем обычно, смотреться в зеркало и думать об эстетике нашего тела. В течение этих недель мы можем неоднократно посетить парикмахера, косметолога или массажиста. Вполне вероятно, что мы запишемся в фитнес-клуб или начнем активно практиковать любой доступный в городе вид спорта. Это особенно подходящий период для лечебных голоданий, диет для похудения или дезинтоксикации организма, гомеопатического лечения, принятия грязевых ванн, физиотерапии и электролечения костей, целенаправленных визитов к стоматологу, гинекологу, ортопеду. Также можно с особой эффективностью использовать свое свободное время для всяческого рода небольших мануальных работ и изготовления поделок. В период этого транзита мы с большим удовольствием можем рисовать, лепить из глины, работать на токарном станке, вязать крючком или вышивать. Не стоит удивляться, если мы начнем уделять больше времени уходу за маленькими домашними животными, или даже приведем домой дворнягу, найденную на улице. Если этот транзит сопряжен с плохими аспектами, то наша забота о теле может быть вызвана какой-нибудь небольшой чрезвычайной ситуацией, как например, раздражающей зубной болью или сезонной простудой. Более или менее серьезное недомогание вынудит нас заняться собой. Таким образом, хоть это будет и не очень приятно, но нам придется посетить врача, физиотерапевта, сходить на сеанс иглоукалывания или пранотерапии, чтобы разрешить возникшую вдруг проблему со здоровьем. Нас могут беспокоить некие сезонные заболевания, например разного рода аллергии. У нас проявится повышенная склонность к заболеваниям, и лучше в это время не прибегать к потенциально опасным косметическим процедурам, таким как ринопластика или антицеллюлитная хирургия. Если мы склонны к ипохондрии, то этот транзит может спровоцировать у нас усиление навязчивых идей, и вызвать глубокое убеждение в обладании целым букетом болезней. В этом случае, чтобы справиться с ситуацией, нам необходимо осознать природу и сущность транзита, и это поможет нам понять настоящее происхождение всех подобных страхов. Это не самый лучший период времени для начала приема новых лекарств, по крайней мере, нужно остерегаться нежелательных побочных эффектов. И наконец, в эти дни может заболеть наше домашнее животное.

Транзит Солнца в Седьмом Доме

Когда Солнце проходит по нашему Седьмому Дому, мы начинаем испытывать сильное желание сравнивать себя с другими. Наше Эго удаляется от самого себя и, будто бы под действием центробежной силы, направляется к окружающим. Наше либидо полностью обращается к обществу, к межличностным отношениям, к союзу и диалогу. Вне зависимости от того, экстровертны мы по характеру или интровертны, в этот момент нас тянет к другим, как магнитом, и каждый раз встречая новых людей, мы готовы учредить клуб по интересам. Мы очарованы идеей быть частью команды, растет наша заинтересованность в супружеской жизни. В эти дни мы уверены, что большинство насущных людских проблем может быть решено путем объединения усилий, установления партнерских отношений, создания разного рода ассоциаций, от коммерческих до культурных. Идея конфронтации приводит нас к более активному участию в политической жизни, а также к готовности оставить личные интересы ради социальных. Наш интерес к партнеру искренний, подлинный, обусловленный напряжением той центробежной силы, о которой говорилось выше. Мы даже склонны поставить партнера на пьедестал, хоть речь и идет всего лишь о нескольких неделях транзита. Мы больше в него верим, и твердо убеждены, что благодаря ему сможем получить удачные разрешения наших проблем. Если мы пока не оформили наши отношения официально, то начинаем серьезно подумывать о браке. Если мы одиноки, то будем активно заниматься поиском партнера. Большое количество свадебных церемоний празднуется особенно часто именно в этот период. Если мы вообще критично настроены в отношении брака и в обычных условиях предпочитаем одиночество, то в этот период вдруг начинаем иначе воспринимать реальность, в дымке некой романтики и с доверием к ближнему. Таким образом сама природа защищает себя в целях продолжения рода. Вполне вероятно также, что в эти дни наш партнер приобретет более или менее значительную популярность, получит ощутимые и реальные знаки всеобщего одобрения. Речь может идти о получении премии на работе, объявлении благодарности, достижении важной цели в карьере, но также и просто об успешной сдаче экзамена в университете. Другими словами, наша лучшая половина растет, и мы отдаем себе в этом отчет. Этот транзит может быть равным образом важен для планирования подачи судебного иска, который мог бы принести нам хорошие результаты впоследствии. Другое дело, если транзит происходит в условиях побочных напряженных аспектов. В этом случае мы должны ожидать проблем с официальными бумагами. Перед нами возникнут спорные ситуации, которые подтолкнут нас к военным действиям, во всех областях. Воинственных дух возрастет не только у нас, но и у партнера. Напряженность повысится прежде всего в супружеских и любовных отношениях. Мы можем даже настолько серьезно поссориться, что нанесенные раны потом трудно будет залечить. Каким-либо образом мы можем оказаться вовлеченными в судебные дела, хотя бы в смысле лишения водительских прав за нарушение правил обгона. Государственные административные органы могут нами заинтересоваться, в том числе налоговая служба. Мы чувствуем некую враждебность окружающей среды, которая может нас привести к войне со всеми. По этой причине было бы лучше отложить любые судебные разбирательства, касающиеся нас в этот период.

Транзит Солнца в Восьмом Доме

Когда Солнце проходит по Восьмому Дому нашего радикса, для нас наступает период большего обращения денег. Судьба дает нам возможность добиться увеличения доходов. Это реальный факт, и он ограничен только показаниями нашего натального гороскопа в этом смысле. Если на то имеются подтверждения в карте радикса, то наверняка мы можем ожидать прямую или косвенную материальную прибыль, например, через партнера или от ближайших родственников. Удача временно становится к нам более щедрой, впуская множество новых факторов в нашу финансовую ситуацию, и ненадолго оживляя ее таким образом. Возможности могут быть самыми многообразными: повышение зарплаты, получение выходного пособия, поступление пенсии, вступление в права наследства, подарок от родственников, выигрыш в лотерею, случайная работа по совместительству, и так далее. Если фортуна существует, то чтобы проявить себя, она предпочтет именно этот путь. Мы сами тоже направляем свое внимание на то, чтобы не упустить возникающие возможности. Естественно, речь идет о недолгом периоде времени, около месяца, но в течение его мы можем все же успеть заметить важные знаки судьбы. Больший денежный оборот может также быть связан с продажей недвижимости или автомобиля, рабочих инструментов, украшений, шубы. Также есть возможность подняться на более высокий уровень социального положения из-за чьей-то смерти, то есть не только в случаях непосредственного наследства со стороны родственников, но также через продвижение по карьерной лестнице вследствие ухода из жизни человека, ранее препятствующего нашему восхождению. Кроме того, во время этого транзита мы можем также более активно заниматься сексом, и очень часто этот фактор косвенно нам сообщает о приходе новой любви. С исключительно психологической точки зрения, в течение этих нескольких недель мы можем получить положительный опыт в связи с таинством смерти. Спокойный уход из жизни какого-нибудь ценимого и уважаемого нами человека поможет нам приблизится к этому таинству с хорошей стороны, и выработать новую, более мудрую и эмансипированную позицию в отношении предыдущих наших идей на эту тему. Если транзит проходит в неблагоприятных аспектах с важными точками нашей натальной карты, то мы рискуем пережить краткосрочную, но значительную утечку денег. Это могут быть непредвиденные расходы, или экстраординарный налог, который на нас обрушивается, как гром среди ясного неба, или счет за свет или газ на крупную сумму из-за накопившейся за месяцы задолженности, или внеочередные расходы на лекарства, которых никто не ожидал, и так далее. Также мы можем потерять деньги на улице, стать жертвами кражи, мошенничества или ограбления. Если ситуация складывается именно таким образом, то зная об этом транзите, нужно быть настороже на все триста шестьдесят градусов, потому что беда не приходит одна, и когда констеллируется некий символ, то он может проявиться повторно в течение нескольких часов. Это значит, что нужно избегать любых финансовых спекуляций, игры на фондовом рынке, одалживания денег знакомым, и так далее. Но проблема может проявиться и с точностью до наоборот, то есть у нас может возникнуть срочная необходимость в получении кредита. Нам нужны деньги, и мы можем предпринять ошибочные действия, которые тяжело отразятся на нашем будущем. В эти дни мы можем пережить траур, который станет для нас горьким опытом, и тяжело отразится на психическом состоянии. Но транзит Солнца в Восьмом Доме в негативных аспектах не означает только смерть, но также возможное прекращение некой ситуации, например, запавшей в душу дружбы или многолетней любви. Период является негативным и с точки зрения сексуальной жизни, и мы можем пережить неприятные ситуации в этом смысле, вплоть до временного полового бессилия.

Транзит Солнца в Девятом Доме

Когда Солнце проходит через наш Девятый Дом, мы ощущаем воздействие острой потребности в далеком, как в географически-территориальном, так и в метафизически-трансцендентном смысле этого слова. Если сравнивать наше состояние с транзитом Солнца в Седьмом Доме, когда мы ощущали импульс центробежной силы нашего Эго, то в данный период речь идет о чем-то большем, мы решительно поднимаемся на октаву выше, так как больше не останавливаемся лишь на проекции себя во вне, а жаждем достигнуть как можно более далеких и высоких целей. Наш дух оказывается как бы катапультированным наружу, выведенным на орбиту вокруг Земли и в самые отдаленные космические пространства. *Далеко* – это ключевое слово, достаточно исчерпывающе объясняющее состояние нашей души в этот период. Можно было бы говорить о преувеличенном преклонении перед иностранщиной, но это нечто большее, чем просто желание купить телевизор престижной немецкой фирмы или элитный автомобиль французского производства. Мы хотим парить как можно дольше, преодолеть ту невидимую грань, которая представляет собой полосу притяжения Земли, и пуститься в свободный полет по просторам Вселенной. Если бы нам дали возможность сесть в ракета-носитель Ариан, то мы бы с удовольствием это сделали. Если бы нам предложили стать членом космического экипажа следующей миссии Аполлон, то скорей всего мы бы сразу согласились. Но если отставить в сторону преднамеренное преувеличение, заложенное в этом описании, то остается реальный факт того, что мы переживаем мгновения неописуемой потребности как можно дальше уйти от окружающей нас банальной реальности, хоть речь и идет о сроке около месяца. Как правило, чтобы воплотить это желание в жизнь, мы отправляемся в приятное путешествие за границу, в другую область нашей страны, или хотя бы в другой город. Речь может идти и о развлекательной экскурсии, и о краткой поездке в рабочую командировку. В любом случае, эта возможность предоставляется нам не случайно именно тогда, когда мы больше всего в этом нуждаемся. Мы можем весело провести время, но главное – это то, что мы удовлетворим охватившую нас жажду далеких расстояний. Однако иной раз наше путешествие больше подразумевается в переносном, чем в реальном смысле, и оно может быть сравнимо с удивительными похождениями Одиссея из поэмы Гомера или Данте в его Божественной Комедии. Избегая кощунственных сравнений, ограничимся утверждением, что исследование «далекого» может также происходить лишь на ментальном уровне путем изучения необычных и далеких от рутины дисциплин. Например, можно углубиться в чтение литературы по философии, аналитической психологии, йоге, теологии, астрологии, эзотеризму, или просто посещать занятия в Университете, приобретая знания, как бы то ни было, довольно далекие от повседневных. В худшем случае, когда прохождение Солнца по этому Дому сочетается с другими негативными транзитами, мы можем пережить тяжелый опыт вынужденного путешествия, например, в целях сопровождения заболевшего родственника на лечение за границу, или же поездка может нам доставить разные неприятности, которые могут проявиться в виде любых дорожных происшествий, в том числе столкновений на машине и вероятного получения всевозможных травм и ранений. Или же может так случиться, что мы получим неприятное известие в связи с далекими расстояниями, например, мы вдруг узнаем, что партнер нам изменяет с иностранцем. То есть в этот период все, что связано с заграницей или далекими расстояниями, приносит нам зло, и лучше было бы для нас держаться от этого подальше. Также в эти дни нежелательно иметь дело с некоторыми привлекающими нас жгучими темами, вроде спиритизма, демонологии и других подобных, так как они могут нанести вред нашей психике.

Транзит Солнца в Десятом Доме

Когда Солнце проходит по нашему Десятому Дому, мы можем пережить одно или несколько событий, связанных с нашей эмансипацией. Мы ощущаем себя более амбициозными, и решительно настроенными продвигаться в социальном и профессиональном плане. Мы стремимся улучшить свое положение не только в работе, но и понемногу во всех областях нашей жизни. Пожалуй, это именно тот период года, когда мы с большей, чем когда-либо, целенаправленностью движемся вперед, мыслим перспективно, строим долгосрочные планы. Мы чувствуем, что единственный путь к вершине – это умение быть конкурентоспособным, не допускать никакой жалости к себе и ностальгических побегов в состояние интроверсии. Мы знаем, что дорога идет в гору, и что нужно стиснуть зубы, если мы желаем достигнуть какого-либо значительного результата, но невзирая на это мы решительно настроены подняться к вершине. Мы прикладываем все усилия, прежде всего, для улучшений в нашей работе, и затем также для роста в широком смысле слова. Это может проявиться в избавлении от вредной привычки (например мы можем бросить курить), или же в устранении от камня на шее, мешающего нам «летать» (например мы прерываем гнетущие нас отношения), или в успешной реализации дела, которое нам никогда до этого не удавалось (как например научиться плавать в пятьдесят лет), или даже в замужестве (говоря в основном о женских гороскопах), и так далее. Другими словами, в течение этих примерно тридцати дней мы можем продвигаться вперед, более или менее, но можем и совершить качественный скачок, значительно вырасти и улучшить нашу жизнь во многих ее аспектах. Если мы планируем предложить свою кандидатуру на новую должность или разместить объявление в газете для поиска любой работы, то это – самый подходящий момент для осуществления задуманного. Не стоит, однако, оставаться в пассивном ожидании событий, но необходимо засучить рукава, и зная, что этот звездный транзит длится всего лишь несколько недель, нужно действовать, договариваться о личных встречах и собеседованиях с людьми, которые могут нам помочь и предложить новые профессиональные перспективы. В то же время мы должны попытаться лучше разобраться в себе и понять, в каких областях жизни нам все еще не удается «прорваться» вперед. Необходимо определиться, в каком направлении стоит прилагать усилия. Из года в год, во время этого транзита, мы просто обязаны не упускать возможность для новых личных побед и достижений, как например, научиться пользоваться компьютером или получить права на вождение машины или моторной лодки. Часто этот транзит можно найти у людей, начинающих курс глубинного психологического анализа. Десятый Дом также относится к матери, а следовательно, период данного транзита может соответствовать особенно важным моментам в жизни нашей матери, таким как улучшение состояния ее здоровья, получение материальной выгоды, повышение в должности, и так далее. Если же, однако, Солнце во время этого транзита будет формировать или получать напряженные аспекты, то можно ожидать наших значительных усилий для того, чтобы не ухудшилось наше рабочее или социальное положение, например, это проявляется в ситуации людей, желающих избежать последствий расставания с партнером или развода. Мы можем оказаться под давлением различных обстоятельств, которые угрожают отбросить нас на несколько шагов назад в отношении эмансипации. Иногда подобный транзит указывает также на проблему со здоровьем или травму, которая мешает нам работать. Наша популярность переживает период упадка, также как и наш престиж. Мы можем оказаться в стрессовой ситуации из-за проблем со здоровьем нашей матери.

Транзит Солнца в Одиннадцатом Доме

Когда Солнце проходит по нашему Одиннадцатому Дому, нас подталкивает вперед некий потенциал планирования во всевозможных направлениях. Временная кипучесть нашего интеллекта дарит нам множество разных идей, которые можно было бы успешно воплотить в жизнь. Мы много времени проводим за фантазированием, но речь не идет о простых мечтаниях, а скорее о рассматривании целей, достойных внимания. Во время транзита Солнца по Десятому Дому мы намечаем себе программы на будущее лет на двадцать вперед, амбициозные и вполне рационально структурированные. Теперь же наши проекты обладают чем-то большим, по сравнению с предыдущими, в них присутствует доля фантазии и вдохновенного творчества. Можно сказать, что планы Десятого Дома сравнимы с проектами инженера, а одиннадцатого – с плодом трудов архитектора. Мы замечаем, что в этом направлении мы становимся особенно продуктивными и даже оригинальными. Этот творческий заряд мы можем направить на обдумывание новых идей насчет ремонта нашего дома или на то, чтобы даже придумать себе новую работу, ведь в наши времена это действительно возможно. Это, пожалуй, тот период в году, когда мы можем ощущать большую свободу и быть независимыми от рабства традиционного мышления, воспитания или уклада общественной жизни. Мы отваживаемся на большее, и нам нужно дерзать. Максимально используя уранические значения этого Дома, мы реально можем изобрести нечто новое, что поможет улучшить нашу жизнь. Также мы решительно устремляемся к дружеским отношениям. Мы жаждем познакомиться с новыми людьми, и обычно это на самом деле происходит. В течение этих недель можно встретиться с бывшими однокурсниками, одноклассниками или со старыми друзьями детства. Кто-то постучит в нашу дверь и приятно нас удивит. Нужно попытаться как можно лучше воспользоваться нашими связями и знакомствами, поскольку в эти приблизительно тридцать дней мы можем больше, чем обычно, рассчитывать на помощь влиятельных людей, на поддержку сверху, и вообще на покровительство, естественно не в мафиозном, а в лучшем смысле этого слова. Стучать, стучать и стучать во все двери – это должно быть императивом данного транзита. Не бояться просить, так как в этот момент наши собеседники будут более расположены к тому, чтобы нас выслушать и принять во внимание все наши пожелания. Опять же, в эти дни нам проще будет найти хорошего механика для починки машины, достойного врача для лечения, отличного техника для устранения неполадок компьютера, и так далее. Даже ожидание в очереди даст нам ощущение меньшего напряжения в окружающих людях и общей расположенности к уважению нашего личного пространства. В случае, когда транзит происходит одновременно с напряженными аспектами, нам нужно бояться потери дорогого друга или даже члена нашей семьи. Это событие может быть вызвано прежде всего ссорой или переездом, но также и вероятной смертью человека. Этот Дом, на самом деле, безусловно связан со смертью. Чем дальше, тем больше удивляюсь тому, что до меня ни один астролог ни разу не заметил этого факта, а ведь он настолько явно и очевидно прослеживается. Опять же, если мы интерпретируем транзит в негативном смысле, то вполне можем ожидать неудачи или полного крушения некого нашего проекта.

Транзит Солнца в Двенадцатом Доме

Когда Солнце пересекает Двенадцатый Дом нашего радикса, мы ощущаем мощный стимул к тому, чтобы быть милосердными и помогать другим людям. Мы больше, чем обычно, расположены к сотрудничеству, готовы заботиться о других, делать все возможное для того, чтобы облегчить страдания наших близких людей. Это может выражаться вовсе не обязательно только в том, что мы будем делать внутримышечные инъекции нуждающемуся в лечении родственнику, но также, например, может проявиться в нашей готовности подставить плечо потерявшему надежду плачущему другу. Чаще чем когда-либо нам придется успокаивать кого-то по телефону, и при этом мы будем вести себя не очень привычным для нас образом. Если мы руководим рабочим коллективом, то будем более внимательными к проблемам наших подчиненных, и попытаемся оказать им помощь, предпринять конкретные действия, чтобы выразить нашу озабоченность условиями их жизни. Точно так же, будучи подчиненными служащими в некой компании, мы будем стараться как можно лучше понять требования нашего начальства. Речь идет, таким образом, о нашем большом стремлении находиться в чьем-то распоряжении прежде всего на ментальном уровне, но оно может найти свое конкретное и каноническое выражение в оказании медицинской помощи нашему близкому человеку, то есть осторожно менять ему капельницу, делать перевязки, выносить утку за прикованным к постели больным, и так далее. Если мы намерены изучить какие-то азы медицины для минимальных потребностей на уровне нашей семьи, то это самый подходящий период времени. В эти дни нам лучше удается сосредоточиться, что-то записывать (например, вести дневник), помолиться (если мы верующие), проводить исследования в самых разных областях знаний. Кроме того, мы замечаем больший интерес к мистическим темам и устремляемся всецело к духовному. Это особенно подходящее время для уединенной молитвы или медитации, предпочтительно в монастырской келье, одиноком сельском доме, в закрытой комнате, вдали от шумных улиц. Можно также эффективно воспользоваться этим транзитом, запланировав амбулаторные анализы, профилактический медицинский контроль состояния нашего здоровья в больнице, или же поход к зубному врачу. Наши возможные шпионские намерения, например, в отношении члена семьи, в эти дни имеют большие шансы для успешной реализации. Соответственно, то же самое можно сказать про наше желание приобрести электронные приборы, необходимые для частного детектива, такие как подслушивающие устройства и тому подобные. В эти недели мы читаем литературу, в основном, на психологические или социальные темы. Однако если рассматриваемый транзит происходит одновременно с напряженными аспектами, то нужно бояться периода мелких неприятностей и испытаний на все триста шестьдесят градусов. Множество небольших ежедневных проблем вызовут у нас тревогу и опасения о состоянии здоровья и нашего, и близких нам людей, о наших взаимоотношениях с другими, о работе, о деньгах... Даже если в небольших масштабах, но все вокруг нас, кажется, идет как-то криво и не так, и склоняет нас к несколько параноидальной манере поведения, когда мы начинаем рассуждать о том, что жизнь настроена против нас, судьба к нам враждебна, окружающие нас ненавидят, и так далее. Просто необходимо остерегаться такого негативного настроя и поведения, прежде всего помня о том, что оно связано лишь с этим недолгим периодом времени. Хотя и нельзя исключить возможности конкретных враждебных действий окружающих, направленых против нас, будь то шантаж, анонимные письма или клевета, но в основном это будут просто плоды фантазий беспокойного в эти дни ума, а не реальные факты. В течение этих недель мы можем попасть в больницу, в аварию, на операционный стол, или пережить множество мелких неприятностей любого рода. Мы ощущаем также склонность к депрессии и унынию. Во время этого транзита возрастает уровень конфликтности в нашем окружении.

Глава 3
Транзиты Луны

Транзиты Луны очень быстрые, и их длительность составляет минимум несколько часов в аспектах с другими планетами и максимум несколько дней при прохождении по Домам. Их эффект стоит оценивать очень скромно, так как будучи отдельно взятыми они не могут дать никакого результата. Только в сочетании с транзитами более медленных планет они приобретают минимально весомое значение. Обычно они обозначают состояние души и настроение, сопровождающее нас несколько часов или дней, и обусловливают нашу экстраверсию или интроверсию, радость или грусть, любовь или ненависть, но, еще раз повторим, в минимальном размере, не оказывающем существенного влияния на судьбу человека. Транзиты Луны представляют собой больше то, чего бы нам хотелось, чем то, что мы реально делаем. Их можно сравнить с морскими просторами, которые нас манят, но по которым мы никогда не плавали. Они указывают уровень нашего эмоционального напряжения, куда мы смотрим, на что надеемся, в каком направлении обращаем наши ожидания. Зачастую эти транзиты обманчивы, потому что не соответствуют в точности нашим сознательным желаниям. В натальной карте Луна символизирует заметные женские фигуры, такие как мать, жена, дочь или сестра. Она также обозначает дом, как родительский, так и наш собственный, в который мы переезжаем жить, повзрослев и обретя независимость.

Луна в гармоничном аспекте с Солнцем

Когда Луна образует благоприятный аспект с нашим натальным Солнцем, мы переживаем момент мира и спокойствия, как внутреннего, так и внешнего. Позитивный поток пронизывает наш дух и настраивает нас на терпимость, умеренность, безмятежность, и даже радость. В этот период можно говорить не об особом всплеске наших чувств или действий, а об их уравновешенности. Мы ощущаем спокойствие и чувствуем себя действительно хорошо. Возрастает наша расположенность по отношению к другим людям, также как и внутреннее принятие самих себя. Пожалуй, можно сказать, что мы становимся более терпимыми и снисходительными в целом, и ощущаем большую гармонию между рациональной и эмоционально-подсознательной частью нашей личности. В эти часы нас сопровождает общая склонность к хорошему настроению, и мы имеем возможность провести это время самым приятным образом, без споров и разногласий, так как окружающие ощущают это наше благодушное состояние и ведут себя соответственно, награждая нас большей терпимостью и симпатией. Вокруг нас складывается мирная атмосфера, и практически никогда во время этого транзита не возникает напряженная обстановка. В эти часы мы чувствуем большее влечение к другим, и особенно к лицам мужского пола. Этот транзит благоприятствует диалогу между разными полами и любви в целом. Мы можем уделить больше времени нашим семейным и партнерским отношениям, и провести эту часть дня на совместной прогулке или в ночном клубе, пережив моменты достаточно редкой гармонии. Мы будем более расположены по отношению к нашему отцу или мужу, брату или сыну. Параллельно мы можем заметить подобные чувства этих людей в отношении нас.

Луна в напряженном аспекте с Солнцем

Когда Луна проходит под неблагоприятным углом по отношению к нашему Солнцу радикса, мы чувствуем себя особенно беспокойно. Возникает некое чувство раздражения, из-за которого мы рискуем провести несколько часов в состоянии неуравновешенности и нервозности. Действительно, мы замечаем разбалансированность отношений между эмоциональной и рациональной частями нашей личности. И, как следствие, возникает состояние общего плохого самочувствия, проявляющегося в ухудшении наших отношений с окружающей средой и другими людьми. Мы не желаем встречаться с кем-либо, и даже избегаем отношений с нашим партнером. Мы чувствуем потребность в одиночестве, а в худшем случае хотим вступить в конфликт с внешним миром. Мы особенно обидчивы, и способны развязать ссору из-за любого пустяка. Во время этого планетарного транзита было бы лучше избегать любой возможной стычки с людьми, уединиться вдали от всех или выйти прогуляться на свежем воздухе. На самом деле, наше плохое душевное самочувствие ощущается на расстоянии и настраивает других против нас. Этот транзит может заставить нас пережить часы падения популярности и престижа, вплоть до того, что мы можем столкнуться с проявлением самых настоящих враждебных действий по отношению к нам со стороны начальника, руководителя, более старшего коллеги. Также мы можем услышать в наш адрес упреки от нашего отца, брата или мужа. Другими словами, данный транзит не так уж страшен, но в течение этого пусть очень недолгого времени он вызывает ухудшение наших отношений с окружающей средой. Что оправдывает, с нашей стороны, желание подсчитывать минуты, чтобы определить, когда же он закончится. Речь идет всего лишь о нескольких часах, но особенно неприятных и беспокойных. Совершенно ясно, что этот период времени вовсе не подходит для просьбы о повышении зарплаты или любого продвижения в карьере.

Луна в гармоничном аспекте с Луной

Когда транзитная Луна проходит в позитивном аспекте по отношению к нашей натальной Луне, мы чувствуем себя более легко и позитивно настроенными. Смотрим на жизнь с большим оптимизмом и больше доверяем ближнему. Мы переживаем момент общего благополучия, несколько часов пусть не особенно ярких, но с ощущением гармонии, уверенности и спокойствия. Мы, в общем, достаточно уравновешенны, и испытываем удовольствие от гармоничного диалога между нашим внутренним голосом и рассудком. Переживая все эти ощущения, мы осознаем свою возросшую эффективность в работе, в эмоциональных и личных отношениях. Это особенное состояние благодати создает своего рода позитивную ауру вокруг нас, а окружающие воспринимают эту положительную энергию и с благодарностью возвращают ее нам в виде симпатии. Этот процесс идет как по цепной реакции и с увеличивающимся размахом, определяя на несколько часов отличные отношения между нами и внешним миром. Нам необходимо этим воспользоваться, чтобы одержать небольшую победу, например, добиться нужного нам разрешения от начальника или попытаться устранить разлад в отношениях и помириться с кем-то. Мы ощущаем себя более гармонично настроенными, мы вибрируем на одной волне с нашими чувствами, с близкими и родными людьми, с партнером, и, прежде всего, с нашим домом. Растет наша потребность в интимности, но проявляется она не в стремлении к изоляции и уединению, а просто в желании большего домашнего тепла и уюта. Нам бы хотелось дружно собрать за столом как можно больше близких и дорогих людей, чтобы вместе насладиться уютной обстановкой, хорошим и изысканным ужином, разделить радость семейного счастья. Если мы находимся далеко от дома, то настолько жаждем туда вернуться, что ради этого будем готовы даже пожертвовать взятыми на себя ранее обязательствами. Это особенно благоприятный период и для любви в прямом смысле этого слова, и в нас может проснуться огромное чувство нежности, а также усилиться материнский и отцовский инстинкт. Приятная теплая ванна зимой или освежающее купание в море летом могли бы стать замечательным обрамлением для этого планетарного транзита.

Луна в напряженном аспекте с Луной

Когда Луна движется под напряженным углом по отношению к нашей натальной Луне, мы чувствуем себя раздраженными и недоброжелательно относящимися к другим людям. Это классический случай транзита, когда нам говорят: «Ты встал не с той ноги». И действительно, мы даже сами не можем понять, чем вызвана эта наша особая нервозность, но фактически мы выглядим на редкость напряженными, обидчивыми и способными развязать ссору по ничтожным мотивам. Наши нервы на пределе, и мы источаем агрессию, которая в подавляющем большинстве случаев выглядит совершенно безосновательной, так как она не вызвана реальными причинами и конкретно ни на что не нацелена. Это возбужденность в чистом виде, будто бы по нашей коже проходят разряды электрического тока и делают нас легко «воспламеняемыми». Безусловно, мы пребываем в плохом настроении, и не хотим никакого общения с другими людьми, даже с самыми дорогими и близкими, которые зачастую и страдают больше всех от нашей ярко выраженной агрессивности в этот период времени. К счастью, от нашего душевного состояния не зависит судьба Страны, ведь в противном случае мы были бы способны объявить войну всему миру. Мы склонны к нерациональному, капризному и инфантильному поведению, нам часто хочется плакать. Наши эмоции явно преобладают над рассудком, и вынуждают нас вести себя как ребенок, у которого отняли игрушку. В эти часы мы можем вести себя настолько отвратительно, что способны причинить боль даже самым любимым людям. Эта астральная конфигурация приносит большую нестабильность, поэтому нужно стараться избегать любых важных встреч во время этого транзита. Следовательно, в эти часы не следует организовывать рабочие совещания, семейные торжества или назначать свидание с любимым человеком. Мы можем спровоцировать ухудшение отношений с нашей матерью или женой, сестрой или дочерью. Нам не хочется ни сидеть дома, ни куда-то идти, на самом деле мы сами точно не знаем, чего желаем. В этот период у нас также может возникнуть особая неприязнь к воде.

Луна в гармоничном аспекте с Меркурием

Когда транзитная Луна проходит в благоприятном аспекте к нашему радиксному Меркурию, мы испытываем ярко выраженное желание общения и движения. Мы хотим уехать, пусть даже не очень далеко и всего на несколько часов, но лишь бы не оставаться на месте и сбежать от привычной рутины жизни. Нам становится противна любая застойная или тупиковая ситуация, мы планируем двигаться вперед. Здесь стоит особо подчеркнуть слово *планируем*, так как речь идет о транзите Луны, который представляет собой больше наши чувства и настроения, скорее намерения, чем действия. В любом случае, мы хотим прогуляться, отправиться за город, поездить на машине несколько часов, прокатиться на велосипеде или мотоцикле. Также нам по душе общаться, вести приятную беседу с другими людьми. Мы ощущаем большую, чем обычно ясность мыслей, осознанность наших внутренних чувств, способность найти взаимопонимание с окружающими. Нам стоит воспользоваться этой возросшей трезвостью рассудка, чтобы обсудить наши планы с теми, кто нам дорог. Но этот стимул к коммуникации не исчерпывает себя только в нашем непосредственном общении с ближним окружением, но и распространяется на все доступные средства связи. Нам хочется набрать множество разных номеров по телефону, разослать письменные сообщения повсюду, а с помощью Интернета связаться с людьми во всех точках мира, и это действительно самый удачный период для приятной навигации в сети! Бурная кипучесть этого момента также проявляется в необычайном любопытстве, которое нас подталкивает к тому, чтобы «выхватывать» из разных источников множество информации, именно это и происходит, когда мы кликаем кнопкой мыши на страницах разных сайтов в Интернете, переходя от одной темы к другой, не руководствуясь при этом никаким жестким критерием в нашем поиске. Мы можем получить огромное удовольствие, пустившись в такую свободную навигацию, и таким образом дав волю причудливым позывам нашего духа, особенно по-детски любознательного в эти часы. Но значительно возросшую под влиянием этого транзита легкость и ясность мышления можно использовать не только для развлечений и игры, но и для профессиональной выгоды. Наш хороший настрой на общение, в широком смысле слова, может очень позитивно повлиять на исход наших официальных встреч, и мы можем с удовлетворением заметить, насколько объективно легче нам удается вести переговоры с людьми, даже с самыми трудными в общении собеседниками, и независимо от технических средств связи, используемых для этой цели. Этот транзит также значительно облегчает чтение книг, и мы можем с большой эффективностью воспользоваться им, если нам необходимо осилить какой-либо особенно трудный и тяжелый для понимания текст. На ментальном уровне, следовательно, мы выглядим несколько возбужденными, будто бы находясь, скажем, под действием наркотиков, но в то же время мы и более восприимчивы, и открыты к общению. Одним словом, можно с уверенностью сказать, что наше взаимодействие с окружающей средой улучшается и оптимизируется. В эти часы также возрастает наш интерес к транспортным средствам, и можем планировать приобретение одного из них, будь то, например, машина или мотоцикл, или велосипед. И в самом деле, это самое подходящее время для подобного планирования, потому что мы лучше, чем когда-либо расположены к этой теме, и особая ясность ума позволит нам принять правильное решение. В эти часы мы можем гораздо лучше сконцентрироваться на учебе, подготовиться к сдаче экзамена, принять участие в учебном курсе в качестве студента или преподавателя, написать статью, книгу, лекцию для конференции. Нас привлекают люди более молодые, и мы можем завязать с ними хорошую дружбу. Возможно также, что мы почувствуем потребность встретиться с родным или двоюродным братом, зятем или шурином. Мы будем более благодушно настроены по отношению к ним, и можем успешно использовать этот транзит для улучшения наших с ними отношений. Помимо этого, возросшая способность к торговле может нам помочь заключить какую-нибудь выгодную сделку, например, с помощью рекламного объявления в городской газете. Таким образом мы сможем продать старый электробытовой прибор или же приобрести что-нибудь полезное по очень выгодной цене. Если наша профессиональная деятельность связана с коммерцией, то этот период окажется особенно урожайным на прибыль, и мы заметим, как возрастает наша способность рекламировать и продавать свой товар.

Луна в напряженном аспекте с Меркурием

Когда Луна находится в напряженном аспекте с нашим натальным Меркурием, мы чувствуем себя в разладе с окружающей средой. Это прежде всего наше ощущение, но оно вызывает, или может породить, целую серию неприятных ситуаций вокруг нас. Нам с трудом дается коммуникация с внешним миром, в широком смысле слова. Наши мысли или тяжело передвигаются в голове или мелькают с огромной скоростью. В любом случае, это беспокойство, которое можно назвать проблемой скорости, отражается на всех видах нашей коммуникации, усложняя ее. Возможно, мы плохо воспринимаем голос других людей или ошибочно произносим наши речи, но факт заключается в том, что наше взаимопонимание с окружающими либо затруднено, либо отсутствует. По всей вероятности, в этот период наши мысли и идеи слишком сумбурны и неясны, а, следовательно, мы даже не можем их четко выразить. Было бы лучше помолчать и временно прервать все коммуникационные каналы с внешним миром. Но даже при всем желании изолироваться ненадолго и посидеть спокойно в тишине, мы просто не в состоянии сделать это, и продолжаем попытки поиска диалога в любом случае. С отвратительными результатами, естественно. Как следствие, мы ощущаем общее раздражение вокруг себя. Меркурий также символизирует отношения мелкие, случайные, поверхностные и неважные, и это означает, что мы легко можем поссориться с водителем автобуса, со служащим банка, или с почтальоном, доставившим нам посылку. Это неподходящее время для контактов вообще, и нам желательно убедить себя ненадолго остаться в одиночестве, ведь, в конце концов, речь идет всего о нескольких часах. Такое временное влияние разобщенности с окружающей средой может подтолкнуть нас к ошибочным действиям, например, некстати кому-нибудь позвонить или написать письмо, о котором впоследствии мы очень пожалеем. В этом смысле, опять же, если мы будем продолжать наши неуместные попытки общения, то могут материализоваться мелкие неприятности, например, мы можем отправить письмо без почтовой марки или по ошибочному адресу. Даже телефонный аппарат может войти в резонанс с нашим плохим настроением и воспротивиться правильному набору номера абонента или создавать помехи связи. В эти часы мы также можем заметить проблемы с модемом, Интернетом, компьютерным принтером. В свое время Карл Густав Юнг сформулировал важную истину, что субъективная реальность совпадает с объективной реальностью, и поэтому вовсе не удивительно, что в этот период почти всегда наша Интернет связь будет очень медленной или нестабильной. Также мы можем столкнуться со странными помехами на телефонной линии, вдруг услышав хор голосов из телефонной трубки, или же мы можем получить надорванную и полупустую посылку. Нам просто необходимо убедить себя, что будет выгодней подождать несколько часов и воспользоваться более благоприятным положением планет для любых коммуникаций, ведь если мы именно сейчас поспешим отправить открытку по почте, то она или просто не дойдет до адресата или будет доставлена с огромным опозданием. Этот транзит не подходит для покупок, имеющих отношение к транспортным средствам, будь то сам автомобиль или просто запчасти для него. Также решительно противопоказаны любые передвижения и путешествия в эти часы, так как наши поездки могут превратиться в настоящую одиссею по причине забастовок транспорта, пробок на дорогах, задержек отправления поезда или отмены самолетного рейса. И все это в лучшем случае, так как в худшем мы можем оказаться жертвой дорожно-транспортного происшествия. В этот период времени лучше избегать контактов, особенно с молодыми людьми, с родным или двоюродным братом, зятем или шурином. Мы очень рискуем поссориться с ними и даже серьезно испортить наши отношения. Будет неблагоразумно с нашей стороны пытаться заключить мелкие или крупные коммерческие сделки, так как мы рискуем продать или купить товар по невыгодной цене. И последнее, но не менее важное, у заядлых курильщиков в эти часы значительно возрастает потребность в сигаретах, что может нанести большой вред их здоровью.

Луна в гармоничном аспекте с Венерой

Когда Луна проходит под счастливым углом к нашей натальной Венере, мы ощущаем приятную атмосферу благополучия вокруг нас. Мы чувствуем себя более умиротворенными внутри и пребываем в согласии с другими. Мы становимся более удовлетворенными, оптимистичными и жизнедеятельными. В эти моменты мы ведем себя особенно нежно и мягко, в стиле *soft*. Испытывая симпатию к окружающим нас людям, мы находим взаимность и встречные добрые чувства. Мы испытываем глубокую потребность в отношениях дружбы и согласия, и стремимся разрешить любые потенциальные конфликты между нами и окружающими. Наше психофизическое состояние улучшается, и нам бы прежде всего хотелось поразвлечься. И действительно, во время этого транзита мы больше веселимся, отдыхаем и развлекаемся, в широком смысле слова. Материальные удовольствия оказываются на первом месте, и следовательно, мы должны отдать предпочтение вкусному ужину, приятному послеобеденному отдыху, прогулке на открытом воздухе, расслабляющему и здоровому сексу. Но также, чтобы наилучшим образом провести время этого транзита, мы можем сходить с другом в кинотеатр или поиграть в карты. Было бы очень полезно воспользоваться нашей особенной расположенностью по отношению к другим в эти часы, и попытаться урегулировать любые возможные проблемы и недоразумения, возникшие ранее в наших отношениях с окружающими. Кроме того, пользуясь тем, что в данный момент наши собеседники гораздо лучше расположены по отношению к нам, можно смело предлагать свою кандидатуру для какой-нибудь ответственной работы, которая может способствовать нашему профессиональному росту, или же восстановить мирные отношения с любимым человеком. Во время этого транзита нас влечет к искусству и красоте вообще. И это самый подходящий период, следовательно, для посещения музеев, художественных выставок, монументов, чтобы насладиться фильмами на эти темы, чтобы приобрести предметы антиквариата, картину, ценные ювелирные или фарфоровые изделия. Также этот момент удачен для того, чтобы выбрать новый галстук, костюм, или любой предмет одежды. Помимо прочего, данный транзит благоприятен для ухода за нашим телом, и им можно воспользоваться, чтобы сделать себе маску для лица, полезные косметические грязевые обертывания для кожи, сходить в парикмахерскую, к маникюрше, получить удовольствие от очищающей и расслабляющей сауны. Если нам необходимо разрешить эстетическую проблему, например, мы планируем сделать ринопластику, то стоит сходить именно в эти часы на консультацию к пластическому хирургу. Мы чувствуем потребность быть красивее и выражать себя как можно лучше. Соответственно, мы можем записаться на курсы декламации и начать их посещать в эти часы, или же выбрать себе новую оправу для очков, или попытаться, первый раз в своей жизни, надеть контактные линзы. Во время данного транзита нами овладевает гедонистический импульс, и удовлетворить его мы можем пытаясь получить наслаждение любым образом, или же окружая себя красивыми вещами, приятными на вид и на ощупь. Это время необычайно подходит для любви и ухаживания, для романтических признаний, дарения цветов, поздравительных открыток.... В эти моменты наше идеальное психофизическое состояние отлично проявляется вовне, поэтому нам будет очень полезным запечатлеть себя на фотографиях именно в этот период. Еще мы можем решиться как-то поменять и улучшить наш имидж, например, изменить прическу, отрастить бороду, или начать одеваться несколько иначе. Решим ли мы напечатать себе новые визитные карточки, повесим ли на входную дверь металлическую табличку, в эти часы в любом своем выборе мы будем руководствоваться прекрасным эстетическим чувством вкуса и меры. Мы можем получить огромное удовольствие, посвятив это время нахождению лучшей расстановки мебели или расположению картин в гостиной комнате. И наконец, мы чувствуем свою особенную расположенность по отношению к собственной сестре, подруге, дочери или любимой.

Луна в напряженном аспекте с Венерой

Когда Луна проходит в напряженном аспекте к нашей натальной Венере, нас может привлекать, в преувеличенной форме, удовольствие во всех его видах и способах выражения. Существует реальный риск неумеренности поведения, так что мы должны быть осторожны, чтобы не злоупотреблять пищей, спиртными напитками, курением, игрой и сексом... Этот планетарный транзит таит в себе опасную тенденцию к избытку, и, зная об этом, мы должны быть более бдительными, чтобы избежать несварения любого рода. Следуя древней мудрости, которая гласит, что «Вакх, Венера и табак ввергают человека в прах», нам нужно опасаться больше, чем когда-либо неприятных последствий от участия в вечерних или ночных кутежах. Необузданный гедонизм может быть весьма опасным. Стремление к удовольствиям любой ценой не может быть похвальным, потому что зачастую провоцирует нас на разные глупые поступки, в совершении которых позже мы будем каяться. Стоит напомнить, что в мировой коллекции натальных карт знаменитостей фигурирует множество имен убийц и насильников с доминирующей Венерой... Нам необходимо попытаться, таким образом, дисциплинировать наше либидо, упорядочить свое поведение, и прежде всего, успокоиться и руководствоваться здравым смыслом. Пробуждение с похмелья всегда болезненно, и за несколько часов безудержных развлечений нам скорее всего придется дорого заплатить. Наше видение мира, несколько искаженное жаждой удовольствий, ставит нас в неправильное положение по отношению к любимому человеку, и значит, не смотря на то, что в эти часы нашим главным желанием является большая любовь, этот период совершенно не подходит для данной цели. От любовных отношений лучше будет воздержаться и отложить их до более благоприятного времени. Зачастую можно, на самом деле, ошибиться не только в недостаточности действий, но и в их избыточности. Невоздержанность скрывается под нашими намерениями, и мы можем допустить одну или несколько грубых ошибок, за которые придется поплатиться. Нам трудно держать под контролем свою страсть, и это может привести неожиданным неприятностям, например, к нежелательной беременности. В наших отношениях с другими людьми мы рискуем показаться слишком фамильярными или навязчивыми, так как любой ценой стремимся завоевать симпатию собеседника.

В общем, нас переполняет желание любить и душевно общаться с ближними в этот период, но при этом очень не хватает чувства меры. С другой стороны, нет никаких проблем, если наше гедонистическое настроение проявится в попытках «наесться до отвала» в культурном и художественном плане, посещая музеи, выставки, концерты, театры, и так далее. В данном случае риск невоздержанности не может нанести вреда, но напротив, будет способствовать нашему культурному росту и духовному возвышению. Другое дело, если речь идет о покупке предметов искусства, картин, ювелирных изделий, антикварной мебели или фарфора, ведь наша тенденция к преувеличению, описанная выше, может здесь проявиться в ошибочном выборе. В действительности одной из негативных тенденций этого периода является излишняя расточительность, или если хотите, некоторая мегаломания в тратах. При этом транзите мы рискуем опустошить наши карманы, прежде всего ради получения удовольствий любого рода. Мы легко допустим ошибку при покупке предметов одежды, таких как галстуки, платья, сумки, костюмы, шляпы. В этот момент лучше будет не пытаться подобрать цвет для покраски стен в гостиной комнате или выбрать новый кафель для ванной, стоит также отложить принятие решения о новой расстановке мебели в доме. И наконец, нужно быть осторожными, чтобы не испортить отношения с нашей сестрой, подругой, дочерью или любимой.

Луна в гармоничном аспекте с Марсом

Когда транзитная Луна проходит в позитивном аспекте с Марсом нашего радикса, приятное ощущение силы и оптимизма переполняет нас. Некий поток особенно кипучей жизнедеятельности ведет нас в исключительно позитивном направлении по отношению к окружающим и вообще к жизни. Чувство мощного заряда внутренней энергии подталкивает нас к великим свершениям, даже если речь идет о быстром транзите. Мы проявляем силу, смелость, решительность, способность к выполнению важных задач и даже отважных и рискованных действий. Нас не страшат опасности, мы очень динамично продвигаемся вперед. Наша твердая решимость в эти часы сквозит в любом нашем действии, будто бы витая в воздухе вокруг нас, это становится очевидным для всех окружающих, и придает нашей личности особую убедительность в глазах других. В здоровом теле – здоровый дух (*Mens sana in corpore sano*), - так говорили в старину, и на самом деле, в этот момент мы переживаем положительный всплеск уровня психофизической энергии. Огромный заряд жизненных сил, выносливости, мощной энергетики проявляется в каждом аспекте нашей личности, в выражении лица, звучании голоса, напряжении всех мышц. Это позволяет нам отважно идти на встречу даже самым острым и жестким проблемам и находить решения, которые требуют не только нашей полной отдачи, но и смелости. Наша решительность заметна и очевидна для всех, окружающие люди ощущают ее и с легкостью принимают естественным образом. Нас окружает величественный ореол царского достоинства и лидерства, лишенный высокомерия, что выдвигает нашу кандидатуру на роль ведущего, командира, руководителя. Мы можем отважиться на большее, и мы должны решиться и посметь большее, ведь этот момент очень подходит для того, чтобы попросить о более ответственной должности на работе, о поручении по руководству амбициозным проектом или по ведению важных переговоров. Мы просто излучаем вокруг себя некую силу, которая нисколько не агрессивна, это спокойная сила по настоящему уверенных в себе людей. Мы способны командовать без риска быть авторитарными, просить без навязывания, заставить себя услышать без повышения голоса. У нас возникает желание того, чтобы эти волшебные часы длились бесконечно. Во время этого транзита застенчивые люди обретают особенную смелость, вовсе не характерную для них в другое время, а храбрые проявляют себя гораздо сильней и ярче обычного. Этот транзит также подходит для занятий спортом. Тот, кто ведет сидячий образ жизни, может попробовать свои силы в любительском футбольном матче с коллегами по работе, поиграть в волейбол или просто сделать утреннюю зарядку. Тот же, кто ведет подвижный образ жизни, как правило, удваивает свою ежедневную физическую нагрузку. Этот планетарный аспект может вызвать у нас желание записаться в фитнес-клуб, и это вовсе не плохая идея. Повышенный уровень личной энергетики в эти часы можно было бы эффективно использовать также для выполнения внеплановых работ, необходимость в которых возникает лишь периодически, например таких, как рубка дров, перестановка мебели, транспортировка продуктовых запасов, и так далее. Также более интенсивные и здоровые занятия сексом могут стать прекрасным обрамлением данного планетарного транзита. Кроме того, мы можем почувствовать необычное влечение к занятиям, связанным с механикой, обработкой дерева, гидравликой, что позволит нам прекрасно совместить приятное с полезным. Во время этого транзита нас будут особенно привлекать к себе сильные фигуры мужчин, такие как военные, полицейские, спортсмены, и так далее.

Луна в напряженном аспекте с Марсом

Когда транзитная Луна проходит в напряженном аспекте с Марсом, мы чувствуем влияние некой неприятной агрессивности, мотивов возникновения которой нам никак не удается понять. На самом деле нет никаких реальных причин для нее, кроме самого транзита. Мы ощущаем наэлектризованность, раздражение и беспокойство внутри и вне себя. Мы недовольны сами собой и осознаем свою временную склонность к ссорам, способность вспыхнуть из-за пустяка, и острую необходимость в успокоительном лекарстве. Вероятно, источником проблемы является дисбаланс между двумя руководящими нами силами, одни регулируют ментальную работу, а другие управляют нашими внутренними эмоциями. Мы просто кожей ощущаем избыток энергии, который провоцирует для начала повышенную конфликтность с нашим окружением. Мы рискуем ввязываться в бесконечные ссоры со всеми, прежде всего с членами нашей семьи и партнером, а потом и с любым случайно встретившемся человеком, будь то служащий банка, водитель автобуса, посыльный, или официант, и так далее. Мы вдруг открываем задиристую сторону своей личности, которая в другое время для нас вовсе не характерна. Выясняется, что мы готовы даже броситься в драку по невероятно ничтожным мотивам, если не будем осторожны. И в данный момент нам необходима именно максимальная осторожность, поскольку существует просто огромная вероятность испортить даже самые устойчивые и проверенные временем отношения по самым глупым причинам. В эти несколько часов нам необходимо постоянно напоминать себе, что прежде чем действовать и реагировать, нужно сосчитать до трех в уме, ведь внутри нас будто бы поселился дьяволенок, который заставляет нас поступать неразумно. Мы должны собрать волю в кулак и вести себя исключительно благоразумно, чтобы не попасть в неприятные ситуации, влекущие за собой даже последствия судебного характера (сколько раз нам приходилось оказываться на грани ссоры с работником ГАИ из-за превышения скорости на дороге, с риском получить обвинение в нанесении оскорбления официальному лицу?). И прежде всего именно с военными лицами, полицейскими, регулировщиками дорожного движения, охранниками и карабинерами, мы можем вступить в конфликт. Кроме того, в эти часы существует также возможность спровоцировать несчастные случаи разного рода, мы можем попасть в дорожно-транспортное происшествие, сбить пешехода своим мотоциклом, разбить оконное стекло дома, неуклюжим движением повредить товар в магазине. Одним словом, во время этого транзита мы будем особо склонны к разрушениям, в самом широком смысле слова, и чем бы мы не занимались. Мы можем привлечь эту опасность разрушения и на самих себя, с вероятностью поранить руку при нарезке пищи ножом, или же упасть с лестницы при развешивании штор. Само собой разумеется, следовательно, что во время этого транзита не стоит заниматься катанием на лыжах, на коньках или ездой на велосипеде. Желательно избегать прыжков в воду на море или в бассейне, восхождения в горы, и даже банального выхода на балкон дома во время праздничных фейерверков. На самом деле, эта транзитная конфигурация планет определяет повышенный уровень опасности вокруг нас, и в худшем случае он может проявиться в ситуации, когда случайно оказавшись в банке во время ограбления мы получим огнестрельное ранение. Конечно же, этот пример граничит с абсурдом, поскольку такое событие должно основываться лишь на поражающих нас одновременно многих других очень тяжелых транзитах, но этим хотелось бы просто подчеркнуть тот факт, что потенциальная опасность, которая нам грозит, вовсе не обязательно будет спровоцирована нашими ошибочными действиями. В подобных ситуациях мы превращаемся в центр притяжения негативной энергии, подобно магниту, и входя в резонанс с окружающей средой, можем привлечь к себе различные типы наносящих нам вред событий.

Луна в гармоничном аспекте с Юпитером

Когда Луна движется под благоприятным углом к натальному Юпитеру, мы переживаем ощущения здорового оптимизма и доверия другим людям и жизни вообще. Это замечательный момент, который, даже не смотря на свою краткосрочность, поможет нам пополнить запасы личной энергии. Наше общее самочувствие улучшается, мы более удовлетворены, находимся в состоянии согласия с миром, большего спокойствия и открытости по отношению к окружающим. Нами руководит общая тенденция к ослаблению защиты, к доверию другим людям, и к избеганию попыток поиска возможных обманов вокруг нас. Именно во время подобных транзитов мы можем решиться на шаги, на которые обычно мы не идем из-за чрезмерного недоверия и страха быть обманутыми и оказаться в дураках. Юпитер сияет в нашем сердце и озаряет все вокруг нас настолько, что другие это ощущают и входят в гармоничные отношения взаимного обмена с нами. Таким образом, эти несколько часов превращаются во время отличных отношений с окружающими. Хорошее расположение духа помогает нам благословить начало новых дел, даже особой важности. Следовательно, мы можем начать новую работу, но и просто новую диету, или же открыть для себя новое хобби. Позитивная аура, окружающая нас, может также поспособствовать в получении нами поддержки любого рода, например, премии или благодарности на работе, хороших отзывов прессы о наших достижениях, или же новой более престижной должности с большей ответственностью. Наши акции растут, и нужно быстро действовать, чтобы воспользоваться ситуацией, используя все возможности. Лучшее, что можно сделать в этот период, это чаще предлагать свои услуги, осмеливаться на большее, отправить письма людям, которые могут нам чем-то быть полезными, позвонить тем, кто может принести нам прежде всего материальную прибыль. Если мы ищем работу, то это очень благоприятный период для ее нахождения, конечно же при условии, что общая экономическая ситуация в Стране способствует этому. Наш возросший оптимизм хорошо отразится на любых новых начинаниях, таких как поступление на курсы иностранных языков или в высшее учебное заведение, взятие на себя большей ответственности на работе, нахождение нового способа для проведения свободного времени. Во время этого транзита мы больше уделяем внимание вопросам правосудия, в том смысле, что испытываем обостренное чувство справедливости, и поэтому активно действуем, чтобы эти принципы нашли свое применение со всей строгостью и тщательностью. Это нас приводит, например, к пересмотру старых проблем, отложенных в сторону как незначительные вопросы, если вдруг мы открываем для себя, что в тех делах оказались попраны чьи-то права. Особенно активное размышление в этом направлении может способствовать также тому, что мы сможем добиться более справедливого и лучшего нашего положения на работе касательно оплаты или безопасности условий труда. Кроме того, с таким хорошим настроением мы можем успешно разрешить старые правовые споры или судебные тяжбы разного рода, которые казались бесконечными. Опять же, во время этого транзита нас будут больше привлекать путешествия и любого рода перемещения, на короткие или дальние расстояния. Этот период очень для них подходит, и обеспечивает нам получение максимального удовольствия в пути. Нужно успеть воспользоваться транзитом, так как длится он всего несколько часов. И наконец, мы ощущаем особое влечение к вопросам философии, теологии, эзотерики, астрологии и тому подобным. Так давайте же не будем упускать этот замечательный момент, чтобы повысить наш культурный уровень.

Луна в напряженном аспекте с Юпитером

Когда Луна в своем зодиакальном движении неблагоприятно смотрит на наш натальный Юпитер, мы переживаем момент общей гипертрофии Эго с тенденцией к преувеличенным действиям любого рода. Почти полное отсутствие чувства критики здесь достигает невиданных высот, что должно нас особенно насторожить, так как мы становимся абсолютно невнимательными к угрозам внешнего мира, а прежде всего мы рискуем недооценивать возможные опасности. Мы чувствуем себя триумфально уверенными в самих себе, самонадеянными и почти всемогущими. Мы склонны преуменьшать значение трудностей и оптимистично верить в возможность разрешения любых противоречий и проблем. Мы убеждены, что все можно уладить и легко вернуть на свои места. Но нет ничего хуже, чем полностью снять защиту, раскрыть наши тылы, потерять тот минимум здоровой недоверчивости, который должен всегда сохраняться для нашей же безопасности. То, что в позитивном смысле можно назвать «стрелецким чистосердечием», здесь приобретает излишнюю наполненность и приводит к тому, что на наши глаза одеваются толстенные розовые очки, и мы перестаем четко видеть реальность. Мы чрезмерно расслабляемся, а следовательно, полностью снимаем оборону. Мы ведем себя, как часовой, обернувшийся спиной к врагу. Преувеличенная самоуверенность не позволяет нам до конца осознать, с какой стороны следует ожидать козней врагов. В эти часы мы склонны к гипертрофированной самооценке. Мы ощущаем себя почти на уровне Бога и переоцениваем свои способности. Нет ничего более ложного и губительного, чем подобное поведение. Из-за этого мы становимся особенно уязвимыми и незащищенными. Эта наша временная недооценка проблем в результате подвергает нас чрезвычайной опасности, понемногу во всех областях жизни. Например, в финансовой сфере мы можем вообразить себе возможность получения невиданной прибыли, а на самом деле потерять в итоге все свои денежные запасы из-за полностью ошибочных инвестиций. Или же мы посчитаем возможным броситься слома голову в некий профессиональный проект, который через некоторое время обернется самым настоящим провалом. Вдруг нам вздумается, например, что можно абсолютно безнаказанно совершить какое-то правонарушение, а ситуация на самом деле развернется в противоположную для нас сторону. Также мы убеждены, что можем приобрести ценные вещи, которые по стоимости далеко превосходят наши реальные возможности, и в результате берем огромный кредит в банке, который придется погашать с невероятными трудностями. Наша недооценка проблем может распространиться и на сферу любовных отношений, и тогда мы начнем питать надежды на успех в ситуациях, абсолютно не соответствующих нашим возможностям. Мы можем также убедить себя в том, что наш ребенок способен поступить в элитарное учебное заведение, чтобы впоследствии выяснить, насколько необдуманным или вообще абсурдным было это решение. Одним словом, в эти недолгие, но отнюдь не банальные часы нам необходимо прилагать особые усилия, чтобы крепко стоять на земле и не бросаться в дела, которые в нашем воображении вырисовываются беспроблемными. В то же время нужно остерегаться любого переизбытка в потреблении пищи любого рода. Психическое расслабление, по сути, зачастую вызывает также чрезмерную снисходительность к себе, что приводит к возможному перееданию, причем в основном очень вредной для здоровья пищи. То же самое относится и к потреблению алкоголя, который в этот период может стать нашим врагом номер один.

Луна в гармоничном аспекте с Сатурном

Когда транзитная Луна проходит в гармоничном аспекте к нашему радиксному Сатурну, то мы вдруг будто бы становимся более мудрыми и зрелыми. Чувство возросшего внутреннего покоя дает нам понять, что мы переживаем момент редкого равновесия, когда удается более успешно управлять отношениями между силами нашего подсознания и рационального Я. Мы ведем себя исключительно сбалансировано и сдержанно, очень хорошо владеем собой, но при этом никоим образом не подавляя себя. Самоконтроль осуществляется совершенно естественным образом, и мы испытываем очень мощное ощущение спокойствия вокруг нас. Мы чувствуем себя серьезными, уверенными, по-особенному мудрыми и рациональными. Как будто бы мы вдруг постарели лет на двадцать, но в хорошем смысле слова. Пусть всего лишь на несколько часов, но мы открываем в себе способность к серьезным рассуждениям, к хорошему контролю собственных эмоций, к взвешенному пониманию всех вещей. В эти моменты мы можем обдумывать свое самое отдаленное будущее, так как мы обретаем способность закладывать долгосрочные программы, даже в расчете на двадцать лет вперед. Все то, чего можно достигнуть лишь благодаря медленным и длительным усилиям, может получить свое очень хорошее начало под влиянием этого транзита. Если позаимствовать пример из области легкой атлетики, то можно сказать, что в данный момент мы также, как бегуны на длинные дистанции, будем менее быстрыми, чем спринтеры, но при этом гораздо более выносливыми. Наша сила заключается не в рывке, а в продолжительности, и именно на это и стоит нацеливаться. Чудесное глубинное спокойствие руководит нами в этот период, и позволяет подвести частичные итоги нашей жизни, чтобы ясно определить, в чем мы заблуждались, и к чему должны были бы стремиться еще больше. Также мы более правильно можем оценивать наши отношения с другими людьми, нам удается увидеть ситуацию с позиции собеседников и понять их потребности. Мы обнаруживаем в себе большую амбициозность, но это является неотъемлемой частью долгосрочных стратегий, зарождающихся под влиянием транзитов, связанных с Сатурном.

Молодежь вообще не привлекает нас, и мы предпочитаем ей людей пожилого возраста, на которых смотрим с редким восхищением. Мы знаем, что от стариков можно получить драгоценные наставления, и мы преданно внимаем им. В эти часы нам хочется пообщаться с нашими дедушками и бабушками, если нам посчастливилось иметь их рядом, мы любим слушать их рассказы, настолько богатые опытом и мудростью. Соль жизни, передаваемая через их воспоминания, становится для нас богатейшим источником информации. В эти часы мы также более расположены к заботе о частях нашего тела, имеющих отношение к возрасту и к кальцию, а значит о костях и зубах. Это очень подходящий момент, чтобы посетить зубного врача или ортопеда. Полезным будет также поход в разные музеи и к античным монументам.

Луна в напряженном аспекте с Сатурном

Когда транзитная Луна проходит в напряженном аспекте с нашим натальным Сатурном, мы ощущаем тягость сильного чувства долга. Мы особенно нацелены на максимальный результат наших действий, и стараемся не допустить при этом ошибок. Мы становимся исключительно строгими по отношению к самим себе, и у нас складывается впечатление, что другие тоже к нам относятся суровей, чем обычно. Нам кажется, что за нами наблюдают и шпионят. Мы ведем себя так, будто бы должны постоянно проходить некий экзамен, и в этом смысле мы стремимся проявлять излишнее усердие, чтобы завоевать одобрительные аплодисменты окружающих. Нам очень нужны комплименты и поощрения. Очевидно, что речь идет о периоде депрессии, уныния и отчаяния. Мы как бы видим жизнь сквозь толстенные черные очки. У нас не получается увидеть светлые перспективы будущего, и нам кажется, что все ведет к плохому и трагичному исходу. Просто мы переживаем момент общего, тотального пессимизма. Нас охватывает чувство собственной неполноценности, наталкивающее на мысли о том, что мы не способны оказаться на уровне других, обречены на полный провал, что мы не можем конкурировать с окружающими. Из-за такого чувства неполноценности, в порядке компенсации, рождается сильная амбициозность и мечты о власти, но естественно, это имеет отношение лишь к нескольким часам данного транзита. Фантазируя о славных победах в наших делах, нам нравится строить планы о блестящей и молниеносной карьере, о невероятно ответственных заданиях, которые нам поручат. Мы нацелены взлететь вверх, очень высоко. Но в то же время мы боимся и трепещем перед любой фигурой отцовского типа, от нашего настоящего отца во плоти, до нашего начальника в офисе, командира на военной службе, школьного учителя. Мы чувствуем себя попавшими в ловушку, будто бы зажатыми в тисках чувства вины и долга, которые препятствуют свободному выражению наших эмоций. Жесткий контроль рационального Я почти тотален. Мы чувствуем удушающую атмосферу. Мы не в состоянии объективно взглянуть на реальность вещей, и у нас складывается впечатление, что виртуальное свинцовое небо над нашей головой должно преследовать нас, в метеорологическом и в психологическом смысле, до конца наших дней. Этот час особой тоски, кажется, будет длиться вечно. Мы меланхоличные и грустные, видим все вокруг сложным, трудным, непреодолимым. В подобной общей атмосфере мы даже способны признаться в преступлениях, которых никогда не совершали. Все личные взаимоотношения начинают на нас давить, так как складывается впечатление, что другие нас судят, и судят строго. Больше всего мы опасаемся осуждения со стороны пожилых людей, начальников, или тех лиц, которые, не будучи выше нас по иерархии, каким-то образом все же воплощают идею власти. В моменты, подобные этим, мы на подсознательном уровне способны приказать собственному телу вырастить прыщи на коже, чтобы создать себе некое алиби, позволяющее смело заявить, например, что у меня есть прыщи, и поэтому люди меня не любят. Особенно желудок мог бы отреагировать на такой сильный психологический стресс, развив гастрит на нервной почве, конечно если этому имеются основания в нашей натальной карте. Кроме того, мы можем столкнуться с некоторыми проблемами, связанными с костями и зубами, и соответственно, можем быть вынужденными обратиться за помощью стоматолога во время этого транзита. Благоприятными и полезными для нас окажутся тщательные сознательные поиски своих жизненных упущений и ошибок. На самом деле, в эти часы мы особенно безжалостно относимся к себе, и это оказывается чрезвычайно полезным для подобного самоанализа.

Луна в гармоничном аспекте с Ураном

Когда Луна проходит под благоприятным углом к нашему натальному Урану, мы ощущаем сильный порыв ветра перемен и обновления. Мы чувствуем себя бодрыми, проворными, но прежде всего катапультированными вовне и с сильным желанием перемениться. Это и есть самый сильный наш импульс, тот решительный, мощный, революционный порыв, который стимулирует нас к внутренним и внешним изменениям нашей личности. У нас вызывает отвращение любая ситуация застоя, бездействия и тупика. Мы желаем бороться с застоем, как с тяжелой болезнью. Нам кажется невыносимым сидеть на месте, глядя как наша жизнь протекает без внезапных переворотов. Дух приключений, завладевающий нами в эти часы, это нечто уникальное, что вряд ли можно испытать во время других транзитов. Мы чувствуем себя также особенно оригинальными, и проявляем это не только через осеняющие нас идеи, но и через конкретные действия, например, мы можем одеться в этот день совершенно необычным образом. Иногда эта жажда оригинальности переходит все границы, и мы показываемся на людях в преувеличенно эксцентричном виде. А вам никогда не случалось надеть костюм, совершенно не подходящий к конкретной ситуации? Если подобное происходило, то это значит, что вы были под действием данного планетарного транзита. Самые экстравагантные идеи могут овладеть нами, и нам может взбрести в голову покрасить собственную машину в розовый цвет с голубыми звездочками, опять же, если эта тенденция уже заложена в нашей натальной карте. Прежде всего, этот период будет плодовитым на идеи, и способствовать обновлению нашей личности. Мы можем воспользоваться этой возможностью и совершить резкий поворот, а может и несколько переворотов в жизни, внеся важные изменения в нашу ежедневную рутину. Если бы периодически не было таких транзитов, то мы бы рисковали серьезным застоем. Старение, прежде всего ментальное, – это одна из главных опасностей, которых следует остерегаться всегда. Показаться нашим близким людям, да и всему миру, несколько иным образом представляет собой выигрышный и позитивный шаг. В такие моменты мы осознаем, сколько ошибок совершается при попытках зацепиться за все завоеванное нами ранее. Страх потерять материальные ценности очень часто нас просто парализует, и приговаривает к бесконечному и печальному повтору одного и того же клише. В повседневных привычках ржавеют и наши чувства, убивая ребенка, живущего в каждом из нас. Гармоничный аспект Луна-Уран позволяет нам, все же, проявить самые творческие и инновационные силы нашего духа. Это поможет нам отправиться далеко, и в смысле географических просторов, и далеко во времени. На один день мы можем отбросить прочь шляпу и шарф, и побежать в распахнутой рубашке навстречу ветру. Кто сказал, что мы должны обязательно прятаться от дождя? Один раз, в кои-то веки, разве мы не можем безрассудно пробежаться под ливнем, как в знаменитой американской песне? Где написано, что каждый вечер надо ложиться спать в одиннадцать? А что, если попробовать, хоть бы раз, всю ночь напролет кататься по улицам города, а с утра пойти посмотреть на восход солнца у моря? Если мы в эти часы заглянем глубоко внутрь себя, то обнаружим дух молодости, который пытаемся похоронить в себе день за днем. Так давайте же проявим лучшие качества нашей личности, восстающие против условностей общества, которые позволяют нам рисковать и жить наполненно. Давайте не будем бояться дышать, идти на риск, действовать против установленных правил. Давайте воспользуемся этим моментом, чтобы выбросить с балкона все то, что нас может состарить. Как на Новый Год, по итальянской традиции, народ выбрасывает на улицу разную рухлядь, так и мы можем в эти часы выбросить прочь какое-нибудь старое воспоминание, которое нас тяготит, приковывая к земле и не давая взлететь. Мы испытываем опьянение полетом, как говорит в своей знаменитой книге Эрика Джонг. Стоит постараться, хоть иногда, оставить условности, правила, снять петлю с шеи. Давайте освободимся от удушающего влияния супер-Я. Выпустим душу на волю. И, может быть, даже взлетим на самом деле, потому что в эти часы нас действительно будут привлекать к себе самолеты, но также и электроника, кино, фотография, музыка и астрология. Давайте воспользуемся этим моментом, чтобы сделать что-то необычное, углубиться в изучение из ряда вон выходящих вопросов, или испытать необыкновенно острые ощущения. Давайте оживим дух дружбы и братства, который в какой-то мере присутствует в каждом человеке. Давайте, в конце-то концов, проживем этот день как настоящие хиппи.

Луна в напряженном аспекте с Ураном

Когда Луна проходит в напряженном аспекте с Ураном радикса, мы переживаем воздействие сильного возбуждения окружающей обстановки, своего рода наэлектризованности. Тот стимул к антиконформизму, который вносил элемент здорового обновления нашей жизни во время гармоничного транзита Луны к Урану, сейчас превращается в нечто бурное и стремительное, исключительно опасное, способное разрастись до невероятных размеров, превышающих все разумные границы.

Стремление к оригинальности, преобладающее во время этого транзита, в итоге переполняет нас и сметает на своем пути все понятия здравого смыла, которого любой человек все же должен придерживаться. В итоге наши действия становятся в чем-то преувеличенными, с особой склонностью к эксцентричности. Ведь одно дело, когда мы просто одеваем вместе с джинсами пиджак от смокинга, это уже выглядит достаточно необычно, но совершенно другое дело, если нам вздумается пойти в парламент в шортиках. Во время этого планетарного транзита наша нетерпимость к привычкам, всякого рода промедлениям и задержкам, а также ненависть к рутине и застою могут вырасти до невиданных размеров, и подтолкнуть нас на преувеличенные жесты, на поступки, несоразмерные ситуации и лишенные элегантности и такта. В эти часы мы выглядим будто бы на взводе и потерявшими самоконтроль. Излишняя нервозность нас провоцирует больше к разрушению, чем созиданию. Одним махом мы можем уничтожить все то, что медленно и с трудом создавалось годами. Из-за одного неверного слова мы рискуем пожертвовать двадцатилетней дружбой. Нам просто необходимо сохранять контроль, быть максимально благоразумными, особенно сдержанными и мудрыми. Чувства меры нам особенно не хватает во время этого транзита. Наша душа беспокойна, со стремлением к парадоксальным и преувеличенным действиям любого рода. Нас тянет быть свободными, как ветер, и не соблюдать никаких правил. Нас очень раздражают любые ограничения, принуждения, и даже правила культуры и вежливости. Наша «безумная струна», как говорил Пиранделло, побеждает «бухгалтера», сидящего внутри у каждого из нас. Мы ведем себя настолько возбужденно, будто бы находимся под воздействием наркотиков, или будто бы мы выпили десять чашек кофе, и крутимся как заведенные, словно с форсированным двигателем. Подобная беспокойность заразна, и она отрицательно сказывается на наших отношениях с окружающими, провоцируя нас на риск поссориться со всеми понемногу. Нами руководит желание послать к черту не только нашего начальника на работе, но и людей, которых мы любим больше всего и с которыми нас многое связывает. В эти часы мы должны быть очень внимательными, чтобы не разрушить особенно дорогие и близкие нам отношения. При необходимости, возможно, мы прибегнем к успокоительным лекарствам, натуральным или в таблетках, чтобы немного снизить давление, которое характерно для этого планетарного транзита. Но прежде всего нам необходимо прилагать все усилия, чтобы сохранять ясность и трезвость ума, сознательный контроль. Нужно не давать волю импульсам той преувеличенно центробежной силы, которая нами управляет в данный момент. Высокий уровень напряженности, окружающий нас в эти часы, может проявиться даже в виде различных происшествий и аварий, жертвами которых мы можем стать, и поэтому предпочтительно избегать, прежде всего, езды на машине и на мотоцикле. Также в этот момент не стоит нырять с высоты, кататься на лыжах и коньках, работать с горючими веществами, ремонтировать электроприборы и шутить с огнестрельным оружием.

Луна в гармоничном аспекте с Нептуном

Когда транзитная Луна проходит в гармоничном аспекте с нашим натальным Нептуном, мы ощущаем особую атмосферу мечты вокруг нас. Нами овладевают чувства забытья, растворения и ухода в мир фантазий и грез. Мы испытываем особенное вдохновение и тягу к поэзии и литературе. Но речь идет, прежде всего, о настроениях и ощущениях, которые можно было бы претворить в художественное творчество. И на самом деле, эти периоды очень благоприятны для людей творческих профессий, которым в этот момент особенно хорошо удается рисовать, ваять, играть, писать, сочинять музыку, обдумывать возможные будущие работы. Этот короткий, но значительный и волшебный момент богат на замечательные интуиции, которые могут превратиться в плоды нашего ума и фантазии. Даже если если мы занимаемся чисто технической деятельностью, этот транзит может подсказать нам пути повышения эффективности нашей работы, помочь разрешить старые проблемы, осознать, в каком направлении будет лучше двигаться дальше. Мы хотим не только думать, размышлять, но и успокоиться, отдохнуть, поспать. Прогулки в эти часы будут очень приятными и расслабляющими. Но удовольствие будет еще сильнее, если мы отправимся покататься на яхте, катере, любом морском судне. Мы на самом деле испытываем сильное влечение к воде и жидкостям вообще, включая напитки всех видов. Увеличивается наша терпимость и милосердие по отношению к другим, а также растет желание помогать людям, ухаживать за ними. Мы испытываем большее сострадание к ближним, нас волнуют и трогают за живое проблемы нищих и бездомных, самых слабых и обездоленных людей, разных меньшинств, эмигрантов, всех несчастных, живущих среди нас. Мы чувствуем необходимость сделать что-нибудь конкретное для них, может быть начать сотрудничать с гуманитарными и миссионерскими организациями, оказать посильную практическую помощь любым возможным образом. Если мы попытаемся сделать что-то полезное, пожертвовать еду, одежду или деньги нуждающимся, то испытаем от этого глубокое удовлетворение и счастье. Также, более чем когда-либо, мы переживаем мистические чувства, и этим можно воспользоваться, чтобы посвятить эти часы молитве или посещению культовых храмов и церквей. Если мы не религиозны, то можем испытывать в этот период большее стремление слиться с толпой, присоединиться к объединениям людей, политическим, профсоюзным, экологическим или другим общественным союзам и массовым движениям. Если мы захотим вступить в ряды одной из подобных организаций, то транзит как нельзя лучше подходит для этого. То же самое относится к нашему возможному желанию записаться на курсы по подводной рыбалке, парусному спорту, или катанию на водных лыжах. Этот транзит побуждает нас навестить больных или страдающих по какой-то причине людей. Стоит поддаться этому импульсу, оказать психологическую поддержку своим близким, чтобы потом не чувствовать себя виноватыми. Наша расположенность и терпимость по отношению к другим может помочь нам преодолеть старую обиду и простить кого-то. К тому же, этими часами стоит воспользоваться для чтения книг на темы эзотеризма, мистики, йоги, восточной философии, астрологии, и так далее. Если мы практикуем медитации разного рода, то данный транзит указывает на идеально подходящий для подобных занятий отрезок дня.

Луна в напряженном аспекте с Нептуном

Когда транзитная Луна образует напряженный аспект с Нептуном нашего радикса, мы переживаем состояния легкой тревоги и/или фобии. Нас охватывает некое ощущение опасности, но при этом мы не в силах ни дать ему конкретное название, ни понять, чем вызвано такое наше состояние. Общее чувство беспокойства и страха овладевает нами, и склоняет нас к плохому самочувствию и несколько фобическому отношению почти ко всему подряд. Мы склонны думать, что переживаем плохой период жизни, что нам что-то угрожает, что окружающие настроены против нас, что с минуты на минуту мы можем столкнуться с какой-то большой проблемой. Даже если обычно мы не ведем себя как параноики, в эти часы мы все же действуем так, будто ими являемся, относясь с особенной недоверчивостью к другим людям. Ярко выраженный пессимизм овладевает нами, и мы начинаем выстраивать теории о том, что якобы жизнь вошла в черную полосу, что нас преследует злой рок, что все идет наперекосяк. Беда в том, что нам не удается быть объективными, и мы не только не отдаем себе отчет в том, что все эти страхи иллюзорны и глубоко субъективны, но мы можем даже посчитать, что они будут преследовать нас всегда. На самом же деле речь идет лишь о нескольких часах, и уже на следующий день мы почувствуем себя лучше. Если наше обычное психическое состояние очень хорошее, то транзит может проявиться только лишь в виде большого умственного замешательства. Для нас это будут моменты неясности и путанности в речах, мыслях, планировании. В эти часы стоит избегать принятия ответственных решений и работы над любым серьезным проектом. Предпочтительно будет отсрочить подготовку очень важного для нас доклада или занятие любой другой интеллектуальной деятельностью. Путаница возникает не только в наших мыслях, но и в сердце, так что мы склонны ошибаться и в наших личных оценках других людей. В этом смысле нам стоит постараться временно не судить об окружающих и воздержаться от принятия решений относительно наших самых интимных и конфиденциальных отношений. Наше состояние души отуманено Нептуном, и мы рискуем в таком состоянии недооценивать или переоценивать людей и жизненные ситуации. Психическое замешательство, овладевшее нами, может спровоцировать и допущение ошибок в действиях, ставящих под угрозу нашу личную безопасность, и поэтому лучше будет не садиться за руль мотоцикла во время подобного транзита и свести к минимуму пользование автомобилем. Если бы пилоты F1 знали об этом транзите, то скорей всего ушли бы из спорта, чтобы периодически не сталкиваться с подобными рисками. Подобным образом необходимо избегать всевозможных опасных ситуаций, таких как катание на лыжах или велосипеде, использование огнестрельного оружия, восхождение в горы, прыжки в воду с высоты, и так далее. В этот период особенная опасность для нас исходит от моря, поэтому мы поступим очень неблагоразумно, если решим отправиться в плавание на яхте или заняться дайвингом. Таким же образом нам могут нанести вред жидкости, прежде всего алкоголь, но также психотропные и наркотические препараты. Отравления этими веществами случаются довольно часто, но нередко проявляются и нежелательные побочные эффекты от применения новых для нас лекарств. Этот транзитный аспект не советует нам, кроме прочего, заниматься политикой или участвовать в массовых собраниях, демонстрациях, забастовках и митингах. Будет очень вредным и опасным для нас посещение тайных обществ, сект, магов, экзорцистов и плохих астрологов, а также особо «активных» религиозных движений. В эти часы следует категорически отказаться от любой формы идейного экстремизма и фанатизма.

Луна в гармоничном аспекте с Плутоном

Когда транзитная Луна проходит в гармоничном аспекте с Плутоном, нас переполняет ощущение мощной психофизической энергии. Мы можем испытывать сильные и глубокие эмоции, переживая их со всепоглощающей страстностью. Эти часы мы способны прожить пылко, на повышенных тонах. Обычно речь идет об ощущении сильного потока жизненной энергии, который помогает нам справиться с самыми сложными и трудными ситуациями, выполнить большой объем работ, приступить к реализации амбициозных планов, которые в другое время нас лишь пугают и обескураживают. Слабохарактерные люди становятся сильнее в это время, а решительные проявляют себя ярче обычного. Наша личность становится более обаятельной и очаровательной, и мы замечаем проявление способности поразить окружающих своей харизмой. Складывается впечатление, что нас обволакивает особенный свет, аура пленительного магнетизма. Нас привлекает детективная литература, полицейские истории, вопросы демонологии и жанр *noir* вообще. У нас даже может возникнуть желание попробовать свои силы в качестве детектива, хотя бы в домашних стенах, например, мы приступим к расследованию какой-нибудь маленькой тайны нашей семьи. В таком случае нам может прийти в голову начать прослушивать домашние телефонные переговоры или запросить подробный список звонков у телефонной компании, или же попытаться узнать, с кем водит дружбу наш ребенок. Возрастает также наша мотивация в сексуальном плане, и обычно усиливается наше половое влечение. Если и наш партнер переживает подобное влияние планет, то в эти часы мы можем испытать очень сильные ощущения от интимной близости. В этот период мы можем также получить удовольствие от всякого рода подземных исследований, например, поиска источника воды, попытки добыть из-под земли ценные металлы, раскопать спрятанные нами или другими людьми предметы. Нас привлекает мир усопших, и мы можем воспользоваться этим, отправившись на кладбище, чтобы навестить могилы покойных дорогих нам людей.

Луна в напряженном аспекте с Плутоном

Когда транзитная Луна проходит в напряженном аспекте с Плутоном нашего радикса, мы переживаем несколько часов, окрашенных темными и разрушительными импульсами. Можно сказать, что этот планетарный транзит проявляется на октаву выше, чем напряженный аспект Луны с Нептуном. Состояния общей тревоги, фобии и страха в данном случае получают дополнительную амплификацию, и при условии подтверждения другими обстоятельствами, мы даже можем начать испытывать деструктивные и саморазрушительные импульсы. Люди, находящиеся в очень тяжелой жизненной ситуации, могут даже прийти к идее самоубийства. В любом случае, в данный момент мы становимся жертвами мыслей очень негативных, темных и дурных, по отношению к самим себе и ко всем окружающим. Именно этот компонент является одним из самых существенных в преступном поведении любого рода. Худшая наша часть, животный внутренний инстинкт, выходит на поверхность и разевает свою пасть. Нам необходим высокий уровень самоконтроля, чтобы остановить подобные негативные и зверские импульсы. Нам нужно опираться на здравый смысл и хорошее воспитание, чтобы сдерживать монстра, таящегося внутри. Мистер Хайд, живущий в каждом из нас, стремится наружу и хочет повыть на луну. Наши самые отвратительные и презренные внутренние животные инстинкты имеют тенденцию проявляться в действиях, если не непосредственно уголовного характера, то по крайней мере очень близких к этому. Речь идет всего лишь о нескольких часах, но за это время мы можем совершить очень постыдные поступки. Лучше всего было бы нам остаться в этот момент дома в одиночестве, чтобы как можно больше отвлечь себя от дурных мыслей, сосредоточившись на полезном чтении книги, или же дать выход этим энергиям в черных тонах и выплеснуть общий негатив, посмотрев боевик по телевизору. Наши сексуальные импульсы проявляются с большой силой, но речь не идет о потребности в здоровой сексуальности и мирных парных отношениях, а о мощных стимулах в направлении насилия. Конечно же, наихудшие примеры в этом с смысле мы часто находим в криминальной газетной хронике, и они являются проявлением именно этого типа планетарного транзита. В то же время нас сильно привлекает все то, что связано с полицейскими или преступными темами, в худшем смысле слова. Можно утверждать с уверенностью, что это очень мрачный момент нашего лунного цикла, и во время этих нескольких часов мы должны полагаться на свои самые лучшие качества, чтобы не совершить никаких постыдных действий, о которых впоследствии мы горько пожалеем. Помимо прочего, мы можем стать одержимыми мыслями о смерти, нашей собственной или наших близких людей. Этот период времени совершенно не подходит для похода на кладбище.

Луна в аспекте с Асцендентом

Смотрите Луна в Первом Доме.

Луна в аспекте с МС

Смотрите Луна в Десятом Доме.

Луна в аспекте с Десцендентом

Смотрите Луна в Седьмом Доме.

Луна в аспекте с IC

Смотрите Луна в Четвертом Доме.

Транзит Луны в Первом Доме

Когда Луна проходит по Первому Дому нашего радикса, мы склонны вести себя более инстинктивно. В том смысле, что мы реагируем на все молниеносно, ярче проявляем нашу индивидуальность, показываем твердость и решительность характера. Наша личность выражает себя кипуче и блестяще, обретает качества победителя. Мы заставляем других больше себя уважать, но не в мафиозном смысле слова, а скорее завоевывая окружающих своей симпатией и обаянием. Мы больше осознаем свою способность контролировать ситуацию, быть хозяинами положения благодаря своей воле и без чьей-то помощи. Мы чувствуем себя в силах взяться за самые ответственные и трудные задачи. Растет наша уверенность в себе. Можно сказать, что самой характерной особенностью этого периода будет наше стремление работать засучив рукава. В эти несколько часов мы продвигаемся вперед более ловко и решительно. Улучшается наше самочувствие, как физическое, так и психическое. Движимые особо позитивной энергией, мы можем приятно провести это время и с точки зрения сексуальной жизни. Мы ощущаем внутреннее побуждение к искренности и лояльности в отношениях. Мы положительно настроены по отношению к окружающим, и движимые самыми лучшими чувствами, относимся ко всем как к своим друзьям. Общий прилив сил и решительности также дает нам возможность эффективней позаботиться о нашем теле, например, отправившись к парикмахеру или визажисту. В эти несколько дней было бы уместно заняться спортом, это нам будет очень полезно, помня о старинном латинском изречении, что в здоровом теле – здоровый дух. Любая физическая активность будет для нас благотворной, от бега трусцой до танцев, от плавания до простой уборки в квартире. Вообще говоря, мы испытываем больший интерес к самим себе, но не всегда этот импульс совпадает со стремлением нашего Я к изоляции. Правда, мы на самом деле чувствуем себя в центре внимания окружающих и отчасти играем роль главного героя, но при этом мы все время ощущаем потребность в других людях, хотя бы ради того, чтобы иметь благодарную публику для наших свершений. Только лишь в том случае, когда Луна образует очень напряженные аспекты с другими планетами, мы можем стать особенно эгоцентричными и эгоистичными, находясь под сильным влиянием протагонистского духа. Также в такой ситуации мы можем проявлять непостоянство в поведении, быть слишком переменчивыми, метеопатичными, капризными и инфантильными. Нами может овладеть излишняя нервозность, которая провоцирует склонность к ссорам и нетерпимость к окружающим, а значит и ставит под угрозу наши любовные и семейные отношения. И если возникают такие ситуации, то нам нужно постараться сдерживать неконтролируемые подсознательные импульсы, полагаясь прежде всего на силу рассудка.

Транзит Луны во Втором Доме

Когда Луна проходит по Второму Дому нашего радикса, мы испытываем потребность в том, чтобы больше заниматься полезными и существенно важными аспектами жизни, как например, добиваться увеличения своих доходов. Во время этих чуть более двух дней месяца мы ведем себя более приземленно, пытаясь быть максимально практичными и спекулятивными, то есть мы прежде всего заботимся об извлечении денежной выгоды из любых наших усилий. Мы на время оставляем мечты и теоретические проекты, чтобы заняться нашим ближайшим будущим, и найти ресурсы, гарантирующие нам наилучшие способы выживания. Так сама природа циклически заботится о том, чтобы вооружить нас правильным отношением к вопросу выживания. Тысячи лет назад этот транзит соответствовал тем дням, когда наши далекие предки пытались найти подходящее убежище для ночлега и шкуру, чтобы прикрыться. На сегодняшний день, поскольку, слава Богу, большинство людей цивилизованного мира имеет одежду и кров над головой, транзит почти исключительно указывает на поиски денег, с помощью которых мы можем обеспечить себе продукты и первой, и второй необходимости. Если мы можем похвастаться кредитами, то в этот период отправимся на поиски наших должников, чтобы вернуть себе причитающееся. В противном случае мы будем более внимательно отслеживать рекламные объявления в городских газетах, или же сами захотим опубликовать хотя бы одно объявление. У нас могут возникнуть новые идеи о том, как заработать дополнительные деньги, и мы увлеченно будем читать периодическую прессу именно на эту тему. Также вполне вероятно, что в течение этих двух дней нам случится не однажды сходить в банк, чтобы обменять денежные чеки или снять со счета наличные. Если у нас отложена про запас некая сумма, то заново пересчитывая эти банкноты, мы получим большое удовольствие. Так или иначе, но деньги нас будут привлекать, и нам захочется хотя бы просто их потрогать. Второй Дом также соответствует нашему имиджу. Поэтому вполне возможно, что мы с особой заботой будем относиться к своему внешнему виду, и например, решим изменить прическу, макияж, цвет волос. Так что эти часы очень благоприятны для похода в парикмахерскую, но и для массажей, сауны или грязевых ванн, то есть для всего того, что может быть полезно для нашей кожи, лица и всего тела. В основном, именно во время этого транзита люди решают изменить свою манеру одеваться, так например, мужчина, раньше никогда не носивший галстук, может вдруг ощутить потребность его надеть. Опять же, говоря об имидже, мы можем принять решение начать следовать диете или еще что-то сделать для похудения. В эти дни может измениться наше отношение к пище, вплоть до того, что в течение нескольких часов мы можем пострадать от легкой формы булимии или анорексии. Также мы ощутим большее влечение к пению и музыке, и можем посвятить эти дни занятиям в хоре. Кроме того, нам будет больше нравиться театр, кино и вообще спектакли. Стоит воспользоваться этим моментом, чтобы попробовать свои силы в любительском театре, в фотографировании или в видеосъемке. Мы сами будем лучше позировать для других и выглядеть гораздо фотогеничнее, чем обычно. Если нам необходимо сделать собственный портрет, например для работы, то этот день лучше всего подойдет для похода к хорошему фотографу. Графика вообще нас будет интересовать больше, чем обычно, и мы можем воспользоваться этим, занявшись изучением графического программного компьютерного обеспечения. Во время этого планетарного транзита мы также склонны тратить больше денег, и если одновременно наблюдаются различные напряженные аспекты, то нужно соблюдать особую осторожность, чтобы не растратить все наличные средства. Следует остерегаться того, что одолженные кому-то деньги могут к нам не вернуться, и также необходимо обезопасить себя от краж.

Транзит Луны в Третьем Доме

Когда Луна движется по Третьему Дому нашего радикса, мы чувствуем сильное желание коммуникации. Наша душа будто бы становится моложе, и мы жаждем движения, во всех смыслах слова. С физической точки зрения мы выбираем перемещения, прогулки и путешествия, пусть даже недалекие. Особенно если мы любим водить машину, то импульс покататься на ней будет невероятно сильным, и мы можем получить огромное удовольствие от езды по городским окрестностям, чтобы навестить родственника в деревне или у моря, или же просто поколесить по городу. Если мы не пользуемся личным автомобилем, то речь будет идти просто о чрезвычайно приятной прогулке, но в любом случае мы не намерены оставаться неподвижными на нашем обычном рабочем месте. С ментальной точки зрения мы чувствуем себя беспокойными и на редкость любознательными. Мы хотим читать, осведомляться, наводить справки в энциклопедии, слушать радио или смотреть телевизор. Это идеальное время для навигации и поиска гипертекстовых ссылок в Интернете. Возможность блуждать по бесконечным просторам сети нас одновременно опьяняет и расслабляет. Даже если в другие периоды времени нам не удается визуализировать отдельные самые отдаленные или очень популярные сайты, то в эти дни связь оказывается более стабильной, и страницы становятся доступными для просмотра. Увеличивается количество наших входящих и исходящих телефонных звонков. Нам удается связаться с людьми из дальних краев, даже с теми, кого обычно трудно застать дома, и общение происходит легче обычного. В течение этих приблизительно двух дней мы получаем больше корреспонденции или сами хотим отправить разные письма, открытки и сообщения. Это очень подходящий момент для преподавания и учебы, поступления на курсы или подготовки лекции, доклада для конгресса или написания главы своей книги. Стоит воспользоваться этим транзитом, чтобы не упустить такой удачный момент, длящийся всего лишь несколько дней в течение месяца. В это время мы чувствуем себя более мотивированными к общению и диалогу с другими, к взаимоотношениям с ближайшим нашим окружением. Как результат, растет наша способность к коммуникации в широком смысле слова, мы мыслим более трезво и лучше воспринимаем поступающую информацию. Нам удается ясней излагать свою точку зрения другим людям и, в свою очередь, у нас получается лучше понимать собеседников. Мы лучше выражаемся не только в устном, но и в письменном виде. Кроме того, мы можем захотеть более тесного общения с родным или двоюродным братом, шурином, зятем, с молодыми людьми. Если этот транзит наблюдаются одновременно с другими напряженными аспектами, тогда лучше избегать передвижений и вождения машины или мотоцикла, потому что с нами могут произойти различные неприятные происшествия, от забастовки, создающей пробку на дороге до аварии или поломки транспортного средства. Не стоит звонить по телефону или писать письма из-за возможных накладок, которые негативно отразятся на наших коммуникациях, как например письмо отправленное без марки, или неудачное положение телефона, оставляющее нас без связи на многие часы. При таких обстоятельствах сложно подсоединиться к Интернету или наладить радиосвязь. Ощущая подобное дисгармоничное влияние вокруг нас, стоит избегать работы над написанием книги, а также чтения важной документации и специальной литературы. Этот период неудачен и для общения с родным или двоюродным братом, шурином или зятем, так как мы рискуем с ними не поладить.

Транзит Луны в Четвертом Доме

Когда Луна проходит по Четвертому Дому нашего радикса, мы чувствуем острую потребность в доме, семье, домашнем тепле и уюте. Идея убежища, дружественного приюта, защищающего нас от мира, овладевает нами вне зависимости от того, находимся ли мы в реальной опасности или нет. Ежемесячно, в эти приблизительно два дня, мы ищем маму, настоящую или символическую, так как нам нужна защита, безопасность, утешение, забота и человеческое тепло. Мы склонны искать убежища в прошлом, в спокойствии традиций и всего накопленного опыта. Нам неприятен риск и приключения, путешествия и любого рода выставление себя напоказ. Мы проявляем особую осторожность и умеренность. Пусть всего лишь на несколько часов, но мы становимся домоседами, которые любят расхаживать по дому в халате и тапочках. Нам противна идея выйти на улицу в холодную погоду, и мы лелеем мысль о хорошем домашнем ужине в компании наших близких людей и старых друзей под сопровождение прекрасной музыки. Нам нравится идея посидеть дома у камина в обнимку с нашим любимым ребенком или с котенком на коленях. Наше внимание сильнейшим образом привлекает все, что связано с домом. В эти дни мы много и напряженно размышляем о покупке дома или сдаче квартиры в аренду, о взятии кредита в банке для операции с недвижимостью, о посещении агентства, занимающегося бронированием жилья для проведения летнего отпуска. Зачастую мы оказывается в магазине в поисках новой мебели или предметов домашнего обихода и безделушек. У нас зародится мысль сделать ремонт в квартире, соорудить антресоли или перекрасить какие-нибудь комнаты. Если мы способны самостоятельно выполнить эти работы, то почти наверняка в эти дни мы возьмем в руки кисть и краску или поднимемся в мансарду, чтобы отремонтировать шкаф. Также мы будем ощущать сильнейшую потребность в наших родителях, и это самый подходящий момент, чтобы сходить к ним в гости или провести с ними целый день. С ними вместе мы могли бы, например, отправиться осматривать место, где мы планируем провести отпуск, чтобы подобрать себе и забронировать квартиру или номер в отеле. Однако если транзит напряженный, то у нас могут возникнуть разного рода неприятности с жильем, типа угрожающего письма из домоуправления или жалобы нашего соседа по этажу. У нас может возникнуть конфликтная ситуация с нашим арендатором или владельцем жилья, у нас могут потребовать повышения платы за квартиру. Опять же, тяжелая атмосфера, спровоцированная напряженным транзитом, может нас заставить горько пожалеть о взятии кредита на покупку квартиры, и существенно испортить нам настроение на несколько часов. Будет больше всяческих переживаний насчет дома, в отношении возросшей арендной платы, неожиданных счетов за свет или газ на крупную сумму, поломки бойлера, и так далее. Из-за навязчивого плохого настроения мы будем плохо себя чувствовать в домашних стенах, или же, находясь вдали от родного города, мы будем испытывать сильную ностальгию по дому и неудобство от пребывания в отеле. Этот период времени при напряженных аспектах совершенно не подходит для покупки или сдачи в аренду недвижимости, также как и для любых ремонтных работ в доме. Мы становимся возбужденными и нервными из-за переживаний в отношении наших родителей.

Транзит Луны в Пятом Доме

Когда Луна проходит по пятому Дому нашего радикса, нас сильно привлекает разнообразная деятельность, связанная с игрой и развлечениями. Мы жаждем повеселиться, провести вечер в дискотеке, в кино или поужинать в ресторане. Нам бы хотелось встретить как можно больше людей и провести несколько часов в приятной компании. Наше либидо решительно направлено на отдых, и нам совершенно не хочется работать, учиться и выполнять взятые на себя обязательства. Нам настолько противна сама идея находиться дома, что мы склонны возвращаться домой как можно позже. Речь идет о быстром транзите, который длится около двух дней, но, тем не менее, в этот период мы можем даже пресытиться удовольствиями. Последние должны подразумеваться в широком смысле слова и на всевозможных уровнях. Ведь на самом деле, мы можем получить огромное удовольствие от чтения романа, если обычно нам приходится напряженно читать много специальной литературы или научных трактатов, необходимых для работы. Разумеется, что понятие развлечения вовсе не обязательно связано с чем-то запрещенным или незаконным, но оно может включать в себя все, что можно организовать для проведения своего досуга, без ограничения во времени или в пространстве. Для одного это может быть увлечение кулинарией, для другого — полив цветов или выпалывание грядок, для третьего — игра в Монополию... Одним словом, как гласит поговорка: «На вкус и цвет товарищей нет», а значит пятый Дом может проявиться даже в изучении битвы при Ватерлоо, если мы от этого получаем удовольствие. Самым важным в данном случае является наше стремление расслабиться, взять себе отпуск, прежде всего в ментальном смысле, и совершенно не думать о бремени обязательств. А значит мы правильно поступим, если уедем на выходные к морю или в горы, но настолько же здорово будет остаться дома, чтобы насладиться отличным фильмом по телевизору. Кроме того, мы чувствуем себя более расположенными к любви и сексу, и в рамках этого транзита можем провести несколько чрезвычайно приятных с этом смысле часов. Мы можем наслаждаться спортом, в виде простых физических упражнений или же серьезных соревнований. Пятый дом имеет также отношение к азартным играм, таким как карты, казино или спекуляции на фондовой бирже. Поэтому транзит будет подталкивать нас в этом направлении. И наконец, нас будут привлекать к себе вопросы, связанные с детьми, как с уже существующими, так и с теми, которые пока только планируются на будущее. Следовательно, эти два дня отлично подходят для зачатия ребенка. По отношению к уже присутствующим в нашей жизни детям, подросткам и молодым людям вообще, данный планетарный транзит может помочь проявить наши таланты воспитателя и педагога. Если этот транзит сопровождается плохими аспектами, то он указывает либо на наше чрезмерное желание удовольствий, либо на отвращение к ним. В любом случае, нам стоит воздержаться от веселья и развлечений. Мы рискуем потерять деньги из-за азартных игр или ошибочных инвестиций, поэтому следует избегать любой спекулятивной деятельности. Мы совсем не настроены на любовные отношения, можем получить плохие новости, касающиеся нашего партнера, или легко с ним поссориться. Наши дети будут переживать проблемный период, или же временно ухудшатся наши с ними отношения.

Транзит Луны в Шестом Доме

Когда Луна проходит по нашему натальному Шестому Дому, мы склонны уделять много внимания нашему собственному телу или же телам других людей. А именно, нас особенно занимает не столько тело само по себе, а скорее состояние нашего здоровья, в психофизическом смысле. Наше внимание сосредоточено на самих себе, и мы считаем должным больше задумываться о том, чем мы питаемся и дышим, о вредном влиянии на организм стрессовых ситуаций, о необходимости периодически сдавать медицинские анализы для контроля состояния нашего здоровья, об обязательном профилактическом посещении врачей, хотя бы время от времени, начиная от зубного врача и заканчивая гинекологом. На самом деле, в эти приблизительно двое суток нас одолевает искушение посетить не одного врача и принять не одно лекарство. Идет ли речь о традиционной или альтернативной медицине, нас будут интересовать врачи и лекарства. Чаще обычного мы будем прибегать к иглоукалыванию или пранотерапии, массажу шиацу или какой-то другой форме лечения. Во время этого транзита мы захотим сдать клинические анализы, от общего анализа крови до рентгенографии, или же пройти специальный медицинский осмотр у окулиста, ортопеда, ангиолога, андролога, и так далее. В общем, как уже говорилось выше, мы будем очень заинтересованы всем, что касается здоровья, покупая специальную прессу на эту тему и разыскивая информацию в справочниках и энциклопедиях. Это подходящее время для того, чтобы начать диету для похудения или дезинтоксикации организма, записаться в бассейн, в фитнес-клуб или на теннис. Также это благоприятный период для курса массажа, принятия грязевых ванн, посещения саун и прохождения термального лечения, полезного для нашей кожи и костей. Сама природа заботится о сбалансированном распределении во времени наших интересов и энергии, чтобы после нескольких дней, посвященных общению с другими людьми, нашему дому и развлечениям, мы могли бы пару суток уделить в основном самим себе. Мы лучше фокусируемся на собственных проблемах, и можем также позаботиться о нашем психическом здоровье, например, отправившись на собеседование к психологу или к астрологу. Немного больше, чем обычно, нас также будут занимать вопросы работы и, прежде всего, наших трудовых взаимоотношений. Из-за этого могут возникнуть некоторые конфликтные ситуации, но это просто неизбежно. У нас возникнут споры с коллегами, кто-то подаст жалобу нашему начальнику или это сделаем мы сами. Нам захочется расставить все точки над «И» касательно наших собственных рабочих обязанностей и ответственности, возложенной на других. Мы постараемся уточнить свои функции и задачи в организационной структуре предприятия, где мы трудимся. Даже если возникнут прения на эту тему, для нас это в итоге окажется полезным, так как полностью прояснит наше положение. Могут возникнуть вопросы в связи с нашими подчиненными, например, домашняя прислуга именно в эти дни заявит о своем решении уволиться, или просто доставит нам неудобства. Если, из-за создающихся негативных аспектов при прохождении Луны по Дому, транзит будет напряженный, то вероятно проявится наше плохое самочувствие, либо в виде общего недомогания, либо как реальное заболевание простудой, или в связи с проблемами пищеварительного тракта. Мы можем быть вынуждены провести несколько дней в кровати и прибегнуть к медикаментозному лечению. Также нас может охватить преувеличенная, просто маниакальная озабоченность чистотой окружающего пространства, и мы можем здорово попотеть, наводя порядок в доме или в офисе.

Транзит Луны в Седьмом Доме

Когда Луна проходит по нашему натальному Седьмому Дому, мы чувствуем сильнейший импульс матримониального типа. Если бы это зависело от нас, то мы бы заключили брак здесь и сейчас, при условии его отсутствия, конечно. В любом случае, после периода, когда наше внимание было поглощено собственным телом, во время транзита Луны в Шестом Доме, теперь мы испытываем огромную заинтересованность в других, к какому бы полу они не принадлежали. Любая возможная наша склонность к одиночеству теперь, каким-то чудом, аннулируется, и мы обращаемся к ближним с большим доверием. Психологи утверждают, что когда мы влюбляемся, резко падают наши защитные ограничения по отношению к другим, и значительно понижается наше чувство критики, так что мы переживаем именно такой момент, одну из тех возможностей, когда ослабляя собственную настороженность и недоверие, мы больше не замечаем дефекты окружающих и даже влюбляемся. Это как раз тот период, около двух дней в месяце, когда мы можем серьезно подумать о совместном проживании с партнером. Нас настолько привлекает идея союза с другими, что мы найдем тысячу мотивов для логического оправдания этого выбора. Конечно же, мы учтем полезность парных отношений для защиты от превратностей судьбы, и огромную ценность близости дорогого нам человека в самых радостных и горьких жизненных ситуациях, и удовольствие проснуться рядом с любимым человеком. Это те вещи, о которых мы могли бы думать в любой другой день, но почему-то подобные мысли приходят нам в голову именно сейчас. Окружающие нас люди будут выглядеть более доброжелательными, привлекательными и сердечными. Наши эгоцентричные импульсы упадут до минимума. Даже в речи мы все чаще и охотней будем спрягать глаголы во множественном числе в первом лице, чем в единственном числе. Мы будем стараться проявить в этот момент все свои коммуникативные таланты, более активно участвуя в общественной жизни. Нас будет привлекать любая форма групповых объединений людей, от приватных клубов до туристических баз, от экологических движений до салонных вечеров. Возрастет наш интерес к политической жизни, и мы можем стать членом какой-нибудь партии, поражаясь самим себе, как это мы не подумали об этом раньше. Нам может захотеться основать акционерное общество или, с одним или несколькими товарищами, открыть торговое объединение на основе рабочего проекта. Существует высокая вероятность того, что мы подадим документы в официальные инстанции для получения разрешений, установленных законом, на начало новых работ, основания кооператива, открытия акционерного общества, и так далее. Однако если транзит будет сопровождаться негативными аспектами, то мы станем чрезвычайно воинственными. Следовательно, мы будем вести себя более агрессивно по отношению к нашему партнеру, и можем даже серьезно с ним поссориться в этот период времени. В худшем случае мы придем к мысли о расставании или разводе. Кроме того, мы станем более вздорными и сварливыми с окружающими, бросившись в политические битвы или объявив личную войну кому-то в особенности. Нашей жертвой может оказаться родственник, друг или совершенно посторонний человек. Мы с легкостью найдем подходящего адвоката и подадим официальные бумаги для судебных разбирательств. Но в то же время, совершенно неожиданно кто-то может в свою очередь выдвинуть обвинения против нас. Во время этого транзита мы можем серьезно задуматься о возможности расторжения договоров, закрытия совместных предприятий, расставания с деловым партнером. Одним словом, за несколько часов мы можем уничтожить результаты многолетней работы. Необходимо не терять благоразумия и стараться быть более терпимыми по отношению к другим людям.

Транзит Луны в Восьмом Доме

Когда Луна проходит по нашему Восьмому Дому, нас больше привлекает игра и возможности выигрыша и обогащения, не связанные с нашей работой. Мы уверенно обращаем свой взор на лотереи, заполняем карточки для угадывания футбольных команд-победительниц, играем в бинго, и пробуем свои силы в разнообразных играх, как правило, оказываясь под влиянием хорошей интуиции или вещего сна, который зачастую сопровождает этот тип транзита. Прежде всего, мы попытаемся вернуть себе деньги по старым кредитам, настойчиво названивая нашим должникам, отправляясь к ним домой, оказывая давление на друзей, подключая организации, занимающиеся взысканием задолженностей. Далее мы приложим все усилия для того, чтобы повысить наши дополнительные доходы, например, с помощью денег нашего супруга (не стоит забывать, что по системе производных Домов Восьмой является Вторым Домом для Седьмого). Некая атмосфера наследования, в широком смысле слова, сопровождает нас в течение этих приблизительно двух дней, и если нам действительно суждено получить наследство в своей жизни, то это вполне может произойти именно в данный момент. Но не так важно это событие само по себе, как возникающая вокруг нас атмосфера. Мы ощущаем состояние ожидания чего-то хорошего, а значит улучшается и наше настроение. Вся эта история с лотерейными билетами и заполнением карточек нас приятно занимает на несколько часов. Мы листаем сонники в поисках совпадений приснившихся нам событий с выигрышными комбинациями номеров лотереи или жадно читаем сводки букмекеров. Своего рода небольшая «золотая лихорадка» охватывает нас и держит в заложниках несколько часов. Атмосфера и на самом деле может озариться радостью от получения задолженности по зарплате, выплаты небольшого дивиденда от банка или долгожданного выходного пособия. Даже простой подарок от родителей на наш день рождения может вполне соответствовать этой логике. Опять же, в течение этих часов нам может прийти в голову взять ссуду в банке или в финансовой компании. Поскольку Восьмой Дом связан со знаком Скорпиона, наши сексуальные аппетиты возрастут, и мы можем воспользоваться этим и провести несколько приятных часов с партнером. И наконец, нас может привлечь идея посетить могилы наших усопших родственников, чтобы поразмышлять на тему смерти в спокойном одиночестве. Однако, если транзит происходит с напряженными аспектами, то мы можем в течение нескольких часов оказаться под гнетом переживаний из-за проблем с деньгами. Это может быть связано с необходимостью оплатить налоги или неожиданно полученный штраф, с банковским кредитом, выплата которого вдруг нам становится не по карману, с ссудой, которую мы должны срочно вернуть с большими процентами. Мы пытаемся навести порядок в своих счетах, и друг с ужасом обнаруживаем, что наши семейные расходы неимоверно возросли и вызывают большие опасения. Мы начинаем решительно требовать от наших домашних сокращения трат и большей экономии средств. Резко критикуем своего партнера за слишком высокие финансовые потребности. Мы очень встревожены тем, что не можем получить кредита, на который рассчитывали или тем, что потеряли в игре деньги, необходимые для другой важной цели. Одним словом, мы мучаемся прежде всего из-за финансовых проблем. Но наши тревоги могут быть вызваны и другими трудностями, и мы можем даже прийти к мысли о самоубийстве в эти моменты. К счастью, речь идет о быстром транзите, во время которого нам стоит поискать компанию людей веселых и психически здоровых. Также в эти часы мы можем пережить временную сексуальную блокировку, или еще хуже, чрезмерное половое влечение, которое при отсутствии должного контроля могло бы привести нас к совершению достойных порицания действий. Желательно держаться подальше от кладбищ и избегать мыслей о смерти в эти часы.

Транзит Луны в Девятом Доме

Когда Луна проходит через Девятый Дом нашего радикса, мы испытываем огромную потребность удалиться от всего, что нам знакомо и привычно. Нас невероятно влечет ко всему, что можно обозначить словом далеко, в самом широком смысле, как в географически-территориальном, так и в метафизически-трансцендентном. Нас охватывает желание путешествовать, уехать как можно дальше от родного дома. Мы могли бы даже решить переехать в другой город навсегда. Нас тянет к исследованиям, экзотическим экспедициям, к загранице и иностранцам. Желание настолько интенсивное обычно провоцирует и свою практическую реализацию, так что мы переезжаем, отправляемся в путешествие в другой город нашей Страны, или даже за границу. Идея сесть в самолет и поменять континент нас возбуждает, и большую часть своей энергии мы вкладываем в этом направлении. Нам может прийти в голову остановиться в другом городе для учебы в университете, для профессиональной стажировки, или чтобы побыть немного рядом с нашим близким родственником. В любом случае, мысль о невозможности уехать нам неприятна. И этот период действительно благоприятен для путешествий. Мы можем взять небольшой отпуск и получить от него огромное удовольствие. Даже если данный планетарный транзит длится всего лишь пару дней, этого достаточно, чтобы по крайней мере уехать и начать наш отпуск. Нас также привлекает изучение географии, которое мы можем углубить благодаря покупке атласов или компакт-дисков на эту тему или же просматривая документальные фильмы по телевизионным каналам о путешествиях. В эти часы нас особенно интересуют и иностранные языки, и мы можем приобрести различные видео и аудио курсы для их изучения. Среди прочих необходимо упомянуть и язык программирования компьютеров, мы и в этом направлении будем обращать свое внимание. Кроме того, огромную заинтересованность у нас вызовут философия, восточная культура, буддизм, йога, парапсихология, астрология, теология и эзотерика. Мы можем записаться на университетские курсы, которые дают знания довольно далекие от повседневных. В эти недолгие, но интересные часы нас будут больше вдохновлять философские идеи, и мы можем увлеченно размышлять о базовых понятиях жизни, человека, смерти. Если транзит происходит с напряженными аспектами, то нам лучше будет избегать любых путешествий, потому что мы рискуем столкнуться с самыми разнообразными трудностями в дороге, от поломки автомобиля до забастовки работников железной дороги или авиакомпаний, от потери багажа до попадания в аварию на машине. Пребывание за границей или далеко от родного дома в эти дни доставит нам массу неприятных переживаний. Временное недомогание может помешать нашей поездке, или же наша жена, сестра, мать или дочь каким-то образом своим плохим расположением может испортить ваши выходные дни. Нам может быть неприятно общаться с приезжими издалека людьми, и такое наше плохое настроение может быть воспринято другими как проявление расизма. Это неподходящий период для изучения философии, религии, ориентализма, астрологии, макробиотики, и так далее. Ухудшается наше положение в высшем учебном заведении, и мы можем попытаться прервать курс обучения в университете.

Транзит Луны в Десятом Доме

Когда Луна проходит по нашему натальному Десятому Дому, мы стремимся достигнуть большего роста, зрелости и эмансипации. Нами целиком овладевает позитивный импульс к улучшению во всех областях нашей жизни. Нашим преобладающим желанием будет рост и upgrade к лучшим условиям жизни. Мы нацелены вперед, в далекое будущее. Нашей главной задачей будет духовное обогащение и обновление, освобождение себя от всех видов рабства. Мы попытаемся любыми способами избавиться от камня на шее, от всего, что тянет нас вниз мертвым грузом и мешает нам «летать». Мы ощутим огромное влечение к полету, в широком смысле слова. Настолько сильное стремление высоко взлететь, как правило, приводит также к вполне конкретным результатам. Мы на самом деле сможем сдвинуться с места, сбросить балласт, избавиться от гнета. Главное направление эмансипации, пожалуй, связано с нашим социальным и профессиональным положением. Если имеющаяся работа нас не удовлетворяет или плохо оплачивается, то можно сказать, что мы являемся рабами своей жизни. И в этом смысле мы начнем вынашивать более высокие амбиции и фантазировать о власти. Мы проявим инициативу на работе, чтобы получить премию, большее признание нашего профессионального мастерства, новую должность с более высоким уровнем ответственности. Зачастую мы добиваемся успеха в этом, так как начальство замечает нашу исключительную готовность и стремление к росту. Под влиянием этого транзита кто-то может преодолеть свой страх полета и первый раз в жизни сесть самолет, кто-то научится пользоваться компьютером, а кто-то даже в преклонном возрасте сможет научиться плавать. Мы можем избавиться от вредной привычки курения или наконец-то перестать принимать психотропные препараты. В некоторых случаях, но только если одновременно будут присутствовать другие очень важные транзиты, можно полностью излечиться от старой болезни, довести до благополучного конца глубинный психоанализ и успешно завершить курс лечения. Мы можем пережить момент особой популярности. В эти часы мы будем испытывать большое чувство любви к нашей матери, с особым вниманием прислушиваясь к ее потребностям и пожеланиям. В этот период времени она, давшая нам жизнь, может вырасти в наших глазах, или же объективно переживать особо позитивный для нее момент. Однако, если транзит происходит в негативных условиях, с напряженными аспектами, то мы будем работать лениво и с наихудшей отдачей, начнем сомневаться в собственных силах, можем думать о невозможности справиться с повышенной ответственностью и, не будучи достаточно мотивированными, можем отказаться от карьерного продвижения. Мы будем чувствовать себя менее амбициозными, или же напротив, станем слишком амбициозными, но в обоих случаях это может навредить нашей карьере. Также мы можем сделать шаг назад в нашей эмансипации, например, быть вынужденными вновь принимать снотворное на ночь, или снова почувствовать неуверенность в себе и быть не в состоянии путешествовать в одиночку. Мы ощутим себя менее свободными и подавленными жизненными обстоятельствами. Мы можем потерять привилегии, завоеванные ранее с большими усилиями и трудом. Наша популярность ненадолго упадет. Нас могут преследовать переживания о нашей матери, которая на самом деле может почувствовать себя хуже в эти дни.

Транзит Луны в Одиннадцатом Доме

Когда спутник Земли проходит по Одиннадцатому Дому нашего радикса, мы ощущаем острую потребность выражать чувства дружбы и всеобщего братства. Нам просто необходимо обнять весь мир, мы искренне видим в каждом встречном потенциального друга, и думаем, что чувство дружбы достойно заботы и поддержки. Если бы мы не имели периодически планетарного транзита такого рода, то в итоге превратились бы в мизантропов, закрылись бы в себе и ни с кем бы не водили дружбу. В эти же дни мы чувствуем влечение к другим людям, судим наших друзей с большей снисходительностью, совершенно не замечая их недостатков, и относимся к ним с любовью. Нам хочется позвонить или написать своим бывшим одноклассникам, однокурсникам, сослуживцам или старым друзьям детства. Зачастую мы даже идем их навестить или организуем классические встречи бывших одно- чего-нибудь. Нас тянет к групповым собраниям, даже если повод для встречи вовсе не праздничный, а даже печальный или трагичный. Под влиянием настолько позитивного настроя мы отправляемся на поиски новых друзей, и обычно действительно их находим. Также в эти часы мы склонны просить об одолжениях у вышестоящих людей, обладающих властью, которые могли бы нам оказать помощь. Во время этого транзита может на самом деле сработать чья-то протекция, и в итоге мы можем получить некоторые преимущества, о которых давно мечтали. Мы правильно поступим, если в этот момент осмелимся на большее, постучим в любые двери, обратимся за помощью к друзьям и знакомым, поищем спонсора. Кроме того, поскольку Одиннадцатый Дом соответствует проектам, мы займемся строительством планов на далекое будущее. Многие архитекторы рождаются с Солнцем в 11-м Доме радикса, так что во время транзита Луны по этому Дому у нас могут возникнуть хорошие идеи насчет более удачной расстановки мебели в квартире или о том, как улучшить структуру нашего дома. Для тех, кто любит музыку, этот период будет особенно плодотворным и удачным для игры, пения, для покупки музыкальных инструментов и дисков, для посещения концертов. Если же транзит проявляется негативно, создавая и получая напряженные аспекты, то мы можем оказаться менее снисходительными к друзьям и даже рискуем стать по отношению к ним недоброжелательными и нетерпимыми. Такое поведение может привести к разрыву старых и добрых отношений, так что нужно стараться быть особенно толерантными. Мы получим плохие новости от друзей или начнем беспокоиться об их здоровье. Мы будем вынуждены оказать моральную или материальную помощь другу, переживающему тяжелый период. Это не подходящий момент, чтобы планировать чтобы то ни было на будущее и реализовывать задуманные ранее проекты. Мы даже рискуем пережить полное крушение некого нашего плана. Также в эти часы лучше избегать игры на музыкальном инструменте или похода на концерт, так как наше плохое настроение может нам не дать насладиться музыкой.

Транзит Луны в Двенадцатом Доме

Когда Луна проходит по Двенадцатому Дому нашего радикса, мы склонны сидеть дома взаперти или в тесных и уединенных местах. Мысль изолироваться на несколько дней нас привлекает. Мы ее не только допускаем, но и активно стремимся реализовать. Мы искренне желаем немного удалиться от мира и от дорогих нам людей. Но причина кроется не в том, что мы воюем со всеми, а просто нам больше всего хочется поразмышлять о себе, о собственной жизни, и может быть доверить своему дневнику опыт последних прожитых недель. Мы склонны читать трудные для понимания или очень серьезные книги. Нам хочется уединиться, чтобы заняться учебой или исследовательской работой. Мы можем уехать на несколько дней на дачу или на море, чтобы попытаться собраться с мыслями. Также это подходящий момент для духовного уединения в размышлениях и молитвах. Взять отпуск в этих целях и провести его, например, в монашеском приюте, закрывшись в келье, может стать для нас превосходным опытом. Также можно на несколько дней уехать в другой город, чтобы часами напролет, закрывшись в гостиничном номере, читать или писать. Этот период очень подходит также для недолгой госпитализации в целях профилактического контроля состояния нашего здоровья. Этот транзит стимулирует, кроме прочего, наше стремление оказывать помощь, ухаживать за другими, вне зависимости от того, близкие ли это нам люди или чужие. Мы чувствуем себя более открытыми в христианском смысле, и хотим засвидетельствовать конкретными фактами наше усердие. Это идеальный момент для волонтерства, и можно например отправиться в больницу в обеденное время, чтобы помочь медсестрам кормить пожилых людей. К счастью, наше современное общество изобилует гуманитарными организациями разного рода, и мы наверняка сможем найти подходящую лично для нас, будь то ЮНИСЕФ, Каритас или Красный Крест. Мы чувствуем себя добрее и лучше, а веруя в Бога, желаем уделить молитве больше времени, чем обычно. Поэтому мы, воспользовавшись этим транзитным влиянием, можем посетить храмы, церкви, и любые другие святые места. Нам доставит особое удовольствие провести эти часы в беседе со священником, а также исповедоваться и причаститься. Данные дни благоприятны для религиозных церемоний любого рода, от крещения до конфирмации. В этот период нам захочется проявить большую заботу и внимание по отношению к нашим близким людям, родителям, партнеру. Мы можем сопроводить их на осмотр к врачу, на анализы в лабораторию при поликлинике, на термальное лечение и так далее. Если транзит характеризуется плохими аспектами, то эти дни могут принести нам одно или несколько неприятных и несчастливых событий разного рода. Могут возникнуть проблемы со здоровьем, нашим собственным или у наших родных людей, разочарование в любви, неприятности в личной жизни или на работе. Мы улавливаем в нашем окружении атмосферу некой враждебности, и констатируем падение нашей популярности. Наши тайные враги могут атаковать нас, написав анонимные письма или даже заявление в полицию, оклеветав нас или распустив сплетни на наш счет. В эти часы нас будет преследовать какое-то невезение, и с нами может произойти несчастный случай, мы можем пораниться, попасть на операционный стол, быть вынуждены обратиться за срочной помощью к терапевту или зубному врачу. В течение этого планетарного транзита высока вероятность заболеть или же почувствовать себя плохо на психическом плане из-за тревожности или легкой депрессии. Нами может овладеть несколько параноидальная форма мышления, когда нам кажется, что мир ужасен, окружающие нас ненавидят, что жизнь тяжелая и враждебная. Прием лекарственных препаратов может нанести нам вред и привести к легкой интоксикации организма. Существует опасность нашей госпитализации или наличия проблем с анестезией.

Глава 4
Транзиты Меркурия

Транзиты Меркурия имеют достаточно скромное значение при рассмотрении общей ситуации движения планет, определяющих нашу судьбу. В действительности, так же как транзиты Солнца и Луны, они ограничиваются очень короткими промежутками времени, и длятся максимум несколько дней в аспектах с другими платами и несколько недель в прохождении по Домам. Они нам сообщают о степени ясности наших мыслей, о нашей способности понимать информацию, а также о возможности предчувствовать события. Безусловно, транзиты Меркурия имеют отношение и к коммуникации в широком смысле слова, то есть это наши поездки на близкие расстояния, передвижения на машине или мотоцикле, пешие прогулки, регулярные поездки из загорода в центр для развлечения или на работу. Они также указывают на корреспонденцию, которую мы отправляем и получаем, поток входящих и исходящих телефонных звонков, связь по передающей радиостанции, навигацию в Интернете, наши встречи с друзьями, когда мы отправляемся к ним в гости или они навещают нас. Транзиты Меркурия символизируют наши отношения с молодыми людьми, с родными или двоюродными братьями, зятьями или шуринами. Временные изменения наших коммерческих способностей. Наше отношение к чтению и учебе, желание писать доклады, отчеты и книги, посещать учебные курсы в качестве студента или преподавателя. Зачастую Меркурий также указывает на наше отношение к курению.

Меркурий в гармоничном аспекте с Солнцем

Когда транзитный Меркурий проходит в гармоничном аспекте к нашему натальному Солнцу, мы ощущаем особенную ясность ума. Поток мыслей протекает лучше и быстрее обычного, мы с большей легкостью усваиваем информацию, лучше понимаем чужую речь, понятней и четче объясняемся и выражаем свои идеи нашим собеседникам. В течение этих нескольких дней месяца нами руководит тип интеллекта, сравнимый с тем, который необходим для игры в шахматы или бридж, разрешения кроссвордов, ребусов, викторин и головоломок. Увеличивается скорость обработки информации, и наш, так сказать, интерфейс ввода/вывода данных оказывается в лучшей готовности и более эффективным. Мы чувствуем себя так, будто бы выпили много кофе, но не алкоголя. То есть наши мыслительные способности возрастают, и мы рассуждаем настолько трезво, ясно и быстро, что можем сразу понять суть любой проблемы. Можно воспользоваться этим особым умственным состоянием подъема, чтобы попытаться прояснить наши отношения с другими и разрешить проблемные и запутанные ситуации. Повышается наш потенциал взаимообмена с окружающей средой, во всех смыслах. Мы готовы выслушивать других людей более внимательно, чем обычно, и в ответ получаем такое же отношение наших собеседников. Нас привлекает коммуникация во всех смыслах, и поэтому мы более активно передвигаемся. Мы ощущаем потребность нарушить наше монотонное существование, и хоть на несколько часов, но отправиться в недалекое путешествие. Если мы водим машину, то в этот период захотим провести больше времени за рулем и отправиться покататься за город, по автостраде. Но мы можем получить особое удовольствие и от поездки на поезде или самолете. Это идеальный день для короткого отпуска, прогулки или экскурсии. В эти часы нам нередко приходится отвечать на множество телефонных звонков, и самим часто звонить. Общение по телефону будет на редкость легким, и нам удастся дозвониться по номерам, которые обычно заняты или недоступны. Мы встретимся с большим количеством друзей, будем их навещать или принимать у себя в гостях. Вырастут и объемы нашей корреспонденции, мы будем получать и отправлять большее количество сообщений. В этот период нас очень привлекает навигация в Интернете, и это самый подходящий момент, чтобы этим заняться, так как мы сможем найти новые полезные и интересные сайты и визуализировать страницы, которые обычно бывают недоступны. Радиолюбители смогут в этот период насладиться общением с людьми со всего света, разделяющими с ними эту страсть. Наш ум, особенно подвижный в эти дни, будет более расположен к чтению и учебе. Этим стоит воспользоваться, чтобы подготовиться к очень трудному экзамену, или наконец-то прочитать какой-либо тяжелый для понимания текст, который ранее нам не удавалось осилить. Мы можем принять участие в учебном курсе в качестве студентов или преподавателей. Это отличный транзит для написания чего бы то ни было, важных заметок, рабочего доклада или главы для новой книги. Нас будут привлекать новые дружеские отношения с молодыми людьми, и возможно, что мы будем больше общаться с родными или двоюродными братьями, зятьями или шуринами. Увеличится наша способность вести деловые переговоры, и мы можем заключить пусть небольшую, но очень выгодную сделку, например, с помощью рекламного объявления в городской газете. Таким образом, например, мы сможем избавиться от старой бытовой техники или приобрести подержанный принтер для компьютера. Касательно покупок, этот период подходит для поиска подходящего телефона, радио, телевизора, хороших книг и словарей и всего, имеющего отношение к коммуникации, от модема до автомобиля, от домофона до мотоцикла.

Меркурий в напряженном аспекте с Солнцем

Когда транзитный Меркурий проходит в напряженном аспекте к нашему натальному Солнцу, мы ощущаем трудности взаимопонимания с окружающими. Наша коммуникабельность оказывается не в лучшей форме. Мысли продвигаются с трудом, или же наоборот, проносятся слишком быстро в голове, приводя нас к ошибочным заключениям. Мы не в состоянии координировать входящие и исходящие сигналы нашего мозга, как будто бы ментальный интерфейс, связывающий нас с миром, засорился, или в нем возникли проблемы со скоростью. В результате нам сложно разговаривать, доступно и внятно выражаться. Наши мысли тоже не совсем ясные, и у нас могут возникнуть проблемы с грамматически правильным оформлением речи, или же мы не сможем обойтись без калькулятора в простых расчетах. Ощущение некой нервозности дает нам понять, что мы вовсе не настроены ни на встречи, ни на беседы с другими людьми. Мы жаждем передвижений или наоборот, вовсе не желаем путешествовать, и в обоих случаях эти чувства могут доставить нам множество неприятностей. Например, может случиться, что мы опоздаем на встречу, потому что неправильно поняли назначенное время, или мы не доедем до места назначения из-за забастовки железнодорожного транспорта, пробитой шины или разрядившегося аккумулятора машины, и так далее. Проекция нашего подсознания, не расположенного к встречам, материализуется в самых разнообразных формах, которые фактически препятствуют нам и не дают увидеться с друзьями или родственниками. Телефон звонит часто, но больше для того, чтобы нас побеспокоить, а не порадовать. Подняв трубку, мы можем неожиданно услышать голос ненавистного нам человека, навязчивую рекламу, или же просто кто-то ошибется номером. Мы, к своему сожалению, получим письма, требующие срочного и обязательного ответа, или же нас могут оштрафовать за неправильно оформленную корреспонденцию. Мы плохо расположены к переписке, и соответственно, или избегаем ее, или невольно и подсознательно допускаем ошибки, например, неправильно указав адрес письма. Если нам вздумается сесть у компьютера, чтобы пуститься в навигацию по Интернету, то в этот день обнаружится очень неприятная ситуация с нашим провайдером, то есть скорость соединения будет необычно низкой и нестабильной. В эти часы лучше избегать вождения автомобиля или мотоцикла, так как мы рискуем быть оштрафованными или попасть в аварию. Неприятные сюрпризы могут поджидать нас в связи с транспортным средством, как например, мы можем обнаружить нашу машину с пробитой шиной или с разбитым стеклом. Компьютерный принтер тоже может закапризничать, например, возникнут проблемы с бумагой или с чернилами картриджа. Наше возбужденное состояние может привести к раздражению по отношению к окружающим, и особенно неприятно будет общаться с нами людям молодого возраста, родным и двоюродным братьям, зятю или шурину. Этот период также не подходит для коммерческих сделок, и незначительных, и крупных. Мы рискуем очень невыгодно приобрести или продать товар. На самом деле, наша способность вести деловые переговоры как никогда низкая, так что лучше избегать принятия любых важных коммерческих решений. День совершенно не подходит для покупки всего, что может быть прямо или косвенно связано с коммуникациями, будь то аксессуар для автомобиля, принтер или мобильный телефон. Заядлые курильщики могут особенно навредить своему здоровью, так как курить будет хотеться больше обычного.

Меркурий в гармоничном аспекте с Луной

Когда транзитный Меркурий проходит в гармоничном аспекте с Луной нашего радикса, мы чувствуем сильную потребность в общении. По сравнению с аналогичным транзитом с Солнцем, аспект с Луной отражает больше наше желание коммуникации, чем реальное общение. Нам хочется войти в контакт с другими людьми, встречаться с ними, разговаривать, завязывать отношения с окружающими, но вовсе не обязательно нам это удастся сделать. Мы отлично расположены ко всему этому, но результат зависит и от других факторов. В любом случае стоит попробовать это сделать, и мы правильно поступим, если начнем передвигаться, выйдем из дому, сядем в машину или в поезд. Наше позитивное отношение к путешествиям, по крайней мере, позволит нам провести несколько приятных часов в командировочной поездке или в краткосрочном отпуске. Мы будем более склонны водить машину, и можем хорошенько расслабиться и погрузиться в мечтания во время долгого пути по автостраде. Действительно, езда за рулем машины, с должной осторожностью, на безопасной скорости и без всякой спешки, может вызвать множество размышлений и фантазий. В таких условиях вождение становится очень приятным занятием, которое освобождает место для нашего бессознательного и будит наше воображение с разнообразными фантазиями. Благоприятный транзит Меркурия к нашей натальной Луне делает именно это, облегчает обмен информацией между нашим бессознательным и внешним миром. Мы чувствуем более сильную тягу к коммуникации, и нам удается мотивировать это, найдя самые убедительные доводы, чтобы войти в контакт с другими людьми, хотя бы только на эмоциональном уровне. Мы обнаружим в себе способность к лучшему общению, даже безмолвному, например, обмениваясь лишь взглядами. Увеличится наша способность интуитивно понимать окружающих людей, предчувствуя намерения и действия других еще до того, как они явно обнаружатся. Мы будем более внимательно выслушивать других, и будем способны более доступно излагать свои мысли при общении с собеседником и вызывать больший интерес своими словами. Наши контакты будут более плодотворными с женщинами вообще, и с молодыми особенно. Мы будем, несомненно, более восприимчивыми к сообщениям любого рода, и нам больше обычного будет хотеться посылать письма, записки, телеграммы и открытки. В такие дни мы можем охотно часами общаться по телефону, звонить родственникам и старым друзьям, просто ради удовольствия с кем-то разговаривать. Также возрастает интерес к культуре, и нам хочется принять участие в литературных салонах или посетить различные встречи, дискуссии и конференции. Мы можем почувствовать большую потребность выступить с лекцией самостоятельно, или же собраться вместе с друзьями и поделиться с ними собственным опытом. Нас привлекают последние технологические новинки из области связи и телекоммуникации. Во время этого транзита, например, у нас может возникнуть желание получить водительские права или научиться пользоваться компьютером и, особенно, Интернетом и электронной почтой.

Меркурий в напряженном аспекте с Луной

Когда Меркурий проходит в напряженном аспекте по отношению к нашей натальной Луне, коммуникация доставляет нам особое беспокойство. Мы ощущаем некую наэлектризованность вокруг себя, и это нас раздражает и недоброжелательно настраивает по отношению к возможным встречам с другими людьми. Мы вовсе не хотим общаться, или же наоборот, этого страстно жаждем, но в обоих случаях такое беспокойство плохо отражается на нашем настроении и вредит коммуникативным способностям. Одним словом, мы внутренне совершенно не настроены на гармоничную взаимосвязь с окружением. Так что было бы лучше ненадолго отстраниться от общения, не пытаясь форсировать собственные чувства. В эти часы нам никак не удается понять мотивы своего поведения, почему наше отношение к обмену информацией настолько негативное. Нас раздражает звонок телефона так же, как и его отсутствие. Мы взволнованны, когда получаем и открываем письма и нервничаем, когда их пишем. В такой взбудораженной обстановке мы можем легко ошибиться, употребив в разговоре к кем-то неподходящие интонации, или, в спешке отсылая письма, укажем неправильный адрес, или забудем приклеить марку. В эти несколько часов, если мы решим поехать куда-нибудь, то столкнемся с мелкими неприятностями и затруднениями, как например, мы можем приехать на железнодорожную станцию на минуту позже отправления поезда или ошибиться платформой, или выбрать не тот съезд с автострады. В общем, это один из тех дней, когда с коммуникациями все идет не так, и мы вынуждены констатировать, что все наши попытки встречают множество препятствий или заканчиваются неудачно. Мы замечаем, что становимся непопулярными и раздражаем окружающих, особенно женщин. Если мы общаемся с телефонным оператором, то легко можем рассердиться и повысить голос, или же не можем с ним объясниться. Неприятное состояние беспокойства, которое нами овладевает, прежде всего, имеет внутреннюю и психическую природу, но оно может равным образом проявиться наружу самыми разнообразными способами, так например, мы можем в рассеянности продолжать упорно набирать наш собственный телефонный номер. Если мы работаем за компьютером, то подобная рассеянность оказывается особенно вредной и может доставить нам множество мелких неприятностей, например, вынудив нас потратить целое наше утро или вечер у принтера, который отказывается распечатать важный документ. Нужно избегать покупок любых средств коммуникации под влиянием такого напряженного транзита, так как мы рискуем зря потратить свои деньги. Также не стоит пробовать свои силы в коммерческих переговорах, где можно натворить гораздо больше бед. И последнее, но не менее важное, нужно быть осторожными с курением, тяга к которому в данный период может стать излишней, так как сигарета видится курильщику идеальным средством для снятия нервозности.

Меркурий в гармоничном аспекте с Меркурием

Когда транзитный Меркурий проходит в гармоничном аспекте к нашему радиксному Меркурию, микропроцессор нашего мозга работает с более высокой тактовой частотой, чем обычно. Мы мыслим быстрее, обрабатываем образы и ощущения в предельно сжатые сроки, поддерживаем связь с окружением со скоростью света. Мы чувствуем себя особенно бойкими и внимательными, любопытными и жаждущими знаний, более объективными и беспристрастными. Нам удается понимать все с чрезвычайной легкостью, и мы можем пересмотреть самые волнующие нас вопросы в свете такой обновленной ясности сознания. Также мы можем принять ответственные решения, потому что будем более внимательными, и сможем избежать ошибок. Если в работе может возникнуть потенциальная опасность из-за нашей рассеянности, то в этот период мы рискуем гораздо меньше. Мы ясней осознаем происходящее и лучше понимаем и самих себя, и других. Нам удается лучше выражать свои мысли, а наши диалектические способности смогут удивить не только других, но и нас самих. Мы будем способны лучше объяснить свою точку зрения, и в то же время, сможем отлично понять все, что говорит собеседник. Мы чувствуем острую потребность в передвижениях, путешествиях и поездках, вне зависимости от расстояния. Это подходящий день для того, чтобы уйти в отпуск и отправиться в путешествие на машине или поездом, чтобы, например, навестить друга или родственника. Если мы любим ездить на мотоцикле или на машине, то сможем заметить, как в эти часы улучшаются наши водительские способности, усиливается быстрота реакции и обостряется внимание. Возросшее любопытство подтолкнет нас к поиску информации на новые темы, к учебе, чтению книг, посещению какого-либо курса или конференции, и, возможно, даже к выступлению в качестве лектора. Это идеальный период времени для чтения серьезной литературы и для подготовки к важным экзаменам в университете. Эти часы также благоприятны для письменных сочинений, и можно этим воспользоваться для подготовки важного доклада, резюме для приема на работу или написания главы новой книги. Вся наша корреспонденция станет особенно оживленной, и почти наверняка мы получим или отправим больше писем, чем обычно. Почтовые сообщения могут принести нам хорошие новости. Друзья будут чаще звонить нам по телефону. Мы сами, в свою очередь, будем больше обычного прибегать к этому средству коммуникации, замечая улучшение качества телефонной связи. Нам захочется воспользоваться Интернетом, и на самом деле, навигация окажется для нас полезной, а соединение с провайдером будет особенно качественным. Этот день также благоприятен для покупки оборудования и устройств, предназначенных для связи и телекоммуникаций, например, мобильного телефона, факса, модема, велосипеда или нового автомобиля. Кроме того, хорошие результаты принесет заказ на новые фирменные бланки или визитки, оформление рекламной афиши или плаката, разработка дизайна книжной обложки. Также будет более успешной наша коммерческая деятельность, и мы можем заключить выгодные торговые сделки, разместив, например, рекламные объявления в городской газете.

Меркурий в напряженном аспекте с Меркурием

Когда транзитный Меркурий проходит в напряженном аспекте с Меркурием нашего радикса, мы переживаем чувства беспокойства и тревоги. Нами овладевает состояние повышенного нервного возбуждения, и эта взвинченность плохо влияет на наши взаимоотношения с людьми. Нам трудно сосредоточиться, или же мы ощущаем преувеличенную скорость обмена информацией с окружающей средой. На самом деле, наши внешние связи страдают в обоих случаях, и при замедлении, и при ускорении потока входящей и исходящей информации. Мы осознаем, что зачастую вступаем в разговор некстати, или начинаем заикаться и путаться в словах. Нам становится сложнее объяснить свою точку зрения собеседникам, и, в свою очередь, мы вынуждены прилагать большие усилия для понимания других. Желание двигаться, перемещаться и путешествовать становится очень сильным, однако, как правило, во время этого транзита по каким-то причинам поездка оказывается невозможной, и от этого мы еще больше нервничаем. Следовательно, желательно избегать передвижений. Но если, все же, мы отправимся в путь, то столкнемся с разными неприятностями, как например, по причине забастовки могут отменить поезд, из-за нашего опоздания в аэропорт мы не успеем на самолет, вдруг мы обнаружим свою машину с закрытыми внутри ключами, и так далее. Может случиться и так, что наши неприятности будут связаны с тягостной необходимостью ежедневно ездить на работу на общественном транспорте. Мы хуже управляем автомобилем из-за большей рассеянности, ослабления быстроты реакции или излишней раздражительности. Следовательно, мы рискуем попасть в аварию, нарушить правила дорожного движения и получить взыскание в виде штрафа. Телефон звонит слишком часто и в самые неподходящие моменты. Мы можем столкнуться с неприятными разговорами по телефону, с людьми набравшими наш номер по ошибке или с помехами на линии. Наши попытки межконтинентальных телефонных звонков могут не увенчаться успехом, и вызываемый номер может быть недоступен или постоянно занят. Возможно также получение неприятных писем или плохих новостей по почте. В эти дни нам не стоит отправлять письменные сообщения или посылки, так как высока вероятность их повреждения или задержки в доставке. Нам захочется воспользоваться Интернетом, но навигация окажется проблематичной по разным причинам, например, возникнут проблемы с браузером или ссылка на нужный нам сайт окажется недействительной. Было бы лучше не сдавать экзамены в эти дни, а попытаться перенести их на более благоприятный период. Нам не удается сконцентрироваться должным образом на изучении какого-либо предмета. Стоит отложить чтение серьезной литературы или попытку разобраться в работе новой компьютерной программы. Кроме того, во время этого транзита нежелательно покупать все, что имеет отношение к телекоммуникациям, будь то телефоны, спутниковые антенны, факсы, модемы или нечто подобное. В эти дни мы будем менее искренними, а наше поведение может даже стать двуличным и жульническим, конечно, если на то есть указания в натальной карте и наше воспитание было не самым лучшим. Даже талантливым коммерсантам в этот период времени грозит неудача, так что лучше избегать торговых сделок любого рода. И наконец, нужно проявить особую осторожность в отношении возросшей тяги к курению, которая может привести к интоксикации нашего организма.

Меркурий в гармоничном аспекте с Венерой

Когда транзитный Меркурий проходит в гармоничном аспекте с нашей натальной Венерой, мы чувствуем себя более спокойными и пребываем в согласии со всем миром. Без какой-либо конкретной причины мы ощущаем душевное благосостояние. Прежде всего, мы чувствуем большую внутреннюю гармонию и, как следствие, желаем поделиться своим мирным состоянием с окружающими. Наша манера говорить становится более любезной и приятной, мы обращаемся к другим с мягкими интонациями в голосе, и наше поведение отмечено особенной склонностью к гармонии и терпимости. Мы дружелюбны больше, чем когда-либо. Это подходящий день, чтобы помириться с дорогими нам людьми, с которыми у нас натянутые отношения. Нас особенно привлекают женщины вообще, и в частности, одна из наших сестер, дочь или близкая подруга. В то же время нас влечет к искусству, эстетике, ко всему прекрасному, и не только в художественном смысле этого слова. Данный транзит очень подходит для посещения музеев, картинных галерей, исторических памятников, выставок живописи или фотографии, антикварных магазинов, мебельных салонов, и так далее. Эти часы также благоприятны для покупки произведений искусства. Равным образом окажутся очень выгодными приобретения предметов одежды, мебели для дома или художественного изделия в подарок. Нас очень привлекает все красивое, а значит мы могли бы воспользоваться этим, чтобы придумать себе новую прическу, особый макияж и полностью обновить и приукрасить собственный имидж. Следовательно, будут полезными посещения парикмахеров, косметологов, массажистов, маникюрш... Если нам необходим хороший фотопортрет, то этот транзит очень подходит для реализации этой цели. В этот период, когда символы Меркурия и Венеры гармонично соединяются, мы можем получить наибольшую выгоду от выбора и покупки товаров, рожденных в синергизме этих двух планетарных символов, таких как новый автомобиль, хороший мотоцикл, особенный телефон, факс красивой и инновационной модели, элегантный и современный принтер, и так далее. Венера также относится к здоровью, а Меркурий, прежде всего, означает движение, следовательно, мы можем сделать вывод, что все наши короткие поездки, приятные путешествия, прогулки и экскурсии в эти дни окажут благотворное влияние на наше здоровье, как в психическом, так и в физическом смысле. Также мы можем улучшить свое самочувствие и расслабиться в долгих и приятных дружеских беседах по телефону. В течение этого транзита можно получить прибыть от торговых сделок, связанных с предметами, имеющими отношение к красоте, как например продажа лампы для загара или кожаного чемодана.

Меркурий в напряженном аспекте с Венерой

Когда транзитный Меркурий проходит в напряженном аспекте с нашей натальной Венерой, мы переживаем не очень хороший период нашей личной жизни и сентиментальных отношений. Мы испытываем некую общую растерянность, которая мешает нам осознать возникшие проблемы в сфере чувств и эмоций. Мы не имеем четкого представления о том, какими должны быть наши отношения с любимым человеком, и не можем понять, чего бы нам хотелось от него на самом деле. Подобное внутреннее смятение отражается и в нашем поведении, которое не будет ни кристально чистым и прозрачным, ни последовательным и логичным. Наоборот, в большинстве случаев мы будем склонны лгать своим близким людям, придумывая себе совершенно невероятные оправдания. Даже учитывая то, что в этот период времени мы не рискуем разорвать партнерские отношения, все же для нашей любви этот момент равным образом оказывается плохим, тягостным и неприятным. Мы склонны говорить что-то такое, о чем впоследствии будем сожалеть, нам недостает искренности и способности осознать свои настоящие желания. Речь не идет о том, что мы будем себя вести агрессивно с любимым человеком, скорей наоборот, мы проявим особую уступчивость и сговорчивость, но все равно наше поведение не способствует укреплению и росту наших отношений. Мы склонны заблуждаться в вопросах эстетики в целом, а значит совершенно бесполезно будет посещать в это время музеи, картинные галереи, выставки живописи и фотографии, и так далее. Решив отправиться к парикмахеру или косметологу, мы рискуем ошибиться в выборе нового имиджа и испортить свой внешний вид, что конечно же не станет катастрофой для нас, но, в любом случае, на исправление ошибок потребуется какое-то время. Наши отношения с женщинами вообще, и с нашими дочерьми или сестрами в особенности, будут несколько портиться и искажаться под воздействием этого планетарного транзита, который не является одним из самых плохих, но не стоит также недооценивать его влияние. Этот период времени не подходит для торговых сделок, связанных с художественными изделиями или имеющих отношение одновременно к понятиям прекрасного, путешествий и коммуникаций в широком смысле слова, а значит нужно избегать покупок сумок и чемоданов для поездок, тапочек для самолета и поезда, автомобильных аксессуаров, шлема для мотоцикла, декодера для спутниковой антенны, принтера, и так далее. Наши коммерческие способности, даже если они заложены в натальной карте, значительно ухудшатся во время данного планетарного транзита.

Меркурий в гармоничном аспекте с Марсом

Когда транзитный Меркурий оказывается в гармоничном аспекте с Марсом нашего радикса, мы ощущаем необычно насыщенную умственную активность, которая наделяет нас способностью трезво мыслить и ясно различать реальные и настоящие проблемы от кажущихся. Наш мозг становится будто бы наэлектризованным, и мы чувствуем себя гораздо бодрее и даже умнее, чем обычно. Сложно сказать, так ли это на самом деле, но в любом случае мы ведем себя соответственно этим ощущениям, и это очень хорошо сказывается на нашей умственной деятельности. Мы более уверены в себе, и у нас лучше получается выразить собственные мысли и подобрать наиболее подходящие слова. Возрастает не только наша способность сосредоточиться мысленно, но и проявляются отличные ораторские качества. Наша речь течет легко и быстро, а слова мы произносим решительно и четко. Мы настолько хорошо владеем собой на ментальном уровне, что можем не бояться любого разговора и собеседования. Мы можем спокойно выступить с речью публично или перед телекамерой, и даже без проблем принять участие в телевизионной или радио передаче в прямом эфире. Наша внутренняя уверенность отражает не чувство самомнения, а простое осознание собственной способности ясно выразить свои мысли, вне зависимости от того, будут ли они восприняты как важные или нет. Сила Марса, синергетически объединяясь с проворностью Меркурия, позволит нам писать интенсивнее и быстрее, мы будем способны в кратчайшие сроки подготовить объемный доклад или важное выступление, усиленно работать над университетской курсовой работой или рефератом, с удивительной легкостью набросать главу новой книги, и так далее. Настолько же эффективно мы будем воспринимать и понимать информацию, так что можно воспользоваться этим транзитом, чтобы прослушать семинар или самим его провести, подготовиться к экзамену или конкурсу, начать обучение на языковых или компьютерных курсах, наконец-то осилить сложную для понимания книгу, разобраться в работе новой компьютерной программы. Если мы отправимся в путешествие в эти дни, то будем вести машину гораздо лучше обычного благодаря особенной быстроте реакции и ясному мышлению, а отличная физическая выносливость позволит нам легко преодолеть большие расстояния без остановок. Если долгие телефонные переговоры на работе обычно у нас вызывают стрессовое состояние, то в эти часы мы с достаточной легкостью их выдерживаем. Более того, мы должны воспользоваться моментом такого хорошего настроения, чтобы позвонить многим людям не только по работе, но и ради собственного удовольствия, и написать множество писем, давно отложенных в долгий ящик. Все виды коммуникации будут удачными, а значит этот день отлично подходит для навигации в Интернете и для занятий радиолюбительством. Нет периода лучше, чем этот, чтобы установить спутниковую антенну на крыше, а также для выполнения любых физически тяжелых работ, имеющих отношение к путешествиям, транспорту и коммуникациям, таких как ремонт автомобиля, замена колеса у мотоцикла, прокладка телефонного кабеля между двумя комнатами, перенос бумажных стоп для принтера. Наши отношения с механикой вообще улучшатся, вне зависимости от того, сведущи мы в этой области или нет. Мы почувствуем симпатию и влечение к людям воинственного типа, например, к молодому другу спортсмену, к военному или хирургу. Этот день отлично подходит для покупки механических предметов и инструментов, таких как дрели, лобзики, оборудование для мастерской, сварочные машины или какие-либо компоненты для компьютера.

Меркурий в напряженном аспекте с Марсом

Когда транзитный Меркурий проходит в напряженном аспекте к нашему натальному Марсу, мы чувствуем себя агрессивными и внутри, и снаружи. Некое общее возбуждение внезапно овладевает нами и негативно настраивает по отношению к окружающим. Мы становимся слишком наэлектризованными, занимаем излишне оборонительную позицию, вспыхиваем по ничтожному поводу, что неизбежно приводит к нашей повышенной агрессивности. Несомненно, мы более склонны к ссорам и нападкам на других людей. В эти часы мы забываем, что значит терпимость и умеренность. Мы выглядим достаточно воинственными, будто с кинжалом в зубах, вызывая в окружающих такую же встречную агрессивность. Главным образом мы используем слова, чтобы больно ранить других, показав этим свою готовность атаковать их в любую минуту. Безусловно, наши ораторские способности значительно возрастают в эти часы, и если бы нам удалось применить их на практике в публичных дебатах, где требуется особая напористость и решительность, то это оказалось бы очень полезным для нас. Но в большинстве случаев мы, к сожалению, бесполезно направляем свою агрессию на близких людей, членов семьи или нашего партнера, и, как следствие, рискуем с ними поссориться если не навсегда, то хоть на день. С другой стороны, стоит отметить, что это транзитное влияние благотворно сказывается на нашем чувстве иронии, и даже добавляет нам некий сарказм, что может очень хорошо отразиться на нашей работе, когда она требует именно таких качеств (например, это относится к профессиям политиков или телеведущих). Мы могли бы также написать очень колкий фельетон или ироничную статью, которые обогатили бы антологию наших самых удачных литературных произведений. Однако нельзя сказать то же самое в отношении писем, которые мы можем отправить в эти дни нашим сотрудникам, деловым партнерам, начальникам, и всем тем людям, от которых зависит наша судьба, ведь никому не могут понравиться наши суждения, настолько прямые и резкие, будто удар топора. То, что исходит из-под нашего пера и из наших уст, на самом деле, может быть чистым ядом высокой концентрации. В эти несколько дней мы рискуем даже разорвать старые дружеские отношения, если этот транзит найдет резонанс в текущих аспектах других более быстрых планет и, прежде всего, в карте Солнечной Революции. Нужно соблюдать максимальную осторожность за рулем машины или мотоцикла, так как излишняя самоуверенность может привести нас к совершению разных ошибок с риском попасть в дорожно-транспортное происшествие. Даже пересекая дорогу по пешеходному переходу надо не терять бдительность. Наша внутренняя разрушительная энергия проявляется и наружу, а значит мы можем легко сломать предметы, которых касаемся, и особенно имеющие отношение к коммуникациям, такие как мобильный или беспроводный телефон, факс, пульт дистанционного управления, принтер, и тому подобные вещи. Если мы примем участие в дискуссии на форуме в Интернете, то почти наверняка сумеем поссориться почти со всеми людьми, находящимися в этот момент в сети. Этот день совершенно не подходит для установки антенн или для механических работ, особенно точных, в которых наши необычно резкие жесты могут спровоцировать серьезные повреждения оборудования. Мы будем способны гораздо быстрее обычного набирать текст на компьютерной клавиатуре, но при этом будем допускать и множество ошибок. Необходимо избегать использования металлических и острых предметов, рабочих инструментов, таких как пилы и электросверла, неизолированные электрокабели, и тому подобные вещи. В эти часы также желательно не брать в руки огнестрельное оружие и не работать с легковоспламеняющимися веществами. Этот день противопоказан для охоты, а также для участия в шествиях, забастовках и демонстрациях, где есть риск общественных беспорядков и стычек с полицией. Нужно соблюдать максимальную осторожность и при занятиях спортом, начиная от самого обычного любительского футбольного матча с сотрудниками по офису и заканчивая традиционно опасными видами спорта, такими как альпинизм, подводная охота или катание на лыжах.

Меркурий в гармоничном аспекте с Юпитером

Когда транзитный Меркурий проходит в благоприятном аспекте с нашим натальным Юпитером, нас переполняет замечательное чувство мира и благополучия. Мы более оптимистично настроены и готовы преодолеть любые трудности повседневной жизни. Мы движемся вперед смелее, но речь идет не столько о смелости в прямом смысле слова, сколько об уверенности в собственных силах, которая определяет наши решительные действия. Данный транзит значительно снижает наше чувство критики, а значит, он благоприятен для реализации проектов, подразумевающих наличие некой доли риска. Мы говорим прежде всего о коммерческих и/ или промышленных предприятиях, которые никогда бы не открылись, если бы периодически такой транзит не одаривал нас самыми позитивными мыслями. Ведь если бы мы на самом деле слишком долго раздумывали о всех тех рисках, которые заложены в предпринимательской деятельности, то никогда не рискнули бы ее начать. Но к счастью, природа разумно распределяет планеты в каждой натальной карте, а значит, существует множество людей уже предрасположенных в этом смысле, которые во время данного транзита находят недостающую долю смелости или избавляются от лишних страхов, чтобы все же начать рискованное коммерческое предприятие. Позитивное отношение этих людей в итоге приносит отличные практические результаты, так что транзит очень благоприятен для начала таких дел. Любая наша коммерческая деятельность, прямая или посредническая, получает поддержку от транзита Меркурий-Юпитер, от покупки скромных предметов до продажи автомобиля. В эти часы мы будем удивляться своим способностям вести бизнес, и можем на самом деле заключить какую-нибудь важную торговую сделку. Наш оптимизм встретит ответную реакцию окружающих, которые в эти часы нас особенно тепло принимают. Будут благоприятны и любые поездки, как короткие, так и трансконтинентальные. Этот период отлично подходит для того, чтобы запланировать путешествие и отправиться в путь, так что если нам нужно поехать в далекое и труднодоступное место, то можно уверенно выбирать этот день. Хорошо сложатся наши отношения с иностранцами, также как и с людьми из другой области нашей Страны. Мы обнаружим в себе больший талант к языкам, в попытках вспомнить и применить те немногие знания иностранных слов, которые остались у нас еще со времен школы. Кроме того, данный планетарный транзит благоприятствует успешному завершению правовых споров, контактам с адвокатами и судьями, попыткам добиться отмены штрафных санкций разного рода. Если, в свою очередь, мы захотим подать в суд на кого-то, то транзит нам поможет и в этом смысле. Нас будут особенно привлекать люди, занимающие высокое положение в иерархической структуре нашего общества, такие как судьи, политики, высшие духовные лица, и так далее. В эти часы нам будет гораздо легче изучать философию, теологию, парапсихологию, йогу, астрологию, и любые другие так называемые эзотерические науки. То же самое можно сказать в отношении академического высшего образования.

Меркурий в напряженном аспекте с Юпитером

Когда транзитный Меркурий проходит в напряженном аспекте с нашим натальным Юпитером, то лучшее, что мы можем сделать – это привести в состояние боевой готовности наше внимание в отношении всех важных для нас ситуаций. На самом деле, самой большой проблемой, возникающей с такой конфигурацией планет, является почти полное отсутствие чувства критики. Недооценка опасностей, присущая каждому нашему выбору, может привести к пагубным ошибкам и нанести значительный вред нашей работе, личной жизни или здоровью. Совершенно бестолковый оптимизм подталкивает нас вперед с излишней простотой, не давая нам заметить множество ловушек и препятствий, которые могут помешать нам добиться успеха в каких-либо начинаниях. Иногда это может нанести нам огромный ущерб, который впоследствии будет очень сложно исправить. Мы должны сделать все возможное, чтобы сосредоточенно обдумывать положение вещей, постоянно задаваясь вопросом, есть ли здесь обман и где он может скрываться. Мы склонны слепо доверять людям, а это может принести нам множество бед. В эти часы следует быть более недоверчивыми и подозрительными. Как гласит поговорка: «Доверяй, но проверяй». Внутреннее изобилие энергии и желание практически реализовать наши проекты мешают нам отслеживать некоторые детали, упуская которые мы рискуем прекратить дело, даже не начав его. Этот период также не подходит для поездок, как коротких, так и дальних. Заграница неблагоприятна для нас, ведь одно дело быть рассеянными дома, а другое дело, когда мы оказываемся далеко от родных мест, и невнимательность может сделать нас очень уязвимыми для мошенников. Возможно получение официальных бумаг или начало правовых споров и судебных разбирательств, которые потом приведут к различным бюрократическим практикам. В эти дни мы рискуем столкнуться в нехорошем смысле с законом, с адвокатами, судьями или полицией. Стоит избегать подписания контрактов и открытия предприятий. А также нужно воздержаться от коммерческой деятельности любого рода, от покупки как мелких, так и крупных вещей. Особенно неудачной окажется торговля автомобилями и вообще транспортными средствами, инструментами коммуникации, как например, телефонами, факсами, модемами, и так далее. При покупке бывшей в употреблении машины необходимо максимально обезопасить себя от того, чтобы она не оказалась краденной, например, проверив номер кузова или двигателя. При продаже своей машины нужно обязательно убедиться в платежеспособности покупателя. В эти дни не окажется плодотворным изучение философии, астрологии, теологии, парапсихологии, ориентализма, йоги и любого университетского предмета.

Меркурий в гармоничном аспекте с Сатурном

Когда транзитный Меркурий проходит в благоприятном аспекте с нашим натальным Сатурном, мы переживаем момент исключительной ясности ума. Мы мыслим гораздо рациональней, чем обычно, меньше зависим от эмоций, мы более осмотрительны и менее оптимистичны, но зато более мудры и сдержанны. Мы открываем в себе большую зрелость и способность анализировать все, что нас окружает, исключительно логично и благоразумно. У нас как никогда хорошо получается разрабатывать конкретные и долгосрочные планы. Программы на двадцать лет вперед как раз и могут получить свое хорошее начало под влиянием этого планетарного транзита. Амбициозность поддерживает наши идеи, и направляет нас в будущее пусть не оптимистично, но с большой логичностью, последовательностью и решительностью. Мы кажемся гораздо старше своего возраста, ощущаем недостаток энтузиазма в наших стремлениях, но в то же время идеальную ясность целей и отличное понимание того, как реализовать их наилучшим образом. Мы предстаем перед другими более собранными и организованными. Такой душевный и, прежде всего, умственный настрой сильно повлияет на нашу способность вести переговоры, и нам удастся рассуждать вслух невозмутимо, серьезно, последовательно и логично. Наше умение вести беседу не будет таким блестящим, как при транзите Меркурий-Марс или насыщенным оптимизмом, как во время транзита Меркурий-Юпитер, но станет гораздо убедительней, четче, точнее, с минимальным количеством концептуальных или формальных ошибок. Мы будем производить впечатление опытных ораторов, настоящих профессионалов слова. Даже если нам не удастся поразить собеседников искрящейся гениальностью ораторского стиля, мы наверняка встретим внимательность, заинтересованность, хорошую расположенность слушателей к нашим речам. Нас особенно удивит, насколько комфортно и с каким удовольствием мы будем общаться со старшими и умудренными людьми. Нам будут больше нравиться пожилые собеседники, с которыми можно разговаривать беспристрастно о серьезных и важных вещах. Во время этого планетарного транзита очень редко приходится беседовать на легкомысленные и пустые темы, которые нас просто раздражают, и мы старательно их избегаем. Этот период благоприятен для наших долгосрочных или очень амбициозных планов в отношении коммуникации, как например, намерение подключиться к высокоскоростной широкополосной линии Интернет связи, которое не может быть реализовано в считанные дни или с ограниченными средствами. В литературе нас будет привлекать больше очерковый жанр, чем повествовательный, и мы предпочтем чтение не развлекательных книг, а серьезных томов, требующих значительных умственных усилий и очень полезных для нашего общего и культурного роста. Мы можем успешно сдать самые сложные экзамены в высшем учебном заведении, начать писать книгу, заняться особо трудными исследованиями или поступить на курсы долгосрочного обучения. В эти несколько дней наши основные наклонности и стремления будут консервативными, в широком смысле слова. Мы напишем какому-то пожилому родственнику, или же он сам попытается с нами связаться. Если предоставится возможность выехать за город на отдых, то мы, скорей всего, предпочтем не море, а деревню и горы. Возможно, нам захочется купить антикварные вещи, раритетную машину или мотоцикл, старый коллекционный радиоприемник или телевизор. Курильщики смогут лучше контролировать свою вредную привычку.

Меркурий в напряженном аспекте с Сатурном

Когда транзитный Меркурий проходит в напряженном аспекте с нашим натальным Сатурном, мы испытываем трудности в коммуникации. Наши мысли склонны быть негативными и пессимистичными. Мы размышляем о своих программах на будущее с беспокойством и озабоченностью, и не чувствуем себя в состоянии планировать нечто позитивное. В интеллектуальном смысле мы переживаем период застоя. Нам трудно выйти из замкнутого круга терзающих нас мыслей о возможных неудачах, поджидающих нас в будущем. Нам сложнее добиться ясного и свободного течения мыслей, мы склонны фиксировать свое внимание лишь на самых критичных ситуациях, которые могут доставить нам неприятности. Мы не в состоянии расслабиться и думать позитивно. Это отражается и на нашем общении, так что другие замечают, насколько нам тяжело изъясняться, мы с трудом подбираем верные слова или даже начинаем заикаться. Состояние фрустрации в эти часы связано с проблемами коммуникации, в самом широком смысле этого понятия. Мы не можем добиться взаимопонимания с окружающими, нам трудно начать разговор или мы вынуждены его прервать в самый важный момент. Мы замечаем, что наши собеседники не желают нас выслушивать и идти на уступки в дискуссии. Было бы лучше отложить любое выяснение отношений с другими людьми. Нам было бы очень полезно немного поразмыслить в одиночестве. Безусловно, мы будем пессимистично настроены, но на самом деле это не так уж плохо, ведь мы могли бы должным образом переоценить и откорректировать какую-нибудь свою гипертрофированную фантазию, родившуюся под влиянием предыдущего транзита

Меркурий-Юпитер. Усилия, направленные на переоценку своих планов, позволят нам крепче встать на ноги, и пусть мы окажемся несколько разочарованными, спустившись с облаков на землю, но зато сможем избежать глупых ошибок. Пожилые люди будут нам мешать или чинить препятствия. Старший по возрасту человек может одержать над нами победу в споре или поставить нас в неудобное положение перед другими людьми. В эти дни могут возникнуть некоторые проблемы с обменом информацией или передачей данных, как например, потеря письма, прерывание телефонного разговора из-за помех на линии, поломка принтера, падение антенны на крыше, многочасовые перебои телефонной связи из-за технических неполадок на линии, невозможность получить факс из-за проблем с бумагой, и так далее. Но не стоит слишком переживать из-за этого, ведь каждому из нас должно быть известно, что периодически необходимо платить дань планетам, проходящим в напряженных транзитах над нашей головой. Следует избегать перемещений на машине, так как если мы откажемся от поездки, то наша фрустрация будет относиться лишь к этому самоограничению. Но если же мы будем упорствовать в желании отправиться в путь, то могут случиться гораздо более серьезные беды, и мы, например, столкнемся с проколом шины при отсутствии запасной, остановимся на полпути из-за забастовки работников бензозаправочных станций, не доберемся до пункта назначения из-за оползня на дороге, и так далее. Этот период не подходит для торговых сделок с пожилыми людьми, для покупки предметов антиквариата или старых автомобилей, радио, телефонов, и тому подобных вещей. В эти часы курение нанесет вред здоровью больше, чем обычно.

Меркурий в гармоничном аспекте с Ураном

Когда транзитный Меркурий проходит в благоприятном аспекте с Ураном нашего радикса, складывается впечатление, что мы работаем, как компьютер. Стоит лишь приукрасить нас мигающими светодиодами, и мы станем точной копией моддингового ПК. Мы замечаем за собой способность обрабатывать информацию с невероятной скоростью, и ввод/вывод данных, которыми наш мозг обменивается с окружающей средой, осуществляется необычайно быстро. Редко, когда нам удается чувствовать себя настолько бойкими и умными. Наши интуитивные способности возрастают до максимума, а мозг работает так, будто для его питания подается электрическое напряжение вдвое выше обычного. Идеи буквально бурлят внутри нас, и снаружи мы выглядим чрезвычайно проворными, остроумными, открытыми и интуитивными. Нам удается понять, что хочет сказать наш собеседник еще до того, как он закончит фразу. Значительно возрастает наша способность улавливать связи по принципу аналогии, что, вполне вероятно, является наивысшим проявлением ума. Наш мозг ведет себя так, будто мы приняли дозу кокаина, настолько проворно и стремительно он обрабатывает информацию. С такими преувеличенными ментальными способностями мы можем смело ринуться в дискуссии с другими, вести сложные переговоры, не побояться обсуждать щекотливые вопросы, требующие особой проницательности. Такое великолепное состояние подъема помогает нам главным образом в вопросах, которые требуют молниеносного принятия решений. Благодаря улучшенным рефлексам мы становимся более внимательными в своей работе, действуем с большей долей надежности, особенно при выполнении заданий требующих повышенной осторожности. Нам удается гораздо лучше водить машину и мотоцикл, демонстрируя как никогда хорошую быстроту реакции. Это может оказаться особенно полезным, если нам придется путешествовать ночью или в условиях ограниченной видимости. Нас очень привлекают все последние достижения в области электроники и техники, и этим можно воспользоваться, например, для изучения работы новой компьютерной программы. Этот день подходит для чтения руководства пользователя к любой аудио-видео аппаратуре или к новому мобильному устройству, то есть таких инструкций, для понимания которых требуется, пожалуй, высшее образование по инженерной электронике. Вполне вероятно, что в этот период мы выгодно приобретем телеинформационные устройства, такие как модем, факс, спутниковая антенна, телевизионный декодер, беспроводный телефон, и так далее. Кроме того, нам захочется купить новую машину, мотоцикл, скутер или велосипед. Это подходящий момент для того, чтобы установить спутниковую антенну на крыше или подключить периферийное устройство к компьютеру с последующей установкой прилагаемого программного обеспечения. Мы отлично справляемся со всеми видами техники, но можем успешно воспользоваться транзитом также для занятий фотографией, любительской видеосъемкой и для изучения астрологии. Нас будут привлекать к себе гениальные или немного эксцентричные люди. Мы можем получить какую-то особенную новость касательно наших родных или двоюродных братьев, зятя или шурина. Нам легко удастся множество передвижений в течение одного дня, например, мы можем запросто отправиться в путешествие на самолете с двумя или тремя пересадками подряд.

Меркурий в напряженном аспекте с Ураном

Когда транзитный Меркурий проходит в напряженном аспекте с нашим натальным Ураном, мы не чувствуем себя менее умными, а совсем наоборот! У нашего мозга возникает настолько высокая способность обрабатывать информацию, что складывается впечатление, что мы приняли дозу наркотиков. На самом деле, в этот момент наш мозг похож на компьютер, работающий с невероятно высокой тактовой частотой. Информация устремляется в него с огромной скоростью и так же быстро выплескивается наружу. Разница с гармоничным транзитом Меркурий-Уран состоит в том, что такая скорость провоцирует у нас разные проблемы. Мы становимся особенно нетерпимыми с теми, кто мыслит медленнее нас, и не склонны проявлять снисходительность к тем, кто слабо соображает. Кроме того, сильная наэлектризованность делает нас необычайно нервными, что проявляется через нашу агрессивность и бессонницу. Нам необходимо попытаться успокоиться, выпив например легкое седативное средство, лучше гомеопатическое или натуральное, вроде ромашки. Мы должны отдавать себе отчет в том, что невозможно двигаться в таком высоком темпе, и нам обязательно нужно снизить обороты. Можно подышать глубоко и заняться чем-то, что вынудит нас замедлиться. Приятная навигация в Интернете с непоследовательным переходом с одной веб-страницы на другую так же, как пролистывание телевизионных каналов может как раз подойти для этой цели. В эти моменты мы совершенно не выносим статичных и долгих крупных планов, наш разум предпочитает наблюдать реальность, будто в калейдоскопе, когда изображение меняется ежесекундно. Расслабиться и успокоить нервы нам может помочь игра в пинбол, футбол или настольный теннис с друзьями, где мы можем удивить всех присутствующих своей быстротой реакции. В эти моменты мы способны даже схватить на лету насекомое, и еще на многое другое. Также как при гармоничном транзите Меркурий-Уран мы можем использовать временное улучшение наших ментальных возможностей для того, чтобы подготовиться к трудному экзамену, изучать вопросы науки и техники, читать очень серьезные книги, пройти важное собеседование, принять участие в дебатах или выступить с лекцией на конференции. Однако за рулем машины мы должны быть очень осторожны, поскольку несмотря на то, что быстрота реакции у нас чрезвычайно улучшена, в то же время высок и соблазн быстрой езды, а это может привести к несчастному случаю и спровоцировать аварию. В любом случае, в течение этих дней мы почти наверняка будем много передвигаться, и на машине, и на поезде, и на самолете. Мы навестим многих людей и, в свою очередь, друзья и родственники тоже будут искать встречи с нами. Увеличится объем нашей корреспонденции, будет больше входящих и исходящих сообщений, особенно в электронной почте. Нам придется очень часто отвечать на телефонные звонки, и нам самим будет хотеться чаще звонить другим людям. Мы можем внезапно, как гром среди ясного неба, получить какую-то неприятную новость, касающуюся нашего родного или двоюродного брата, зятя или шурина. Наша необычная сообразительность и проницательность будет способствовать коммерческим сделкам, и в этой области мы можем проявить сильные интуитивные качества. Нам может особенно повезти в делах покупки и продажи аппаратуры и устройств, связанных с информационными технологиями, таких как телефоны, факс, принтеры, модемы, телевизоры, компьютеры, спутниковые антенны, и так далее. Нас особенно будут привлекать к себе люди достаточно оригинальные, если не сказать эксцентричные. Из-за излишней нервозности мы рискуем больше обычного испытывать тягу к курению, что безусловно может навредить нашему здоровью.

Меркурий в гармоничном аспекте с Нептуном

Когда транзитный Меркурий проходит под благоприятным углом к нашему натальному Нептуну, значительно усиливается наше воображение и фантазия. Мы склонны мысленно расслабляться, освобождая голоса своего бессознательного, которые уводят нас в мир идеальный и виртуальный, и полностью погружаясь в него, мы можем раскрыть все наши самые творческие способности. Мы ощущаем особенное вдохновение, и нас могут посетить идеи, которые в другие моменты вряд ли способны преодолеть холодную цензуру рациональности. Сдерживающие силы разума ослабляются, и мы получаем доступ в безграничный и волшебный мир грез. Этим можно воспользоваться, чтобы придумать сюжет для новой книги, рассказа или рекламного объявления, но у нас не будет недостатка в прекрасных идеях даже насчет написания простой поздравительной открытки или приглашения для гостей на семейное торжество. Для людей искусства этот период окажется невероятно плодотворным, и нужно не упускать возможность, и как можно больше писать и творить, используя любые инструменты, придающие конкретную форму нахлынувшим фантазиям и образам, будь то музыка, кисть, перо или резец. Наша обостренная внутренняя чувствительность принесет множество ценных идей для создания художественных произведений. Возрастает наш интерес к аналитической психологии, эзотерике, парапсихологии, астрологии, йоге, ориентализму, религии. На самом деле, в эти часы мы ощущаем тесную внутреннюю связь между нашей рациональностью и вдохновением, и нас особенно влечет к темам, имеющим отношение к Нептуну. Например, мы будем читать книги по теории парусного спорта или о рыбалке и дайвинге, а может быть даже решим записаться на курсы, связанные с этими темами. Вполне возможно, что нам захочется путешествовать, и тогда мы можем получить огромное удовольствие от отдыха на море, особенно отправившись в плавание на лодке, корабле, яхте или катере. Даже простая прогулка по берегу озера, реки или моря окажется очень приятной, так же как посещение биостанции или аквариума. Море и вода вообще привлекают нас в этот период, и мы можем захотеть пополнить свои знания на эту тему, приобретая книги, журналы и видеозаписи о подводном мире и его обитателях. Нас манят морские путешествия, и вполне возможно, что для этого нам захочется приобрести собственный катер, маленький или большой. Нептун также имеет отношение к измененному состоянию сознания человека и ко всему, что может спровоцировать его проявление, так что мы можем воспользоваться этим транзитом, чтобы посетить лекцию о влиянии алкоголя и наркотиков или побольше разузнать о психотропных препаратах. Будет полезно воспользоваться Интернетом, чтобы углубить свои познания на вышеназванные темы, и, к тому же, благодаря обостренной интуиции мы можем найти некоторые ссылки на полезные сайты, за которыми давно охотились. Необычайное вдохновение в эти дни поможет нам подготовить доклады, лекции, резюме, новые главы для следующей книги. Очень часто во время такого транзита люди ищут встреч с магами, астрологами, гадалками, а также с психологами, философами или священниками. Мы чувствуем влечение к людям, нуждающимся в помощи, и попытаемся оказать им физическую и особенно моральную поддержку. Мы можем оказать финансовую помощь какой-нибудь благотворительной организации. С родными или двоюродными братьями, зятем или шурином у нас может возникнуть хорошая интуитивная связь, почти телепатическая. Великолепная интуиция может принести нам выгоду в любой коммерческой деятельности, как по продаже, так и по покупке товаров.

Меркурий в напряженном аспекте с Нептуном

Когда транзитный Меркурий проходит в напряженном аспекте с Нептуном нашего радикса, мы чувствуем растерянность и смятение в наших планах и идеях. Мысли и образы хаотично роятся в голове, и мы не в состоянии правильно их организовать, придать им логическую структуру и четкий порядок. Нам сложно понять разницу между состоянием обостренного интуитивного восприятия и простым проявлением множества беспорядочных стимулов, блуждающих в нашем мозгу и привлекающих к себе внимание, вплоть до того, что мы можем даже принять колики в животе за проявление экстрасенсориальных способностей. Нам не удается четко запланировать свои действия и определить распорядок дня. В таких условиях не стоит намечать на текущий день никаких важных дел. Если же наши программы связаны с творческой деятельностью, то тогда не возникнет никаких проблем, и мы можем полностью погрузиться в мир фантазии. Этот период благоприятен для чтения книг, и особенно романов, которые будут усиливать наши уже максимально обостренные ощущения. Но нужно очень осторожно подходить к выбору литературы. Если мы будем читать подробные описания человеческих трагедий, физических или душевных болезней, разнообразных катастроф и природных катаклизмов, то из-за повышенной чувствительности этого периода мы рискуем излишне поддаться впечатлениям, и стать жертвами всяческих беспокойных состояний, страхов, навязчивых идей и небольших неврозов. Поэтому нужно избегать подобных потенциально опасных для нас текстов и выбирать книги о всяческих морских приключениях, таких как *Моби Дик*, *Капитан Крюк*, или *Двадцать тысяч лье под водой* Жюль Верна. Также нужно избегать посещения самозваных колдунов, магов, астрологов и гадалок, так как это может тяжело отразиться на нашей психике. Если мы сами занимаемся астрологией, то в этот период лучше избегать чтения эфемерид и анализа натальных карт наших родных и близких, потому что мы рискуем ошибиться в интерпретации и совершенно понапрасну начать беспокоиться и тревожиться. Если нам захочется помолиться, то лучше это сделать в уединении, избегая участия в групповых обрядах. В этот особенный период месяца толпы, большие скопления людей нам вредны, поэтому нужно держаться подальше от общественных демонстраций, шествий, профсоюзных собраний, и так далее. Мы можем столкнуться с трудностями в коммуникациях, возможно, из-за повреждений связи, спровоцированных водой, например, мы зальём какой-нибудь жидкостью клавиатуру нашего портативного компьютера, или же обильные осадки в нашем районе послужат причиной проблем с электричеством и телефоном. Естественно, что в этот период необходимо избегать любых путешествий по морям, озерам и рекам. Не стоит пускаться в плавание на лодке, ходить на рыбалку, заниматься дайвингом. Риск кораблекрушений в это время очень высокий. Подобные советы можно дать и нашим родным или двоюродным братьям, зятю, шурину. Наше иллюзорное восприятие собственных интуитивных способностей может сыграть с нами злую шутку, если мы решим заняться коммерцией в этот период. Так что лучше воздержаться от операций купли-продажи, особенно катеров, яхт, лодок или рыболовных снастей. Путаница в сознании может быть вызвана также алкогольным опьянением или приемом психотропных препаратов. Кто-то может предложить нам покурить «травку».

Меркурий в гармоничном аспекте с Плутоном

Когда транзитный Меркурий оказывается в благоприятном аспекте с нашим натальным Плутоном, мы переживаем временное усиление функций нашего мозга. Мы становимся более восприимчивыми и глубокими, способными подступиться к сложным и трудным вопросам. Нас больше привлекают серьезные проблемы, и мы склонны уклоняться от мелких и незначительных тем. Плутон управляет всем тем, что находится глубоко, под поверхностью, до чего нужно докапываться, и в этом смысле мы стремимся заглянуть в суть вещей, рассмотреть все скрывающееся за внешней видимостью предметов и людей, делать глубинный анализ и заглядывать в души всех, с кем мы сталкиваемся, и то же самое проделывать с собой. Это подходящее время, чтобы заняться самоанализом, в том числе с помощью психотерапевта. Огромный интерес вызовут у нас психология, психоанализ, эзотерика и астрология, и нас будут привлекать книги на эти темы. Также мы можем увлеченно читать полицейские истории, детективы или книги в стиле *noir*. Нас будут интересовать вопросы смерти, со всех точек зрения. Нам может захотеться навестить усопших родственников, и в итоге мы можем отправиться прогуляться на кладбище. В эти часы мы будем вполне способны сосредоточиться на таинствах смерти, и даже раздумывать о нашей собственной будущей смерти, абсолютно спокойно, без драмы, не вовлекаясь эмоционально, а наоборот, с ясным рациональным контролем. Мы можем начать строить планы в этом смысле, размышляя о том, какими должны быть наши похороны, в каком месте будет располагаться наша могила. Кроме того, во время данного транзита нам может захотеться посетить различные пещеры, гроты, катакомбы или карьеры и шахты. Всевозможные подземные исследования нас особенно привлекают, и мы можем ощутить потребность побольше узнать об этом, например, читая книги о геологии или поиске воды с помощью лозоходства. В коммуникациях нам захочется попробовать установить связи с очень удаленными местами, и мы можем, например, позвонить другу или родственнику, который находится на другом конце мира, скажем, где-то посреди Тихого океана. Нас может осенить идея приобрести спутниковую антенну, чтобы смотреть телевизионные каналы всего мира, даже Японии и Австралии. Эти несколько дней подходят для установления более глубоких отношений с нашими родными или двоюродными братьями, зятем или шурином. В то же время мы можем завязать серьезные и зрелые дружеские отношения с молодыми людьми. Если мы планируем заняться какой-то коммерческой деятельностью в этот период, то будем стремиться реализовать грандиозные проекты, оставляя без внимания менее амбициозные цели.

Меркурий в напряженном аспекте с Плутоном

Когда транзитный Меркурий проходит в напряженном аспекте с нашим натальным Плутоном, мы переживаем моменты слабого душевного равновесия. Мы можем стать жертвами сильных деструктивных и саморазрушительных импульсов, которые искажают наше видение реальности, вынуждая замечать лишь ее проблемные стороны. Под воздействием довлеющего пессимизма мы плохо настроены на весь грядущий день. Наш мозг переполняется тяжелыми ощущениями, которые склоняют нас к сосредоточенности на неприятных мыслях. Так же, как при напряженном аспекте Меркурий-Нептун, но еще сильнее, октавой выше, этот транзит может спровоцировать у нас состояния небольшой фобии, мании, тревоги и беспокойства. Наша жизнь приобретает некоторый невротический уклон. В частности, мы можем ощутить плохое влияние мыслей о смерти, с эффектом самых настоящих навязчивых идей на эту тему. Поэтому лучше не посещать кладбище в эти дни, и особенно нужно избегать спиритических сеансов и вещей подобного рода, которые могут серьезно навредить нашему психическому здоровью. Нужно избегать чтения детективных и страшных историй. Также не стоит смотреть фильмы со сценами насилия, убийств и обильного кровопролития. Необходимо держаться подальше от всего того, что может нас склонять к депрессии и подавленному состоянию. Лучше всего в этот период почитать веселую, юмористическую литературу авторов любой национальности, которая сможет поднять нам настроение. Хорошие прогулки на открытом воздухе, особенно на природе и в лесу, могут помочь нам почувствовать себя лучше, и уйти от психологически тяжелой атмосферы, которая обычно сопровождает этот тип планетарного транзита. Нас может привлечь идея покататься ночью на машине, но этого категорически не стоит делать, так как поездка окажется слишком рискованной. Этот день совершенно не подходит для опасных погружений в воду или исследования подземных туннелей и пещер. В эти часы наша сексуальная жизнь может оказаться потревоженной некоторыми навязчивыми идеями, так что скорей всего было бы лучше ограничить нашу активность и перенести интимные контакты на более благоприятное время. Из-за нашего пессимистического настроя в этот период могут ухудшиться наши отношения с родными или двоюродными братьями, зятем или шурином. Или же может так случиться, что транзит нам укажет на временную психическую проблему у одного из этих наших родственников. Нужно избегать заключения торговых сделок, так как в этот период времени мы рискуем стать жертвами мошенничества, или же нам самим захочется обмануть ближнего.

Меркурий в аспекте с Асцендентом

Смотрите Меркурий в Первом Доме

Меркурий в аспекте с МС

Смотрите Меркурий в Десятом Доме

Меркурий в аспекте с Десцендентом

Смотрите Меркурий в Седьмом Доме

Меркурий в аспекте с IC

Смотрите Меркурий в Четвертом Доме

Транзит Меркурия в Первом Доме

Когда транзитный Меркурий проходит по Первому Дому нашего радикса, мы ощущаем необычайную умственную готовность и подвижность. Мы чувствуем себя более активными на ментальном уровне, более умными, способными яснее выражать собственные мысли и идеи. Нам удается лучше осознавать свои желания, и в результате мы становимся более решительными во взаимодействии с окружающими. Отстаиваем наши личные идеи, имеем склонность к большему утверждению наших собственных принципов. Становится очевидно всем, что мы выражаемся более ясно, чем обычно. Мы встречаем понимание окружающих, и в свою очередь, можем точно постигнуть то, что говорят другие.

Стоит воспользоваться этим транзитом, чтобы прояснить возможные имеющиеся недоразумения в отношениях с другими людьми. Можно заняться самыми неприятными вопросами, разрешить неординарные проблемы.

Стоит попытаться найти решение некого давно нас беспокоящего вопроса. Этот период благоприятен для чтения серьезной литературы, требующей значительных ментальных усилий. Даже если обычно мы не сильны в разрешении всяческих кроссвордов и головоломок, то в эти дни вы можете померяться силами в подобной ментальной деятельности, и обнаружить свою возросшую способность быть на высоте поставленной задачи. Это прекрасный день, чтобы научиться играть в бридж, тресетте, или в любую другую игру для суперумных и сообразительных людей. Физическая сила, которую мы проявляем, главным образом, проистекает от силы мысли и мощного заряда энергии, который исходит из нашего мозга и направляет наши верхние и нижние конечности в сторону большей активности. Мы ведем себя подобно ртути в жидком состоянии, живому серебру, проявляя огромную подвижность как на психическом уровне, так и на физическом. Мы даже начинаем выглядеть моложе, и душой, и телом. Мы хотим больше общаться с молодыми людьми, и замечаем за собой поведение, которое было свойственно нам в далекие студенческие годы. Нами овладевает огромное желание коммуникации и обмена информацией, которое подталкивает нас наружу, на улицу, к путешествиям на машине и к поездкам на мотоцикле. Мы идем на увеселительные прогулки и экскурсии, или отправляемся навестить родного или двоюродного брата, друга или шурина. Чрезвычайно возрастает наша переписка, и особенно нам хочется обмениваться сообщениями со всеми нашими близкими людьми. Мы получаем больше корреспонденции. Телефон звонит беспрерывно, и мы сами начинаем звонить всем понемногу. Мы больше передвигаемся с целью приобретения предметов личного пользования, таких как одежда или туалетные принадлежности. Кроме того, нам очень хочется отправиться в приятную навигацию по просторам Интернета. Вполне вероятно, что мы купим предметы, имеющие отношение к связи и телекоммуникациям, такие как мобильные и беспроводные телефоны, модемы, спутниковые декодеры, телефонные автоответчики и факсы, принтеры, и так далее. Также нам может захотеться поменять свою машину, приобретя новую, или же купить мотоцикл, поскольку в эти часы мы пребываем под воздействием некого юношеского духа. Наш стиль одежды тоже может стать «моложе», и мы можем не устоять перед соблазном чересчур обнажиться. Если транзит напряженный, то мы можем переживать моменты беспокойства и нервозности. Наши способности логически рассуждать не понизятся и наш интеллектуальный потенциал отнюдь не ухудшится, но это может привести к бессоннице и излишнему стрессу. В этом случае лучше избегать вождения машины, так как мы можем спровоцировать аварию. Следует соблюдать осторожность, чтобы наша излишняя нервозность не отразилась на чрезмерном количестве выкуренных сигарет. В любом случае, это подходящий момент для коммерческих сделок и мелких торговых операций любого рода.

Транзит Меркурия во Втором Доме

Когда транзитный Меркурий проходит по Второму Дому нашего радикса, наши мысли направлены в основном на торговые сделки и бизнес. В области зарабатывания денег у нас рождаются самые лучшие идеи, которые находят и свое практическое применение. Мы строим новые планы и замышляем стратегии, направленные на обеспечение себя наилучшими средствами выживания. Даже если мы не коммерсанты, в эти часы мы отчасти ими станем, так как наш ум будет стремиться к решению прежде всего практических и утилитарных вопросов. Даже самые непрагматичные по характеру люди в этот период начинают спрашивать себя: «Мне это принесет пользу? Мне это выгодно?». И действуют соответственно. Некоторые идеи о заработке могут у нас возникнуть в связи с вопросами, имеющими отношение к телекоммуникациям, средствам связи, путешествиям и передвижениям вообще. Мы можем осуществить какую-нибудь выгодную сделку, например, продав автомобиль или мотоцикл, или же начав работу, связанную с проектированием страниц Интернет сайтов. Если мы вынуждены регулярно ездить из загорода в центр, то можем придумать, как снизить расходы на ежедневные передвижения. Мы сделаем некое деловое предложение своему родному или двоюродному брату или шурину, зятю, деверю, или молодому другу. А может так случиться, что получим от кого-то из них подобное предложение. Могут возникнуть идеи получения финансовой прибыли в связи со сферой фотографии, телевидения, компьютерной графики и вообще с индустрией изображения. Возрастет наш интерес к этим областям, и даже если он будет в основном проявляться в качестве развлечений и игры, в любом случае, каким-то образом он будет нацелен и на получение денежной прибыли. Наш стиль одежды в течение данного транзита будет склоняться к более молодежной, легкой и свободной форме. Так же, как и имидж станет более свежим, естественным и непосредственным. Это превосходные дни для торжественного открытия фирмы, связанной с мобильной сотовой связью, путешествиями, телекоммуникациями, спутниковым телевидением, и так далее. Если одновременно с этим транзитом наблюдаются другие напряженные транзиты, или если Меркурий образует негативные аспекты с другими планетами, то необходимо быть особенно осмотрительными и осторожными, и не затевать торговые сделки, поскольку из-за недостаточной ментальной ясности мы рискуем совершить серьезные ошибки. Под влиянием этого планетарного транзита у нас может возникнуть соблазн заняться не вполне законным и честным бизнесом, и подобные искушения необходимо, безусловно, пресекать на корню. Если же нам это свойственно изначально, то в этот период мы будем с легкостью прибегать ко лжи и обману ради получения финансовых преимуществ. Следует соблюдать особую осторожность, чтобы не стать жертвами мошенничества со стороны молодых людей или близких родственников. Мы можем столкнуться с попыткой обманных действий торговцев по почте или по телефону. Мы можем узнать о своих финансовых потерях из новостей по информационным каналам радио или телевидения.

Транзит Меркурия в Третьем Доме

Когда транзитный Меркурий проходит по Третьему Дому нашего радикса, мы ощущаем вокруг себя мощную энергию коммуникабельности. Мы становимся более восприимчивыми, и замечаем в наших собеседниках готовность услышать и понять нас. Значительно возрастает количество наших контактов, дискуссий, соглашений и сделок. В эти часы наш ум обретает чрезвычайную ясность, и благодаря этому мы можем быстрее понимать и усваивать информацию. Настолько необычная трезвость и ясность рассудка позволяет нам смело вступать в серьезные дискуссии и обсуждать волнующие нас вопросы, чтобы попытаться разрешить свои очень давние проблемы. Долгие беседы в этот период наверняка окажутся плодотворными и принесут полезные результаты. Говорить и слушать должно стать для нас основным императивом в эти часы. Мы будем очень активны во всех формах коммуникации. Нас будут привлекать любые перемещения, и этот день отлично подходит для загородной прогулки и приятных поездок на машине или мотоцикле. Нам доставит удовольствие даже просто пройтись пешком, например, чтобы навестить наших родственников, родных и двоюродных братьев и сестер, зятя, шурина или молодых друзей. Наш домашний телефон будет звонить чаще, чем обычно, и мы сами будем звонить многим людям, удивляясь той легкости, с которой нам будет удаваться входить в контакт с другими, даже с теми людьми, с которыми обычно нам трудно общаться. Мы получим больше писем, даже от людей, давно не дававших о себе знать. В этот период и мы сами будем отправлять больше корреспонденции, и наконец возьмемся за написание тех писем, которые были отложены в долгий ящик из-за нашей собственной лени. Нам захочется связаться с людьми, находящимися и на близком, и на далеком от нас расстоянии, и мы сможем для этого воспользоваться электронной почтой. Это идеальный день для приятной навигации в Интернете, когда нам удастся открыть для себя новые и интересные сайты, и даже визуализировать страницы, в другое время недоступные. В такие дни нам захочется приобрести сверхсовременные средства коммуникации, такие как сотовые и беспроводные телефоны, факсы, модемы, принтеры, телефонные подстанции, спутниковые антенны, декодеры ТВ и так далее. Также нас будут привлекать книги, и мы будем больше читать. Стоит воспользоваться этим транзитом, чтобы изучить какой-нибудь особенно сложный и трудный для понимания текст. Большая ясность и проворство нашего ума в этот период поможет нам хорошо подготовиться к трудным экзаменам, изучить сложные руководства пользования новыми компьютерными программами, научиться играть в бридж и так далее. Если есть необходимость подготовить важный доклад по работе, какое-нибудь публичное выступление, лекцию для конференции, или же есть желание написать главу своей новой книги, то это будет подходящий день для подобных занятий. Это отличный период времени для проведения учебных курсов в качестве преподавателя или их посещения в качестве студента, а также для того, чтобы принять участие в дискуссиях, конференциях, круглых столах, в радио и телевизионных передачах. Однако если транзит характеризуется напряженными аспектами, то мы будем страдать чрезмерным многословием, и будем склонны к необычной для нас полемичности и сарказму. Нам будет гораздо сложнее доступно выражать свои мысли собеседникам и, в свою очередь, мы будем с трудом понимать других людей. Мы столкнемся с проблемами в передвижениях, как например, с поломкой машины или с опозданием на поезд на считанные минуты. Мы можем получить неприятные новости по телефону или из письменного сообщения. Приобретенные в этот период телефон, факс или принтер не будут работать должным образом. Возникнут конфликтные ситуации с родными или двоюродными братьями и сестрами, зятем, шурином или молодым другом. У нас будет не самое подходящее настроение для заключения торговых сделок, и было бы лучше от них воздержаться. Мы станем излишне нервными и раздражительными, и можем допустить излишества в курении.

Транзит Меркурия в Четвертом Доме

Когда транзитный Меркурий проходит по нашему натальному Четвертому Дому, мы замечаем в себе возросшее деловое чутье в области недвижимости. Нам может захотеться купить или продать какую-нибудь недвижимость. Мы размышляем о приобретении отдельного дома или совместного жилья, о продаже земельного участка или о сдаче внаём какого-либо помещения. Наши идеи в этом смысле очень ясны, и транзит способствует такого рода сделкам. Эти дни также подходят для того, чтобы забронировать квартиру для проведения летнего отпуска или гостиницу для зимнего отдыха в горах. Обостренное коммерческое чутье в отношении недвижимости позволит нам подготовить долгосрочные планы в этой области. Данный транзит также благоприятен для дискуссий в семье, и прежде всего с собственными родителями, так как мы сможем убедительно изложить свою точку зрения, и в то же время будем более открыты к восприятию идей наших собеседников. У нас возникнут хорошие идеи насчет собственного дома, как его меблировать, украсить, сделать более удобным и функциональным. Мы ощутим в себе временный архитектурный талант, который обычно нам вовсе несвойственный. Также нас могут осенить хорошие идеи в отношении сферы гостиниц и точек общественного питания. Нам захочется навестить своих родителей или пойти посмотреть какой-нибудь дом. Наши родители могут отправиться в поездку или заняться какими-либо торговыми переговорами. Мы будем больше общаться с отцом и матерью. Если мы проживаем с ними в одном здании, то во время этого транзита, например, мы можем установить внутренний домофон для связи между нашими квартирами. Наши мысли будут сосредоточены на воспоминаниях, и память будет играть превалирующую роль в нашей умственной работе. В этом смысле данный планетарный транзит отлично подходит для сохранения информации, имеющейся в нашем распоряжении, например, для создания резервных копий файлов, хранящихся на жестком диске нашего компьютера. В этих целях мы можем приобрести соответствующие инструменты, такие как внешний жесткий диск или записывающие устройства для сохранения информации на CD или DVD, и так далее. Если же транзит является напряженным, например, когда другие планеты образуют различные плохие аспекты с Меркурием, то в таком случае не стоит пытаться заключать коммерческие сделки в отношении недвижимого имущества, так как мы рискуем либо стать жертвами мошенничества, либо допустить серьезные ошибки из-за неверной оценки ситуации. Необходимо избегать продажи и покупки любой недвижимости, а также бронирования отелей для проведения отпуска. Нужно воздержаться от покупки мебели и товаров для дома. В эти дни какие-то неприятные обстоятельства могут вынудить нас отправиться к нашим родителям, чтобы оказать им срочную помощь или сопроводить их к врачу. Наши родители могут быть особенно раздражительными и нервными, или могут пострадать от несчастного случая во время какой-нибудь поездки. Связь и средства сообщения между нами и домом наших стариков будут более проблематичными, чем обычно. Лучше избегать сохранения данных нашего компьютера на внешних запоминающих устройствах, поскольку из-за банальной ошибки ввода параметров в командной строке или по любой другой причине мы рискуем их вообще потерять.

Транзит Меркурия в Пятом Доме

Когда транзитный Меркурий проходит по Пятому Дому нашего

радикса, нас привлекают детские развлечения. Нам хотелось бы вернуться ко всем легендарным играм нашей молодости, будь то пинг-понг, настольный футбол или пинбол. В эти часы в нас просыпается дух детства и ведет нас в давно уже забытый мир. Мы чувствуем влечение к разного рода ребусам, кроссвордам, загадкам и головоломкам. Нас переполняют ностальгические воспоминания о безвозвратно ушедших временах. Нам доставляет удовольствие находиться в компании подростков и малышей, проводить больше времени со своими собственными детьми. Если наши сын или дочь живут отдельно, то мы будем готовы сесть за руль машины или купить билет на поезд, лишь бы навестить их. Мы больше переписываемся с нашими детьми и чаще общаемся с ними по телефону. Также мы можем отправиться в увеселительное путешествие, будь то поездка на машине, плаванье на яхте или самолетный рейс. Нам доставляют огромное удовольствие не только перемещения, но и общение с помощью всех доступных средств коммуникации, например, через Интернет. Также нас привлекает игра и в прямом смысле слова, и если для нас это характерно и привычно, то мы отправимся в казино или на ипподром, чтобы сделать более или менее законные ставки, встретимся с друзьями за биллиардным столом, и так далее. В течение этого планетарного транзита нас также влечет к спекуляциям и игре на бирже. В эти же часы мы можем узнать о том, что наш сын или дочь влюбились. Поскольку нас забавляют больше обычного как транспортные средства, так и любые технические инструменты для дистанционной коммуникации, мы можем воспользоваться моментом, чтобы забраться на крышу и установить спутниковую антенну, или заняться монтажом домашнего внутреннего переговорного устройства для связи нашей комнаты с детской, или же подключить к компьютеру новый модем. Мы чувствуем себя менее серьезными и более расположенными ко всяческим шуткам былых студенческих времен. Мы ищем компании молодых людей, и можем даже влюбиться в кого-нибудь из них. Если же транзит наблюдается одновременно с другими напряженными аспектами, то было бы лучше держаться подальше от игр, так как в лучшем случае мы просто бессмысленно потеряем уйму драгоценного времени, а в худшем случае можем потерять значительные денежные суммы за игрой в покер или в рулетку. Судорожный поиск веселья и игр любой ценой может привести к проблемам на работе и в сфере бизнеса. Некая проблема, касающаяся нашего ребенка, может вынудить нас отправиться в путь. Некоторое смятение в мыслях может подтолкнуть нас к началу любовного романа со слишком молодым партнером. Слишком частое занятие видеоиграми или чем-то подобным может спровоцировать излишне стрессовое состояние (было доказано, что многочасовое нахождение за монитором может вызывать нервные беспокойства, и даже достаточно тяжелые). Следует соблюдать осторожность, чтобы не поддаться соблазну покурить «травку».

Транзит Меркурия в Шестом Доме

Когда транзитный Меркурий проходит по нашему натальному Шестому Дому, мы можем заняться решением своих застарелых проблем, связанных с нервными или респираторными заболеваниями. В отношении наших патологий многое станет ясным, и вполне вероятно, что мы сможем обнаружить причину физического беспокойства, преследующего нас долгое время. У нас появятся хорошие идеи насчет того, как улучшить свое психофизическое состояние. Мы ощущаем потребность «омолодиться» с помощью массажей, диеты для похудания или лечебных процедур, нацеленных на улучшение состояния нашей кожи, таких как термальные ванны например. В оздоровительных целях мы можем записаться в фитнес-клуб, заняться спортом, пройти серию профилактических клинических анализов, или же пойти на прием к терапевту и врачам специалистам. Это подходящее время, чтобы наконец заняться разнообразными лечебными процедурами, давно предписанными нам лечащим врачом, будь то физиотерапия, грязелечение или стоматологические операции. Мы жаждем получить больше информации в этой области и, помимо чтения книг на медицинскую тему или подписки на специализированные журналы, мы можем также увлеченно посещать курсы массажа шиацу, макробиотического питания, гомеопатии для начинающих, и так далее. Студенты, которые еще не определились в выборе университетского факультета, во время этого транзита могут склоняться к идее заняться изучением медицины или же стать учителями физкультуры. Безусловно, в этот период нам будет полезна практика любых видов спорта. Мы можем позаботиться о здоровье наших родных или двоюродных братьев или сестер, зятя, шурина, молодого друга. В своей работе мы будем проявлять особенную ясность мышления и точность действий, требуя, в свою очередь, аналогичного поведения от своих сотрудников. Мы будем склонны к математическим расчетам, и нам могло бы доставить огромное удовольствие составление календарных планов, работа с компьютерными таблицами или обновление каких-либо баз данных. Если существует необходимость в этом, то мы займемся поиском молодого сотрудника, сотрудницы, или же домашней прислуги. Этот момент как нельзя лучше подходит для того, чтобы завести себе котенка или щенка или же подарить их своим детям, поскольку в этот период мы испытываем исключительное удовольствие от общения с маленькими домашними питомцами. Если же транзит проявляется как напряженный, по причине плохой аспектации другими планетами, то необходимо быть осторожными, чтобы не стать жертвой возможного мошенничества со стороны наших молодых сотрудников. Мы можем стать более нервными, а также можем столкнуться с проявлением респираторных заболеваний, например, из-за чрезмерного курения. Возникнут неясные ситуации касательно состояния нашего здоровья, в связи с чем в течение этого транзита мы можем ошибиться в выборе необходимых лечебных процедур. Мы можем переживать из-за того, что наш родной или двоюродный брат или сестра, зять, шурин или молодой друг плохо себя чувствуют. Путешествие провоцирует ухудшение нашего здоровья, мы отправляемся на медицинское обследование, или же возникает необходимость сопроводить кого-то из родственников на прием к врачу. Чрезвычайно стрессовая ситуация на работе может вызвать у нас проблему бессонницы. Различные процедуры в целях «омоложения» дадут негативный результат. Молодой врач ставит нам ошибочный диагноз.

Транзит Меркурия в Седьмом Доме

Когда Меркурий проходит по нашему Седьмому Дому, мы больше нацелены на корпоративность. Мы склонны воспринимать жизнь как групповое предприятие, как борьбу, которую нужно вести совместно с другими, и главным образом с партнером. Мы начинаем задумываться о том, что совместная жизнь имеет больше преимуществ, чем одинокое существование. Нас все больше привлекает идея супружества. Если мы не имеем официального партнера, то в этот период начинаем напряженно размышлять о браке, видя в нем разрешение многих своих проблем. Возрастет наше искреннее стремление к объединениям и союзам в широком смысле слова. Нами овладеет сильное желание находиться среди людей, общаться, принимать участие в совместной деятельности. Нам будут казаться логичными, незаменимыми и само собой разумеющимися решения вопросов, предполагающие создание разного рода объединений, ассоциаций, кооперативов. Мы будем удивляться тому, как раньше нам удавалось пребывать в одиночестве. Во время этого транзита мы начнем серьезно задумываться о том, чтобы вступить в брак или хотя бы найти подходящего партнера. У нас возникнет множество идей насчет организации некого клуба, создания команды, активной поддержки какого-либо движения. Если мы уже состоим в браке, то это самый подходящий момент для выяснения наших отношений. Для разрешения любых проблем супружеской жизни нам стоит честно и искренне обсудить с партнером все, что нас не устраивает. Мы ощущаем необычную четкость мышления и свою возросшую способность вносить ясность в партнерские отношения любого рода, не только личные, но и связанные с сотрудничеством по работе, по учебе, и так далее. Если мы обдумываем создание совместного предприятия, то прежде всего будем оценивать возможность принятия в качестве партнера человека молодого возраста, нашего родного или двоюродного брата, зятя, свояка, шурина. В эти дни наши самые лучшие мыслительные способности и умственный заряд энергии могут послужить на благо групповой работы. Временно мы становимся гораздо менее эгоцентричными и индивидуалистичными, чем обычно. Мы искренне интересуемся мнением других людей и можем воспринимать интересы окружающих с большей объективностью. В течение этих дней у нас может возникнуть желание чаще навещать своего партнера по браку или по бизнесу, или же мы будем больше с ним общаться по телефону, факсу и электронной почте. Совместная работа вынудит нас проводить больше времени в регулярных поездках из загорода в центр. Увеличится объем нашей корреспонденции в связи с юридическими вопросами. Данный период отлично подходит для обсуждения бюрократических проблем, подписания официальных бумаг, встреч с адвокатами и для юридических консультаций вообще. Эти дни также благоприятны для того, чтобы выбрать себе адвоката, подать жалобу или ходатайство в официальные инстанции, написать обвинительное заявление в правоохранительные органы, добиться судебного распоряжения об уплате. Мы будем особенно заинтересованы во всем, что имеет какое-то отношение к правовым вопросам. В этом смысле мы можем эффективно повысить свои знания в этой области и улучшить наш юридический инструментарий, например, приобретя весь архив постановлений Кассационного Суда или гражданский кодекс на компакт-диске, для удобства поиска в базе данных. Мы можем также делать покупки от имени совместного предприятия или компании, которые не предназначены лишь для нашего личного пользования, особенно если речь идет о телефонах, факсах, офисных принтерах, и так далее. Если же транзит проявляется в напряженных условиях, то необходимо соблюдать большую осторожность в юридических вопросах, поскольку мы рискуем стать жертвой обмана и мошенничества со стороны партнера или, и того хуже, какого-нибудь адвоката. В вопросах, касающихся ассоциаций и объединений, у нас не будет должной ясности, так что во время такого планетарного транзита лучше было бы избегать попыток создания совместных предприятий.

Транзит Меркурия в Восьмом Доме

Когда транзитный Меркурий проходит по нашему Восьмому Дому, мы склонны проявлять больший интерес к вопросам психологии, особенностям нашего душевного склада и психики других людей. Мы чувствуем потребность большего погружения в наше глубинное Я, в поисках своих корней и истинных мотиваций, вдохновляющих наши сознательные действия. Этот период отлично подходит для сеансов глубинного анализа и бесед с психотерапевтом. Также нам может быть очень полезно поговорить с астрологом. Мы станем более рефлексивными и склонными к долгим размышлениям о самих себе, о жизни, о тех глубоких отношениях, которые мы устанавливаем с другими людьми. Нас будут интересовать больше обычного всевозможные книги на эту тему, и мы могли бы обогатить свои знания, посетив лекции и конференции или же просто пообщавшись с опытными и сведущими в этой области людьми. Также мы будем испытывать огромное влечение к полицейской, мрачной и полный ужасов тематике, и в этом смысле мы с удовольствием будем читать детективные или шпионские истории, смотреть фильмы ужасов и следить за криминальной хроникой в газетах и по телевидению, где подобных новостей, к сожалению, бывает всегда предостаточно. Также в эти дни у нас может возникнуть идея обзавестись оружием, запросить разрешение на его ношение. Нас привлекает зло, подразумеваемое в самом широком смысле слова, во всеобъемлющем значении, и к тому же оно пробуждает в нас и несколько нездоровые интересы. Таким же образом мы испытываем любопытство и заинтересованность во всякого рода раскопках, геологических исследованиях нефти или воды, в археологии. Эти дни отлично подходят для посещения мест археологических раскопок, катакомб и подземных городов, исследования естественных пещер, подводных погружений в поисках затонувших судов, и так далее. Также нас будет необычайно привлекать тема смерти, а следовательно, у нас может возникнуть идея заняться делами, каким-либо образом связанными с нашей собственной кончиной, как например, обсуждением условий нашего будущего захоронения, расчетом бюджета нашей семейной часовни, уточнением нашей последней воли и нотариальной заверкой завещания, обсуждением вопросов наследования со своими родителями или детьми. Этот транзит чрезвычайно благоприятствует посещению кладбищ, особенно если есть необходимость отправиться в поездку, чтобы навестить могилы наших родных и близких людей. Путешествие или небольшая поездка могут, помимо прочего, быть связаны с сексом, например, у нас возникнет желание наведаться к мужчине или женщине ради краткосрочной любовной авантюры. Если транзит происходит одновременно с напряженными аспектами, то следует остерегаться обманов и мошенничества в связи с вопросами наследства или причитающегося нам выходного пособия. Официальные документы могут оказаться поддельными или могут каким-то образом навредить нам. В наихудшем случае существует угроза смерти для нашего родного или двоюродного брата или сестры, зятя, шурина или младшего друга. Мы сами можем рисковать своей жизнью в поездке или путешествии. Бюрократические вопросы, связанные с чьей-то смертью, вынудят нас потерять драгоценное время. Археологическая экскурсия плохо закончится, или что-то помешает нам посетить желанное место. Спутанность сознания и излишняя нервозность плохо влияют на нашу сексуальную жизнь.

Транзит Меркурия в Девятом Доме

Когда транзитный Меркурий проходит по нашему Девятому натальному Дому, мы жаждем всего далекого, как в географически-территориальном, так и в метафизически-трансцендентном смысле этого слова. Наш взгляд устремляется далеко вперед, в направлении всего того, что выходит за пределы обычной практической жизни. Мы склонны заниматься проблемами, не имеющими ничего общего с монотонностью повседневного существования. Нами овладевает сильное желание путешествовать, знакомиться с новыми людьми, изучать иностранные языки и культуры. Этот период времени отлично подходит для путешествий или для того, чтобы попросту запланировать, организовать поездку, изучить ее во всех деталях, поскольку нам доставляет удовольствие уже только рассматривать географическую карту и уточнять расписание и тарифы международных авиарейсов. Нам очень хочется поездить на машине или на мотоцикле, отправиться в дальнее морское плавание или в долгое путешествие на поезде. Больше, чем когда-либо нам нравятся самолеты и возможность перенестись с их помощью в совершенно иную реальность, далекую от нашей. В этом смысле мы даже могли бы соблазниться идеей самим получить лицензию пилота. Мы склонны совмещать поездки с работой и бизнесом, например, мы могли бы решиться открыть собственное бюро путешествий либо наладить контакты с туроператорами в целях совместной деятельности в этой области. Если мы обладаем навыками и опытом работы в качестве переводчика, то в этот период можем отправить в разные издательства и редакции газет письменное предложение о сотрудничестве. В надежде на возможное трудоустройство за рубежом мы можем записаться на курс иностранного языка. Это могут быть и курсы по информатике, ведь программирование тоже является языком. Мы отправимся в путь, чтобы навестить родного или двоюродного брата или сестру, зятя, шурина, свояка или молодого друга. Во время путешествия мы завязываем дружбу с молодыми людьми. Наши поездки связаны с работой или учебой. Возрастает объем нашего ежедневного обмена информацией по переписке, телефону, факсу, электронной почте...

В течение этого транзита навигация в Интернете может оказаться особенно увлекательной и плодотворной, и мы можем открыть для себя новые, интересные и полезные сайты. Мы можем получить важные известия из-за рубежа. Возможно заключение трудового соглашения с людьми из другого города или региона нашей страны (на самом деле 9-й Дом относится к любому месту, где разговаривают на диалекте или языке, отличном от нашего). Мы чувствуем сильное влечение к иностранцам, особенно если они моложе нас. Необычайно приятный отдых за границей омолаживает наш дух и тело. Мы покупаем иностранные журналы и книги, или же начинаем заниматься своим высшим образованием, поступаем в университет, записываемся на курсы, связанные с изучением философии, теологии, эзотерики, парапсихологии, астрологии, буддизма, йоги, восточных культур, юридических наук, и так далее. Мы можем контактировать с молодым адвокатом или судьей. Возможно путешествие, связанное с юридическими вопросами. Если же транзит напряженный, то мы можем быть вынуждены отправиться в поездку для дачи свидетельских показаний в суде, или чтобы помочь нашему родному или двоюродному брату, зятю, свояку или молодому другу, оказавшимся в беде. Поездки могут быть связаны с юридическими проблемами наших родственников. Мы можем столкнуться с препятствиями во время путешествия из-за разнообразных забастовок, пробок на дорогах или отмены авиарейсов по любой причине. Также мы можем получить плохие новости из-за рубежа. Вероятны проблемы в отношениях с иностранцами. Долгожданное письмо, отправленное нам издалека, теряется в пути. Возможны проблемные международные связи и коммуникации. Межконтинентальные звонки или вовсе не удаются, или возникают помехи на телефонной линии. Теряется контакт с одним из наших родственников за границей. Мы ощущаем чрезмерную нервозность во время путешествия и страдаем от бессонницы вдали от дома. Мы можем получить негативный опыт при изучении философии, астрологии, теологии, и так далее. Могут возникнуть неприятности с правосудием.

Транзит Меркурия в Десятом Доме

Когда транзитный Меркурий проходит по Десятому Дому нашего радикса, у нас возникает множество отличных идей насчет того, как улучшить нашу работу и увеличить ее объем. В этот период мы строим такие планы, которые впоследствии, как правило, вполне могут реализоваться. Блестящая интуиция поможет нам привнести инновационные элементы в нашу профессиональную деятельность. Нам с необычайной легкостью удается обдумывать вопросы, связанные с нашей работой, и мы готовы спокойно и здраво обсуждать эти темы с другими. В профессиональной сфере мы прислушиваемся к подсказкам других людей, и сами готовы посоветовать им нечто полезное. Наш родной или двоюродный брат, зять, шурин или молодой друг окажут нам существенную помощь в работе своими действиями или отличными идеями. Мы ускоряем темпы выполнения нашей работы или упрощаем ее стиль. Мы занимаемся делами, связанными с поездками, путешествиями или с молодежью. Мы чаще ездим в рабочие командировки, и например, можем отправиться за границу на выставку. В эти дни возрастает количество и качество наших профессиональных контактов, мы активней ведем переписку и больше звоним своим деловым партнерам. Мы можем приобрести необходимые для работы технические средства связи: факсы, мобильные или беспроводные телефоны, компьютерное программное обеспечение, телефонный коммутатор, аппаратуру для видеоконференций, и так далее. Если мы выходим в Интернет в этот период, то делаем это не ради развлечения, а для работы, например, чтобы найти нужные контакты в электронном телефонном справочнике. Мы можем приобрести нужную нам для работы новую машину, фургон, грузовик или трактор... Нам может захотеться создать совместное предприятие со своими друзьями в сфере транспорта или телекоммуникаций, или открыть бюро путешествий. Этот период отлично подходит для коммерческих сделок, а также для разрешения трудовых споров и юридических проблем по работе. Сотрудничество молодого адвоката окажется полезным для нашей работы. В офисе нашей компании улучшатся средства связи, например, будет модернизирована телефонная линия, установлена пневмопочта или локальная сеть Интранет (Интернет, действующий внутри компании). Если мы владеем собственной фирмой, то примем на работу коммерческого агента, если же нет, то сами предложим свою кандидатуру в этом качестве. Если этот транзит наблюдается одновременно с напряженными аспектами, то стоит ожидать проблем на работе, связанных с транспортом.

Например, наша машина попадает в аварию, в результате чего мы срываем оговоренные сроки доставки нашего продукта и несем убытки. Мы можем стать жертвой обмана и мошенничества со стороны молодого сотрудника. Сделки, заключенные за границей или в другом городе, оказываются неудачными. Наш родной или двоюродный брат, зять, свояк, шурин или молодой друг причиняют вред нашей работе. В надежде на лучшую работу мы вынуждены приложить максимум усилий и преодолеть множество препятствий для модернизации наших средств связи. Новая работа обязывает нас регулярно ездить из загорода в центр, что нас порядком изматывает. Наша машина из-за рабочих перегрузок просто «разваливается».

Транзит Меркурия в Одиннадцатом Доме

Когда транзитный Меркурий проходит по нашему Одиннадцатому Дому, мы склонны строить множество планов в связи с путешествиями и перемещениями. Мы фантазируем о своем пребывании за границей или даже об эмиграции в другую страну, но скорей всего речь будет идти лишь об абстрактных мечтаниях. Тем не менее, нам доставляет удовольствие думать об этом, и мы делаем вид, будто бы все на самом деле произойдет так, как нам хочется. Мы находим географические карты, путеводители, списки гостиниц и ресторанов, тарифы международных авиарейсов, и тому подобное. Все же иногда эти проекты основываются на реальных фактах и могут быть реализованы. В таких случаях поездки будут удачными, а наши идеи насчет путешествий окажутся выигрышными. Мы можем отправиться в путь, чтобы навестить друга, или же наши друзья примут активное участие в организации нашего путешествия. В поездке мы познакомимся с симпатичными людьми и найдем новых друзей. Целью нашего путешествия может стать встреча с родным или двоюродным братом, зятем, шурином, свояком, или же эти люди будут вынуждены, в свою очередь, отправиться в поездку. В этот период мы можем одолжить машину у друга. Мы будем больше обмениваться информацией на расстоянии с нашими друзьями, чаще отвечать на их звонки и больше звонить по телефону сами. Увеличится объем нашей корреспонденции, мы будем отправлять и получать больше писем. Мы можем обмениваться с друзьями SMS, сообщениями по факсу и электронной почте. На просторах Интернета мы встретим приятных людей и завяжем новую дружбу. Если транзит напряженный или происходит одновременно с другими плохими аспектами, то возможно нам придется отказаться от запланированного путешествия и от встречи с молодым другом, родным или двоюродным братом, зятем, шурином, свояком. Может статься, что один из этих людей окажется в затруднительной ситуации со своими или нашими общими друзьями. Мы горячо поспорим со своими друзьями, и в результате этого наши дружеские отношения могут даже быть окончательно разорваны. Мы обнаруживаем, что один из наших друзей ведет себя неискренне, нечестно или жульнически по отношению к нам. Мы подружимся в поездке с человеком, который доставит нам неприятности. Отправившись навестить друга, мы столкнемся с проблемами в дороге.

Транзит Меркурия в двенадцатом Доме

Когда транзитный Меркурий проходит по Двенадцатому Дому нашего радикса, мы ощущаем импульс к исследованию и поиску вообще, и нашему внутреннему, эндопсихическому, в частности. Нам необходимо вести диалог со своим внутренним Я, и мы уходим внутрь себя. Мы склонны к долгим медитациям и размышлениям о себе, о своем насущном состоянии, уровне эволюции и духовности. Нам хочется не только провести самоанализ, но и завести личный дневник, записать свои воспоминания и размышления о жизни. Мы охотно перечитываем то, что написали много лет назад. Также мы жаждем отправиться в паломничество во имя веры или просто побыть в одиночестве, чтобы поразмышлять наедине с собой. Целью нашего путешествия могут стать изолированные места, предназначенные для уединенной молитвы, покаяния или исцеления. Пусть всего на несколько дней, но нам хотелось бы запереться для медитации в монастырской келье. Мы запираемся в четырех стенах отеля, где нас никто не знает, или в уединенном доме, чтобы вдохновенно что-то писать. Мы ищем встреч с психологами, служителями религиозного культа или астрологами, которые на самом деле могли бы оказать нам огромную помощь в самосознании и в понимании наших самых глубинных чувств. Наш родной или двоюродный брат, зять, свояк или молодой друг могут помочь нам в беде. Мы можем преодолеть психологическую проблему и оправиться от нервного стресса. Нам удается разрешить некую техническую проблему с приборами связи, например, отремонтировать упавшую с крыши антенну или факсимильный аппарат, который плохо работал и заминал бумагу. Мы поделимся своей тайной с другом или сообщим ему совершенно секретную новость. Отдых в санатории или в сельском доме очень благотворно повлияет на нашу нервную систему. Этот транзит способствует любым секретным и детективным расследованиям, и мы можем, например, начать эффективно использовать скрытые микрофоны или удачно проведем за кем-то слежку. Улучшается наше понимание религии, психологии, астрологии. Мы можем достигнуть успехов в изучении этих материй и даже написать сочинения на эти темы. Есть вероятность нашей встречи с молодым священником, магом или гадалкой. Нам доставят большое удовольствие морские путешествия или подводные погружения. Если транзит происходит при напряженных аспектах, то нужно остерегаться оговоров, клеветы и сплетен на наш счет. Нас могут озадачить и напугать молчаливые телефонные звонки, а анонимные письма могут навредить нашей репутации. Мы должны опасаться враждебных действий со стороны молодого друга, родного или двоюродного брата, зятя, шурина или свояка, или же кто-то из них может оказаться в беде. Вынужденная госпитализация наносит вред нашей нервной системе. Во время путешествия мы можем стать жертвой несчастного случая. Наблюдается общая тенденция к поломкам оборудования средств связи: телефона, факса, принтера, модема, спутниковой антенны, и так далее. Мы исступлённо пытаемся раскрыть какую-то тайну, на самом деле несуществующую, и от этого ухудшается состояние нашего психического здоровья. Мы становимся одержимы идеей шпионской слежки за кем-то. Встреча с мнимым астрологом или самозваным магом очень плохо сказывается на нашей психике. Религия, психология или астрология провоцируют у нас разнообразные страхи. Опыт курения "травки" может иметь отвратительные последствия. Наша нервная система пострадает от нежелательных побочных эффектов психотропных лекарств. Нам трудно выражать свои мысли, думать, и даже говорить. Отправленное нами важное письмо теряется в дороге, а сообщение, оставленное нами на автоответчике, никогда не будет услышано адресатом.

Глава 5
Транзиты Венеры

Транзиты Венеры, также как и транзиты Солнца, Луны и Меркурия, являются достаточно быстрыми. Их влияние ограничивается несколькими днями в аспектах с другими планетами и, максимум, несколькими неделями при прохождении по Домам. Транзиты Венеры считаются вообще позитивными и благоприятными, также как и транзиты Юпитера, но в данном случае мы определенно находимся на целый уровень ниже, поскольку в своем прохождении по небу Венера почти не оставляет значительных следов в общей оценке жизни субъекта. На самом деле, мы знаем, что чем медленнее транзит, тем большее воздействие он оказывает на жизнь человека, и наоборот. Следовательно, здесь речь идет всего лишь о теплом дуновении, нежной и легкой ласке, которая может дать нам скорее некое ощущение тепла, но не само реальное и настоящее тепло. Иной раз транзиты Венеры приносят нам очень счастливые события, но только в том случае, если они объединяются, действуют совместно и синергетически с другими, более мощными транзитами медленных планет. Если же они контрастируют с общей картиной негативных транзитов, то обычно не могут произвести никакого положительного эффекта. Тем не менее, прохождение Венеры через Дома никогда не остается совершенно незаметным. Кроме того, стоит напомнить, что Венера, также как Юпитер, может нанести немалый вред в случае, когда она подталкивает нас к чрезмерным наслаждениям и излишне гедонистическому отношению к жизни, или когда она пробуждает в нас тягу к наихудшим скверным привычкам.

Венера в гармоничном аспекте с Солнцем

Когда Венера проходит в гармоничном аспекте к нашему натальному Солнцу, мы ощущаем расслабляющую атмосферу вокруг нас. Мы чувствуем себя в мире и согласии с людьми, и замечаем с их стороны такое же миролюбивое отношение к нам. Наше поведение становится мягким, излучающим любезность, добро и симпатию к ближнему. Находящиеся рядом люди чувствуют этот позитивный заряд энергии и отвечают нам взаимностью. Этот транзит скорее означает наше гармоничное взаимодействие с внешним миром, чем счастье и удачу. Поскольку мы чувствуем себя более удовлетворенными, то становимся менее склонными конкурировать с другими. Мы ослабляем свои защитные механизмы, и в эти несколько дней или даже часов склонны к мысли, что нет никакой необходимости в обычном «бронежилете», который мы вынуждены ежедневно одевать на себя в городских джунглях межличностных отношений. Мы переживаем атмосферу большего спокойствия, чувствуем себя странным образом оптимистично настроенными и полными доверия по отношению к людям и к жизни. Наши мысли позитивны, и мы настойчиво желаем видеть во всем лишь хорошую сторону. Гармоничный настрой нашего сердца отражается во всех наших действиях, и поэтому весь день проходит самым складным и приятным образом. В течение рабочего дня мы замечаем меньше неприятных происшествий, чем обычно. Но наилучший эффект этого планетарного транзита проявляется на уровне наших парных отношений, а также чувственных и сердечных отношений вообще. У нас реже возникают стычки в семье, с ближайшими родственниками, которые обычно становятся главной мишенью нашей агрессивности в особенно тяжелые для нас дни. Однако именно этот день в сущности хороший, и стоит им воспользоваться, чтобы наладить отношения в нашими близкими людьми и устранить какие-то мелкие обиды и старые недоразумения между нами. Мы больше склонны улыбаться в этот период, и это подарит нам множество ответных улыбок окружающих людей. Безусловно, мы не сможем разрешить все свои насущные межличностные проблемы, но зато сможем избежать создания новых. Прежде всего наш усиленный эмоциональный заряд будет направлен на нашего отца, мужа, брата или сына. В этот день, если мы купим подарок кому-то из них, то он окажется очень уместным и удачным, особенно если это будет предмет одежды, маленькое золотое украшение, картина или гравюра, небольшое художественное изделие. Этот период особенно благоприятен для покупки золотых изделий, и такой транзит вообще очень хорошо влияет на наш эстетический вкус. Мы могли бы также преподнести в подарок вышеупомянутым лицам билет в театр или на концерт. Венера, помимо прочего, имеет отношение к здоровью, а значит в течение рассматриваемого транзита мы будем чувствовать себя лучше. Психофизическое состояние будет хорошим не только у нас лично, но и у нашего отца, мужа, брата… Венера также относится к деньгам, и поэтому возможно, и даже очень вероятно, что мы получим дополнительную сумму денег в виде подарка, небольшого выигрыша, одноразовой премии, предоставленного нам небольшого кредита, неожиданного возврата давно одолженных нами денег, и так далее.

Венера в напряженном аспекте с Солнцем

Когда транзитная Венера проходит в напряженном аспекте с Солнцем нашего радикса, речь не идет о плохом транзите, а скорей его можно назвать банальным и не дающим особых практических результатов. Пожалуй, можно сказать, что в эти часы мы не способны любить. Мы теряем чувство меры, и можем казаться либо слишком холодными и отстраненными, либо преувеличенно и неискренне страстными. Мы ошибаемся в выборе тона и манеры поведения, и соответственно не можем установить гармоничную эмоциональную связь с окружением. Вместо естественного переживания чувства любви, мы склонны придавать ему интеллектуальный характер, и начинаем рассуждать о том, что мы должны и обязаны быть любезными, милыми, сердечными и любвеобильными с ближними, а такое насилие над собой выглядит со стороны достаточно фальшиво. В эти часы наши действия характеризуются общим благостным и мирным настроем, но скорей показным, чем настоящим. Кроме того, мы рискуем показаться глуповатыми и туповатыми. Это проблема несоответствия формы и содержания: в действительности у нас хорошие намерения, но, как было сказано, мы ошибаемся в манере их выражения. В некоторых случаях речь может идти об излишней погоне за удовольствиями, о выходящем за рамки разумного гедонизме и о стремлении к чувственности любой ценой. Если такие тенденции действительно проявляются, то они могут привести нас к совершению ошибок и таких грехов, которые не всегда оказываются простительными и не смертными. Пороки и дурные привычки, на самом деле, во всех своих формах являются источником возможных проблем на любом уровне. Не стоит также забывать, что в натальных картах многих преступников мы можем встретить доминирующую Венеру в напряженных аспектах, и гораздо чаще, чем Марс, который можно излить наружу и разрядить, просто порубив дрова топором. Этот транзит также может сообщить нам о сентиментальных проблемах нашего отца, сына, брата или мужа. Или же указать на неудачный день, с финансовой точки зрения, для нас лично или для одного из вышеназванных лиц. Именно поэтому следует соблюдать особую осторожность, чтобы не увлечься азартными играми и спекуляциями, и не потерять значительных денежных сумм. В то же время нужно избегать одалживания денег с излишним легкомыслием, или же рискованных и обманчиво привлекательных инвестиций. Необходимо строго следить за своими расходами, поскольку когда наше сердце радуется и распахивается, мы шире отрываем и свой кошелек, позволяя себе безрассудные денежные траты. И наконец, стоит уделить большее внимание своему здоровью, которое рискует пострадать от небольших, но достаточно вредных излишеств во время этого планетарного транзита. На самом деле, нас будет тянуть к чрезмерному потреблению не только пищи и алкоголя, но и сигарет, и секса. В течение этих часов мы рискуем отравить свою кровь, пусть даже не в тяжелой, но в довольно ощутимой степени. То же самое может случиться с нашим мужем, отцом…

Венера в гармоничном аспекте с Луной

Когда транзитная Венера проходит в гармоничном аспекте с Луной нашего радикса, мы чувствуем себя более любвеобильными со всеми, и хотим создать благоприятный и сердечный климат вокруг себя. Другие люди нам кажутся более симпатичными, чем обычно, и мы сами особенно дружелюбно настроены к окружающим. Нами правят добрые чувства, и прежде всего, стремление к миру. Мы более открыты для любви и более чувствительны к красивым словам, к дружеским жестам, к ласке. Мы жаждем близости, интимности, уютного домашнего очага, и главным образом именно у себя дома мы и стремимся проявить все наилучшие черты этого гармоничного транзита. Нам очень хочется сидеть рука об руку с любимым человеком на мягком диване, смотреть вместе хороший фильм или слушать приятную музыку. Нас не столько привлекает идея сходить поразвлечься в театр, ресторан или в кино, сколько мы хотим насладиться домашней атмосферой уюта и ищем возможности как можно лучше выразить себя дома. Мы чувствуем влечение к нашей жене, матери, сестре или дочери. Следовательно, речь идет не только о любви в сексуальном смысле, но и о влечении вообще к женским фигурам, особенно к самым родным и близким. Сочетание слов женщина-дом в этот период чрезвычайно акцентируется в наших мыслях, и мы проявляем это в своих попытках украсить собственное жилище. Мы можем выгодно приобрести красивые предметы для дома, хорошую мебель, картины, постельное белье, художественные декоративные изделия, ковры, и так далее. В связи с возросшей любовью к своему жилищу, мы будем уделять ему больше времени, например, начнем ремонтные работы в доме, перекрасим стены, поработаем в саду или займемся перестановкой мебели в комнатах. В эти часы мы можем захотеть купить новый дом или попросту арендовать недвижимость. Можно воспользоваться этим транзитом, чтобы выбрать себе дом для летнего отдыха или гостиницу для зимних каникул в горах. Этот период времени также благоприятствует покупке подарков для вышеупомянутых фигур женского пола, от небольших художественных изделий до украшений, особенно серебряных. Это очень положительный транзит для беременных женщин, которым нужно покупать необходимое приданое для будущего ребенка, поскольку особенно хороший вкус помогает им выбрать самые подходящие вещи для малыша, а обостренное материнское чувство позволяет сделать выбор не головой, а сердцем. Возросшая нежность может склонить нас к идее подарить своей дочери щенка или котенка.

Венера в напряженном аспекте с Луной

Когда транзитная Венера проходит в напряженном аспекте к нашей натальной Луне, мы замечаем некую инфляцию своих чувств. Мы ведем себя так, будто бы потеряли чувство меры, и можем либо испытывать чрезмерную любовь к кому-то, либо слишком преувеличенно проявлять вовне нашу любовь. Самые нежные люди, которые больше других нуждаются в ласке, в этот период превращаются в настоящих спрутов, жаждущих захватить всеми своими щупальцами любимого человека. Нам необходимо больше поцелуев, больше ласки и объятий. Мы можем стать особенно занудными в своем навязчивом выражении этих потребностей в нежности, которые, естественно, являются больше психологическими, чем реальными. Нам бы хотелось любой ценой уединиться дома, чтобы целиком насладиться интимностью с любимым человеком. Этот транзит также влияет на наши отношения с матерью, и мы готовы задушить ее в объятиях и утомить ее своими запросами о любви, или же мы заметим с ее стороны преувеличенное выражение материнской опеки. В любом случае результатом будет наше особенно инфантильное поведение, которому недостает лишь «сосочки» во рту, чтобы в точности описать наш глуповатый вид в этот период. Нам стоит приложить максимум усилий, чтобы быть взрослыми, зрелыми, ответственными, и вести себя соответственно. Прежде всего нужно избегать капризности в поведении. Наши чрезмерные запросы ласки и подтверждения любви, в случае отсутствия их удовлетворения, могут привести нас к презрительному, злобному и даже агрессивному поведению по отношению к главным женским фигурам нашей жизни: матери, жене, сестре или дочери. Мы можем избрать ошибочный образ действий с женщинами вообще, и в итоге весь день окажется наполнен мелкими несуразностями и глупостями, создающими атмосферу нашей внутренней неудовлетворенности, и вызывающими критику окружающий людей, которые замечают наше явно незрелое поведение. Поскольку Венера означает также здоровье, то существует вероятность того, что наши женщины будут плохо себя чувствовать. Вовсе не обязательно это будет серьезная проблема, и скорей всего, они просто будут ощущать общее ухудшение самочувствия, например, по причине небольшого пищевого отравления или из-за любовных переживаний, негативно отражающихся на их физическом здоровье. Во время этого транзита стоит посоветовать нашим женщинам внимательней относиться к денежным тратам, поскольку в эти часы они будут склонны к чрезмерным расходам. Мы сами тоже должны держаться подальше от игры, спекуляций и всякого рода финансовых рисков вообще. Не стоит занимать кому-то деньги в этот период, если мы не уверены в их последующем возврате. Это не подходящее время для новой дружбы, так что не следует предпринимать какие-либо попытки в этом направлении. Если мы ощущаем себя излишне агрессивными, то лучше было бы избегать компании других людей и предаться приятному времяпрепровождению в одиночестве. Наконец, в этот период нужно соблюдать особенную осторожность в отношении нежелательного зачатия ребенка.

Венера в гармоничном аспекте с Меркурием

Когда транзитная Венера проходит в благоприятном аспекте к нашему натальному Меркурию, нас привлекает любая деятельность, которая сочетает в себе любовь и общение. В этот момент мы обретаем способность лучше выражать свои чувства и любовные фантазии. Мы вдохновляемся поэзией какого-нибудь известного автора, но можем и сами при случае стать поэтами и начать импровизировать стихотворения или страстные любовные письма. Нас тянет отправиться в кинотеатр, чтобы посмотреть фильмы о любви. По телевизору мы тоже предпочитаем передачи на сентиментальные темы. На протяжении этих нескольких дней месяца мы, как правило, читаем литературу, которую обычно называют «душещипательной», но это вполне может быть и шедевр, подобный *Мадам Бовари* или *Красное и черное*. Наша чувствительность неимоверно обостряется и становится чуткой к голосу сердца, так что складывается впечатление, что нас интересуют лишь подобные темы. Эти дни отлично подходят для любовных признаний и объявления наших намерений, мужчине или женщине, в устной или в письменной форме. Наша корреспонденция прямо или косвенно будет в значительной мере констеллировать вопросы парных отношений и совместной жизни. Если партнер находится далеко, то наша взаимная переписка станет очень оживленной. Увеличится количество наших телефонных звонков, входящих и исходящих, все на те же темы. Если в течение месяца какой-то наш звонок партнеру оказывается невероятно долгим, то почти наверняка это происходит во время данного транзита. Мы будем больше путешествовать со своей любимой или любимым на машине, поездом или самолетом, или же наши поездки будут связаны с любовными свиданиями. Мы можем переживать в эти дни великолепные ощущения в сентиментальном путешествии, своего рода медовый месяц, и было бы очень уместно запланировать свадебное путешествие именно на период этого транзита. Было бы достаточно хотя бы просто символически начать в эти дни приятное путешествие, которое можно будет продолжить после. В эти часы мы можем сделать своему любимому или любимой уместный и приятный подарок, имеющий отношение к средствам коммуникации, например, мобильный телефон, факс, спутниковую антенну, модем, программно-аппаратное обеспечение для навигации в Интернете. И как раз навигация в сети может принести нам приятные результаты, например, мы можем опубликовать объявление на сайте одиноких сердец, и в течение подобного транзита получить ответ и встретить свою любовь по переписке. Это также благоприятный день для любовных похождений нашего родного или двоюродного брата, зятя, шурина, свояка или молодого друга. И им, и нам лично, может особенно пригодиться машина для любовных свиданий.

Венера в напряженном аспекте с Меркурием

Когда транзитная Венера проходит в напряженном аспекте к нашему натальному Меркурию, мы замечаем трудности в коммуникациях сентиментального характера. Нам не удается выразить свои чувства должным образом, и даже мы сами затрудняемся осознать и понять их. Если мы начинаем что-то обсуждать с нашим партнером, то рискуем не понять друг друга или же один из нас может неправильно истолковать слова другого. Было бы разумнее отложить любые подобные дискуссии. Если же мы общаемся на расстоянии, например, по почте или по телефону, то будет еще хуже, потому что мы можем столкнуться с проблемами, вроде утерянного в пути письма или неожиданных шумов и помех на телефонной линии. В эти дни любой инструмент для общения на расстоянии с любимым человеком может отказаться работать, будь то факс, заблокированный застрявшей внутри бумагой или принтер, в котором закончились чернила. Если же мы решим лично отправиться навестить нашего партнера, то можем столкнуться с непредвиденными препятствиями в пути, как например, наша машина не будет заводиться, у мотоцикла проткнется шина или массовая демонстрация перекроет нам дорогу на долгие часы. Во время этого планетарного транзита было бы лучше вообще избегать перемещений. В эти часы в отношении всего, что связано с сочетанием слов любовь и коммуникации, нас подстерегают неудачи и некоторое невезение, а следовательно, мы можем даже стать жертвой угона автомобиля в тот момент, когда поднимаемся в квартиру к невесте или к жениху. Делая любимому партнеру подарок в это время, мы можем ошибиться в выборе, особенно если речь идет о вещи, подобной телефону или факсу. Это неприятный момент для чувственных и любовных отношений нашего родного или двоюродного брата, зятя, свояка или молодого друга. Какая-то сплетня нашего друга или брата может испортить наши парные отношения. То же самое может произойти из-за оскорбительного анонимного письма или неприятного телефонного звонка. В связи с излишней нервозностью, вызванной проблемами в любовных отношениях, мы можем слишком много курить.

Венера в гармоничном аспекте с Венерой

Когда транзитная Венера проходит в благоприятном аспекте к нашей натальной Венере, мы ощущаем особенную гармонию вокруг себя. Мы чувствуем себя более удовлетворенными и спокойными, даже если нет никаких видимых причин, настраивающих нас на такое умственное состояние и подобное мирное отношение ко всему свету. Мы становимся более оптимистичными и ведем себя мягче, а вокруг нас возникает позитивная атмосфера. Наша возросшая терпимость и толерантность по отношению к окружающим оказывается взаимной. В это недолгое время нам удается благополучно сосуществовать даже с людьми очень тяжелого характера. Мы ощущаем настолько сильную тягу к сентиментальности, что в этом смысле становимся гораздо смелее и отважнее, а следовательно, можно воспользоваться этим транзитом для признания в своих чувствах любимому человеку. В этот период также было бы полезно попытаться прояснить некоторые старые недоразумения и обиды или помириться с дорогим нам человеком. Мы можем покорить чье-то сердце или вновь завоевать чью-то любовь. Мы испытываем сильную тягу ко всему прекрасному и эстетичному. Это отличный день для посещения музеев, картинных галерей, выставок фотографий. Мы будем больше интересоваться искусством вообще, но этот день можно также использовать для покупок художественных изделий, антикварной мебели, картин, украшений и безделушек, драгоценностей, утонченной бижутерии, и так далее. В частности, мы можем заинтересоваться старинными книгами, или же решим заказать новый переплет для наших самых дорогих и любимых книг. Помимо прочего, этот транзит способствует улучшению нашего внешнего вида, и под его влиянием мы сделаем верный выбор касательно своего имиджа, будь то смена прически или цвета волос, новый макияж или решение прибегнуть к косметической операции. При условии соблюдения всех общих принципов, регулирующих подобный выбор, операция по пластической хирургии в эти часы окажется успешной. Улучшится общее состояние нашего здоровья или по причине того, что новые лечебные процедуры окажутся более эффективными, или потому, что мы будем больше развлекаться, получать удовольствие от великолепных пеших прогулок, творческой деятельности, увеселительных поездок и вообще наслаждаться жизнью больше, чем когда-либо. Кроме того, мы неожиданно можем получить деньги, например, в подарок от наших родителей или в виде выигрыша в лотерею, нам выплатят задолженность по зарплате или вернут давно одолженные деньги, и так далее. Могут завязаться новые дружеские или романтические отношения.

Венера в напряженном аспекте с Венерой

Когда транзитная Венера проходит в напряженном аспекте к нашей натальной Венере, нам никак не удается найти подобающий тон, практически во всем. Этот транзит не является ни плохим, ни хорошим. Подобные ситуации можно назвать «ни рыба, ни мясо». Мы не знаем точно, чего хотим и ведем себя несколько бесхарактерно, то есть не проявляем агрессии, но и не чувствуем искренней заинтересованности в отношениях с окружающими. Очевидно, что такое психическое состояние отражается на нашем поведении, и мы можем стать достаточно неповоротливыми в движениях и выглядеть несколько неуклюже. Наше показное благодушие тоже выглядит неубедительно. Мы осознаем свое душевное состояние, но не можем ничего с этим поделать. В этот период нам сложно управлять своими чувствами, и от этого страдают наши отношения с окружающими, особенно с любимым человеком. В эти часы лучше не предпринимать решительных действий в любви. Необходимо воздержаться от принятия важных решений и отложить на несколько дней возможные выяснения отношений с партнером. Окружающие ощущают наше состояние и ведут себя соответственно в отношении нас. Создается впечатление, что мы неискренни, но дело вовсе не в этом. Во время данного транзита мы можем получить письма или телефонные звонки, прекрасно отражающие наше психическое состояние, то есть они будут настолько же невыразительными или неясными по своему существенному содержанию. Когда транзитная Венера вступает в противоречие с натальной, она может подтолкнуть нас к чрезмерной жажде удовольствий, безудержному гедонизму и к излишествам в этом смысле. Так например, если мы будем покупать одежду, ковер, антикварную мебель или драгоценное украшение, то будем склонны к преувеличениям, и можем выбрать нечто излишне яркое, несоразмерное, и даже безвкусное. Также нам будет слишком хотеться общения с любимым человеком, и мы можем переусердствовать своими частыми звонками и письмами. Ради того, чтобы не ждать свидания ни дня больше, мы будем готовы поехать на машине за тысячи километров! По причине все той же безудержной жажды удовольствий, мы рискуем «объесться до отвала» пищей и сексом, а последствия этого будут для нас, пусть даже не очень тяжелыми, но однозначно неприятными. Стоит остерегаться всевозможных интоксикаций крови, в том числе вызванных алкоголем. Даже не допуская излишеств в чем-либо, мы будем чувствовать себя хуже, чем обычно, и выйдем из своей привычной формы. Кроме того, в течение этого транзита мы будем склонны к излишним тратам. Особенно нужно соблюдать осторожность, чтобы не потерять значительные денежные суммы в азартных играх или при покупке предметов, имеющих отношение к красоте и уходу за собственной внешностью. Например, наши чрезмерные расходы могут быть связаны с походами в салоны красоты и с разнообразными косметическими процедурами, от депиляции и масок для лица, до новой прически и смены цвета волос. Мы имеем тенденцию слишком преувеличенно проявлять свою привязанность и любовь к жене, дочери, сестре или близкой подруге. Также возможно, что кто-то из этих женщин переживет кратковременное ухудшение общего состояния здоровья или несколько часов плохого настроения.

Венера в гармоничном аспекте с Марсом

Когда транзитная Венера проходит в гармоничном аспекте к нашему Марсу, возрастает наше сексуальное желание. Оно нас отнюдь не ослепляет, просто овладевшая нами здоровая сенсуальность настраивает нас на положительное отношение к другим людям. При общении с окружающими нам доставляет удовольствие уже сам факт простого физического контакта или ощущение запаха кожи других людей, который нас буквально опьяняет. Наши ощущения по большей части становятся животными, в лучшем смысле этого слова. Больше, чем когда-либо мы реагируем не умом, а телом, и наши действия будут более непосредственными и прямыми, но при этом никоим образом не вульгарными. Наша внутренняя сенсуальность проявляется наружу, и делает нас более соблазнительными и сексапильными. Возрастает как наше собственное половое влечение, так и влечение других людей по отношению к нам. Этот транзит отлично подходит для организации любовного уик-энда, недолгого, но интенсивного в сексуальном смысле отпуска. В эти часы мы будем готовы поспорить с любым, кто скажет, что в любви следует руководствоваться лишь головой. Естественно, что под влиянием других транзитов мы будем рассуждать совершенно иначе, но в данный момент наша уверенность в противоположном полностью оправдана. Мы станем более критично оценивать свои любовные отношения с точки зрения сексуального взаимопонимания, и если мы вдруг обнаружим, что в этом смысле не все благополучно, то будем готовы даже поменять свои долгосрочные планы. Однако если нас все устраивает, то мы можем принять решение приблизить момент начала совместной жизни или вступления в брак с этим партнером. Наша возросшая сенсуальность и чувствительность вообще означает также, что мы получим необычайное удовольствие от ласкающих кожу солнечных лучей, от освежающего вкуса прохладительных напитков, от вкусного первого блюда или кусочка торта, от свежего сельского воздуха, от запаха скошенной травы, и так далее. То есть, как уже было сказано выше, наши ощущения станут более животными, в лучшем смысле этого слова. Мы будем испытывать особенное влечение к воинственным мужским фигурам: нашему начальнику или преподавателю, сильному спортсмену, солдату в роскошном мундире, и так далее. Для мужчин речь идет вовсе не обязательно о гомосексуальном влечении, а скорей о чувстве уважения и недвусмысленного восхищения этими людьми, а также о желании быть на них похожими. А вот женщин будут особенно привлекать именно традиционные, объективно мужеские черты в представителях противоположного пола, а вовсе не черный или голубой цвет их глаз. Мы будем испытывать общую симпатию или влечение к механике, и в эти часы можем заняться, например, починкой своей машины, мотоцикла, или затеять мелкие ремонтные работы в доме. Нам захочется не просто покататься на машине, а испытать острые ощущения от езды на максимальной скорости. Мы почувствуем большую тягу к спорту, и, прежде всего, к так называемым боевым искусствам. Испытывая большее влечение к риску вообще, мы будем думать, что стали смелее и храбрее. Процедуры массажа отлично помогут нам привести себя в форму, но в любом случае наше общее состояние здоровья во время этого транзита будет очень хорошим.

Венера в напряженном аспекте с Марсом

Когда транзитная Венера проходит в напряженном аспекте к нашему натальному Марсу, мы можем пережить или счастливые или наихудшие моменты в любви. Первый вариант имеет место, когда мы находимся рядом с любимым человеком, и проявляются наилучшие условия, дающие возможность полностью выразить нашу возросшую сексуальную потребность. Второй вариант случается, когда мы находимся в одиночестве и не способны свободно проявить свои сексуальные импульсы, и тогда есть риск плохого самочувствия или совершения опрометчивых действий, вовсе для нас не характерных. Безусловно, в этот момент многое зависит от сексуальной реакции нашего партнера, поскольку он может даже находиться с нами рядом, но при этом не испытывать никакого желания заниматься сексом. В подобных ситуациях особенно показательна высокая ценность синастрии, и насколько важно в партнерских отношениях иметь нужные планеты в нужном месте. Ведь гармония и сексуальная совместимость означает прежде всего одновременное возникновение желания, что не может произойти, когда при сопоставлении двух карт субъектов пары сексуальные планеты, Марс и Венера, образуют не те аспекты или вообще не имеют их между собой. Следовательно, если нам удастся выразить свою возросшую сексуальную страсть, то мы сможем пережить просто великолепные мгновения, но если, как уже говорилось, ситуация сложится иначе, то наше тело отреагирует негативным образом, и мы будем себя чувствовать не в себе, совершенно не в форме, чрезвычайно нервными и агрессивными. Агрессивность по отношению к партнеру и есть плохая сторона медали такой ситуации, вызванная как раз отсутствием сексуального согласия и взаимопонимания в этот момент. Следует также быть осторожными, поскольку из-за возросшей до такой степени любовной страсти существует риск нежелательной беременности или же заражения венерическим заболеванием. Из-за не на шутку разбушевавшихся сексуальных фантазий мы будем себя вести в интимной близости несколько необычно. При попытке разрядить переизбыток энергии с помощью физических упражнений нужно остерегаться опасных видов спорта, избегая катания на коньках или лыжах, езды на велосипеде или мотоцикле, и так далее. Этот транзит плохо влияет на наши отношения с воинственными мужскими фигурами, и с ними у нас могут возникнуть неприятные ситуации взаимной агрессии. Следует соблюдать осторожность при работе с механическими инструментами, так как мы рискуем пораниться, особенно острыми предметами. В любом случае, в течение этих нескольких дней мы не будем находиться в своей лучшей физической форме.

Венера в гармоничном аспекте с Юпитером

Когда транзитная Венера проходит в гармоничном аспекте к нашему натальному Юпитеру, мы чувствуем себя особенно хорошо. Общее ощущение расслабленности дает нам почувствовать себя в мире с самими собой и с окружающими. В эти часы, максимум несколько дней, мы наслаждаемся здоровой ленью и проявляем особую снисходительность к себе. Нам не очень-то хочется активно действовать, и скорей мы желаем плыть по течению, а именно, в данном случае, по волнам удачи. И действительно, нам сопутствует некоторая фортуна, и "чудесным образом" разрешает многие наши проблемы. Окружающие люди идут нам навстречу, стараются нас понять, проникнуться нашими проблемами и оказать посильную помощь. В свою очередь, мы чувствуем себя более спокойными и не стремимся конкурировать с кем бы то ни было. Бывают такие моменты в жизни, когда под влиянием пессимизма и некоторой паранойи нам необходимо вести борьбу. Текущий транзит принадлежит к другой категории, когда мы просто позволяем себе идти вперед, всецело доверившись своему видению мира в розовом цвете. Подобный транзит позволяет нам периодически восполнять свой заряд энергии, и было бы настоящей бедой отсутствие такой возможности. Судьба дарит нам краткую передышку, чтобы мы смогли перевести дух, и нужно воспользоваться моментом и отпустить себя на волю волн, позволив течению доставить нас к цели. Это как раз тот случай, когда мы с легкостью скользим вниз. Для новых восхождений настанет свой срок, а пока мы можем позволить себе немного повеселиться. Наше оптимистичное состояние души – это не просто эндопсихическое и субъективное явление, а оно в огромной степени отражает реальность. В самом деле, во время этого транзита нам сопутствует везение. Небольшие счастливые случаи и крупная удача позволяют нам получить разные преимущества также на материальном плане: в работе, в социальном росте, в любви… Конечно, речь не может идти о великих событиях, поскольку длительность транзита минимальна. Но если он одновременно поддерживается другими, медленными и более важными планетарными транзитами, то может способствовать осуществлению значительных событий, которые отмечают очень позитивные этапы нашей жизни. Мы чувствуем себя лучше, и психологически, и физически. Нам настолько хорошо, что мы проявляем склонность к излишнему расслаблению и снижению защиты, таким образом оказываясь в идеальных условиях для набора лишних килограммов. Тот, кто склонен к полноте, должен соблюдать большую осторожность. Данный транзит также позитивно влияет на личную жизнь, например, способствует восстановлению мира и согласия в существующих проблемных отношениях, или же, при завязывании новых отношений, благоприятствует тому, что интересующий нас партнер более охотно принимает наши ухаживания и судит нас менее строго. Это идеальный период, чтобы взять короткий отпуск и уехать отдохнуть за город со своим партнером. Наибольшую пользу от этого транзита мы можем получить, посвятив эти часы отдыху, развлечениям, приятному времяпрепровождению в широком смысле слова, будь то ужин в кругу друзей, вечер на берегу моря с любимым человеком или даже просмотр замечательного фильма в одиночестве… Кроме того, это подходящее время для начала лечебных процедур, какой-нибудь новой терапии, способствующей облегчению давно преследующей нас боли. Однако не стоит планировать на этот период хирургическую операцию, поскольку, будучи связанной со страданием и кровью, она вряд ли сможет осуществиться во время такого планетарного транзита. Это значит, что если по ошибке мы выберем этот период для хирургического вмешательства, то операция не состоится из-за отсутствия хирурга, из-за забастовки в больнице, или по любой другой причине. В течение этих нескольких дней мы можем получить повышение по службе, выплату премии, увеличение зарплаты, небольшой выигрыш в лотерею, возврат одолженных денег, подарок от родителей... Это удачный период времени для подписания контракта и его нотариальной заверки, для приобретения драгоценных вещей (прежде всего художественных изделий), торжественной церемонии открытия магазина, и так далее.

Венера в напряженном аспекте с Юпитером

Когда транзитная Венера проходит в неблагоприятном аспекте к нашему натальному Юпитеру, нам очень не хватает чувства критики. Мы склонны слишком ослаблять свою защиту, и оказываемся в ситуации, полностью противоположной знаку Девы, уже вошедшему в поговорку своей недоверчивостью. Мы действуем с простосердечием стрельцовского типа, и в эти часы культивируем иллюзорную убежденность в своей непогрешимости, неприкасаемости и исключительной удачливости, словно настоящие баловни фортуны. На самом же деле не существует никакой предохранительной сетки, протянутой дружеской рукой для нашей защиты, а речь идет лишь об иллюзорном чувстве безопасности. Оно может оказаться как нельзя полезным в случае, если мы намереваемся открыть коммерческую фирму или производственное предприятие (если бы не было таких моментов, то какой предприниматель решился бы сделать первый шаг?), но, с другой стороны, это чувство может нам очень навредить, если мы недооценим возможные риски. И здесь речь идет именно об этом: о высокой вероятности недооценки потенциальных опасностей, заложенных в разных ситуациях. Мы бросаемся вперед очертя голову, но не с порывистой силой Овна, а с легкомыслием, спровоцированным Юпитером. Излишняя расслабленность приводит нас к ошибкам, в точности как пьяного, садящегося за руль машины. В данном случае алкогольные пары — это Юпитер, преувеличенный напряженным аспектом Венеры. Ошибки, которые могут нам навредить, связаны с оценкой любого рода ситуаций. Мы должны приложить все усилия, чтобы быть более бдительными, но прежде всего – более недоверчивыми. Из-за исключительной расслабленности, к тому же, мы становимся особенно ленивыми, более снисходительными к себе, мы больше едим, а значит и толстеем. Транзит длится всего лишь несколько дней, но за это время мы можем набрать те самые три-четыре килограмма, от которых потом будет очень трудно избавиться. Отличительной чертой этого транзита является излишняя тяга к удовольствиям, которая будет подталкивать нас ко всевозможным наслаждениям, в любой области, и даже может спровоцировать наше поведение несколько сомнительного толка. Излишества могут нас привести, например, к интоксикации крови. Можно подумать, что напряженный аспект между двумя благоприятными планетами не так уж и плох, однако это не так. Когда Венера оказывается в дисгармоничном аспекте к Юпитеру, наше самочувствие может быть очень плохим, именно по причине разного рода отравлений. Помимо прочего, наши моральные и нравственные принципы переживают кризисный момент, и мы можем оказаться замешанными в неприятные скандалы или в ситуации на грани законности. В эти дни в нас может проснуться нездоровое желание завязать внебрачные отношения, что, вне зависимости от моральной стороны дела, безусловно усложнило бы нашу жизнь, а главное, родилось бы под плохой звездой. Кроме того, следует соблюдать осторожность в отношении излишних расходов, так как в эти часы нам очень хочется использовать денежные средства в свое удовольствие для покупки одежды, ювелирных изделий, бесполезных электробытовых приборов, картин, ковров, и так далее. Нужно также остерегаться потери денег, невозвращения долга, биржевых спекуляций, ограблений, и так далее. Это совершенно неподходящий момент для торжественных церемоний открытия фирм, коммерческих предприятий, разнообразных предпринимательских начинаний, и так далее. Следует избегать продвижения судебных исков в течение этих нескольких дней месяца.

Венера в гармоничном аспекте с Сатурном

Когда транзитная Венера проходит в благоприятном аспекте к нашему натальному Сатурну, мы становимся более дисциплинированными и сдержанными в чувствах, менее экспансивными, но несомненно более строгими и серьезными. Нам удается рассуждать трезво, логично, и прежде всего, руководствуясь огромным чувством ответственности. Мы способны понять не только рассуждения других людей, но и их чувства. Нам удается поставить себя на место другого человека, и не позволить себе увлечься любого рода страстями. Окружающие замечают наше подчеркнуто зрелое и серьезное поведение, высокий уровень самоконтроля, и понимают, что нас трудно соблазнить или обмануть. В этот период мы способны заглянуть вглубь себя и поставить на разные чаши весов свою собственную точку зрения и мнение своих близких. Мы не позволяем себя одолеть ни гневу, ни слепому оптимизму, воспринимая реальность такой, какая она есть на самом деле. Возможно, мы несколько грешим строгостью и пессимистичностью суждений, но лишь во благо справедливости. Вероятно, что в эти часы мы заметим падение своего интереса к любимому человеку, но речь идет о физиологическом явлении, не чреватом тяжелыми последствиями. Также возможно, что мы достигнем большей зрелости в чувственном плане, пережив небольшое сентиментальное разочарование. Этот транзит может заставить нас переоценить свои планы на будущее в отношении личной жизни и любви. Это подходящий день для назначения даты свадьбы, начала совместной жизни, для обдумывания любых долгосрочных проектов. Если мы отправимся в небольшое путешествие со своим партнером, то скорей всего оно окажется наполненным не развлечениями и нежностью, а долгими и плодотворными беседами. Этот момент вовсе не подходит для приятного времяпрепровождения и отдыха, а напротив, наше поведение отличается умеренностью, воздержанностью и непритязательностью. Такой транзит может достойным образом сопровождать период изоляции от других людей, углубленного размышления, учебы и даже целомудрия. У нас появится больше времени, чтобы обдумать свою личную жизнь, запланировать какие-нибудь ответственные действия, нацеленные на укрепление наших сентиментальных и любовных отношений. Несомненно, мы менее склонны снисходительно выслушивать своего партнера, то при этом наше отношение к нему будет оставаться в высокой степени объективным. Наша толерантность понизится, но чувство справедливости обострится. В то же время становится заметна некоторая прохлада окружающих по отношению к нам. Если в других случаях наша харизма может давать некие преимущества в межличностных отношениях, то в этот период мы не можем на нее рассчитывать, и лишь полагаясь на силу своих убедительных логических доводов, мы можем воздействовать на других людей. Одним словом, мы будем вынуждены трудиться больше обычного, идти против течения, но при этом наше восхождение окажется конструктивным и результативным. Этот транзит может указывать и на события в жизни нашей сестры, жены или дочери, например, обозначать их успешное достижение цели в работе, начало совместной жизни или заключение брака. Любые долгосрочные финансовые инвестиции, рождающиеся одновременно с данным планетарным транзитом, окажутся благоприятными. Касательно нашего здоровья, этот период подходит для терапевтических процедур, рассчитанных на длительное время, с поздним эффектом, например, для лечения костей и зубов.

Венера в напряженном аспекте с Сатурном

Когда транзитная Венера проходит в напряженном аспекте к нашему натальному Сатурну, мы ощущаем некоторую душевную тяжесть. Этот период характеризуется резким падением энтузиазма, во время которого мы склонны видеть все вокруг в черном цвете. Безусловно, мы более пессимистично настроены и даже немного подавлены. Негативное восприятие действительности наводит нас на мысли о предстоящих трудных временах. Нам хочется выйти из игры, оставить борьбу, отказаться от дальнейших усилий в любом деле. Общее подавленное состояние склоняет нас к отстраненности от личных благ, но не в сторону большей умеренности и воздержанности, а в направлении категорического отказа от всего хорошего. Почти полное отсутствие сексуальных импульсов вынуждает нас рассматривать свои сентиментальные отношения лишь с точки зрения долга, обязанностей и трудностей, оставляя без внимания приятные стороны жизни. Следует соблюдать особую осторожность, поскольку в эти часы мы можем принять безумное решение развестись со своим партнером, отказавшись от сокровища нашей жизни. Одним неловким движением мы способны принести в жертву все самое дорогое и прекрасное, что у нас есть. Поэтому нужно заставить себя не принимать никакого решения подобного рода, иначе сам Сатурн за нас все решит. Однако, если наше решение о разрыве отношений уже прошло проверку временем и другими транзитами, менее суровыми, чем этот, то значит настал момент действовать. Насколько этот период подходит для расставания, настолько же он абсолютно противопоказан для заключения союзов. Не стоит даже думать о том, чтобы начинать отношения под таким небом. То же самое можно сказать о праздновании свадьбы или о начале совместной жизни. Вероятно, что в эти несколько дней месяца у нас не возникнет никакого желания интимной близости с нашим партнером, и стоит довериться своим ощущениям и воздержаться от контактов. В противном случае, идя наперекор себе, мы можем столкнуться с некоторыми проблемами и временными сексуальными блоками. Не стоит слишком переживать об этом, но надо лишь помнить, что источником сексуальных импульсов является наш разум. Лучше избегать встреч со старой любовью, с которой на сегодняшний день нас связывает лишь дружба, поскольку подобная близость может оказаться болезненной и глубоко нас ранить. Естественно, транзит может сопровождать и болезненные чувства, вызванные тем, что любимый человек от нас уходит, или же мы узнаем о его измене. В любом случае, эти дни подчеркивают моменты нашего страдания, связанного с любовью. Если мы хотим избежать этого, то нам нужно вести себя мудрее, чем обычно, не ввязываться ни в какие острые дискуссии с партнером, и стараться не обращать внимание на любые его провокации. Если наши отношения прохладные, то этот момент вовсе не подходит для попыток их оживить. Этот транзит может также указывать на развод нашей сестры, дочери или близкой подруги. Кроме того, речь может идти о финансовых потерях у одной их этих женских фигур или у нас самих. В этот день нужно избегать всяческих денежных инвестиций или спекуляций. Стоит поберечь свое здоровье, но в то же время нельзя начинать никаких лечебных процедур в этот период.

Венера в гармоничном аспекте с Ураном

Когда транзитная Венера проходит в гармоничном аспекте к нашему натальному Урану, мы чувствуем потребность как-то иначе выражать себя и в дружеских, и в любовных отношениях. Мы оказываемся под влиянием своего рода центробежной силы, которая побуждает нас расширить горизонты своих отношений, внести в них нечто новое, иначе ими управлять. Нам хочется нарушить все условности, вести себя необычно, как-то по-особенному, оригинально и даже эксцентрично. Самой показательной чертой данного транзита является охватывающая нас «сумасшедшинка», свидетельствующая о том, что в этот момент мы не выносим никакой рутины, монотонности и скуки. Хотя бы на один день, но нам хочется стать революционерами в традиционных обычаях и распутниками в любви. Несомненно, что транзит приносит, прежде всего, мятежный и взрывной стимул. Мы склонны вести себя абсолютно не характерным для нас образом, нарушать традиции и не заботиться о том, что могут подумать другие. Конечно же, данный планетарный транзит может действовать более или менее синергически с нашими природными склонностями, то есть для ярких Водолеев революционные импульсы проявятся максимально, а для Раков и Тельцов те же влияния окажут минимальный эффект. Но в любом случае, мы нуждаемся в свободе, и в большом ее количестве. Мы можем соблазниться идеей испытать новые и необычные ситуации, искать случайных любовных связей, которые не имеют никаких оснований быть долговременными. С точки зрения секса мы тоже ощущаем такие же импульсы, и можем попытаться поэкспериментировать и попробовать необычные для себя формы сексуальности, вплоть до гомосексуального опыта, если мы гетеросексуальны. В течение этих нескольких дней месяца мы будем встречаться с достаточно странными и оригинальными субъектами, если не сказать эксцентричными. Это могут бомжи, анархисты в лучшем смысле этого слова, самые настоящие хиппи, и так далее. Если мы отправимся в театр или в кино, то предпочтем спектакли современного и экспериментального стиля, с высоко новаторским содержанием. Мы можем увлеченно начать осваивать информатику, видеоигры и виртуальную реальность. В то же время нас будут привлекать необычные вещи, и мы можем сделать «странные» покупки: предметы одежды полуспортивного и свободного стиля (если обычно мы предпочитаем классический стиль), огромные шляпы или невероятные шарфы, туфли с экстравагантными пряжками, макияж нестандартных цветов, и так далее. Если мы обратимся к искусству, то и здесь проявим совершенно не свойственные нам вкусы. Наши отношения с женой, дочерью, сестрой или подругой будут отличаться больше дружбой, чем теплыми чувствами, и приобретут некую оригинальную окраску. Возможно также, что именно эти женские фигуры переживут новый и/или революционный опыт. В эти дни наше финансовое положение будет отличаться большой нестабильностью, которая однако может принести нам неожиданный и приятный доход в виде сюрприза. Наше состояние здоровья будет хорошим, поскольку мы будем чувствовать себя будто бы наэлектризованными, то есть в позитивном нервном возбуждении, способными к более быстрой реакции, проворству, и к проявлению умственной готовности.

Венера в напряженном аспекте с Ураном

Когда транзитная Венера проходит в напряженном аспекте к нашему натальному Урану, мы чувствуем сильное влечение ко всякого рода трансгрессивным отношениям. Можно сказать, что дух Диониса, живущий внутри нас, прилагает все усилия, чтобы выйти наружу и отстоять свое равное право на существование с духом Аполлона, не смотря на то, что трансгрессивное поведение в отношениях всегда оценивается негативно. Однако в этот период такая внутренняя потребность переживается гораздо интенсивней, октавой выше по сравнению с гармоничным транзитом Венера-Уран, и наши подавленные желания рискуют чрезмерно обостриться и выбрать для своего проявления самые экстремальные формы. Несомненно, в течение этого планетарного транзита мы можем вести себя самым эксцентричным, оригинальным и более чем странным образом. Например, нам может захотеться поухаживать за симпатичным лицом противоположного пола в присутствии нашего партнера, и мы будем думать, что это абсолютно нормально и прилично. Поскольку суть транзита состоит именно в этом: исходящие изнутри импульсы склоняют нас к совершенно свободному поведению, не поддающемуся никакому контролю со стороны нашего разума или воспитания. В общем, выходит наружу наша животная часть, которая ни во что не ставит условности этикета. С этой точки зрения мы можем даже подружиться с каким-нибудь бомжом и захотеть привести его с собой в гости к друзьям или на семейный ужин. Но самые сильные импульсы мы испытаем в сексуальном плане, где мы рискуем серьезно задеть чувства нашего партнера. Нам могут прийти в голову какие-то странные фантазии, и порой настолько странные, что мы сами с трудом сможем их принять. В таких ситуациях у нас может возникнуть соблазн попробовать гомосексуальные отношения, если мы гетеросексуалисты. Наверняка мы попытаемся оживить наши традиционные отношения разнообразными экспериментами сексуального характера. Но следует быть более осмотрительными, чем обычно, потому что в этих ситуациях высвобождающего толка мы можем допустить ошибки и по неосторожности зачать ребенка. Стабильность наших отношений окажется под угрозой, и если и другие транзиты будут проявляться в таком же смысле, то нужно быть очень внимательными, чтобы вдруг не разрушить добрые многолетние отношения. Искушений для разрывов будет действительно множество, и это также касается планирования новых любовных отношений. В эти дни нужно осторожно относиться к тем, кого мы встречаем на своем пути, поскольку есть риск неприятных или непредсказуемых контактов, которые даже могут довести нас до беды. Знакомства, возникающие в этот день не будут длиться долго. Могут возникнуть конфликты, ссоры в наших отношениях с сестрой, дочерью, подругой, или же они могут переживать в эти часы странные, непредсказуемые, необычные сентиментальные ситуации. Нужно быть очень осторожными в обращении с деньгами, которые будут словно ускользать из наших карманов. Поэтому следует сторониться азартных игр и, по возможности, всяческих покупок, так как мы рискуем приобрести и принести в дом какие-то вещи, которых на следующий день будем стыдиться. Пожалуй, было бы лучше всего выплеснуть такие «подрывные» стимулы в сторону необычных развлечений, как например, пойти в зал детских игровых автоматов, с восторгом покататься на американских горках или поучаствовать в виртуальных поединках. Излишняя наэлектризованность может негативно сказаться на нашем здоровье. Возможна временная бессонница.

Венера в гармоничном аспекте с Нептуном

Когда транзитная Венера проходит в позитивном аспекте к Нептуну нашего радикса, наступает период мечтаний. Мы мечтаем наяву, ощущаем сильный стимул к воображению, фантазиям, абстрактным конструкциям. Нам доставляет удовольствие состояние расслабленности и забвения. Нам почти ничего не хочется делать, физиологически мы расслаблены. Мы почти не реагируем ни на призывы плоти, ни духа. Эти чувства проявляются в наших поисках большей любви и романтики в отношениях с партнером. Наверняка возникают ностальгические настроения, и нам нравится мысленно и физически возвращаться к памятным местам нашей любви: где мы влюбились, где услышали любовное признание, место первого свидания, песни, звучавшие при первых поцелуях и вздохах… Все это нам видится будто зачарованным и достойным воспевания. Нам не удается сосредоточиться на практических сторонах домашнего хозяйства, мы больше склонны искать новых эмоций с нашим партнером. По отношении к нему мы проявляем большую терпимость и заботу, вплоть до ухаживания за ним, почти как сестра милосердия. Мы получим огромное удовольствие от совместного просмотра старых фотографий с нашим любимым партнером, вызывая добрые воспоминания об уникальной и волшебной поре нашей жизни. К тому же нам захочется что-нибудь подарить своему любимому человеку, и мы можем выбрать, по случаю, художественное изделие на морскую тему, как например, коралловое украшение или купальный костюм, или картину с изображением скалистого берега. Быть может, мы купим в подарок предметы, связанные с религиозной или эзотерической тематикой, какие-нибудь древние канделябры, гадальные или коллекционные карты, старинные книги по астрологии, золотое украшение в виде знака зодиака, и так далее. Подобные чувства заботы и защиты, которые мы будем испытывать по отношению к любимому человеку, мы сможем также направить на нашу сестру, дочь или близкую подругу. Одна из эти женских фигур может переживать в это время глубокий опыт эзотерического плана или испытывать особый интерес к философии, теологии, йоге, астрологии, буддизму, восточной культуре… Наибольшие блага мы сможем получить от этого планетарного транзита, если сможем организовать морское путешествие, например, круиз с нашей второй половиной. Но и простой романтической прогулки на весельной лодке, по морю или по озеру, может оказаться достаточно. В этот период времени мы можем влюбиться в какого-нибудь мага, гадалку, астролога, и так далее. К самых крайних случаях мы можем почувствовать влечение к священнослужителю или психически ненормальному человеку. В этот период мы можем завязать дружеские отношения с наркоманами и попытаться помочь им освободиться от их печальной зависимости. Глубоко верующие люди могут искать в эти дни духовного уединения или коллективной молитвы. Наш дух возрадуется также от посещения всяческих приходов, ассоциаций, политических и профессиональных собраний, и так далее. Психотропный лекарственный препарат сможет помочь нам преодолеть трудный период нашей жизни. Применение анестезии в эти несколько дней не вызовет нежелательных эффектов, так что это может стать одним из критериев для выбора возможной даты хирургического вмешательства.

Венера в напряженном аспекте с Нептуном

Когда транзитная Венера проходит в плохом аспекте к нашему натальному Нептуну, мы переживаем период любовных терзаний. Нами овладевают замешательство и разнообразные сомнения на счет наших парных отношений. Мы ведем себя так, будто бы скоро должны потерять своего любимого человека, или же испытываем сильное чувство ревности. В любом случае наша повседневность окрашивается кошмарами на эту тему, что приводит к тому, что мы теряем спокойствие в своих партнерских отношениях. Случается, что происходят некие странные события, которые усиливают наши сомнения или питают наше чувство ревности, но зачастую нет никакого реального повода, оправдывающего наше беспокойное и незрелое поведение. В результате мы можем дойти до навязчивых идей и мучать своего любимого человека. В течение нескольких часов мы становимся просто невыносимыми и всю свою внутреннюю тревогу выплескиваем на партнера. Может случиться, что на самом деле происходит реальное событие, открывающее нам глаза на предательство со стороны нашего любимого человека, и в такой ситуации, естественно, боль и страдания усиливаются. Но такая атмосфера путаницы, смятения, неясного выбора и мутной воды может и нас самих подтолкнуть к измене любимому человеку и к поиску внебрачной связи. Отношения, возникающие под влиянием этого транзита не будут иметь ни легкую, ни хорошую судьбу. Также может случиться, что данный планетарный транзит свидетельствует о тревогах и беспокойствах нашего партнера, связанных с религией или с неприятным опытом его общения с каким-то магом или астрологом. То же самое может случиться с нашей сестрой, дочерью или близкой подругой. Эти женские фигуры могут причинить нам страдания из-за приема наркотиков или же они могут быть вынуждены принимать психотропные препараты для лечения сильного невроза. Следует избегать любовных увлечений людьми, связанными с миром наркомании, религии, астрологии, магии, и так далее. Могут навредить нашему психическому здоровью такие места, где люди молятся вместе, но с излишним усердием, если не сказать с фанатизмом. Это же относится к посещению спиритических сеансов, так называемых черных месс, и так далее. Лучше избегать путешествий по морю. Полученный в подарок гороскоп в этот период может спровоцировать у нас разные навязчивые страхи, тревоги и фобии. Новое лечение на основе психотропных препаратов значительно ухудшит наше самочувствие. Мы можем пережить очень негативный опыт в связи с наркотиками.

Венера в гармоничном аспекте с Плутоном

Когда транзитная Венера проходит в благоприятном аспекте к нашему натальному Плутону, усиливаются наши чувства любви и физической страсти. Мы ощущаем сильнейшее влечение к любимому человеку, и не только к нему. Мы вообще становимся более чувствительными к любви, подразумеваемой и в духовном, и в плотском смысле. Мы просто излучаем обаяние, и другие люди на самом деле это чувствуют. В нас появляется некий магнетизм, делающий нас более очаровательными и интересными. Можно сказать, что этот транзит, как правило, усиливает все наши чувства, и не только любовные. Однако наверняка наибольшее влияние данного планетарного транзита мы ощущаем в физическо-сексуальной сфере. Мы хотим больше секса, и если наш партнер переживает подобное состояние, то мы можем провести с ним потрясающий с этой точки зрения день. Этот транзит также может указывать на наше влечение к людям, занимающим высокое и важное социальное положение или к лицам плутонианского типа, таких, как рожденные под знаком Скорпиона или полицейские, персонажи на грани закона, проститутки, люди мрачного и угрюмого характера, и так далее. Наши чувства по отношению к сестре, дочери или близкой подруге усиливаются и достигают необычных высот. Может также случиться, что одна из этих женских фигур переживает любовную историю с персонажем плутонианского характера, как вышеназванные. Кроме того, этот транзит может означать наше особое влечение к чтению детективов, романов на темы ужасов, историй о спиритических сеансах, о зомби и других подобных вещах. Нас будет больше обычного привлекать к себе тема таинства смерти и культа мертвых, поэтому мы можем безмятежно провести несколько часов, посетив могилы наших усопших близких. В эти часы мы можем заняться подготовкой, например, с архитектурной точки зрения, места собственного захоронения, которое послужит нам пристанищем, когда мы покинем этот мир. Если же нам необходимо что-то купить для могилы наших близких, то стоит воспользоваться этим транзитом, поскольку он поможет нам сделать хороший выбор. Нас будут больше интересовать вообще подземные исследования, будь то поиски нефти, воды, или преднамеренно зарытые кем-то ценности. Мы можем получить деньги в виде наследства, небольшого завещанного имущества, выходного пособия или пенсии. Состояние нашего здоровья может улучшиться вследствие чьей-то кончины. Это случается со многими людьми, которые долгое время ухаживают за тяжело больным человеком, ограничивая свое время на сон или часто отказывая себе во сне вообще, и потом, как только дорогой человек уходит из жизни, эти люди могут воспрянуть физически и психически. Здоровье может также улучшиться благодаря интенсивной сексуальной активности.

Венера в напряженном аспекте с Плутоном

Когда транзитная Венера проходит в напряженном аспекте к нашему натальному Плутону, мы ощущаем всяческие затруднения в нашей сентиментальной и сексуальной жизни. Этот транзит по интенсивности проявляется октавой выше, чем напряженный аспект Венеры с Нептуном. Наша душа обеспокоена тревогами и страхами в отношении нашей личной жизни. Множество призрачных волнений переполняет наши мысли, накладывая плохой отпечаток на весь наш день. Мы плохо относимся к своему партнеру или, наоборот, испытываем к нему болезненное влечение. В любом случае, наши отношения не ладятся, и доставляют нам серьезные переживания. Может так случиться, что мы станем патологически ревнивы по отношению к любимому человеку, или начнем упорно размышлять о том, что наша половина нас не любит, или даже ненавидит. В подавляющем большинстве случаев речь будет идти всего лишь о нездоровых проекциях нашего бессознательного. Но тем не менее, иногда может так случиться, что наша ревность вовсе не безосновательна и для нее есть объективные причины, и в такой ситуации страдание переживается особенно тяжело. В любом случае, мы склонны переживать состояние садомазохизма, в котором играем роль мучителя, доставляющего боль как самому себе, так и близкому человеку. Во время этого транзита мы рискуем сделать ложные шаги, и настолько глубоко ранить своего партнера, что наши парные отношения могут прерваться навсегда. Поэтому следует больше, чем когда-либо, полагаться на разум, пытаясь сдерживать свои животные инстинкты. То же самое можно сказать и о сексуальных импульсах, которые в этот период склонны проявляться в направлениях не совсем ортодоксальных. Нехватка внутреннего равновесия в эти часы негативно отражается прежде всего на нашей сексуальности, имеющей тенденцию окрашиваться в мрачные и нездоровые тона. В отличие от нормального выражения сенсуальности, здесь речь идет о преувеличенном эротизме, доведенном до предела, и зачастую нуждающемся в стимулах, которые не являются ни частью нашей культуры, ни воспитания. Необходимо быть настороже, чтобы это измененное состояние души не привело нас к предосудительным действиям, в которых мы будем горько раскаиваться впоследствии. И это относится к отношениям как с нашим партнером, так и с третьими лицами. Именно поэтому в течение данного планетарного транзита также существует вероятность, что мы будем искать себе приключений или случайных связей, которые в данном случае были бы весьма рискованными, со всех точек зрения. Вполне возможно, что мы начнем испытывать влечение к проституткам или к людям, находящимся на низших социальных ступенях, или к персонажам сомнительной морали и не в ладах законом. Подобная ситуация во время этого транзита может иметь отношение и не к нам лично, а к нашей сестре, дочери или близкой подруге. Мы можем потратить деньги на вещи, если не порнографического характера, то по крайней мере дурного вкуса, от довольно странного нижнего белья до каких-нибудь невероятных инструментов с садомазохистским уклоном. Наше здоровье может ухудшиться в результате нарушенного внутреннего равновесия с точки зрения сексуальности. Необходимо держаться подальше от всего, имеющего прямое или косвенное отношение к смерти, как например, посещения кладбищ, чтения книг на темы ужасов или спиритических сеансов. Следует также избегать любых спусков в пещеры и гроты в целях спелеологических исследований.

Венера в аспекте с Асцендентом

Смотрите Венера в Первом Доме

Венера в аспекте с МС

Смотрите Венера в Десятом Доме

Венера в аспекте с Десцендентом

Смотрите Венера в Седьмом Доме

Венера в аспекте с IC

Смотрите Венера в Четвертом Доме

Транзит Венеры в Первом Доме

Когда транзитная Венера проходит по Первому Дому нашего радикса, мы чувствуем себя более расположенными к другим людям. Будто бы идеальный голубь мира летает в нашей душе и мы, символически или реально, готовы подарить оливковую ветвь своему ближнему. Однозначно мы становимся гораздо более толерантными, чем обычно. Но речь идет не только о нашей способности терпеливо переносить любую возможную враждебность, направленную на нас извне, но также о нашей самой настоящей любезности и приветливости. Наше поведение отличается мягкостью, направленностью на устранение любых конфликтов, на согласование наших собственных прав с потребностями других людей. Редко, когда нам случается быть настолько искренне демократичными и даже сердечными. Отличительным качеством этого нашего настроения является благодушие, но не показное, а настоящее и объективно проявляющееся в реальной жизни. Речь не идет о стремлении оказать помощь и поухаживать за кем-то в качестве сестры милосердия, а скорей о предложении дружбы своим собеседникам, и даже если это дружелюбие не достигает высот самопожертвования, все же оно свидетельствует о нашем огромном внимании ко всем людям, с которыми мы контактируем в этот период. В течение этого транзита, длящегося несколько недель, мы не будем ощущать ни большого заряда энергии, ни сильного желания активных действий, наоборот, мы будем достаточно ленивыми, малоподвижными и вялыми, склонными к несколько пассивному использованию всего накопленного нами ранее. Наше либидо направлено к гедонизму. Даже если нам нравится доставлять удовольствие другим, прежде всего мы хотим наслаждаться сами, контактируя со всем красивым, милым, эстетичным и художественным. Мы испытываем радость и восторг от посещения музеев, картинных галерей, выставок фотографии, знаменитых памятников. Нам хочется чаще ходить в кино, на концерты, на распродажи предметов антиквариата. Даже если у нас нет необходимости что-либо покупать, мы получим огромное удовольствие от прогулок у витрин магазинов, с особым интересом рассматривая ювелирные изделия и фирменную модную одежду. Если же нам нужно купить подобного рода вещи, то эти дни будут самыми подходящими и благоприятными также для приобретения различных предметов бижутерии, платьев прет-а-порте, обуви, перчаток, шляп, и так далее. Во время данного транзита любые подарки, купленные нами для других, будут отличаться высоким классом и отличным вкусом. Нас будут больше интересовать книги по искусству, или же книги на любую другую тему, но при этом красиво и художественно оформленные. Окружающие, замечая наше хорошее настроение, будут относиться к нам необычайно доброжелательно, и будут готовы выслушивать нас более охотно и снисходительно. Этим можно было бы воспользоваться в целях получения какой-либо личной выгоды. Во время этого транзита мы заметим большее внимание к нам со стороны не только нашей жены, но и сестер, дочерей или подруг. Если мы занимаемся политикой, то этот транзит благотворно повлияет на любую нашу инициативу заключения союза, как с другими политическими партиями, так и с различными группировками внутри нашей собственной партии. В целом этот период благоприятен для любого рода переговоров. Если транзит происходит в напряженных условиях или совместно с другими негативными транзитами, то, по всей вероятности, больше всего он проявится в нашем неуместном нарциссизме, и склонности проводить долгое время в самолюбовании перед зеркалом. С этим смысле нам может захотеться улучшить свою внешность с помощью косметической хирургии, но этого не стоит делать в данный момент. Также необходимо соблюдать осторожность, чтобы не набрать лишний вес.

Транзит Венеры во Втором Доме

Когда транзитная Венера проходит по Второму Дому нашего радикса, нам становится легче получать денежную прибыль. Но речь идет не столько о том, что работая, засучив рукава, мы усиливаем такого рода влияние, сколько о проявлении в нашей жизни самой настоящей маленькой фортуны. Мы заметим, что в этот период нам намного проще удается зарабатывать, что наши идеи благосклонно принимаются, и мы продвигаемся вперед легко, будто бы скользя по течению. Безусловно, поскольку данный транзит длится всего лишь несколько недель, мы не можем ожидать от него чудес, но в случае хорошей Солнечной Революции и одновременного воздействия других, более важных транзитов, мы вполне можем надеяться на значительное увеличение своих доходов. Деньги могут поступить к нам в виде кредита (который в эти дни будет легче получить), или благодаря большему успеху в нашей коммерческой или профессиональной деятельности. Если мы получаем фиксированную зарплату, то дополнительный доход может быть связан с появлением работы по совместительству. Нам удастся больше заработать с помощью художественной деятельности, изготовления одежды или бижутерии, предоставления услуг косметолога, визажиста, массажиста, и так далее. Небольшое везение и удача может проявиться в виде выигрыша в азартных играх, если к этому есть предпосылки в натальной карте и подтверждения в общей ситуации положения планет. Увеличению наших доходов могут поспособствовать некая женщина или наша жена, близкая подруга, сестра или дочь. Доход также может быть связан с музыкой, драматическим искусством, фотографией или видеосъемкой, миром шоу-бизнеса. Мы будем чувствовать себя более фотогеничными, и на самом деле, этим транзитом стоит воспользоваться, чтобы сделать себе фотографии у хорошего профессионала. Помимо вероятного большего дохода в связи с только что названными видами деятельности, необходимо также учитывать их развлекательный характер, поскольку мы будем получать удовольствие, например, от занятий компьютерной графикой, вне зависимости от того, приносит ли нам это больше денег или нет. Это отличный период времени, чтобы установить новое программное обеспечение для работы с графикой и научиться им пользоваться. Все покупки, связанные с изображением, окажутся удачными, будь то фотоаппарат, видеокамера, телевизор, монитор с высоким разрешением, видеомагнитофон, и так далее. Если транзит напряженный, то может так случиться, что мы начнем больше тратить, слишком много, выходя за рамки наших возможностей. Это и есть обратная сторона медали. Чрезмерное расслабление или пониженная критическая оценка своих расходов могут принести даже больший ущерб, чем транзит Сатурна в этом Доме. Поэтому следует соблюдать особую осторожность в отношении чрезмерных трат, прежде всего, на покупку одежды, драгоценных украшений, часов и косметических товаров. Возможна также излишняя трата денег на некую женщину, в виде подарков для нее или даже непосредственной оплаты ее услуг. Возросшее тщеславие может подтолкнуть нас к тому, чтобы влезть в долги, или же потратить огромные суммы денег на попытку улучшить свою внешность с помощью пластической хирургии. Нужно остерегаться опрометчивых и легкомысленных покупок, поскольку мы рискуем стать жертвой мошенничества, например, приобретая картину сомнительного происхождения. Могут быть обнародованы компрометирующие фотографии, которые ставят под удар нас самих или наносят вред репутации близкой нам фигуры женского пола.

Транзит Венеры в Третьем Доме

Когда транзитная Венера проходит по Третьему Дому нашего радикса, мы с большим удовольствием вступаем в беседу со всеми окружающими, начиная с наших близких и заканчивая попутчиками в автобусе. Возрастает наша общительность и желание выражать вслух свои мысли и фантазии. Мы замечаем улучшение своих коммуникабельных способностей, и несомненно большую ясность мышления, даже при своих молчаливых наблюдениях. Благодаря тому, что наши рассуждения становятся более логичными и последовательными, нам удается лучше осознать свои истинные потребности и желания. Более четкие идеи соответствуют настолько же более уверенным, основательным, связным и точным словесным выражениям. Наша диалектика приобретает особый лоск, и мы обнаруживаем в себе способность быть более убедительными в своих речах. Другие внимательно нас выслушивают, а мы лучше, чем когда-либо, понимаем рассуждения своих собеседников. Возросшие коммуникативные способности позволяют нам увеличить объем своей корреспонденции и подготовить важные письма, написание которых мы все время откладывали на потом. Мы отправляем и получаем больше писем, и как правило, по почте к нам приходят хорошие новости. Чаще звонит наш телефон, и мы сами набираем множество номеров. В эти дни нам на удивление легко удается связаться даже с теми людьми, которых обычно трудно застать на месте. Это благоприятные дни для межконтинентальных связей и для того, чтобы попробовать свои силы в общении на иностранных языках. Навигация в Интернете доставит нам удовольствие, и наверняка мы посетим множество приятных сайтов, но скорей не для работы, а ради развлечения. Мы можем открыть для себя новые и интересные сайты, связанные с искусством или с предметами, представляющими высокую эстетическую и художественную ценность. Этот транзит очень благоприятен для покупок, связанных со сферой телекоммуникаций: мобильного или беспроводного телефона, факса или модема, спутниковой антенны или декодера, автоответчика, принтера, и так далее. У нас возникнет огромное желание купить себе новую машину, мотоцикл, или аксессуары для них. С большой вероятностью мы отправимся в необычайно приятную поездку, возможно ради любви, например, чтобы навестить нашу дражайшую половину, или чтобы провести вместе с нашим партнером прекрасные выходные. В эти дни любое путешествие, как по работе, так и для развлечения, доставит нам огромное удовольствие. То же самое можно сказать о перемещениях на поезде, самолете или автобусе. Возможно мы будем больше общаться со своей сестрой, дочерью или близкой подругой, и наши контакты будут очень приятными. Также транзит может указывать на то, что кто-то из этих лиц женского пола отправится в недолгую поездку. Если наша сестра, дочь или подруга заняты в сфере культуры, то в этот период их деятельность будет необычайно успешной. Мы можем особенно преуспеть в учебе, посещать курсы, читать лекции, принять участие в семинарах и конференциях, отлично сдать экзамены. Кроме того, мы можем написать важный доклад, подготовить свое выступление на конгрессе или плодотворно поработать над очередной главой важной для нас книги... Если транзит характеризуется напряженными аспектами или происходит одновременно с другими негативными транзитами, то существует вероятность того, что нам придется отправиться в поездку против собственной воли. Мы можем быть вынуждены часто перемещаться из загорода в центр, либо в связи с нашими любовными отношениями, либо чтобы оказать помощь нашей сестре, дочери или подруге. Существует также вероятность того, что мы потратимся на ремонт своей машины или покупку нового автомобиля, в самый неудобный для этого момент. Мы можем потратить крупные денежные суммы на международные звонки нашему партнеру. Состояние нашего здоровья может ухудшиться в поездке. Одна из близких нам женщин может заболеть.

Транзит Венеры в Четвертом Доме

Когда транзитная Венера проходит по нашему Четвертому Дому, возрастает наша потребность в доме, семье, домашнем очаге. Мы хотим сосредоточиться и, в некотором роде, изолироваться и укрыться в стенах собственного жилища. Городские огни больше нас не очаровывают и не привлекают, напротив, мы желаем лишь приятно поужинать со своими родными и близкими. В течение нескольких недель этого транзита мы проведем гораздо больше времени у себя дома, и будем очень редко выходить вечерами. Ощущение домашнего тепла и уюта доставит нам огромную радость, и мы с удовольствием разделим это чувство с дорогими нам людьми. Именно в такие моменты у нас почти всегда возникают мысли о покупке собственного дома, и мы начинаем предпринимать определенные конкретные шаги в этом смысле. Сама жизнь будет предлагать нам возможности в этом направлении, и есть вероятность того, что нам будет выдан льготный кредит на покупку жилья. Если же мы уже владеем собственной недвижимостью, то потратим деньги на ее обустройство. Мы будем наслаждаться планированием такого рода покупок, пойдем по магазинам в поисках предметов мебели, домашнего интерьера, нового набора кафельных плиток для кухни или ванной комнаты, бытовой техники, раздвижных дверей, и так далее. Это великолепный период времени для начала ремонтных работ, и даже простая перекраска стен в одной из комнат может помочь нам увидеть свой дом другими глазами. Наверняка мы купим какой-нибудь новый элемент обстановки, даже если это будет простой ковер или картина. Если же наши финансы не позволяют подобных расходов, то мы остановим свой выбор на домашних мелочах, таких как новый набор столовых приборов или банные полотенца, которые в любом случае дадут нам ощутить себя удовлетворенными в этом смысле. Мы навестим своих родителей или пригласим их к себе в гости, и проведем вместе с ними несколько очень счастливых часов. Во время этого транзита может улучшиться здоровье наших родителей или разрешиться их финансовая проблема. Под местом проживания подразумевается не только то помещение, где мы спим, но и то, где мы работаем, то есть офис, магазин, мастерская, и так далее. Соответственно, все сказанное в отношении покупки или ремонта дома относится и к нашему месту работы. Кроме покупки жилого или рабочего помещения в течение данного транзита мы можем решить переехать на новое место, арендовать новую квартиру, или забронировать дом или гостиницу для летнего отдыха. Во всех этих случаях результаты окажутся великолепными. Четвертый Дом также имеет отношение к памяти, а значит, во время данного планетарного транзита мы можем улучшить память нашего персонального компьютера, увеличить ее объем, приобрести устройство для резервного копирования, для записи и чтения оптических дисков, жесткий диск большой емкости, и так далее. Транзит очень благоприятен для сохранения и переноса очень важных данных. Если же транзит происходит в напряженных аспектах, то существует вероятность того, что мы окажемся в беде из-за слишком высоких расходов на ремонт квартиры или из-за возникших трудностей оплаты кредита на жилье. Мы можем получить счет за свет или газ на непредвиденно большую сумму, или можем вдруг осознать, что потратили слишком много денег на покупку новой мебели. Мы можем неожиданно узнать о необходимости срочно оплатить налог на наследство. Кроме того, наши родители могут испытывать финансовые трудности или проблемы со здоровьем. Мы тратим много денег для того, чтобы принять у себя в гостях сестру, дочь (возможно даже со всей ее семьей), или близкую подругу. Наш компьютер может сломаться, и нам придется неожиданно потратиться на покупку новой памяти или жесткого диска.

Транзит Венеры в Пятом Доме

Когда транзитная Венера проходит по Пятому Дому нашего радикса, возрастает наше желание развлекаться. Пожалуй, это наилучший транзит для того, чтобы максимально насладиться игровыми и увеселительными занятиями. Наше эмоциональное состояние просто великолепно. Мы чувствуем себя просто в ударе, нам хочется ненадолго забросить свою работу и предаться развлечениям, в широком смысле слова. Мы желаем расслабиться, растянуться, ни о чем не думать и просто наслаждаться всем, что нас окружает. Наши развлечения в эти дни могут означать поход по магазинам за покупками или простые пешие прогулки, но также, и прежде всего, посещение спектаклей, ресторанов, дискотек, ночных клубов, концертов, казино, и так далее. Мы будем чаще выбираться в кино и в театр. Проведем один или несколько выходных дней в компании с любимым человеком. Наши парные отношения улучшатся, и мы будем ссориться меньше обычного. С любовью будет все великолепно и в сексуальном смысле, мы будем более активно заниматься сексом, то есть чаще обычного и более страстно. Развлечение и секс для нас будут едины. Просто не бывает лучшего периода, чем этот, чтобы отправиться в отпуск и снова пережить ощущения медового месяца со своим законным партнером или же с любовником или любовницей. Если в наши планы входит зачатие ребенка, то этот транзит как нельзя лучше подходит для этой цели. Возрастет наш творческий потенциал вообще, и если мы профессионально занимаемся искусством, то этот транзит очень позитивно повлияет на нашу работу, которая станет более насыщенной, вдохновенной и плодотворной. Такое состояние позволит нам создать выдающиеся художественные произведения. Зачастую этот транзит также сообщает нам о счастливом и успешном моменте в жизни нашего сына или дочери. Мы можем получить хорошие новости от наших детей, например о том, что они нашли наконец подходящего любимого человека, устроились на работу, занялись учебой или разрешили свою психологическую проблему. Нас или наших детей будут больше привлекать компьютерные развлечения, разнообразные видеоигры и виртуальная реальность. Если же данный планетарный транзит происходит с плохими аспектами или одновременно с другими напряженными транзитами, то мы можем потратить слишком много денег на развлечения и игры. Мы рискуем потерять крупные суммы за зеленым столом, за рулеткой, или играя в лотереи, бинго, и любого рода азартные игры, или спекулируя на бирже. Невоздержанность в наслаждениях жизни, даже если длится недолго, может навредить нашему здоровью, поэтому не стоит забывать о поговорке, что «Вакх, Венера и табак ввергают человека в прах»… Следует соблюдать особую осторожность, чтобы не допустить излишеств в еде или сексе, и в данном случае существует, к тому же, некоторый риск заражения венерическими заболеваниями. Игры и развлечения могут вызвать проблемы, особенно финансовые, у наших детей. Мы можем столкнуться с денежными затруднениями из-за крупных расходов, связанных со слишком дорогостоящим путешествием или с любовной историей, ослепившей нас на некоторое время. Следует остерегаться наступления нежелательной беременности.

Транзит Венеры в Шестом Доме

Когда транзитная Венера проходит по нашему натальному Шестому Дому, улучшается наше самочувствие, и физическое, и психическое. Планета «маленькой удачи» помогает нам преодолеть небольшие патологические проблемы. Следовательно, мы можем успешно начать новый курс лечения, проконсультироваться у специалиста в целях разрешения некоторых проблем со здоровьем, посоветоваться с кем-то еще, отправиться на прием к физиотерапевту, хиропрактику, массажисту шиацу, на сеанс пранотерапии или иглоукалывания. Состояние нашего тела значительно улучшится, если мы займемся грязелечением и термальными ваннами или начнем ходить в сауну и в салоны красоты. В течение этого транзита возможные небольшие пластические операции имеют очень высокие шансы на успех. Даже самостоятельно мы сможем лучше понять природу беспокоящих нас патологических проблем, например, попросту наведя справки в медицинской энциклопедии или прочитав популярные журналы по медицине. Улучшится и наше психологическое состояние по какой-либо причине, например, в виде побочного эффекта неожиданной влюбленности. Ситуация на работе тоже улучшится, если не с точки зрения оплаты труда, то, по крайней мере, касательно отношений с сотрудниками. Нам удастся устранить старые недоразумения и разлад с коллегой или с начальником на работе. Мы заметим, что окружающая обстановка на месте работы станет более спокойной, а наше мнение будут больше ценить и уважать. Мы даже можем надеяться на повышение в должности или на сотрудничество с более приятным коллегой. У нас могут завязаться дружеские отношения в рабочих кругах. Вероятно также, что мы влюбимся в кого-то, кто работает рядом с нами. Этот период отлично подходит для того, чтобы найти нового сотрудника: домработницу, секретаря, продавца. Позитивно разрешится некая проблема у нашего подчиненного. Мы будем счастливы взять к себе домой маленькое домашнее животное. Если транзит происходит с напряженными аспектами, то наше здоровье может пострадать от пищевого отравления или общей интоксикации крови, вызванных, например, перееданием или любыми другими излишествами. Следует особенно остерегаться употребления наркотиков, алкоголя, курения, а также соблюдать осторожность при занятиях сексом, потому что есть вероятность заражения венерическим заболеванием. Люди, страдающие от геморроя, могут столкнуться с обострением этой патологии, прежде всего, по причине допущенных излишеств в питании. Новый вид лечения может причинить нам вред, вероятно, по причине плохой реакции нашего организма на лекарства. В этот период времени лучше избегать начала новой терапии и хирургических вмешательств, и, прежде всего, пластических операций. Косметические процедуры дадут негативные результаты и могут привести к повреждению кожного покрова головы или тела. Лечение термальными ваннами вызовет аллергическую реакцию. На работе мы можем столкнуться с неприятностями на сентиментальной почве или даже стать жертвой скандала из-за любовной истории. Один из наших сотрудников или подчиненных может спровоцировать множество сплетен своими любовными отношениями. Нам самим может прийти в голову идея начать немыслимый роман со своим сотрудником или подчиненной.

Транзит Венеры в Седьмом Доме

Когда транзитная Венера проходит по Седьмому Дому нашего радикса, мы переживаем очень благоприятный момент для любви вообще. Мы ощущаем сильное влечение к внешнему пространству и с оптимизмом устремляемся в гущу людей. Даже интроверты при этом транзите испытывают удовольствие от отношений с ближними и пытаются завязать дружеские связи с окружающими. Мы более расположены к другим людям, и встречаем такое же теплое их отношение к нам. Безусловно, это факт взаимности, когда происходит своего рода резонанс между нами и людьми, с которыми мы контактируем, даже если это случается лишь в письменном виде. Особая магия такого момента как раз и состоит в том, что нет необходимости в физическом контакте, чтобы убедиться в наших более гармоничных отношениях с другими людьми, одного телефонного звонка или письма будет достаточно для подтверждения этого. Если мы не состоим в браке, то начинаем чувствовать необходимость в этом, и при наличии одновременного воздействия других, более сильных транзитов, действительно может предоставиться походящий случай для оформления брака. Даже самые убежденные холостяки в эти дни становятся более благосклонными к супружеству или сожительству, и начинают задумываться о позитивных сторонах брака и о всех тех преимуществах, которые он может принести. Если мы проживаем совместно с партнером, не будучи женатыми, то в течение этого планетарного транзита начинаем серьезно рассматривать возможность официального оформления наших отношений. Если мы уже состоим в законном браке, то будем переживать счастливый период любви и согласия с нашей второй половиной. Мы будем более ласковыми, сердечными и влюбленными, и то же самое будет происходить и с нашим партнером. Мы будем испытывать большую потребность в объединениях, и примем во внимание возможность образования совместного предприятия или вступления в какой-нибудь клуб, ассоциацию или политическое движение. Этот транзит особенно благоприятен для политиков. Его влияние может помочь нам разрешить недоразумения и старые обиды с нашим партнером, компаньоном, и даже с нашими врагами и открытыми противниками. Кроме того, он положительно влияет на разрешение правовых споров и может помочь успешно продвинуться вперед в рассмотрении сложных и долгих судебных разбирательств. На самом деле, судьи будут выслушивать нас более благосклонно. Если нам нужно начать некий правовой спор, то это будет самый подходящий момент для такой цели. Этот транзит также обозначает хоть и недолгий, всего лишь в несколько недель, но позитивный период в жизни нашего мужа или жены. Действительно, в эти дни наш партнер по браку может достигнуть успеха в своей профессиональной деятельности, или же просто улучшится его состояние здоровья. Но этот если транзит происходит одновременно с другими негативными, то следует остерегаться ситуаций, когда наше чрезмерное стремление к окружению превращается в донжуанское поведение в любви. Таким образом мы рискуем с излишним легкомыслием и простотой броситься в чьи-то объятья и натворить бед, которых можно было бы избежать. То же самое можно сказать и о нашем партнере, мужчине или женщине, который в этот период может влюбиться в другого человека и тем самым причинить нам огромные страдания. Поведение нашей дражайшей половины может вызвать множество слухов, сплетен, клеветы и злословия. У нашего мужа или жены может ухудшиться положение на работе или же могут возникнуть проблемы со здоровьем.

Транзит Венеры в Восьмом Доме

Когда транзитная Венера проходит по Восьмому Дому нашего радикса, мы ощущаем большее сексуальное влечение. Наша сексуальность просыпается, и это происходит независимо от настроения нашего партнера. Однако здесь речь идет не столько о сексуальности, сколько об эротизме, иначе говоря, о мозговом сексе, и если он переживается позитивно, то может подарить нам улучшение сексуальной активности. Мы фантазируем с открытыми глазами, и способны придумать для себя новые любовные игры. Сексуальное удовлетворение в этот период времени, как правило, довольно хорошее. И таким образом, этот транзит может послужить для нас косвенным указанием на вероятное примирение между супругами или любовниками. Например, если по разным причинам двое любовников давно не встречались, то заметив в таблицах эфемерид, что хотя бы у одного из них в ближайшее время транзитная Венера пройдет по Восьмому Дому радикса, можно с уверенностью предсказать возобновление их сексуальной активности в этот период, а следовательно, мы можем сделать вывод, что двое возобновят свои свидания. Для юноши или девушки этот транзит может указывать на их первый сексуальный опыт. Кроме прочего, этот транзит также имеет финансовое выражение, и может указывать на получение бо́льшего дохода в связи с повышением зарплаты или небольшим наследством, подаренными деньгами, выходным пособием, одноразовой премией от работодателя, выигрышем в лотерею, удачной спекуляцией, и так далее. Это очень благоприятный период для запроса и получения займов, ссуд и кредитов от банков, финансовых компаний или же от друзей и родственников. Улучшение финансового положения может также относиться и к нашему партнеру по браку, который, в свою очередь, может получить наследство, выходное пособие… Если нам необходимо заняться подземными исследованиями, например, найти источник воды на нашем земельном участке, чтобы выкопать колодец в подходящем месте, то данный транзит отлично подходит для такой цели. В этот период нам может сопутствовать особая удача также в других исследованиях, археологических, геологических, спелеологических, и так далее. Если мы проходим курс психоанализа, то эти дни подарят нам великолепные открытия при исследовании нашего глубинного Я, позволив соприкоснуться, как по волшебству, с истинами, таящимися в глубине нашего сердца. Также мы будем лучше понимать других людей с психологической точки зрения. Можно воспользоваться этим транзитом, чтобы привести в порядок семейную гробницу, либо заняться ее проектированием, или начать работы по ее сооружению. Мы с удовольствием навестим могилы наших умерших близких, и будем думать более спокойно и светло о родных людях, которых уже нет с нами рядом. Особенно чувствительные люди могут увидеть во сне своих покойных родителей и получить от них полезные советы. Во время этого транзита также может умереть легкой и спокойной смертью близкий нам человек, или даже мы сами можем уйти из жизни, если мы тяжело больны и весь комплекс других транзитов подтверждает такую ситуацию. Если этот транзит напряженный или совпадает с другими негативными транзитами, то мы можем пережить горе потери своей молодой подруги или смерть родственницы. Мы переживаем проблемный момент своей сексуальной жизни, что может спровоцировать наше плохое поведение как с любимым человеком, так и со случайными знакомыми, которым мы можем начать делать безрассудные авансы. Нужно соблюдать осторожность в сексуальных отношениях, и прежде всего, в связях со случайными партнерами, потому что в этот транзит мы рискуем заразиться венерическими заболеваниями. Следует остерегаться азартных игр и финансовых спекуляций любого рода, поскольку есть вероятность потери значительных денежных сумм. Не стоит давать деньги в долг, так как мы можем никогда не получить их обратно. Нужно также избегать запрашивать в такой момент кредиты, которые потом нам будет очень трудно выплатить. Есть вероятность стать жертвой кражи. Наш партнер может потратить слишком крупные суммы денег. В течение этих недель не следует просить повышения заработной платы.

Транзит Венеры в Девятом Доме

Когда транзитная Венера проходит по Девятому Дому нашего радикса, мы чувствуем сильное влечение к загранице и к иностранцам. Если сказать точнее, то нас привлекает к себе все далекое, как в географически-территориальном, так и в метафизически-трансцендентном смысле этого слова. Мы жаждем путешествовать, передвигаться, проводить долгое время за рулем автомобиля, сесть в самолет и улететь за границу, добраться до наших родных, живущих в другом городе, и прежде всего, навестить свою жену, подругу, сестру или дочь. Мы склонны рассуждать терминами скорей международного и всемирного масштаба, чем национального. Мы с большим пониманием относимся к иностранцам вообще, и в частности, к людям из соседней области нашей страны. Нам будет доставлять удовольствие даже простое планирование путешествия, и мы охотно будем посещать туристические агентства, изучать географические карты, покупать CD с атласом мира или железнодорожными расписаниями, или читать журналы о путешествиях. Нам захочется очень заблаговременно забронировать свой летний или зимний отпуск. Мы будем также лелеять мечту о покупке новой машины или мотоцикла. Мы почувствуем необходимость записаться на курсы, чтобы лучше изучить какой-нибудь иностранный язык или язык компьютерного программирования. В большинстве случаев мы не просто будем об этом мечтать, а на самом деле воплотим в реальность какое-либо из этих желаний. Этот период просто великолепно подходит для путешествий, для отпуска, а также для поездки в командировку, на семинар за рубежом или на рабочую конференцию в другом городе. Любое путешествие наверняка окажется чрезвычайно приятным, и в пути мы можем встретить новых людей, с которыми у нас даже могут завязаться сентиментальные отношения. Может статься, что мы отправимся в поездку, чтобы навестить любимого человека, или же организуем романтичное путешествие с нашим партнером по браку. В то же время нас будет привлекать к себе высшее образование и всевозможные предметы и вопросы, выходящие за пределы обычных знаний и повседневной жизни. Вероятно, мы займемся изучением философии, психологии, эзотерики, астрологии, теологии, йоги, и так далее. Это очень хороший период времени для обучения и сдачи экзаменов в университете, для поступления в институт и получения второго высшего образования. В эти дни, даже оставаясь в своем городе, мы можем познакомиться с интересными людьми из далекого зарубежья. Возможно, что мы влюбимся в человека приезжего или родом из другой местности. Такого рода знакомства мы можем завязать и в Интернете. Возможно получение денег издалека, например, от родственника, проживающего за рубежом. Наша жена, близкая подруга, сестра или дочь, отправляются в путешествие за границу. Если транзит происходит с напряженными аспектами, то он может указывать на чрезмерные расходы, связанные с заграничным путешествием или даже с простой поездкой на близкое расстояние. Возможна утомительная и трудная поездка по любовным мотивам. Может возникнуть необходимость поехать за границу, чтобы сопроводить близкого нам человека на лечение в иностранной больнице. Транзит может обозначать наше любовное приключение в зарубежной поездке с человеком ненадежным или подозрительным. Наша любовная связь в другом городе может спровоцировать небольшой скандал. Одна из наших родственниц, проживающая в другой местности, разводится или расстается со своим партнером.

Транзит Венеры в Десятом Доме

Когда транзитная Венера проходит по нашему Десятому Дому, мы переживаем недолгий счастливый момент в нашей жизни. Это один из лучших транзитов, какие только могут быть, даже если он выражается октавой ниже по сравнению с транзитом Юпитера в этом же Доме. Обычно в этот период мы повышаем свой уровень эмансипации, в чем-то одном или сразу в нескольких областях. Не стоит думать, что это непременно будет связано с увеличением наших доходов и повышением зарплаты. Эмансипация, которой мы можем достигнуть в эти недели, подразумевается на все триста шестьдесят градусов, в любой области жизни. Для кого-то она может означать преодоление боязни собак, для другого человека эмансипация может быть связанной с тем, что он научится спокойно проглатывать таблетки, а кто-то другой наконец-то преодолеет свою стеснительность и сможет выступать публично перед полным залом людей. Этот транзит может подарить нам самые разнообразные возможности для личного роста, даже совершенно немыслимые и на первый взгляд банальные, но тем не менее всегда исключительно важные для нас. Вероятно, что в эти дни мы избавимся от какого-то неприятного человека или найдем в себе мужество, чтобы разорвать отношения с людьми, которые нам не нравятся. В любом случае мы продвинемся вперед в своем личностном развитии. Рост также возможен благодаря вмешательству или влиянию женщины. Для завоевания лучшего профессионального и социального положения женщина может использовать свой шарм. Мы влюбляемся в свою начальницу, директора, в нашего руководителя женщину, и так далее. Этот транзит также указывает на улучшение взаимоотношений с нашей матерью, или же на счастливый период в ее жизни, благополучное разрешение какой-то ее проблемы со здоровьем. Помимо прочего, мы чувствуем себя более амбициозными и предпринимаем определенные усилия для достижения значительных результатов в работе. Такая наша активная заинтересованность в успехе не остается незамеченной окружающими, и они каким-либо образом помогают нам, способствуют нашему профессиональному продвижению. Мы обогащаем свою работу некоторыми художественными элементами, или же начинаем профессионально заниматься делом, связанным с искусством и красотой. Если этот транзит происходит с напряженными аспектами или одновременно с негативными транзитами, то он может указывать на неприятности на работе, вызванные скандалом, связанным с нашей любовной историей. Сентиментальные отношения с начальницей на работе могут нанести вред нашей профессиональной репутации. В наихудшем случае, если это подтверждается другими более важными негативными транзитами, в этот период у нас может возникнуть соблазн заняться проституцией ради карьеры. Наша мать может быть вовлечена в любовный скандал, или же может ухудшиться состояние ее здоровья. У нас возникают финансовые проблемы из-за неприятностей у нашей матери.

Транзит Венеры в Одиннадцатом Доме

Когда транзитная Венера проходит по Одиннадцатому Дому нашего радикса, возрастают наши дружеские чувства, в самом благородном смысле этого слова. В эти дни мы несомненно становимся чище и лучше, поскольку обращаемся к миру и к другим людям с духом искреннего бескорыстия, в той мере, насколько человеческая природа вообще позволяет выразить подобное отношение. Наверняка мы будем больше заниматься делами других людей, принимая близко к сердцу их истории, заботы и потребности, но наша помощь будет выражаться скорее не в благотворительном смысле, а в духе товарищества. Мы чувствуем свою принадлежность к группе людей, что мы должны не изолироваться от других, а гармонично сотрудничать со всеми. Нам удается преодолеть ту долю высокомерия, которая обычно мешает нам действовать, и благодаря этому мы открываем для себя удовольствие в обращении за помощью и советом к ближнему. Спрашивать у других – это самый демократичный способ налаживания наших взаимоотношений с окружающими. В этот период мы можем обнаружить, что питаем любовные чувства к своему другу или подруге, и между нами на самом деле может зародиться романтичная история. Влиятельные друзья, занимающее высокое положение, могут протянуть нам руку помощи, оказать финансовую поддержку, и поэтому было бы полезно не стесняться и обращаться к ним с просьбами, поскольку в эти несколько недель мы можем получить то, что в другое время вряд ли окажется возможным, за исключением лишь транзита Юпитера в Одиннадцатом Доме. В окружающей нас обстановке будет ощущаться меньшее напряжение, например, если мы стоим в очереди у кассы, то кто-то может даже пропустить нас вперед по нашей просьбе, или же кассир, в отличие от обычной ситуации, легко согласится разменять нам крупную денежную купюру. Близкий нам человек спасется от смертельной опасности, или же спокойно умрет легкой смертью после долгой мучительной болезни. Возможно получение денег от друга или подруги. Наш близкий знакомый разрешает свою проблему с деньгами или со здоровьем. Если транзит происходит с негативными аспектами или одновременно с другими напряженными транзитами, то возможно возникновение ситуации, когда наша любовная связь с другом или подругой провоцирует скандал. Кто-то из наших знакомых становится жертвой всеобщих пересудов и сплетен по поводу своего сомнительного морального поведения или из-за серьезных проблем с деньгами или со здоровьем. Мы рискуем потерять одолженные друзьям деньги. Наш благодетель и «спонсор» попадает на страницы газет из-за коррупционного скандала. Наша родственница или молодая подруга оказывается в смертельной опасности или умирает. Мы вынуждены оказать финансовую помощь своим друзьям.

Транзит Венеры в Двенадцатом Доме

Когда транзитная Венера проходит по Двенадцатому Дому нашего радикса, мы ощущаем большую солидарность вокруг себя. Будто бы некий ангел-хранитель заботится о нас и спасает от мелких бед (для более крупных нужна защита Юпитера). Этот транзит имеет тенденцию улучшать нашу общую ситуацию, в умеренной степени, устраняя беспокоящие нас текущие проблемы. Небольшая удача сопровождает нас, облегчая нашу жизнь. Со стороны близких людей мы получаем не только бескорыстные советы и моральную поддержку, но и реальную помощь. Мы сами чувствуем потребность милосердно относиться к другим людям и оказывать им помощь, но это не означает, что мы бросимся делать уколы или ставить капельницы, а попросту мы будем готовы подставить плечо другу в беде, терпеливо выслушать по телефону слезные жалобы и страдания наших друзей и близких, оказать им посильную моральную поддержку. Однако иногда данный транзит к тому же указывает на нашу реальную и материальную помощь своим родным или партнеру по браку, в виде денег или активных действий. Например, мы можем ухаживать за ними по ночам в больнице, или находиться с ними рядом и поддерживать их во время болезни. Возрастает наша расположенность по отношению ко всем окружающим людям, и наши действия проникаются большим христианским чувством. Если мы верующие, то еще больше сближаемся с религией, а если атеисты, то мысленно обращаемся к загадкам и таинствам жизни. Мы можем почувствовать влечение к международным движениям помощи и солидарности, таким как Красный Крест, Каритас или

Детский фонд ООН, и нам захочется присоединиться к ним, чтобы приносить людям благо. Денежные пожертвования, сделанные во время этого транзита, дадут нам почувствовать себя лучше, более удовлетворенными своими поступками, и подарят нам большее спокойствие и счастье. Мы полностью осознаем истинное значение утверждения о том, что дарение приносит большее благо дающему, чем тому, кто получает. Мы будем склонны прощать другим и по-христиански подставлять другую щеку. Возможно, что в этот период улучшится наше состояние здоровья или финансовое положение. Новые лечебные процедуры окажут положительный эффект. Этот период отлично подходит для начала новой терапии, в том числе для психоанализа. Нам будут полезны встречи со священниками, психологами, астрологами, пранотерапевтами, мануальными терапевтами, и так далее. Мы испытаем приятный опыт контакта с миром таинственных и паранормальных явлений. Мы узнаем некий секрет любимого человека, и тем самым сближаемся с ним, улучшая наши взаимоотношения. Если же транзит напряженный или происходит одновременно с другими диссонансными транзитами, то вполне возможно, что наш партнер по браку или другой близкий человек заставят нас поволноваться ухудшением своего самочувствия. Наша сестра, дочь или близкая подруга могут оказаться в опасной ситуации или столкнуться с финансовыми проблемами. Нашим близким родственникам или нам самим может грозить скандал, больница или тюрьма. Близкая нам женщина может столкнуться с негативными последствиями своих отношений со священником, колдуном или гадальщиком. Мы переживаем религиозный кризис или мучаемся некой экзистенциальной проблемой. Мы можем получить анонимные письма, услышать сплетни, или же нам самим захочется оклеветать кого-то. Наша подруга, затаив обиду, может попытаться нанести нам удар в спину. Лечение новым лекарственным препаратом может вызвать у нас нежелательные побочные эффекты. Мы можем пережить неприятный опыт употребления наркотиков. Существует риск пострадать от негативных последствий анестезии.

Глава 6
Транзиты Марса

Транзиты Марса по своей длительности располагаются в точности на полпути между так называемыми быстрыми и медленными транзитами. На самом деле Марс, наблюдаемый с Земли, полностью обходит зодиакальный круг приблизительно за два года. Следовательно, он остается менее двух месяцев в каждом знаке, но иногда случается так, что срок его пребывания значительно продлевается, и некоторые знаки «вынуждены» переносить его присутствие несколько месяцев подряд. В старину Марс называли «маленьким вредителем», чтобы отличить его от «большого вредителя» Сатурна. И действительно, несмотря на сегодняшнюю общую тенденцию избегать негативных оценок чего бы то ни было и широкое использование демагогического правила, состоящего в манипулировании фактами и в готовности идти на невероятные ухищрения ради того, чтобы найти нечто в положительное в любом событии, на самом деле необходимо признать, что Марс мы находим почти во всех бедах и несчастьях, какие только могут произойти в нашей земной жизни. Как температура повышается при любом заболевании, так и Марс сопровождает другие более важные транзиты в подавляющем большинстве происходящих с нами бед. Сам по себе, в одиночку, он почти никогда не действует, или, по крайней мере, если и приносит неприятности, то мелкие. Однако совместно с другими транзитами более медленных планет он может нанести огромный вред. По моему мнению, транзиты Марса, так же как и транзиты Сатурна, больше всего помогают откорректировать время рождения. На самом деле, вхождение Марса в Дом радикса достаточно заметно по тому ущербу, который он непосредственно нам наносит. Опираясь на эти данные совместно с другими факторами можно более точно установить, где именно расположен куспид определенного Дома. Кроме того, должен сказать, что на мой взгляд Марс является вторым, после Солнца, сигнификатором либидо в натальной карте. Как правило, первое светило своим расположением в Доме радикса описывает основную психическую склонность субъекта, будет ли он карточным игроком, донжуаном или неутомимым работником. Сразу после Солнца именно Марс уточняет своим положением в натальном Доме, будет ли субъект к тому же ипохондриком, заядлым читателем или помешанным на друзьях. Следовательно, проходя по разным Домам радикса, Марс сообщает нам, куда будет направлена наша энергия, и его транзит в Четвертом Доме, например, не только означает неприятности с домом, но и указывает на то, что мы приложим массу усилий, чтобы починить что-то в своей квартире, сделать ремонт своего жилища, получить кредит на покупку недвижимости, и так далее. И наконец, без всякого преувеличения можно с уверенностью утверждать, что транзит управителя знаков Овна и Скорпиона в аспектах с любой другой планетой и во всех Домах радикса приносит с собой как позитивные значения, так и негативные.

Марс в гармоничном аспекте с Солнцем

Когда транзитный Марс проходит в гармоничном аспекте к нашему натальному Солнцу, мы чувствуем себя более сильными и решительными. Складывается впечатление, что мы движемся быстрее обычного, будто заведенные, а наш внутренний мотор набирает обороты, начиная с позитивной силы наших мыслей. Мы ощущаем себя более оптимистичными, полными уверенности в своих силах и идеях, готовыми строить позитивные планы на будущее. В течение этих дней маловероятно, что мы впадем в депрессию, наоборот, мы будем способны принимать смелые решения, для которых необходимо наличие большой внутренней силы. Мы совершенно спокойно смотрим на трудности жизни, и думаем, что сможем справиться почти с любой проблемной ситуацией. Наш общий психологический настрой таков, что мы либо смело затеваем новые начинания, либо продолжаем упорно придерживаться осуществления намеченных ранее программ. Другим людям не удается легко повлиять на нас, и наоборот, мы сами способны увлечь за собой любого человека. Мы чувствуем призыв к первопроходству во всем. Пионерский дух овладевает нами, и подталкивает испытать новые пути, даже если они достаточно рискованные. Мы становимся необычайно храбрыми, независимо от показаний нашей натальной карты, или по крайней мере, ведем себя гораздо смелее, чем обычно. Позитивная сила наших мыслей выражается как через слова, так и через действия, идущие прямо к цели, без всяких колебаний. Поэтому мы становимся более непосредственными и искренними, без двойственности или лицемерия. В отношениях с другими людьми у нас преобладает первичность реакции, по принципу молниеносности короткого замыкания, то есть нам не удается сосчитать до трех прежде, чем отреагировать на что бы то ни было. Следствием этого будет нехватка дипломатии в отношениях с окружающими, но с другой стороны это идет на пользу нашей спонтанности и искренности, что наверняка будет оценено по достоинству нашими собеседниками. Наш подход ко всему станет крайне прямым. Возрастет наша сила, и в эти дни мы будем способны перенести большие нагрузки, как физические, так и умственные. Этим нужно воспользоваться, если в ближайшем будущем мы планируем приложить более настойчивые усилия в каком-то конкретном направлении. Связана ли наша работа с набором текста на компьютере или со сборкой мебели, в любом случае, пока длится этот транзит, мы можем рассчитывать на большое количество энергии и повышенную выносливость. Но тем не менее, возросшая физическая сила должна быть приложена правильным образом, во избежание ее рассеивания или, того хуже, негативной направленности. Безусловно, нам будут полезны занятия спортом. При этом подойдут почти все виды спорта, но все же лучше предпочесть менее опасные, с меньшим риском травм и ранений, например, плавание, бег трусцой или теннис. Увеличение физической активности может также означать выполнение трудоемких домашних работ, то есть мы можем двигать мебель, переносить тяжелые ящики с продуктами, ремонтировать отопительный котёл или машину, рубить дрова, и так далее. Этот период также отлично подходит для более интенсивной сексуальной активности, особенно для мужчин. Этот транзит также может указывать на благоприятный период в жизни нашего мужа, отца, брата или сына, когда они могут достичь важной цели, например в спорте, или же просто будут пребывать в отличной физической форме.

Марс в напряженном аспекте с Солнцем

Когда транзитный Марс проходит в напряженном аспекте

к нашему натальному Солнцу, мы движемся со скоростью, во много раз превышающей нашу нормальную, то есть мы ощущаем мощный напор физической и умственной силы, который не всегда удается контролировать. Мы ведем себя как мотор, работающий под напряжением, превосходящим предусмотренные конструктором допустимые пределы. И подобно двигателю на повышенных оборотах, мы серьезно рискуем пойти вразнос. Такой значительный заряд физической энергии несомненно может быть позитивным, но лишь при условии, если мы будем способны управлять им. Недооценивать подобное состояние было бы грубой ошибкой, поскольку оно может оказаться опасным. Возрастает наша способность быть откровенными и прямыми в общении, но вместе с этим увеличивается и риск стать агрессивными по отношению к нашим собеседникам. Особенно такая склонность проявится в контактах с близкими, родными и любимыми, в семейных отношениях. Но и вообще, мы будем вести себя достаточно агрессивно и вызывающе со всеми, рискуя при этом поссориться даже по самым банальным вопросам. Избыток энергии делает нас нетерпимыми к медлительности или многословию других, а также к их неспособности хватать на лету любые излагаемые нами идеи. Мы не расположены быть ни терпимыми, ни снисходительными. Мы хотим все и сразу. У нас появляется некоторая доля наглости, даже если такое поведение не характерно ни для нашей культуры, ни для воспитания. Нам бы хотелось быть любезней и мягче, но это оказывается совершенно невозможным. Прежде всего, у нас складываются отвратительные отношения со всеми фигурами, напоминающими авторитетность отца: начальник на работе, старший коллега, профессор в школе или в университете, директор, армейский командир, инспектор ГАИ, который нас останавливает для проверки документов, и так далее. В таких ситуациях может выплеснуться огромное количество нашей агрессии, и в результате мы можем оказаться в беде. Мы должны категорически держать рот на замке, научиться сохранять самообладание, заставить себя сосчитать хотя бы до десяти, прежде чем реагировать на что бы то ни было. Занятия спортом и большие физические нагрузки могут помочь нам разрядить излишнюю кипучесть сил. Нужно постараться настолько утомить себя, чтобы не осталось ни сил, ни духу атаковать каждого встречного человека. Но при этом следует соблюдать особую осторожность и не практиковать опасные виды спорта. Можно заняться бегом, плаванием, теннисом или зарядкой, но избегать катания на лыжах или коньках, бокса, велосипедного спорта, альпинизма, и так далее. Если уж очень хочется надеть боксерские перчатки, то тогда нужно использовать их только против мешка с песком. Нам будет очень полезно здорово попотеть, благодаря этому мы вернемся в отличную физическую форму и станем более терпимыми в контактах с окружающими людьми. Но в любом случае нужно быть очень осторожными, чтобы не пораниться. Существует очень большой риск порезаться, открывая консервную банку, или упасть с лестницы, или спровоцировать дорожно-транспортное происшествие. Необходимо избегать контакта с острыми и режущими инструментами, горючими и легковоспламеняющимися веществами, с огнестрельным оружием, с электричеством, и всем тем, что может быть потенциально опасным. Для мужчин отличной разрядкой такого количества энергии могут стать активные занятия сексом. Этот период отлично подходит для хирургических операций, как легких, так и более серьезных. Практически невозможно попасть на прием к зубному врачу, когда нет ни одного, даже скромного, напряженного транзита такого рода или подобного этому. Один из близких нам мужчин, муж, отец, брат или сын, могут пораниться, попасть в аварию или жестоко поссориться с кем-то. В эти дни мы будем чаще замечать вокруг себя разнообразные механические поломки и проблемы с электричеством.

Марс в гармоничном аспекте с Луной

Когда транзитный Марс проходит в гармоничном аспекте с Луной нашего радикса, мы мечтаем стать героями великих приключений эпического размаха. Наши мысли идут нога в ногу с делами, что проявляется в нашем более активном и решительном поведении. Мы ощущаем влияние очень позитивной энергии, которая воодушевляет наши действия и настраивает нас особенно оптимистично по отношению к другим людям и к жизни вообще. В результате наша оживленность и темпераментность становится очевидной для всех окружающих. Мы ведем себя более непосредственно, искренне, чистосердечно, и вызываем большее доверие. При разрешении проблем мы не ходим вокруг да около, без лишних слов подходим ко всему прямо, и реагируем быстро, как при коротком замыкании. Наше поведение становится высокопарным и напыщенным, в том смысле, что чем бы мы не занимались в этот период, мы делаем все будто бы с обнаженной шпагой в руке или с ножом в зубах, и рубим с плеча! И все это в лучшем смысле слова, то есть очень страстно, но без фанатизма. Скорей всего, именно страсть является ключевым словом, объясняющим в полном объеме природу этого планетарного транзита. С такой внутренней страстью мы способны начать важные дела, и прежде всего преодолеть те умственные препятствия, которые обычно мешают реализации великих проектов. Своей позитивностью мы можем увлечь за собой тех, кто с нами рядом, и прежде всего мы можем очень сильно воздействовать на женщин, с которыми в этот период у нас складываются превосходные отношения. Несомненно, мы будем смелее, чем обычно, а значит сможем взяться за разрешение самых сложных проблем. Если нам нужно откровенно поговорить со своим начальником, то это очень подходящий момент, поскольку нам удастся великолепно изложить свои мысли, достаточно убедительно и без всякой агрессии. В отношении семейных и партнерских проблем мы тоже будем способны принимать быстрые решения, но при этом не опрометчивые и совершенно справедливые. Особенная наша активность будет концентрироваться в двух конкретных направлениях: женщина и дом. Эти дни отлично подходят для разрешения самых разнообразных старых проблем, касающихся наших отношений с женой или матерью, сестрой, дочерью, или связанных с нашим жилищем. Например, мы можем набраться смелости, чтобы покинуть родительский дом, или чтобы наконец-то запросить в банке кредит на покупку собственного дома, даже если нам придется его выплачивать долгие годы. Это подходящий момент, так что нужно действовать без колебаний. Стоит высказать все, что накипело на душе, и друзьям, и врагам, так как нам удастся и подобрать верные слова, и в то же время не быть излишне агрессивными. Если мы давно собирались объясниться в любви какой-то женщине, то пришла пора действовать. В зависимости от Дома, занимаемого нашей натальной Луной, мы сможем лучше понять, в каком направлении устремится наша возросшая смелость. В любом случае, стоит активней действовать вообще, и стремиться преодолеть самые разнообразные тупиковые ситуации своей жизни или личные комплексы, например мы могли бы сдать экзамен на водительские права, или научиться прыгать в воду в высоты. Этот транзит может также указывать на то, что близкая нам женщина достигает важной для нее цели.

Марс в напряженном аспекте с Луной

Когда Марс проходит в напряженном аспекте по отношению к нашей натальной Луне, нам было бы полезно принять успокоительное средство, лучше натуральное, гомеопатическое, например, простой ромашковый отвар... Фактически в этот момент (который однако может продолжаться и несколько недель), мы чрезвычайно раздражительны и легко возбудимы. Мы переживаем ощущение внутренней неуравновешенности, которое вызывает ухудшение нашего самочувствия и некомфортное состояние, прежде всего с самими собой. Возникает общее чувство нетерпимости ко всему и ко всем. Мы теряем терпение, и в итоге относимся к любой ситуации с раздражением и без всякой снисходительности. Мы не позволяем другим медлить в разговоре, и не выносим тех, кто не может ясно выражать свои мысли. Мы ведем себя беспокойно, несдержанно, нервно и, прежде всего, очень агрессивно. Взрываемся из-за пустяков, ссоримся со всеми подряд, но особенно со своими близкими и с любимым человеком. С кем бы мы ни столкнулись, от билетерши в автобусе до продавца в магазине, мы готовы вспыхнуть по малейшему поводу. Наши нервы предельно напряжены, и воинственный дух подталкивает нас к развязыванию самых разных битв. Будучи убежденными, что настал момент свести счеты со всеми ситуациями, разрешение которых нами постоянно откладывалось на потом, мы откапываем топор войны. В эти дни будет почти невозможно не ссориться, как дома, так и на работе. Возможно, что в данной ситуации лучше всего было бы сознательно найти козла отпущения, самого безобидного для нас, чтобы использовать его в качестве разгрузочного клапана. Если у нас есть какой-то знакомый, которого мы терпеть не можем, и каждый раз, желая послать его к черту, мы сдерживаемся и молча проглатываем обиду, то такой человек как раз подойдет нам для разрядки в этот момент. Наша агрессивность прежде всего связана с женскими фигурами, то есть на них направляется и от них к нам исходит. Такие бойцовские качества делают нас храбрее, и это очень хорошо и полезно для нас, но с другой стороны мы становимся также слишком дерзкими, опрометчивыми и неосторожными. Иногда у нас может возникнуть желание заняться опасным видом спорта, таким как езда на мотоцикле или прыжки с парашютом. Но лучше было бы этого не делать, потому что этот транзит проявляется и на физическом уровне, и зачастую указывает на падение, травму, аварию или несчастный случай. Также как и при напряженном транзите Марс-Солнце, следует держаться подальше от острых и режущих инструментов, опасных видов спорта, разнообразных лестниц, горючих и легковоспламеняющихся веществ, огнестрельного оружия, и так далее. То же самое можно сказать и о близких нам женщинах, им также нужно остерегаться потенциально опасных ситуаций. Зачастую наша деструктивность проявляется в домашних стенах, материализуясь в поломках и разрушении окружающих нас домашних предметов.

Марс в гармоничном аспекте с Меркурием

Когда транзитный Марс проходит в благоприятном аспекте к нашему радиксному Меркурию, мы ощущаем усиление своих умственных способностей. Мы рассуждаем с большей ясностью, и лучше осознаем поток своих мыслей. Мы становимся живей и подвижней, но без излишнего беспокойства и возбужденности. Нам отлично удается и понять точку зрения собеседника, и более доступно изложить свои собственные мысли, обращаясь к другим людям. Наши ораторские способности достигают невероятных высот, и нам доставляет удовольствие возможность выступать публично, будь то на конференции или перед телекамерами. Если у нас возьмут интервью, то наверняка мы не ударим в грязь лицом. Мы выражаемся исключительно хорошо, подбирая самые подходящие глаголы, прилагательные, и выстраивая точные фразы. Слова стекают с наших уст быстро и легко, и вряд ли мы запнемся или начнем заикаться. Настолько возросшая коммуникативная способность усиливает и наше желание общаться. Поэтому мы будем больше обычного разговаривать по телефону, и нам будет гораздо легче застать нужного человека на месте и дозвониться по тем номерам, которые в другое время постоянно заняты. К тому же нам придется чаще отвечать на телефонные звонки, но это нам доставит удовольствие. Возрастает также объем нашей корреспонденции, мы получаем и отправляем больше писем. Нам нравится писать кому бы то ни было, и это нам удается как никогда легко и просто. Мы отправляем письма людям, с которыми нас разделяет далекое расстояние и от которых мы давно не получили никаких вестей. Благодаря настолько усиленному Меркурию, кроме прочего, возрастает наше желание путешествовать. Мы ощущаем сильную тягу к передвижениям, нам хочется покинуть привычные места и отправиться куда-нибудь на машине, на поезде или на самолете. Идет ли речь об увеселительных поездках или о рабочих, в любом случае мы передвигаемся гораздо больше обычного, и делаем это с удовольствием. Любые поездки, но особенно на близкие расстояния, в этот период будут легкими, удобными и на самом деле очень приятными. В связи с тем, что наше либидо больше сконцентрировано на путешествиях и коммуникациях вообще, вполне возможно, что нам захочется приобрести инструменты, подходящие для этих целей. Например, нам может прийти в голову идея купить новую машину или мотоцикл, или хотя бы аксессуары для своего транспортного средства, а также мобильный или беспроводный телефон, факс, автоответчик, спутниковую антенну или принтер… Мы можем отлично провести время на просторах Интернета, и нам даже удастся визуализировать страницы тех сайтов, которые обычно перегружены или недоступны. Возрастет также объем нашей переписки по электронной почте. Можно воспользоваться настолько оживленным состоянием ума, чтобы изучить достаточно сложные предметы, прочитать особенно трудные для понимания книги, или попросту больше читать на самые разные темы. Можно успешно подготовиться к важным экзаменам или принять участие в учебных курсах и семинарах. В то же время, мы будем способны и сами прочитать курс лекций в качестве преподавателя или выступить на конференции. Этот период очень благоприятен для подготовки важного доклада, написания своего резюме для работодателя, главы новой книги, статьи для газеты… Этот транзит может также указывать на то, что мы вложим больше сил и энергии в дела нашего родного или двоюродного брата, шурина, зятя или молодого друга. В эти дни кто-то из них может сдавать экзамены или отправиться в поездку.

Марс в напряженном аспекте с Меркурием

Когда транзитный Марс проходит в напряженном аспекте с Меркурием нашего радикса, наша умственная активность переживает позитивный всплеск, но при этом мы также чувствуем потребность выражаться язвительно, колко и резко. Мы очень критично настроены по отношению ко всему, что нас окружает, и не склонны проявлять снисходительность к любой человеческой глупости. Мы никому не прощаем посредственность, и готовы распять любого, кто медленно говорит или затрудняется выразить свои идеи. Наши мысли принимают дерзкое и вызывающее направление, что проявляется в виде нашего раздражительного поведения почти во всех беседах. Мы не стесняемся в выражениях, и даже если не обижаем своего собеседника, в любом случае говорим с необычайной колкостью, строгостью и с некоторой безжалостностью. Наши высказывания становятся более ироничными, а порой и саркастичными, но было бы лучше держать свой язык под контролем, во избежание потери симпатий окружающих нас людей. Мы рискуем поставить под угрозу старые добрые дружеские отношения и обмануть доверие, предоставленное нам другими. Мы должны приложить максимум усилий, чтобы понять точку зрения других людей, не забывая о том, что наши идеи не могут быть непогрешимыми. Несомненно, мы переживаем момент исключительной ясности ума, которая может оказаться для нас очень полезной в какой-нибудь словесной схватке, независимо от того, занимаемся ли мы профессионально адвокатской деятельностью или попросту спорим с друзьями в баре. Мы обнаруживаем в себе великолепные ораторские данные и способность доносить свои мысли в доступной для понимания форме. Но тем не менее, скорость и объём наших коммуникаций настолько велики, что это провоцирует у нас, прежде всего, состояние нервного перевозбуждения, которое может вызвать бессонницу. Мы работаем на более высоких оборотах, чем обычно, а это не всегда хорошо и полезно для организма. Избыточная нервозность, неспособность сохранять неподвижность ума и ног, беспокойство скорей психическое, чем физическое, в итоге приводят к тому, что мы начинаем непрерывно названивать куда-то, и настолько же часто вынуждены отвечать на телефонные звонки. Мы неоднократно столкнемся с «инцидентами» в коммуникациях, будь то неприятные или даже враждебные звонки, затевающиеся на расстоянии ссоры или получение плохих новостей по телефону. То же самое относится и к нашей корреспонденции, как по традиционной почте, так и по электронной. Вероятнее всего мы получим заказное письмо, содержащее угрозы или какие-то плохие новости. В течение этого планетарного транзита среди всех адресованных нам писем все реже будут попадаться дружелюбные, приятные и приветливые сообщения. Нам самим вполне может прийти в голову написать откровенно «ядовитые» вещи или хотя бы нечто в полемичном и вызывающем тоне. Излишняя наэлектризованность, которую мы вкладываем в каждое свое действие, заставит нас проклинать и тот телефонный номер, который никак не набирается, и тот факс, который никак не хочет отправляться. Вполне возможно, что в эти дни сломается наш телефон, факс, или принтер, поэтому во время данного транзита было бы лучше избегать покупки любого из этих устройств. Несомненно, мы будем больше передвигаться, но это вовсе не доставит нам удовольствия. Мы можем быть вынуждены чаще ездить по причине неких непредвиденных обстоятельств, или чтобы разрешить какую-то чрезвычайную ситуацию. Но даже если мы отправимся в путь по собственной воле, то столкнемся с различными неудобствами, будь то поломка машины или мотоцикла, или колоссальные пробки на дорогах. Мы рискуем опоздать на поезд, попасть в дорожно-транспортное происшествие или сами спровоцировать аварию. В общем, было бы гораздо лучше или вовсе не выходить из дому или отправиться на долгую прогулку пешком. Если же нам нужно написать агрессивную статью или мстительный доклад, связанные с нашей профессиональной, профсоюзной или политической деятельностью, то этот период великолепно подходит для такой цели. В течение этих дней наш родной или двоюродный брат, шурин, зять или молодой друг могут столкнуться с неприятностями в пути или даже попасть в дорожно-транспортное происшествие. Мы рискуем из-за своего взволнованного состояния выкуривать слишком много сигарет.

Марс в гармоничном аспекте с Венерой

Когда транзитный Марс проходит в гармоничном аспекте с нашей натальной Венерой, мы чувствуем большее влечение к своему партнеру, и прежде всего с сексуальной точки зрения. Более обобщая, можно сказать, что возрастает наша страстность и чувственность. Хорошо покушать, с удовольствием выпить, насладиться полуденным сном или приятным купанием в освежающей морской воде, все эти вещи становятся скорей главными императивами нашей жизни, чем простыми потребностями. Наша животная часть, в лучшем смысле этого слова, выходит наружу и жаждет быть целиком и полностью прожитой. Одним из лучших способов удовлетворить эту потребность, безусловно, является большая сексуальная активность, которой будет благоприятствовать и лучшая расположенность в этом смысле со стороны нашего любимого человека. Но энергия, которую мы направляем на своего партнера, возрастет не только в сексуальном, но и в более широком смысле, и мы будем активней заниматься его проблемами вообще, начиная с помощи ему в самых обычных повседневных делах. Мы не только словами, но и на практике, реально поддержим своего партнера, помогая ему в работах, требующих приложения физических усилий, например, мы можем передвинуть мебель или помассажировать ему спину. Кроме прочего, нас будет привлекать к себе все красивое и эстетичное, и особенно искусство. Однако символика Марса подразумевает, что этот интерес не может переживаться лишь на ментальном уровне, но он должен содержать в себе компонент напряженных физических усилий, тяжёлого труда и энергетической разрядки. Следовательно, стоит предполагать, что в эти часы мы буквально изведем себя, прогуливаясь вдоль и поперек по просторным местам археологических раскопок, или многочасовым походом в огромный музей, или поднимемся по ступенькам, без лифта, на высотное здание, чтобы насладиться панорамой города и осмотреть достопримечательности, и так далее. Может быть, нам придется проделать долгий путь, неся в руках тяжелый мраморный бюст, купленный на аукционе, или восточный ковер, или любой другой предмет домашнего убранства, несколько тяжелый и громоздкий. Заботясь о красоте своего тела, нам захочется увеличить физические нагрузки, заняться спортом, бегом по утрам, чтобы здорово пропотеть, а затем освежиться контрастным душем. Одним словом, мы будем стремиться практиковать всяческие виды деятельности, которые будут утомительными, но в то же время и очень полезными для красоты нашей кожи и общего оздоровления организма. Этот транзит отлично подходит для косметических операций и для всех процедур, более или менее болезненных, нацеленных на улучшение нашей физической красоты. При соблюдении всех необходимых мер предосторожности, в эти дни, например, может успешно пройти операция по липосакции. Кроме того, мы будем активней стремиться к увеличению своего дохода, и много работать в этом направлении. Этот транзит может указывать на период отменной физической формы у нашей сестры, дочери, подруги или дорогой нам женщины. Это подходящий период времени для начала новых курсов лечения, особенно восстановительных, на основе пищевых добавок, витаминов, и так далее.

Марс в напряженном аспекте с Венерой

Когда транзитный Марс проходит в напряженном аспекте с нашей натальной Венерой, остается надеяться, что с нашим партнером произойдет то же самое. Наше сексуальное желание становится настолько сильным, что если вдруг наш любимый человек не окажется настолько же заинтересован, то наверняка возникнет конфликтная ситуация из-за наших слишком больших сексуальных запросов, не получающих удовлетворения. В этом смысле мы на самом деле можем стать слишком требовательными. Способ переживания половых отношений не будет соответствовать нашим привычкам, а проявится в большей склонности к насилию, совершенно несовместимой с актом, который, наоборот, должен быть переполнен поэзией и нежностью. Вся наша сенсуальность обостряется, и мы ощущаем необходимость дать выход своим чувствам несколько диким и животным образом, и отнюдь не в самом позитивном смысле этого слова. Мы можем искать чрезмерных телесных наслаждений в пище, алкоголе, или в более опасных вещах, если нам свойственны плохие привычки. В любом случае, в результате пострадает наше здоровье, которое ухудшится либо из-за одолевающих нас навязчивых мыслей, либо из-за интоксикации организма. Все это отражается на наших взаимоотношениях с партнером, и в этот период ссоры кажутся почти неизбежными. Заранее предвидя этот транзит, необходимо запланировать себе дни наистрожайшей самодисциплины, во избежание возникновения кризисных ситуаций в наших отношениях с любимым человеком. Активные занятия спортом могут помочь разрядить самым здоровым образом нашу кипучую энергию и возбужденность, которые порой относятся больше к психическому, чем к физическому плану. Но при этом не стоит практиковать опасные виды спорта, а лучше предпочесть, например, пробежки на свежем воздухе, в лесу или у морского берега, отжимания от пола, или боксирование мешка, набитого песком. Если же нам не удастся верно направить эту энергию, то с большой вероятностью мы будем ссориться с женщинами вообще, и со своей сестрой, дочерью или подругой в частности. Этот транзит может указывать и на период конфликтов с нашим партнером по браку в связи с одной из только что перечисленных женских фигур. На другом уровне данный планетарный транзит может соответствовать периоду чрезмерных расходов, например, на покупку платьев, костюмов и разнообразных личных украшений. Тенденция к большим тратам может подтолкнуть нас к приобретению бесполезных или излишне дорогих предметов, таких как ювелирные изделия, часы и всего, что тесно связано с понятием прекрасного и художественного, будь то картины, безделушки для дома, скульптуры или ковры. Мы можем увлечься азартными играми, и это тоже может привести к потерям крупных денежных сумм. Следовательно, надо избегать любых форм спекуляции, денежных займов и оформления договоров, которые подразумевают серьезные финансовые обязательства с нашей стороны. Может случиться, что мы потратим слишком много денег из-за любви, например, если решим отправиться в круиз или в путешествие со своим любимым человеком, или если захотим оказать ему финансовую поддержку.

Марс в гармоничном аспекте с Марсом

Когда транзитный Марс оказывается в гармоничном аспекте с Марсом нашего радикса, мы переживаем момент большой энергетической интенсивности, как физической, так и умственной. Старинное латинское изречение «в здоровом теле – здоровый дух» как нельзя лучше подходит для описания этого планетарного транзита, который указывает на период исключительной ясности ума и физической готовности. Разум и тело, пребывая в отличной форме, слаженно работают в унисон, и дарят нам хоть и утомительные, но очень интенсивные и наполненные дни. Вряд ли мы сможем заскучать во время этого транзита, и напротив, станет очевидно, что другие просто не поспевают за нами. Мы работаем как заведенные, будто бы на форсированном двигателе, и в итоге производим гораздо больше, чем обычно. Нас переполняет решимость довести до конца намеченные планы. Внутренние стремления и воля проявляются ясно и определенно, и мы в точности знаем, чего хотим, и в какие сроки получим желаемое. Мы не собираемся отказываться от задуманного, а тем более даже не думаем жертвовать своими проектами в пользу третьих лиц. Наше поведение не дерзкое, не агрессивное, но и далеко не уступчивое. Тон у нас самый подходящий, но несомненно более высокий, чем в другие дни. Мы не нуждаемся ни в пищевых добавках, ни в витаминах. Всю энергию, необходимую для самого максимального выражения своего потенциала, мы находим в изобилии внутри себя. Нам редко приходится чувствовать себя в настолько отличной форме, как в эти дни. Мы должны воспользоваться этим в самых разных целях, начиная с составления конкретных планов на будущее, в которые мы можем заложить всю свою решимость реализовать их на практике, без доли страха и сомнений. Стоит попытаться наверстать упущенное время и вернуться в ранее намеченный график своих старых программ. Это хорошее время для начала новых дел, даже достаточно амбициозных. Если мы решимся высказать все, что считаем должным, на работе или в семейном кругу, то нам удастся это сделать убедительно, и в то же время без всякой агрессии. Эти дни превосходно подойдут для занятий спортом, в том числе в соревновательном и бойцовском стиле. Каждый может предпочесть любой вид спорта на свой вкус, без особых противопоказаний. Можно организовать футбольный матч со своими коллегами по работе или побегать трусцой в парке или на морском пляже. Будет очень полезно здорово пропотеть, а затем освежиться контрастным душем. То же самое можно сказать и о сексуальной активности, которая может быть довольно интенсивной в этот период, и будет полезной как мужчинам, так и женщинам. Нас будут привлекать к себе механика и ручной труд. Мы можем воспользоваться этим, чтобы починить что-нибудь дома или исправить какую-то поломку в нашей машине, мотоцикле или домашних электробытовых приборах. Пилить, строгать, резать, забивать гвозди... это все те виды деятельности, которые соответствуют теме рассматриваемого нами транзита. Работы, требующие умеренных физических усилий, тоже могут помочь нам хорошо прожить этот планетарный транзит. Поэтому будет уместно заняться сезонной сменой гардероба с переносом вещей, или передвинуть книжный шкаф, или отправиться на закупку продуктовых запасов для дома, и так далее. Большое количество нашей энергии будет направлено на близких нам мужчин. Мы будем чувствовать влечение к фигурам воинственного плана, к мужчинам в военной форме, полицейским, представителям власти. Один из близких нам мужчин в чем-то отличится, и будет переживать очень насыщенные и позитивные дни.

Марс в напряженном аспекте с Марсом

Когда транзитный Марс проходит в напряженном аспекте к нашему натальному Марсу, наша аура становится своего рода магнитом, притягивающим ссоры. Мы ощущаем избыток энергии, который никак не удается разрядить позитивным образом. Мы нервные и напряженные, очень обидчивые и готовы мгновенно разгневаться. Мы не спокойны даже наедине с самими собой, а тем более не можем установить уравновешенные отношения с другими людьми. Во всем, чем бы мы ни занимались, становится заметной наша склонность к деструктивности. Было бы благоразумно в эти дни не начинать ничего важного, и попытаться отложить любое значительное дело, которое может сорваться из-за нашего ошибочного поведения. Во время этого транзита мы вспыхиваем по пустякам и рискуем вступать в ссоры как дома, так и на работе. Мы должны быть крайне осмотрительными, чтобы не разрушить отношения, которые терпеливо и с трудом выстраивались долгие месяцы или годы. Особенно осторожно нужно вести себя со своим отцом, братом, мужем и другими подобными им мужскими фигурами. На работе сложится тенденция вступать в конфликт с начальником и со всеми фигурами, символизирующими понятие власти. Это те дни, когда мы рискуем получить строгий выговор вплоть до того, что к нам могут применить меры дисциплинарного воздействия. Нужно стараться ходить по струнке в любой ситуации, а иначе есть большая вероятность получить штрафы, выговоры, или, в худшем случае, быть уволенными, если другие транзиты это подтверждают. Нам могут доставить неприятности встречи с полицией, сотрудниками ГАИ, налоговой инспекцией, и так далее. У нас сложатся очень напряженные отношения с любым человеком, который носит форму или казенную фуражку, даже если это будет простой портье или дворник. Наше нервное напряжение будет максимальным, прежде всего, в контактах с официальными служащими, которые должны выдавать справки, документы, лицензии. Если избегать встреч со всеми этими людьми, то мы сможем более или менее хорошо пережить период действия этого транзита, который не так долог, но и не очень краток (в случае тройного транзита планеты, когда она становится ретроградной, и затем снова директной, он может продолжаться даже несколько недель подряд). Спорт может достойно послужить в целях разрядки этого излишка энергии, но имея дело с подобным Марсом, ни в коем случае нельзя заниматься опасными видами спорта. Подойдет бег на открытом воздухе, выполнение гимнастических упражнений у себя дома или в спортзале, теннис, или плавание, но следует категорически исключить езду на велосипеде или мотоцикле, катание на коньках и лыжах, верховую езду, и все другие потенциально опасные виды спорта. На самом деле, в эти дни риск несчастных случаев максимально высок, будем ли мы находиться дома или на улице, будем ли мы пользоваться острыми и режущими инструментами или ехать на машине. Следует избегать разжигания огня с помощью бензина, не стоит брать в руки огнестрельное оружие или пытаться отремонтировать электрическую проводку, подниматься по лестнице, высовываться из окон, и делать любые другие вещи, которые считаются опасными. А вот секс, напротив, может стать отличным способом выражения огромной энергии, с единственным условием соблюдать предусмотрительность, поскольку избыток страсти может спровоцировать нежелательное зачатие ребенка. Один из близких нам мужчин, наш отец, муж или брат, может плохо себя чувствовать, попасть в аварию или с кем-то серьезно поссориться.

Марс в гармоничном аспекте с Юпитером

Когда транзитный Марс проходит в гармоничном аспекте с нашим натальным Юпитером, мы пребываем в отличной форме и позитивно смотрим на жизнь и на окружающих нас людей. Наши действия становятся в высокой степени проникновенными. Когда мы наносим удар, кулаком например, то не настолько важна сама выраженная в нем сила, сколько тот уровень точности, с которым мы поражаем цель. В этом смысле в такие дни мы убеждаемся, что наши «удары кулаком» попадают в центр мишени гораздо чаще, чем в другие периоды. Одним словом, мы неоднократно попадаем в самое яблочко, и в этом несомненно замешана большая удача, сопровождающая нас в течение этого планетарного транзита. Наши усилия увенчиваются все большим успехом, и нужно воспользоваться этим моментом, думая именно о том, что каждое наше целенаправленное действие будет усиливаться влиянием «счастливой звезды». Особенно будет вознаграждена наша инициативность и решительность, поэтому мы можем больше рисковать по части предпринимательской деятельности, где необходимо инвестировать, спекулировать, быть первооткрывателями, рисковать своим будущим, рассуждать в индустриальном и коммерческом смысле. С подобным отличным транзитом мы можем начать свое собственное новое дело, если общие условия рынка позволяют это сделать. Мы имеем большее право на риск, так как Юпитер будет благоприятно сопровождать все наши действия. Прежде всего будут вознаграждаться те дела, которые требуют нашей активности и смелости. Естественно, многое будет зависеть от нашего основного характера, но если он позволит нам пойти на риск, то данный транзит окажет нам огромную помощь в реализации даже самых трудных начинаний. При поддержке такой благоприятной планеты, как Юпитер, мы можем попытаться осуществить самые амбициозные проекты и подняться к высотам, которые казались недостижимыми. Нашему успеху во многом будет способствовать фортуна, пребывающая на нашей стороне в это время, но не меньшее влияние окажет наша собственная воля, сила которой в данных обстоятельствах значительно возрастает. Больше всего подобный транзит благоприятствует делам, связанным с физическими нагрузками и спортом. Если мы профессионально занимаемся спортом, то можем пережить радостный момент славы, и добиться важных личных результатов по сравнению со своими базовыми данными. Приняв участие в индивидуальных или командных соревнованиях, мы несомненно максимально отличимся и не ударим в грязь лицом. Этот период отлично подходит для начала занятий спортом. Сексуальная активность может быть очень хорошей и доставить нам огромное удовольствие. Состояние здоровья нашего организма достигнет очень хорошего уровня, мы можем успешно начать новый курс лечения или получить обнадеживающие результаты от ранее начатой терапии. Транзит может указывать на успехи близкого нам мужчины: мужа, отца, брата, и так далее. Складываются отличные отношения с властями вообще, и особенно с начальством на работе.

Марс в напряженном аспекте с Юпитером

Когда транзитный Марс проходит в напряженном аспекте с нашим натальным Юпитером, наше чувство критической оценки опускается до минимально возможного уровня. То здоровое чувство недоверчивости, которое обычно сопровождает каждого из нас, в большей или меньшей степени, в зависимости от индивидуальных черт характера, и та подозрительность, которая почти постоянно заставляет нас быть начеку и зачастую вынуждает нас с опаской обернуться назад и оглядеться по сторонам, в данном случае покидают нас почти полностью, и подталкивают к мыслям, если не о собственном всемогуществе, то как минимум о своей непогрешимости. Ничего не может быть опасней этого. Мы рискуем недооценить опасность или же преувеличить, но лишь в своем воображении, все имеющиеся у нас возможности для разрешения трудностей и преодоления препятствий. Следовательно, мы можем допустить грубейшие ошибки. Например, мы можем ввязаться в коммерческое или промышленное предприятие, не имея на то необходимых средств, и запросив, а что еще хуже, получив банковский кредит на огромную сумму, которую никогда не сможем выплатить. Те люди, которые периодически попадают на страницы газетной хроники со своими невероятными историями, герои колоссальных обманов со стороны мошенников без всякого зазрения совести, вполне вероятно, что они переживали как раз такой транзит в тот момент, когда поверили в мираж сказочной прибыли и доверили все свои сбережения очередному шакалу. Тот, кто занимается астрологией профессионально или как сведущий пользователь, должен знать, что в эти дни необходимо быть очень осмотрительными и категорически не вмешиваться ни в какое рискованное предприятие. Проблема не возникает, если мы собираемся пойти купить себе платье или сумку, но следует быть настороже в случае, если мы планируем денежные инвестиции, создание совместного предприятия, начало финансового сотрудничества, и так далее. В сущности, в эти дни предпочтительно ни в чем не брать на себя никакой важной инициативы, и желательно отложить принятие ответственных решений на более благоприятные дни. На самом деле риск инфляции невероятно высок, и со всех точек зрения. В том числе и в физическом смысле. Мы можем переоценить свою физическую выносливость и заняться вещами, далеко непосильными для нашего организма. Мы рискуем надорваться во всех смыслах. Следует остерегаться излишеств в еде, курении, потреблении алкоголя и в сексе. В этот момент мы считаем себя очень сильными, но это вовсе не так, и в любом случае, мы не настолько крепки, чтобы выдержать те фантазии о собственном могуществе, которые управляют нами в течение этого планетарного транзита. Психической гипертрофии может соответствовать также и гипертрофия физическая, поскольку когда мы очень злимся, то и наша печень увеличивается... Нужно внимательно следить за своим поведением, так как наши вспышки гнева будет достаточно сложно контролировать. В эти дни один из близких нам мужчин может поступить опрометчиво и неблагоразумно.

Марс в гармоничном аспекте с Сатурном

Когда транзитный Марс проходит в гармоничном аспекте с нашим натальным Сатурном, нам отлично удается держать под контролем свою импульсивность. Мы замечаем, что способны лучше управлять своими действиями, почти полностью подчиняя рациональности проявление своей силы. Нам удается хорошо распределять свою энергию, бесстрастно контролируя ее с помощью логических рассуждений. Наш рассудок работает, словно конденсатор, который накапливает всю внутреннюю энергию, чтобы затем контролировать регулярность потока энергии, исходящего из нашего тела, предотвращая ее спонтанные всплески или внезапную утечку. Чтобы ясно представить себе контроль такого рода, необходимо прибегнуть к изображению старика, который способен молча переносить страдания. В эти несколько дней наше тело не знает, что такое свободное излияние энергии и неконтролируемое высвобождение внутренних сил, наоборот, оно целиком мобилизуется для очень жесткого управления потоком исходящих действий. Таким образом, получается великолепное управление движениями рук, ног, предплечий и кистей. Речь не идет о специфическом временном улучшении нашей мануальной сноровки, но о более эффективном контроле над нашими верхними и нижними конечностями с помощью разума. Как следствие, наши действия становятся более обдуманными и выверенными, что может оказаться очень полезным для работы, требующей высокой точности движений, как например, у гонщика-автомобилиста или хирурга. Такой планетарный транзит благотворно отразится вообще на любой физической деятельности, нуждающейся в бесстрастном управлении движениями предплечий, ног и рук. Следовательно, в этот период будут лучше и эффективней работать как ремесленники, мясники, рабочие, крестьяне, так и художники, программисты, банковские служащие... Лучшее управление внутренними силами помогает нам хорошо сдерживать свое раздражение и гнев, что идет на пользу нашим межличностным отношениям во время данного транзита. Мы можем вступать в сложные дискуссии по вопросам, которые могли бы легко вывести нас из себя, если бы мы не обладали временной способностью сохранять спокойствие. Вряд ли мы поддадимся на провокации, а наша холодность и самоконтроль могут показаться прямо-таки циничными. Речь идет о достаточно редком психическом состоянии, во время которого мы имеем возможность настаивать на обсуждении и разрешении острых проблемных ситуаций, которые давно нас преследуют, как на работе, так и в семье. Мы можем почувствовать влечение к фигурам зрелым и воинственным, таким как наш пожилой отец бывший военный или старый судья, или очень опытный комиссар полиции, и так далее. Поскольку в мифологии Сатурн обозначает Время (Хронос), а Марс — энергию и действие, то мы можем заложить начало очень ответственных и долгосрочных проектов. Мы можем стать великолепными строителями своего будущего, если возьмем пример с так называемых двадцатилетних планов, использовавшихся в экономической политике стран Восточной Европы бывшего коммунистического блока. Начало выполнения работы, связанной с обязательствами на средние или очень долгие сроки, может относиться не только к нам самим, но и к близкому нам мужчине. Этот транзит способствует сращиванию костей, поэтому он идеально подходит для процедуры наложения гипса, которая может произойти именно в эти дни. Это благоприятное время вообще для различных процедур и операций с зубами и костями.

Марс в напряженном аспекте с Сатурном

Когда транзитный Марс проходит в напряженном аспекте с нашим натальным Сатурном, нами овладевает сильное чувство бессилия. Действие (Марс) подавляется рациональностью

(Сатурн). Строгий критик, наше Я, подвергает жесткой цензуре каждую попытку физического выражения нашего тела, независимо от того, идет ли речь о деструктивных или о позитивно направленных действиях. Нам редко приходится чувствовать себя настолько зажатыми и заблокированными, как в этот период, который, к счастью, не очень долго длится. Крайняя осторожность стремится контролировать каждое наше спонтанное желание и наложить запрет даже на самое невинное выражение живого темперамента или радости. Безусловно, в этот день мы не сможем быть энергичными, ни с какой точки зрения. Возможны два варианта в данном случае: или мы самостоятельно решаем пресечь на корню любую инициативу, или же пытаемся действовать, но получаем в результате лишь сильную фрустрацию и неудовлетворённость от осознания собственной неспособности достигнуть намеченной цели. Тот сон, который нам часто снился в детстве, когда мы хотим убежать от опасности, но не можем сдвинуться с места даже на сантиметр, исчерпывающе описывает данный транзит. Подобное наше состояние, которое проявляется прежде всего на психическом уровне, и лишь после на физическом, может хорошо передать и другое изображение, позаимствованное опять же из наших снов, когда мы стреляем во врага и понимаем, что попадающие в него пули вовсе не приносят ему никакого вреда. Другими словами, такое состояние бессилия проявляется либо в нашем отказе от действий, либо в полной их бесполезности. В любом случае, мы испытываем очень сильное чувство фрустрации. Во время этого транзита мы склонны вести себя крайне цинично, конечно же в пределах того, насколько нам позволяет быть такими наша натальная карта. Речь идет об одном из тех, к счастью, редких моментов, когда мы будем способны пройти даже через труп нашего лучшего друга, лишь бы достигнуть важной цели. Мы рассуждаем в высшей степени хладнокровно, и это может оказаться полезным для деятельности, которая требует эмоциональной отстраненности, например, когда студенты, изучающие медицину, в первый раз пробуют препарировать труп. Если рассматривать влияние этого планетарного транзита на сферу нашей личной жизни, то можно заметить, как в этот период мы способны очень холодно и бессердечно, руководствуясь лишь разумом, принимать самые безжалостные решения, и даже разрушить близкие отношения, которые длились многие годы. Нам удается разговаривать со своим партнером совершенно ледяным тоном, и мы можем распрощаться с ним навсегда почти без сожаления и слез. Бесспорно, в эти дни мы становимся менее чувствительными, гораздо более практичными, злыми и даже отчасти жестокими и беспощадными. Кроме того, транзит является очень опасным на объективном уровне событий, и он зачастую сопровождает падения, несчастные случаи, ранения, и прежде всего переломы костей. Иногда он может относиться к хирургической операции, которую нам нужно перенести именно в эти дни, или же он может указывать на операцию или несчастный случай, которые угрожают близкому нам мужчине. Это общий показатель невезения, и поэтому в этот период лучше ничего не затевать, а особенно не стоит заниматься долгосрочными проектами. Помимо прочего, возможно возникновение конфликтных ситуаций с представителями власти, и в особенности, с пожилыми людьми.

Марс в гармоничном аспекте с Ураном

Когда транзитный Марс проходит в гармоничном аспекте с Ураном нашего радикса, мы чувствуем, что настал поворотный момент нашей жизни. Конечно, это не может происходить на каждом цикле транзита такого типа, поскольку он случается довольно часто за всю нашу жизнь, но в любом случае мы каждый раз ощущаем огромную потребность обновления, даже если практически реализуем ее лишь в мелких вещах. Распахнуть окна и впустить свежий воздух, сбросить камень с шеи и освободиться от любых цепей, разбросать сложнейший пазл после долгих попыток сложить его, наконец-то освободиться от ограничивающей нашу свободу привычки. Это все те ощущения, которые нам хотелось бы испытать во время такого транзита. Хорошее и свежее течение жизни нас увлекает за собой и устремляет вперед, очень далеко вперед, в направлении новых эмансипаций, нуждающихся в волевом порыве. И этот порыв выражается в порожденном волей активном действии, сильном и решительном. Если нам необходимо объясниться с кем-то без обиняков, то это самый подходящий момент, чтобы сделать это. Мы должны вернуть себе свое жизненное пространство без лишних церемоний, и речь вовсе не идет об акте самоуправства, но о том, что нам надоело позволять другим занимать нашу личную территорию, подразумеваемую в широком смысле слова. Мы ведем себя решительно, рассуждаем ясно и здраво, в точности знаем, чего хотим, руководствуемся логикой и твердо желаем дойти до победного конца. Если некая связь нас притесняет и угнетает, но настал час разорвать оковы. Бывают в жизни моменты, когда мы должны ударить кулаком по столу и действовать стремительно. Во время данного транзита мы можем это сделать, не заботясь о том, сочтут ли другие такое поведение авторитарным. Достаточно помнить о том, что оценка других может быть строгой вне зависимости от направления наших действий. Все мы согласны с важностью сохранения определенных связей, но когда уж слишком давит, то мы доходим до предела, и зачастую последняя капля возникает в течение этого транзита. Разрушительные моменты в жизни не менее важны, чем конструктивные. И из пепла зачастую возникает новая жизнь, даже лучше прежней. Здесь мы говорим о мужестве и смелости, благодаря которым мы можем и избавиться от обветшавших структур нашего прошлого, и заложить фундамент новых важных построений своего собственного будущего. Самой характерной чертой этого транзита является та стремительность, с которой нам удается принимать решения. Такого рода влияние приводит в упоение и воодушевляет прежде всего тех, у кого изначально слабый Марс, например, в Весах или в Раке. Скорость и мощность решений будут означать стремительность в игре пианистов и гитаристов, но также и ловкость рук, пробегающих по клавиатуре компьютера, или идеально выполняющих гастроскопию, или вытачивающих деталь на механическом станке… Наша энергия хорошо сочетается, прежде всего, со всем самым современным и передовым, и мы с большой охотой займемся изучением психологии, астрологии, электроники, информатики, и так далее. Этот период также благоприятствует занятиям такими видами спорта, в которых требуется не столько физическая выносливость, сколько способность к рывку, как в беге на короткую дистанцию или в прыжках в длину и в высоту. Отличные новости могут осчастливить жизнь очень близкого нам мужчины.

Марс в напряженном аспекте с Ураном

Когда транзитный Марс проходит в напряженном аспекте с нашим натальным Ураном, мы чувствуем себя особенно радикальными и принципиальными. У нас не получается быть толерантными и снисходительными даже по отношению к самим себе. Мы ощущаем порыв к тому, чтобы реагировать, совершенно не думая, вести себя во всех ситуациях в экстремистской манере. Складывается впечатление, что мы вообще не знакомы с чувством терпения. Нам хочется всего и сразу, не выстаивая очередей и не дожидаясь чьей бы то ни было помощи или благословения. Мы склонны бунтовать против представителей власти любого рода. Мы ведем себя очень агрессивно, прежде всего, со своими родными и близкими, а потом и с коллегами на работе. В самом деле, мы должны быть исключительно осторожными и благоразумными, если хотим избежать серьезных неприятностей, таких как ссора с начальником или с супругом. Мы совершенно не переносим любую медлительность других, неспособность мгновенного понимания со стороны наших собеседников, навязанные бюрократией ограничения. В эти дни в нас просыпается та мятежная и революционная часть, которая потенциально присутствует в любом человеке, и мы даже готовы взять в руки оружие, если историческая и политическая ситуация нашей Страны оправдывает подобное действие. Даже если мы образованные, воспитанные и законопослушные граждане, у нас может возникнуть соблазн устроить драку с любым, кто преграждает нам путь. То, что мы вовсе не можем терпеть в этот момент, так это шлагбаум на железнодорожном переезде, образно выражаясь. Импульсивно нам бы хотелось прорваться сквозь любые блокпосты и растолкать локтями тех, кто заслоняет нам дорогу. Безусловно, мы тиранично, как никогда. С большим трудом нам удается понять соображения других людей, и наша агрессивность обнаруживает отчасти инфантильное, капризное и нетерпимое поведение. Подобно напряженному транзиту Марса к Марсу, но октавой выше по интенсивности, в данном случае мы тоже должны попытаться найти способ позитивного выплеска и разрядки таких энергий. Занятия спортом могут быть самым выигрышным решением. Но при соблюдении максимальной осторожности, поскольку период чрезвычайно опасен в отношении несчастных случаев любого рода, а следовательно, мы можем практиковать исключительно безопасные виды спорта, такие как пробежки в парке, зарядка дома или в гимнастическом зале, боксирование мешка набитого песком... Следует остерегаться поездок на машине и особенно на мотоцикле, а также избегать всех видов деятельности, традиционно считающихся опасными: разжигать костры с помощью бензина, пользоваться острыми и режущими предметами, брать в руки огнестрельное оружие, высовываться из незащищенных положений, подниматься по лестницам, кататься на лыжах, коньках или верхом на лошадях, и так далее, и тому подобное. Вероятно, что в течение данного планетарного транзита нам придется прибегнуть к услугам зубного врача, начать курс лечения или даже перенести небольшую хирургическую операцию. Наша ловкость рук и способность к ручной работе резко ухудшаются, так как мы не можем должным образом синхронизировать скорость и эффективность своих действий, то есть мы можем, например, очень быстро набирать текст на клавиатуре компьютера, но при этом допускать массу ошибок, случайно задевая не те клавиши. Соответственно, следует избегать всех видов работ, требующих высокой точности действий. Зубным врачам и хирургам нужно быть особенно осторожными во время этого транзита. Близкий нам мужчина может стать жертвой несчастного случая или попасть на операционный стол. В порыве гнева мы можем вступить в конфликт с военным, полицейским, представителем власти вообще, и вследствие этого нарваться на крупные неприятности с законом.

Марс в гармоничном аспекте с Нептуном

Когда транзитный Марс проходит в гармоничном аспекте к нашему натальному Нептуну, восполняются запасы нашей духовной энергии. Мы сближаемся с верой, которая вовсе не обязательно должны быть религиозной, православной или католической, но может относиться и к политической идее, например, к историческому материализму, или же к социальному идеалу, к профессиональному кредо, убеждениям философским, по культуре питания, и так далее. Этот транзит воспламеняет душу и провоцирует измененные состояния сознания. Тот, кто переживает его, реагирует сильнейшим образом на эмоциональном уровне, и склонен действовать будто бы «с обнаженной шпагой в руках» или «с ножом в зубах». Такое поведение, воплощаясь в оптимистичном человеке, проявляется как делание всего с огромной страстью, а в пессимистичном означает делание всего с фанатизмом. На самом деле речь идет об одном и том же, и поэтому был использован термин «измененные состояния сознания», который хорошо описывает подобное, в любом случае, эмоционально утрированное поведение. Преувеличение, со всех точек зрения, является самой характерной чертой этих моментов, которые, не смотря на свою краткосрочность, могут подтолкнуть нас к достаточно выдающимся свершениям. У нас возникнет желание отстаивать свои идеи, громогласно объявлять их всему миру, поднимать флаги, настоящие или символические. В нашем сердце будут кипеть страсти самого разнообразного рода. Мы хотим засвидетельствовать как можно конкретней свои самые глубокие убеждения, и делаем это, воспользовавшись либо словом, либо пером, без различия. Во время таких транзитов, как этот, возможно сближение с религией, а если мы уже верующие, то можем пережить особую экзальтацию своих религиозных ощущений. Мы почувствуем импульсивное желание посетить священнослужителей и церкви, будь то буддийский храм, мусульманский, или принадлежащий любой другой религии. Нам может прийти мысль вступить в политическую партию или в профсоюз, посетить собрания трудящихся, принять участие в забастовках, массовых демонстрациях, шествиях, и так далее. Нас сильнейшим образом будет привлекать все, что связано с сочетанием слов вера и толпа, а также любые группы людей, ведомые единым кредо, общими взглядами. Мы можем принять участие как в собрании убежденных приверженцев макробиотики, так и в массовой демонстрации партии зеленых, члены которой заковывают себя в цепи перед посольством иностранной державы, продолжающей ядерные испытания. В общем, во время этого транзита нам просто необходимо кричать о своих убеждениях, свидетельствовать о них как можно большему количеству людей, а иначе, если мы решим переживать эти чувства наедине с собой, то они отзовутся внутри нас пламенным эхом. Будучи направленной на внутренний план, эта энергия могла бы быть использована для победы над каким-либо видом нашего рабства, связанным с наркотиками, алкоголем или психотропными лекарственными средствами. Если мы страдаем зависимостью от одного из этих токсинов, то можем воспользоваться данным транзитом, чтобы попытаться освободиться от всего этого. В этот период наша психофизическая сила может победить скверную привычку. Следовательно, этот период отлично подходит для попыток дезинтоксикации, со всех точек зрения. На более банальном уровне мы можем использовать эту энергию для починки своей лодки или для ее транспортировки на охраняемую стоянку. Это хороший период для рыбалки и подводной охоты. Могут быть интересные встречи со священниками, психологами, астрологами. Один из наших близких мужчин может пережить сильнейший эмоциональный опыт в связи с религией или политикой.

Марс в напряженном аспекте с Нептуном

Когда транзитный Марс проходит в напряженном аспекте с Нептуном нашего радикса, мы в значительной степени ослеплены разного рода страстями. Наше сознание находится в измененном сильнейшим образом состоянии, и наверняка в негативную сторону. Мы можем переживать момент крайней экзальтации некого своего кредо, и во имя этой веры пуститься в крестовые походы, далекие от жизненной реальности. Речь идет, несомненно, о периоде проявления различных форм фанатизма, во время которого мы можем показаться другим одержимыми, экстремистами, готовыми с преувеличением воспылать идеей, рваться в бой во имя убеждений, которые могут быть не только религиозными, но и социальными, политическими, профсоюзными, экологическими, философскими, и так далее. Мы ведем себя как быки на корриде, разъяренные красной тряпкой, и рискуем увлечь за собой и других по путям, которые не должны проходиться в таком перевозбужденном состоянии. Такое ослепление может быть вызвано просто нашим душевным состоянием и носить эндогенный, внутренний характер. Но оно может быть спровоцировано и употреблением лекарственных препаратов, большого количества кофе, или наркотиков, в самом экстремальном случае. В чем можно быть уверенными, так это в том, что своим поведением мы очень напоминаем наркоманов. Нам совершенно не удается быть объективными, и мы хотели бы увлечь всех окружающих своими убеждениями. Этот транзит чрезвычайно опасен для глав государства и для тех, кто занимает руководящий пост в любой ассоциации, политической партии или другого рода группы людей, поскольку он может подтолкнуть их к бунтарским решениям о демонстрации протеста, восстании, объявлении войны, и так далее. Особенно это имеет место, если уже от рождения у субъекта имелся напряженный аспект Марса с Нептуном или Нептуна со светилами, или же просто Нептун в качестве доминанты. Влияние управителя Рыб может подтолкнуть человека взять в руки оружие, броситься в драку, быть поглощенным толпой... Кто знает, сколько молодых террористов, заполнивших тюрьмы всего мира, совершило свои преступления в течение этого планетарного транзита! И как знать, сколько парней вступило в ряды террористов под воздействием этого транзита. В других случаях данный транзит выражается попросту в усилении неврозов у субъектов, изначально склонных к этому. Он может спровоцировать возрастание беспокойства, тоску, тревогу и самые разнообразные фобии, и вызвать необходимость применения сильных седативных и антидепрессантных препаратов, которые, в свою очередь, провоцируют состояние измененного сознания. Безусловно, это очень опасный и разрушительный транзит, который требует профилактических мер, как в виде аналитического разъяснения его значений человеку, который должен с ним столкнуться, так и в виде применения фармакологической помощи, например, гомеопатических лекарств. В эти дни было бы лучше избегать участия в массовых манифестациях, забастовках, митингах, шествиях, демонстрациях, и так далее. Возможен негативный опыт общения с наркоманами или с псевдомагами. Нервный срыв или депрессия может возникнуть вследствие плохого предсказания, полученного от астролога или гадалки. Близкий нам мужчина может почувствовать себя плохо на невротической почве или из-за употребления наркотиков.

Марс в гармоничном аспекте с Плутоном

Когда транзитный Марс оказывается в гармоничном аспекте с нашим натальным Плутоном, наши фантазии о могуществе и власти возрастают до максимального уровня, даже если мы вовсе не обладаем буйным характером и обычно ведем себя очень скромно. Каждый из нас часто строит амбициозные планы или особенно честолюбивые проекты, и это как раз один из таких моментов. Мы мыслим с максимальным размахом, и хотим испытать свои силы в грандиозных проектах. В некоторых случаях это действительно возможно реализовать, поэтому совершенно не стоит демонизировать подобный транзит. Кроме того, такой аспект усиливает нашу волю, придает блеск нашему духу предприимчивости, а также отчасти укрепляет структуру наших чувств. Одним словом, он может послужить рабочей силой для реализации наших идей. Несомненно, мы чувствуем себя более сильными и мотивированными, как во время гармоничных транзитов Марса к Нептуну, но на более интенсивном уровне, октавой выше. Мы обуреваемы ветром больших страстей, которые могут привести нас к активному участию в области политики и в любой другой сфере деятельности, где основополагающим требованием является необходимость *верить*. Кроме того, возрастет и наше сексуальное желание, и с этой точки зрения мы можем пережить очень насыщенный период с нашим любимым человеком. Если наш партнер настолько же сильно мотивирован, то, безусловно, речь будет идти об очень особенных днях, отличающихся как психической, так и огромной физической страстью. Мы можем пережить незабываемые дни, но лишь при одном условии, если наш супруг или супруга испытывает настолько же сильное сексуальное желание, как и мы. Это объясняет, насколько важно для каждой пары иметь планеты в хороших взаимных аспектах. Мы можем использовать данный планетарный транзит, чтобы попытаться разрешить свою психологическую или психосексуальную проблему. В этом смысле нам будет полезно сходить на прием к психологу, сексологу или к андрологу, или гинекологу. Для мужчин, если это подтверждается другими транзитами, речь может идти о небольшом порезе пениса. Подобным образом, женщины могут столкнуться с возможным зарубцовыванием поврежденной кожи в зоне половых органов, или с чем-то подобным. В сексуальном смысле может быть полезно чтение хорошей эротической литературы типа романов *Тропик Рака* Генри Миллера или *Любовник леди Чаттерлей* Дэвида Г. Лоуренса. Показаны также всевозможные лечебные процедуры, в том числе термальные, для зоны половых органов. Наша возросшая энергия может быть направлена на приведение в порядок кладбищенских могил наших усопших родственников и на другие вещи, связанные со смертью вообще, и с похоронными обрядами наших близких в частности. Этот транзит может также указывать на то, что близкий нам мужчина, брат или друг, переживает период сексуальной страсти. Если мы хотим установить в своем доме систему сигнализации или подслушивающие устройства, по любым мотивам, то это подходящий момент, чтобы это сделать.

Марс в напряженном аспекте с Плутоном

Когда транзитный Марс проходит в напряженном аспекте с нашим натальным Плутоном, склонны выходить наружу наши наихудшие энергии, самые животные инстинкты. Деструктивные и саморазрушительные чувства не просто обнаруживаются в нашем сознании, но и претендуют на свое конкретное выражение на практике, и зачастую это им на самом деле удается. Нами овладевают чувства раздражения, гнева, мести, а также самоистязательные и мазохистские стремления, и если наша внутренняя уравновешенность и наше воспитание неадекватны, то эти чувства даже могут на несколько часов одержать над нами верх и подтолкнуть нас к совершению действий, которых мы можем впоследствии стыдиться. Мы ощущаем сильные сексуальные импульсы, почти болезненные и настолько мощные, что от них ухудшается наше самочувствие. Если наш партнер не находится в подобном состоянии или если он отказывается удовлетворить наши запросы, то для нас наступает действительно наихудший момент, когда мы можем поддаться искушению прибегнуть к услугам проституток, или даже совершить более отвратительные вещи. Необходимо соблюдать максимальную осторожность, так как кроме риска инфекционных заболеваний, очень высокого в этот период, мы к тому же подвергаемся опасности оказаться замешанными в ситуациях, предусмотренных Уголовным кодексом. В течение этого транзита мы можем войти в контакт с преступниками и с мафиозными кругами. К тому же, у нас может возникнуть желание обзавестись огнестрельным оружием и другими инструментами криминальной деятельности. Мы испытываем влечение к субъектам наихудшего типа или, в любом случае, к тем, кто может иметь отношение к криминалу, по одну или по другую сторону закона: полицейским, бандитам, наркоманам... В отношении возможных половых инфекций вовсе необязательно думать о том самом знаменитом и ужасном среди всех венерических заболеваний, речь может идти и о простых, но очень неприятных паразитах. Для людей, страдающих от геморроя, транзит может означать обострение заболевания. Во многих случаях подобные аспекты могут вызвать интерес к порнографии, и это тоже может превратиться в большую проблему. Достаточно часто в этот период возникает сильнейшее чувство ревности, способное подтолкнуть нас на такие действия, которые обычно нам даже в голову не приходят, как например, установить подслушивающие устройства, устроить слежку за своим партнером, обратиться к частному детективу, и так далее. Ревность способна ослепить разум, и в эти дни мы можем действительно пережить из-за нее настоящее помрачение рассудка. Это может привести нас к страшным вспышкам гнева в отношении супруга или супруги, и даже к разводу. Деструктивность является основной чувственной тенденцией, которой следует больше всего остерегаться в этот период. В этом смысле мы можем переживать самые настоящие маниакально навязчивые идеи, даже сильнее тех, которые провоцируются напряженными транзитами Марса к Нептуну. Близкий нам мужчина может оказаться вовлеченным с сексуальный скандал.

Марс в аспекте с Асцендентом

Смотрите Марс в Первом Доме

Марс в аспекте с МС

Смотрите Марс в Десятом Доме

Марс в аспекте с Десцендентом

Смотрите Марс в Седьмом Доме

Марс в аспекте с IC

Смотрите Марс в Четвертом Доме

Транзит Марса в Первом Доме

Когда транзитный Марс проходит по Первому Дому нашего радикса, мы чувствуем себя особенно энергичными. Уже на психическом уровне мы замечаем за собой способность мыслить как никогда четко и ясно. Мы склонны принимать решения быстро, резко и очень прямолинейно. Тот, кто уже привык вести себя таким образом, не сможет оценить по достоинству красоту этого транзита, но все те, кто по природе своего характера не склонны к непромедлительным решениям, почувствуют особенное удовлетворение от подобной нахлынувшей на них волны решительности и силы воли. Они смогут ощутить опьянение и восторг от решений, принятых без долгих раздумий и колебаний. Наши намеченные цели будут неминуемыми, и не потерпят никаких препятствий или задержек. У нас появится достаточный внутренний стержень для того, чтобы сделать важный выбор. В нашем поведении будут проявляться лидерские склонности, с тенденцией отдавать четкие приказы нашим сотрудникам, но без авторитарности. Те, кто окажутся с нами рядом в эти дни, почувствуют в нас огромную решимость и высоко оценят прозрачность нашего поведения. Буквально «собственной кожей» ощущая влияние Марса, мы действительно станем более искренними и прямыми в обращении, менее дипломатичными, полными решимости достичь намеченных целей. В основном мы будем полноценно присутствовать в настоящем времени, жить больше сегодняшним днем, чем вчерашним или завтрашним. Как советовала древняя римская поговорка *carpe diem*, мы будем ловить момент, воспользуемся случаем, будем готовы давать ответы в реальном времени. Мы сможем настоять на своём мнении в дискуссии с начальством, и не будем особенно бояться представителей власти, с которыми нам легче будет разговаривать в этот период. У нас будет лучше получаться и решение насущных семейных вопросов, и при этом мы проявим свою твердость, но без тени самодурства. Речь идет о моменте настоящей внутренней силы, а вовсе не показной. Эта сила найдет свое выражение и на физическом уровне, что позволит нам выполнить огромный объем работы. Если у нас имеются отставания от рабочего графика, накопленные в прошлом, то стоит воспользоваться этим транзитом, чтобы переделать массу работы любого рода, как физической, так и интеллектуальной. Возросший уровень психофизической энергии позволит нам заняться спортом или уделять этому больше времени, чем обычно. Могут подойти любые виды спорта, от футбола или тенниса до волейбола и пинг-понга. Это отличный период времени, чтобы записаться в фитнес-клуб, заняться соревновательным видом спорта или попросту активно потренироваться пару недель. Для тех, кто ведет преимущественно сидячий образ жизни можно посоветовать долгие пешие прогулки или пробежки в парке или у моря, экскурсию в горы или поход в лес за грибами. Наверняка мы сможем увеличить свою сексуальную активность, и это касается прежде всего мужчин. Если транзит происходит с напряженными аспектами к другим элементам натальной карты или одновременно с другими негативными транзитами, тогда нам нужно контролировать свою агрессивность и властную манеру поведения, которые чувствительно возрастут. Мы будем очень склонны к ссорам и можем разрушить важные отношения из-за собственной нетерпимости. У нас появится тенденция пренебрегать чувствами других и вести себя в диктаторской манере. Мы будем совершенно нетерпимы к чужим нуждам, и будем ссориться даже по мелочам. Кроме того, мы серьезно рискуем пораниться при пользовании колющими или режущими предметами, или получить травму в дорожно-транспортном происшествии. Это очень опасный период для поездок на мотоцикле, восхождений в горы, и вообще для любой другой деятельности, традиционно считающейся рискованной, будь то разжигание огня с помощью бензина, использование огнестрельного оружия, прыжки в воду со скал или занятия опасными видами спорта. Более интенсивная сексуальная активность может помочь нам направить в позитивное русло такой избыток энергии. В этот период, возможно, что мы отправимся на прием к зубному врачу, перенесем небольшую хирургическую операцию или будем себя плохо чувствовать, например, из-за простой простуды.

Транзит Марса во Втором Доме

Когда транзитный Марс проходит по Второму Дому нашего радикса, мы очень практично устремляемся в направлении заработка. Больше задумываемся о своем собственном выживании и делаем все возможное, чтобы получить максимальную выгоду от окружающего мира. Если в нас заложен предпринимательский потенциал, то в эти дни мы активно его проявляем. Речь вовсе не обязательно должна идти о долгосрочном проекте или о задаче, требующей кардинальных изменений в нашей профессии, а возможно, что попросту возникнет временное отступление, в течение которого нам в голову придет некая идея об увеличении своих доходов, например, с помощью продажи больше ненужных нам вещей. Мы будем внимательней следить за рекламными объявлениями в местных газетах и сами разместим в них свои объявления. Мы можем заключить выгодные сделки на аукционных сайтах в Интернете. Даже если обычно в своей работе мы не исходим из чисто материалистических соображений, во время этого транзита мы будем это делать, пытаясь принести домой как можно больше денег. Нам захочется обзавестись новой кредитной картой, запросить ссуду в банке или занять денег у друга, будучи уверенными в свой способности вернуть долг. Это отличный период для торжественного открытия магазина, начала коммерческой деятельности любого рода, взятия на себя обязанностей торгового представителя, открытия нового бюро, конторы или студии, и так далее. В то же время мы почувствуем необходимость уделять больше времени своему внешнему виду, в широком смысле слова. Это может означать, что мы приложим массу усилий для улучшения своего имиджа, например, начнем диету для похудения, сбреем бороду или сменим прическу. Зачастую нам хочется несколько изменить свою манеру одеваться. В других случаях нас будет привлекать концепция изображения, связанная с театром, кино, фотографией, компьютерной графикой, и так далее. То есть это значит, что мы попробуем свои силы в любительском театре, а может быть купим себе фотоаппарат, видеокамеру или видеомагнитофон, чтобы поработать с изображениями, либо нашими собственными, либо чужими. В эти дни мы можем страстно увлечься подобными вещами. Это также очень благоприятный момент для того, чтобы научиться пользоваться новой графической компьютерной программой, или попросту купить новый телевизор или монитор для компьютера. Если транзит происходит с напряженными аспектами или одновременно с другими негативными транзитами, то нужно быть особенно осторожными в отношении расходов, поскольку мы рискуем столкнуться с небольшими утечками денег. Мы будем склонны тратить большие суммы денег, даже на пустяковые вещи. Кроме того, мы можем потерять деньги или одолжив их кому-то без должных гарантий, или неудачно инвестировав на фондовой бирже, или став жертвами воров. Следует принять меры предосторожности против кражи в доме, в машине, и против вооруженных грабежей. Мы рискуем получить оплату фиктивными чеками или стать жертвами какого-либо мошенничества. В связи с символикой этой красной планеты, мы можем потратиться на двигатели, механические инструменты, оружие… Раны или порезы могут испортить ваш внешний вид. Возможны косметические и пластические операции.

Транзит Марса в Третьем Доме

Когда транзитный Марс проходит по Третьему Дому нашего радикса, мы направим максимум своей психофизической энергии на коммуникации и связь, в самом широком смысле этого слова. Возрастет наше желание войти в контакт с другими. Станет заметна сила наших мыслей, в своей центробежности направленных во внешний мир. Наш ум обретет особую проницательность и блеск, и мы сами будем удивляться такой исключительной ясности и трезвости своего мышления. Нам будет удаваться выстраивать чёткие и правильные, прямые, очень острые и умные рассуждения. К тому же, возрастут и наши ораторские способности. Наш словарный запас неожиданно расширится благодаря тому, что мы сможем вспомнить множество редко используемых глаголов и имен существительных. Мы будем чаще отвечать на телефонные звонки и будем звонить сами, проведем больше времени в разговорах по телефону, которые могут оказаться достаточно утомительными или из-за сложности обсуждаемых вопросов, или из-за трудного характера нашего собеседника. Мы отправим больше писем, например, нам потребуется разослать официальное приглашение, на написание которого у нас уйдет не один час. Решимость и сила воли, характеризующие нас в этот момент, прежде всего смогут проявиться через письма и телефонные разговоры. Нам доставит особенное удовольствие навигация в Интернете, и мы посвятим этому как можно больше своего времени. К тому же, нам очень захочется путешествовать, и мы можем устроить самые настоящие марафоны за рулем своей машины или мотоцикла. Редко, когда нам удается испытывать такое наслаждение во время вождения, как в эти дни. Долгие поездки, особенно по автомагистралям, окажут на нас расслабляющий и успокаивающий эффект. Мы вложим больше своих сил и энергии в дела, связанные с нашим родным или двоюродным братом, шурином, зятем или молодым другом. Возможно нам придется поехать их навестить. Может так случиться, что мы будем вынуждены заняться делами, имеющими отношение к телекоммуникациям, например, установкой системы внутренней переговорной связи в офисе или спутниковой антенны на крыше своего дома. Большая ясность ума позволит нам получить максимальную пользу от посещения учебных курсов, семинаров, конференций, или мы сами особенно успешно сможем читать лекции в качестве преподавателя.

Возрастет наша тяга к чтению, письму и учебе. Следовательно, мы можем заняться подготовкой важного доклада или речи, написать главу книги, или просто начать вести личный дневник. Если транзит сопровождается напряженными аспектами или другими одновременными плохими транзитами, то он может быть особенно опасным в отношении несчастных случаев, связанных с транспортными средствами, во всех смыслах, и когда мы сами ведем машину или мотоцикл, и когда переходим дорогу, и когда садимся или выходим из автобуса. Мы легко можем поссориться со служащим у окошка почты или банка, с продавцом в магазине или с инспектором ГАИ. Возможны ссоры также с нашим родным или двоюродным братом, шурином, зятем или молодым другом, или же мы получим неприятные известия, касающихся кого-то из этих людей. Вероятно получение агрессивно настроенных писем или телефонных звонков с угрозами или с плохими новостями. Могут быть поломки аппаратуры и средств связи, таких как мобильный или беспроводный телефон, модем, факс, принтер, и так далее. В прессе могут появиться критичные и неприятные статьи на наш счет. Возможны споры и пререкания с нашим издателем. Вероятно возникновение разнообразных проблем в поездках, то есть может быть забастовка железнодорожного транспорта, заблокированные аэропорты, поломки нашей собственной машины. Особенный вред здоровью нанесет чрезмерное курение.

Транзит Марса в Четвертом Доме

Когда транзитный Марс проходит по Четвертому Дому нашего радикса, мы вкладываем огромное количество энергии в свое жилище, под которым подразумевается как наш дом, так и место, где мы работаем. То есть мы будем заниматься теми четырьмя стенами, в которых обычно пребываем. Мы будем строить планы о покупке недвижимости или о переезде. Мы запросим банковский кредит на приобретение собственного дома или совместного жилья. Возможно, что мы вместе со своим мужем или женой отправимся осматривать дома, выставленные на продажу или для аренды. Мы можем также куда-то поехать, чтобы лично забронировать дом для летнего отпуска или гостиницу для зимнего отдыха. Скорее всего, мы займемся ремонтными работами в своем доме или на нашем рабочем месте, в магазине, в мастерской, и так далее. Нам захочется поработать своими руками, и может быть, что у нас получится самостоятельно покрасить стены или настелить ковровое покрытие пола, и выполнить множество других мелких и крупных работ, которые позволят нам сэкономить на оплате квалифицированной рабочей силы. Нам будет очень приятно заниматься своим домом. Может быть, мы всего лишь займемся проектированием будущей перестановки мебели в квартире или набросаем план новой кухни, какой бы нам хотелось ее видеть, или же отправимся в мебельный магазин за покупками. Самое простое проявление транзита обычно соответствует периоду времени, когда мы занимаемся плановым техническим обслуживанием своего жилища, то есть моем окна, снимаем шторы для стирки, тщательно стираем пыль с книжного шкафа, и так далее. Несомненно, мы посвятим больше своей энергии и сил нашим родителям, отправимся их навестить, примем их у себя в гостях на несколько дней, будем сопровождать их по разным делам, решая различные касающиеся их бюрократические вопросы, и много чего другого. Если этот транзит происходит с напряженными аспектами или одновременно с другими негативными транзитами, то следует быть осторожными насчет возможных повреждений нашего дома. Они могут быть вызваны пожаром, разбитыми оконными стеклами, поломками электробытовых приборов, разбитой фарфоровой посудой, и так далее. Вероятно, что мы получим плохие новости, касающиеся нашего жилища, такие как письмо нашего арендатора с уведомлением о намерении прервать контракт аренды, или письмо нашего жильца с требованием возмещения расходов, или уведомление жилтоварищества о необходимости выплаты неожиданных текущих расходов, или известие о непредвиденном повышении налога на недвижимость. В общем, плохие новости насчет недвижимости. К тому же, может случиться, что нам станет проблематично выплачивать кредит на жилье или нам придется заплатить за ремонт квартиры гораздо больше денег, чем предполагалось. Если мы владеем жилым автомобильным прицепом или кампером, то можем попасть с ними в аварию. Наши родители могут заболеть, попасть на операционный стол, или мы можем с ними горячо поспорить. Мы можем быть вынуждены на несколько дней переехать, например, заболеть и внезапно попасть в больницу. Может поломаться или вовсе выйти из строя жесткий диск нашего компьютера, память или любое другое устройство для резервного копирования. Тот, кто страдает болезнями желудка, может пережить обострение этой патологии.

Транзит Марса в Пятом Доме

Когда транзитный Марс проходит по Пятому Дому нашего радикса, наше либидо устремляется в направлении всего, что может быть классифицировано как игровое и/или развлекательное. Больше всего нам будет хотеться веселиться, быть счастливыми, ни о чем не думать и наслаждаться максимально, как только можно. Мы отставляем в сторону любые заботы и тревоги и, прежде всего, забываем про свои обязательства по работе, для которых настанет еще свой час. Сейчас мы желаем сделать перерыв и позволить себе уйти в отпуск. Это отличный период времени, чтобы отправиться в путешествие или, например, всего лишь уехать за город на выходные, в одиночестве и в поисках приключений, или организовать романтический уик-энд с любимым человеком. Если так случится, что мы останемся в своем городе, то тогда мы будем чаще выходить по вечерам, посещать театры, концерты, дискотеки, кинотеатры, рестораны, ночные клубы, казино, и так далее, и тому подобное. Мы можем открыть для себя удовольствие домашних вечеринок, или же вспомнить снова, как это здорово, собраться дома с друзьями, чтобы поиграть в бридж или в покер, в бинго или лото. Если мы музыканты, то с огромным удовольствием будем чаще музицировать в компании друзей, а если мы спортсмены, то охотно будем практиковать наш любимый вид спорта вместе с друзьями. Но важней всего в этот период не столько то, чем именно мы занимаемся, а сколько то, как мы это делаем. Например, если мы любим читать, но обычно ограничиваемся чтением монографий или специализированной литературы по предмету, которым занимаемся профессионально, то вполне возможно, что в эти дни мы позволим себе потрясающий отдых, читая детективы, фантастику или любовные истории. Наверняка возрастет интенсивность нашей сексуальной жизни, которая могла бы принести нам очень яркие эмоции и доставить огромное удовольствие. Кроме того, это превосходный период для зачатия ребенка, как в мужском гороскопе, так и в женском. Иногда случается, что субъекты, переживающие этот транзит, начинают увлекаться биржевыми спекуляциями, поскольку эта деятельность может быть не только работой, но и является игрой, в узком смысле слова. Кроме прочего, мы можем принять участие в телевизионных играх на премии, благо что их имеется в наличии, на самом деле, бесконечное множество. Если мы профессионально занимаемся искусством, то в этот период будем особенно вдохновенно творить, а если мы преподаем, то посвятим максимум своей энергии дидактике. Если транзит происходит с напряженными аспектами к другим планетам или если он сопровождается другими негативными транзитами, то он может указывать на целую серию крайностей и излишеств, на которые мы можем пойти ради удовлетворения своего избыточного чувственного либидо. Существует риск преувеличений самого разного рода, чтобы доставить удовольствие нашему телу, со всех точек зрения. С нами могут произойти несчастные случаи в попытках максимально развлечься, например, мы можем пораниться, практикуя опасный вид спорта, или попасть в аварию, ведя машину после ночного похода в дискотеку, где мы накурились и напились сверх меры. Из ряда вон выходящая сенсуальность и безудержная сексуальная активность, к тому же, могут спровоцировать наше нежелательное материнство или отцовство, или даже заражение венерическим заболеванием или половой инфекцией. Наши отношения с детьми будут иметь тенденцию к ухудшению и возникновению разногласий и ссор. Сын или дочь могут заболеть, стать жертвой несчастного случая, или столкнуться с разного рода неприятностями и переживаниями, например, получить плохую оценку в школе, проиграть на спортивных соревнованиях, поссориться со своим любимым человеком, и так далее.

Транзит Марса в Шестом Доме

Когда транзитный Марс проходит по Шестому Дому нашего радикса, в нас активируется больше энергии в направлении заботы о здоровье и красоте нашего тела. Мы прилагаем все усилия, чтобы чувствовать себя лучше, стараемся делать больше полезного для самих себя и для своего здоровья, подразумеваемого в психофизическом смысле. Это подходящий момент, чтобы записаться в фитнес-клуб или начать заниматься спортом у себя дома или на спортивной площадке. Мы можем приобрести какой-нибудь спортивный снаряд, гребной или велосипедный тренажер для занятий на дому. Или же мы сядем на диету для похудения или дезинтоксикации организма. Было бы полезно заняться очисткой своего организма, на определенное время избегая потребления в пищу мяса, или алкогольных напитков, или продуктов с повышенным содержанием сахара. Особенно крепкую силу воли, поддерживающую нас в этом направлении в данный период, можно направить на попытку бросить курить или же заняться общей дезинтоксикацией организма, очисткой от любых вредных веществ, включая лекарственные препараты. Во время этого планетарного транзита более чем когда-либо действительна латинская поговорка *mens sana in corpore sano* (в здоровом теле – здоровый дух), и поэтому мы должны стараться значительно увеличить свою физическую активность, хорошенько попотеть, почаще посещать сауну или принимать теплый душ, пройти термальный курс лечения, и делать всевозможные процедуры, полезные для нашей кожи, лица и волос. Если мы страдаем от артроза или ревматизма, то в этот период будет полезно заняться лечебной физкультурой, а также пройти курс массажа шиацу, или акупунктуры, или пранотерапии. Мы тоже, в свою очередь, можем делать такие процедуры другим людям, потому что либидо, которое нас направляет в этот период, может относиться не только к заботе о нашем собственном теле, но и о теле других. В этом смысле мы можем изучить практику массажа или записаться на курсы по хиропрактике, макробиотике, реабилитационной физиотерапии, и так далее. Кроме того, мы можем заняться косметическими и эстетическими процедурами любого рода, начиная от солярия и заканчивая электродепиляцией, посещая салоны красоты или делая эти процедуры другим людям. Уединиться ненадолго в центрах агротуризма, предназначенных для здорового отдыха на лоне природы в сочетании с сельскохозяйственными работами, совместно с долгими прогулками на свежем воздухе, может помочь нам вернуть себе прежний лоск и поправить здоровье. Однако все же может оказаться так, что наша энергия целиком и полностью будет направлена на работу, и в этом случае мы можем воспользоваться моментом для выполнения неоконченной или просроченной работы, и в огромном объеме. При таких обстоятельствах мы превратимся в самых настоящих стахановцев, способных к многочасовой безостановочной работе, к впечатляющим профессиональным марафонам. Этот транзит благоприятствует всяческим ручным работам, в том числе изготовлению самоделок, будь то вязание на спицах или работа на токарном станке, сверление или изготовление гончарных изделий, и тому подобное. Если транзит происходит в напряженных аспектах по отношению к другим планетам или одновременно с другими плохими планетарными транзитами, тогда есть вероятность того, что мы заболеем или можем даже перенести хирургическую операцию. Зачастую речь будет идти о визитах к зубному врачу. Возможна высокая температура, жар и инфекционные заболевания. Нам может быть нанесен вред каким-либо лечением, примененным без должных мер безопасности или без необходимой обязательной документации. Например, мы можем потерять сознание из-за резкого понижения давления при прохождении термальных лечебных процедур, или во время массажа из-за своего неловкого движения хиропрактик может повредить нам кости, или мы можем отравиться продуктами или лекарствами, и еще много других подобных вещей. Помимо прочего, возможны ссоры на работе, как с коллегами, так и с начальством. Несчастный случай на работе. Конфликт или тяжба с сотрудником. Увольнение домашней прислуги. Домработница может пораниться или заболеть. Возможна травма или смерть домашнего животного.

Транзит Марса в Седьмом Доме

Когда транзитный Марс проходит по Седьмому Дому нашего радикса, максимум своей энергии мы направляем на контакты с другими людьми. Независимо от того, являемся ли мы интровертами или экстравертами, эгоцентричными или искренне желающими слиться воедино своим Я с другими, мы сделаем все возможное, чтобы сблизиться с окружающими людьми, которые могут быть представлены в лице одного единственного партнера или в виде объединения, ассоциации, группы, конгрегации, и так далее. Мы не просто желаем, но следуя природе Марса, делаем практические шаги для того, чтобы построить нечто такое, в связи с чем можно было бы склонять глаголы во множественном числе. Мы признаемся в своих чувствах любимому человеку, чтобы начать близкие отношения, сожительство или брак. Наше стремление к отношениям пытается найти себе практическое применение, воплотиться во что-то очень конкретное. Если у нас уже есть привязанность к мужчине или женщине, то мы назначим дату для свадьбы или начала нашего совместного проживания.

Если же такое решение уже было принято ранее, то мы приступим к административным вопросам и к оформлению необходимых документов, чтобы реализовать задуманное. Мы назначим время для торжественной церемонии в муниципалитете или в церкви, закажем в ресторане фуршет или праздничный обед, договоримся в типографии о распечатке приглашений, а в цветочном магазине о праздничном оформлении… В общем, мы засучиваем рукава и конкретно продвигаемся вперед в практической реализации нашего проекта. Следовательно, не стоит удивляться, если в эти дни мы будем перегружены обязанностями практического характера, направленными на осуществление церемонии, которая является не только формальным актом, но и началом нашей серьезной истории вдвоем с партнером. Мы настолько сильно мотивированны, что никто и ничто не сможет нас остановить. Если же мы уже состоим в законном браке, и речь идет о создании объединения любого рода, будь то совместное коммерческое предприятие, или учебная организация, или политическая, то мы будем продвигаться различными способами, но во всех случаях нас будет вести одинаковый по сути дух стремления к объединению с другими людьми. В течение этого транзита мы убеждены в том, что единственно возможная дорога к личному росту лежит через разделение своего пути с другим человеком или с группой людей. Если бы мы периодически не переживали транзит такого рода, то скорей одни лишь воздушные знаки объединялись бы вместе, в то время как все остальные оставались бы сами по себе. Но как видно, природа или, если предпочитаете, зодиак, организовал все наилучшим образом, и периодически он вынуждает нас быть общительными или нелюдимыми, в достаточной степени, чтобы сбалансировать жизненные силы, не перевешивая их ни в одну, ни в другую сторону. Мы склоняемся к мысли о том, что исключительно важно быть членами политической партии, принадлежать к ассоциации философского или религиозного плана, быть записанными в клуб, разделять свой путь с кооперативом, братством, с группами самого разного рода и направления. Подобный планетарный транзит может направить нас в первый раз в жизни в политику, в самом благородном смысле этого слова. Кроме того, мы затратим большое количество своей энергии на нашего партнера, который, в свою очередь, будет переживать очень насыщенные дни, или сможет доказать свою правоту и добиться признания в какой-либо области. Нас будет очень привлекать к себе мундир, форма и военные роли. Если же транзит происходит с напряженными аспектами или одновременно с другими негативными транзитами, то значительно увеличится поток официальных бумаг и бюрократических дел, как для нас лично, так и для нашего партнера. В целом, надо сказать, что возникнет множество войн, битв и сражений, независимо от того, станем ли мы сами инициаторами нападений или мы будем вынуждены защищаться от атак других людей. Чаще всего речь будет идти о ссорах с партнером, но также возможно, что мы столкнемся с самыми настоящими серьезными конфликтами с другими людьми, которые могут даже потребовать участия судей, адвокатов, официальных бумаг и судебных инстанций. В таких делах мы можем выступить как в роли истца, так и ответчика, принять непосредственное или косвенное участие в этом. Может так случиться, что закон сам займется нами лично, и тогда наши дела могут быть очень плохи. В худших случаях к нам может наведаться налоговая инспекция, полиция или карабинеры, для простой проверки или даже в целях нашего задержания. Если другие важные транзиты позволяют предполагать это, то возможны опасные ситуации, вплоть до того, что мы рискуем стать жертвой покушения, грабежа, теракта, угроз, агрессии или преднамеренного нанесения ущерба нашему имуществу. Возможны проблемы интерфейса или соединения компьютера с периферийными устройствами.

Транзит Марса в Восьмом Доме

Когда транзитный Марс проходит по Восьмому Дому нашего радикса, зачастую нам приходится запрашивать разного рода ссуды, займы или заниматься оформлением кредитной линии банковского счета. Одним словом, мы движемся в самом выгодном для себя направлении, стремясь увеличить свое финансовое благосостояние посредством получения наследства или выходных пособий, пенсий, пожертвований, и так далее. Экономические интересы преобладают над всеми другими. Обычно все наши действия в этом направлении приводят к хорошим результатам. Мы нацеливаемся на больший заработок, и почти всегда нам удается его получить. Мы мобилизуем все свои лучшие силы и возможности, и действуем на редкость прагматично, стремясь превратить в звонкую монету любое свое усилие. В этот период зачастую нам приходится иметь дело с нотариусами, адвокатами, директорами банков или служащими холдинговых и инвестиционных компаний. На более низком уровне мы будем проявлять интерес к сексу, и наша активность с этой точки зрения почти всегда усиливается, или даже переживает резкий всплеск. Однако в данном случае транзит вызывает у нас скорей не чувственное влечение, а сильный эротический стимул, то есть сексуальные переживания, прежде всего, на уровне головного мозга. Поэтому мы можем смело дать волю своей сексуальной фантазии и попросить партнера стать соучастником нашего стремления к новым открытиям в интимных отношениях. Кроме того, возможно, что мы приложим свои силы и энергию к вопросам, связанным с символикой смерти, например, нам может удастся спасти от смерти тяжело больного родственника или дорогого друга, или же мы просто займемся приведением в порядок кладбищенских могил наших усопших близких. И наконец, наш повышенный интерес к вопросам смерти может проявиться в посещении медиумических и спиритических сеансов или в изучении оккультизма и разнообразных эзотерических дисциплин. Если транзит происходит с напряженными аспектами к нескольким точкам натальной карты или одновременно с другими негативными планетарными транзитами, тогда есть вероятность того, что мы столкнемся со многими трудностями, прежде всего, правового порядка, касающимися присуждения наследства или распределения имущественных ценностей между нами и нашими близкими родственниками или партнером по браку. Почти всегда в таких случаях заинтересованные стороны обращаются к помощи адвокатов. Могут возникнуть проблемы с получением выходного пособия или назначением пенсионных выплат. Мы боремся за получение банковского кредита, в котором нам будет отказано. Нам становится трудно выплачивать ссуду. Нам приходится оплатить непредвиденные налоги. Мы вдруг обнаруживаем отрицательный остаток на своем текущем банковском счете. Мы должны вернуть сумму денег, которой не располагаем. У нас нет достаточных средств, чтобы соблюдать график необходимых денежных выплат. Если мы брали взаймы деньги у ростовщиков, то во время этого транзита они могут угрожать нам расправой, требуя возврата долга. Мы можем поссориться со своим мужем или женой по поводу имущественных ценностей совместного владения.

Наш партнер переживает финансовую неудачу, тем самым провоцируя у нас большие денежные потери. На сексуальном уровне мы испытываем сильный импульс, который не можем удовлетворить, или удовлетворяем не самым ортодоксальным способом. Есть опасность скверных встреч, если мы будем искать себе сексуальных приключений. Вероятны сексуальные связи с преступниками. Мы рискуем заразиться половой инфекцией и венерической болезнью. Возможен негативный опыт в связи со смертью. Смерть родственника. В наихудших случаях этот транзит может означать, что наша жизнь находится в опасности, конечно, когда тому есть подтверждение и другими транзитами. На нас может очень плохо повлиять посещение спиритических сеансов или общение в эзотерических кругах. Похороны родственника или перезахоронение его останков могут быть проблематичными и доставить нам множество неприятностей. Кладбищенская могила наших усопших близких может быть повреждена. Могут быть большие расходы в связи с погребением нашего близкого родственника.

Транзит Марса в Девятом Доме

Когда транзитный Марс проходит по Девятому Дому нашего радикса, мы направляем максимум своей энергии на поиск далекого, как в географически-территориальном, так и в метафизически-трансцендентном смысле этого слова. Невероятно возрастает наше желание путешествовать. Очень сложно во время такого транзита усидеть на месте и не уехать куда-нибудь. Наверняка мы съездим хотя бы в соседний город. С большой вероятностью мы отправимся за границу на несколько дней или даже на более долгое время. Этот период отлично подходит не только для дальних поездок, но и для начала изучения иностранного языка или углубления своих языковых знаний, включая язык компьютерного программирования. Мы будем больше стремиться к налаживанию или улучшению связей с далекими странами и людьми, например, мы можем запросить у своего телефонного оператора установить нам дома широкополосное подключение к Интернету. Наверняка мы посвятим много времени навигации во всемирной паутине, и найдем множество полезных информационных ресурсов Интернета. К тому же мы проведем больше времени со своей машиной или мотоциклом. В этот период возрастет, и не только теоретически, наш интерес к философии, теологии, астрологии, йоге, ориентализму, и тому подобным дисциплинам. Мы приобретем книги на эти темы, будем изучать эти предметы, примем участие в курсах, семинарах, конференциях, изучим новые техники, войдем в контакт с выдающимися учителями. Возрастет объем нашей корреспонденции с дальними странами. Если мы учимся в университете, то успешно сдадим важные экзамены. Мы можем отправиться в зарубежную поездку, например, чтобы сопроводить близкого нам мужчину, нуждающегося в прохождении лечения за границей. Во время этого транзита нам захочется заняться спортом или же повысить свою обычную норму физических нагрузок. Мы можем проявить особый интерес к миру животных. Если транзит происходит в напряженных условиях, то он может указывать на дорожно-транспортное происшествие, как на машине или мотоцикле, так и при пересечении дороги в качестве пешехода, при посадке или выходе из общественного транспорта или из машины… Иногда несчастный случай не связан тесным образом с транспортным средством, и мы можем получить травму даже дома, проходя из одной комнаты в другую. У нашего автомобиля могут возникнуть неисправности. Мы получаем плохие новости издалека. Один из наших близких родственников попадает в неприятную ситуацию за границей или он вынужден отправиться в дальний путь, чтобы подвергнуться хирургической операции. Мы вступаем в идеологические схватки с другими. Мы ведем борьбу, итог которой непредсказуем, пытаясь доказать свои принципы или глубокие убеждения. Мы сталкиваемся со своими идеологическими противниками во время путешествий или нашими оппонентами становятся лица иногороднего происхождения. Во время такого негативного транзита лучше категорически избегать любых поездок. Кроме того, нужно соблюдать максимальную осторожность в спорте и, прежде всего, при занятиях теми видами спорта, которые традиционно считаются опасными. Мы переживаем сильный стресс в связи с учебой в университете, или из-за попыток доказать свои мысли и убеждения. Мы можем пораниться при контакте с животными. Наш модем или мобильный телефон могут выйти из строя.

Транзит Марса в Десятом Доме

Когда транзитный Марс проходит по Десятому Дому нашего радикса, мы целимся высоко, и даже очень. Мы не просто питаем надежды на повышение своего социального положения и на достижение как можно лучших результатов в своей профессиональной деятельности, а предпринимаем конкретные меры для реализации задуманного. Мы вкладываем огромное количество энергии в собственную эмансипацию, в самом широком смысле этого слова. Во время этого транзита подростки могут добиться большей свободы и независимости от родителей, например, им будет разрешено возвращаться домой затемно. Если мы женаты, то можем достигнуть подобной цели, изложив наши соображения на эту тему своему партнеру по браку. В этот момент наша сила воли и решимость возрастают до максимального уровня, и благодаря этому нам удастся освободиться от любой своей рабской зависимости. С подобным мощным зарядом психофизической энергии мы можем благополучно бросить курить, избавиться от алкогольной зависимости, или перестать быть рабами психотропных лекарственных средств. Многие люди, занимающиеся глубинным психоанализом, во время этого транзита с успехом завершают курс лечебной психоаналитической терапии. Устойчивость намерений и ясное видение своих настоящих желаний, в сочетании с особой силой, позволяющей нам неукоснительно продвигаться вперед, могут привести нас к значительному профессиональному и социальному росту. Это подходящий момент, чтобы подать заявку на повышение в должности, на признание нашей высокой квалификации, или чтобы предложить свою кандидатуру на более высокий пост, накладывающий на нас большую ответственность, в структуре компании или предприятия, на котором мы работаем. Во время этого транзита вполне вероятно, что нам удастся начать частную предпринимательскую деятельность, открыть свой собственный бизнес, преодолев все те страхи, которые мешали нам сделать это ранее. Множество предприятий, как коммерческих, так и индустриальных, возникает именно при таком транзите. Могут также существенно вырасти и наши политические амбиции. Помимо прочего, мы можем достигнуть большей эмансипации в любой области, научившись плавать или пользоваться компьютером, или победив свой страх перед полетом. Мы посвятим много энергии и сил нашей матери, или же она будет переживать в это время очень активный и насыщенный период своей жизни. Если транзит происходит одновременно с другими напряженными транзитами, то он может указывать на нашу жестокую борьбу, с мало предсказуемым результатом, за возможность получить лучшую работу, или в целях достижения более благоприятных условий на нашем актуальном месте работы. Мы становимся жертвами сильнейших обвинений и нападок со стороны наших старых и новых врагов. Наша работа оказывается под угрозой, или же с нашей стороны потребуется приложение огромных усилий для сохранения профессиональной стабильности, чтобы нейтрализовать определенные вещи, мещающие нашему росту. Чтобы завоевать себе лучшее место под солнцем, нам приходится вступать в бой, и даже очень трудный. Мы рискуем поссориться с нашей матерью, или же она в этот момент себя плохо чувствует, или нуждается в хирургической операции. Существует риск получения производственной травмы.

Транзит Марса в Одиннадцатом Доме

Когда транзитный Марс проходит по Одиннадцатому Дому нашего радикса, мы готовы из кожи вон лезть ради друзей, даже если по характеру мы вовсе не компанейские люди. Больше, чем обычно, мы ощущаем чувства дружбы и солидарности с ближними. Мы оказываем реальную помощь другу, и ведем себя по-товарищески. Мы начинаем принимать более активное участие в социальной жизни, и все реже остаемся в одиночестве дома. Мы стараемся преумножить поводы для встреч с другими людьми, в которых надеемся найти себе новых друзей, но при этом замечаем, как эти ситуации все чаще возникают сами по себе, независимо от наших усилий. В то же время, со своей стороны, друзья тоже предлагают нам руку помощи, давая нам тем самым почувствовать, насколько может быть важна их близость и участие. Мы готовы постучать в любые двери и попросить о помощи самым правильным образом, то есть выражая желание получить то, что нам нужно, совершенно без всякой дерзости или нахальства. Мы обращаемся к влиятельным людям, с которыми завязали знакомство в прошлом, и которые могли бы помочь нам разрешить некую насущную проблему. Мы строим множество планов, во всех сферах жизни, от проектирования обстановки нашего нового дома до организации нового бизнеса. Мы предпринимаем конкретные меры, направленные на попытку предотвратить чью-то смерть или чтобы оттянуть ее приход максимально, насколько это возможно. Если транзит происходит с напряженными аспектами или сопровождается другими негативными транзитами, то почти всегда наступает конец нашим дружеским отношениям с кем-то. Станет заметным достаточно агрессивное поведение наших друзей по отношению к нам, и наше по отношению к ним. Наш друг совершит плохой поступок против нас, или ухудшится его состояние здоровья, или с ним произойдет несчастный случай. Влиятельный человек, занимающий высокое положение, будет плохо с нами обращаться. В попытках реализовать свои проекты мы столкнемся со множеством трудностей и препятствий. Мы можем также строить деструктивные и разрушительные планы. Близкий нам мужчина, муж, брат или друг, может поссориться со своими друзьями. Мы подружимся с человеком, который в последствии окажется уголовным преступником или социально опасной личностью. В самых тяжелых случаях может умереть наш друг или родственник, или же, если многие другие транзиты это подтверждают, мы сами можем рисковать своей жизнью.

Транзит Марса в Двенадцатом Доме

Когда транзитный Марс проходит по Двенадцатому Дому нашего радикса, мы потратим много энергии на исследования, на всевозможных уровнях. Если мы профессионально занимаемся исследованиями, то этот период будет великолепным для нашей работы. Если же мы заняты в совершенно других областях, то в эти дни почувствуем необходимость в более углубленных исследованиях эндопсихического плана, в познании своего внутреннего мира. Мы можем начать вести дневник или записывать свои воспоминания. Этот транзит отлично подходит для чтения и изучения вопросов, связанных с эзотерикой, астрологией, психологией, теологией, и так далее. Если мы верующие и глубоко религиозные люди, то можем воспользоваться таким планетарным транзитом для духовных практик, усиленной молитвы, чтобы войти в более тесный контакт со всем, что для нас является самым святым в мире. В ином случае мы можем принять участие в конференциях и семинарах по астрологии, психологии, философии и так далее. Это отличный период для прохождения психоанализа. Присутствующая в каждом из нас, в большей или меньшей степени, готовность милосердно предлагать свою помощь, заботиться и ухаживать за другими, во время этого транзита значительно возрастет. Соответственно, мы будем стремиться проявить свою солидарность с другими, или попросту пожертвовав деньги на благие нужды, или приняв активное участие в работе благотворительных и волонтёрских организаций, таких как Каритас, Красный Крест, ЮНИСЕФ, и так далее. В более личной сфере мы станем гораздо ближе со своими дорогими и родными людьми, и не в качестве отстраненных наблюдателей, а оказывая им реальную помощь. Если мы постоянно принимаем психотропные препараты, то возросшая в эти дни внутренняя сила позволит нам освободиться от этой зависимости. То же самое относится и к потреблению наркотиков, и если мы оказались затянуты в подобный туннель страданий, то благодаря этому транзиту будем способны выбраться из такой ситуации. Наша политическая или идеологическая борьба обретет большую яркость и конкретность. Мы станем более убедительными в своих сражениях, и с особой высокопарностью и воодушевлением будем отстаивать свои принципы. Нас ожидает больший успех, чем обычно, в битве со скрытыми врагами. Если транзит происходит с напряженными аспектами или одновременно с другими очень негативными транзитами, то речь идет об очень плохом астрологическом факторе, и даже очень опасном. Мы можем пережить очень неприятный опыт в связи с нашей религиозной верой или философским кредо, столкнуться с негативными последствиями общения с кем-то, кто выдает себя за мага или астролога, поссориться с психологом или священнослужителем, стать жертвой агрессивного нападения со стороны наркомана. К тому же, есть вероятность того, что мы сами или наши близкие будем вынуждены подвергнуться хирургической операции. Плохое состояние здоровья вынуждает нас лечь в больницу. Возможно принудительное ограничение нашей свободы, подобное необходимости подвергнуться карантину. В самых худших случаях, если и другие элементы карты это подтверждают, можно даже попасть в тюрьму. Множество враждебных актов со стороны наших секретных врагов. Вероятно распространение клеветы, злословия и сплетен на наш счет. Дни катастрофического падения популярности, нашей личной или наших близких родственников. Возможны дорожно-транспортные происшествия на машине или на мотоцикле. Самые разнообразные несчастья и злоключения в любой области, будь то здоровье, любовь, брак, семья, или работа, деньги… Негативный транзит также может указывать на траур.

Глава 7
Транзиты Юпитера

Транзиты Юпитера стоят во главе предпочтений всех увлекающихся астрологией людей, как профессионалов, так и любителей. В западном мире они соответствуют изобилию, богатству, престижу, материальным вознаграждениям, то есть всему тому, что любо и дорого каждому мужчине или женщине нашего современного общества. Не стоит забывать, что на самом деле наше общество больше руководствуется глаголом иметь, чем глаголом быть. А значит, следуя этой логике, совершенно естественно, что транзиты Юпитера в аспектах к самым важным точкам натальной карты являются самыми желанными и долгожданными. В начале каждого года мы становимся свидетелями довольно печального зрелища, как астрологи расточают надежды, зачастую совершенно ложные, всем двенадцати знакам зодиака, и можно биться об заклад насчет того, что самые радужные предсказания относятся всегда к тем знакам, в которых в ближайшие двенадцать месяцев будет наблюдаться транзит Юпитера. Иногда это может соответствовать действительности для некоторых людей, но для многих других реальность окажется полностью противоположной. Я не намерен здесь устраивать суд над составителями гороскопов солнечных знаков. Но помимо того, что в каждом отдельно взятом случае необходимо изучить прежде всего карту Солнечной Революции, если мы желаем сделать точные предсказания, есть еще и другой важный факт, о котором хотелось бы напомнить. Самая крупная планета нашей солнечной системы зачастую работает с обратным эффектом. Я не имею в виду один лишь факт того, что транзиты Юпитера в напряженных аспектах могут нанести больший ущерб, чем транзиты Сатурна, но хочу уточнить также, что шестая планета нашей солнечной системы зачастую ведет себя подобно бистабильному осциллятору или реле. Объясню подробней. За многие годы астрологических исследований и практики я заметил, что вхождение Юпитера в определенный Дом производит эффект инвертирования текущей ситуации субъекта на противоположную. Приведу пример. Юпитер входит в Седьмой Дом, и мы ожидаем, что он принесет важную любовную историю, а может даже брак, помимо благоприятного разрешения возможных судебных исков. На самом деле часто происходят полностью противоположные вещи, то есть если субъект состоит в счастливом браке, то когда Юпитер входит в Седьмой Дом, независимо от того, образует ли он гармоничные или напряженные аспекты с другими планетами, мы становимся свидетелями явного ухудшения супружеских отношений субъекта, иногда даже доходящего до развода с соответствующим подписанием официальных бумаг. Этот эффект можно сравнить с работой бистабильного реле или осциллятора, который меняет свое состояние каждый раз, когда получает импульс на входе (при первом импульсе он включает лампу, при втором импульсе он ее выключает, и так далее). Таким образом Юпитер действует во всех Домах, но наиболее ярко такой эффект проявляется во Втором, Седьмом и Восьмом Домах, где Юпитер способен нанести очень большой вред. Это правило относится и к транзитам, и к Солнечным Революциям, но все же именно в последних оно особенно явно прослеживается. Если астролог игнорирует такого рода фактор, то в большинстве случаев он ошибется в своих годичных предсказаниях для субъекта. Далее приведены наиболее важные замечания, которые следует сделать о транзитах Юпитера.

Юпитер в гармоничном аспекте с Солнцем

Когда транзитный Юпитер проходит в благоприятном аспекте к нашему натальному Солнцу, мы ощущаем благоволение небес. В зависимости от общей ситуации транзитов и Солнечной Революции на этот момент, мы можем получить большую или меньшую пользу. Прежде всего, значительно возрастает наш оптимизм. Мы чувствуем себя более энергичными, уверенными в себе, и убежденными в том, что удача на нашей стороне. На самом деле, когда мы чувствуем себя более удачливыми, то фортуна действительно идет нам навстречу. Мы мыслим позитивно, и смотрим с улыбкой в наше будущее. Мы игнорируем любые трудности либо делаем вид, будто бы их вовсе не существует. Мы действуем без колебаний и сомнений, и окружающие читают в наших глазах уверенность и твёрдую убежденность. Обычно подобное оптимистичное поведение, к тому же, сопровождается реальными событиями, которые его оправдывают. В такие периоды, которые могут продолжаться от нескольких дней до нескольких месяцев в году, зачастую мы получаем целую серию продвижений по службе или вознаграждений и премий, которые в любом случае нужно интерпретировать с точки зрения западного менталитета. Ведь на самом деле, для тибетца может быть настоящей победой возможность поесть полмиски риса в день, а для европейца или североамериканца счастьем и радостью будет возможность купить новую машину, получить повышение в должности, снова влюбиться, выиграть деньги в азартной игре, иметь, владеть, накапливать. Понятно, что здесь не ставится задача определить, какой из двух подходов является наиболее верным, просто стоит подчеркнуть, что с сугубо материалистической точки зрения Юпитер достойно выполняет свою работу. На самом деле, можно легко продемонстрировать на огромном количестве примеров, что его транзиты сопровождают почести и награды, рост капиталов, приобретение самых вожделенных вещей, материальные достижения любого рода. Для начала, физически мы себя чувствуем лучше, и это уже может быть первым важным фактором анализа ситуации. Во-вторых, фактически, если мы зададимся целью пересмотреть прошедшие годы нашей жизни, то убедимся, что каждый раз, когда Юпитер был в соединении, в секстиле или в трине к нашему натальному Солнцу, мы переживали важный этап своей жизни, получали диплом или заканчивали высшее учебное заведение, влюблялись или вступали в брак, у нас рождался ребенок, был взлет популярности или сенсационных успех в работе, и так далее. В общем, является неоспоримым фактом, что Юпитер расточает удовольствия и дары в соответствии с логикой западного мира. В отношении этого не может быть абсолютно никаких сомнений, ведь эфемериды и биография любого человека говорят сами за себя. Это дает нам право полагать каждый раз, когда наблюдается подобный транзит, что мы находимся у стартовой черты очередного волшебного момента нашей жизни. В зависимости от того, на что именно направлены наши надежды и мечты, мы станем свидетелями различных подтверждений их осуществления. Если мы заняты поиском дома, то легко его найдем, а если страстно желаем улучшения в личной жизни, то достигнем этого с минимальными усилиями. Естественно, что чудеса не могут произойти, за исключением редчайших случаев. Следовательно, нельзя претендовать на успех, если мы при помощи транзита Юпитера собираемся, например, продавать кузнечиков в Африке или холодильники на Аляске. Все нужно читать с умом и интерпретировать со здравым смыслом, без слишком преувеличенного проецирования своих надежд. Несмотря на теоретически положительное значение этого транзита, необходимо проверить эффект его влияния на субъекта. Одни люди очень чувствительны к транзиту Юпитера и хорошо на него реагируют, а другие не получают от него почти никакой пользы. Чтобы выяснить более или менее позитивную степень реакции на этот транзит у отдельно взятого субъекта, мы должны поинтересоваться у него, что произошло около двенадцати лет назад, когда наблюдался тот же транзит. Помимо прочего, этот транзит может указывать на то, что наш муж, отец, сын или брат переживают очень благоприятный период роста в профессиональном плане или в отношении их личного престижа.

Юпитер в напряженном аспекте с Солнцем

Когда транзитный Юпитер проходит в напряженном аспекте к нашему натальному Солнцу, самым негативным эффектом его воздействия, который мы можем ощутить, является колоссальное падение нашего чувства критики. Нами овладевает то, что в другой ситуации можно было бы назвать «стрельцовским простосердечием», и заставляет нас вести себя очень наивно и безрассудно. Так же как сумасшедшая клетка вылетает из больного организма, подобным образом и мы склонны вести себя, почти с полным отсутствием чувства критики. То здоровое недоверие, которое никогда не должно было бы нас покидать, те поднятые руки, которые предохраняют нас во многих опасных ситуациях, и та высокая степень защиты, которая никогда не должна опускаться слишком низко, если мы не хотим быть сражёнными ударами судьбы, во время этого планетарного транзита становятся лишь отдалёнными воспоминаниями о прошлом, и уступают место достаточно дерзкому, непринуждённому и безрассудному поведению. То, что нам может очень сильно навредить, так это мысли о том, что все можно исправить, и что вовсе не обязательно именно мы должны поскользнуться на банановой кожуре. Таким образом мы слишком раскрываемся, подвергая себя многим рискам. Прежде всего, недооценка опасностей приводит нас к ошибкам в отношениях с окружающими, мы действуем несвоевременно или неподобающим образом, например, когда нам нужно завоевать чью-то симпатию или поговорить с начальником о нашем положении на работе. В таких условиях мы не считаем полезным заранее готовить стратегию своих действий, и зачастую терпим поражение в попытках, которые в других обстоятельствах могли увенчаться успехом. Это относится и к нашей личной жизни, и к профессиональной деятельности. На работе, в частности, нехватка внимания может привести нас к серьезным неприятностям и сбоям, особенно если мы занимаемся обслуживанием клиентуры на кассе, где мы рискуем плохо сосчитать деньги, дать сдачу больше положенного, получить к оплате меньше денег и допустить другие формальные ошибки, которые не будут таковыми по своим последствиям. Этот транзит Юпитера может даже стать опасным, если мы работаем на очень ответственных постах, таких как диспетчер полетов в аэропорту или хирург, выполняющий операцию на сердце пациента. Но если даже не приводить настолько экстремальные примеры, остается в силе факт того, что в любой профессиональной деятельности мы подвергаемся рискам, проистекающим из нехватки критического внимания и недооценки потенциальных опасностей. Следовательно, мы можем легко ошибиться в вынесении технического заключения, какой бы не была наша профессия, но мы можем также ошибиться, не вписавшись в поворот на слишком большой скорости. Ущерб, который мы можем нанести себе самим и находящимся рядом с нами людям, касается также физического здоровья и финансового состояния. В отношении здоровья может так случиться, что мы не придадим должного значения физическому беспокойству, которое может оказаться предупреждающей индикаторной лампочкой тяжелой патологии. Касательно финансов мы можем сделать настолько легковесные и необоснованные капиталовложения, что впоследствии они окажутся полным безумием. На самом деле, бросаясь вперед с таким огромным зарядом оптимизма, мы можем натворить бед со своими деньгами, например, запросить кредит, который не будем способны выплатить, или потратить слишком крупную сумму на вещь, в которой особо не нуждаемся. После подобного транзита мы зачастую спонтанно ударяем себя рукой по лбу, и просто удивляемся, как мы могли быть такими наивными. Этот типичный жест дает нам общее представление о последствиях, которых мы можем и должны ожидать от такого транзита. Наш муж, отец, сын или брат переживают негативный период, падение личного престижа или проблемы в профессиональном плане.

Юпитер в гармоничном аспекте с Луной

Когда транзитный Юпитер проходит в гармоничном аспекте с Луной нашего радикса, мы чувствуем необычайную легкость, и как наше «сердце радуется». Нас охватывает волна оптимизма, и увлекает за собой в состояние большей расслабленности. На самом деле, основной эффект этого транзита проявляется не в возрастании нашей амбициозности, а совсем наоборот, в усилении расслабления. Нами овладевает общая лень, давая нам возможность провести немного времени с большей снисходительностью к самим себе. Мы прощаем себе многое и расслабляемся из-за оптимистичной настроенности. Мы начинаем думать о том, что все, что нужно сделать сегодня, можно спокойно перенести и на завтра, а жизнь прекрасна потому, что иногда можно уходить в отпуск. Нам нравится предаваться наслаждению вкусным ужином или просмотром старого фильма, оставляя в стороне все мысли о своих ежедневных обязанностях. Настанет еще время для забот и тревог, а сейчас нас к этому вовсе не тянет. Природой так заведено, что периодически должны наступать дни, подобные этим, потому что и до них, и после, будут другие дни, наполненные переживаниями и беспокойствами. Такой транзит часто сопровождается ростом нашей популярности, в тесном или широком кругу, в зависимости от нашей работы и от количества людей, с которыми мы периодически контактируем. Это исключительно позитивный момент для высокопоставленных и известных лиц: политиков, актеров, артистов... Мы вызываем большую, чем обычно, симпатию окружающих, и можем воспользоваться этим, чтобы попросить о повышении зарплаты или о более ответственной должности на работе. Нашему социальному и/или профессиональному росту будет содействовать некая женщина. Решительно улучшается наша эмоциональная, а зачастую, и сентиментальная жизнь. Во время этого транзита можно очень легко влюбиться, и больше того, чаще всего именно это и происходит с нами, вследствие того самого состояния непринуждённой расслабленности, о котором говорилось выше. Возможно, что мы никогда не смогли бы влюбиться, если бы периодически, как во время этого планетарного транзита, мы не ослабляли бы свой уровень личной защиты. Транзит может увеличить количество наших снов и мечтаний, облегчая все виды психологических проекций. Мы чувствуем особенное влечение к женским фигурам, и прежде всего к тем, которые являются частью нашей семьи, как родной, так и приобретённой. Это благоприятный период времени для нашей жены, матери, сестры или дочери. Особенно позитивный момент для дома, в отношении операций купли-продажи, переезда, ремонта, улучшения обстановки и нашего обустройства в месте проживания, как временном гостиничном, так и постоянном у себя дома.

Юпитер в напряженном аспекте с Луной

Когда транзитный Юпитер проходит в напряженном аспекте с Луной нашего радикса, мы испытываем чрезмерную расслабленность и вялость, вызванные значительной нехваткой чувства критики. Значение этого транзита более или менее схоже с напряженным аспектом Юпитера к Солнцу. Крайне заниженный уровень недоверия и подозрительности может серьезно навредить нам как в межличностных отношениях, так и в профессиональной сфере. Наше поведение на работе производит плохое впечатление и на коллег, и на начальство. Поэтому мы должны приложить все усилия, чтобы быть более бдительными, внимательными, критичными и осторожными. Мы склонны говорить слишком много и совершенно не раздумывая. Мы очень много проецируем, и при этом не способны в достаточной степени осознать, что делаем это. Таким образом мы уходим в мечтания и в сны наяву, начиная приписывать другим людям свои собственные мысли. Это потенциально опасный аспект для тех, чья работа связана с огромной ответственностью. Этот транзит может спровоцировать инциденты и несчастные случаи и на работе, и в домашних условиях. Почти полное отсутствие чувства критики доставляет нам неприятности, прежде всего, дома или в личной жизни. Влечение, которое мы испытываем к мужчине или женщине, настолько сильное, что мы смотрим на него исключительно сквозь розовые очки, не будучи способными увидеть все отрицательные качества и недостатки этого человека, и в итоге страдаем от любви. Подобная безоговорочная страсть может склонить нас к решению поскорее вступить в брак или немедленно начать совместную жизнь, и вполне возможно, что после нам придется очень пожалеть о таком опрометчивом поступке. Таким же образом мы можем допустить грубейшие ошибки при покупке или аренде дома. Кроме прочего, транзит часто вызывает пониженное внимание к проблеме лишнего веса, и если мы не будем осторожны, то рискуем поправиться на многие килограммы, от которых потом будет очень трудно избавиться. Нужно попытаться, в пределах возможного, подвергнуть некоторой цензуре свой язык, постараться попридержать его, поскольку в этот момент мы страдаем излишней говорливостью, и наше речевое недержание может оказаться неуместным. Наша жена, мать, сестра или дочь переживают неблагоприятный момент, или же могут испортиться наши отношения с ними. Мы можем оказаться вовлеченными в некий скандал, который вызовет падение нашей популярности.

Юпитер в гармоничном аспекте с Меркурием

Когда транзитный Юпитер проходит в гармоничном аспекте к нашему радиксному Меркурию, мы переживаем момент большой интеллектуальной плодотворности и живости. Мы чувствуем себя гораздо бодрее, и будто бы подпитывая свой мозг фосфором или особыми витаминами, мы испытываем умственный подъем, который позволяет нам гораздо эффективней проявлять себя в любой работе, требующей участия «головы». Нам удается лучше выражать свои идеи и формулировать давно вынашиваемые проекты. Мы лучше понимаем своих собеседников, и возрастает общий уровень нашей способности понимать разные мысли и представления. Благодаря этому транзиту мы способны больше и активней высказываться и, как следствие, возрастает объем нашего обмена информацией со внешней средой. Мы можем почти без всякого стеснения выступать перед публикой или делать заявления перед телекамерами, принимать участие в круглых столах, дискуссиях и дебатах. У нас возникает спонтанное желание поднять телефонную трубку и позвонить всем друзьям и знакомым, которых мы давно не слышали. Нам чаще приходится отвечать на телефонные звонки, которые обычно оказываются приятными и приносят нам хорошие новости. Мы отправляем письма и сообщения чаще, чем обычно и, как правило, получаем приятные новости по почте. Нам хочется путешествовать, и мы можем не упустить возможность с удовольствием прокатиться на мотоцикле или за рулем машины. Эти дни, на самом деле, очень благоприятны для поездок любого рода, в том числе на поезде или на самолете. Мы можем съездить навестить своего родного или двоюродного брата или зятя, шурина, или молодого друга. С помощью Интернета мы можем путешествовать даже сидя, наслаждаясь навигацией во всемирной Сети. Нам хочется приобрести различные средства связи и инструменты для телекоммуникаций, и период отлично походит для этих целей. Мы можем загореться желанием поменять свою машину или купить себе мобильный или беспроводный телефон, модем, факс, спутниковую антенну или принтер, и так далее. Кроме того, возрастает наша способность к коммерческому посредничеству, даже если это никак не связано с нашей обычной работой. Воспользовавшись рекламными объявлениями в городских газетах, мы можем попытаться заключить выгодные торговые сделки. Это великолепный период для учебы, подготовки к экзаменам, прохождения конкурсных испытаний для поступления на работу, посещения курсов и семинаров, а также для написания отчетов, докладов и резюме, работы над газетной статьей или главой новой книги. Транзит также может указывать на то, что наш родной или двоюродный брат или зять, шурин, или молодой друг отправляются в приятное путешествие или заключают выгодную сделку.

Юпитер в напряженном аспекте с Меркурием

Когда транзитный Юпитер проходит в напряженном аспекте с Меркурием нашего радикса, мы должны больше следить за тем, что произносим вслух, потому что в этот период мы слабо контролируем свои мысли и слова и недооцениваем связанных с этим рисков. Вследствие понижения нашего общего уровня защиты и недоверия, поток мыслей и слов протекает почти без контроля со стороны разума. Среди того словесного потока, который мы произносим сами или слышим от других, может оказаться множество пустословия и бестолковых речей. Мы становимся менее искренними, чем обычно, и несколько склонными ко лжи, но можем также стать жертвами обмана со стороны других людей. Мы много звоним, а еще больше отвечаем на телефонные звонки, но речь будет идти о разговорах, которые могут принести нам невыгодные сделки. Посторонние глаза и уши могут бесцеремонно шпионить за нами в эти дни. У нас самих может возникнуть соблазн делать то же самое со своими окружающими. Мы будем больше путешествовать, но при этом в поездках будем чаще попадать в затруднительные положения и сталкиваться с разного рода неудобствами, такими как поломка машины, пробки на дорогах, забастовки железнодорожного транспорта, и так далее. У нас возникает желание приобрести электронные средства телекоммуникации, но лучше было бы воздержаться от этого, так как мы рискуем купить неподходящий мобильный телефон, не соответствующий существующим стандартам беспроводный телефон, проблемный модем или принтер, или слишком дорогую спутниковую антенну. Это неподходящий период и для покупки новой машины или мотоцикла. Может возникнуть необходимость отправиться в поездку, чтобы прийти на помощь нашему родному или двоюродному брату, шурину, зятю или молодому другу, попавшему в беду. Нам не удается сосредоточиться должным образом на изучаемом материале, и нам сложно готовиться к экзаменам, проходить собеседования на работу на конкурсной основе, принимать участие в конференциях и дискуссиях. Если от нас потребуется что-то написать, то результаты нашей работы окажутся довольно посредственными или разочаровывающими. Мы пробуем свои силы в торговых переговорах и коммерческих сделках, но не достигаем никакого успеха. В эти дни было бы лучше избегать любых актов купли-продажи особо ценных вещей. Пока речь идет о приобретении новой сумки или галстука, то проблем не возникает, но если мы планируем покупку более важных вещей, то лучше перенести это на другое время, когда будут более благоприятные транзиты. Наши родной или двоюродный брат, шурин, зять или молодой друг рискуют стать жертвами мошенников, или же они сами могут обмануть кого-то. Излишняя нервозность и чрезмерное курение вредят нашему здоровью.

Юпитер в гармоничном аспекте с Венерой

Когда транзитный Юпитер проходит в гармоничном аспекте с нашей натальной Венерой, мы больше настроены на любовь. Мы чувствуем себя более мотивированными к любви, желаем завязывать новые дружеские отношения, принимать более активное участие в общественной жизни. Мы вызываем больше симпатии у других людей, и сами, в свою очередь, с большей симпатией относимся ко всем, кто нас окружает. Если мы намерены объясниться в своих чувствах любимому мужчине или женщине, то этот момент как нельзя лучше подходит для такой цели. Наши сентиментальные устремления получат самый теплый и радушный прием, какой только возможен. Вероятнее всего, нас ждет успех в сердечных делах. На самом деле, многие романтичные и сентиментальные отношения проходят свое крещение при этом транзите. Одним словом, сами звезды советуют нам проявить инициативу и признаться в своих чувствах любимому человеку. Если мы недавно пережили ссору со своим партнером, то данный момент очень благоприятен для попытки исправить ситуацию, и мы можем сделать первый шаг к примирению. Если мы давно уже находимся в прохладных отношениях со своим мужчиной или женщиной, то в этот период можем попытаться снова сблизиться. В этот момент нам вообще сопутствует пусть небольшая, но определенная фортуна. Мы желаем посвятить как можно больше своего времени игровой и увеселительной деятельности, и у нас это хорошо получается на самом деле. Мы хотим развлекаться, и нам это удается. Возрастает уровень нашей внутренней удовлетворенности и, как правило, мы более активно занимаемся сексом. В эти дни мы будем чаще выходить развлекаться по вечерам, например, в кино, в театр, на концерты, в ресторан, на дискотеку, в ночной клуб, и так далее. Возможно, что мы проведем приятные романтические выходные. Возросшая склонность к красивым вещам вдохновит нас на посещение музеев и картинных галерей, выставок фотографий и аукционных салонов. Нам захочется купить картину или ковер, или антикварную мебель, и под влиянием этого транзита мы можем заключить в этом смысле очень выгодную сделку. То же самое относится и к покупке предметов одежды или часов, ювелирных изделий или мехов. Стоит воспользоваться этим транзитом, чтобы приобрести какой-нибудь подарок для нашего любимого человека. Улучшается наше самочувствие, и мы можем открыть для себя новые методы лечения некой давно беспокоящей нас болезни. Все лечебные процедуры, направленные на заботу о красоте нашего тела, в этот период времени оказывают максимально благотворное воздействие, будь то массажи, грязевые ванны, термальные процедуры, использование лекарственных трав, и так далее. Мы можем с успехом начать следовать диетам для похудения или дезинтоксикации организма, но при этом от нас потребуется гораздо больше силы воли, чем обычно, поскольку данный транзит больше подталкивает в направлении удовольствий и снисходительности к самим себе, чем к самоограничению и готовности идти на жертвы. Кроме того, этот транзит может способствовать заключению выгодных сделок или получению дополнительной прибыли любого происхождения. Могут появиться неожиданные деньги, которые вдруг выручат нас и позволят разрешить текущую проблему. Этот транзит также указывает на отличное состояние здоровья и общего благополучия для нашей любимой женщины, сестры, дочери или близкой подруги.

Юпитер в напряженном аспекте с Венерой

Когда транзитный Юпитер проходит в напряженном аспекте с нашей натальной Венерой, нами может овладеть желание насладиться внебрачной любовной связью или, в любом случае, в чем-то аномальной и идущей против правил любовной историей. Мы испытываем сексуальное влечение к людям, связанным брачными узами, или к тем, которые потенциально могут разрушить наши базовые партнерские отношения. Зачастую этот импульс настолько сильно ощущается, что мы воплощаем в жизнь эти тенденции и впутываемся в неприятные истории. Над нами нависает опасность скандалов. О нас ходит много слухов и сплетен, основанных на верных или ложных сведениях. Главным предметом обсуждения становится наша личная жизнь и сексуальные отношения. Если мы высокопоставленные и известные лица, то можем увидеть компрометирующие нас фотографии напечатанными в газетах. Сплетни, которые распространяются на наш счет, мешают нам помириться с любимым человеком или становятся препятствием для нашего сближения с партнером. Необузданное стремление к приятным ощущениям может привести нас к невоздержанности в поведении, к поиску чрезмерных удовольствий в любой ситуации, к проявлению излишнего усердия в целях получения максимальных возможностей для игры, веселья и развлечений. Древняя мудрость, которая гласит, что «Вакх, Венера и табак ввергают человека в прах», как нельзя лучше к нам относится в этот период. Мы склонны к излишествам во всем, что может навредить как нашему здоровью, так и кошельку, будь то еда, курение, секс или потребление спиртных напитков. В течение этого планетарного транзита мы рискуем набрать лишний вес, от которого потом будет трудно избавиться. Возможны также разного рода интоксикации, пищевые, лекарственные, или вызванные другими отравляющими веществами. Ухудшается качество нашей крови. Можно было бы подумать, что вред, спровоцированный напряженным аспектом между двумя самыми благоприятными планетами зодиака, будет ограниченным, но на самом деле все происходит с точностью до наоборот: редко, когда мы можем чувствовать себя настолько плохо, как когда эти две планеты смотрят друг на друга под диссонансным углом. Во время этого транзита возрастет наше желание приобрести красивые вещи, будь то картины или старинная мебель, ценные украшения или фирменная одежда, ювелирные изделия или меха. Но нам лучше было бы избегать таких покупок, так как в этот момент мы рискуем потратить слишком большие суммы денег или купить подделку. Во время этого транзита у нас не самое лучшее чувство вкуса. Тенденция тратить слишком много может привести нас к крайне затруднительному положению с точки зрения финансов. Надо быть очень осторожными этом смысле, поскольку мы рискуем влезть в долги самым скверным образом или же взять кредиты, которые будем не в состоянии возвратить. Независимо от наших расходов в этот период могут появиться просроченные счета, задолженности по платежам, неожиданные налоги, возросшие проценты по кредитам, на которые мы не рассчитывали, и соответственно не можем их оплатить. Наша любимая женщина, сестра, дочь или близкая подруга могут оказаться в затруднительном финансовом положении или переживать отвратительный период с чувственной и сентиментальной точки зрения.

Юпитер в гармоничном аспекте с Марсом

Когда транзитный Юпитер проходит в благоприятном аспекте с нашим натальным Марсом, мы ощущаем решительное повышение мощности нашей энергетики. Энергия легко течет внутри нас и естественным образом направляется в конструктивное русло. Это хороший момент для разного рода инаугураций и торжественных открытий. Мы можем довести до конца давно задуманный амбициозный проект, собрать все свои силы и устремить их на реализацию трудной цели. Нас ничего не пугает, или почти ничего не страшит. Мощный заряд нашей внутренней силы проявляется, прежде всего, в возросшем оптимизме, благодаря которому мы выглядим гораздо смелее, чем мы есть на самом деле. Зная о том, что можем рассчитывать на все свои внутренние ресурсы, мы устремляемся вперед с необычайной силой, просто немыслимой в другие моменты нашей жизни. Нам удается держать под достаточным контролем эту энергию и двигать ее в направлении самых высоких и четко обозначенных целей. Юпитер, как известно, связан с Девятым Домом, и это значит, что мы можем использовать свои возросшие силы для того, чтобы отправиться в путешествие, двигаться в направлении далекого, подразумеваемого как в географически-территориальном, так и в метафизическом и трансцендентном смысле этого слова. То есть мы можем иметь успех в работе, связанной с заключением коммерческих сделок с иностранными или иногородними партнерами (Девятый дом связан не только с другими странами, но и с другими областями нашей страны), нам будет легче удаваться изучение иностранных языков, включая язык компьютерного программирования, нам захочется углубить свои познания в таких материях, как философия, теология, парапсихология, астрология, психоанализ, йога, буддизм, а также в любых другие предметах, связанных с высшим образованием. Кроме того, у нас усилится потребность действовать в соответствии с законом. На протяжении всего этого транзита наши отношения с законом и властями будут исключительно ясными и безмятежными, без тени волнений или тревог. Мы будем вести себя подобно тем Стрельцам, которые являются с повинной в официальные органы, чтобы заявить о том, что вовремя не получили уведомление об уплате налога на вывоз мусора. Но обостренное чувство справедливости может также подтолкнуть нас к продвижению судебных исков против тех людей, которых мы считаем виновными в некорректном поведении в отношении нас. Возможные правовые споры, зарождающиеся в этот момент, обречены на успешное для нас разрешение. Если мы выступаем заинтересованной стороной в какой-нибудь тяжбе или судебном разбирательстве, то можем воспользоваться этим планетарным транзитом, чтобы довести это дело до конца. Данный транзит усиливает нашу настроенность на примирение, и следовательно, нам предоставится не одна возможность разрешить старые раздоры и обиды. На физическом плане мы ощутим улучшение состояния своего здоровья, почувствуем себя гораздо сильнее. Те мужчины, которые столкнулись с проблемами в интимной жизни и падением своей мужской силы, в этот период переживут улучшение своей сексуальной активности, пусть небольшое, но решительное возрождение и подъем с этой точки зрения. Если мы занимаемся спортом, то покажем максимально возможные личные результаты. Если в этот период нам предстоит перенести хирургическую операцию, то она имеет огромные шансы на успех.

Юпитер в напряженном аспекте с Марсом

Когда транзитный Юпитер проходит в напряженном аспекте к нашему натальному Марсу, нами овладевает мания величия. Наше Я становится чрезвычайно напыщенным от излишней самоуверенности. Мы действуем так, будто бы весь мир у нас в кармане, думая, что ничего плохого просто не может с нами случиться, и что сила и удача пребывают на нашей стороне. Этот транзит может быть особенно полезным для тех, кому необходимо прийти в себя и оправиться от тяжелого кризиса, от падения, в широком смысле слова. Нет ничего лучше этого планетарного транзита, когда мы чувствуем себя просто поверженными в прах и нам необходимо приободриться и воспрянуть духом. Мощная волна оптимизма руководит нашими действиями и подталкивает нас далеко вперед. Во время такого транзита рождается множество коммерческих и производственных предприятий. И этот факт в основном зависит от значительного понижения нашего чувства критики. Та здоровая недоверчивость, которая обычно свойственна каждому из нас, в данный момент переживает головокружительное падение. И именно в таком ослепленном состоянии мы можем отважно броситься в бой, совершенно не принимая во внимание или недооценивая препятствий на своем пути. Если бы не было таких транзитов, как этот, то вряд ли когда-нибудь могли бы быть созданы новые фирмы и предприятия. В этот момент мы склонны недооценивать любую опасность, и это может оказаться полезным для нас во многих ситуациях, но может также нанести нам огромный вред, если мы занимаем очень ответственный пост по роду своей профессиональной деятельности. Фактически происходит нечто подобное нашему защитному механизму боли: если мы подносим руку слишком близко к огню, то внутренние сенсоры болевыми симптомами предупреждают нас об опасности и вынуждают одернуть руку. Если же мы вдруг оказываемся под действием сильных лекарственных или даже наркотических препаратов, то наши болевые ощущения притупляются и мы рискуем обжечься. Эта опасность недооценки потенциальных рисков относится в равной степени к работе в командно-диспетчерском пункте аэропорта, и к профессии хирурга, и даже если нам попросту нужно выгодно вложить во что-то деньги. Поэтому в течение данного транзита следует быть особенно бдительными и осторожными, и постараться обезопасить свои действия, заручившись поддержкой критического внимания опытного наставника или коллеги. Наибольший вред, который нам может быть нанесен в этот момент, связан с гипертрофией, то есть с нашей склонностью к преувеличению во всем, начиная с оценки ситуации. Безусловно, в эти дни наш рациональный контроль отдыхает, со всеми вытекающими из такой ситуации рисками для нас. Возрастает наша воинственная настроенность, и нам хотелось бы объявить войну и частным лицам, и официальным учреждениям, но если правовые споры рождаются под такой звездой, то как правило плохо заканчиваются. Юпитер усиливает агрессивность Марса, и в силу этого мы совершенно не склонны примиряться со своими врагами или противниками, а даже наоборот, намереваемся открыть новые фронты борьбы. Если мы занимаемся политикой или профсоюзной работой, то напряженный транзит Юпитер-Марс может оказаться очень нам полезным, чтобы воодушевлять других людей и воспламенять их сердца. Вероятно, что мы займемся спортом или увеличим свои обычные физические нагрузки, но нужно соблюдать большую осторожность, учитывая вышеупомянутое падение критического чувства, которое может спровоцировать несчастные случаи. Следовательно, лучше отдать предпочтение безопасным видам спорта, таким как плавание, теннис или бег трусцой. Безрассудная смелость, которая овладевает нами в эти дни, может привести нас к конфликтам с властями, например, с начальником на работе, работником полиции или судьей. К нам могут быть применены меры наказания, правового или дисциплинарного характера. Склонность допускать разного рода излишества, в первую очередь в питании и в потреблении алкоголя, угрожает здоровью нашей печени.

Юпитер в гармоничном аспекте с Юпитером

Когда транзитный Юпитер проходит в гармоничном аспекте с нашим натальным Юпитером, мы переживаем просто «волшебный» момент своей жизни. Мы очень оптимистично настроены и пребываем в превосходной психофизической форме. Мы ощущаем здоровое чувство внутренней гармонии и равновесия, и замечаем, что наши дела идут на редкость хорошо. Складывается впечатление, что в этот момент мы можем потрогать фортуну руками, и на самом деле мы переживаем удачный период, который, к сожалению, не продлится долго. Наши дела складываются успешно, и за что бы мы не взялись, во всем нам удается расти и развиваться, как в профессиональном, так и в социальном плане. И мужчины, и женщины, под влиянием этого транзита могут соединить свою судьбу с важными людьми и влиятельными партнерами. Вокруг нас возникает атмосфера доброжелательности и симпатии, без всяких усилий с нашей стороны, чтобы заслужить такое благосклонное отношение окружающих. Сегодня звезды сообщают, что выигрыш за нами, и одаривают нас манной небесной. В этот момент самое лучшее, что можно было бы сделать, так это засучить рукава и усердно трудиться, чтобы добиться высочайших результатов в своей работе. Однако, к несчастью, во время этого транзита мы больше склонны отдыхать и расслабляться, чем активно действовать. Чувство благосостояния, сопровождающее нас в этот момент, имеет седативный эффект. Оно действует на нас настолько успокаивающе, что мы склонны относиться снисходительно к самим себе и наслаждаться благополучным моментом своей жизни. Естественно, что в такой ситуации мы можем больше пожинать плоды своих трудов, чем сеять. Если наша кандидатура выставлена на голосование для избрания на какую-то должность, то мы имеем отличные шансы на успех. Увеличивается наша популярность, а с ней возрастает и наш престиж. Если существует фортуна в виде богини с повязкой на глазах, то сейчас она благосклонно на нас смотрит. Это великолепный период для дальних и близких поездок, а также для исследований в территориальном или культурном плане. Мы можем успешно заниматься всеми вопросами и материями, которые не являются частью нашей обыденной жизни. Этот транзит очень позитивно влияет на людей, нуждающихся в восстановлении физических сил после болезни. Мы можем воспользоваться этим моментом, чтобы набрать вес тела, если в этом есть необходимость. Если же мы страдаем излишним весом, то нужно быть особенно осторожными, чтобы не набрать дополнительные килограммы и не усугубить нашу ситуацию. Транзит очень благоприятствует разрешению любых правовых споров, как текущих, так и возникающих в этот момент. Если мы с кем-то в ссоре, то у нас есть отличная возможность помириться и устранить любые старые обиды. У нас складываются великолепные отношения с законом вообще и с представителями власти в частности, с судьями, политиками, налоговыми инспекторами...

Юпитер в напряженном аспекте с Юпитером

Когда транзитный Юпитер проходит в напряженном аспекте с нашим натальным Юпитером, наша уверенность в себе становится преувеличенной и подталкивает нас к излишне оптимистичному поведению. Как и при напряженных транзитах Юпитер-Марс, но на более интенсивном уровне, октавой выше, наблюдается резкое падение нашей способности критически оценивать ситуацию, а вместе с тем понижается и та степень недоверия, которая должна стоять на страже нашей личной безопасности и неприкосновенности, со всех точек зрения. Мы склонны переоценивать или недооценивать людей и самые разнообразные ситуации. Мы устремляемся далеко за пределы тех границ, которые наше благоразумие в другой ситуации подсказывало бы не преступать. Мы отваживаемся на слишком многое, потому что переоцениваем свои силы или недооцениваем возможности наших соперников. Вследствие этого наше поведение может стать вызывающим, самонадеянным и даже презрительным и высокомерным. Если наша деятельность связана с высоким риском, как например, когда мы работаем в лаборатории клинических анализов или на командном посту любого рода, то должны быть очень осторожны, чтобы не подвергнуть опасности как самих себя, так и всех людей, судьбы которых зависят от нас. Чем бы мы не занимались во время этого транзита, от секса до проведения анализа образцов инфицированной крови, мы должны максимально обезопасить себя всеми доступными средствами защиты, такими как перчатки, прикрывающие рот маски, специальные очки, презервативы, и так далее. До окончания этого транзита лучше было бы избегать открытия любых коммерческих или производственных предприятий. Чтобы не повестись на блестящие приманки и не попасться в чью-то ловушку, мы должны соизмерять каждый свой шаг с максимальной рациональностью, на которую мы только способны. Человек, являющийся выдающимся наставником и авторитетным руководителем, может помочь нам избежать совершения ошибок. Складывается впечатление, что в этот момент нам улыбнулась удача, но на самом деле это вовсе не так. Негативный Юпитер расставил капканы на нашем пути, и мы рискуем легко в них попасться. Наша жизненная энергия, неограниченно выплескиваясь наружу, может привести к невоздержанности в поведении и к излишнему потаканию своим скверным привычкам, что однозначно нанесет вред и нашему здоровью, и финансам. Следует очень внимательно относиться к своим финансам, поскольку в этот период мы можем по разным причинам потерять деньги, или став жертвой кражи, или легкомысленно одолжив деньги некредитоспособным людям, или же, в порыве крайнего оптимизма, мы можем взять банковский кредит, который не сможем возвратить в срок. Мы можем нарушить свои нравственные принципы, а наша общественная репутация может значительно пострадать от этого. Вокруг нас могут возникнуть небольшие скандалы в отношении коррупции, вымогательства и других преступлений, которые мы можем совершить из-за своего слишком свободного и беззастенчивого поведения. Наше психическое и физическое здоровье, а особенно наша печень, может пострадать от переедания или злоупотребления алкогольными напитками.

Юпитер в гармоничном аспекте с Сатурном

Когда транзитный Юпитер проходит в благоприятном аспекте с нашим натальным Сатурном, мы способны залечить многие свои старые и свежие раны. Благотворное влияние Юпитера, на самом деле, помогает нам найти как внутренние, так и внешние ресурсы и возможности для того, чтобы заполнить пробелы, исправить упущения, залечить последствия злосчастной судьбы, достигнуть примирения. В общем, самая благоприятная планета оказывается в нашем распоряжении, чтобы попытаться исправить вред, нанесенный нам Сатурном, традиционно являющимся самой зловредной планетой. Именно в подобных ситуациях мы можем ощутить самые лучшие качества управителя Стрельца. В других ситуациях, как было сказано на предыдущих страницах, Юпитер может даже нанести очень большой вред. Но когда речь идет о том, чтобы заполнить пустоту, выровнять обернувшуюся в негативную сторону ситуацию, то шестая планета зодиака отлично выполняет такую работу, и на самом деле показывает, насколько она может быть позитивной и благотворной. Гармоничный аспект между Юпитером и Сатурном в натальной карте субъекта также указывает на потрясающую изначальную способность выбираться из беды, вновь подниматься после падения, благополучно уклоняться от неприятностей, будто бы ангел-хранитель, наблюдая сверху, в нужный момент протягивает нам руку помощи. Если задуматься над этим, то можно сделать вывод, что по всей вероятности это один из самых лучших транзитов, который практически не имеет никаких противопоказаний. Он помогает нам восстановиться и излечиться, словно концентрат из витаминов после долгого приема антибиотиков. Благодаря этому транзиту мы чувствуем себя в силах начать сначала, оставить кризис позади, воспротивиться несчастью, и кто может знать, сколько еще бед нас может поджидать на следующий день? Этот планетарный транзит оказывает самое благотворное воздействие при излечивании старых ран, давних болей или при разрешении проблем, имеющих тенденцию принимать хронический характер, в полном соответствии с символикой Сатурна, который, не стоит забывать, в мифологии предстает как Хронос, старик, время. Следовательно, задействованная в этом транзите символика предельно ясна: решительная помощь и мощная поддержка в исправлении старых негативных ситуаций. Порой речь идет не о самой настоящей ране, нуждающейся в исцелении, а попросту о неком препятствии, отделяющем нас от намеченной цели, и приход Юпитера в гармоничный аспект с Сатурном помогает устранить ту преграду, которая мешает нам «летать». Иной раз этот транзит может благоприятно повлиять на наше излечение от хронического заболевания, которое может быть и не тяжелым, но доставляющим нам массу беспокойств на протяжении долгого времени. В этих случаях мы можем узнать о новом методе лечения нашей болезни совершенно случайно, например, в разговоре с другом или знакомым, и именно эта терапия окажется самой эффективной для нас. Поэтому нужно стараться быть очень внимательными к происходящему в течение всего времени, пока длится этот транзит, и пытаться всеми способами направить свою энергию на разрешение старых недугов и проблем. Кроме того, опять же, в связи с вышеупомянутой задействованной символикой, в трудной ситуации к нам может прийти значительная и решающая помощь от пожилого человека. Это может означать, например, что вместо того, чтобы пойти на прием к молодому и блестящему профессионалу, оснащенному самым современным технологическим оборудованием, и прекрасно осведомлённому, благодаря Интернету, о последних научных достижениях, нам было бы лучше обратиться к старому доброму семейному врачу, который при обследовании пациента по-прежнему использует стетоскоп и прослушивает наши бронхи своими собственными ушами, но при этом обладает огромным и великолепным практическим опытом. То же самое относится к выбору адвоката, юриста, финансового консультанта, архитектора, и так далее.

Юпитер в напряженном аспекте с Сатурном

Когда транзитный Юпитер проходит в напряженном аспекте с нашим натальным Сатурном, наступает самый подходящий момент, чтобы начать расставаться с материальными благами, с имуществом и собственностью, которые западный человек ценит превыше всего, будь то новая машина, драгоценные украшения, часы нашей мечты... Было бы лучше, чтобы инициатива в этом направлении исходила от нас самих, не ожидая, пока обстоятельства заставят нас сделать это. На самом деле, во время этого транзита мы чувствуем, что удача вовсе не на нашей стороне, а наоборот, против нас работает определенная доля невезения. Та приятная легкость, склоняющая нас к потворству собственным слабостям во время позитивных транзитов Юпитера, теперь отсутствует, и вместо нее появляется чувство принужденного ограничения, сходное с неприятным ощущением, когда мы вынуждены спать под очень коротким одеялом. Мы понимаем, что должны действовать, полагаясь лишь на свои собственные силы, а значит нужно засучить рукава и трудиться в поте лица.

Бывают дни процветания и изобилия, а бывают дни упадка, так вот сейчас мы оказались в периоде спада. Конечно же, транзит не расположен по отношению к нам настолько враждебно, как другие более негативные аспекты, например, квадратура Сатурна к Солнцу, но тем не менее, нам необходимо знать, и мы должны убедить себя в этом, что ничего в эти дни нам не достанется даром, а наоборот, нас ожидает тяжелый путь в гору. Этот транзит однозначно говорит о периоде, когда нам будет стоить больших трудов вновь встать на ноги после падения. Он объявляет нам о том, что стадия выздоровления будет долгой, и наглядно демонстрирует, что если закончился дождь, то это вовсе не означает автоматически, что тут же выглянет солнце. В эти дни было бы лучше чем-то пожертвовать и от чего-то отказаться, вести себя более воздержанно и строго, стараясь как можно больше отстраняться от радостей жизни. Все, что связано с избыточными и бесполезными тратами, будет неуместным, как никогда. Кроме того, этот период времени несомненно является наихудшим для коммерческих сделок, для предприятий промышленного и индустриального плана, для бизнеса в целом. В эти дни следует избегать важных встреч и переговоров, отложить до лучших времен любые мероприятия и собеседования с людьми, от решения которых может зависеть наше профессиональное будущее. В течение этого транзита нам вряд ли удастся добиться популярности и заручиться поддержкой влиятельных людей, их рекомендации на наш счет или никак нам не помогут или будут вообще отсутствовать. Поэтому не стоит тратить понапрасну свое время и силы, и обращаться к власть имущим за помощью, а лучше оставить себе возможность воспользоваться этим шансом при более благоприятных транзитах. Поскольку Сатурн символизирует время и старость, этот момент совершенно не подходит для возобновления любых старых проектов.

Юпитер в гармоничном аспекте с Ураном

Когда транзитный Юпитер проходит в гармоничном аспекте с Ураном нашего радикса, мы переживаем бурное кипение наших самых инновационных идей. Мы ощущаем необходимость перемен, обновления самих себя, потребность сбросить старую кожу. Нами овладевает некая центробежная сила, которая сильнейшим образом подталкивает нас к активным действиям в реальном мире. На самом деле, этот транзит, в отличие от других позитивных, не только дает нам возможность размышлять о великолепных вещах и наслаждаться блестящими идеями, но и позволяет воплотить их в жизнь. Тот гениальный дух, который есть внутри каждого из нас, под влиянием такого транзита набирает силу и приходит в движение. Так что мы не только будем испытывать потребность обновляться и изменяться, но и осуществим это практически. Любые решения, внезапно принятые в эти дни, обречены на успех. В свою очередь, мы должны быть максимально восприимчивыми ко всему новому, что может встретиться на нашем пути, даже если это угрожает нарушить наше душевное равновесие и устойчивость текущей ситуации. Безусловно, прошлое дает нам ощущение безопасности, а будущее, со своей неопределенностью и многими неизвестными, внушает нам страх, но в данный момент мы можем смело броситься вниз с любого трамплина даже с завязанными глазами, потому что Юпитер гарантирует, что внизу мы всегда найдем воду. Само собой разумеется, что люди с ураническим складом характера получат наибольшие преимущества от подобного транзита, но эта ситуация может пойти на пользу любому хоть немного отважному и рисковому человеку. Конечно же, нужно рисковать и, прежде всего, принимать решения в кратчайшие сроки, но при этом мы имеем почти все шансы на удачу и успех. Возможно, что для реализации задуманного нам потребуется переехать в другой город или поменять работу, но, в любом случае, Юпитер нам благоприятствует и советует осуществить попытку перемен. Процветанию наших дел и здоровья, как психического, так и физического, будут способствовать любые новинки, технологического плана, научно-исследовательского происхождения, из области информатики или электроники, и многие другие самые современные веяния и тенденции. Например, мы могли бы значительно повысить эффективность своей работы благодаря использованию новых компьютерных технологий в нашей профессиональной деятельности, или же улучшить состояние своего здоровья нетрадиционными методами лечения, избавившись от болезненных симптомов артроза с помощью гипертермии, процедуры электролечения костей. Факс, модем, оборудование для видеоконференций на расстоянии, Интернет, могут представлять собой различные ключи к нашему успеху в течение этого транзита. Но зачастую удача, которая улыбается нам в эти дни, вовсе не заставляет себя упрашивать, и может просто приплыть нам в руки или свалиться на нас с неба. Один телефонный звонок, телеграмма или письмо, пришедшее по электронной почте, могут сообщить нам о великолепном для нас событии. В этом смысле данный транзит может быть одним из самых лучших, так как он предоставляет нам возможность вырасти, улучшить свои жизненные условия, даже не требуя взамен каких либо усилий с нашей стороны, а просто предоставив нам превосходную новость. То есть к нам может неожиданно прийти хорошее известие о получении наследства, денежного выигрыша или даже о смерти какого-то человека, который препятствовал нашей эмансипации.

Юпитер в напряженном аспекте с Ураном

Когда транзитный Юпитер проходит в напряженном аспекте с нашим натальным Ураном, имеют склонность бурно проявляться самые радикальные качества нашего характера. Мы становимся более решительными, это правда, но в то же время и более деструктивными. Мы не выносим никаких застойных ситуаций, медлительности или нудных описательных подробностей в речи собеседников, глуповатых и несообразительных людей. Мы проявляем нетерпимость ко всем слабохарактерным личностям, к тем, кто слишком долго раздумывает перед принятием решения, даже по малозначительным вопросам. Транзит склоняет нас к определённому и недвусмысленному выражению своих убеждений, и если в другое время мы ведем себя достаточно дипломатично, то в данный момент это становится просто невозможным для нас. Нашим главным оружием в этот период становятся прямота и откровенность, твердость и сила решений, тенденция в своем продвижении вперед будто бы «рубить с плеча топором», экстремистский уклон в поведении. На самом деле, нам нужно сделать над собой усилие и постараться быть очень осторожными, потому что мы рискуем, по вине внезапно принятого решения, разрушить результаты своих многолетних тяжелых трудов и уничтожить плоды упорного и долгого строительства. Лучше было бы избегать принятия важных решений или, по крайней мере, не делать поспешных выводов. Прежде, чем отреагировать, нам будет полезно мысленно сосчитать хотя бы до десяти. Несомненно, наше поведение будет более агрессивным, чем обычно, и мы серьезно рискуем разорвать добрую дружбу или навредить своим партнерским отношениям, спровоцировать кризис в нашей личной жизни. В этот момент нам стоит беспрестанно повторять себе, что мы вовсе не безупречны и непогрешимы, а мнение других людей не менее важно, чем наше. Этот транзит может внезапно принести нам плохие новости в письме или по телефону. С Юпитером в негативном аспекте с натальным Ураном мы должны быть постоянно настороже, поскольку плохие вести просто кружат над нашей головой, и могут поразить нас в любой момент. Складывается впечатление, что события стремительно развиваются в угрожающую для нас сторону, и иногда действительно случается беда. Нужно избегать любых рискованных спекуляций в течение этого планетарного транзита и особенно держаться подальше от всякого рода азартных игр, так как мы можем потерять значительные суммы денег. Всевозможные технологические новшества могут навредить нам и негативно отразиться и на наших делах, и на состоянии здоровья. Например, мы можем потерять важный архив документов из-за поломки жесткого диска нашего офисного компьютера или из-за вируса, проникшего в операционную систему. Также нужно быть крайне осторожными, чтобы невольно не стать подопытными кроликами в экспериментах с новыми методами лечения, например, обещанный эффект лечения нашего ревматизма с помощью электромагнитных волн может не оправдать наших ожиданий и привести к обострению заболевания. Этот транзит приносит с собой и некоторую долю невезения в юридических вопросах. Если мы замешаны в судебном разбирательстве, то приговор неожиданно может быть вынесен не в нашу пользу. Если же мы добропорядочные граждане, то в этот период можем внезапно оказаться несправедливо обвиненными в совершении преступления и получить уведомление о нахождении под следствием. Лучше было бы в этот период избегать продвижения любых официальных бумаг, юридических дел и бюрократических практик, к которым мы имеем прямое или косвенное отношение.

Юпитер в гармоничном аспекте с Нептуном

Когда транзитный Юпитер проходит в гармоничном аспекте с Нептуном нашего радикса, мы чувствуем сильное влечение ко всему мистическому и трансцендентному. Нам становится просто необходимо выражать свою духовность, путешествовать на крыльях своих мечтаний, впечатлений, фантазий и мифов. Карл Густав Юнг говорил, что человек является не только лишь продуктом своего накопленного в прошлом плохого опыта, в соответствии с утверждением Фрейда, но он есть также существо, которое идёт к чему-то, стремится вперёд, направляет свой взор ввысь, пытается достигнуть идеальных целей, и данный транзит может представлять собой настоящую икону, идеальный образ всего этого. Он служит нам напоминанием о том, что мы не должны бороться только лишь за материальные блага, которые в соответствии с менталитетом западного человека должны были бы сделать нашу жизнь счастливой. В течение этого планетарного транзита мы понимаем, что нас окружает множество таких вещей, которыми стоит заниматься и культивировать их присутствие в нашей жизни, даже если они не могут принести нам никакой материальной выгоды. Даже неверующие люди обычно поддаются чарам этого транзита и в этот период они будут направлять силу своего либидо не в религиозном смысле, а в сторону идеалов политических, профсоюзных, социальных, экологических, и так далее. Во время этого транзита абсолютно все люди, как набожные, так и неверующие, будут ощущать импульс к милосердию и оказанию помощи другим, осуществляя это стремление в самых разнообразных формах. Нам захочется заниматься волонтёрством, помогать более слабым и бедным людям, хотя бы словесно поддерживать любого страдающего человека и утешать того, кому повезло в жизни меньше, чем нам. Мы будем более чутко относиться ко всем гуманитарным проектам, нуждающимся в финансировании, и можем охотно внести свой вклад, пожертвовав средства на научные исследования против рака, мышечной дистрофии, и других страшных болезней. Кто-то однажды сказал, что благотворительный жест приносит большее удовольствие самому дающему человеку, чем получающему, и во время этого транзита мы сможем быть особенно удовлетворёнными собой, когда откроем свой кошелёк для пожертвований на добрые дела. Речь идёт о человеколюбии, милосердии, христианском духе в самом широком смысле слова, который облагораживает нас и даёт почувствовать себя лучше и чище. Но транзит не останавливается лишь на этом, он подталкивает нас в мир нематериальных вещей, в который мы с удовольствием погружаемся до самозабвения. Мы впервые или заново открываем для себя интерес к философии, психологии, теологии, астрологии, ориентализму, йоге, и другим самым разнообразным материям, далеко уходящим от нашей повседневной реальности. Если мы уделим максимальное внимание изучению этих вопросов, то безусловно будем вознаграждены. Мы можем усовершенствовать свои знания и умения в этих дисциплинах, повстречать харизматичных людей, занимающихся подобными вопросами, каких-нибудь видных философов, священников, астрологов, психологов, и так далее. Можно с уверенностью довериться отношениям с этими людьми, потому что транзит Юпитера в гармоничном аспекте к нашему натальному Нептуну дает нам великолепные гарантии для таких контактов. Если мы обладаем экстрасенсорными способностями или попросту повышенной чувствительностью, то это подходящий момент, чтобы попытаться улучшить и развить свои психические силы. Кроме того, транзит предлагает нам возможность присоединиться к группам, церковным приходам, конгрегациям, ассоциациям, профессиональным объединениям, и так далее. Мы чувствуем сильнейшее влечение к толпе, массовым движениям и объединениям людей, но прежде всего тех, которые каким-либо образом связаны с вышеперечисленными материями и вопросами. Во время данного транзита мы не только стремимся отправиться в путешествие внутрь вселенной так называемого эзотерического мира, но имеем возможность совершить и другое путешествие, совершенно реальное, а не метафорическое, пересекая страны и континенты. Любые дальние поездки могут доставить нам огромное удовольствие, но особенно приятными будут путешествия по морю, во главе с круизами. Это великолепный период для вдохновения, художественного или музыкального. Стоит воспользоваться этим благоприятным моментом, если наша профессиональная деятельность связана с творчеством, и поработать над написанием новой картины, книги, или сочинением музыкального произведения. Однако стоит заметить, что в эти дни мы будем больше склонны к расслаблению, чем к активным действиям. Воображение и мечтания довольно сильно увлекают нас за собой, мы с удовольствием погружаемся до самозабвения в самые абстрактные фантазии, чувствуя себя при этом превосходно и в мире с самими собой. И наконец, следует подчеркнуть, что этот транзит очень благоприятствует улучшению нашего психического самочувствия, позволяя нам выйти из любого депрессивного состояния, приостановить лечение психотропными средствами или даже вовсе прекратить их прием.

Юпитер в напряженном аспекте с Нептуном

Когда транзитный Юпитер проходит в напряженном аспекте с нашим натальным Нептуном, мы испытываем состояние опьянения, будто бы выпили стакан вина на пустой желудок. С одной стороны это хорошо, потому что любая форма «анестезии» может быть полезной, когда мы переживаем неприятный момент излишнего беспокойства и переживаний, но с другой стороны это безусловно вредит нам тем, что мы очень рискуем недооценить или переоценить любую ситуацию. Наше сознание и ум теряют ясность, пребывают в состоянии большой рассеянности и склонны бросаться из стороны в сторону. В эти дни мы не знаем точно, что нам делать, ощущаем себя потерянными, мы движемся вперед, не имея четких идей и ясных конечных целей. В результате подобное состояние замешательства и смятения приводит нас к ошибкам, как говорят англичане «mistake», и можно отлично представить себе, к каким негативным последствиям может это нас привести. Например, если мы по многу часов в день проводим за рулем машины, то серьезно рискуем попасть в аварию именно по причине своего состояния некоторого замешательства. Но ошибки мы можем допустить и при заключении контрактов, оценке различных ситуаций в нашей ежедневной работе, при принятии решений относительно нашей чувственной и личной жизни. Мы переживаем такое же сильное влечение ко всему мистическому и трансцендентному, как и при транзите Юпитера в гармоничном аспекте к Нептуну, но разница состоит лишь в размере и силе этого импульса. Несомненно в этот период мы склонны преувеличивать, слишком настойчиво и лихорадочно стремиться к намеченным целям, даже несколько фанатично. Пожалуй, именно слово фанатизм, даже точнее и лучше, чем слово «ошибка», может описать наше состояние в этот момент. В течение этого планетарного транзита наше рациональное Я отдыхает, так сказать, уходит в отпуск, а следовательно, это подвергает нас опасности выпустить на волю те тенденции к радикализму и экстремизму, которые в большей или меньшей степени заложены в каждом из нас. Так что нужно быть очень осторожными, чтобы нас не увлекла за собой и полностью не поглотила волна идеалов любого рода, религиозных, политических, профсоюзных или социальных. Можно с уверенностью утверждать, что многие люди, которые встали в ряды экстремистов и даже террористов, сделали это во время аналогичного транзита. Так что следует держаться подальше от толпы, политических собраний, шествий, манифестаций и массовых мероприятий любого рода, поскольку мы рискуем навредить окружающим людям или себе самим. Это совершенно неподходящий момент для вступления в ассоциации, секты, братства, в какие-то особенные или тайные общества. Кроме того, лучше было бы избегать астрологии, психологии, теологии и вопросов схожей тематики, но не потому, что такие вещи достойны порицания или демонизации, а просто оттого, что в этот период времени у нас может сложиться ошибочное отношение к этим предметам, и в итоге они могут негативно повлиять на нашу психику. Например, в течение этого транзита мы можем встретить плохого астролога, который своим катастрофическим прогнозом введет нас в паническое состояние. Следовательно, нам нужно стараться быть реалистами, стоять обеими ногами на земле и следовать конкретным и четко намеченным планам. Нужно остерегаться контактов с психически нездоровыми или употребляющими наркотики людьми. В свою очередь, мы сами должны держаться подальше от любых наркотических веществ, лекарственных препаратов, психотропных средств, алкоголя, чрезмерного курения и слишком большого количества кофе. Период неблагоприятен для путешествий, особенно по морю.

Юпитер в гармоничном аспекте с Плутоном

Когда транзитный Юпитер проходит в гармоничном аспекте с нашим натальным Плутоном, мы мыслим с большим размахом. Нами овладевают большие амбиции и стремление к грандиозным проектам. Наш человеческий потенциал возрастает до максимума. Мы работаем, словно форсированный двигатель на больших оборотах, и готовы выйти за те пределы, которые в другой ситуации мы бы благоразумно не преступили. Мы осмеливаемся на большее и, как правило, нам сопутствует удача. Но прежде всего нам везет в реализации важный проектов, в то время как мы не замечаем почти никакой пользы от транзита в мелких делах. Такого рода транзит может помочь нам начать реализовывать самые значительные и ответственные из всех имеющихся у нас идей. Наверняка отчасти нами будет руководить и мания величия, но она вовсе не обязательно будет негативной, а наоборот, сможет подтолкнуть нас далеко вперед. Именно в такие моменты, как этот, мы можем создавать новые предприятия любого рода, коммерческие или индустриальные, исследовательские или учебные, которые позволят нам взлететь по крайней мере на голову выше всех других. Окружающие люди почувствуют нашу возросшую силу воли, и будут вести себя соответственно. Возможно, что мы получим известие о нашей победе или карьерном продвижении, о заключении выгодного контракта или о вознаграждении, которое повысит наш престиж. Если наша работа связана с подземными раскопками, геологией, археологией или психологией, то мы будем переживать очень плодотворный и богатый открытиями период. Если же мы посещаем психоаналитические сеансы в качестве пациентов, то получим огромную пользу от снов, проливающих свет на многое в эти дни. Мы чувствуем себя очень хорошо, как физически, так и психически, и если мы длительное время принимали лекарства, то в этот период можем попытаться отказаться от них. Наши неврозы, страхи, переживания и фобии в отношении любых вопросов в значительной степени уменьшатся. Этот планетарный транзит существенно повысит наш сексуальный заряд энергии, и этом смысле мы можем пережить очень приятные дни. Кроме того, нас будет привлекать к себе литература и фильмы на темы самых разных ужасов, детективных историй, о загробном мире, о посещении священных мест и кладбищ.

Юпитер в напряженном аспекте с Плутоном

Когда транзитный Юпитер проходит в напряженном аспекте с нашим натальным Плутоном, наше поведение обусловлено сильными деструктивными импульсами. Наименее благородная, и скажем прямо, самая жестокая и животная наша часть, просыпается и жаждет проявить себя. Естественно, что наше воспитание, культура и цивилизованность могут предотвратить ее выражение, но тем не менее, нам не всегда удается полностью контролировать себя, и если одновременно с этим происходят и другие разрушительные транзиты, то мы можем действительно очень низко пасть и совершить действия, в которых после будем раскаиваться. Импульсы садисткой или, наоборот, мазохистской наклонности подталкивают нас на поиски терзаний и мучений вокруг себя. Поэтому мы чувствуем влечение к людям недостойным, с сомнительной репутацией, с которыми было бы лучше не иметь ничего общего. Это могут быть лица, мужчины и женщины, живущие на грани закона или агрессивные, буйные и зверски жестокие. Сложные, нелегальные, тревожные ситуации выступают в роли резонатора для того смятения, которое овладевает нами во время этого планетарного транзита. Если по природе своей мы изначально обладаем буйным нравом, то есть серьезный риск того, что мы совершим преступление и нападем на любого, кто окажется с нами рядом. Кроме того, наши сексуальные импульсы значительно усиливаются направленным в эту сторону либидо, и если партнер не расположен к более интенсивным половым отношениям с нами, то мы можем сильнейшим образом захотеть найти себе мужчину или женщину для случайных связей. Необходимо быть очень осторожными ко всему этому, потому что, помимо прочего, мы подвергаемся серьезному риску половых инфекций и венерических заболеваний. Во время этого транзита мы можем попросить своего любимого и постоянного партнера о том, чтобы попробовать вместе пережить новый и необычный сексуальный опыт, нечто нетрадиционное, в чем мы вряд ли когда-нибудь признаемся другим. Фармакологические средства, например, гомеопатические лекарства, могут помочь нам преодолеть эту легкую форму завладевшей нами «ликантропии». Несомненно мы переживаем беспокойный момент с психической точки зрения, когда у нас могут возникнуть самые разные тревоги, фобии или неврозы. Стоит держаться подальше от спиритических сеансов, магии и эзотеризма, имеется в виду в самых низкосортных их формах, поскольку это может плохо отразиться на нашей психике. Следует также избегать просмотра фильмов ужасов, триллеров, и сцен насилия.

Юпитер в аспекте с Асцендентом

Смотрите Юпитер в Первом Доме

Юпитер в аспекте с МС

Смотрите Юпитер в Десятом Доме

Юпитер в аспекте с Десцендентом

Смотрите Юпитер в Седьмом Доме

Юпитер в аспекте с IC

Смотрите Юпитер в Четвертом Доме

Транзит Юпитера в Первом Доме

Когда транзитный Юпитер проходит по Первому Дому нашего радикса, мы чувствуем, как наше сердце «радуется», то есть значительно возрастает наш оптимизм, вера в себя и в других людей. Нас охватывает особенное добродушие, и мы ведем себя соответствующим образом. Мы ощущаем себя в гармонии с миром и желаем лишь расслабиться, забыться, растянуться на кровати, как мы обычно поступаем после неимоверных усилий или после пережитого драматичного и напряженного дня. Становится заметным, что окружающие относятся к нам более благожелательно, так что мы можем осмелиться на большее, воспользовавшись подходящей ситуацией. На самом деле, этот момент отлично подошел бы для новых начинаний, и особенно для предпринимательской деятельности, как коммерческого плана, так и индустриального, но, как было упомянуто выше, транзит больше склоняет нас к отдыху, чем к активным действиям. А впрочем, периодически позволять себе немного отдохнуть тоже нужно, и мы можем если не уйти в отпуск, то хотя бы на время отстраниться от ответственности и принятия важных решений. Можно воспользоваться этим транзитом, чтобы залечить старые раны, снова оправиться и встать на ноги после трудных времен, а уж заняться делами мы сможем и позже. Сейчас нужно быть более снисходительными к самим себе и к окружающим людям. Мы начинаем замечать за собой, что наше чувство долга значительно понизилось, а вместе с ним упала и наша способность критически оценивать действительность. И это как раз не самое лучшее качество транзита, так как вследствие падения той нормальной недоверчивости, которая в большей или меньшей степени свойственна любому из нас, мы подвергаемся более высокому риску быть кем-то обманутыми. Так что не стоит слишком расслабляться, и нужно повторять себе снова и снова, что мы ежедневно ведем борьбу, и эта игра под названием жизнь не позволяет нам полностью снимать защиту и терять бдительность. Конечно же, время от времени нам идет на пользу позитивное мышление, например, когда мы открываем новое предприятие, ведь оно не может возникнуть при нашей чрезмерной подозрительности в отношении людей и недоверии своей собственной судьбе. Но одно дело, когда мы немного понижаем свою защиту, и совсем другое дело, когда мы вообще не смотрим по сторонам и полностью обнажаем свои тылы. Ошибки, связанные с недооценкой или переоценкой ситуации, могут нам дорого обойтись. Но тем не менее, правда и то, что определенная удача сопровождает нас в этот момент, сглаживая углы на нашем пути и помогая преодолеть всевозможные препятствия. В эти дни мы можем получить хорошие новости, похвалу и благодарность, денежные награды и премии, восхваления результатов нашей работы. Этот транзит отлично способствует восстановлению наших сил после болезни, перенесенных хирургических операций или тяжелых стрессовых ситуаций. Менее приятной характерной чертой рассматриваемого нами транзита является то, что кроме возрастающего оптимизма и «радости» сердца, возрастает и наш физический размер. Нужно быть чрезвычайно осторожными, поскольку в эти месяцы, пока длится данный транзит, мы можем набрать пять, шесть, или даже больше килограммов, от которых потом будет очень сложно избавиться. И наконец, чтобы избежать интоксикации крови в этот период, надо остерегаться потакания своим скверным привычкам и любых излишеств в питании, потреблении алкоголя, курении, выпитом кофе, и так далее.

Транзит Юпитера во Втором Доме

Когда транзитный Юпитер проходит по Второму Дому нашего радикса, нужно быть очень осторожными. Здесь могут возникнуть ситуации, о которых было сказано в начале этой главы. Юпитер работает как бистабильный осциллятор или реле. Действительно, основной интерпретацией этого транзита является увеличение денежного обращения. Но денежный поток может быть как входящим, когда мы больше зарабатываем или у нас неожиданно появляются новые источники дохода, так и исходящим, и в таком случае мы сталкиваемся с самой настоящей утечкой денег. Многие астрологи игнорируют это правило, и предсказывают своим клиентам великолепный период финансового успеха. На самом же деле нельзя терять бдительность, и нужно быть очень осторожными, чтобы избежать финансовых катастроф. Как правило, в этот период случается так, что вместо запланированных десяти евро мы реально тратим сто. Наиболее благоразумно было бы избегать любых крупных расходов, и не планировать, к примеру, покупку недвижимости или ремонт квартиры. Слишком часто мне приходилось наблюдать опустошающее и разорительное воздействие такого транзита на финансовые ситуации самых разных людей, и богатых, и бедных. Это один из трех Домов гороскопа (другие два – это Седьмой и Восьмой Дома), в которых управитель Стрельца может вызвать очень яркие и зрелищные эффекты, как в позитивном смысле, так и в негативном, причем это вовсе необязательно будет связано с тем, какие аспекты он образует с другими планетами натальной карты, гармоничные или напряженные. Другими словами, довольно сложно заранее предвидеть, будет ли Юпитер действовать нам на благо или же он будет работать против нас. Единственный эффективный способ выяснить это состоит в том, чтобы расспросить субъекта о событиях, произошедших во время предыдущего транзита, идентичного этому. Расчет в данном случае очень простой, поскольку это должно было случиться около двенадцати лет назад, но для большей уверенности лучше, конечно же, уточнить в эфемеридах, когда именно транзитный Юпитер проходил по Второму Дому субъекта. Если в прошлый раз доходы повысились, то наиболее вероятно, что и сейчас произойдет то же самое. Если же имеются основания предполагать, что Юпитер может оказать негативное влияние, то мы должны посоветовать обратившемуся к нам человеку перекрыть все возможные пути утечки денег, то есть ни в коем случае не планировать на это время никаких дополнительных расходов, будь то покупка новой машины, ремонт квартиры или обновление оборудования в офисе. В течение этого транзита мы рискуем быть ограбленными, как в прямом смысле слова, так и косвенным образом, например, мы не сможем вернуть себе деньги, одолженные кому-то ранее, получим фиктивные чеки или фальшивые ценные бумаги. Негативное воздействие этого транзита может проявиться в самых разных формах: воры могут пробраться в наш дом, карманники могут ограбить нас на улице, нам потребуется срочно оплатить непредвиденные налоги, мы можем сделать плохие инвестиции на фондовом рынке. В противоположном случае Юпитер может значительно увеличить наши доходы. Кроме того, он может сопутствовать улучшению нашего имиджа и внешнего вида благодаря новой стрижке, диете для похудения, пластической операции, новому стилю одежды, и так далее. Также этот транзит может способствовать тому, что мы будем более заметны, более на виду, и наше изображение может даже появиться на телевизионном экране или на страницах газет. Если мы занимаемся театром и кино, то этот момент для нас будет особенно удачным, и наша популярность возрастет. Возможно, что нам захочется приобрести фотоаппарат или видеокамеру, новый телевизор, видеомагнитофон или монитор для компьютера. Этот период очень благоприятен для всех покупок подобного рода, и мы останемся очень довольны своим выбором. Если мы работаем на компьютере, то стоит воспользоваться этим моментом, чтобы изучить программное обеспечение для работы с изображениями. Может быть очень полезно и продуктивно посещение курсов компьютерной и рекламной графики и дизайна любого рода.

Транзит Юпитера в Третьем Доме

Когда транзитный Юпитер проходит по Третьему Дому нашего радикса, он редко наносит нам ущерб, а если и вредит, то по мелочам. Обычно он усиливает нашу умственную деятельность, в самом широком смысле слова. Под его воздействием мы становимся более внимательными, сообразительными и уверенными в своих мыслях и словах. Нам удается лучше понимать своих собеседников, да и самим выражаться яснее, чем обычно. Возрастает наше желание обмениваться информацией, и мы будем гораздо чаще обычного вести приятные беседы и дома, и в дружеском кругу, и с коллегами на работе. Нас больше тянет к разговорам по телефону, и наши счета возрастут пропорционально множеству сделанных звонков, как городских, так и международных. Мы отправим много факсов и писем по электронной почте. В свою очередь, по большему количеству полученных писем и телефонных звонков, мы заметим и возросшую заинтересованность других людей в контактах с нами. Наши ежедневные и поверхностные отношения с продавцом магазина, почтовым курьером или водителем автобуса, будут более сердечными и доброжелательными. Мы получим хорошие новости издалека. Нас охватит жажда путешествий, но при этом нас будут привлекать скорей не дальние, а ближние расстояния. Нам придется чаще ездить из загорода в центр, но это будет восприниматься нами не как тягота, а как удовольствие. Особенное наслаждение нам доставит вождение машины или мотоцикла, и этот период отлично подходит для получения водительских прав, в том числе и для управления морским судном. Обычно самым банальным событием этого периода, но и одним из самых частых, является покупка новой машины, как самим субъектом, так и его близким родственником. Может быть приобретен и мотоцикл, и любое другое транспортное средство. Но в чем мы можем получить наилучшие результаты от подобного транзита, так это в сдаче экзаменов. Идет ли речь об экзаменах в средней школе или в университете, наша подготовка к ним будет проходить наилучшим образом, и мы сможем успешно наверстать любые свои отставания и упущения в учебе. Исход всех экзаменов в течение этих месяцев почти наверняка будет положительным. Мы можем воспользоваться этим транзитом, чтобы многому научиться, посещая курсы самого разного рода, от информатики до живописи, от подводной охоты до садоводства, на все без исключения темы. Мы можем принять участие в курсах не только как студенты, но и в качестве преподавателей. Этот транзит великолепно подходит для конференций, семинаров, круглых столов, самых разнообразных дискуссий и прений, где мы можем проявить себя как главные действующие лица или попросту как внимательные слушатели. Возрастет наша тяга к чтению, и стоит воспользоваться этим, чтобы существенно повысить свои профессиональные знания с помощью изучения каких-нибудь «священных» книг из той области, которой мы занимаемся больше всего. Если мы журналисты или писатели, то этот транзит будет колоссально благоприятствовать выходу нашей важной статьи или публикации новой книги. Этот период отлично подходит для покупки оборудования, предназначенного для связи и телекоммуникаций, такого как домофон, мобильный и беспроводный телефон, факс, спутниковая антенна, принтер, и так далее. Прохождение Юпитера в нашем натальном Третьем Доме, кроме прочего, обычно указывает и на хороший период в жизни нашего родного или двоюродного брата, или сестры, шурина, зятя или молодого друга. Наши отношения со всеми этими людьми улучшаются. В тех достаточно редких случаях, когда планета в этом Доме проявляется негативным образом, можно ожидать скандала, в который окажется вовлеченным наш родной или двоюродный брат, сестра или шурин, или молодой друг. Невнимательность или состояния алкогольного опьянения могут послужить причиной дорожно-транспортного происшествия. Мы можем провалиться на экзамене из-за недооценки уровня его сложности.

Транзит Юпитера в Четвертом Доме

Когда транзитный Юпитер проходит по Четвертому Дому нашего радикса, нас порадует хорошее событие, дающее нам какое-то преимущество, связанное с недвижимостью. В общих чертах это означает, что мы осуществим операцию купли-продажи недвижимости, или переедем на новое местожительство, или же начнем ремонт у себя дома или в офисе (все это относится не только к месту, где мы проживаем, то есть к нашему дому, но и к месту работы). В любом случае речь будет идти о радости, связанной с «кирпичами», которая может проявиться как в виде получения недвижимости в подарок или по наследству, так и в виде покупки совместного жилья. То же самое касается возможного приобретения гаража, земельного участка или жилого автомобильного прицепа. Зачастую одновременно с этим транзитом наблюдается и присутствие транзитного Сатурна во Втором и Восьмом Домах радикса, или же Сатурна и Юпитера во Втором и Восьмом Домах Солнечной Революции, что указывает на чрезвычайные финансовые обязательства в связи с очень важной покупкой и серьезными инвестициями. Если одновременно учитывать эти положения транзитов и Солнечной Революции, то можно выполнить крайне точные предсказания, которые просто поразят людей, обратившихся к нам за консультацией. Но дом также содержит в себе и мебель, поэтому очень часто речь идет о покупке новых предметов мебели или ценных украшений для обстановки в квартире. Для подростков этот транзит зачастую указывает на то, что дома им будет выделена более просторная комната, или же они получат комнату в свое полное распоряжение по причине отъезда брата или сестры, которые создадут свою семью. Для других людей это означает период времени, когда они смогут насладиться пребыванием дома, например, для тех, кто постоянно находится в разъездах по долгу службы и просто мечтает побыть подольше дома, именно во время данного планетарного транзита это становится возможным. На другом уровне транзит может указывать на отличный период в жизни наших родителей, которым удается преодолеть тяжелую ситуацию или поправить свое здоровье. В то же время улучшаются и наши отношения с ними. На самом деле, этот транзит очень редко проявляется в негативном смысле. Помимо прочего, он может иметь прямое отношение к памяти нашего компьютера, а значит в это время мы можем приобрести новую память или новый жесткий диск большей емкости, устройство для записи и чтения оптических дисков или для резервного копирования, и так далее. Этот момент особенно благоприятен для безопасного сохранения и резервного копирования важных для нас данных. В тех крайне редких случаях, когда транзит проявляется негативно, мы рискуем потерять свое недвижимое имущество из-за нашего излишне доверчивого и недостаточно критичного отношения к оформлению правовых актов. Возможны излишние расходы в связи с домом. Один из наших родителей может почувствовать себя плохо из-за проблемы с печенью или с кровью.

Транзит Юпитера в Пятом Доме

Когда транзитный Юпитер проходит по Пятому Дому нашего радикса, возрастает наша активность в сфере игр и развлечений. Обычно это означает, что мы чаще ходим в кино, на концерты, в театр, в ночные клубы и дискотеки, на прогулки и на экскурсии, выезжаем на выходные за город. Но речь не идет лишь об этом, так как физиология удовольствий должна пониматься в самом широком смысле, и если одному человеку наибольшее наслаждение доставляет игра в протыкание тыквы очень острым ножом, то другому нравится изучать трактат по римскому праву. Мы можем развлекаться самыми разнообразными способами, а значит можно представить себе субъектов, которые получат удовольствие от видеоигр, компьютера, навигации в Интернете, или от чтения романов вместо привычной специальной литературы, необходимой для работы. Многие люди открывают для себя впервые или вспоминают свою прежнюю страсть к азартным играм, рулетке, казино или биржевым спекуляциям. Этот период в целом очень благоприятен для любви. В действительности во время этого транзита мы очень часто влюбляемся и переживаем новую любовную историю. Но поскольку события все же не всегда разворачиваются именно таким образом, то чтобы узнать заранее, будут ли у субъекта шансы на счастливую любовь или нет, нужно расспросить его о событиях, происходивших около двенадцати лет назад, когда транзитный Юпитер проходил по этому же Дому, и если тогда он влюблялся, то и в этот раз вероятность пережить новую любовь будет очень высокой. Но хороший период для любви может относиться и к устойчивой паре, и если субъект состоит в браке, то будет переживать счастливые времена своих отношений. В эти месяцы мы, как правило, больше занимаемся сексом, и нередко именно во время такого транзита происходит зачатие ребенка. Для беременной женщины этот планетарный транзит предвещает благополучное вынашивание ребенка и удачные роды. Улучшаются наши отношения с детьми. Наши дети, будто бы «заново рождаясь» в наших глазах, могут порадовать нас своими успехами. Например, они могут серьезно заняться своей учебой или выиграть на спортивных соревнованиях, влюбиться или стать более независимыми и эмансипированными. Этот транзит подарит несколько очень плодотворных месяцев всем тем, кто занимается педагогической и творческой деятельностью, учителям, художникам, артистам, спортсменам, танцорам, актерам. Если транзит проявляется негативным образом, то мы можем потерять бдительность в сексуальных контактах, не предохраниться достаточным образом, и в результате спровоцировать наступление нежелательной беременности. Кроме того, мы рискуем оказаться замешанными в скандальной истории из-за нашей новой любовной связи или даже внебрачных отношений. То же самое может случиться с нашим взрослым сыном или дочерью. В самых худших случаях транзит указывает на наше увлечение из ряда вон выходящими, какими-то совершенно нестандартными развлечениями и очень опасными играми.

Транзит Юпитера в Шестом Доме

Когда транзитный Юпитер проходит по Шестому Дому нашего радикса, есть вероятность того, что мы начнем свою трудовую деятельность или устроимся на новую работу. На самом деле, если этот транзит происходит одновременно с другими позитивными транзитами и особенно с положением Асцендента Солнечной Революции в Десятом Доме радикса, то наш рабочий и трудовой потенциал значительно возрастает. Это вовсе не означает, что мы будем больше зарабатывать, поскольку в данном случае отсутствует прямая связь со Вторым или Восьмым Домом, но наши рабочие условия безусловно улучшатся. Прежде всего в этот период нам предоставится возможность создать или восстановить у себя на работе дружелюбную атмосферу, наладить хорошие отношения с коллегами, сотрудниками и начальниками. В течение этих месяцев могут позитивно разрешиться наши старые разногласия или обиды в трудовом коллективе. Когда говорилось о деньгах, то не имелось ввиду, что возможность увеличения заработка исключается априорно, но попросту подчеркивалось, что при этом транзите нет теснейшей и прямой связи между улучшением условий труда и денежными поступлениями. Но несмотря на это, вполне может случиться и так, что благоприятное влияние транзита на наш карьерный рост в результате принесет нам и повышение заработной платы, и возрастание наших доходов. Это великолепный период для поиска сотрудника или сотрудницы, в том числе для найма домашней прислуги. Те люди, которых мы принимаем на работу в эти месяцы, почти всегда оказываются хорошими и надежными сотрудниками. В плане здоровья, которое тоже имеет непосредственное отношение к Шестому Дому, мы будем ощущать значительное улучшение нашего самочувствия. В самом деле, вполне возможно, что именно в этот период времени нам удастся либо выяснить происхождение своей болезни, не поддававшейся ранее диагностике, либо найти эффективный способ лечения нашего заболевания. Поэтому, если мы много лет страдаем от какой-то болезни, то нам стоит в течение этого планетарного транзита сосредоточить свои усилия на поиске разрешения этой проблемы, и даже если нам не удастся окончательно победить болезнь, то наверняка мы сможем получить значительное облегчение. Но при этом нам вряд ли удастся это сделать с помощью хирургической операции, поскольку транзит не только не благоприятствует подобным вмешательствам, но и никак не оправдывает их. На хирургические операции указывает не Юпитер, а прежде всего транзитный Марс или Уран, когда они проходят по Шестому Дому радикса, а также когда они расположены в Шестом Доме Солнечной Революции в определенный год. В данном же случае Юпитер нам говорит о лечении в широком смысле слова, либо о фармакологическом, либо с использованием нетрадиционной медицины, будь то массажи, термальные ванны, шиацу, грязевое лечение, и так далее. Если транзит происходит во время беременности, то почти всегда он способствует хорошему ее протеканию и нормальному вынашиванию ребенка. В случае негативного проявления транзита можно ожидать проблем со здоровьем, связанных прежде всего с ухудшением состояния нашей печени и крови. В данной ситуации Юпитер может быть очень злым, подобно планете вредителю, а то и хуже. Он может вызвать серию интоксикаций или спровоцировать другие тяжелые последствия наших излишеств в еде, курении, потреблении лекарств, алкоголя, и так далее. То же самое можно сказать о беременности, протекающей во время этого транзита. Что касается работы, негативный транзит может указывать на скандал, связанный с нашим подчиненным или на нанесенный нам ущерб с его стороны, потому что мы оказали ему излишнее доверие.

Транзит Юпитера в Седьмом Доме

Когда транзитный Юпитер проходит по Седьмому Дому нашего радикса, самым ярким и живописным образом проявляется то, о чем говорилось во вступительной части этой главы, то есть его поведение, подобное бистабильному осциллятору. Объясню поподробней. По не совсем понятной причине механизма этого явления, но по совершенно очевидному его эффекту, управитель Стрельца «работает», залечивая и восстанавливая то, что нарушено и нуждается в оздоровлении, и разрушая те ситуации, где на текущий момент все складывается очень хорошо. Причем это не связано напрямую с теми аспектами, которые транзитный Юпитер образует с другими планетами нашей солнечной системы, проходя по Седьмому Дому. Следовательно, когда я говорю о позитивном или негативном влиянии этого транзита, то делаю это для упрощения, и имею в виду лишь итоговый результат. Все сказанное я могу подтвердить огромным количеством примеров. Приведу лишь некоторые. Если субъект одинок в личной жизни и жаждет найти себе постоянного партнера, то этот транзит с огромной вероятностью подарит ему такой шанс и позволит состояться долгожданной встрече с подходящим партнером, которая, вполне возможно, станет и началом счастливых любовных отношений. Кроме того, транзит благоприятствует открытию нового совместного предприятия, заключению политического или коммерческого союза и любого рода стратегического соглашения. Стоит заметить также, что этот транзит способствует решительному улучшению наших отношений с законом. Это означает, что если мы замешаны в правовом споре или судебном разбирательстве любого рода, то приход Юпитера в этот Дом окажет нам огромную помощь в получении благоприятного для нас судебного решения. Самые позитивные и блестящие результаты такого транзита наблюдаются, когда одновременно с ним Асцендент Солнечной Революции находится в Десятом Доме радикса. В таких случаях в отношении всего вышесказанного, и особенно касательно любовных и супружеских дел, происходят самые настоящие маленькие чудеса. Если же наоборот, субъект состоит в счастливом браке или в сентиментальной связи, то наступление этого транзита провоцирует возникновение сильного напряжения между партнерами, которое может даже привести к расставанию, разрыву отношений или разводу. Таким же образом, если субъект на момент вхождения Юпитера в Седьмой Дом переживает успех в делах с законом и благоприятное развитие событий в правовых спорах, то наверняка, совершенно необъяснимым образом, но ситуация развернется в противоположную сторону, и субъект рискует быть осужденным, получить тяжелый приговор или очень невыгодное для него судебное решение в текущем правовом споре или судебном разбирательстве. Все это значительно усиливается в случае одновременного присутствия плохих показателей в текущей Солнечной Революции, и, прежде всего, при расположении Асцендента СР в Двенадцатом, Шестом или Первом Домах радикса. В подобных ситуациях негативный эффект транзита просто поражает своей красочностью, и я очень удивлен, что ни один коллега астролог не заметил этого раньше меня. Следовательно, данное положение является особенно опасным для всех тех, кто имеет основания бояться законного наказания: взяточников, неплательщиков налогов, преступников, и так далее. Часто этот транзит объявляет о том, что нас посетит налоговая инспекция. Он может проявиться в ситуациях, когда нас наказывают за нарушение правил дорожного движения изъятием водительских прав, а также в виде разных штрафов и взысканий, конфликтных ситуаций и ссор с разными людьми, в том числе враждебных отношений в семейном кругу, с друзьями, и так далее. Одним словом, транзит очень часто приносит нам обилие официальных бумаг, в самом широком смысле слова. Но тем не менее, в отношении нашего партнера Юпитер почти всегда указывает на светлый момент в его или ее жизни, на улучшение состояния здоровья или успехи в работе и период самоутверждения. Лишь в самых редких случаях этот транзит говорит о скандале или о судебных делах, в которых окажется замешанным наш любимый человек.

Транзит Юпитера в Восьмом Доме

Когда транзитный Юпитер проходит по Восьмому Дому нашего радикса, мы становимся свидетелями третьего варианта (другие два относятся ко Второму и Седьмому Домам) ситуации, когда шестая планета нашей солнечной системы (напомню, что в астрологии мы условно называем планетами и Солнце, и Луну) может проявлять себя очень зрелищным образом, или в одном направлении, или в полностью противоположном, подобно бистабильному осциллятору. Этот транзит в девяноста процентах случаев относится к нашей финансовой ситуации. В этот период мы на самом деле замечаем более значительный поток денег (по сравнению с обычной ситуацией клиента), но направление его может быть как входящим, так и исходящим. Как же понять тогда, проявится ли Юпитер позитивно в виде увеличения доходов или негативно в виде возрастающих расходов? В этом нам могут помочь другие текущие транзиты и карта Солнечной Революции. Например, если этот транзит происходит одновременно с Асцендентом Солнечной Революции в Двенадцатом, в Первом или Шестом Домах радикса, то существует огромная угроза того, что он проявится в виде больших денежных расходов. Но дело обстоит так не всегда, и поэтому единственной системой, которую я нахожу очень эффективной, чтобы понять настоящую природу транзита, является расспрашивание клиента о том времени, когда в прошлый раз наблюдался такой же транзит, около двенадцати лет назад. В действительности, фортуна или неудачливость в деньгах у каждого субъекта является тем элементом, который остается достаточно устойчивым, а следовательно, если прошлый транзит Юпитера в Восьмом Доме принес утечку денег, то следует остерегаться подобной ситуации и в этот раз. И наоборот, если прошлый транзит проявился в виде отличного денежного дохода, то можно быть оптимистами и сейчас. Утечка денег может зависеть от множества факторов, таких как покупка дома, с соответствующими крупными суммами, взятыми в кредит, или же приобретение дорогостоящих вещей вроде машины. Но помимо этого речь может идти о налогах, неудачных биржевых инвестициях, данных взаймы деньгах, которые нам не удается вернуть себе, о пережитых кражах и ограблениях, или же о чрезмерных тратах нашего партнера (напомню, что по системе производных Домов Восьмой Дом является Вторым для Седьмого). Такой транзит может быть чрезвычайно опасным для любого человека, но для предпринимателей, погрязших в долгах, он будет просто губительным, и в этом случае есть огромная вероятность банкротства. Если транзит проявляется позитивно, то деньги могут поступить в виде наследства или выигрыша, дополнительного заработка партнера, получения выходного пособия или начисления пенсии, выплаты задолженности по зарплате, существенного увеличения доходов в связи с профессиональными успехами. Помимо прочего, в этом Доме воздействие Юпитера может иметь отношение к теме смерти (хотелось бы уточнить одну очевидную вещь, что когда я говорю о «воздействии» планеты, то делаю это лишь для упрощения, а не потому, что считаю само собой разумеющимся принятие гипотезы существования механизма причинно-следственных связей в астрологии). Если мы находимся при смерти, то этот транзит может помочь нам покинуть этот мир наилучшим и самым легким образом. Если кто-то из наших родственников и дорогих нам людей очень сильно болен, и его мучения продолжаются уже давно, то вхождение Юпитера в наш Восьмой Дом может соответствовать смерти этого человека, которая в этом случае должна восприниматься как счастливое освобождение для всех. Кроме того, транзит благоприятствует нашей сексуальной жизни, и он является важным фактором, когда мы хотим узнать, например, сойдутся ли снова вместе любовные партнеры после их размолвки и расставания. На самом деле, если хотя бы у одного из двоих партнеров мы обнаружим этот транзит, то это может указывать на его сексуальное удовлетворение, а значит, следуя логике, мы достаточно уверенно можем сделать вывод, если и другие транзиты это подтверждают, что будет примирение и воссоединение пары. Этот транзит хорошо влияет на всяческие подземные исследования, от геологии до археологии, а также и на исследования подсознания, а значит он благоприятен и для психоанализа. Это подходящий период, к тому же, для составления завещания и покупки места захоронения на кладбище.

Транзит Юпитера в Девятом Доме

Когда транзитный Юпитер проходит по Девятому Дому нашего радикса, мы должны интерпретировать это достаточно однозначно. Обычно он преподносит нам значительные преимущества в отношении всего далекого. В большинстве случаев попросту речь идет о нашем далеком путешествии. В этот период мы не только имеем возможность отправиться в дальнюю поездку, но и должны приложить максимум усилий, чтобы это осуществилось на самом деле. Тогда мы сможем подарить себе очень приятный отдых и насладиться открытием новых мест, языков, культур и традиций, отличающихся от наших. Это относится не только к увеселительным поездкам, но и к рабочим командировкам. В пути нам может представиться очень выгодный шанс наладить контакты с людьми, предприятиями или организациями, которые могут оказаться очень полезными для нас, со всех точек зрения. Следует помнить, что Девятый Дом относится не только к загранице, но и ко всем территориям нашей страны, лежащим за пределами нашей области, то есть к любой местности, где говорят на диалекте, отличном от нашего. Следовательно, в таком случае мы можем получить пользу и выгоду, отправившись в столицу, чтобы запросить какое-то разрешение в государственных органах, или поехав в другой город, чтобы поступить в университет и повысить свои знания, или принять участие в конференции, или пройти курсы повышения квалификации в престижном учебном заведении, и так далее. Различные преимущества, связанные с этим транзитом, тем не менее, не требуют обязательного нашего перемещения в дальние края. Они могут проявиться и в виде благоприятных возможностей, приходящих к нам издалека. Например, мы можем получить почетную награду иностранной державы, или в иногородней газете может появиться хвалебная статья о нашей работе, или из другой области нам может поступить предложение о выгодном сотрудничестве, и так далее. Во всех этих случаях мы можем получить большую выгоду от данного планетарного транзита. Наилучший результат, который мы можем достигнуть, как всегда состоит в «целенаправленном» выборе места, которое может быть для нас самым благоприятным при одновременном влиянии этого транзита, и которое мы можем определить по астрогеографической карте. Но не будем углубляться в Астрогеографию и остановимся здесь, чтобы не уходить от темы. Издалека могут также прийти разрешения наших проблем со здоровьем, например, за рубежом может продаваться нужное нам лекарство, иностранные врачи могут заняться нашим лечением или даже нас прооперировать, термальные источники другой страны могут благотворно повлиять на состояние нашего здоровья... Кроме того, этот транзит благоприятствует получению высшего образования и изучению любых вопросов, которые далеки от обыденной реальности и не являются частью нашего обычного образования. В этом смысле было бы полезно заняться изучением философии, теологии, астрологии, ориентализма, йоги, буддизма, парапсихологии, и так далее. Изучение иностранных языков тоже будет успешным в этот период, так же как и изучение информатики, то есть языка компьютерного программирования.

Транзит Юпитера в Десятом Доме

Когда транзитный Юпитер проходит по Десятому Дому нашего радикса, мы можем смело нацеливаться на рост во всех областях нашей жизни. Безусловно, это один из самых лучших транзитов, которые могут случиться в нашей жизни. Многие наши самые заветные мечты становятся реальностью, и мы чувствуем, что удача, просто на удивление, сопровождает нас во всем. Да, здесь мы имеем полное право говорить об удаче и фортуне, без помощи которой даже самому талантливому человеку и достойному профессионалу невозможно было бы выделиться среди других. В этот период мы ощущаем необычайную легкость и испытываем радость от понимания того, что мы движемся так, будто бы не существует никакой силы притяжения Земли, на самой высокой и захватывающей дух скорости, словно скользя на отлично смазанных лыжах. Во время этого транзита нам может часто сниться, как мы летаем, и это достаточно соответствует действительному нашему состоянию и положению дел. Если проанализировать прошедшие события нашей жизни, то мы обнаружим, что именно с этим транзитом у нас связаны счастливые воспоминания о многих самых лучших днях, когда мы получили диплом или сыграли свадьбу, устроились на работу или открыли свою фирму, начали изучать иностранный язык, приобрели недвижимость или у нас родился ребенок… Ключевое слово этого транзита – эмансипация, которую следует понимать в самом широком смысле, на все триста шестьдесят градусов, в любой области нашей жизни. То есть мы можем преодолеть свой страх перед полетом и сесть в самолет, освоить компьютер или в пятидесятилетнем возрасте научиться плавать, освободиться от мешающего нам в чем-то человека или успешно завершить психотерапевтический курс глубинного анализа, преодолеть зависимость, выздороветь от многолетней болезни… Можно приводить примеры бесконечно, но я уверен, что Читатель отлично понял, о чем идет речь. Многие из тех людей, кто наслышан об астрологии, путают эти улучшения нашей жизни с возрастанием денежного дохода, что есть в корне не верно, это две совершенно разные вещи, которые нельзя смешивать между собой. Например, если девушка живет вместе с очень строгими родителями, относящимися к ее воспитанию чрезвычайно сурово, то выйдя замуж во время этого транзита, она, конечно же, добьется эмансипации, по крайней мере на этот момент, но в то же время она потратит немало денег на свадебное торжество. В течение данного планетарного транзита возможно повышение по службе или присвоение нам почетного звания. Все, что начинается в этот момент, безусловно рождается под счастливой звездой. Помимо прочего, транзит может означать период успеха в жизни нашей матери, улучшение ее состояния здоровья, или же значительное улучшение наших с ней взаимоотношений.

Транзит Юпитера в Одиннадцатом Доме

Когда транзитный Юпитер проходит по Одиннадцатому Дому нашего радикса, мы переживаем почти настолько же плодотворный и успешный период, как и во время транзита Юпитера в Десятом Доме. На самом деле, в течение этого транзита мы можем смело рассчитывать на помощь знакомых, влиятельных людей, высокопоставленных лиц, наших друзей, обладающих властью и пользующихся авторитетом. Это самый подходящий момент, чтобы постучать в чьи-то двери и попросить о помощи и поддержке, ведь нам сейчас сопутствует пусть небольшая, но совсем немаловажная удача. Мы будем выслушаны с гораздо большим сочувствием и вниманием, чем в другое время, не отмеченное этим планетарным транзитом.

Мы должны постараться максимально использовать свои знакомства, и вспомнить о том, как мы когда-то ужинали за одним столом с влиятельным судьей или с политиком, или с издателем, или с режиссером. Все понемногу могут помочь нашему профессиональному росту. Если есть хоть какая-нибудь отдаленная возможность устроиться на хорошую работу по рекомендации и по знакомству, то это подходящий момент воспользоваться своими связями, конечно, если мы желаем следовать по такому пути. Этот транзит может оказаться нам полезен в разных ситуациях, когда мы хотим, чтобы нам пошли в чем-то на уступки. Например, мы можем добиться, чтобы врач осмотрел нас без очереди и без положенного ожидания в тридцать дней, или чтобы строители, занятые ремонтом нашей квартиры, сделали нам хорошую скидку в цене, или чтобы нас допустили к пробным съёмкам на телевидении, и так далее. В конце концов, в последнее время в некоторых странах мира самые высокие судебные инстанции вынесли вердикты, утверждающие о том, что выдавать кому-то рекомендации не является преступлением. Так что можно не стесняться. Однако, как уже говорилось выше, во время этого транзита мы можем двигаться не только в направлении финансового или профессионального роста. Хорошая расположенность окружающих в отношении нас может проявиться и в том особенном внимании, которое уделит нам механик, ремонтируя нашу машину, или же в том большем времени, которое выделит нам на консультацию астролог или психолог. Вообще, мы чувствуем благожелательную настроенность окружающих по отношению к нам, и даже когда мы просто хотим уточнить какую-то информацию у служащего у окошка, нам на удивление легко могут позволить пройти без очереди. Этот транзит также способствует завязыванию хорошей новой дружбы, и он может подарить нам потрясающие отношения, основанные на чувствах сотрудничества, взаимопомощи и товарищества в самом лучшем смысле этого слова. Наша старая дружба может окрепнуть в течение этого периода времени. Эти месяцы окажутся плодотворными почти для любых планов и проектов, как возникающих в этот момент, так и задуманных уже давно, но удачно развивающихся именно сейчас. Если транзит проявляется негативно, то он может означать, что наш друг или влиятельный знакомый рискуют оказаться замешанными в неком скандале. Кроме того, один из близких друзей, пользующихся нашим безмерным доверием, нанесет нам вред.

Транзит Юпитера в Двенадцатом Доме

Когда транзитный Юпитер проходит по Двенадцатому Дому нашего радикса, он помогает нам выдержать и преодолеть все наши текущие испытания и несчастья. Как будто бы ангел-хранитель спускается на Землю, чтобы помочь нам преодолеть все препятствия и трудности, с которыми нам приходится сталкиваться. Самые запутанные ситуации, словно по мановению волшебной палочки, разрешаются. Мы будем готовы во всеоружии встретить возможные испытания, в любой области жизни. На самом деле, данный планетарный транзит может помочь нам в самых разнообразных проблемах, касающихся финансов или связанных со здоровьем, в любовных отношениях или в области закона. В тот самый момент, когда нам кажется, что весь мир рушится и мы летим в пропасть, вдруг, откуда ни возьмись, появляется рука помощи, которая нас поднимает, подсказывает правильный выход, дает опору и поддержку, чтобы мы не упали вниз. Такая помощь может прийти к нам с любой стороны, от родственников, партнеров, влиятельных людей, но особенно полезными для нас будут встречи с астрологами, священнослужителями и психологами. В этот период религия и астрология могут серьезно помочь нам удержаться на плаву, даже если это будет просто эффект плацебо. В любом случае, мы почувствуем изменение ситуации в противоположную, удачную для нас сторону, увидим спасительные проблески света в конце мрачного туннеля. К тому же, этот транзит благоприятствует исследованиям вообще, и в области эзотерики в частности. Этим можно воспользоваться, если мы, например, хотим изучить новую технику астрологических предсказаний. Если мы займемся любого рода благотворительностью или волонтёрством, то почувствуем себя гораздо лучше, воспрянем и душой, и телом. Мы будем готовы встретить во всеоружии своих тайных врагов и дать отпор любым сплетням на наш счет. Если транзит проявляется с негативными аспектами, то есть вероятность, что мы окажемся замешаны в скандале или попросту о нас будут злословить. Наше здоровье может ухудшиться, и особенно может пострадать печень и кровь. Наше излишне оптимистичное и доверчивое по отношению к другим людям поведение может нанести нам серьезный ущерб.

Глава 8
Транзиты Сатурна

Транзиты Сатурна очень важны. Они соответствуют определенным этапам нашей жизни, когда в подавляющем большинстве случаев мы проходим серьезные проверки и тяжелые испытания. Некоторые авторы, и даже очень популярные, настаивают на утверждении о том, что транзиты Сатурна должны быть прочитаны в позитивном смысле, поскольку они способствуют нашему росту, позволяют нам возвыситься духовно, обрести мудрость и преобразиться в лучшую сторону. Я вовсе не отрицаю этот аспект ситуации, но, тем не менее, задаюсь вопросом: если мужчина или женщина узнают о том, что смогут вырасти и обрести наилучшие человеческие качества, пережив рак желудка, потерю любимого человека, или крах своего финансового положения, то неужели вы думаете, что они пожелают пройти через все это? И пожелают ли себе таких трагедий те самые авторы, которые настаивают на подобном утверждении? Однако не занимаются ли эти люди чистой демагогией, со своим желанием, и это в наши-то времена, настаивать на концепции обязательного прочтения всего в позитивном ключе, а иначе вас осудят и назовут крайними пессимистами, мрачными предсказателями катастроф или Кассандрой? Я абсолютно убежден в том, что мы растем и становимся мудрее всякий раз, когда получаем удары от нашей Традиционной седьмой планеты, но я также уверен и в том, что все астрологи, профессионалы или любители, боятся этих ударов, будто чумы. Так что давайте оставим в стороне любое лицемерие, будем двигаться в направлении предельной откровенности и говорить начистоту. Сатурн – это Сатурн, «Большой вредитель» по Традиции, Хронос в мифологии – бог, пожирающий своих детей. Планета, которая в иконографии эпохи Возрождения изображалась в виде потрепанного старика, совершенно больного и перебинтованного, с костылем в правой руке и косой в левой, обозначающей ущербность и смерть. А если посчитать, сколько раз в бедах и несчастьях всей жизни любого субъекта присутствует Сатурн? Его транзиты, которые в отношении любой точки нашей натальной карты (Солнце, Луна, Асцендент, МС…) происходят примерно каждые семь лет, в соединении, оппозиции, и квадратуре (и это не учитывая не менее важных аспектов полуквадрата и полутораквадрата), каждый раз сопровождают кризисные ситуации нашей жизни. Проявиться это может в четырех основных направлениях: болезни, горе и траур по потере близкого человека, трудности профессиональные/ финансовые, кризисы чувственные/ любовные. Можно поклясться, что в основном проблемы будут именно в этих рамках. Однако, в отличие от Урана, транзиты Сатурна хоть и могут нанести огромный вред, но они также позволяют по завершению транзита вернуться к предыдущей ситуации, даже если с некоторыми «переломами костей».

Но все же, есть доля правды и в том, что транзит Сатурна не должен рассматриваться обязательно в негативном ключе (естественно, говоря о напряженных аспектах). И здесь требуется разъяснение. Он может быть благоприятным в смысле предпринимаемых нами усилий, неких страданий, которые позволяют нам добиться лучшего положения. Приведу некоторые примеры. Если транзитный Сатурн проходит по нашему Четвертому натальному Дому, вполне возможно, что мы по уши погрязнем в долгах, чтобы купить собственный дом, но это просто необходимо и неизбежно для реализации нашей цели. Таким же образом мы можем мобилизовать все свои силы на подготовку к конкурсному отбору на выгодное место работы, одновременно с транзитом Сатурна в Десятом Доме, и это нам не просто достанется, а дорогой ценой страданий, бессонных ночей, проведенных за книгами, отказом от всех развлечений, и так далее. Следовательно, это вовсе не то же самое, что заявлять о том, что транзиты Сатурна позитивны, поскольку во всех ситуациях, прежде всего, мы встречаем страдание, и именно оно является центральной точкой наших рассуждений, которую никогда нельзя терять из виду. Хотелось бы также напомнить, что транзиты могут быть двух типов: простые и тройные. В первом случае транзит выглядит в виде прохождения планеты по одной определенной точке нашей натальной карты. Например, Сатурн проходит по нашему Солнцу и продолжает свое движение вперед, больше не возвращаясь назад. Во втором случае, наоборот, «Большой вредитель» проходит в первый раз по конкретной точке, потом разворачивается назад и проходит в ретроградном движении второй раз по той же точке, и наконец, снова развернувшись, в директном движении проходит по ней в третий и последний раз. В случае множественных транзитов и таких петлеобразных движений планеты директной, ретроградной и снова директной, по чувствительным точкам натальной карты, разрушительный эффект, безусловно, будет проявляться особенно сильно.

Стоит добавить, что транзиты Сатурна в Домах являются одним из лучших индикаторов при поиске точного времени рождения субъекта. Я настолько в этом уверен, что если бы мне пришлось выбирать всего лишь один метод для изучения жизни субъекта, то из всех возможных, среди транзитов, Солнечных Революций, Лунных Революций, дирекций, прогрессий, и так далее, я бы несомненно предпочел транзиты планет в Домах (и даже не транзитные аспекты планет к точкам натальной карты), настолько высок уровень проверяемости этих транзитов в жизни субъекта. Например, когда этот «камень» начинает проходить транзитом в Третьем Доме, мы можем ожидать почти мгновенного возникновения проблем с машиной, с родными и двоюродными братьями и сестрами, шуринами, зятьями, или относящихся к учебе. Проверив по эфемеридам, где именно проходил Сатурн и в скольких градусах от предполагаемого куспида, мы можем уже получить первое и важное указание для уточнения настоящего времени рождения субъекта. За ним должны последовать и другие проверки, и многоразовые, но речь идет об отличной отправной точке в нашем поиске.

Сатурн в гармоничном аспекте с Солнцем

Когда транзитный Сатурн проходит в благоприятном аспекте к нашему натальному Солнцу, мы обретаем большее осознание своей жизни. Если бы потребовалось найти в транзитах параллель тому, что Карл Густав Юнг называл *процессом индивидуализации*, то я бы сказал однозначно, что речь идет именно об этом транзите. В этот период мы можем подвести истинные итоги нашей жизни, принимая во внимание все, чем мы занимаемся, с абсолютным спокойствием и, прежде всего, без всяких эмоциональных преувеличений. Несомненно, мы становимся более ответственными, осторожными, более размеренными, одним словом, более мудрыми. Начиная понимать, что от нашего поведения могут зависеть многие чрезвычайно важные вещи, мы не хотим вести себя легкомысленно или же оставаться по-прежнему ветреными. Бывает так, что этот транзит наступает вскоре после смерти близкого и дорогого нам человека, принося с собой увеличение нашей ответственности по отношению к третьим лицам. И тогда мы засучиваем рукава и действуем с сознанием того, что пусть нас ждет тяжелая дорога и трудный подъем, но камень за камнем, мы сможем проложить свой путь вперед. Именно в этот момент рождаются проекты, которые когда-то в бывших коммунистических странах назывались «двадцатилетками». Мы способны планировать на многие годы вперед, и при этом находим в себе силы воплощать в реальность наши самые долгосрочные проекты. Естественно, здесь речь не идет о той силе, которую можно сравнить с мгновенно вспыхивающей энергией, а о той, которая подобна теплу догорающих углей, такая же медленная и небольшая, но продолжительная и устойчивая. В течение этого планетарного транзита вполне возможно, что мы получим ответственные должности и поручения, награды или повышение по службе. Результаты этого транзита почти никогда не бывают яркими и броскими, однако они по своей природе являются, в основном, существенными, значительными и долговечными. В дни и недели, отмеченные этим транзитом, мы способны преодолеть огромные препятствия и избавиться от какого-либо бремени, которое давило на нас, мешая расти и продвигаться дальше к успеху. Этот транзит иногда может свидетельствовать о важном моменте в жизни нашего отца, сына, брата, партнера или мужа.

Сатурн в напряженном аспекте с Солнцем

Когда транзитный Сатурн проходит в напряженном аспекте к нашему натальному Солнцу, мы сталкиваемся лицом к лицу с одним из наиболее серьезных и тяжелых критических периодов нашей жизни. Как говорилось во вступительной части этой главы, почти всегда речь идет об одном из четырех направлений: проблемы со здоровьем, горе и траур по потере близкого человека, профессиональные и финансовые трудности, кризисы в чувствах и в любви. Вряд ли случится что-либо иное. Общая транзитная ситуация, и особенно карта Солнечной Революции, могут дать нам важные элементы для анализа, чтобы сделать верные предсказания. Если этот транзит происходит одновременно с плохой Солнечной Революцией, то его последствия могут быть чрезвычайно тяжелыми. Особенно серьезную угрозу представляет сочетание этого транзита с положением Асцендента Солнечной Революции в Двенадцатом, Первом и Шестом Домах радикса или Солнца, или стеллиума СР в Двенадцатом, Первом и Шестом Домах СР. Когда мы выходим на этой станции нашего жизненного путешествия, то речь всегда идет об очень важной остановке. Она может означать временное или окончательное прекращение какой-то ситуации, в зависимости от разных факторов, но безусловно это будет серьезное препятствие, будто бы кто-то в этот момент нам вставляет палки в колеса. Если невезение существует как абстрактное и независимое явление, то этот транзит является одной из его наилучших эмблем. У нас складывается ощущение, что судьба нам совершенно не благоволит, что наш путь лежит через крутой и тяжелый подъем, что нам нужно цепляться зубами и ногтями за любой шанс, чтобы добиться цели, и к тому же мы должны зубами и ногтями защищать уже завоеванное, чтобы постараться это не потерять. На своем пути мы вынуждены пересекать не ручейки, а реки, и каждую секунду мы осознаем, что означает фраза «трудиться в поте лица». Другие вовсе не собираются бросать нам спасательный круг, а кто-то может даже пройтись своими ногами по нашим рукам, лишь бы сбросить нас в бездонную пропасть. Наиболее очевидным образом влияние данного планетарного транзита проявляется в нашем психологическом состоянии падения энтузиазма, нервного истощения, подавленности и депрессии. Мы чувствуем огромную потребность довольствоваться малым, быть неприхотливыми и воздержанными. Ничто не способно нас развеселить, и даже видя перед собой три цветных телевизора, мы не можем избавиться от глубокого черного цвета, поселившегося в нашем сердце. Нас преследуют мысли о смерти и о поражении, мы воображаем себе сценарии неудовлетворённости и бессилия, бездны одиночества и тяжелых испытаний. Время будто бы останавливается, так что минуты, переполненные нашей тревогой и беспокойством, кажутся бесконечными. Мы склонны отказываться от борьбы, выходить из игры, оставлять попытки, удаляться от дел. В самом деле, в этом скрывается дьявольская сторона транзита, призывающая нас отказаться от того, что нас радует или покинуть любимого человека. Мы должны призвать на помощь весь свой запас внутренних сил, чтобы беспрестанно себе напоминать о том, что даже самый черный час всегда длится всего лишь шестьдесят минут. Нужно постараться убедить себя в том, что мы можем потерпеть поражение в битве, но при этом выиграть войну. Безусловно, что-то нам придется дать Сатурну, и мы принесем ему жертву, но это не будет означать нашего полного поражения. Наступят и лучшие времена, даже если в этот момент все наводит нас на мысль, что наша жизнь всегда будет такой беспросветной. Хотим ли мы этого, или нет, но мы должны будем отказаться и отстраниться от чего-то, будь то ненужная и излишняя вещь, или же дорогой и близкий нам человек. Цена, которую придется заплатить при этом транзите, вовсе не маленькая, но в любом случае она будет меньшей, чем та, которую обычно требует транзитный Уран. Конечно же, это будет слабым утешением для нас, но, по крайней мере, знание об этом наведет нас на мысль о том, что речь не идет о конце света. В этот период мы скорей всего потеряем в весе, так как нас совершенно не влечет к еде, и вообще мы склонны к умеренности, строгости и экономности в поведении. Наверняка мы будем или очень мало развлекаться или вообще не будем искать веселья. Вместо того, чтобы выйти отдохнуть куда-то вечером, мы будем стремиться к уединению. Нас поразит «волна» резкого старения, что проявится не только на ментальном уровне, но и на внешнем. Мы начнем лучше управлять своими движениями, больше контролировать мимику своего лица. У нас может появиться первая седина или же наши волосы станут совсем седыми, могут возникнуть также проблемы с костями и зубами (Хронос – это время, а оно в человеческом теле соизмеряется через кальций, который является основным элементом костей и зубов). И наконец, этот транзит может указывать на период тяжелых испытаний в жизни нашего мужа или отца, брата или сына.

Сатурн в гармоничном аспекте с Луной

Когда транзитный Сатурн проходит в гармоничном аспекте с Луной нашего радикса, мы чувствуем себя более уравновешенными, более ответственными и стабильными. Достаточная степень мудрости руководит нашим выбором, и мы склоняемся к разумным, безопасным и контролируемым решениям, и даже если в них не будет прежней страсти, но, безусловно, они будут гораздо более надёжными и безотказными, чем обычно. Мы будем действовать так, будто бы нам гораздо больше лет, чем на самом деле, проявляя такую зрелость, которая обычно свойственна лишь пожилым людям, и в этот момент мы действительно старики, если не телом, то, по крайней мере, умом. При подобном транзите очень сложно влюбиться, поскольку для этого чувства необходима большая импульсивность и меньшее чувство критики, в то время как мы беспрерывно держим свои чувства под контролем разума. Однако все же возможно, что в течение данного планетарного транзита у нас возникнет идея связать свою жизнь с каким-то человеком. Если это произойдет, то речь будет идти об очень рациональном решении, с минимальным участием сердца, но при этом однозначно конструктивном и нацеленном на длительные отношения. На самом деле, в это решение мы сможем вложить всю мощь своей зрелости, взяв на себя долгосрочные обязательства и ответственность с перспективой на очень многие годы вперед, что является типичными качествами транзита Сатурна в аспекте к светилам. Нам придется забыть о страсти, это правда, но взамен мы будем в точности представлять себе, на что идем, и не имея розовых очков на глазах, мы вряд ли останемся разочарованными. Как правило, союзы, зародившиеся в этот период, случаются или в том возрасте, когда нас уже сложно назвать молодыми, или же когда подобный астрологический аспект уже присутствует в нашей натальной карте. Пожалуй, можно сказать, что в этих случаях речь будет идти о браке по расчету, и очень часто это так и есть, но, тем не менее, такие отношения завязываются с сильными и глубокими корнями. Общая тенденция, которая может способствовать подобному выбору, состоит в стремлении сблизиться с людьми старше нас по возрасту или более зрелыми в ментальном смысле, или же более «тяжелыми» по характеру. В любом случае, в этот период времени любой наш выбор, и в личном плане, и в жизни вообще, будет ориентирован на умеренность, воздержанность, суровость, отказ от удовольствий, строгий подход к самим себе и к окружающим, максимальную внутреннюю дисциплину. Сильнейшее чувство долга, которое будет вдохновлять каждый наш шаг, будет по достоинству оценено в нашей рабочей среде, как коллегами, так и руководителями. Скрупулезность – это одно из ключевых слов рассматриваемого транзита. С этой точки зрения мы проявим себя, как настоящие как стахановцы в работе, как исключительно надежные и серьезные, лояльные и честные люди. Мы оставим позади многие иллюзии. Наша жизнь войдет в сезон больших забот и тревог, требующий от нас более ответственного и обязательного отношения, где не останется места для инфантильных порывов и прошлой манеры поведения. Речь идет о необратимом процессе, который не позволит нам вернуться назад. Конечно, в будущем нас еще не раз охватит волна оптимизма, как например, под воздействием гармоничного аспекта транзитного Юпитера с Луной, но все уже будет совершенно иначе переживаться, и никогда не будет как раньше, и в глазах других мы уже будем выглядеть гораздо более зрелыми и сдержанными. На внешнем плане транзит может указывать на некие действия с нашей стороны, направленные на покупку или ремонт дома, или же на реализацию желания окончательно устроиться в определенном жилище после многих переездов. Наша мать или подруга, жена, дочь или сестра, значительно повзрослеют и вырастут в этот период.

Сатурн в напряженном аспекте с Луной

Когда транзитный Сатурн проходит в напряженном аспекте с нашей натальной Луной, мы становимся жертвами значительного падения энтузиазма. Нас одолевает тоска, печаль, а зачастую и депрессия. Нам не удается поразвлечься и развеселиться. Мы отстраняемся от материальных благ и не испытываем удовольствия от хорошего ужина или от нового костюма. Мы склоняемся к поведению, в высокой степени обусловленному воздержанностью, неприхотливостью и простотой. Нас тянет побыть в одиночестве, изолироваться от других людей. В нашей одежде будет преобладать темный цвет, и в некотором смысле, мы будем чувствовать себя, будто бы убитыми горем и «с тяжёлым сердцем». Нами овладеет огромная степень пессимизма и ощущение, что нас преследует злая судьба. С другой стороны вполне возможно, что в этот период мы действительно станем более невезучими в соответствии с тем, что говорил Карл Густав Юнг насчет субъективной и объективной реальности: если мы негативно мыслим, то имеем гораздо больше шансов упасть, поскользнувшись на банановой кожуре. Наше основное поведение будет отмечено строгостью, прежде всего к самим себе, а потом и к окружающим нас людям. Жесткий контроль нашего супер-Я будет душить на корню любой юношеский импульс, исходящий из глубины нашей души. Своего рода внутренняя теща будет бесконечно бить нам по рукам, заставляя вести себя хорошо, правильно, честно, искренне. Нечто подобное происходит и во время гармоничного транзита Сатурна к Луне, но в данном случае все гораздо интенсивней, на несколько октав выше. Просто невыносимое чувство долга, доходящее до самых крайних пределов, овладеет нами, и будет сильнейшим образом обусловливать каждое наше действие. Несомненно, мы будем исключительно скрупулезными во всем, чем бы ни занимались в это время. Мы будем работать с максимальной отдачей, как самые настоящие стахановцы. Наверняка нам будет не хватать креативности, творческого подхода к работе, но зато мы безусловно проявим себя как отличные исполнители. У нас пропадет желание разговаривать, и скорей нам захочется уединиться и изолироваться от окружающих. Мы будем склонны отказываться от любых форм развлечений. Наша активность с точки зрения приятного, веселого и игрового времяпровождения упадет до минимального уровня, практически сходя на нет. Чувство глубокого пессимизма будет обусловливать каждый наш выбор. Безусловно, это один из самых тяжелых транзитов, и по моему мнению, даже хуже, чем транзит Сатурн-Солнце. Глубокий мрак, поселившийся в нашей душе, может быть вызван внешними и объективными ситуациями, но может также быть сущностным и внутренним, то есть не иметь на то никакой внешней событийной причины. В первом случае почти наверняка речь будет идти о сентиментальном разочаровании или о страдании и горе в любви, вызванном, например, смертью близкого родственника или болезнью нашего ребенка. Но тяжелые ситуации могут быть связаны также с периодом резкого падения популярности у политиков и знаменитых артистов, или же с переживаниями из-за нашего профессионального и финансового положения. Под воздействием этого транзита распадаются многие браки и разрываются многие любовные связи, но мы должны со всей ответственностью понимать, что если принимаем подобное решение, то исполняем ничто другое, как всего лишь «волю Сатурна». Традиционная седьмая планета, проходя над нашей личностью (Луна), накроет ее завесой леденящего холода, которая может подтолкнуть нас в пучину пессимизма и печали. В подобной ситуации мы можем наделать глупостей, особенно если одновременно наблюдаются и другие поддерживающие негативные транзиты. К тому же, этот планетарный транзит становится просто пагубным и смертельно опасным, если сочетается с очень жесткими Солнечными Революциями, как в случае попадания Асцендента СР в Двенадцатый, Первый или Шестой Дом радикса или расположения Солнца или стеллиума СР в Двенадцатом, Первом или Шестом Доме Солнечной Революции. Иногда, но не так часто, транзит указывает на нашу болезнь, которая, как правило, имеет соматическое происхождение. На внешнем плане транзит зачастую проявляется в проблемах с нашим домом, например, мы можем получить уведомление о выселении, или же мы возьмем на себя огромные финансовые обязательства, чтобы купить или отремонтировать свое жилище, которые лягут на нас тяжелым грузом. Наша мать или подруга, жена, дочь или сестра могут заболеть или попросту впасть в депрессию.

Сатурн в гармоничном аспекте с Меркурием

Когда транзитный Сатурн проходит в благоприятном аспекте к нашему натальному Меркурию, мы переживаем момент исключительной трезвости рассудка. Наши мыслительные способности проявляются на максимальном уровне. Мы находимся на пике рациональности и всестороннего умственного контроля. Вряд ли нам удастся достигнуть такой высокой степени самоконтроля и умственной уверенности в какой-то другой период времени. Конечно, мы не ощутим ту ловкость ума, проворство и гениальность, которыми может одарить нас транзит Урана к Меркурию, но безусловно мы обретем силу, необходимую для выполнения любых долгосрочных задач, трудных с точки зрения умственной работы. Сила такого транзита состоит в непрерывности, длительности и бесперебойности, а вовсе не в скорости. Имея необычайно ясные идеи и четкие представления, мы способны отлично все понимать и обдумывать свое положение лучше, чем когда-либо. Наши мысли последовательные, ясные и логичные. Мы замечаем это, общаясь с другими людьми, и констатируя факт того, что мы излагаем свои мысли наилучшим образом, и при этом нам отлично удается достичь полного взаимопонимания со своими собеседниками. Нам может захотеться упорядочить и пересмотреть свои контакты, например, написать тем людям, которых мы давно потеряли из виду, старым друзьям, пожилым учителям или нашим бывшим наставникам. Мы можем с удовольствием заняться приведением в порядок своей старой корреспонденции, систематизируя собрание писем, накопившееся за долгие годы, и особенно во времена нашей активной переписки. Если мы когда-либо увлекались радиолюбительством, то в этот период наша старая страсть возродится и напомнит нам о давно забытых радостях. Нам захочется лучше организовать и оптимизировать свои средства обмена информацией с окружающими, например, поменяв дизайн своих фирменных бланков, которые в данном случае окажутся более сдержанными и строгими. Также у нас может появиться, пусть без особого энтузиазма, но с большей решимостью, намерение купить мобильный или беспроводный телефон, спутниковую антенну, факс, коммутатор, автоответчик или принтер. С опозданием, по сравнению с другими людьми, мы можем решить начать пользоваться Интернетом и электронной почтой. Кроме того, у нас может созреть идея избавиться от старой машины и купить себе другую. В таком случае в своем выборе мы будем больше ориентироваться на солидный, надежный и строгий автомобиль, не очень яркого цвета, не слишком быстрый, а скорей подержанный и достаточно устаревшей модели. В течение этого транзита мы можем отправиться в ответственные путешествия на ментальном плане или в связи с умственной деятельностью. На самом деле, есть вероятность того, что мы должны будем временно переехать в другой город, чтобы принять участие в курсах повышения квалификации, конгрессе, конференции, и так далее. Если мы намерены начать подготовку к очень трудному и ответственному экзамену в университете, то этот момент идеально подходит для такой цели. То же самое можно сказать, если нам нужно научиться пользоваться компьютером или освоить работу нового программного обеспечения. Это очень благоприятный транзит для начала работы над написанием книги или же простой статьи, доклада или резюме. Этот транзит может указывать на то, что наш родной или двоюродный брат, шурин, зять или сын переживают важный период личного самоутверждения или достигают более высокого положения, возлагающего на них большую ответственность. Насчет этого следует заметить, что Меркурий в астрологии может соответствовать нашему сыну, но все же главными сигнификаторами наших детей являются

Солнце (для сыновей), а Луна и Венера (для дочерей). В любом случае, и в предыдущих главах, и в следующих, чтобы слишком не повторяться, я предпочел указывать только родного и двоюродного брата, шурина, зятя и молодого друга.

Сатурн в напряженном аспекте с Меркурием

Когда транзитный Сатурн проходит в напряженном аспекте с Меркурием нашего радикса, у нас возникают трудности в обмене информацией с другими людьми. Прежде всего, проблема состоит в том, что мы сами не имеем четких идей. Нам сложно сфокусировать свои мысли. Мы замечаем за собой проблемы с памятью и трудности концентрации. В беседе с другими людьми нам не удается выразиться наилучшим образом. Мы можем даже начать немного заикаться. Если возникнет необходимость выступать перед публикой или на телевидении, или на каком-то собрании, то мы можем ощутить некоторую зажатость. Значительные трудности мешают нам общаться по телефону. Например, мы много раз набираем номер, и постоянно слышим сигнал занято или абонент оказывается недоступен. Возникают проблемы на телефонной линии или наш телефонный аппарат ломается. Но в этот период может сломаться не только телефон, но и факс, спутниковая антенна, домофон, модем или принтер. Мы получаем меньше телефонных звонков, и сами реже звоним. Кроме того, стоит ожидать получения какого-то неприятного известия в письме или по телефону. Во время этого планетарного транзита лучше избегать отправки посылок с ценными товарами, так как они могут быть доставлены к месту назначения в поврежденном виде, либо мы рискуем потерять их вообще. Из-за сильной задержки в доставке нашей посылки у нас могут возникнуть крупные неприятности на работе. В то же время, мы замечаем определенную долю неудачи в поездках. Либо мы будем меньше путешествовать, либо наши поездки будут связаны со стрессовыми или болезненными ситуациями, с какими-то неприятными обстоятельствами. Например, мы можем быть вынуждены очень часто ездить из загорода в центр на лечебные процедуры, или же чтобы навещать в больнице заболевшего родственника. Вполне возможно, что наши частые перемещения будут связаны с родным или двоюродным братом или шурином, зятем, или молодым другом. Могут возникнуть проблемы с нашей машиной. У нас может возникнуть необходимость прибегнуть к услугам механика или кузовщика, потому что мы попадем на своей машине в дорожно-транспортное происшествие или сами спровоцируем аварию. Есть вероятность того, что у нас угонят машину или украдут мобильный телефон. Мы переживаем конфликтный период отношений со своим родным или двоюродным братом, зятем, шурином или молодым другом, или же у кого-то из них наступит кризисный период, и мы будем вынуждены оказать им помощь. Помимо прочего, это очень неблагоприятный период для учебы вообще, как для начального образования, так и для высшего. Возможны задержки в учебе или ее прерывание. Какой-то очень трудный экзамен может оказаться нам не по силам, и даже помешать нам перейти на следующий курс университета. Нам очень тяжело сосредоточиться и одолеть необходимую для учебы книгу. Это не самое лучшее время, чтобы принимать участие в учебных курсах, ни в качестве слушателей, ни в качестве преподавателей. Следует избегать различных конференций, семинаров, совещаний, дебатов, круглых столов, и так далее. В этот момент, осознавая свою неспособность писать, как нам хотелось бы, мы склонны откладывать важную работу на потом. Кроме того, было бы лучше не пытаться заключать коммерческие сделки, так как в течение данного транзита наши деловые качества находятся далеко не в лучшей своей форме.

Сатурн в гармоничном аспекте с Венерой

Когда транзитный Сатурн проходит в позитивном аспекте с нашей натальной Венерой, мы обретаем особую зрелость в управлении своими чувственными и сентиментальными отношениями. В повседневности нашей совместной с партнером жизни мы ощущаем себя более серьезными и повзрослевшими. Мы проявляем меньше агрессии и поверхностности в партнерских отношениях. Мы ощущаем, что настал момент, когда необходимо подвести итоги наших отношений с любимым человеком. Мы считаем, что они уже созрели для того, чтобы уже окончательно определиться, и решиться на то, чтобы, оформить официальный брак или начать совместную жизнь. Вряд ли мы будем охвачены страстью, а более правдоподобно, что мы будем очень чутко прислушиваться к подсказкам своего разума. В этот период мы склонны осуществлять свои долгосрочные, и направленные даже в самое отдаленное будущее планы, касающиеся нашего мужчины или нашей женщины. Если мы уже давно размышляли над идеей завязать устойчивые отношения, то в этот момент можем наконец-то на это решиться. Мы испытываем особенное влечение к людям старше нас. Наша возросшая зрелость, с многих точек зрения, находит свое отражение и в изменении эстетического вкуса, который соответственно тоже становится более зрелым, и обретает тенденцию к большей умеренности, простоте, воздержанности, и скорей к элегантности классического плана, чем современного или трансгрессивного. Наш имидж и внешний вид будет менее броским и более строгим, становясь, таким образом, своего рода иконой нашего «старения». В этот период мы неизбежно будем вдохновляться моделями одежды, давно проверенных временем по своему стилю и элегантности. Соответственно, претерпит изменения и наш выбор предметов искусства, и что бы мы ни приобретали в этот момент, картину или ценную мебель, мы будем ориентироваться больше на старинный и классический стиль, чем на современный. Например, особое влечение к классическому искусству подтолкнет нас к посещению музеев, художественных галерей, антикварных магазинов, и так далее. В своем бизнесе мы будем склонны к большей стабильности и будем стараться следовать более безопасным параметрам, чем раньше. В этот период мы вряд ли будем зарабатывать очень большие суммы, но более вероятно, что мы сможем укрепить и консолидировать свои доходы, даже если это потребует больше времени, чем раньше. Таким образом, мы сможем эффективно составлять долгосрочные финансовые планы. Благотворный эффект данного планетарного транзита хорошо отразится и на нашем здоровье. Наше самочувствие улучшится, и вполне возможно, что нам удастся найти наиболее подходящее лечение и разрешить какие-то физические проблемы. Во время этого транзита наиболее удачно проходит лечение заболеваний, связанных с костями и зубами. Близкая нам женщина, например, наша подруга или жена, дочь или сестра, будет переживать период большей стабильности вообще, и роста с психологической точки зрения в частности.

Сатурн в напряженном аспекте с Венерой

Когда транзитный Сатурн проходит в напряженном аспекте с нашей натальной Венерой, мы переживаем сентиментальный и чувственный кризис. Лучше не питать особых иллюзий насчет смягченного и приглушенного проявления такого транзита, кризис наверняка будет. Но тем не менее, это вовсе не означает неизбежное прекращение отношений. Сатурн замораживает любовь, и в этом не может быть сомнений. Но его холодное влияние может проявиться всего лишь в одной определенной части наших многогранных любовных отношений с партнером. На самом деле, зачастую этот транзит указывает на период более прохладных отношений двух любящих людей. Безусловно, он может представлять собой довольно неприятное отступление в супружеских отношениях, но оно вовсе не обязательно будет катастрофическим. Очень часто транзит указывает на наступление нескольких дней или недель, когда субъект получит очень мало заботы и внимания со стороны своего партнера, в то время как его потребность в этом будет больше, чем когда-либо. Это может проявиться даже на чисто формальном уровне: меньше ласковых объятий, меньше внимания, нетактичное поведение нашего любимого или любимой или небрежное его/ее отношение к нам. Не раз транзит сопровождает период полового воздержания, и, пожалуй, это и есть его универсальный показатель, настолько же типичный для этого транзита, как и высокая температура для подавляющего большинства заболеваний. Было бы чистейшей иллюзией рассчитывать на интенсивную сексуальную жизнь во время данного планетарного транзита, и исходя из этого, не стоит возлагать бессмысленные надежды на счастливое уединение с любимым человеком вдали от всего мира, и лучше было бы избегать любых романтичных путешествий вдвоем. Есть время, предназначенное для любви, а есть время для размышлений. В этот момент нам как раз стоит поразмыслить. Наверняка вследствие наших суждений, которые будут более безжалостными и менее иллюзорными, будут развенчаны многие наши фантазии в отношении любимого человека. Нам удастся взглянуть на него, быть может даже впервые, более реалистично и трезво, и это может даже заставить нас задуматься о том, стоит ли вообще продолжать наши отношения. В этом смысле транзит является полезным, потому что наталкивает нас на серьезные размышления, и в случае, если мы пока не сделали свой выбор о вступлении в брак или о начале совместного проживания с партнером, это может оградить нас от принятия поспешных и рискованных решений. Если нам удается рассмотреть все «морщинки любви», то это вовсе не так плохо. Если бы мы могли быть всегда настолько мудрыми, чтобы объективно оценивать свои любовные отношения, то вероятно не бросались бы во всякие бессмысленные и несостоятельные истории. Для любой пары было бы полезно дождаться первого подобного транзита прежде, чем решиться на долгую совместную жизнь. В наихудших случаях проявления транзита Сатурна к Венере происходит расставание, которое может быть и окончательным. При таком развитии событий мы можем даже оказаться не с той стороны, то есть не мы покидаем любимого человека, а это он от нас уходит. В некоторых случаях мы можем узнать об измене своего партнера, и будем страдать и мучиться от этого. Однако, в отличие от транзитов Урана к Венере, напряженные транзиты Сатурна к нашей Венере дают нам возможность обжаловать приговор, то есть когда они заканчиваются, мы можем снова помириться с любимым человеком. В действительности, зачастую транзит означает просто напросто более и менее долгий период нашей разлуки, который может быть связан с командировочными поездками, занятостью одного из партнеров работой или его поглощенностью учебой. Иной раз сексуальное воздержание может быть связано с плохим состоянием здоровья одного из двух партнеров. Достаточно редко этот транзит связан с состоянием беременности у женщины, но все же, такая возможность не исключается. В отношении финансов этот транзит указывает на период упадка, денежных затруднений, больших расходов или меньших доходов. Состояние здоровья в этот момент тоже ухудшается, как физическое, так и психическое. И наконец, этот транзит может указывать на период болезни или сентиментального кризиса в жизни близкой и дорогой нам женщины.

Сатурн в гармоничном аспекте с Марсом

Когда транзитный Сатурн проходит в гармоничном аспекте с нашим натальным Марсом, нам блестяще удается подчинить нашу силу своему разуму. Мы держим под идеальным контролем любое проявление своего агрессивного инстинкта, и способны с удивительной мудростью упорядочивать свои самые глубинные импульсы и по-детски незрелые порывы нашей души. В этом смысле период предоставляет нам великолепные возможности для выполнения любой работы, требующей жесткого и хладнокровного контроля наших действий. Это идеальный и очень плодотворный период для художников и ремесленников, а также для всех тех, кому необходимо выполнить какую-то тонкую работу, начиная от строительства миниатюрной модели корабля и заканчивая ремонтом часов. В этот момент мы получаем огромное удовольствие от того, что можем отлично контролировать свою энергию и силу. Во время этого транзита хирурги, благодаря своим особенно твёрдым и уверенным рукам, смогут выполнить очень важные и сложные операции. Но и водители грузовиков, и пилоты за рулем самолетов или спортивных и состязательных машин также выиграют от этого транзита, и смогут проявить свои способности на максимальном уровне. Если нам нужно отправиться в дальнее или очень долгое путешествие на машине, то этот транзит как нельзя лучше подходит для такой цели. Сатурну удается отлично усмирять и держать в узде разрушительные импульсы нашего разума. В течение данного планетарного транзита мы способны смотреть на жизнь с исключительным бесстрастием, и справляться даже с самыми трудными ситуациями, которые в другой момент вызвали бы у нас бурные эмоциональные реакции, разрешая любые проблемы зрело, мудро и отстраненно. В отдельных ситуациях мы можем производить на других впечатление, что мы несколько циничны, или даже безжалостны, но это есть другая сторона медали такого транзита. Мы совершенно не поддаемся влиянию чувств, не даем эмоциям вывести нас из равновесия, и поэтому можем принять строгие, но необходимые решения. Если мы родители, то проявим себя более жестко по отношению к собственным детям. Мы будем способны также отсечь любую «сухую ветку» в своем сердце. Мы вложим максимум усилий в реализацию серьезных и важных дел, и при этом наша воля останется непоколебимой, а к любой цели мы двинемся самым верным путем. Наша сила не будет ни стремительной, ни превосходной по мощности, но зато она будет стабильной и продолжительной. Хорошая поддержка со стороны Сатурна будет нам полезна для преодоления самых разнообразных несчастий и превратностей судьбы, которые связаны с символикой Марса. Например, какой-то затянувшийся конфликт наконец-то может подойти к концу. Мы можем излечиться от старых ран, подразумеваемых как в прямом, так и в переносном смысле слова. Если мы пострадали от перелома, то этот транзит благотворно скажется на сращивании костей и поможет лучшему излечению от травмы.

Сатурн в напряженном аспекте с Марсом

Когда транзитный Сатурн проходит в напряженном аспекте к нашему натальному Марсу, мы переживаем очень проблематичный и конфликтный период. Несомненно, мы ведем себя более агрессивно и действуем с боевым настроем. Мы становимся более радикальными в своих решениях, а эмблемой нашего настроения в эти дни может стать удар кулаком по столу. Все наши самые экстремальные, тиранские, воинственные и насильственные импульсы в этот момент выходят наружу. Мы вряд ли сможем контролировать наиболее дикие инстинкты нашей личности. Мы рискуем потерять всякий контроль и причинить вред окружающим людям и себе самим. Наверняка мы почувствуем себя более ожесточенными и даже безжалостными и жестокими. Заметный цинизм будет склонять нас к выбору объективно злых решений или таких, которые вовсе не свойственны нашему характеру. Мы склонны судить других людей очень строго, и даже слишком сурово. Мы не можем или не хотим терпеть слабости окружающих. Если бы мы были судьями, то в эти дни выносили бы очень тяжелые приговоры. В этот период нами могут руководить любые чувства, кроме христианских. Мы вовсе не собираемся подставлять другую щеку, и думаем, что единственным верным правилом должно быть лишь зуб за зуб... Руководящий нами цинизм во время данного планетарного транзита может довести нас до крайности и, как говорится, мы будем готовы пройти даже через труп своих родителей, лишь бы достигнуть намеченной цели. Это особенно негативный период для хирургов, летчиков, водителей, и для всех тех, чья работа требует высокой точности движений. Вольно или невольно, но мы несем огромный заряд деструктивной энергии. Наверняка вокруг нас будут ломаться вещи, резонируя с той разрушительностью, которая окружает нас в этот момент. Лучше отложить любую важную и требующую точности работу и избегать многочасовых поездок за рулем машины. Нас совершенно точно преследует некоторая доля невезения, и поэтому многие наши дела идут наперекос. К тому же, мы замечаем холодность, враждебность и неприязнь окружающих по отношению к нам. Это тот момент, когда старые обиды могут вспомниться и подтолкнуть нас к серьезным ссорам, даже с представителями власти, таким как полицейский, судья, начальник на работе, и так далее. Кроме того, этот транзит проявляется чрезвычайно деструктивно по отношению к нам, и если мы хотим избежать угрозы своему здоровью, то должны быть очень осторожны и бдительны. Необходимо воздержаться от опасных видов спорта любого рода, и избегать вождения автомобиля или мотоцикла в условиях объективной опасности, то есть в тумане, на обледенелой дороге, во время бури, и так далее. На самом деле, опасность аварий, переломов и операций в этот период высокая, как никогда. Если и другие элементы натальной карты или текущих транзитов, или Солнечной Революции подтверждают это, то риск становится невероятно высоким. Нужно попытаться по возможности отложить любые особенно рискованные инвазивные методы диагностики, такие как внутреннее исследование состояния нашей кровеносной системы. Желательно перенести на другое время также операцию по липосакции или другие вмешательства такого рода. Чтобы предохранить себя от возникновения патологий, вызванных излишествами, в этот период нужно соблюдать умеренность в питье и еде.

Сатурн в гармоничном аспекте с Юпитером

Когда транзитный Сатурн проходит в гармоничном аспекте с нашим натальным Юпитером, многие ситуации могут улучшиться и благополучно завершиться. Данный транзит, пожалуй, является одним из самых лучших для восстановления сил после любого падения. Подняться не будет легко и просто, и быстро это сделать тоже не получится, но позитивные результаты нам просто гарантированы. Вообще говоря, мы переживаем период большего равновесия, когда можно смело стремиться к росту, как в психологическом, личном плане, так и в отношении нашей карьеры. Не так уже редко случается, что в течение такого планетарного транзита, мы получаем благодарности, продвижения по службе, официальные признания наших успехов в работе. Наше положение на работе и те карьерные высоты, которых нам удалось достичь до настоящего момента, в этот период значительно укрепляются, что позволяет нам более спокойно и уверенно устремляться к дальнейшему продвижению вперед. В этот период мы можем рассчитывать на помощь и поддержку людей, обладающих некоторой властью, и особенно если они будут, к тому же, пожилого возраста: судей, политиков, священнослужителей высокого ранга, государственных служащих, деятелей культуры, и так далее. Если мы намереваемся отправиться в ответственную поездку, то это, безусловно, наилучший момент для осуществления такой цели. На самом деле, этот транзит особенно благоприятен для путешествий в дальние страны, а также для долгого пребывания за рубежом или в другом городе. Результаты нашей длительной и терпеливой работы наконец-то находят признание и успех за границей. Этот транзит позитивно влияет на учебу в высшем учебном заведении, и этот период соответственно принесет нам хорошие результаты в университете. Кроме того, нам принесет большую пользу и доставит огромное удовольствие изучение любых материй, далеко уходящих от повседневной реальности, таких как астрология, философия, теология, эзотерика, йога, таоизм, и так далее. Если у нас есть текущие правовые споры, и если мы по какой-либо причине находимся в тесном контакте с судьями и адвокатами, то данный транзит обещает нам благоприятный исход и успешное разрешение всех юридических вопросов. Нам было бы неплохо заняться бизнесом, поскольку момент для этого очень подходящий. Наконец, в этот период мы можем получить особую пользу от лечебных процедур, предназначенных для общей дезинтоксикации организма или для улучшения состояния нашей печени и крови.

Сатурн в напряженном аспекте с Юпитером

Когда транзитный Сатурн проходит в плохом аспекте с нашим натальным Юпитером, мы чувствуем, что нам потребуется приложить максимум усилий, чтобы оправиться и прийти в себя после падения. Наши защитные способности находятся на самом минимальном уровне. Мы ощущаем, что время нас не лечит и совершенно не помогает преодолеть старые кризисные ситуации, и чем более многоплановыми и разветвлёнными являются эти проблемы, тем трудней нам будет их разрешить. Даже с минимальной долей интуиции нам становится понятно, что нужно отложить до лучших времен любую попытку залечить старые раны. Если не ходить вокруг да около, то можно максимально откровенно сказать, что мы переживаем период невезения. По этому поводу я должен не согласиться с утверждениями других авторов, которые представляют невезение как нечто, вызванное исключительно нашим негативным отношением к жизни. Нет, и особенно этот транзит, больше других, дает нам пример существования объективного невезения, как самостоятельного явления, независимого от нашего настроения и состояния души. Мы почувствуем его влияние прежде всего в сфере бизнеса. Мы должны быть особенно осторожными и осмотрительными, чтобы не понести значительные убытки, и чтобы не был нанесен ущерб нашей собственности, большая ли она или маленькая. С этой точки зрения транзит совершенно не подходит для наших возможных спекуляций любого рода. Следовательно, следует избегать заключения сделок на фондовой бирже или любых других операций, обещающих гипотетическую огромную выгоду, но не предлагающих взамен никаких гарантий безопасности. Лучше отложить на более поздний срок те важные встречи и переговоры, от которых может зависеть, частично или целиком, наше будущее. Если мы студенты университета, то заметим возросшие трудности в учебе. Настолько же проблематично для нас будет углубленное изучение необычных материй, связанных с далеким, в культурном смысле этого слова, таких как теология, философия, астрология, парапсихология, уфология, и так далее. То же самое относится к изучению иностранных языков, включая языки компьютерного программирования. По возможности лучше избегать любых поездок и особенно далеких и ответственных путешествий. Может так случиться, что мы будем вынуждены отправиться в поездку, каким-то образом связанную с несчастьями и тяжелыми испытаниями, касающимися нас лично или же близкого нам человека, как в случае дальней поездки для хирургической операции, необходимой для нас или нашего родственника, которую можно сделать только за границей. Это трудный и неудачный период для пребывания вдали от дома вообще и для рабочих командировок в частности. В этот момент не стоит ждать помощи и поддержки от влиятельных и важных людей, таких как судьи, политики или священнослужители высокого сана. Если мы замешаны в судебных разбирательствах и правовых спорах, то в этот период вряд ли получим выгодные для нас постановления суда и положительные результаты. Лучше было бы отложить начало любых правовых разбирательств и решение юридических вопросов. Наше здоровье, и прежде всего состояние печени и крови, может ухудшиться.

Сатурн в гармоничном аспекте с Сатурном

Когда транзитный Сатурн проходит в гармоничном аспекте с нашим натальным Сатурном, мы можем быть исключительно конструктивными и очень многое построить при условии, если будем заниматься реализацией среднесрочных или долгосрочных проектов. Сатурн дает нам понять, что ничего хорошего нельзя добиться в спешке, и для достижения положительных результатов нужны только наши постоянные и продолжительные усилия. Очень медленно и постепенно, но нам удается преодолеть старые проблемные ситуации, накопившиеся в нашей судьбе, которые не давали нам покоя на протяжении долгих лет или десятилетий. Наша новая и окрепшая зрелость преподносит нам дары мудрости, рассудительности и полного контроля над нашими действиями. К нам приходит помощь, прежде всего, со стороны пожилых людей. Нас может ожидать успех в бизнесе, если речь идет о реализации долгосрочных проектов. Нам нужно нацеливаться далеко, на очень далекое будущее. Этот период отлично подходит для составления планов на десятки лет вперед. Мудро и компетентно, со знанием дела, мы способны в этот момент распланировать почти всю свою будущую жизнь. В такие периоды времени, как этот, мы можем решиться поступить на учебу в университет, на многолетние курсы по получению высшего образования, или же приступить к изучению настолько сложной дисциплины, что уже с самого начала становится ясно, что от нас потребуется много трудов, чтобы ее осилить. Если намечается строительство дома или начало выплаты банковского кредита для его покупки, то такой транзит очень подходит для подобных целей. Любое произведение нашего таланта, начатое в этот момент, будь то создание музыкальной композиции или написание романа, со временем принесет нам хорошие плоды и достойные результаты. Под влиянием данного планетарного транзита значительно возрастает наша амбициозность, и поэтому мы можем решиться на реализацию очень сложных задач, и преследовать свои цели не смотря ни на какие трудности. В этот момент нас не пугают препятствия и испытания. Мы не склонны искать развлечений и готовы идти на жертвы. Мы ощущаем потребность в простоте, умеренности, воздержанности и неприхотливости. Наше тело тоже будет настроено в этом направлении, и всевозможные диеты и процедуры для похудения окажутся очень эффективными. Даже если обычно нас привлекают развлечения и веселье, то в этот период мы будем далеки от всего этого, и чем бы мы ни занимались, чтением книг, посещением спектаклей, просмотром телевидения или прослушиванием радиопередач, мы будем предпочитать серьезные и глубокие темы. Эта тенденция может проявиться и в нашей манере одеваться, которая станет более строгой и классичной, с преобладающими неяркими или темными цветами. И наконец, этот транзит помогает направить наилучшим образом наши усилия для улучшения состояния нашего здоровья, и прежде всего для лечения костей и зубов.

Сатурн в напряженном аспекте с Сатурном

Когда транзитный Сатурн проходит в напряженном аспекте с нашим натальным Сатурном, мы ощущаем сильное сопротивление любому нашему стремлению довести начатое дело до успешного конца. Во всем, что бы мы ни пытались делать, сквозит некоторая наша неуверенность. Наш путь, безусловно, лежит через тяжелый подъем в гору, и в этот момент нам бессмысленно искать поддержку других, и на помощь рассчитывать не приходится. В этот период время не на нашей стороне, и старые битвы наконец-то завершаются, но с плохим для нас результатом. Следует остерегаться всего того, что можно этикетировать как старое. Во время этого планетарного транзита подходят к концу определенные циклы, и некоторые ситуации могут исчезнуть навсегда из нашей жизни. Безусловно, это очень жесткий и тяжелый момент, даже если он по своей суровости стоит на уровень ниже, чем транзит Сатурна в напряженном аспекте с Марсом. Нужно избегать любых долгосрочных обязательств и проектов, и прежде всего не брать долгосрочные банковские кредиты, поскольку мы рискуем оказаться не в состоянии их выплатить. Необходимо попытаться сосредоточить свои усилия исключительно в направлении ближайших и легко достижимых целей. Нам могут препятствовать или доставлять страдания пожилые люди. В течение этого транзита лучше не начинать ничего важного, ни коммерческое предприятие, ни супружество, ни объединение с третьими лицами. Скорей всего мы столкнемся с трудностями в работе и с финансовыми проблемами. Наши амбиции порядком возрастут, но при этом мы будем разочарованы в своих надеждах из-за неприятных событий, поражающих нас в эти недели. Независимо от того, хотим ли мы этого или нет, мы будем вынуждены соблюдать режим воздержанности, простоты, строгости, отказа и самопожертвования. Вряд ли мы сможем развлекаться и веселиться, мы будем реже выходить вечерами в кино, на концерты, в театр или на дискотеки. Мы можем похудеть, но это может также указывать на плохое состояние нашего здоровья. Нас мало будет привлекать пища, и мы будем больше искать уединения. Мы будем чувствовать тяжесть на душе, грусть, тоску, печаль, и даже некоторую подавленность и депрессию. Такие настроения отразятся и на нашем внешнем виде, который станет более небрежным, а в нашей одежде начнут преобладать серые, темные, очень неяркие и малорадостные тона. Так как Сатурн символизирует время, которое в нашем организме соизмеряется через кальций, то вполне возможно, что в течение такого планетарного транзита у нас возникнут проблемы с костями и с зубами. Некоторые наши периодические расстройства здоровья могут в это время перейти в хроническую форму.

Сатурн в гармоничном аспекте с Ураном

Когда транзитный Сатурн проходит в благоприятном аспекте с Ураном нашего радикса, мы можем самым рациональным и уравновешенным образом довести до конца все те проекты по обновлению, которые вплоть до этого момента мы реализовывали лишь на уровне идей. Сейчас мы воплощаем их на практике, но размеренно и упорядоченно. Мы чувствуем, что можем улучшить свою жизнь со многих точек зрения, но знаем также, что этот процесс должен совершаться конструктивно, а яркие и краткие вспышки пламенного энтузиазма не помогут достигнуть намеченной цели. Мы охотно принимаем все новое, но лишь при условии, если оно гармонично вписывается в нашу общую программу, под строгим контролем рассудка. В течение этого периода также систематизируются все те значительные изменения, которые мы пережили за последние годы, и которые сейчас, наконец-то, обретают стабильное равновесие. Транзит благоприятствует изучению всех новых или ультрасовременных тем, во всех областях знания, будь то электроника или информатика, фотография, астрология, и так далее. Мы мудро принимаем все малые и большие революции, происходящие в нашей жизни, вне зависимости от того, были ли мы сами инициаторами этих изменений или нет. Как следствие, все ультрасовременное приносит нам пользу, как например, лечение с помощью гипертермии или лазерных лучей, или прием новых препаратов, конечно если они были протестированы, и их эффективность была признана органами санитарно-эпидемического надзора нашей страны. Если в нашей работе мы никогда не пользовались компьютером, то это подходящий момент, чтобы начать это делать. Мы будем изучать все постепенно, шаг за шагом, неуклонно, день за днем, с максимальным спокойствием и терпеливостью. Совместное и синергетическое действие Сатурна и Урана может быть кратко описано следующим образом: все новое и ультрасовременное, «принятое» в малых дозах. Не так важно, узнаем ли мы когда-нибудь, как выглядит изнутри персональный компьютер и как он на самом деле работает, а важно то, что мы научимся пользоваться его основными приложениями, связанными с написанием текстов, созданием базы данных для управления нашей записной книжки-календаря, составлением списка клиентов, и так далее. В течение данного транзита наша старая дружба окрепнет. Мы завяжем новые и очень ценные дружеские отношения, особенно с Водолеями или с людьми, у которых очень сильно выражен Уран в их карте рождения. Мы построим великолепные планы на будущее, проекты с довольно инновационным содержанием, но разработанные очень рациональным и благоразумным образом. Нам удастся заручиться поддержкой важных, авторитетных и влиятельных людей.

Сатурн в напряженном аспекте с Ураном

Когда транзитный Сатурн проходит в напряженном аспекте с нашим натальным Ураном, мы обнаруживаем, что наше поведение склонно быть радикальным, резким и разрушительным. Нам не удается быть дипломатичными, и нам трудно соблюдать спокойствие и терпение с людьми, которые не в состоянии схватывать налету наши идеи и мгновенно понимать, что мы имеем в виду. Мы раздражаемся, если наш собеседник проявляет нерешительность, колеблется и теряет время, нам хотелось бы, чтобы все окружающие выражались в «реальном времени», без долгих пауз и любого рода промедлений. Мы рискуем быть ослепленными своими политическими идеями до такой степени, что совершенно перестаем воспринимать точку зрения других людей. В течение этого планетарного транзита мы, несомненно, становимся более дерзкими и самовластными, у нас даже появляются некоторые диктаторские замашки по отношению к окружающим людям, вынужденным терпеть нашу несдержанность. Подобное поведение, по своей интенсивности октавой выше, чем напряженный транзит Сатурна к Марсу, может оттолкнуть от нас многих людей, испортить дружеские отношения, или даже спровоцировать разрыв наших партнерских связей и расставание с любимым человеком. Нам нужно постараться сосчитать хотя бы до десяти, прежде чем отвечать и реагировать на любую ситуацию. Наши резкие и грубые манеры могут привести к деструктивным и разрушительным тенденциям, особенно проявляющимся в движениях наших рук. В самом деле, во время этого транзита у нас из рук часто выпадают предметы, разбиваясь о землю, мы рискуем пораниться ножом или острыми и режущими инструментами, можем испортить тонкий механизм резким и неосторожным движением или спровоцировать какую-то поломку, потому что в эти недели страдаем особой неуклюжестью. Но прежде всего нам наносят вред новинки, самого разного рода новизна. Идет ли речь о нашем здоровье или о бизнесе, мы должны держаться подальше от всего самого нового и ультрасовременного. Новые технологии, последние достижения техники могут нам серьезно навредить. Например, если мы купим самую последнюю версию жесткого диска нового поколения, выступив в роли первопроходцев в чем-то, еще не прошедшем достаточную проверку, то можем в итоге потерять все наши базы данных по причине сбоя в работе этого массового запоминающего устройства. В этот период нужно выбирать проторенные пути и отдавать предпочтение всему старому и давно проверенному, а новинки лучше оставить для более подходящих транзитов. Но к сожалению, даже если мы приготовимся заранее и будем вести себя предельно осторожно и благоразумно, во всех ситуациях нашей будничной жизни, в любом случае мы получим плохие известия. С этой точки зрения можно безусловно утверждать, что этот период является достаточно несчастливым и неудачным, как в отношении бизнеса, так и касательно нашей сентиментальной жизни. Плохие новости имеют тенденцию поражать, как гром среди ясного неба, появляясь в самый неожиданный для нас момент. Нам могут нанести вред друзья или знакомые знака Водолея или имеющие сильный Уран в натальной карте. Могут быть разорваны наши старые дружеские отношения. Все проекты, начатые в этот период, обречены на провал. Мы совершенно внезапно теряем какую-то важную протекцию, поддержку влиятельных людей. Новый и недостаточно проверенный тип лечения может навредить нашему здоровью.

Сатурн в гармоничном аспекте с Нептуном

Когда транзитный Сатурн проходит в позитивном аспекте с Нептуном нашего радикса, мы чувствуем, что наши внутренние стремления к духовному миру становятся более прочными и ощутимыми. Независимо от того, верующие ли мы или нет, у нас появляется четкое ощущение, что завершился долгий процесс накапливания различных наших мыслей насчет сверхъестественных явлений, и что-то созрело внутри нас. Что-то медленно выросло в нашей душе, и наконец мы можем выразить те внутренние импульсы, которым раньше не находилось места в нашем сердце. Мы достигаем компромисса, равновесия между нашей рациональностью и той доли мистики, которая тоже проистекает изнутри нас. В этот момент мы понимаем, что имел в виду Карл Густав Юнг, когда говорил, что человек есть не только продукт несчастного детского опыта (в соответствии с учением Фрейда), но и существо, которое смотрит ввысь, возвышает свой дух, направляется по мистическому пути к познанию таинств жизни и смерти. Однако то вдохновение, которое нас охватывает, может проявиться не только в отношении религии, но и вылиться в период необычайно плодотворного творчества в поэзии, литературе, живописи, музыке. Мы становимся более чувствительными и восприимчивыми к самым разнообразным впечатлениям, исходящим от любой среды, с которой мы входим в контакт. Кроме того, мы ощущаем потребность творить добро, помогать нуждающимся людям, и в этом смысле в нас также созревают милосердные стремления, направленные к всякого рода добровольной службе и волонтёрству. Мы осознаем, что помогая другим, мы награждаем прежде всего самих себя. Нам доставляет удовольствие раздавать милостыню. Мы отдаем себе отчет в том, что эта новая чувствительность, проявившаяся в нас самым очевидным образом, уже никогда не исчезнет и, родившись под влиянием Сатурна, она станет стабильной и неотъемлемой частью нашего будущего. Возможно, что нам придется позаботиться о больном родственнике, который скорей всего будет пожилого возраста. Мы обретем духовное богатство или пищу для ума в общении со священниками, психологами, астрологами… Даже если раньше мы не проявляли глубокого интереса к миру религиозной веры или психологии, парапсихологии, астрологии, теперь эти темы особенно нас увлекают, обозначая таким образом важный этап нашего земного пути. Исследования в этих областях могут принести великолепные плоды в течение данного планетарного транзита. Окажутся удачными также исследования детективного и шпионского плана, например, если мы зададимся целью удостовериться, изменяет ли нам партнер или нет. Наконец-то, по прошествии долгого времени, нам удастся обнаружить своих скрытых врагов, увидеть в лицо желающих нам зла людей. Наши старые проблемы, в конце концов, разрешаются. Мы можем отправиться в дальнее путешествие, особенно по морю. Сдерживающее воздействие Сатурна может помочь нам преодолеть некую зависимость, алкогольную, фармакологическую, от токсинов вообще (включая наркотики). Во время этого транзита некоторые люди могут почувствовать влечение к монашеской жизни или сильную тягу к уединению.

Сатурн в напряженном аспекте с Нептуном

Когда транзитный Сатурн проходит в напряженном аспекте с нашим натальным Нептуном, мы чувствуем себя обеспокоенными и взволнованными какими-то неопределенными внутренними импульсами. Старые эволюционные или инволюционные процессы, связанные с нашим отношением к темам сверхъестественного, подходят к концу. В данном случае ключевой фразой транзита является «состояние измененного сознания». Но речь не идет о чем-то обостренном, как при напряженном транзите Марса к Нептуну, и здесь это состояние нужно понимать в смысле длительного процесса, дошедшего до своей последней, финальной и окончательной стадии. Исходя из этого, все происходящее с нами может быть прочитано либо как вера, переживаемая слишком эмоционально, в преувеличенной манере, будто бы с обнаженным мечом в руках, либо как невроз, страх, тоска, фобия, внушенные нам некими недавно принятыми нами на вооружение убеждениями или новым кредо. Мы чувствуем взволнованность и растерянность, нам не удается разобраться в самих себе, мы боимся, но не знаем, чего именно. Наша психика пребывает в смятении и беспокойстве, и мы ведем себя так, будто находимся под воздействием сильных лекарств или наркотиков. Наши политические идеи или религиозные кредо, самого разного рода, подталкивают нас к более активному и воинственному участию, и к тому, чтобы со всем огромным воодушевлением этого момента предпринять такие важные шаги, как присоединение к религиозному братству или вступление в политическую партию. Но те битвы и те войны, которые мы хотим вести, не связаны с одними лишь высокими идеалами. Они могут относиться к любым нашим убеждениям, которые в данный момент обретают совершенно фанатичную наполненность, и могут касаться макробиотического питания, борьбы с загрязнением окружающей среды, поддержки определенной хирургической техники, или любых других гражданских и социальных тем. Во время этого планетарного транзита мы можем столкнуться, и довольно неприятным для нас образом, со священниками, психологами, астрологами, псевдомагами, и так далее. Говоря это, я совершенно не намерен криминализировать эти перечисленные категории людей, но хочу лишь сказать, что наше состояние измененного сознания может значительно ухудшиться от близкого контакта с такими личностями, у которых очень ярко выражена принадлежность к некому кредо. Есть вероятность того, что мы должны будем принимать лекарства для смягчения того возбужденного состояния, которое может беспокоить нас в течение этих недель. Но нужно делать это с максимальной осторожностью, не забывая о том, что в этот момент мы особенно склонны к разного рода интоксикациям, в том числе от лекарств. Во избежание дополнительного отравления нашего организма, нужно поберечь себя и постараться не злоупотреблять алкоголем, большим количеством кофе и слишком много не курить. Какая-то старая интоксикация, которую мы подпитывали на протяжении многих лет, потакая своим слабостям, именно сейчас дает о себе знать, выходит наружу и требует от нас расплаты по счетам. Какие-то психически неуравновешенные люди, невротичные, или находящиеся на грани психоза, беспокоят нас или доставляют нам проблемы, или даже угрожают нам. У нас складывается такое ощущение, будто бы мы атакованы тайными врагами, и в этом тоже может быть задействован психический компонент, в негативном смысле. На самом деле, эти скрытые враги могут быть реальными и вполне определенными личностями, а могут быть и всего лишь призрачным плодом нашей фантазии. Этот транзит может указывать также на тюремную изоляцию или принудительное заключение, например, из-за обострения нашей очень давней проблемы со здоровьем мы рискуем попасть в больницу. В этот период следует избегать далеких путешествий, особенно по морю, противопоказаны и занятия подводной охотой.

Сатурн в гармоничном аспекте с Плутоном

Когда транзитный Сатурн проходит в гармоничном аспекте с нашим натальным Плутоном, мы достигаем лучшего контроля, со стороны нашего разума, над своими самыми глубинными, внутренними и, в некотором смысле, дикими силами. Речь идет о качественном скачке, о процессе созревания, благодаря которому мы начинаем лучше контролировать наши самые животные инстинкты. Совершенно очевидно, что мы переживаем момент личностного роста. Безусловно, когда мы начинаем действовать, больше руководствуясь умственным контролем, чем эмоциональными порывами, то при этом мы теряем в спонтанности и в юношеском размахе, но взамен приобретаем гораздо большую зрелость и мудрость. Контроль над сексуальностью тоже станет менее лабильным и более подчиненным нашей воле. Но если с одной стороны этот процесс может не играть на руку мужчинам, указывая также на вероятное падение их мужественности, то с другой стороны он может представлять собой новый и лучший этап сексуальной жизни мужчин (например, для субъектов, страдающих от преждевременной эякуляции). На более внешнем и менее психологическом плане транзит может означать окончательное улаживание вопросов, связанных с наследством, дарением, выходными пособиями и передачей прав собственности. Обычно эти события являются следствием какой-то недавней смерти и представляют собой итог семейных споров или тяжб в отношении третьих лиц. Помимо прочего, этот планетарный транзит может указывать на то, что мы получим проценты с замороженных на долгий период фондов, что денежные долгосрочные депозитные вклады, приносящие хорошую прибыль, наконец-то поступают в наше распоряжение. Транзит может сообщать о получении выгоды от чьей-то смерти. Но это не стоит подразумевать лишь с финансовой точки зрения, а нужно иметь в виду самые разнообразные плоды смерти, как например, культурное и идейное наследие, получаемое нами от мастера, духовного наставника, учителя, бывшего для нас важным примером и ориентиром в жизни. Сатурн в гармоничном аспекте с Плутоном зачастую также обозначает, что мы наконец сможем, после длительных усилий, достигнуть наших целей, связанных с исследованием всего того, что зарыто или глубоко спрятано, то есть мы можем найти подземный источник воды, нефтяное месторождение (очень редко), клад, зарытый нашими предками, и так далее. Нас ожидает успех не только в геологических исследованиях, но и в психологических, например, в работе по глубинному психоанализу, и транзит может означать, что мы достигнем важных результатов после длительной работы по раскопкам. Смерть при таком транзите может наступить после долгой агонии и выглядеть как освобождение от мучений. Наше внимание обращается также к таинству смерти, о котором мы никогда раньше не задумывались, а если и размышляли на эту тему, то мало.

Сатурн в напряженном аспекте с Плутоном

Когда транзитный Сатурн проходит в напряженном аспекте с нашим натальным Плутоном, мы можем пострадать от своего не очень вежливого поведения, и несоблюдение правил приличия может нанести нам существенный урон. Мы рискуем дать излишнюю волю своим самым диким внутренним импульсам, нам очень трудно держать под контролем свои природные инстинкты, и это наносит вред нашим взаимоотношениям как с близкими и родными людьми, так и с третьими лицами. Этот транзит может указывать на одну или несколько сексуальных патологий, связанных с процессом старения. Могут проявиться сексуальные проблемы временного или окончательного характера, связанные с импотенцией у мужчин и с фригидностью у женщин. Нарушения нормальной половой жизни могут быть вызваны, например, хирургическим вмешательством, простатэктомией или экстирпацией матки, ставящими под угрозу гормональный баланс мужского или женского организма.

В любом случае, транзит указывает на какие-то сексуальные проблемы, как у мужчин, так и у женщин. Однако, иногда могут возникнуть патологические процессы, не связанные напрямую с сексуальностью, как например, может обостриться геморрой или будет диагностировано выпадение матки, киста, и так далее. На внешнем плане речь идет о транзите, который препятствует приобретению имущественных благ, имеющих отношение к наследству, выходным пособиям, пенсиям, актам дарения, передаче прав собственности. Во многих случаях он означает конец долгих и мирных переговоров, и объявляет о наступлении, с этой точки зрения, нового периода напряженности, борьбы и разрывов. Наш партнер по браку может стать жертвой мошенничества или пострадать от значительной потери капитала и имущественных благ. Наш партнер, мы сами, или же мы вместе с супругом или супругой теряем одолженные кому-то деньги или становимся жертвой кражи. У нас возникают огромные проблемы с возвратом одолженных ранее денег, мы не способны выполнить в срок свои долговые обязательства. Нам удается получить банковский кредит, и мы думаем, что это отличная новость, а на самом деле мы загоняем себя в тупиковое положение, так как не сможем вовремя вернуть такую крупную сумму. Наши старые долги, постепенно накапливаясь за долгие годы, в этот период достигают критической точки, возрастая до суммы, превосходящей наши финансовые возможности. В течение этих недель мы можем пережить личное горе, очень болезненную потерю важного для нас человека. Чья-то смерть наносит нам огромный ущерб. Мы можем лишиться нашего духовного наставника, потерять своего маэстро, учителя, бывшего для нас культурным примером и жизненным ориентиром. Вследствие смерти близкого нам человека, например, одного из наших родителей, мы начинаем впервые серьезно задумываться о нашей собственной грядущей смерти, которая может наступить в любой момент, и эти мысли нас очень беспокоят и тревожат. Нам может нанести вред нечто закопанное, спрятанное под землей, например, на принадлежащей нам территории могут найти важные археологические экспонаты, и из-за этого мы будем вынуждены приостановить свои строительные работы и понести убытки. Проведение раскопок нашей психики, например, с помощью глубинного психоанализа, может вывести наружу такие вещи, о которых нам лучше было бы никогда не вспоминать.

Сатурн в аспекте с Асцендентом

Смотрите Сатурн в Первом Доме

Сатурн в аспекте с МС

Смотрите Сатурн в Десятом Доме

Сатурн в аспекте с Десцендентом

Смотрите Сатурн в Седьмом Доме

Сатурн в аспекте с IC

Смотрите Сатурн в Четвертом Доме

Транзит Сатурна в Первом Доме

Когда транзитный Сатурн проходит по Первому Дому нашего радикса, мы переживаем ситуацию в некоторой степени похожую на транзит Сатурна по Солнцу. Нас охватывает меланхолия, тоска и грусть. Мы ведем себя как мотор, работающий на скорости гораздо меньшей, чем обычно. Общий эффект этого транзита, проявляющийся почти во всех ситуациях, можно вкратце обозначить, как *падение энтузиазма*. Резкая потеря интереса ко всему тому, что является поверхностным, мирским, излишним, мимолётным и эфемерным, направляет нас по пути умеренности, воздержанности и уединения. В позитивном смысле данный планетарный транзит указывает на наш значительный рост в психологическом плане, серьезный процесс созревания такого уровня, которого вряд ли можно достигнуть во время других транзитов. Мы обретаем способность лучше управлять любой ситуацией, более эффективно контролируем свою мимику лица и все движения нашего тела, гораздо меньше импульсивно жестикулируем. Мы отдаем предпочтение рациональному контролю своих действий и совершенно спонтанно у нас получается выдерживать должную паузу, сосчитав до трех, прежде чем реагировать и отвечать на что-то. Мы мудро и взвешенно оцениваем любую новую ситуацию, возникающую на нашем пути. Все свое внимание мы концентрируем на первичных и самых важных вопросах, опуская все мелкие и несущественные. Нас мало заботит форма, мы придаем огромное значение содержанию и сущности. Нам удается лучше управлять своими межличностными отношениями, потому что мы гораздо больше используем свой разум, и меньше руководствуемся инстинктами. Мы чувствуем себя гораздо комфортней рядом с пожилыми людьми и все больше отстраняемся от молодежных и шумных компаний. Нас совершенно не интересует все, что связано с развлечениями, весельем и игрой. Мы нацеливаемся строго вперед, в направлении конструктивных и долгосрочных проектов. Окружающие ощущают наш рост и начинают проявлять по отношению к нам больше внимания и уважения. Если наш возраст уже перешагнул за сорокалетний порог, то в этот период мы в первый раз мы можем увидеть, как молодые люди уступают нам место в автобусе, даже если в наше время это случается все реже и реже. Но поскольку этот транзит, как было сказано выше, соответствует решительному росту нашей личности, он зачастую проявляется путем испытаний и лишений, через которые мы должны пройти. И в этом состоит менее позитивная сторона транзита. Подобно транзитам Сатурна к Солнцу, данный период может сопровождать тяжелый экзистенциальный кризис, который, как правило, относится к одной из четырех проблем нашей жизни: плохое состояние здоровья, смерть, сентиментальные/ любовные трудности, профессиональные/ финансовые проблемы. Не нужно строить себе излишних иллюзий относительно хорошей стороны этого транзита, поскольку почти наверняка мы заплатим очень дорогой ценой за завоеванную нами большую зрелость. Часто знаменитые общественные деятели переживают падение популярности в этот период. Мы можем потерпеть неудачу и поражение, как в работе, так и в личной жизни. Конечным результатом этого может стать нечто большее, чем вышеупомянутое падение энтузиазма, и речь может идти о самой настоящей депрессии, которая проявится тем сильнее, чем более чувствительно мы относимся к проблемам. В хит-параде склонных к депрессии знаков на первых местах нам встречаются Рыбы, Рак и Телец. В таких случаях то старение, на психическом и характериальном уровне, о котором говорилось выше, обретает значение самого настоящего физического старения, когда начинают седеть и выпадать волосы, появляется артроз, ревматизм, проблемы с зубами. Мы ощущаем упадок сил и понимаем, что наше тело больше не позволяет обращаться с ним с прежним молодым «сумасбродством», и уже не выносит никаких излишних требований к его выносливости. Пожалуй, одним из немногих хороших аспектов такого транзита является факт того, что мы склонны к похудению, а это в таком изобильном обществе, как наше (естественно имея в виду западный и индустриализированный мир), вовсе неплохо воспринимается. Текущая Солнечная Революция и другие одновременные транзиты могут помочь нам понять причины похудения или психофизического подавленного состояния. Самые худшие вещи происходят, когда одновременно с таким транзитом наблюдается акцентирование значений Двенадцатого, Первого и Шестого Дома в Солнечной Революции. Старение, спровоцированное этим транзитом, представляет собой нечто необратимое, навсегда оставляющее след в нашем будущем отношении к своей жизни.

Транзит Сатурна во Втором Доме

Когда транзитный Сатурн проходит по Второму Дому нашего радикса, мы ведем себя более благоразумно и осмотрительно по отношению к деньгам. С возросшей зрелостью и ответственностью к нам приходит и понимание истинной ценности наших имущественных благ. Начиная с этого момента, мы будем управлять своими финансами с большей осторожностью, дальновидностью и мудростью. В отношении своего финансового будущего мы будем строить долгосрочные планы и принимать решения, отражающие наше четкое понимание текущей ситуации. Вероятней всего, мы будем отдавать предпочтение самым безопасным и долгосрочным формам инвестиций. Если у нас есть некоторая склонность к неосторожным и опрометчивым поступкам, то в течение этих лет (обычно двух или трех), она исчезнет, чтобы уступить место совершенно иному поведению и подходу к решениям, отражающим максимальную осторожность и благоразумие. Нас будут привлекать идеи медленного построения, таких инвестиций, которые предусматривают замораживание банковских фондов на многие годы. Скорей всего мы будем избегать любых рискованных спекуляций. Кроме того, вполне возможно, что в течение данного планетарного транзита наше отношение к деньгам ужесточится, и мы станем более экономными, бережливыми, и даже скупыми и жадными.

Зачастую это случается, парадоксальным образом, с теми субъектами, которые внезапно становятся богатыми, по любой причине, и начинают обращаться со своим капиталом крайне осторожно и консервативно, даже если всего лишь несколько месяцев тому назад это было им совершенно не свойственно. Касательно значения Второго Дома, связанного с изображением (которое нельзя путать со зрением, относящимся прежде всего к Шестому и Двенадцатому Дому), зачастую становится заметно резкое изменение отношения субъекта к своему внешнему виду и имиджу. На самом деле, очень интересно наблюдать, как многие люди во время этого транзита совершенно неожиданно начинают одеваться в идеальном классическом стиле, в противоположность обычной спортивной манере одежды. Мужчины, которые никогда в жизни не носили раньше пиджак и галстук или женщины, ни разу не одевавшие до этого элегантный костюм, вдруг, самым потрясающим и живописным образом, принимают решение с этого момента кардинально изменить свои привычки. То же самое относится и к прическе, стрижке или цвету волос. Мужчины сбривают или начинают отращивать усы и бороду. Иногда во время этого транзита люди начинают худеть, вольно или невольно. На внешнем плане транзит может указывать на возникновение нашего запоздалого интереса к фотографии, видеосъемке, участию в телевизионных передачах, увлечению компьютерной графикой, рисунком и дизайном, любительским театром, и так далее. В этом смысле часто случается, что после долгих размышлений мы покупаем себе очень большой монитор из самых дорогостоящих, телевизор или видеомагнитофон новейшей модели, полупрофессиональную видеокамеру, программу CAD (компьютерный чертеж), и так далее. Если же транзит происходит с напряженными аспектами к другим точкам натальной карты или одновременно с тяжелой Солнечной Революцией, то он указывает на серьезные финансовые проблемы, которые вкратце можно обозначить как уменьшение доходов и увеличение расходов. В любом случае, речь будет идти о сокращении наших финансовых возможностей, которое может вынудить нас просить денег в долг, взять кредит или резко ограничить текущие расходы. Иногда такая ситуация связана с другими негативными транзитами в Четвертом Доме или с указаниями Солнечной Революции, опять же, на Четвертый Дом, и следовательно, в таком случае все легко интерпретируется как максимальные финансовые затраты и предпринятые усилия в целях поддержки инвестиций в недвижимость самого разного рода: покупку собственного дома, ремонт в квартире или в офисе, переезд, и так далее. Можно сказать наверняка, что во время этого транзита мы столкнемся с нехваткой наличных денег. Но мы узнаем об этом заранее, и, следовательно, каждый человек, а особенно предприниматель, будет в состоянии предвидеть последствия этого транзита и, например, сможет запросить банковский кредит с расчетом долгосрочного плана рефинансирования. Если в этот момент мы начнем какие-нибудь ремонтные работы, то нужно помнить, что, как правило, вместо запланированных десяти евро мы потратим тридцать. Транзит Сатурна в этом Доме также означает прерывание нашего хобби, связанного с изображением, например, мы совершенно перестаем фотографировать. Наш личный имидж станет менее приятным и будет отражать нашу внутреннюю настроенность на строгость, суровость и экономность. Знаменитые общественные деятели в этот период переживают своего рода затмение своей популярности: они почти исчезают из поля зрения, редко появляются на телевидении, и их фотографии все реже печатаются в журналах. Есть вероятность того, что в течение этих лет возникнет проблема, имеющая отношение ко рту, оральной части тела, например, могут проявляться периоды приступов булимии (патологической тяги к еде) или анорексии (отказа от приёма пищи), или диагностируется заболевание щитовидной железы.

Транзит Сатурна в Третьем Доме

Когда транзитный Сатурн проходит по Третьему Дому нашего радикса, мы переживаем период глубокого переосмысления и анализа всего, что нас касается. Наш обмен информацией с окружающей средой становится более содержательным и менее поверхностным. Мы делаем все возможное для установления связей и налаживания контактов в целях наилучшего общения. Это может означать, например, что мы потратим деньги на мобильный или беспроводный телефон, или же приобретем себе новый факс, модем, спутниковую антенну или компьютерный принтер. Может быть мы выделим время на изучение навигации в Интернете, или же научимся пользоваться компьютерной программой для составления и редакции текстов. В других случаях речь может идти о покупке машины или мотоцикла, или другого транспортного средства, и все эти вещи означают наши серьезные финансовые затраты, то есть мы идем на жертвы, в полном соответствии с серым колоритом символики управителя Козерога. Мы можем заняться пересмотром и приведением в порядок своей старой корреспонденции, накопившейся за долгое время. Мы отправимся в поездки, которые будут конструктивными, полезными, но при этом также тяжелыми, утомительными и дорогостоящими. В этот период мы можем быть вынуждены чаще передвигаться, например, ежедневно ездить из загорода в центр на работу. Мы займемся изучением трудных предметов или же подготовкой к особенно сложному экзамену в университете. Если транзит должен пониматься как негативный из-за характеризующих его аспектов или в связи с общей транзитной ситуацией, или судя по Солнечной Революции, то стоит ожидать задержек в учебе или даже ее прерывания. Наша интеллектуальная работа будет усложняться различными препятствиями и трудностями. Вполне возможно, что в этот период мы будем очень мало читать и еще меньше писать. В отношении машины и транспорта вообще, можно сказать, что есть огромная вероятность того, что мы станем жертвой угона машины, или же мы рискуем серьезно повредить свою машину в дорожно-транспортном происшествии, и возникнет необходимость дорогостоящего ремонта. В самых худших случаях мы можем оказаться вовлечены в дорожно-транспортное происшествие, даже просто прогуливаясь по улице пешком (упасть в автобусе, попасть под машину на пешеходном переходе, и так далее). В других случаях нам приходится очень много передвигаться в связи с малоприятными поручениями и обязательствами. Например, потому что наш офис меняет свой физический адрес, или нам нужно навещать заболевшего родственника, живущего в другом конце города, или мы вынуждены ездить на лечебные процедуры в загородную поликлинику, и так далее. Это наихудший момент для путешествий, и нам было бы лучше остаться дома, если мы хотим избежать множества неприятностей. В этот период мы рискуем застрять на несколько часов в аэропорту, не доехать до места назначения по причине забастовки железнодорожного транспорта или из-за пробки на дороге, можем попасть в неприятные происшествия в чужом городе. Кроме прочего, проблемы могут возникнуть с любыми средствами телекоммуникации, и мы рискуем потерять свой мобильный телефон, у нас может поломаться факс, телефонный узел или компьютерный принтер, мы можем получить телефонный счет на огромную сумму по совершенно непонятным причинам, и так далее. Мы получаем плохие новости издалека, по телефону или по почте. Посылка, которую мы отправили или которую должны получить, теряется в пути. Мы остаемся на несколько дней без телефонной линии, или же мы теряем очень важное письмо. В этот период у нашего родного или двоюродного брата, шурина, зятя или молодого друга, может возникнуть срочная необходимость в нашей помощи. У одного из них могут быть незначительные проблемы, а могут произойти и самые настоящие несчастья, вплоть до самого трагичного уровня. Наши отношения с вышеназванными близкими людьми могут испортиться, мы можем гораздо реже с ними встречаться. Может случиться, что мы столкнемся с серьезными неприятностями по вине атакующей нас прессы, или же у нас могут возникнуть большие проблемы с издателем, который должен опубликовать нашу книгу. Могут возникнуть проблемы и менее серьезные, но все же неприятные, например, ошибки или опоздание типографии, где мы заказали свои визитные карточки или приглашения. Если мы курим, то во время этого транзита рискуем столкнуться с серьезными проблемами со здоровьем из-за нашей вредной привычки, и есть высокий риск заболеваний дыхательных путей.

Транзит Сатурна в Четвертом Доме

Когда транзитный Сатурн проходит по Четвертому Дому нашего радикса, вполне вероятно, что мы займемся реализацией долгосрочного плана по покупке своего дома или переедем на новое место жительство. Почти все наши ресурсы концентрируются в направлении операций с недвижимостью, и в основном трех возможных типов: или покупка-продажа недвижимости (включая земельные участки), или переезд, или ремонт внутренних помещений нашего места обитания, под которым подразумевается как домашняя среда (где мы спим), так и место нашей работы (офис, контора, лаборатория, цех...). Эти события становится еще более очевидными, если в то же время мы находим транзитный Юпитер во Втором или Восьмом Доме радикса, или в карте Солнечной Революции текущего года Марс и Юпитер располагаются в этих же Домах СР. Сатурн означает страдание, но при этом и усердный труд, а значит такой транзит может привести к улучшению жилищных условий, даже если после нескольких месяцев, проведенных со строителями и рабочими, которые переворачивают у нас дома все вверх дном. Транзит может указывать на то, что мы проводим больше времени со своими родителями, которые по какой-то причине нуждаются в нашей помощи и заботе. В этом смысле есть вероятность того, что наш отец или мать, или же наш тесть или наша свекровь, переедут жить в наш дом. Если же этот транзит должен быть рассмотрен как негативный, или потому что он образует плохие аспекты, или сопровождается другими чрезвычайно тяжелыми транзитами, то он может указывать на серьезную проблему, связанную с нашими родителями, или, в крайнем случае, даже на смерть одного из них. Конечно, реальный шанс того, что произойдет настолько негативное событие, зависит от нашего возраста, и если исходить из статистической точки зрения, то вероятность будет крайне низкой во время первого прохождения Сатурна в этом Доме, которая в среднем случается, когда нам еще нет двадцати девяти лет. Но когда происходит второе прохождение Сатурна, до наступления наших пятидесяти восьми лет, то вероятность того, что один или оба наших родителя умрут, очень высока. Прежде всего, если транзит сопровождается плохими аспектами транзитного Урана по отношению к нашему натальному Солнцу, или Луне, или к Асценденту. В отношении нашего дома речь почти всегда будет идти о больших денежных суммах, которые мы должны будем потратить на выплату выданного нам кредита или же на выполнение ремонтных работ, или на наш переезд. Часто такое положение транзитной планеты встречается в натальных картах мужа или жены в случае развода, когда один из супругов вынужден оставить бывший общий дом. Кроме того, этот транзит может указывать на повреждения, нанесенные нашему дому природными явлениями, такими как землетрясения, наводнения, пожары, ураганы, и так далее. Мы можем получить уведомление о выселении из дома от владельца, или наоборот, у нас возникнут проблемы с арендатором, который не платит за жилье и отказывается съезжать с нашей квартиры. К тому же, данный транзит может иметь отношение к принудительному проживанию, например, в случае судебного наказания в виде домашнего ареста, или в случае болезни, приковывающей нас к постели. Бывает, что такое положение Сатурна говорит нам о госпитализации, но на это должны указывать и другие аспекты, и Солнечная Революция, имеющая, например, мощные значения Двенадцатого, Первого и Шестого Дома. Люди, рожденные под знаком Рака, или имеющие сильные значения этого знака в своем радиксе, правильно поступят, если в течение этих месяцев пройдут медицинское обследование. Им следует особенно остерегаться наличия в их желудке Helicobacter Pylori, палочковидной бактерии, которая согласно последним данным является главной виновной появления гастрита, язвы и раковой опухоли желудка. Касательно компьютера, в этот момент мы рискуем потерять наши данные, хранящиеся на жестком диске, по причине его поломки.

Транзит Сатурна в Пятом Доме

Когда транзитный Сатурн проходит по Пятому Дому нашего радикса, у нас может появиться достаточно серьезное хобби. Это может быть игра в бридж или в шахматы, но также и изучение великих исторических битв или чтение классической литературы. В свое свободное время мы обращаем свое внимание на предметы, которые, по мнению большинства, считаются серьезными, но в этот момент мы хотим именно этого. Вполне возможно, что для совместных развлечений мы выберем себе людей пожилых, старше нас по возрасту, или просто серьезных. Наше старое хобби в этот период может превратиться в профессиональную деятельность, и мы начнем относиться к нему с повышенной обязательностью и ответственностью. Кроме того, может так случиться, что мы, будучи даже в немолодом уже возрасте, начнем преподавать какой-то предмет, в котором мы особенно сильны. Наш сын или дочь вырастают, и доставляют нам радость и удовлетворение признаками зрелости в своем поведении. Если транзит должен быть прочитан в негативном смысле, то он почти наверняка означает резкое уменьшение нашей развлекательной, увеселительной и игровой деятельности, или даже полное ее прекращение. С огромной вероятностью в этот период мы будем переживать сентиментальный или сексуальный кризис. Мы будем очень мало развлекаться, и наши сексуальные отношения с постоянным любимым партнером ненадолго прервутся или же окончательно прекратятся. В некотором роде мы становимся похожи на пустынников и отшельников. Очень часто такое поведение вызвано большой озабоченностью и переживаниями, на природу которых нам указывают, при умении их прочитывать, положения других транзитов этого момента и общая картина Солнечной Революции. В любом случае, в течение этих месяцев вероятность того, что мы расстанемся с любимым человеком, на самом деле, просто огромная, и в лучшем случае речь будет идти как минимум о долгой паузе в отношениях двух любовников. Вполне возможно ухудшение состояния здоровья и болезнь нашего партнера, но вероятность этого гораздо менее высокая, по сравнению с указанными ранее ситуациями. В течение этих месяцев мы будем реже выходить развлекаться по вечерам, и все меньше мы будем посещать рестораны, театры, концерты или ночные клубы. Очень часто речь также идет о проблемах с одним из наших детей, или потому что наш ребенок уезжает и живет вдали от нас, или же он по какой-либо причине переживает кризисный период. Этот транзит присутствует и во многих случаях переживаний об отцовстве или материнстве, то есть когда мы пытаемся зачать ребенка и обнаруживаем, что на самом деле это не так просто, как мы ожидали. Во время данного транзита многие супруги узнают о своей неспособности к деторождению, и что они должны пуститься в долгий и мучительный путь лечения в надежде на удачное зачатие ребенка. Иногда возникает совершенно противоположная проблема, и женщина беременеет в самый неудачный и неподходящий момент. Женщины, которые вынашивают ребенка во время транзита Сатурна по Пятому Дому радикса, должны ожидать сложного протекания беременности, финалом которой может даже стать аборт или кесарево сечение. Если мы профессиональные преподаватели, то этот транзит препятствует нашей работе, поскольку в этот период оказываются неудачными все отношения с детьми и молодежью вообще. Знаменитые люди и общественные деятели могут переживать падение своей популярности. В течение такого транзита любая творческая работа затрудняется или прекращается. Кроме прочего, возможно возникновение проблем с простатой у мужчин и гинекологических проблем у женщин. Следует избегать случайных половых связей, и это правило, которое должно быть универсальным, в данном случае обретает более категоричное и высокое значение, и мы должны быть особенно осторожны. Лучше было бы сторониться биржевых спекуляций и азартных игр вообще, так как мы рискуем во время этого транзита понести большие финансовые убытки. Нужно держать под контролем стоимость наших развлечений, потому мы рискуем потратить слишком большие суммы. Период неблагоприятен для путешествий.

Транзит Сатурна в Шестом Доме

Когда транзитный Сатурн проходит по Шестому Дому нашего радикса, возрастает и становится серьезным наш интерес к собственному телу, как с точки зрения здоровья, так и эстетики. Мы решаем, что настал момент больше позаботиться о самих себе. Мы отправляемся на медицинский осмотр, начинаем новый курс лечения, записываемся в фитнес-клуб, посещаем термальные курорты, лечимся грязью и терапевтическими водами, занимаемся массажами, физиотерапией, шиацу или акупунктурой, детоксикацией организма или диетами для похудения, гомеопатическим лечением, бальнеотерапией, гелиотерапией, и так далее. Иной раз нам удается после многих лет наконец-то обнаружить причину своей болезни. Мы идем на лечебные процедуры, которые послужат нам на многие годы вперед, как например, в случае глубокой чистки зубов, когда края десны надрезаются и отодвигаются, что позволяет врачу проникнуть в зубодесневой карман и очистить его (эта техника называется поддесневая чистка корней). Мы начинаем носить зубной протез, который одновременно становится и свидетельством нашей старости и освобождением от проблем, связанных с пережёвыванием пищи. Мы все больше осознаем, что нужно экономить свои силы, что запас нашей энергии не бесконечен, и что мы должны считаться с наступающей старостью. Это подходящий период для укрепления нашего положения на работе. После многих лет временной занятости нас могут оформить на постоянную работу по контракту, нам признают предыдущий трудовой стаж, мы поднимаемся на ступень выше в иерархической шкале нашей профессии, нам наконец-то удается получить должность, о которой мы давно мечтали. Если же мы работодатели, то этот транзит может указывать на урегулирование и стабилизацию наших отношений с подчиненным работником, например, когда он ранее мог с нами сотрудничать лишь частично, а теперь соглашается работать на нас полный рабочий день. Один из наших сотрудников получает общественную награду и признание его способностей и мастерства. Мы принимаем решение, после долгих раздумий, завести у себя дома щенка или котенка. Если же транзит проявляется негативно, то он почти наверняка означает ухудшение нашего здоровья и возникновение заболевания. На счет этого я вам советую прочитать или перечитать снова то, что написано во вступлении к этой главе, где говорится о Сатурне как о важном индикаторе при уточнении настоящего времени рождения субъекта. Очень часто речь будет идти о проблемах с зубами или костями, но все же патология может затронуть любой орган и часть тела. Случается, что этот планетарный транзит свидетельствует о прогрессирующем характере заболевания, о том, что оно переходит в хроническую форму или даже становится необратимым, как например, в случае артроза, ревматизмов, аллергий, и так далее. Не стоит недооценивать симптоматичные показатели нашего здоровья, те индикаторные лампочки, которые зажигаются в этот момент, потому что речь не может идти о легких заболеваниях. Но тем не менее, уровень вреда, который может быть нанесен нашему здоровью, зависит и от других текущих транзитов, и как всегда, для тех, кто хочет следовать этому методу анализа, от показателей Солнечной Революции. Сочетание показателей транзитный Сатурн в Шестом Доме радикса и одновременное присутствие значений Двенадцатого, Первого и Шестого Домов в Солнечной Революции, должно считаться крайне тяжелым и пагубным. Если другие элементы анализа подтверждают это, то возможна хирургическая операция. На другом плане, мы становимся чрезвычайно занятыми своей работой, которая может доставить нам неприятности в виде стрессовых ситуаций или в виде конфликтных и трудных отношений с нашими коллегами, сотрудниками и начальниками. Обстановка на работе внезапно становится более тяжелой, давящей, гнетущей, и нам очень хочется уволиться оттуда. Во многих случаях это на самом деле происходит. Действительно, в эти месяцы вполне возможно, что мы напишем заявление об уходе с работы по собственному желанию, но нас также может уволить и работодатель по его инициативе. Если мы сами являемся работодателями, то почти наверняка нам стоит ожидать временного или окончательного ухода нашего сотрудника. Зачастую в этот период нам приходится менять не одну домработницу по самым разным причинам, или они от нас уходят, или же мы вынуждены их уволить за плохое поведение. Наш бывший подчиненный сотрудник может привлечь нас к суду, и во время этого транзита иск против одного из наших работников может даже закончится окончательным приговором не в нашу пользу.

Транзит Сатурна в Седьмом Доме

Когда транзитный Сатурн проходит по Седьмому Дому нашего радикса, мы чувствуем необходимость установления более тесных отношений с другими людьми. Особенно если мы интроверты или эгоцентрики, то в этот период осознаем всю важность завязывания отношений, заключения союзов и поддерживания контактов с окружающими. Например, по рабочим мотивам мы можем быть вынуждены опубликовать свой номер телефона в газете, и потом отвечать на огромное количество звонков, в том числе назойливых и неприятных. Но в то же время мы обнаружим, что такие ситуации не только доставляют нам беспокойство, но и человечески обогащают нас. Мы начинаем осознавать, что настал срок определиться, и если мы долгое время поддерживали партнерские отношения в состоянии неопределенности, и не беря на себя особых обязательств, то теперь понимаем, что необходимо их упорядочить, в том числе оформив их официально. Таким образом, есть вероятность, что мы вступим в брак, но такое решение не будет принято нами с легкостью и надеждами, свойственными двадцатилетним людям, а лишь после долгих и серьезных размышлений, в полной мере отражающих тяжесть переживаний о настолько ответственном и важном выборе, сделанном в уже отнюдь не юном возрасте. Наконец-то разрешаются те правовые разбирательства и судебные иски, в которые мы были вовлечены. Удается достигнуть примирения и найти компромиссные решения различных многолетних ссор и юридических, гражданских или административных споров. Созданное нами ранее совместное предприятие в этот период развивается, растет, консолидируется и укрепляется. Улучшается состояние здоровья нашего партнера или его профессиональное, финансовое положение. Наш любимый человек, заняв более ответственное и важное положение в обществе, становится также более требовательным по отношению к нам. Если транзит происходит в негативных условиях, то он абсолютно однозначно указывает на присутствие в нашей жизни официальных бумаг, которые могут появиться либо по нашей собственной инициативе, либо другие люди могут привлечь нас к ответственности, к участию в деле, или даже к суду. Те же официальные бумаги, но в переносном смысле, могут относиться и к нашим супружеским отношениям, которые становятся более официальными и натянутыми. Безусловно, мы будем переживать очень напряженный период, наполненный конфликтными ситуациями. Мы агрессивно ведем себя со своим партнером и сами, в свою очередь, становимся жертвами встречной агрессии. Эта ситуация похожа на транзит Марса в Седьмом Доме, но по своей интенсивности она проявляется на октаву выше, и поэтому мы серьезно рискуем испортить свои отношения, даже навсегда. Если мы политики, то наши беды будут связаны с личными или партийными союзами, а если у нас есть какие-то скелеты в шкафу, то вполне возможно, что нам будут выдвинуты обвинения со стороны закона. Проблемы с законом могут возникнуть по самым разным причинам: нас могут лишить водительских прав за серьезное нарушение правил дорожного движения, к нам на работу может нагрянуть налоговая полиция, наш работодатель может подать на нас жалобу в суд, и так далее. Совместное предприятие, учрежденное ранее, оказывается в тяжелом положении и рискует развалиться или обанкротиться. Наш компаньон по работе заболевает или попадает в беду. Наш партнер по браку переживает очень негативный период, состояние его здоровья ухудшается. Наш супруг или супруга занимает более важное положение на работе, но при этом начинает себя вести очень высокомерно, дерзко и агрессивно по отношению к нам. Наши семейные отношения ухудшаются и становятся достаточно прохладными. В течение этих месяцев мы можем столкнуться с явной и открытой враждебностью других людей, и таким образом, жить в постоянном ощущении воинственной атмосферы вокруг нас. В наихудших случаях, если многие другие элементы анализа ситуации подтверждают это, мы можем потерять своего любимого человека. Если у нас есть предрасположенность к заболеваниям почек или мочевого пузыря, то во время этого транзита болезнь может реально проявиться.

Транзит Сатурна в Восьмом Доме

Когда транзитный Сатурн проходит по Восьмому Дому нашего радикса, мы ощущаем значительное сокращение наших доходов или сталкиваемся с большими расходами. В противоположность тому, что обычно думают многие, транзит «Большого вредителя» в натальном Восьмом Доме почти всегда соответствует финансовым проблемам, и очень редко смерти. Значения траура больше выделяется в Одиннадцатом Доме. Естественно, что возникновение финансовых проблем может быть связано с капитальными вложениями в недвижимость или с инвестициями коммерческого и производственного плана, и в этих случаях такие трудности должны считаться скорей позитивными, чем негативными. На самом деле, данный планетарный транзит в эти месяцы дает нам ощутить в полной мере текучесть денег. Мы становимся свидетелями увеличения денежного оборота, однако этот поток может быть не только входящим, но и исходящим. В течение этого периода времени, после долгого и выстраданного ожидания, можно наконец-то вступить в права наследства по завещанию или по дарственной, как со стороны родителей, так и со стороны супруга или супруги (помня, что Восьмой Дом – это Второй для Седьмого, по системе производных Домов). Наш партнер по браку увеличивает свое недвижимое имущество или наследуют его. В этот период некая сложная и трудная ситуация, связанная с сексуальными отношениями, наконец-то завершается позитивным результатом. Мы успешно, хоть и трудно, продвигаемся вперед в своих подземных исследованиях, изредка речь идет о поисках воды, кладов, или нефти и газа, но более вероятно, мы займемся исследованиями своего подсознания с помощью психоаналитика. Если же транзит происходит в общих неблагоприятных условиях, то прежде всего он будет указывать на решительную нехватку денег. Такая ситуация может быть результатом предпринятых нами ранее неосторожных и недальновидных действий. Но денежные затруднения могут быть связаны и с неожиданным для нас налогом, который нужно срочно оплатить, и с непредвиденными большими тратами на ремонтные работы кондоминиума, и с оплатой дорогостоящей хирургической операции или медикаментозного лечения, и с необходимостью погашения долгов нашего супруга, и с долгами умершего родителя, доставшимися нам по наследству, и так далее. В некоторых случаях этот транзит нам кажется благоприятным, например, если мы запрашиваем и получаем кредит на крупную сумму денег, но на самом деле это финансирование может положить начало труднейшего периода, когда нам придется постоянно думать, как выплачивать высокие и неподъемные для наших финансов ежемесячные платежи. Чья-то смерть может поставить нас в затруднительное положение и неожиданно возложить на нас тяжелые обязанности, как например, мы можем быть вынуждены ухаживать за пожилым родственником, оставшимся в одиночестве. Случается, что транзит попросту указывает на смерть нашего близкого родственника, или друга, или любимого и дорогого нам человека. Но Восьмой Дом должен также читаться как сектор, связанный с концом всех вещей, и поэтому очень часто он свидетельствует об окончательном разрыве отношений между двумя людьми, например, о расставании двух любовников. Зная о предстоящем транзите Сатурна в Восьмом Доме, если и другие элементы анализа это подтверждают, мы можем предсказать начало периода сексуального воздержания, которое, в свою очередь, указывает на возможный кризис любовных отношений. В плане здоровья данный транзит может означать возникновение или обострение патологических процессов, связанных с гениталиями или анусом (например, геморрой). Если в этот период нам предстоит раздел унаследованного имущества между братьями и сестрами, или мы подумываем о досрочном выходе на пенсию, или ожидаем получения выходного пособия, то скорей всего наши интересы окажутся ущемленными, и итог подобных ситуаций будет для нас неудачным. Кроме того, Хронос, проходящий по Дому со значениями Скорпиона, устанавливает возможность появления депрессивных мыслей, связанных со смертью. Такой транзит может указывать на смертельную опасность для нас самих, но в таком случае об этом должны сообщать многие другие элементы и нашей натальной карты, и гороскопов наших близких и родных людей. Возможны расходы, связанные с похоронами и погребальными службами, или оплата дорогостоящих работ по установке памятника на кладбище, или по приведению в порядок семейной могилы. Подземные исследования любого рода, в том числе исследования нашего подсознания с психоаналитиком, принесут в этот период отвратительные результаты. Мы рискуем потерять деньги в азартных играх. Возможны кражи и ограбления, в том числе в нашем доме.

Транзит Сатурна в Девятом Доме

Когда транзитный Сатурн проходит по Девятому Дому нашего радикса, мы переживаем просто великолепный период для того, чтобы приблизиться к темам, далеко уходящим от нашей повседневной действительности, таким как теология, философия, астрология, йога, восточные культуры, дзен, альтернативная медицина, и так далее. В течение этих месяцев мы можем отлично подготовиться к очень сложным экзаменам в университете, посещать курсы специализации и повышения квалификации, различные семинары, на которых мы можем многому научиться. В этот момент бы более склонны к умеренности, воздержанности и простоте, а наш дух отстраняется от материального и направляется ко всему сверхъестественному и необычайному. Нас очаровывают таинства жизни и человека, мы сближаемся с религией, которая может оказаться также и «верой» в идеи марксизма или любого другого направления как политического, так и социального, профсоюзного, экологического, и так далее. Мы путешествуем, или своими ногами, или в уме, чтобы войти в более тесный контакт с чем-то возвышенным и прекрасным, или чтобы сблизиться высшими областями знания. Мы отправляемся навестить своего родственника, проживающего за границей или в другом городе (в астрологии территориями Девятого Дома нужно считать все те места, где говорят на языке или диалекте, отличном от нашего). Мы совершаем паломничество в святые места. Поступаем в зарубежный университет. Отправляемся в далекие поездки на лечение или, в любом случае, чтобы поправить свое здоровье. Если транзит происходит при общих напряженных условиях, то он может означать одно или несколько плохих известий издалека, из-за рубежа. Например мы можем узнать о том, что заболел или умер наш родственник, что умер наш духовный наставник и учитель из далекого города, или вдруг выясняется, что партнер изменяет нам с лицом иностранного происхождения… Этот планетарный транзит может также означать наши неудачные приключения за границей, как в случае ограбления или болезни, настигающих нас в пути. Наши путешествия не доставляют нам удовольствия и оказываются неудобными, тяжелыми, изматывающими и дорогостоящими. Девятый Дом тесно связан с темой дороги и передвижения вообще, а значит можно ожидать проблем с машиной. Мы рискуем попасть в дорожно-транспортное происшествие, у машины может быть серьезная поломка или ее могут у нас угнать. Мы можем быть вынуждены отправиться за границу, чтобы заняться лечением какой-то одолевающей нас тяжелой болезни в иностранной больнице, специализирующейся на патологиях такого рода. Мы страдаем из-за отъезда любимого человека в далекий город. Нам бы хотелось уехать, но что-то препятствует этому. Такой транзит указывает на меньшее количество путешествий и множество проблем в поездках, и соответственно, каждый может определить для себя, каким образом лучше пережить этот период. Возможны задержки, прерывание или прекращение учебы в высшем учебном заведении. Подготовка к важному экзамену дается нам с огромным трудом. Изучение какой-то книги может вызвать у нас духовный кризис. Наше внутреннее равновесие может быть нарушено из-за посещения священников, психологов, астрологов, и так далее. Иностранные граждане могут нанести вред нашему бизнесу.

Транзит Сатурна в Десятом Доме

Когда транзитный Сатурн проходит по Десятому Дому нашего радикса, мы стремимся реализовать важную профессиональную цель. Этот транзит очень часто встречается у тех людей, которые готовятся к прохождению экзаменов и конкурсного отбора для улучшения своего профессионального и карьерного положения. Например, это могут быть учителя, которые надеются оформиться на постоянную штатную должность или хотят повысить свою квалификацию, чтобы получить разрешение на преподавание в старших классах и на высших курсах, или же собираются принять участие в конкурсе на место директора школы. Государственные служащие, которые могут стремиться к более ответственной должности, адвокаты, которые могут подавать заявку на должность судьи или нотариуса, и так далее. Определенные амбиции могут заставить нас страдать и мучиться, например, в напряженной учебе, чтобы добиться желанной цели. Но эти чрезвычайные усилия вовсе не направляются исключительно на улучшение нашего профессионального положения, а могут охватывать огромное количество задач, нацеленных на любой наш рост, на эмансипацию. В этом смысле речь может идти о боксере, который усердно тренируется для встречи с чемпионом, или о музыканте, который часами занимается подготовкой к ответственному концертному выступлению, или о девушке, которая соблюдая диету для похудения, идет на огромные жертвы и постоянные самоограничения для достижения желаемого веса, или о больных, которые прилагают максимальные усилия, чтобы восстановить полную функциональность своей сломанной руки с помощью ежедневных и многочисленных упражнений, и так далее. С этой точки зрения Сатурн как страдание выражает себя в наилучшем виде, и способен принести действительно особенные плоды наших трудов, которые невозможно получить в любой другой период года. Десятый Дом, прежде всего, говорит об эмансипации, понимаемой в самом широком смысле слова, и поэтому не стоит допускать ошибку, воображая себе, что это принесет нам больше денег. Безусловно, деньги – это один из инструментов эмансипации, но далеко не единственный. Очень часто бывает так, что стремясь лишь к достижению профессионального успеха, мы вдруг обнаруживаем, что избавились от страха темноты или воды, или освободились от присутствия враждебного нам человека, что мы стали здоровее, и так далее. Этот транзит также стабилизирует наше профессиональное и социальное положение (для многих людей это означает заключение брака). Он закрепляет результаты всех наших предыдущих усилий, направленных на стабильное положение в работе. Все проекты, которые начинаются в этот период, будут как никогда амбициозными и отлично структурированными, с конкретным стремлением достигнуть целей, рассчитанных на далекую перспективу. В некоторых случаях этот транзит объявляет о периоде роста в жизни нашей матери. Но если транзит проявляется негативно, то у нас есть основания для беспокойства о здоровье нашей матери и вообще об ухудшении ее положения. В самых тяжелых случаях, когда другие важные указания натальной карты и Солнечной Революции подтверждают это, возможна даже смерть нашей матери или наша с ней серьезная ссора, отдаление и расставание. На профессиональном уровне напряженный транзит Сатурна в Десятом Доме довольно опасен, так как может указывают на наше падение, и даже довольно тяжелое. Конечно же, все зависит от общей ситуации, и только когда она учитывается в полном объеме, то может дать нам важные подсказки о том, как будут развиваться события. Например, если предположить, что транзит касается рабочего, который был временно отстранен от работы из-за проблем на его предприятии, то в этот период он почти наверняка будет уволен. Политики, знаменитые артисты, актеры, дикторы и певцы рискуют пережить падение своей популярности в течение этого транзита. Холодная коса Хроноса, соприкасаясь с положениями, которые не стабильны и не могут длиться вечно, обычно приводит их в порядок, нанося смертельные удары, которые могут сбросить на землю любого, даже Наполеона. Если пронаблюдать за карьерой известных людей, то можно увидеть, что все они, в самые темные моменты своей общественной жизни, познали прикосновение холодной руки Традиционной седьмой планеты. Во время этого транзита многие люди решают выйти на пенсию, уйти с работы или с публичной сцены, поскольку они испытывают огромную потребность остаться в уединении и мире, в умеренности, воздержанности, существенности, желают оставить иллюзорный замок блеска и веселья той поверхностной и легкой жизни, в которой не было влияния Сатурна. В этот момент жизнь играет против нас и ставит нам шах, а иногда и мат. Много раз в жизни нам хотелось начать все с начала после жестокого поражения, но в этот раз Сатурн сам идет нам на встречу, предрасполагая нас к длительным и медленным усилиям, к терпеливой и смиренной работе. В течение этих месяцев было бы лучше избегать любых начинаний и новых инициатив любого рода.

Транзит Сатурна в Одиннадцатом Доме

Когда транзитный Сатурн проходит по Одиннадцатому Дому нашего радикса, мы строим свои самые амбициозные планы. Мы действуем с большим размахом и закладываем основу для долгосрочных начинаний. Мы не ограничиваемся беглым взглядом за ближайший угол завтрашнего дня, а смотрим через подзорную трубу на долгие годы вперед. После долгого подготовительного процесса вынашивания мы готовы воплотить наши мечты в реальность. И под руководством такого авторитетного наставника нам удается это сделать, продвигаясь в перед с уверенностью и упорством. Высокопоставленные друзья помогут нам в этом. Настал момент постучать в те двери, где мы надеемся, нам будет открыто, и попросить о помощи. Мы можем рассчитывать, главным образом, на поддержку со стороны пожилых людей, которые могут быть как нашими родственниками, так и друзьями или знакомыми. Важные и влиятельные лица будут выражать нам свою симпатию без всякой напыщенности или преувеличенных эмоциональных всплесков, а конкретно, солидно и основательно. Кроме того, нам удается укрепить дружеские отношения и больше доверять людям, называющим себя нашими друзьями. Старый друг делает все возможное, чтобы помочь нам разрешить какие-то давние проблемы. Если же этот транзит проявляется негативным образом, потому что образует плохие аспекты, или происходит одновременно с тяжелыми положениями других транзитов или Солнечной Революции, то нам стоит опасаться потери близкого друга из-за нашей с ним ссоры, или по причине его смерти, или по другим мотивам. Зачастую этот транзит соответствует и семейному трауру, даже в большей степени, чем прохождение Сатурна по Восьмому Дому. Этот факт становится совершенно очевидным, если осуществить даже самое скромное исследование пары десятков известных нам случаев людей, потерявших своих родных и близких родственников. К тому же, может так случиться, что мы лишимся поддержки нашего знакомого влиятельного человека, или потому, что он уйдет из политической жизни Страны, или он будет назначен на другую должность, которая не сможет быть нам полезной для разрешения наших текущих проблем. Одиннадцатый Дом подчеркивает важность той помощи, которую мы получаем от других людей, а значит, если рассматривать это в широком смысле слова, то данный транзит может указывать на потерю нашего семейного врача, заслуживающего доверия механика, надежного бухгалтера, и так далее. Уход этих людей из нашей жизни не обязательно будет связан со смертью, но может случиться по самым разным причинам, как например, потому что кто-то из них решит поменять работу или переехать. Ссора со старым другом может негативно отразиться на нашей личной жизни или плохо повлиять на нашу работу. В этот период мы более болезненно, чем когда-либо, переживаем нехватку или отсутствие наших друзей.

Транзит Сатурна в Двенадцатом Доме

Когда транзитный Сатурн проходит по Двенадцатому Дому нашего радикса, мы переживаем момент (соответствующий нескольким месяцам) глубоких размышлений и потребности отстраниться от всего, и оставаться в уединении. Мы желаем изолироваться, чтобы помедитировать, поразмышлять о самих себе и о нашей жизни. Нас может привлекать идея завести дневник, или же нам может даже захотеться написать книгу воспоминаний о прошедших годах нашей жизни. Мы стремимся к переосмыслению и переоценке всего нашего прошлого негативного опыта. Нас не влекут к себе городские огни, мы предпочитаем уединенный полумрак своего дома, интимность малолюдного места, потрясающее очарование удалённых от суеты мест, подобных монастырям. Было бы очень хорошо воплотить в реальность эти желания и на самом деле выделить себе такое пространство вдали от мира, где можно подумать и помолиться, если мы веруем в бога. Духовные собрания, которые организуются различными епархиями, могут помочь нам реализовать, с точки зрения логистики, нашу мечту, даже если присутствие на молитве большого количества людей не способствует нашей идеальной концентрации. Этот период просто превосходен для исследований самого разного рода. Этот транзит помогает нам вырасти, стать лучше, посмотреть на мир с «тибетской» точки зрения. Мы приходим к пониманию того, что жизнь заключается не только в том, чтобы иметь, но еще и быть. Мы удивляемся самим себе, как могло так случиться, что еще несколько недель назад мы были настолько привязаны к ценностям, которые сегодня нам кажутся совершенно пустыми, поверхностными и незначительными. К счастью, сама природа циклическим образом вдохновляет нас, то в одном направлении, то в другом, чтобы мы могли выбирать и проживать самые разные периоды, не теряя контакта с реальностью. Этот планетарный транзит как нельзя лучше подходит для тех, кто намерен погрузиться в религиозную практику. То же самое относится к тем, кто желает удалиться от общественной жизни, чтобы заняться своей личной, читать, писать, медитировать. Время, которое лечит многие раны, позволяет нам выйти из запутанных проблемных ситуаций, которые очень долго не давали нам покоя. Нам наконец-то удается разобраться в том, кто на самом деле нам вредит, и обнаружить наших скрытых врагов, наносящих удары в спину. И наоборот, если транзит проявляется негативно, то мы должны ожидать испытаний и несчастий, вызванных враждебными действиями по отношению к нам, и прежде всего опасаться тайных и скрытых вражеских ударов. Кроме того, мы должны быть готовы к тому, что нам придется переживать очень трудный и жесткий период, во всех смыслах и на все триста шестьдесят градусов. Транзитный Сатурн в этом Доме может нанести нам удары в сентиментальной и чувственной жизни, в любовных делах, в работе, в здоровье и в деньгах. Речь идет об очень коварном и злом транзите, который может быть связан с некоторыми самыми тяжелыми испытаниями всей нашей жизни, в особенности, если он сочетается с одновременной Солнечной Революцией, содержащей мощные значения Двенадцатого, Первого и Шестого Домов. Упомянутая выше изоляция, которая в позитивном варианте могла означать добровольное отшельничество, здесь, в негативном случае, обретает пагубный смысл тюремного заключения и вообще принудительной изоляции любого рода, от домашнего ареста до госпитализации. В эти месяцы наш путь лежит только через тяжелый подъем в гору, и мы понимаем, что праздник закончился, а до наступления следующего нам придется еще очень много потрудиться. Мы должны будем добиваться всего лишь в поте лица, цепляясь за любой шанс зубами и ногтями, и как только мы что-то завоюем, то тут же будем вынуждены упорно защищать свои позиции, опять же, удерживая их зубами и ногтями. Ничто нам не будет подарено, и за все придется платить по полной цене. В этот момент мы начинаем лучше понимать слова Библии, о том, что человек должен трудиться в поте лица. Нужно иметь достаточно крепкие тылы и большой запас силы, чтобы пережить этот транзит без серьезных последствий. Речь идет, однако, о тяжелых испытаниях скорей хронического, чем острого характера, будто бы «Большой вредитель» настолько любезен, что поражает нас ударами в маленьких гомеопатических дозах вместо того, чтобы одним ударом обрушить тяжелый камень на нашу голову. В этом смысле нам будет проще противостоять его атакам и выдерживать его удары, ведь речь идет именно об безжалостных ударах. Но ведь, как говорится, Бог никогда не посылает нам испытаний, которых мы не в силах выдержать, и знание этого может помочь верующим людям. Если же мы атеисты, то можем утешиться мыслью о том, что даже самый черный час всегда длится всего лишь шестьдесят минут.

Глава 9
Транзиты Урана

Транзиты Урана можно было бы взять в качестве наглядного доказательства действительности астрологии тем, кто в нее не верит, настолько высока возможность убедиться в их влиянии на события человеческой жизни, да и не только. Иногда приходится слышать, как кто-то говорит: «Это никогда не может со мной случится!», а после мы узнаем, что во время прохождения Урана по чувствительной точке той натальной карты произошло именно то самое «невозможное». Если резюмировать в одной фразе всю мощь этих транзитов, то можно сказать, что восьмая планета нашей солнечной системы *передвигает горы*! Транзиты Урана всегда поразительные, красочные, блистательные, сенсационные, достойные первых газетных страниц. Эта планета, которая была открыта во времена французской революции, несет с собой весь революционный дух той эпохи и идеально исполняет роль суфлера, если не больше, во всех важнейших переломных моментах нашей жизни. Когда он проходит у нас «над головой», мы замечаем, что нуждаемся в переменах, и нам хочется изменить очень многое или вообще все. Но в этом случае просто невозможно воспользоваться псевдопрогрессивным соображением о том, что нужно поменять все, чтобы ничего не менять. Транзит требует реальных изменений, и не только формы, но и содержания. Он отмечает самые важные этапы нашей жизни, и требует от нас оплаты по полной цене, без всяких скидок. Не стоит обманывать себя и питать иллюзии, поскольку его цены высокие, и даже очень, и Уран не дает нам никакой возможности выплачивать в рассрочку. Можно сказать, что он хочет все и сразу. Естественно, нельзя утверждать, что все его транзиты являются негативными и разрушительными, потому что в ежедневной хронике событий немало примеров существенных метаморфоз и внезапных положительных изменений в жизни людей, которые, например, выигрывают в лотерею и становятся миллионерами, «чудом» излечиваются от страшной болезни, делают важнейшие научные открытия. Уран меняет нашу жизнь, в лучшую или в худшую сторону. Но стоит также заметить, что на каждого суперсчастливчика, который угадывает выигрышные номера в лотерее, приходится, по крайней мере, тысяча человек, которые попадают на операционный стол или в дорожно-транспортное происшествие, или под арест, и так далее. Перелистывая страницы этой книги, посвященные ста примерам, вы поймете, что желание интерпретировать данный транзит в одном лишь положительном смысле является чистой демагогией, ведь реальность такова, что в самых больших человеческих трагедиях он присутствует почти всегда. Не все эффекты Урана неизбежны, и существуют методы для его укрощения и успокоения, но тогда нужно говорить об *Активной Астрологии*, которая не является темой этой книги, и информацию о которой читатели могут найти в других моих книгах, в таких, как *Новый словарь по астрологии*, изд. Armenia («Nuovo dizionario di astrologia») или *Новый Трактат о Солнечных Революциях*. Здесь же мы должны всего лишь понять, или хотя бы попытаться понять, какими будут эффекты Урана при отсутствии применения адекватных защитных «протезов» со стороны человека, в первом лице переживающего его транзиты. Водолеи и люди с сильным Ураном в натальной карте лучше всего воспринимают эти транзиты, поскольку по своему характеру они хорошо расположены по отношению к переменам, и даже к таким, которые приносят тотальные и всеобъемлющие жизненные изменения. И наоборот, более консервативные знаки, такие как Телец, Козерог и Рак, имеют повод к большим опасениям перед этими транзитами, так как они никогда не хотели бы стать героями резких поворотов своей жизни на девяносто градусов или внезапной смены направления на все сто восемьдесят градусов. Когда транзитный Уран аспектирует наши натальные планеты, он сопровождает чрезвычайно важные и значительные события в любой сфере нашей жизни, как профессиональной, так и финансовой, сентиментальной, любовной, или касающейся нашего здоровья. Его ключевым словом является глагол «изменять», который подчеркивает все самые важные этапы нашей жизни, от свадьбы до первой работы, от рождения ребенка до финансового краха, и тот ветер перемен, которым он нас поражает, всегда наполнен и обещаниями, и угрозами. Когда его транзиты совпадают с плохой Солнечной Революцией, например, со значениями Двенадцатого, Первого и Шестого Домов, то у нас есть серьезнейшие причины для опасений. Если внимательно проследить, например, за транзитом управителя Водолея в аспекте к Солнцу, то можно заметить, как за те приблизительно два года, пока он длится, нам попадается, по крайней мере, одна Солнечная Революция, а может и обе, с опаснейшими показателями. Трудно объяснить эту реальность, которая кажется вышедшей из-под пера сверхъестественного дизайнера, но все обстоит именно так. Если же, наоборот, это прохождение планеты происходит совместно с очень позитивными транзитами и с настолько же хорошей Солнечной Революцией (например, с транзитным Юпитером в Десятом Доме и Асцендентом Солнечной Революции в том же натальном Десятом Доме), то он тогда может стать главным творцом необычайно хорошего, просто великолепного поворотного момента в нашей жизни. В беседах со многими тысячами консультируемых мной людей всего лишь один раз мне пришлось услышать от собеседника, что в его жизни ничего не произошло во время транзита Урана по его натальному Солнцу. Но я думаю, что он солгал или же просто вытеснил этот факт из памяти в целях психологической защиты. Не стоит также забывать о том, что было сказано на первых страницах этой книги, то есть, что в данном случае аспекты трина или секстиля автоматически не могут интерпретироваться как положительные, поскольку Уран зачастую нас очень больно бьет, и по голове, и по спине, даже во время так называемых гармоничных аспектов.

Уран в гармоничном аспекте с Солнцем

Когда транзитный Уран проходит в благоприятном аспекте к нашему натальному Солнцу, мы переживаем период большого обновления нашей жизни. Однако мы должны различать его воздействие в зависимости от возраста, в котором он предстает перед нами. Если транзит происходит в нашем раннем детстве, то он может указывать на огромные перемены в жизни наших родственников, и прежде всего отца. То же самое можно сказать об этом транзите в очень пожилом возрасте, то есть он может соответствовать событиям, относящимся к нашим детям, и прежде всего мужского пола. Но если он возникает в полном расцвете нашей активной жизни, скажем, в возрасте от пятнадцати до семидесяти лет, то мы ощутим его воздействие сильнейшим образом непосредственно на нас самих. Просто не может такого быть, чтобы по прошествии транзита мы остались такими же, какими были раньше, до его появления. На самом деле, наверняка многое изменится в нашей жизни, будут очень большие перемены, или на уровне объективных и практических событий, или же в виде внутренних бурь, которые нас будоражат и переворачивают с психологической точки зрения. Задействованные Дома, другие одновременные транзиты и, прежде всего, Солнечная Революция, могут прояснить нам достаточно исчерпывающим образом, к чему он намерен привести нас в итоге. Субъекты с недостаточной силой воли, например, имеющие Марс в Весах или в Раке, могут испытывать некую эйфорию во время этого транзита, поскольку они окажутся способны, может быть даже единственный раз за всю свою жизнь, принимать решения смело и молниеносно, рассеять иллюзии воспоминаний о прошлом, и действовать, наконец-то, без излишних колебаний. С этой точки зрения данный планетарный транзит является лидером, занимает первое место среди всех позитивных транзитов. Безвыходные, тупиковые положения, которые продолжались очень много лет, сметаются прочь за считанные часы, как случилось падение Берлинской стены, вполне вероятно, что во время аналогичного транзита Урана (вот только мы не знаем, к сожалению, данных рождения Германии). С таким мощным зарядом силы и энергии мы можем попытаться взяться за такие дела, которые всего лишь несколько дней до этого нам бы показались исполинскими и титанически трудными. Все начинается с сильнейших центробежных импульсов, которые направляют нас к более тесным отношениям с другими людьми, и заряжают нас маниакальной тягой к переменам, обновлению, тотальной трансформации. В данном случае можно провести параллель с транзитами Марса по отношению к Солнцу, но здесь интенсивность проявления будет гораздо сильнее, на много октав выше. Вряд ли то, что произойдет в эти месяцы, мы сможем когда-нибудь обратить назад, в направлении ситуации, предшествующей транзиту. Если у нас есть заветная мечта, как например, о кардинальной смене нашей профессии или о переезде в другой город, или о начале любовных отношений, то это самый подходящий момент, чтобы осуществить все задуманное. Радикальное отношение, характерное для данного периода, позволит нам освободиться от пустого лицемерия и мешающих нам принципов и убеждений, чтобы действовать чрезвычайно инновационным образом.

Уран в напряженном аспекте с Солнцем

Когда транзитный Уран проходит в напряженном аспекте к нашему натальному Солнцу, мы должны быть очень осторожными, со всех точек зрения. Мы чувствуем себя подвижными словно ртуть, переживаем момент огромного беспокойства, думаем и действуем радикальным образом, не выносим медлительность других людей, агрессивно устремляемся вперед и хотим иметь весь мир у своих ног. Настолько сильное возбуждённое состояние, усиливаясь, может достигать пароксизмального уровня, доходить до приступов. В подобной обстановке мы можем наделать много глупостей и нанести серьезный урон своей жизни, со всех точек зрения. Следует различать две возможные ситуации. Первая касается нашей прямой ответственности, как в случае, если мы хирурги и наш необдуманный поступок может стоить пациенту жизни. То же самое можно сказать, если мы авиадиспетчеры или пилоты самолета и наше опрометчивое решение может привести к самой настоящей массовой катастрофе. Здесь речь не идет об ошибке, вызванной нашим замешательством и растерянностью, как бывает при транзитах Нептуна, которые будут описаны в следующей главе. В данном случае причиной станут неловкие, грубые, резкие жесты и решения, которые приводят к непоправимым результатам. Это подразумевается во всех направлениях нашей жизни, относится к работе любого рода и ко всякому уровню ответственности, от работы няни до профессии повара, и можно бесконечно приводить примеры, но мне это кажется уже излишним. Вторая ситуация касается тяжелых испытаний, с которыми мы сталкиваемся, и которые не зависят от нашего поведения, более или менее виновного. В таком случае мы можем ожидать семейного траура, измены любимого человека, финансовых ударов, спровоцированных третьими лицами, нападения грабителей, внезапно поражающих нас болезней, и так далее. Так вот, если учесть все перечисленное, то становится ясно, что в этих случаях говорить о личной ответственности означает заниматься чистой демагогией. И если мы все же так поступим, и взвалим всю ответственность происходящего на себя самих или на общество, то будем тогда недооценивать влияние этого транзита, теоретизируя о его безвредности. На самом же деле, очень часто

Уран ведет себя как настоящий первобытный дикарь со зверскими манерами, что-то вроде монстра, не поддающегося приручению. Его жесткие удары поражают нас так, будто бы град камней, свалившийся нам на голову. Список всего того, что он может спровоцировать, лучше не уточнять, и потому что он получится слишком длинным, и чтобы не наводить излишних страхов на тех, кто не готов, с психической точки зрения, читать такие вещи. Не хотелось бы преувеличивать, но все же это правда, что антология по этому вопросу очень обширная, и содержит перечни таких горестей и трагедий, которые невозможно игнорировать. После своего прохождения в аспекте к Солнцу, управитель Водолея оставляет нас полностью трансформированными. Наша жизнь окажется совершенно изменившейся в одном или нескольких своих аспектах. Бывает так, что Уран может потребовать расплаты в одном только эпизоде с нашим участием в главной роли. Такие случаи, конечно же, являются самыми удачными, но происходят довольно редко. В подавляющем большинстве случаев, однако, мы должны эти приблизительно два года транзита переживать с полным осознанием того, что нам придется очень многое отдать Урану. Чем больше мы сможем отдать ему добровольно, тем меньше он заберет себе случайным образом. Когда этот планетарный транзит не относится к нам напрямую, тогда он будет касаться нашего родственника, и прежде всего отца, сына или близкого нам мужчины.

Уран в гармоничном аспекте с Луной

Когда транзитный Уран проходит в гармоничном аспекте к нашей натальной Луне, мы ощущаем сильный импульс к обновлению. Складывается впечатление, будто бы мы стали храбрее, потому что смотрим в будущее очень позитивно. Мы строим тысячу планов и думаем, что сможем реализовать любую свою мечту. Наши стремления в эти месяцы имеют центробежный и ассоциативный характер, с тенденцией к сотрудничеству и связям с другими людьми. Мы смещаем свое внимание на окружающее нас пространство и готовы встретиться с неизвестностью, отправившись по нехоженым путям. Из-за появившейся некоторой оригинальности и даже эксцентричности в поведении мы предстанем в глазах других в новом свете. Огромная потребность в эмансипации и независимости заставит нас действовать соответственно. В своем выборе мы будем ориентироваться на свободу. Однако стоит уточнить, что эти транзиты к Луне, в отличие от касающихся первого светила, являются скорее потенциальными, чем фактическими. Тем не менее, в любом случае, происходит ряд значительных событий, которые кардинально меняют нашу жизнь или потенциально могут это сделать. В этом смысле у нас могут случиться существенные перевороты в профессиональной сфере, но более вероятно, что изменения произойдут в нашей сентиментальной и чувственной жизни. В течение этого планетарного транзита мы, скорей всего, влюбимся. Ощущая необходимость внесения радикальных изменений в свою личную жизнь, мы даже можем наконец-то освободиться от тех удушающих и непродуктивных отношений, которыми раньше мы не смели пожертвовать. Транзит Урана к Луне нередко указывает на нового партнера. Может быть мы будем несколько форсировать свою судьбу, но как правило впоследствии мы не сожалеем о том, что было сделано в такие моменты. Будут склонны обновляться и наши отношения с матерью, что в подавляющем большинстве случаев может означать наш уход из родительского дома и обретение независимости или нашу эмансипацию любого рода по отношению к родителям. Луна также связана с домом, и это означает с огромной вероятностью, что будут заметные изменения в наших домашних условиях. Например, мы можем переехать в другой дом или совершить операцию купли-продажи недвижимости, или же сделать ремонт в том месте, где мы спим или где работаем. Кроме прочего, Луна также означает сон, и соответственно, в этот период мы можем спать гораздо меньше или, наоборот, больше, чем обычно. Все огромные изменения, о которых шла речь выше, могут относиться не к нам напрямую, а к нашей матери, сестре или дочери. Очень часто этот транзит связан с рождением ребенка.

Уран в напряженном аспекте с Луной

Когда транзитный Уран проходит в напряженном аспекте к нашей натальной Луне, мы переживаем период беспокойства, тревоги и неудовлетворенности. Мы даже сами не знаем, чего хотим, но лишь признаем, что нам вовсе не нравится тот образ жизни, который мы ведем. Заметное тревожное состояние предупреждает нас о том, что мы должны что-то сделать вместо того, чтобы стоять в сторонке в ожидании событий. Наше поведение становится особенно радикальным, со всех сторон, и это может привести к разрыву важных отношений, как в лоне семьи, так и на работе. Под воздействием такого экстремистского импульса мы можем совершить такие поступки, о которых потом пожалеем. Но с другой стороны, мы прекрасно понимаем, что за тысячу вёрст далеки от дипломатии в течение этого транзита. Необходимо быть очень внимательными и осторожными к возможным ошибкам, которые мы можем допустить на своем рабочем месте, особенно если наша работа является рискованной для нас самих или для других людей. Авиакомпании должны были бы на некоторое время отправлять в отпуск своих пилотов, когда у них наблюдается такой транзит, и то же самое можно сказать про транзиты Урана к Солнцу, Меркурию и Марсу. Практически в любой профессии существует риск допущения ошибок из-за излишней поспешности или неосторожности, из-за переоценки своих возможностей или недооценки возможной опасности. В этот период мы чувствуем себя эйфорически, и даже слишком, и ведем себя так, будто бы мы выпили разом десяток чашек кофе. Мы должны постараться навязать себе исключительно осторожное поведение, поскольку под воздействием Урана мы склонны к импульсивным, поспешным и недостаточно обдуманным решениям. И это может привести нас к тому, например, что мы перейдем на новую работу, не оценив должным образом всех возможных рискованных для нас последствий. Наибольшее количество эффектов этого транзита проявляется, как правило, в нашей сентиментальной жизни. Нам стоит ожидать самой настоящей бури в этом смысле, ведь происходит все, что угодно: браки, которые распадаются, пары, которые разводятся, внезапные и бурные влюбленности, выходящие наружу измены, нежелательные беременности, и так далее. Можем быть уверены, в любом случае, что наша личная жизнь станет совершенно иной после транзита Урана. Отношения будут не такими, как раньше, даже в случае последующего примирения с партнером. Хотя примирение в данном случае менее вероятно, чем при напряженных аспектах транзитного Сатурна к Луне. На самом деле, в то время как напряженный транзит Сатурна провоцирует очень тяжелый период, но с возможностью вернуться к предыдущей ситуации по его окончанию, в случае Урана это не часто встречается, и наиболее вероятен окончательный и бесповоротный разрыв отношений. Но конечно же, как всегда, мы должны тщательно изучить и все другие транзиты, и Солнечную Революцию. Особенно плохим при таком транзите будет положение Асцендента Солнечной Революции в Седьмом натальном Доме, или Солнца, или стеллиума СР в Седьмом Доме СР. В этом случае возможность развода, подразумеваемого также в самом прямом смысле слова, более чем вероятна. Помимо прочего, в этот период мы можем столкнуться с самыми разнообразными злоключениями, связанными с нашим жилищем или с нашим офисом, рабочим кабинетом, лабораторией, и так далее. Во многих случаях речь идет о переезде или ремонте, которые доставят нам массу неприятностей. Иной раз транзит указывает на операцию с недвижимостью, будь то покупка земельного участка, продажа квартиры или покупка совместного дома... В эти месяцы наш сон может сыграть с нами злую шутку по причине нашего излишне возбужденного состояния. Последнее может также стать причиной наших проблем с желудком. Этот транзит может относиться не к нам непосредственно, а к одной из близких нам женщин: нашей матери, сестре, дочери или близкой подруге.

Уран в гармоничном аспекте с Меркурием

Когда транзитный Уран проходит в благоприятном аспекте к нашему натальному Меркурию, мы переживаем период исключительного ума и ясности мышления. Скорость ввода/вывода информационных данных, которыми мы обмениваемся с окружающей средой настолько возрастает, что мы способны понимать концепции и улавливать аналогии в самые кратчайшие сроки. Мы просто поражаемся такому волшебному моменту нашей умственной деятельности. Мы воспользуемся этим шансом, чтобы лучше сфокусироваться на событиях нашей жизни и переосмыслить их. Наше видение перспективы отличается необычайной ясностью и прозрачностью. Лучше понимая самих себя, мы понимаем лучше и других людей, и при этом замечаем, что наши связи с окружающей средой заметно укрепились. В самом деле, мы испытываем тягу к беседе, диалогу и обмену мнениями практически со всеми людьми. Наш домашний телефон будет звонить чаще, чтобы сообщить нам гораздо больше новостей, чем в предыдущие месяцы. Мы чувствуем необходимость обновить свои личные средства коммуникации, и поэтому скорей всего купим себе мобильный или беспроводный телефон самой последней модели, или новый факсимильный аппарат, спутниковую антенну, модем или компьютерный принтер. Если мы никогда раньше не пользовались Интернетом, то в этот период научимся навигации в сети, или же разберемся в работе новой компьютерной программы для передачи данных. Мы также попытаемся побольше разузнать обо всем, что могло бы обновить и улучшить наши актуальные инструменты коммуникации. Нам с невероятной силой захочется отправиться в путешествие или, по крайней мере, больше перемещаться. В этот период заметно возрастут наши регулярные ежедневные поездки из загорода в центр. Если мы никогда раньше не летали, то это самый подходящий момент, чтобы сесть в самолет. Вероятно, нас посетит мысль о покупке новой машины, причем очень авангардной модели или оборудованной ультрасовременными аксессуарами. То же самое можно сказать о мотоциклах и других транспортных средствах. В этот период мы больше сблизимся с нашими родными или двоюродными братьями, шурином, зятем или молодыми друзьями. Возможно, что один из них отправится в важное путешествие или успешно сдаст очень трудные экзамены, или напишет что-то, что будет опубликовано. Мы сами ощутим сильное влечение к учебе и чтению, и можем успешно воспользоваться этим транзитом, чтобы записаться на курсы или принять участие в конкурсном отборе на работу, посетить конференции, семинары, пройти стажировку, и так далее. Кроме того, возможно, что мы напишем что-то важное, например, речь выступления для конференции, резюме, статью для газеты или даже книгу. Если же мы профессионально занимаемся этим, и публиковать свои произведения для нас привычное дело, то в этот период мы можем написать книгу на необычную для нас тему, быть может, в стиле фантастики или нечто авангардное.

Уран в напряженном аспекте с Меркурием

Когда транзитный Уран проходит в неблагоприятном аспекте к нашему натальному Меркурию, не уменьшается ни наша познавательная способность, ни острота ума, а единственное реальное отличие от гармоничного транзита Урана к Меркурию состоит в том, что в данном случае мы категорически не выносим любого рода медлительность других людей или их «тугодумство» и неспособность мгновенного понимания наших идей. Наше внимание необычайно живо, скорость мыслительных процессов просто поразительная, но мы не терпим тех, кому не удается поспевать за нашими темпами. В течение этих месяцев мы, несомненно, будем вести себя крайне нервно и гиперактивно, выполняя огромное количество тяжелой умственной работы, пускаясь во всевозможные исследования разных областей знания, переживая период высокой интеллектуальной наполненности. Нами завладеет настоящая мания общения, и свидетелем этого станет наш следующий счет от телефонной компании, ведь мы будем очень много звонить, желая поговорить понемногу со всеми подряд, и с друзьями, и с коллегами по работе, и с родственниками, и со знакомыми. Нам придется и отвечать на звонки гораздо чаще, чем обычно. Вполне вероятно, что мы получим внезапные и плохие новости по телефону или в письме. Мы будем ощущать огромное влечение ко всем новейшим технологиям, применяемым в средствах коммуникации и в инструментах связи на расстоянии. Так что мы можем купить себе последнюю модель мобильного или беспроводного телефона, новую телефонную подстанцию, факс или модем новейшего поколения, спутниковую антенну, и так далее. Однако, скорей всего, эти инструменты доставят нам неприятности и проблемы, вызванные их чрезмерной конструкторской изощренностью. Возможно, они будут настолько новые, что им потребуется дополнительное время для дальнейшего тестирования, или же нам не будет хватать времени и знаний, чтобы научиться правильно ими пользоваться. В итоге, может так случиться, что, даже обладая самыми последними достижениями техники, мы не будем способны их использовать и даже рискуем остаться вообще без средств коммуникации. Наше желание контактировать с другими значительно возрастет и на физическом уровне, что подтолкнет нас к частым поездкам на нашей машине или на поезде, и вообще на любом транспорте. В этом смысле мы должны быть более внимательны, поскольку, несмотря на исключительную быстроту нашей реакции, наша преувеличенная в этот момент самоуверенность может подтолкнуть нас к неблагоразумным действиям, например, к лихой езде на огромной скорости. Участятся наши встречи с родным или двоюродным братом, шурином, зятем или другом, и эти люди могут переживать период очень интенсивных поездок. На другом плане этот планетарный транзит может быть исключительно позитивным, а именно, невероятно возрастет наша способность к обучению, что позволит нам заняться изучением очень сложных вопросов, успешно подготовиться к трудным экзаменам в университете, принять участие в интенсивных семинарах, курсах специализации, конгрессах, и так далее. Также нам будет легче удаваться написание текстов, и мы будем сами удивляться своей возросшей способности быть в письме беглыми, ясными и краткими, как никогда. Мы можем воспользоваться такой превосходной возможностью, чтобы подготовить ответственный доклад по работе или речь для выступления на конференции, статью для газеты или главу новой книги. Мы можем попытать свои силы в коммерческом бизнесе, тем более что наши способности к этому возрастут, но нужно быть осторожными, чтобы не принять слишком опрометчивых и поспешных решений, которые в итоге могут навредить нам. Бессонница и чрезмерное курение могут нанести большой ущерб нашему здоровью в этот период.

Уран в гармоничном аспекте с Венерой

Когда транзитный Уран проходит в гармоничном аспекте к нашей натальной Венере, мы испытываем импульсивное желание обновления нашей сентиментальной жизни. Мы чувствуем потребность в совершении резких и важных перемен в наших любовных отношениях. Нам становится понятно, что привычное положение дел не может так продолжаться и дальше. Мы думаем о том, что должны сделать резкий переворот в любви. Речь идет о транзите, который может быть очень благоприятным, так как он позволяет нам выйти из долгих и мучительных периодов, когда мы чувствовали себя в тупике и не решались сделать какой-либо выбор. В позитивном смысле это значит, что мы наконец-то решимся начать совместную жизнь с нашим партнером или заключить официальный брак, наберемся смелости, чтобы оставить родительский дом и переехать жить к любимому человеку. Мы отдаем себе отчет в том, что нельзя больше сидеть сразу на двух стульях, и нам обязательно нужно сделать свой выбор и двигаться в одном направлении. Радикализм, руководящий нами во время этого транзита, подтолкнет нас к крайним и экстремальным решениям, которые наконец-то приведут к прозрачным, ясным, стабильным и однонаправленным ситуациям. Но настолько же верен и факт того, что очень часто этот транзит, даже будучи названным «гармоничным», приводит к расставаниям и только. Следовательно, он провоцирует не только прерывание одновременной двойной любовной связи, но и просто конец отношений с одним партнером и все. Примеров этого на самом деле огромное количество, и любой может убедиться в этом, проверив с эфемеридами в руках транзиты в жизни своих друзей, родственников и знакомых. Как уже говорилось ранее в этой книге, зачастую мы становимся свидетелями маленьких и больших человеческих трагедий даже с так называемыми позитивными транзитами. Не верьте, а проверьте, и вы убедитесь в этом сами. Если же мы попытаемся прочитать все это в позитивном смысле, то с огромной натяжкой в интерпретации мы можем сказать, что пройдя через финал любви, мы станем лучше и вырастем, что речь шла об ошибочных и проигрышных отношениях, которые не позволяли нам взлететь, и прекратив их, мы сделали большой шаг в направлении нашей эмансипации. Но все это может лишь отчасти нас утешить, и обычно соответствует достаточно форсированному прочтению реальности. Правда же в том, что этот транзит может произвести столько же вреда, сколько и наград. Случается, что он бросает нас в объятия другого любовника или любовницы, даже если мы «счастливо» женаты. Очень трудно сопротивляться стрелам Купидона во время такого транзита, и зачастую мы попадаемся в сети страстной любви и просто сходим с ума из-за кого-то. В этих случаях замирание сердца порой приобретает характеристики уникальных причуд, прожитых под знаком скандала, вплоть до широкой рекламы события и выставления нас на осмеяние публики. Когда мы узнаем из новостей, что некий Иванов сбежал от жены в Бразилию с какой-то танцовщицей, или Анна оставила мужа и детей, сбежав с любовником, то можно поспорить, что они переживали подобный транзит. Сила этого транзита настолько мощная, что нередко он сопутствует любовному или сексуальному приключению, которое может оказаться даже единственным за всю жизнь субъекта. Я знаю много таких случаев, когда люди в течение этого транзита переживали единственный сексуальный опыт всей своей жизни. Мужчины и женщины, которые давно поставили крест на любых любовных планах на будущее, например, по причине своего пожилого возраста и безвозвратной потери супруга, в этот период внезапно испытывают пробуждение своих чувств и находят нового партнера, который их радушно принимает. Напомню, что Уран может передвигать горы! Эта легко предсказуемая сентиментальная революция может относиться также к нашей сестре, матери, дочери или близкой подруге. В финансовом плане транзит может соответствовать неожиданным денежным доходам по самым разным причинам, таким как наследство, дарение, выплата задолженностей по зарплате и даже выигрыш в азартной игре, у особенно удачливых субъектов. В отношении здоровья данный транзит может указывать на хороший период, когда мы восстановимся после разных болезней или узнаем о новом лекарстве, которое разрешит наши старые проблемы.

Уран в напряженном аспекте с Венерой

Когда транзитный Уран проходит в напряженном аспекте к нашей натальной Венере, все описанные выше значения, относящиеся к такому же транзиту, но в гармоничном аспекте, в крайней степени преувеличиваются и обостряются. Желание обновления нашей сентиментальной жизни трансформируется в самый настоящий неистовый и яростный порыв, который овладевает нами и склоняет к разрушению долголетних и важных любовных отношений. Разрушительная тенденция по отношению к нашей любовной жизни в этот момент невероятно высока, и в большинстве случаев она проявляется в реальности. В этот период с очень высокой вероятностью произойдет расставание, развод, окончательный разрыв отношений. В данном случае, гораздо чаще, чем при напряженном транзите Сатурна к Венере, могут навсегда закончиться даже те отношения, которые казались абсолютно незыблемыми, будто бы держались на железобетонном фундаменте. В эти месяцы наша уязвимость, с чувственной и сентиментальной точки зрения, действительно чрезвычайно сильна. Риск навсегда разорвать любовную связь настолько высок, что любая страховая компания отказалась бы выдать страховой полис на наше имя. Этот транзит входит в ограниченное число планетарных транзитов, с помощью которых астролог может выполнять очень живописные и сенсационные предсказания, настолько высока степень его объективного и реального проявления, что любой легко может это проверить. Правда также, что порой он проявляется лишь в сердце мужчины или женщины, но на самом деле речь идет об очень малом количестве случаев. Как правило, его эффекты вопиюще очевидны, заметны для всех, просто потрясающе ослепительны. Разрыв любовных отношений стоит на первом месте из всего того, что может случиться во время этого транзита, но это не единственное возможное событие. В других случаях транзит может указывать на событие в жизни нашего партнера, почти всегда примечательное и негативное. На самом деле, в натальной карте человека мы можем увидеть, что его партнер переживает большую любовь и возможно, что заинтересованный субъект находится в неведении и никогда об этом не узнает. В некоторых случаях может быть болезнь партнера, а в самых крайних случаях, если многие другие элементы натальной карты и Солнечной Революции это подтверждают, может быть и смерть партнера. Во всех перечисленных до этого момента случаях почти исключена возможность возвращения к предыдущей ситуации после завершения транзита. Уран означает резкий и окончательный выбор. Тем не менее, если на протяжении нескольких месяцев фактически отсутствует совместное проживание, то возможно и примирение пары, пораженной, так сказать, подобной торпедой Урана. Но и при таких обстоятельствах речь никогда не будет идти о полном возвращении к предыдущей ситуации, поскольку управитель Водолея очень требователен и решителен в своих действиях. Уважаемые профессионалы и ценные специалисты, обычные люди, граждане так называемого молчаливого большинства, которые обычно безукоризненны со всех точек зрения, при этом транзите начинают вести себя так, будто бы они потеряли рассудок, и переживают яркие эпизоды, такие как побег за границу с партнером, с которым они познакомились за день до этого. Помните фильм *Голубой ангел*? Старый профессор, который теряет голову из-за танцовщицы лёгкого поведения (Марлен Дитрих)? Так вот, эта кинематографическая выдумка могла бы прекрасно описать диссонанс Уран - Венера. У подростков этот транзит мог бы соответствовать первому сексуальному контакту, а для старика он мог бы указать на возвращение сексуального желания, непредвиденное и невероятное. Этот же транзит может подтолкнуть мужчин и женщин к поиску нового сексуального опыта, такого как гомосексуальные отношения или групповой секс, и так далее. К тому же, он может сопровождать новый этап в отношениях с нашим постоянным партнером, когда сексуальность выражается с большей фантазией и в форме, которую можно было бы классифицировать как нестандартную. Все описанное вплоть до этого момента может относиться, однако, не только к субъекту, но и к близкой ему женщине: матери, дочери, сестре, подруге. Этот транзит весьма негативен для нашего здоровья, потому что он может указывать на внезапные болезни, которые, в зависимости от общей астрологической ситуации, могут быть даже тяжелыми. Рискованный период в отношении денег, так как в эти месяцы можно потерять значительные суммы денег в азартных играх, ошибочных инвестициях, из-за невозврата одолженных кому-то денег (особенно только что перечисленным женским фигурам), или из-за кражи.

Уран в гармоничном аспекте с Марсом

Когда транзитный Уран проходит в благоприятном аспекте к нашему натальному Марсу, мы чувствуем себя так, будто бы движемся на повышенной скорости. Нас переполняет максимальный заряд энергии, и ощущается внутренний стимул к действию, к большим свершениям, и даже к преувеличениям. Редко, когда нам приходится чувствовать себя такими энергичными и в настолько хорошей форме. Мы могли бы быть готовы взяться за трудные начинания, которые требуют большой степени мужества и инициативы. Эмблемой данного планетарного транзита можно было бы назвать предприимчивость. Мы становимся инициативными, а если мы уже обладали таким качеством и раньше, то в этот момент можем просто поразить окружающих той храбростью и решительностью, с которой мы подходим к любому делу. Транзит увеличивает нашу силу воли до максимального уровня. Мы ведем себя как маленькие львы. Нас почти ничто не пугает, и трудности нас не подавляют, а стимулируют. Нас окружает аура юношеского энтузиазма, и другие люди тоже замечают сопровождающее нас состояние отличной психофизической формы. Это подходящий момент для воплощения в жизнь, практической реализации всех наших самых сокровенных проектов и идей. Мы дерзаем, и должны отваживаться на большее. Нужно выступать вперед, пробиваться в работе и в любой другой жизненной ситуации, поскольку вряд ли когда-нибудь еще мы сможем быть настолько убедительными, как сейчас. Нам удается принимать важные решения в кратчайшие сроки, выражаясь кратко, по сути, с непосредственностью и прямотой, мы действуем практично и исключительно эффективно. Мы движемся вперед настолько стремительно и мощно, будто бы у нас в запасе появился второй внутренний двигатель. Этот период и впрямь великолепен, со многих точек зрения, но прежде всего он благоприятен для спортсменов, которые в течение транзита Урана к Марсу могли бы достигнуть рекордных результатов. Мы ощущаем сильное влечение к моторам, машинам, скоростным мотоциклам, вплоть до управления самолетами. Вероятно, нам захочется получить лицензию пилота или заняться парашютным спортом. Мы будем управлять транспортным средством со всей свойственной нам в этот момент напористостью. Но в то же время, как и в случае транзитов Урана к Венере, здесь тоже наблюдаются такие проявления транзита, которые наводят на мысль скорее о напряженных аспектах, чем о гармоничных. Действительно, как и при плохих аспектах между управителями Водолея и Овна, зачастую в этот период мы можем стать жертвами несчастных случаев самого разного рода: автомобильных аварий, происшествий при пешеходном пересечении дороги, езде на велосипеде, при восхождении в горы, и так далее. Во время этого транзита самые современные технологии и достижения науки могут помочь нам улучшить свое состояние здоровья или повысить нашу эффективность в спортивных и сексуальных (для мужчин) занятиях.

Уран в напряженном аспекте с Марсом

Когда транзитный Уран проходит в напряженном аспекте к нашему натальному Марсу, мы ведем себя радикально, непримиримо и принципиально в отношении всего и всех подряд. Тот экстремистский и революционный настрой, который овладевает нами в этот момент, способен подтолкнуть нас к принятию самых крайних решений. Нам не удается рассуждать спокойно, быть дипломатичными и толерантными. Нас раздражает любой недостаток решимости и силы воли у других людей. Мы более способны на рывок, чем на длительные усилия. У нас возникает тенденция делать резкие развороты на девяносто градусов, внезапно совершать важные изменения во всех областях нашей жизни, от работы до любви. Мы должны быть очень осторожны, так как во время этого планетарного транзита нередко случается, что люди разрушают очень важные и значимые для себя отношения. Нетерпимость, завладевшую нами в эти месяцы, мы особенно склонны проявлять в работе, больше чем в других областях жизни. За считанные минуты мы рискуем разрушить плоды своей многолетней и кропотливой работы. Но если в нашей жизни присутствуют ситуации, которые на протяжении многих лет являются для нас источником сильных переживаний и фрустрации, то данный транзит может быть очень позитивным, поскольку он дает нам возможность проявить себя на деле как львы, а не овцы. Мы хотим высказать все, что думаем и чувствуем, и делаем это любой ценой. Мы больше не склонны к дипломатичности, и даже способны поднять голос на тех людей, которых совсем недавно боялись. Вполне можно предполагать, что именно под влиянием этого транзита многие молодые люди вступают в ряды экстремистских, террористических и фашистских организаций. Даже если мы вполне уважаемые и серьезные профессионалы, у нас возникает желание выйти на площадь в компании протестующих студентов, принять участие в захвате зданий, в шумных демонстрациях, и тому подобных вещах. В этот период исключительно рискованно садиться за руль машины. Но настолько же опасно и ездить на мотоцикле, кататься на лыжах или коньках, нырять в море со скал, разжигать костер бензином, брать в руки огнестрельное оружие, подниматься высоко по лестницам или заниматься скалолазанием, и делать все то, что обычно считается опасным. Риск несчастных случаев, ранений и травм на самом деле очень высок. Ни одна страховая компания теоретически не должна была бы соглашаться на заключение страхового договора на наше имя в этот период. Если мы водим автобус или самолет, то нас должны были бы отстранить от работы на время этого транзита, настолько высок риск спровоцировать массовую катастрофу. Нужно быть осторожными, чтобы не ввязаться с кем-то в драку, и даже если это правило должно быть действительным на протяжении всей человеческой жизни, но в этот период оно особенно актуально. Если мы становимся жертвой разбойного нападения или, например, свидетелями ограбления банка, то рискуем тем, что первый же выстрел направит пулю именно в нашу сторону. Лучше держаться подальше от любых потенциальных источников опасности, таких как массовые демонстрации, шествия, пожары, автомобильные гонки, и так далее. Нужно быть исключительно осторожными в обращении с электричеством и взрывоопасными веществами, есть высокий риск взрывов и коротких замыканий. Стоит избегать фейерверков и петард, особенно опасной в обращении пиротехники. Наши руки превращаются в потенциальный инструмент разрушения, и вовсе нередко случается, что из-за своих неловких движений в эти месяцы мы ломаем ценные вещи. Нужно быть предельно осторожными и в работе, поскольку мы можем совершить грубейшие ошибки, и больше всего это касается хирургов, анестезиологов, диспетчеров воздушного движения, и других профессий с высокой ответственностью. Помимо прочего, этот транзит может указывать на хирургические операции. Внезапно возникает ситуация, которая требует нашей активной борьбы, личного противостояния какому-то человеку или официальной организации. Наша машина ломается, и мы замечаем возросшую тенденцию поломок любого окружающего нас оборудования, начиная с нашего персонального компьютера.

Уран в гармоничном аспекте с Юпитером

Когда транзитный Уран проходит в благоприятном аспекте к нашему натальному Юпитеру, мы чувствуем себя удачливыми, как никогда, будто бы фортуна настолько близко, что до нее можно дотронуться рукой. На самом деле, небо нам помогает, и если мы сделаем все от нас зависящее, то этот транзит может стать отражением одной или нескольких выигрышных ситуаций в самых разных областях нашей жизни. В эти месяцы нам может улыбнуться удача во всех ее формах, и малых, и крупных. Не будет преувеличением предположить также возможный выигрыш в азартных играх, даже если такого рода событие почти всегда ускользает от предсказания любого рода, в том числе астрологического. Но, тем не менее, можно сказать, что удачливый от рождения человек будет иметь достаточно высокие шансы на победу в этом смысле. Но удача может прийти к нам в самых разнообразных формах и внезапно и неожиданно проявиться во всех возможных направлениях. Например, один из наших врагов может перестать вредить нам, навсегда исчезнув из нашей жизни; близкий и дорогой нам человек внезапно сможет избежать большой беды; новый тип лечения наконец-то избавит нас от давней лекарственной зависимости; нас посетит гениальная интуиция, которая в считанные доли секунды подарит нам ключ к разгадке надававшей нам покоя тайны; совершенно неожиданно объявят конкурсный набор на рабочее место, о котором мы давно мечтали. В общем, как говорили римляне, *carpe diem*, то есть лови момент. Хорошие возможности появляются без предупреждения, и мы должны быть готовы схватывать их на лету. Самые современные и передовые средства обмена информацией могут сыграть в этом ключевую роль, и на первом месте будет Интернет. Поэтому на протяжение этих месяцев нам будет очень полезна навигация во всемирной сети, и днем, и ночью, и мы должны быть максимально настроены на то, чтобы воспользоваться многими счастливыми шансами и удачными возможностями, поджидающими нас в этот момент. Нашему благосостоянию может способствовать все далекое. Следовательно, будет уместно запланировать на это время поездки и дальние путешествия, которые могут помочь нам улучшить состояние нашего здоровья, принести преимущества в работе и пополнить наш кошелек. Зарубежные государства и иностранные граждане могут принести нам большую пользу, особенно во всем, что касается самых современных достижений науки и техники. Мы получаем хорошие новости от друзей издалека. Длительные путешествия идут на пользу нашему здоровью, особенно с неврологической точки зрения. Настолько же положительно на нас влияют занятия спортом и близкий контакт с животными. Домашние питомцы могут в этот момент облегчить нашу боль и оказать хороший терапевтический эффект. Мы начинаем изучение необычных материй, таких как философия, теология, астрология или эзотерика, с помощью самого передового инструментария, будь то Интернет или мультимедийные системы обучения. Использование компьютера принесет нам большую пользу в получении высшего образования и нашем обучении в институте. Этот транзит может также указывать на неожиданный выигрыш судебного процесса.

Уран в напряженном аспекте с Юпитером

Когда транзитный Уран проходит в напряженном аспекте к нашему натальному Юпитеру, мы должны остерегаться всевозможных бедствий или несчастных случаев, которые могут быть связаны с электроникой, информатикой, основанной на облучении терапии, и со всем новым и ультрасовременным. Мы внезапно получаем плохие новости. Мы узнаем о печальных и болезненных для нас ситуациях по телефону или по телевизору. Использование самой утонченной и сверхсовременной аппаратуры в этот период наносит значительный ущерб, как нашим финансам, так и нашему здоровью. Поэтому в течение данного планетарного транзита нужно избегать покупки и использования любого новейшего оборудования, самых последних достижений техники и вообще применения высоких технологий. Внезапно поражающая нас неудача может нанести серьезный вред самого разного рода, но прежде всего, может принести нам финансовый ущерб. Несчастья и злоключения могут поджидать нас в поездках, и особенно в дальних путешествиях. Зарубежные страны и все далекое может плохо отразиться на нашей психике. В этот период пребывание вдали от дома доставляет нам массу беспокойств и тревог, и может спровоцировать бессонницу. Неожиданно может возникнуть необходимость отправиться на лечение за границу, чтобы воспользоваться услугами иностранной клиники, в которой применяются самые последние достижения медицины, недоступные в нашей стране. Мы получаем плохие новости издалека, через Интернет или по спутниковому телевидению. Было бы лучше избегать поездок на машине и на мотоцикле, поскольку существует высокий риск аварий и несчастных случаев. То же самое касается путешествий на самолете, особенно если мы сами его пилотируем. Солнечная Революция может прояснить, какого рода опасность нам грозит. Если в текущей Солнечной Революции больше всего акцентируются Третий и Девятый Дома, то потенциальный риск дорожно-транспортных происшествий особенно высок, и его необходимо принимать во внимание, принимая решение о поездке на машине. Опасность еще более повышается, если нам предстоит проезжать по дороге, покрытой льдом или с сильными туманами, во время бури и при ограниченной видимости. Наше обучение в высшем учебном заведении может неожиданно и резко прерваться или прекратиться навсегда. Мы чувствуем себя излишне нервозными, когда принимаемся за изучение философии, теологии, йоги, буддизма, астрологии, и так далее. В этот момент лучше не обращаться к судьям, адвокатам и в судебные инстанции, поскольку закон настроен к нам враждебно, что может проявиться в вынесении неблагоприятного для нас решении суда, например, показания важного свидетеля могут неожиданно повернуть дело против нас.

Уран в гармоничном аспекте с Сатурном

Когда транзитный Уран проходит в гармоничном аспекте к нашему натальному Сатурну, мы вдруг начинаем ощущать амбициозный импульс, подталкивающий нас к тому, чтобы добиваться более престижного положения в обществе или стремиться к возможным завоеваниям в работе. Мы вдруг осознаем, что на протяжении многих лет вели себя скромно и, возможно, даже слишком покорно и уступчиво по отношению к нашим руководителям на работе, и теперь мы хотим добиться уважения и признания нашей значимости и профессионализма. Поэтому мы решительно устремляемся вперед в таком порыве энтузиазма, который, как нам казалось, бывает лишь в молодости. Этот транзит, к тому же, способствует нашему сближению со всеми последними достижениями науки и техники, которые могут помочь нам реализовать наши амбициозные проекты. Неожиданно мы получаем новость о нашем продвижении в карьере. Пожилые люди, когда мы совсем этого не ждали, проявляют инициативу, чтобы оказать нам помощь и посодействовать нашему профессиональному росту. С достижением нового уровня самосознания мы чувствуем себя более зрелыми, мудрыми и рассудительными, и это помогает нам более обдуманно продвигаться вперед. Новая дисциплина, психологического плана или связанная с альтернативной медициной, позволяет нам достичь состояния лучшего внутреннего равновесия. Воспользовавшись Интернетом, мы можем попытаться найти информацию о новых технологиях лечения зубов или костей, будучи лично в этом заинтересованы, или же надеясь, что это поможет нашему родственнику, и прежде всего пожилому родителю. То же самое можно сказать о лекарствах, которые могут замедлить процесс нашего старения. Это подходящий период времени для применения новых технологий в реставрации наших домашних предметов антиквариата и старинной мебели. Нам неожиданно удается преодолеть старое испытание, когда мы уже и не надеялись на это. Некая наша давняя проблема самоустраняется по причине произошедших с нами перемен, или в связи с изменениями, затронувшими всю нашу страну. Наше кровообращение может улучшиться благодаря новым, неинвазивным и щадящим, методам лечения.

Уран в напряженном аспекте с Сатурном

Когда транзитный Уран проходит в напряженном аспекте к нашему натальному Сатурну, мы будто бы пересекаем бурный поток реки. Мы должны быть осторожны, поскольку деструктивные тенденции, и внутри нас, и снаружи, становятся чрезвычайно высокими. Нами движут агрессивные и разрушительные чувства. Мы рискуем уничтожить результаты многолетнего и терпеливого строительства своего финансового и профессионального будущего, а также разрушить заложенные основы нашей личной жизни и здоровья. Решения, принятые опрометчиво, поспешно, без должного обдумывания и серьезного переосмысления ситуации, могут спровоцировать резкую деградацию нашего положения и вертикальное падение в нашей личной эволюционной шкале. Новые достижения науки и техники наносят вред нашей карьере, возможно потому, что все наше оборудование внезапно становится устаревшим. Мы делаем все возможное, чтобы обновить наши ноу-хау, пытаясь шагать в ногу с современным научным развитием, но в результате мы терпим поражение, которое провоцирует падение нашего престижа. Нам могут нанести вред старые ситуации, давние дружеские отношения, старые любовные или деловые связи. В этот период нам наносит ущерб все то, что можно определить как старое. В течение этого планетарного транзита мы должны быть крайне осторожными, чтобы не потерпеть ущерб от старого оборудования, находящегося в нашем доме или офисе, вроде устаревшей электропроводки, отживших свой срок кухонных газовых баллонов, уже ненадежных нагревательных колонок, и так далее. Поскольку в этот момент нас преследует более или менее очевидная неудача, мы должны быть более осмотрительными вообще, и особенно в любого рода физической активности, избегая рискованных видов спорта. В эти месяцы было бы слишком опасно практиковать занятия альпинизмом, лыжным спортом, мотоциклетным, автомобильным, и так далее. На самом деле, одна из потенциальных опасностей этого транзита состоит в том, что мы рискуем получить переломы конечностей и стать жертвой аварий и несчастных случаев. Новые терапевтические методы, основанные на современных технологиях, особенно касающиеся лечения зубов и костей, могут нанести нам серьезный вред. То же самое относится ко всем новым курсам лечения на основе волновых излучений. В этот период могут проявиться симптомы ущерба, нанесенного здоровью длительным пребыванием под воздействием излучений и электромагнитных полей, особенно у тех людей, которые живут в непосредственной близости от высоковольтных линий или у тех, кто постоянно находится в окружении разного рода электронной аппаратуры.

Уран в гармоничном аспекте с Ураном

Когда транзитный Уран проходит в гармоничном аспекте к нашему натальному Урану, нас поражает сильный ветер перемен и обновления. Наш дух устремляется вперед, надеясь осуществить как можно больше нововведений. Оглядываясь назад, мы понимаем, что должны еще очень многое сделать, прежде чем уйдем на пенсию, идет ли речь о первом транзите Урана к Урану или о последнем. Этот период нашей жизни подобен приходу весны в природе, настолько он богат расцветающими идеями, проектами, инициативами, экспериментами, исследованиями. Мы желаем реализовать полную реконструкцию, и внешнюю, и внутреннюю, как можно больше нацеленную на будущее и на сотрудничество с другими людьми. Мы чувствуем необходимость постоянно сравнивать себя с ближними, действовать среди людей, избавиться от любого нашего сопротивления индивидуалистского плана. Стремление активно участвовать в делах других, вливаться в массы, аннулировать собственное Я, подчиняя его коллективному стратегическому плану, все подобные чувства выталкивают нас с центробежной силой наружу, подальше от нашей эгоцентричной защитной скорлупы. Сейчас мы уверены в том, что должны действовать, а не закрываться в самих себе. В этот момент мы можем найти разрешение многих своих проблем, оптимистично устремляясь в толпу. Падают многие табу, рушатся остатки нашего консервативного сопротивления, и все больше возрастает в нас дух дружбы и всеобщего братства. Наш ум становится на редкость блестящим, выдавая идеи и проекты, которые могут не только поспособствовать улучшению наших человеческих качеств, но и помочь нам вырасти в социальном или профессиональном плане. Мы склонны завязывать новые дружеские отношения и полностью обновлять уже существующие связи с нашими старыми друзьями. Это особенно плодотворный период для тех, чья профессиональная деятельность связана с проектированием, как например, для архитекторов и инженеров. Но и все остальные люди могут испытывать благотворное действие данного транзита, поскольку он снабжает нас зарядом энергии, необходимым для построения любого плана на будущее. Как уже было сказано, речь будет идти о том, чтобы начать с чистого листа, устремляться вперед с позитивными новыми предложениями, менять старые привычки, снять халат и тапочки, выйти наружу и вдохнуть свежего воздуха, разрушить банальность своих самых консервативных внутренних чувств, которые казались непреодолимыми. Осознание того, что мы становимся все более старыми и отсталыми, дает нам необходимые силы, чтобы снова попытаться измениться и предстать в новом свете как на работе, так и в отношениях с другими людьми. Мы можем извлечь пользу из всех новинок науки, высоких технологий, последних открытий в области медицины, психологии, астрологии. Мы можем найти удачные и выигрышные решения наших старых проблем именно благодаря новейшим терапиям, открывшимся возможностям для работы, знакомствам с другими людьми, используя самые современные средства связи, будь то Интернет, или любая другая модификация всемирной паутины, которая может сменить его в будущем. Так что стоит оставить любое сопротивление и окунуться в водоворот перемен. Оставив позади любую ностальгию, нужно действовать, устремляя свой взгляд только вперед, и не оглядываясь назад. Уран, со своей неудержимой и сметающей силой поможет нам изменить свою жизнь в лучшую сторону. Мы должны воспользоваться этим транзитом, чтобы избавиться от всего, что успело покрыться плесенью в глубинах нашего сердца, и начать с чистого листа, раз и навсегда.

Уран в напряженном аспекте с Ураном

Когда транзитный Уран проходит в напряженном аспекте к нашему натальному Урану, мы рискуем быть сбитыми с ног внезапно налетевшим ветром перемен. То, что для Водолеев или для людей уранического склада вообще, могло бы быть отличной возможностью для обновления, для всех остальных становится самым настоящим кошмаром, ужасным монстром, угрожающим нам потерей спокойствия и стабильности, завоеванных дорогой ценой. Мы думали, что уже сложили весла и готовы уйти на покой, или, по крайней мере, что мы достигли определенной стадии стабильности своего земного пути, когда вдруг ощущаем, что пол под нашими ногами начинает ходить ходуном. Мы остаемся в недоумении и растерянности от событий, которые нас снова низвергают (именно такое ощущение у нас складывается) в бурное море жизни. Мы искали тихую и безопасную гавань, а вместо этого нашли морской шторм в девять баллов. Мы вынуждены снова засучить рукава и начать заново, или в любом случае, вернуться на много шагов назад. Мы лелеяли мечты о спокойствии, а встретились лицом к лицу с монстром с раскрытой пастью, угрожающим нас растерзать. Этот монстр зовется будущее, и мы его боимся, и хоть это совершенно естественно, но в этот период наши страхи оказываются довольно преувеличенными. Мы не желаем поставить под сомнение все приобретённое нами ранее, и не уверены в том, что это необходимо сделать, мы решительно сопротивляемся принятию перемен. Но жизнь, снова постучав к нам в дверь, требует от нас полной и безусловной мобилизации всех сил. Новизна нас пугает, и нам хотелось бы вернуться назад, но это не позволительно, и мы должны вопреки своей воле принять все то, что приготовила нам судьба. Вероятно, мы будем вынуждены изменить многие вещи, начиная от работы, и заканчивая личной жизнью, организацией своего досуга, лечебного курса, которому мы следовали до недавнего момента, и так далее. Мы должны отдавать себе отчет в том, что наша защитная позиция совершенно не сочетается с современным образом жизни, и поэтому нам нужно пожертвовать частью своего эго, чтобы броситься в гущу людей. Конечно же, оказавшись в окружении других, мы будем вынуждены вступить в борьбу, но это также позволит нам обновить свою кровь, текущую в венах. Дуновение свежего воздуха, в конце концов, не навредит нам. Но чтобы добраться до него, мы должны будем пройти через новые бури и шторма, а это нам вовсе не по душе. В любом случае, нас ожидает одно из двух: или мы добровольно пойдем навстречу переменам, или же Уран заставит нас осуществить изменения, и нет никакой возможности уклониться от этого правила. В этот период последние открытия науки и техники могут причинить нам вред так же, как и друзья, которых мы считали самыми надежными. Возможно, нам придется внезапно и окончательно отказаться от каких-то своих старых, самых заветных и дорогих, проектов. Этот планетарный транзит может принести с собой, помимо новинок, в самом широком смысле слова, еще и траур по потере близкого человека.

Уран в гармоничном аспекте с Нептуном

Когда транзитный Уран проходит в гармоничном аспекте к нашему натальному Нептуну, нас охватывает огромный и волнующий интерес к сверхъестественному, к философии, религии, эзотерике, астрологии, и так далее. Внезапно мы обнаруживаем, насколько нам любопытен этот мир, о котором мы раньше никогда так глубоко не задумывались. Мы чувствуем сильное влечение к таинствам, в самом широком смысле этого слова, касающимся вопросов жизни, смерти, и всего того, что стоит превыше нас. Интерес к этим темам подтолкнет нас на поиски в этом направлении, на чтение книг, посещение конференций, просмотр телевизионных программ. Мы будем искать встреч со священниками, психологами, астрологами, эзотериками, с людьми авторитетными и харизматичными, являющимися настоящими наставниками для многих человеческих существ, которые подобно нам хотели бы испить из источника знаний. Вдруг мы открываем для себя, что всегда были окружены мимолётными и эфемерными вещами. Будто бы сбросив с глаз повязку и внезапно увидев свет, мы невольно задаемся вопросом о том, как мы могли жить вплоть до этого момента. Речь идет о сильнейшем и всепоглощающем интересе, который монополизирует все наши мысли и определяет собой все наше будущее ментальное направление. Мы чувствуем себя так, будто бы у нас поднялась высокая температура, в своем страстном желании стремительно лететь без остановок, чтобы как можно быстрее достигнуть высших знаний, и вернуть хоть часть бесполезно потерянного ранее времени. В то же время мы ощущаем внутренний импульс христианского отношения к окружающим. В нас просыпается незнакомое до сих пор, беспрецедентное чувство братства и дух самопожертвования, которые подталкивают нас к милосердию и к оказанию помощи нуждающимся людям. Мы хотим облегчить страдания ближнего, посвятить себя добровольному служению, волонтерству, пожертвованию, в самых разных формах. Если мы атеисты, то в этот момент в нашей душе происходит некое изменение, которое может свидетельствовать о зарождающейся и растущей внутри нас вере. Нас также привлекают к себе толпы, массовые движения, религиозные группы. Этот период отлично подходит для того, чтобы принять участие в коллективных духовных собраниях, в учебных курсах так называемых альтернативных дисциплин, таких как йога, макробиотика, шиацу, астрология, и так далее. С помощью новых методов лечения нам удается избавиться от рабской зависимости и очистить свой организм от интоксикации лекарствами, курением, алкоголем, наркотиками. Внезапно появляются новые средства и неожиданные возможности для преодоления старых проблем и для избавления от самого настоящего креста, который мы долго несли на своих плечах. Непредвиденное дальнее путешествие по морю даст нам новый заряд энергии и благотворно отразится на состоянии нашей нервной системы. Возможно, что мы неожиданно переедем жить в дом, располагающийся рядом с каким-то водоемом, рекой, озером, морем…

Уран в напряженном аспекте с Нептуном

Когда транзитный Уран проходит в напряженном аспекте к нашему натальному Нептуну, наше кажущееся душевное равновесие оказывается потревоженным внутренними порывами к вере или интересом ко всему, что малоизвестно, к сверхъестественному или эзотерическому, в узком смысле слова. Мы плохо и нездорово переживаем свое влечение к астрологии, глубинному психоанализу, парапсихологии, йоге, ориентализму, философии и изучению религии. Этот внезапный поток интересов катапультирует нас в мир, который нам кажется населенным призраками и переполненным символами, вызывающими у нас массу волнений и тревог. Наша нервная система страдает от этих ощущений, и если в нашей натальной карте есть предпосылки к нервной нестабильности или обозначена некоторая невротическая склонность, то в этот период эти тенденции будут возрастать и особенно ярко проявляться. Нам хотелось бы отступить назад, но это оказывается сложно сделать. Мы испытываем одновременно и влечение, и отвращение к этим предметам. Возможно, что какой-то священник или так называемый маг, или психолог довели нас до кризисного состояния своими словами и идеями. Мы не чувствуем себя готовыми к такого рода опыту. Множество тревог, фобий и навязчивых идей одолевают нас и пробивают брешь в окружающей нас защитной оболочке, которая казалась до этого очень крепкой. Таким образом, наша иррациональная сторона побеждает скептицизм, который мы всегда исповедовали, но никогда не подвергали такой серьезной проверке. Во время этого транзита нам может очень навредить близость к толпе, участие в массовых движениях или сектах. Следовательно, лучше всего было бы держаться подальше от любой группы людей, большой или маленькой, которая движима некой идеей и пытается утвердиться любой ценой, с мечом в руках или с ножом в зубах. На самом деле, данный планетарный транзит может стать тем горнилом испытаний, в котором формируются наши экстремистские, радикальные, и даже террористические настроения и идеи. В течение этих месяцев мы совершенно не спокойны, и поэтому рискуем попасть под рабское влияние любой личности, отмеченной особой харизмой и обаянием лидера. Неожиданное событие приносит нам тяжелое испытание, некий крест, который нам придется нести в ближайшем будущем. Наше общее состояние равновесия нарушается чрезмерным курением или излишним потреблением кофе, алкоголя или наркотиков. Авария в нашем доме может спровоцировать затопление или, в любом случае, серьезное повреждение гидравлической системы. Мы можем быть вынуждены переделать или отремонтировать отопительную систему в доме. Наше морское путешествие оказывается очень неудачным, и в худшем случае мы даже рискуем попасть в кораблекрушение. Мы встречаем на своем пути наркоманов, и последствия этого оказываются для нас очень печальными.

Уран в гармоничном аспекте с Плутоном

Когда транзитный Уран проходит в гармоничном аспекте к нашему натальному Плутону, самые глубокие силы нашей личности склонны всплывать наружу и открыто проявляться. Можно также сказать, что самые животные инстинкты, которые в данном случае должны пониматься в лучшем их значении, выводятся на поверхность. Эти силы, поднимающиеся из глубин нашего бессознательного, позволяют нам быть вообще более боеспособными, сильнее мотивированными к тому, чтобы жить, страдать, бороться за утверждение таких фундаментальных чувств, как выживание, инстинкт размножения и сохранности вида, необходимость объединяться для создания пары. Речь идет о тех первоначальных инстинктах, которые находятся внутри каждого из нас, но обычно пребывают в усыпленном состоянии под воздействием банальной плоскости повседневной жизни. Благодаря сильному обновленческому ветру Урана эти стимулы поднимаются на поверхность и направляют нас в будущее с большим позитивным зарядом. Поэтому данный планетарный транзит может помочь нам восстановиться и воспрянуть духом после падения, и с новыми силами начать все заново после резкой остановки или драматичного перелома в нашей личной или профессиональной жизни. В этот момент мы понимаем, что должны полагаться лишь на свои собственные силы и на тот инстинкт самосохранения, который характерен для любого живого существа на этой Земле, начиная с представителей животного мира, никогда не теряющих подобного ориентира. Мы же, мужчины и женщины, как правило, пренебрегаем своей лучшей животной частью, следуя предустановленным и синтетическим моделям поведения, которые очень далеки от нашей истинной природы. Транзитный Уран в гармоничном аспекте с нашим натальным Плутоном может также пробудить наше сексуальное желание после долгого летаргического сна. Мы замечаем возросшее влечение к нашему любимому партнеру, а также становимся более требовательными в отношении секса. Вследствие чьей-то смерти мы можем неожиданно стать обладателями крупной денежной суммы или недвижимой собственности, даже если мы совершенно не верили, что она когда-нибудь вообще могла нам достаться, или мы думали, что это не может произойти в ближайшее время. Но какая-то внезапная смерть может также позволить нам вырасти в профессиональном плане, в знании или духовно обогатить нас. Кроме прочего, это довольно хороший период для проведения подземных исследований любого рода, когда мы можем найти на своем земельном участке воду или другие ценные ресурсы. Этот планетарный транзит соответствует также раскопкам в метафоричном смысле, а именно тем исследованиям, которыми занимается психоанализ, и поэтому в эти месяцы мы можем значительно продвинуться вперед в нашем личностном развитии. Мы можем почувствовать внезапное любопытство к вопросам смерти или медиумической практике, и в этом смысле мы можем пережить интересный опыт. В этот период нас больше привлекает чтение детективов или просмотр фильмов ужасов.

Мы испытываем больший интерес к криминологии и к феномену преступности. Мы ощущаем необходимость в составлении планов насчет нашего будущего погребения.

Уран в напряженном аспекте с Плутоном

Когда транзитный Уран проходит в напряженном аспекте к нашему натальному Плутону, то будто бы внезапно раскрывается ящик Пандоры, в котором собраны вместе все наши самые животные и разрушительные инстинкты. Та часть «Синей Бороды», которая присутствует в каждом из нас, в этот момент склонна выходить на поверхность и требовать своего права на существование в нашей жизни. Речь идет о плохом периоде, когда мы чувствуем, что не имеем подходящих инструментов для сдерживания или подавления, с помощью воспитания или культурности, всего самого невоспитанного и некультурного, что в нас есть. Нашим доминирующим импульсом становится тяга к борьбе и разрушению, в том числе и направленная против нас самих. По этой причине в течение данного планетарного транзита мы можем подсознательно устремляться в направлении мазохизма и членовредительства, то есть причинения себе телесных повреждений, например, преувеличивая с курением, алкогольными напитками, злоупотреблением лекарствами или наркотиками, проводя бессонные ночи или предаваясь безудержной сексуальной активности. Но наибольшую опасность в это время представляют те чувства, которые мы питаем к другим людям, поскольку в основном они связаны с насилием и произволом. В случае если они соединятся с повышенным сексуальным желанием, которое сопровождает нас в этот период, то мы на самом деле рискуем совершить грубые, дикие или постыдные поступки. Безусловно, наше базовое воспитание и общая ситуация транзитов смогут уточнить, в какой степени мы подвергаемся подобному риску. Но все же, стоит заметить, что Мистер Хайд, таящийся внутри нас, даже в самых спокойных и тихих на вид людях, может выйти наружу совершенно неожиданно, именно во время этого транзита. У нас могут быть скверные встречи, и случайный половой контакт, без должного предохранения, может принести нам тяжелые инфекционные заболевания. Один неразумный и импульсивный жест может привести нас к потере огромных денежных средств или даже целого наследства, подарка, имущественной собственности нашего партнера. Мы рискуем потерять значительные суммы в азартных играх или в ошибочных биржевых спекуляциях. В этот период мы рискуем стать жертвами краж и грабежей. Любой опыт, связанный со смертью или с так называемыми спиритическими сеансами, плохо отразится на нашей психике. Может появиться нездоровое влечение к детективной литературе и фильмам ужасов или к криминологии и преступникам. Возможны и наши личные встречи с уголовными элементами. Раскопки на нашем земельном участке могут принести неожиданные открытия, которые вовсе не будут приятными. В некоторых случаях состояние возбуждения, вызванное таким транзитом, может привести к сексуальной блокировке у женщин и к проблемам импотенции у мужчин. Может проявиться одержимость и навязчивые идеи в отношении мыслей о смерти. Боязнь умереть.

Уран в аспекте с Асцендентом

Смотрите Уран в Первом Доме

Уран в аспекте с МС

Смотрите Уран в Десятом Доме

Уран в аспекте с Десцендентом

Смотрите Уран в Седьмом Доме

Уран в аспекте с IC

Смотрите Уран в Четвертом Доме

Транзит Урана в Первом Доме

Когда Уран проходит по нашему Первому Дому, мы ощущаем сильную необходимость в общем обновлении нашей жизни. Любые застойные и тупиковые ситуации, которые связывали нам руки в последние годы, рискуют взлететь на воздух. Мы и в самом деле склонны вести себя в точности, как готовый взорваться вулкан, или как пробка, вылетающая ввысь из бутылки шампанского. Мы больше не хотим ждать, мы желаем всего и сразу. В своем поведении мы похожи на пожизненного заключенного, который наконец-то выходит на волю, и, видя солнечный свет, вновь открывает для себя радость жизни, счастливо смеется, поет и бегает. Глагол бегать, вообще, очень хорошо подходит для описания нашего душевного состояния в эти годы (транзит обычно длится, как минимум, около семи лет). Нам надоело ждать, мы устали посредничать, и уже не выносим дипломатичных и осторожных решений. Мы вовсе не намерены быть осмотрительными и благоразумными, и выражаем сильные радикальные тенденции, которые возможно уже были в нас и раньше, но в подавленном состоянии, или они возникли у нас только сейчас, одновременно с наступлением этого планетарного транзита. Если мы открыты для перемен, расположены к периодическому обновлению нашей жизни, положительно относимся к маленьким и большим революционным переворотам нашего существования, то тогда транзит будет для нас очень позитивным. Он поведет нас в особый мир, состоящий из конструктивной воли к творческой реализации, прямого и существенного выбора, единого направления действий и мыслей, обновления старых моделей и схем, смелости и силы. Это именно то, в чем нуждаются субъекты со слабой силой воли, как например, рожденные с Марсом в Весах или в Раке. Они испытают особый восторг и трепет от молниеносно принятых решений, и для них ударить кулаком по столу станет невероятным и неповторимым опытом. Водолеи, уранические люди, а также Стрельцы, Львы и Овны, смогут наилучшим образом прожить период этого транзита. Другие же, наоборот, могут переносить его с ужасом и тревогой. Все те, кто хотел бы выстроить линию оградительных укреплений, чтобы защитить стабильность своей жизни, почувствуют, как рушится сам фундамент. Они ощутят опасность наступления страшного циклона, который собирается дестабилизировать положение всех вещей, поставить под угрозу их будущее, наложить ипотеку на безопасность их семейного положения. Помимо глагола бегать, другим ключевым словом этого транзита будет глагол менять. И произойдет одно из двух: или мы добровольно будем что-то изменять, или же Уран заставит нас это сделать, но в этом случае он сам решит, что именно у нас отнять для внесения изменений в нашу жизнь. Невозможно ни обойти препятствие, установленное Ураном, ни отложить время осуществления намеченной им программы. В эти годы могут измениться очень многие вещи в нашей жизни, от работы до личной жизни, от здоровья до культурных интересов. Если мы всегда вели сидячий образ жизни, то можем начать заниматься спортом и более активно двигаться, или же мы вдруг решим начать питаться по строгим правилам, а не беспорядочным и бессистемным образом, как раньше. Во время этого транзита у некоторых людей наблюдаются значительные физические перемены, сильное похудение или прибавление в весе, то есть наше тело каким-то образом изменяет свой внешний вид. Также транзит Урана может повлиять на черты нашего характера, и мы можем вдруг стать более открытыми и расположенными к диалогу, более оригинальными и даже несколько эксцентричными, более склонными жить одним мгновением. Если мы согласимся на ненадёжные и шаткие ситуации и на судьбу, в которой нам ежедневно приходится задействовать в игре важные для нас фигуры, то тогда мы сможем получить максимальную пользу и преимущества от этого транзита. В противном случае он будет означать для нас не только неустойчивое психофизическое состояние, но и более или менее серьезные болезни, особенно, если в одновременно будут происходить другие опасные транзиты или тяжелая Солнечная Революция со значениями Двенадцатого, Первого или Шестого Дома. В самых тяжелых случаях транзит указывает на хирургические операции или разного рода несчастные случаи.

Транзит Урана во Втором Доме

Когда Уран проходит по Второму Дому нашего радикса, мы становимся склонными к поиску новых источников средств к существованию, стремимся к увеличению доходов и к финансовым достижениям. Мы понимаем, что с точки зрения финансов все не может продолжаться как прежде. Мы должны избавиться от старых табу и засучить рукава для того, чтобы изменить свою личную или семейную финансовую политику. Мы займемся поисками новых решений, начнем читать специальную литературу и прессу, подадим заявку на новое место работы или попытаемся открыть индивидуальную коммерческую деятельность и/или производственное предприятие. Если бы периодически не было подобных транзитов, то не возникали бы новые фирмы. И в самом деле, тот страх, который обычно останавливает любой наш предпринимательский порыв, в течение этого планетарного транзита значительно сокращается, и это позволяет нам совершить смелый прыжок в пустоту. Бывает, что мы в итоге мягко приземляемся на пуховое одеяло, а иногда внизу нас поджидает лишь твердый асфальт, это зависит как от нашей натальной карты, так и от общей транзитной ситуации в данный период, и от Солнечной Революции, которая как всегда может играть важнейшую роль. Транзит Урана во Втором Доме движет большими денежными суммами, естественно, соразмерно нашим финансовым возможностям, но в любом случае денежный поток идет в обоих направлениях, как входящем, так и исходящем. В эти годы мы вряд ли будем держать свои капиталы или сбережения неподвижными. Наверняка мы будем склонны пускать в оборот свои финансовые средства, чтобы инвестировать, рисковать, продавать и покупать, делать все, что угодно, только не оставаться неподвижными в финансовом смысле. Вполне возможно, что произойдут какие-то важные перемены в нашем внешнем виде и имидже, начиная от смены прически и заканчивая отращиванием бороды и усов, или пластической операцией, которые существенно модифицируют нашу внешность. Иногда изменения нашей наружности связаны с резким похудением в результате следования жесткой диете, или, наоборот, со значительным набором веса, зависящим от разных факторов, не исключая состояние беременности. В других случаях речь идет о нашей манере одеваться, которая совершенно неожиданно может кардинально измениться, и мы вдруг начитаем носить спортивную одежду, если раньше ориентировались в своем выборе на исключительно классический стиль. Может также случиться, что мы неожиданно начнем заниматься фотографией, кино, театром или компьютерной графикой. Изображение, в любом его виде, на несколько лет может стать нашей навязчивой идеей, и подтолкнуть нас к покупке телевизора с гигантским экраном, даже если для домашнего пользования, или профессионального фотоаппарата и видеокамеры, монитора с высоким разрешением для домашнего компьютера, сверхсовременного видеомагнитофона, и так далее. Возможно, что в этот период мы обретем внезапную и приятную заметность и популярность, например, приняв участие в телевизионной передаче, и наше изображение может попасть на страницы газет или распространяться в Интернете. В случае самых негативных проявлений транзита мы должны быть очень осторожными, чтобы не понести огромный финансовый ущерб по самым разным причинам, например, из-за кражи или ошибочных инвестиций, аварий и несчастных случаев, мошенничества, ущерба, причиненного нашему имуществу пожарами и другими стихийными бедствиями, или же в результате преднамеренного поджога, и так далее. Кроме того, мы рискуем остаться обезображенными в результате неудачной пластической операции или несчастного случая, ранения или пожара. В этот период огромный вред может быть нанесен нашей аппаратуре, связанной с обработкой изображений, то есть телевизионной, киносъёмочной, фотографической и компьютерной.

Транзит Урана в Третьем Доме

Когда транзитный Уран проходит через Третий Дом нашего радикса, мы чувствуем необходимость многое изменить в наших способах и средствах обмена информацией, и в системах телекоммуникации и связи. В этом смысле наш революционный переворот может начаться с посещения курсов декламации в целях улучшить свои ораторские способности, чтобы без всяких комплексов общаться с другими людьми на всех концах планеты, ведь при современных средствах коммуникации можно сказать, что весь мир – это одна большая деревня. Нам захочется обеспечить себя всеми последними достижениями высоких технологий в отношении мобильных и беспроводных телефонов, факсов, модемов, выделенных телефонных линий, широкополосного Интернета и оптического волокна, спутниковых антенн, кабельного телевидения, и так далее. За эти годы мы, безусловно, очень вырастем с этой точки зрения, и вложим в новые технологии массу своей энергии и финансовых средств. Вероятно, что значительно изменится характер наших обычных перемещений, то есть регулярных ежедневных, еженедельных и ежемесячных поездок. Например, может так случиться, что мы решим переехать в пригород ради улучшения качества жизни, даже если нам придется заплатить за это необходимостью ежедневно проезжать на своей машине по сто или двести километров. Мы будем чаще отправляться в поездки, увеселительные или рабочие, близкие или дальние. Мы можем начать пользоваться такими транспортными средствами, которые никогда раньше не принимали во внимание, например, мотоцикл, водный катер или поезд. Но революция, о которой мы ведем речь, может относиться и просто к нашей учебе, и обозначать период времени, когда мы записываемся на курсы, посещаем семинары, проходим стажировки, как связанные с нашими занятиями в университете, так и выходящие за рамки официальной учебной программы. Может также случиться, что мы примемся увлеченно писать, и тогда этот транзит может привести нас в мир писателей и журналистов, и в данном случае речь может идти как о журналистике печатной прессы, так и телевизионной, радио, и так далее. Наш родной или двоюродный брат, зять, шурин или молодой друг совершает кардинальный, революционный и позитивный переворот в своей жизни. Мы можем пережить позитивный деловой опыт, заключить удачные коммерческие сделки. Если же транзит проявляется негативным образом, или образуя диссонансные аспекты, или по причине одновременных напряженных транзитов других планет, или в связи с плохой Солнечной Революцией, то мы должны соблюдать максимальную осторожность на дороге, поскольку мы рискуем стать жертвами несчастных случаев и дорожно-транспортных происшествий как за рулем машины или мотоцикла, так и попросту пересекая дорогу в качестве пешеходов. То же самое относится и к нашим родственникам, родному или двоюродному брату, зятю, шурину или молодому другу, которые в этот период могут не только стать жертвами несчастного случая на дороге, но и могут столкнуться с несчастьями самого разного рода, с болезнями, хирургическими операциями, расторжением брака, проблемами с законом, и так далее. Нами неожиданно может заинтересоваться пресса, и это нам вовсе не понравится. Если у нас есть важная информация в компьютере, например, текст новой книги, над которой мы работаем, то было бы лучше постоянно делать резервные копии, потому что мы рискуем неожиданно потерять все свои данные. В этот период мы сталкиваемся с частыми поломками и серьезными повреждениями наших средств коммуникации и телекоммуникационных систем, всех без исключения. Могут испортиться наши отношения с вышеупомянутыми родственниками. Если мы писатели или журналисты, то во время этого транзита рискуем разорвать контракт с нашим издателем или прервать отношения с газетой, регулярно печатающей наши статьи. Мы внезапно приостанавливаем свою учебу или решаем вообще бросить школу или университет. Негативный транзит указывает также на то, что наши коммерческие инициативы не имеют успеха, и наши попытки заключить крупные торговые сделки могут привести даже к самому настоящему банкротству. В этот период возможно возникновение заболеваний нервной системы, а также чрезмерное курение может нанести серьезный вред нашему здоровью.

Транзит Урана в Четвертом Доме

Когда транзитный Уран проходит по Четвертому Дому нашего радикса, мы движимы большим желанием перемен в отношении нашего жилища. Если мы не владеем собственной недвижимостью, то вероятней всего мы будем стремиться ее приобрести. Но здесь речь идет скорей не о тенденциях, а о реальных действиях, и мы на самом деле поменяем дом, или купив собственное жилье, или переехав на другую съемную квартиру. В конце концов, в этот период нам может потребоваться серьезный ремонт помещения, в котором мы спим или работаем, то есть дома или офиса, лаборатории, мастерской, и так далее. Часто этот транзит указывает на перемену работы или на изменения в работе, как например, в случае нашего назначения на другую должность и соответственного перевода в другой филиал компании. Свой собственный дом мы можем не только купить, но и получить по наследству, в подарок, от родителей или от нашего бывшего партнера по браку. Этот транзит может также относиться к важным и позитивным изменениям в жизни наших родителей. Они могут получить высокое назначение на ответственную должность, стать знаменитыми, добиться общественного признания и популярности, излечиться от болезни, благополучно восстановить свое здоровье после перенесенной операции, и так далее. В тех же случаях, когда транзит проявляется скорей негативно, чем позитивно, мы можем ожидать внезапного ухудшения состояния здоровья одного из наших родителей, его болезни, хирургической операции или даже смерти. В отношении дома мы должны быть очень внимательны и осторожны и позаботиться о безопасности своего жилища, поскольку мы рискуем стать жертвами пожара или даже покушения преступников (в этом случае не только на наш дом, но и на наш магазин, офис или мастерскую). При негативном транзите мы рискуем потерять свое жилье, например, у нас могут его конфисковать за неоплаченные долги, или нас могут лишить квартиры из-за серьезных нарушений в заполнении документов при передаче прав собственности, из-за составленного не по форме контракта купли-продажи. Иной раз транзит становится отражением развода или расставания пары, когда один из партнеров с негативным транзитом Урана вынужден оставить совместное жилье и переехать на новое место жительства. Наш дом может серьезно пострадать или даже быть полностью разрушен землетрясениями, оползнями, обвалами или другими стихийными бедствиями. В наихудших случаях следует ожидать тюремного заключения или помещения в больницу, поскольку речь идет о перемене места жительства. Но, конечно же, для подобных вещей должны быть подтверждения другими транзитами и Солнечной Революцией. Нужно обратить особое внимание на жесткий диск, память и любые запоминающие устройства нашего компьютера, поскольку в этот период они могут сломаться и создать нам серьезные проблемы. Если мы пользуемся жилым автомобильным прицепом, фургоном или кампером, то в этот период мы рискуем попасть с ними в дорожно-транспортное происшествие. В нашем доме может возникнуть невыносимая атмосфера напряжения, борьбы и ссор. В самом худшем случае нам грозит немедленное выселение по приговору суда.

Транзит Урана в Пятом Доме

Когда транзитный Уран проходит по Пятому Дому нашего радикса, мы резко разворачиваемся в направлении всевозможных игровых, развлекательных и увеселительных занятий. После приблизительно семилетнего периода, когда мы уделяли огромное внимание дому и семье, концентрировали свою энергию на внутреннем мире нашей психики, и предпочитали частную жизнь общественной, мы чувствуем необходимость вернуться к внешнему миру. Нам хочется почаще выходить по вечерам, посещать театр и ходить в кино, наслаждаться веселыми выходными, путешествиями, концертами, танцами и самыми разными играми. Нами овладевает огромное желание развлекаться, развлекаться и снова развлекаться. На нашем горизонте возникают новые увлечения и хобби, и поскольку в этом задействован Уран, то скорей всего речь будет идти о хобби, связанных с электроникой, информатикой, фотографией, психологией, астрологией... Для многих людей это будет увлечение компьютером или видеоиграми, другие в первый раз для себя откроют игру в карты или зеленый стол рулетки в казино. Но удовольствие – это понятие субъективное, и поэтому оно может выражаться в любой форме, на все триста шестьдесят разных градусов, и подразумевать, например, увлеченное изучение великих исторических битв или начало коллекционирования марок. Но можно сказать наверняка, что каким бы ни было наше развлечение, мы будем уделять ему гораздо больше времени, чем обычно. Кроме того, вполне возможно, что во время этого планетарного транзита мы встретим новую любовь. Мы воспылаем прежней любовью к нашему старому партнеру или влюбимся в другого человека. С этой точки зрения для нас открывается довольно жаркий период жизни, когда происходит не один эффектный и неожиданный поворот событий в отношении любви. Для многих людей этот транзит связан, к тому же, с материнством или отцовством. Причем это относится даже к тем парам, которые были уверены в своей бесплодности. Очень часто, когда мужчина или женщина уже давно потеряли любую надежду на зачатие ребенка, как только приходит этот транзит, совершенно неожиданно и внезапно наступает оплодотворение, в полном соответствии и природой управителя Водолея. Если же этот транзит должен рассматриваться как напряженный, потому что образует плохие аспекты с другими планетами или из-за одновременного присутствия других негативных транзитов, или при малоприятной Солнечной Революции (анализируемой отдельно для каждого года), то вполне вероятно, что нам придется столкнуться с наступлением нежелательной беременности. Такое непредвиденное событие может доставить нам множество проблем. В этом смысле можно привести десятки и сотни примеров женщин, забеременевших при использовании спиралей или других, так сказать, самых безопасных и надёжных способов предохранения. То же самое относится и к мужчинам, которые будучи уверенными в эффективности и безопасности использования презерватива, все равно оказываются перед фактом такого неприятного происшествия, как нежелательное отцовство. Как уже было сказано, Уран способен передвигать горы, и конечно же, тонкий слой латекса никогда не сможет остановить его революционной воли, которая в некоторых случаях кажется просто дьявольской. В этом смысле необходимо иметь в виду и возможность абортов у женщин, переживающих такой транзит. Нужно быть также достаточно осторожными в отношении вероятных венерических заболеваний. Этот период потенциально констеллируется одним или несколькими резкими разрывами отношений в сентиментальной жизни субъекта. Вероятнее всего будут разрушены на вид очень стабильные и проверенные связи, мужчины и женщины влюбятся в другого человека и расстанутся со своим постоянным партнером, на первый взгляд исключительно спокойные в этом смысле люди внезапно станут главными героями небольших скандалов в кругу своих друзей и знакомых. Первый чувственный и сексуальный опыт, вновь вернувшаяся любовь, разрыв любовной связи, внезапно проснувшаяся сексуальность, это лишь некоторые примеры классических ситуаций, которые происходят во время транзита Урана в Пятом Доме радикса мужчины или женщины. Иногда, в наиболее тяжелых случаях, и только если многие другие элементы астрологического анализа подтверждают это, данный транзит может указывать на потерю партнера, в смысле его смерти. В других случаях он объявляет о крупных денежных потерях в азартных играх или в биржевых спекуляциях (спекуляции тоже относятся к понятию игры). Возможно возникновение патологий репродуктивных и/или половых органов.

Транзит Урана в Шестом Доме

Когда транзитный Уран проходит по Шестому Дому нашего радикса, зачастую мы решаемся попробовать новые терапии для лечения наших заболеваний. Мы переживаем резкое изменение отношения к собственному здоровью. Мы начинаем уделять больше времени самим себе, заботе об эстетической красоте и о здоровье нашего тела. Очень часто случается так, что во время этого транзита мы записываемся в фитнес-клуб, начинаем заниматься спортом, увлекаемся работой со спортивными снарядами в целях моделирования своей мускулатуры, ежедневно выделяем час времени на утренний бег трусцой. Иногда мы покупаем себе велотренажер, а бывает, что записываемся на теннис возле дома. Мы подбираем себе подходящую диету, отправляемся в термальные лечебницы, чтобы пройти грязевое лечение, оздоровительные процедуры для кожи, сделать себе чистку лица, расслабляющие массажи, сеансы мануальной терапии, шиацу, иглоукалывания, лечение ультрафиолетовыми лампами, и так далее. Значительно изменяется наше внимание к самим себе. Мы начинаем покупать периодические издания о здоровье, следить за телевизионными программами на эту тему, чаще ходить в аптеки и на прием к врачу. Мы вдруг замечаем в себе склонность более внимательно относиться к вопросам личной гигиены и здоровья, независимо от того, что могло бы послужить причиной для этого. Вероятно, что после порядка семи лет транзита Урана в нашем Пятом Доме, когда мы предавались излишествам и потакали всем своим дурным привычкам, мы ощущаем необходимость провести «ремонт» нашего тела. Но может также статься, что после многолетнего бездействия в отношении какого-то нашего хронического заболевания, которое мы считали непобедимым, с приходом обновляющего влияния Урана мы решаем взять ситуацию под свой контроль, чтобы наконец-то разрешить ее. И нет ничего более решительного, чем воля Урана. Мы пытаемся получить как можно больше информации на эту тему, спрашиваем, ищем в Интернете сайты, которые могут нас просветить, делаем все возможное, пока не получим интересующую нас ценную информацию. В плане работы данный планетарный транзит может указывать на важные и позитивные перемены. Мы наконец-то наберемся решимости, чтобы взять собственную судьбу в свои руки, попытаться и посметь, избавиться от тупиковых ситуаций нашей жизни, продолжающихся вплоть до этого момента. Таким образом, мы становимся инициаторами значительных поворотов, которые могут серьезно изменить в лучшую сторону нашу профессиональную жизнь. Возможно, что мы наймем нового сотрудника или начнем новые рабочие отношения, основанные на динамизме и силе. Если транзит проявляется негативно, то он может быть достаточно опасным для здоровья и может указывать на появление очень серьезной патологии. В данном случае, в отличие от аналогичного транзита Сатурна в этом же Доме, речь будет идти не о хроническом, а об остром заболевании. Если на то есть подтверждения и в других элементах астрологического анализа, то в эти около семи лет можно предвидеть одну или несколько хирургических операций. Возможно применение терапии, основанной на радиоактивном излучении, и довольно радикальной и разрушительной. В работе могут произойти внезапные и неприятные изменения. Мы рискуем быть уволенными или переведенными на другую должность, что станет для нас очень болезненным опытом. Возможно резкое прерывание рабочих отношений. Ссоры с коллегами, сотрудниками или начальниками. Наш сотрудник или домашняя прислуга уходит с работы без предупреждения. Мы можем быть привлечены к суду одним из наших сотрудников.

Транзит Урана в Седьмом Доме

Когда транзитный Уран проходит по Седьмому Дому нашего радикса, в большой степени изменяются наши отношения с другими людьми. Если мы одиноки, то ощущаем огромное желание объединиться, образовать пару, заключить союз, создать совместное предприятие, проявить инициативу сотрудничества. В подавляющем большинстве случаев речь идет о браке или начале совместного проживания, или о рождении новой и важной любви, подразумеваемой скорее как устойчивая связь, чем мимолетное приключение, которое больше относится к Пятому Дому. Даже самые убежденные холостяки в течение этого планетарного транзита могут изменить свое мнение в пользу постоянных парных отношений. Если наше внимание сосредоточено на работе, то транзит может указывать на образование совместного предприятия. В других случаях речь может идти о начале построения политической карьеры (на самом деле этот Дом очень тесно связан с политикой). Возможно, что именно в эти годы мы начнем важный судебный процесс, инициируем тяжбу, чтобы добиться справедливости в отношении любого вопроса. Кроме того, транзит может указывать на период огромных перемен в жизни нашего партнера. Эти годы могут обозначить успешное восхождение нашего партнера, его блестящее самоутверждение, его внезапное пробуждение от обычного пассивного и созерцательного поведения. В наших парных отношениях происходят очень большие перемены и решительные изменения, направленные на обновление. Если же транзит считается негативным, то он дает высочайшую вероятность разводов, как для официально зарегистрированных супругов, так и для людей, просто состоящих в любовной связи или проживающих вместе. С этой точки зрения данный транзит, к сожалению, имеет очень высокую степень практической реализации такого события, и в этом можно легко убедиться. Ломать и рушить Урану удается гораздо лучше, чем строить, и в этом он исключительно эффективен. А впрочем, и в природе, и в человеческих делах, разрушение всегда происходит гораздо проще и быстрее, чем любое созидание. Центробежные, диссоциативные, направленные на разъединение импульсы возрастают до максимального уровня, делая нас особенно нетерпимыми в отношении любых недостатков или воображаемых нами недочетов нашего партнера или партнерши. Мы больше не собираемся безропотно сносить все, и ведем себя более агрессивно. Уран, прежде всего, избавляет от нерешительности и дает огромный заряд энергии, направленный на четкие, внезапные, однонаправленные, меткие и лаконичные решения. Таким образом, представляется весьма вероятным разрыв важных отношений. Но этот транзит может означать и то, что наш партнер переживает бурные годы, полные неожиданных поворотов событий, тяжелых утрат, испытаний, проблем на работе или со здоровьем, экзистенциальных кризисов, и так далее. Также нередко в этот период происходят разрывы договоров о сотрудничестве, уходы из кооперативов, отказы от поручений в групповой работе, закрытие совместных предприятий. Растет наше стремление к отделению, обособлению, сепаратизму во всех смыслах, но особенно в политике. Следует быть очень осторожными в отношении официальных бумаг, которые могут просто посыпаться на нас со всех сторон. Часто они бывают связаны с бракоразводным процессом, но могут относиться и к совершенно иным вопросам. Возможно выдвижение официального обвинения со стороны налоговой службы или любого другого органа полиции. Предприниматели и особенно политики должны бояться обвинений во взяточничестве, коррупции, или в совершении других преступлений во время этого транзита. Мы ощущаем сильнейшую тягу к справедливости и готовы объявить войну всему миру. Мы рискуем стать жертвами террористических актов и покушений, как по политическим мотивам, так и со стороны преступных и мафиозных группировок.

Транзит Урана в Восьмом Доме

Когда транзитный Уран проходит по нашему Восьмому Дому, может так случиться, что чья-то смерть позволит нам изменить свою жизнь в очень позитивную сторону. Речь может идти об уходе из жизни какого-то нашего врага или же начальника, который таким образом дает нам возможность занять его освободившееся место. В лучшем случае это может быть смерть далекого родственника, который оставляет нам наследство. Иной раз умирает кто-то из наших близких людей, например один из наших родителей, но тогда эта смерть воспринимается как освобождение после долгих месяцев или лет страданий любимого нами человека. Эти рассуждения, невзирая на любую христианскую или этическую логику, являются простой констатацией факта, без всякого лицемерия. Смерть какого-то человека запускает в нас механизм обновления, который приведет к нашему значительному росту, как внутреннему, так и внешнему. Если наша натальная карта, другие транзиты и Солнечная Революция подтверждают это, то мы можем выиграть в лотерею, на тотализаторе или в других азартных играх. К нам поступают деньги в виде подарка или выходного пособия, пенсии, выплаты задолженности по зарплате, или со стороны нашего партнера. Неожиданный доход может принести и наша обычная работа. Мы переживаем пробуждение нашей сексуальности или замечаем резкое изменение в своем сексуальном поведении, которое начинает разительно отличаться от привычных канонов. Мы вдруг начинаем интересоваться темой смерти, все чаще думая об этом и постепенно свыкаясь с мыслью о том, что мы не вечны. Мы что-то делаем для могил своих родственников или для того места, где бы нам самим хотелось быть похороненными. Мы составляем свое завещание, заверяя его у нотариуса, или отдаем подробные распоряжения своим близким людям о наших будущих похоронах. Мы можем решить заняться поиском воды или других ценных ископаемых на принадлежащем нам земельном участке. Возможно, что мы начнем прохождение курса глубинного анализа с психоаналитиком. У нас возникает страстное увлечение детективной литературой и фильмами ужасов. В случае негативного транзита мы рискуем пережить тяжелый удар потери близкого человека, смерть которого зачастую оказывается неожиданной и внезапной. Чья-то смерть косвенно спровоцирует у нас какую-то серьезную неприятность, как бывает в случае сотрудника, который теряет свое рабочее место по причине смерти частного предпринимателя, бывшего его работодателем. Восьмой Дом означает не только смерть, но и конец вещей, и поэтому мы можем ожидать разрыва связи, длившейся на протяжении многих лет. Многие любовные пары распадаются во время этого планетарного транзита. В этот период мы можем внезапно потерять деньги из-за ошибочных биржевых спекуляций, неожиданных налогов, высоких штрафов. Мы рискуем стать жертвой мошенников, домашних воров, уличных грабителей или карманников, или же не получить обратно одолженные кому-то деньги. Основной тенденцией этого момента будет утечка денег по самым разным мотивам. Она может быть связана и с покупкой недвижимости, стоимость которой превосходит наши финансовые возможности. В этот период есть высокая вероятность того, что мы обратимся в банк с запросом о выдаче кредита, проценты которого станут тяжелым грузом для нашего ежемесячного и годового бюджета. Мы переживаем на самом деле плохой момент с финансовой точки зрения, и поэтому нам необходимо резко «перекрыть все краны» возможных утечек денег, и ограничить, по крайней мере, излишние и ненужные траты, а также те расходы, которые можно отложить на другое время. Мы обнаруживаем, что партнер без нашего ведома по уши погряз в долгах. Чтобы раздобыть денег мы совершаем безумные поступки или даже преступления. Это совершенно черный период для азартных игр. Во время раскопок на нашем земельном участке обнаруживаются некие вещи, которые наносят нам серьезный ущерб, со всех точек зрения. Резко прерывается наш курс глубинного психоанализа, что заставляет нас почувствовать себя виноватыми в недостигнутой цели личностного роста. Мы сталкиваемся с неожиданными расходами, связанными с похоронами близкого человека или с могилами наших родственников. Мы переживаем нервное потрясение от посещения так называемых спиритических сеансов или от занятий вопросами, связанными с темой смерти. Во время этого транзита, как мужчины, так и женщины, могут пережить ситуации сексуальной блокировки. Чрезмерное сексуальное желание может подтолкнуть нас к практике или к поискам проституции. Возможно заражение венерическими заболеваниями, а также внезапное возникновение патологий половых органов или ануса (в основном геморроя).

Транзит Урана в Девятом Доме

Когда транзитный Уран проходит по Девятому Дому нашего радикса, наши мысли обращаются ко всему далекому, как в географически-территориальном, так и в метафизически-трансцендентном смысле этого слова. Неожиданно нас охватывает жажда далеких расстояний. Нам хотелось бы путешествовать, и как можно дальше, и зачастую это случается на самом деле, а не только в наших фантазиях. Во время этого транзита многие люди действительно переезжают, отправляются в дальние поездки, и даже проводят довольно долгое время за границей. Под далекими расстояниями Девятого Дома подразумеваются такие территории, где говорят на языке или на диалекте, отличном от нашего. Следовательно, вполне возможно, что речь идет не об очень далеких поездках, а о простом перемещении на двести или триста километров, которое, тем не менее, существенно изменяет и наш образ жизни, и наши привычки. Наши путешествия, перемещения и пребывания вдали от дома могут быть связаны не только с отдыхом, но и с учебой или работой. Бывает и так, что для проявления транзита нам вовсе не нужно лично и физически перемещаться, а речь попросту идет о наших связях с дальними городами. Например, импортер завязывает торговые отношения с близлежащей страной, и для этого ему вовсе не требуется туда переезжать, или же ученый начинает следовать школе далекого учителя, при этом сидя у себя дома и изучая книги этого автора. Если же интерес к далекому проявляется в изучении вопросов философии, теологии, йоги, буддизма, астрологии, парапсихологии и тому подобных вещей, то речь идет об исследованиях с помощью мысли, а не тела. Такой транзит благоприятствует получению высшего образования, и поэтому именно в этот период многие люди решают поступить в университет, даже будучи уже не в самом молодом возрасте. Иной раз транзит может объяснить внезапное возникновение интереса к спортивным занятиям у людей, ведущих малоподвижный образ жизни, и никогда раньше не ходивших дальше своего офиса. Если транзит проявляется в негативную сторону, то следует опасаться, прежде всего, возможного несчастного случая на дороге, и не только во время езды на мотоцикле или за рулем автомобиля, но и при пересечении дороги в качестве пешехода, и даже дома, перебегая из одной комнаты в другую. Антология случаев, которые могут послужить подтверждением сказанного, на самом деле необычайно обширная. Кроме того, транзит может указывать на неожиданное получение плохих новостей издалека. Например, мы можем вдруг узнать о том, что за границей умер наш родственник, что в дальнем городе заболел наш духовный наставник, что иностранная держава, с которой мы заключили торговые отношения, закрывает свои границы или в ней разгорается гражданская война, и так далее. Возможно, что мы будем вынуждены отправиться в поездку для прохождения серьезного лечения или сложной хирургической операции за границей. Подобная ситуация, связанная с плохим состоянием здоровья может возникнуть у нашего близкого человека, и тогда мы должны будем отправиться в путь, чтобы сопроводить его на лечение. Неожиданно мы можем обнаружить, что партнер изменяет нам с человеком издалека. Мы рискуем попасть в очень неприятные ситуации во время путешествия, например, нас могут арестовать по незначительному поводу, или наш паспорт может быть конфискован из-за формальных нарушений, мы можем заболеть в пути, оказаться вовлеченными в несчастный случай или в дорожно-транспортное происшествие. Если такой транзит сопровождается плохими аспектами Урана с Марсом, и при этом эти планеты были в напряженных аспектах уже при рождении, и есть тому подтверждения и в Солнечной Революции, то существует вероятность попадания в авиакатастрофу. Но она просто мизерная, если учесть факт того, что подобное совпадение указаний планет случается очень редко, а самолет является самым безопасным из всех видов транспорта. Однако если субъект лично управляет летательным аппаратом во время полета, то вероятность катастрофы значительно возрастает.

Транзит Урана в Десятом Доме

Когда транзитный Уран проходит по Десятому Дому нашего радикса, нам хочется многое изменить в профессиональном плане и в своем социальном положении. Почти все авторы книг по астрологии опускают факт того, что этот Дом существенно влияет на наше социальное положение, фокусируясь лишь на профессиональном его аспекте. Однако во многих случаях его значения должны интерпретироваться именно в первом направлении, а не во втором. Очень часто женщины, и реже мужчины, вступают в брак во время этого транзита, тем самым изменяя свое социальное положение, особенно если партнер является знаменитым, престижным или очень богатым человеком. Зачастую этот транзит проявляется таким образом в сочетании с одновременным прохождением транзитного Юпитера в Седьмом Доме радикса или с положением Юпитера в Седьмом Доме Солнечной Революции в год свадьбы. Конечно же, речь может идти и об изменении жизненного направления с профессиональной точки зрения. В этот период люди решают радикально поменять свою профессию, или, продолжая заниматься все той же деятельностью, существенно модифицируют свой режим и способ выполнения работы, или начинают закладывать основу для своей будущей новой работы, и так далее. В случае, когда субъект благоприятствует таким изменениям, они могут оказаться очень позитивными и конструктивными. И напротив, для более консервативных знаков, таких как Телец, Козерог, Дева и Рак, все будет происходить гораздо труднее. Иногда этот планетарный транзит относится к нашей матери, указывая на большие изменения в ее жизни, например, на новый брак, новую работу или переезд в другой город. Если же транзит проявляется в негативную сторону, то он ставит под угрозу нашу работу. Политики, например, рискуют потерять доверие своих избирателей и лишиться занимаемой должности, предприниматели в этот период могут обанкротиться, рабочие могут быть уволены со своего предприятия, профессионалы могут быть вынуждены прекратить свою деятельность из-за ужесточения законодательных норм, регулирующих их работу, и так далее. В любом случае, речь всегда идет о внезапных и драматичных переменах. Этот транзит может указывать на развод, рассматриваемый со стороны более слабого супруга, который таким образом теряет свое высокое социальное положение, расставшись с престижным, знаменитым или богатым партнером. Однако все это должно иметь подтверждение настолько же плохими показателями текущей Солнечной Революции. (В главах, посвященных Солнечной Революции, будут подробней рассматриваться опасности Десятого Дома, связанные с транзитами Сатурна и Урана). Опять же, этот транзит может указывать на драматичные изменения в жизни нашей матери: на потерю ее второго мужа или партнера, болезнь, увольнение с работы, а в наихудшем случае даже на ее смерть. Не исключено, к тому же, что наши отношения с матерью резко изменятся в худшую сторону.

Транзит Урана в Одиннадцатом Доме

Когда транзитный Уран проходит по Одиннадцатому Дому нашего радикса, мы переживаем период расцвета идей, намерений и проектов на будущее, построения планов с краткосрочными и долгосрочными перспективами. Наша фантазия, под кипучим воздействием транзита Урана в своем Доме, дает волю своим причудам, и способна породить множество оригинальных, и даже несколько странных и экстравагантных идей, которые, тем не менее, могут привести нас к новым возможностям в плане работы, культурных интересов, любви или развлечений. Этот транзит особенно позитивен для всех тех, кто занимается творческой деятельностью, то есть для архитекторов, артистов, художников, музыкантов, поэтов, писателей и так далее. У нас может неожиданно пробудиться интерес к музыке, и нам захочется заняться ее изучением или научиться играть на каком-то музыкальном инструменте. В то же время, возрастает и наше желание поддерживать дружеские отношения, и расширять свой круг общения. Несомненно, такое стремление подтолкнет нас к новым знакомствам, и во время этого транзита мы сможем завести себе новых друзей, которые будут готовы предложить нам свою помощь, поддержку и протекцию (которая подразумевается отнюдь не в мафиозном, а в лучшем смысле этого слова). Какой-то важный, высокопоставленный человек, давно обещавший нам помощь, наконец-то сдержит свое слово. Вполне возможно и вероятно, что в течение этих лет мы переживем траур или несколько тяжелых утрат. Но речь будет идти о такой смерти, которая, не смотря на то, что мы ее вовсе не желали, каким-то образом сможет облегчить нашу жизнь, оказаться нам полезной. Однако если транзит проявляется в негативную сторону, то стоит ожидать одной или нескольких горестных и болезненных потерь важных для нас людей. Жизнь близкого и дорогого нам человека может оказаться в опасности. Кроме того, скорей всего в течение этого транзита прекратят свое существование наши старые или недавно завязанные дружеские отношения. Мы разорвем связь с некоторыми людьми, с которыми в свое время разделяли множество горестей и радостей. Это могут быть как наши друзья, так и родственники, но не самые близкие, то есть не родители, дети, братья и сестры, а дальние, такие как дяди, тети, двоюродные братья, и так далее. Проекты, которые мы вынашивали на протяжении долгого времени, резко прерываются, или же те планы, которые мы построили во время этого транзита, приносят нам одни лишь трудности и становятся источником самых разнообразных бед. Один из наших друзей становится причиной нашего внезапного несчастья. Мы теряем протекцию и защиту влиятельного человека или по причине его смерти, или в связи с тем, что он меняет работу и больше не может оказать нам помощь. Мы вынуждены прекратить свои занятия музыкой.

Транзит Урана в Двенадцатом Доме

Когда транзитный Уран проходит по Двенадцатому Дому нашего радикса, мы неожиданно начинаем ощущать стремление к добровольной службе, волонтёрству любого рода, к активному участию в самых разнообразных формах оказания помощи бедным, больным и нуждающимся людям. Подобные чувства милосердия и заботы о других людях могут быть результатом тех тенденций, которые уже присутствовали в нашей душе, постепенно назревали, и в течении данного транзита лишь проявились. Но речь может идти и о нашем совершенно новом отношении к жизни, к миру и людям. Мы чувствуем, что должны засучить рукава и начать вносить свой активный вклад в деятельность огромного и молчаливого отряда тех благороднейших людей, которые занимаются любой формой волонтёрства. Поэтому мы становимся частыми посетителями больниц, детских домов, благотворительных организаций, таких как Каритас, ЮНИСЕФ или Красный Крест. В большей или меньшей степени, но мы будем иначе переживать свои отношения с окружающими людьми. Кроме того, возрастут наши мистические и религиозные чувства, которые вовсе не обязательно проявятся в христианском или католическом смысле, но могут относиться и к нашей «вере» в политические идеи, профсоюзные, экологические, и так далее. В течение этих лет вполне вероятно, что мы будем посещать священников, психологов, астрологов, духовных и идейных наставников. Это подходящий период для любого рода исследований. Непредвиденные события позволят нам освободиться от старого бремени, тяжкого креста, некой рабской зависимости, препятствующей нашему росту. Если же этот транзит проявляется в негативном плане, то он представляет собой огромную опасность, и может указывать на период порядка семи лет, когда мы переживаем тяжелые экзистенциальные кризисы, проходим суровые жизненные испытания, получаем удары, которые сваливаются на нас без всякого предупреждения. Прежде всего, следует опасаться болезней и хирургических операций, но нужно иметь в виду и всевозможные несчастные случаи, кризисные ситуации на работе и в личной жизни, проблемы с законом. Если такой транзит сочетается с другими негативными элементами натальной карты, с одновременными напряженными транзитами и плохой Солнечной Революцией, то он становится исключительно опасным и может обозначать драматические и переломные моменты нашей жизни. Мы переживаем негативный опыт в отношении веры во что-то. Наше психическое равновесие нарушается сильными религиозными чувствами или фанатизмом, связанным с каким-нибудь кредо, религиозным, политическим, профсоюзным... В этот период времени какой-то священник, психолог, астролог, маг или духовный наставник может нанести нам огромный вред своими проповедями и «евангелизацией». Неожиданные испытания и несчастья переворачивают нашу жизнь. У нас возникают проблемы с наркотиками или мы рискуем интоксикацией организма от чрезмерного потребления лекарств, кофе или алкогольных напитков. Мы переживаем период тревог, неврозов, страхов, фобий. Наркозависимые люди могут причинить нам серьезные неприятности. Мы внезапно и неожиданно сталкиваемся с проявлением враждебности других людей по отношению к нам, и оказываемся совершенно беззащитными и неподготовленными к этому. Наша жизнь усложняется появлением новых скрытых врагов. На наши плечи ложится тяжелое бремя, некий «крест», например, одного из наших родственников поражает тяжелая болезнь, кто-то из наших близких людей нуждается в нашей постоянной опеке и медицинской помощи, наш партнер теряет работу, и так далее.

Глава 10
Транзиты Нептуна

Транзиты Нептуна очень медленные, они могут длиться не одну пятилетку в каждом Доме гороскопа, и затрагивать натальные планеты, образуя гармоничные или напряженные аспекты, на протяжении нескольких лет подряд. Их ключевыми словами являются фантазия, вдохновение, поэзия, воображение, расслабление, но также и ошибка, замешательство, затуманивание, помрачение, экстремизм, фанатизм, психические отклонения, тревога, неврозы, фобии, страхи, паника. Гармоничные транзиты особенно благоприятны для художников, артистов, музыкантов, поэтов и писателей. Они отмечают те периоды, когда мы обращаем свой взор к небу, как в религиозном смысле, так и в стремлении к познанию таинств. Они показывают степень возвышения нашего либидо, признания нашей трансцендентности и духовности, сублимации наших инстинктов. Такие транзиты Нептуна способствуют нашему влечению к разным формам социальной помощи, добровольной службы и волонтёрства, помощи самым бедным и страдающим людям. На некоторое время они делают из нас потенциальных медиков и сестер милосердия. Под их влиянием мы становимся в первые ряды участников крупных идеологических сражений, как религиозных, так и политических, профсоюзных, экологических... Нас начинают интересовать темы эзотерики, астрологии, психологии.

Однако когда транзиты Нептуна проявляются в негативном плане, то они вызывают изменённые состояния сознания, свойственные наркоманам, алкоголикам, лекарственно-зависимым, политическим фанатикам, экстремистам самых разных цветов, фанатикам любой доктрины и всякой дисциплины, обеспокоенным, встревоженным, психически неуравновешенным людям, тяжелым невротикам, депрессивным, параноикам и психопатам. Они могут ослепить души, подтолкнуть к вооружённой борьбе и к любым формам доктринального экстремизма, способствовать диктаторскому поведению политических деятелей. Исламский экстремизм наших дней, который можно назвать матерью всех священных войн, если не считать средневековых крестовых походов, безусловно, является порождением Нептуна. Никто не может быть более фанатичным и ослепленным, чем тот, кто переживает напряженный транзит Нептуна к своему Солнцу, Луне, Асценденту или Марсу. Иной раз эти планетарные транзиты проявляются в виде недееспособности субъекта, когда те чувства растерянности и замешательства, которые Нептун приносит с собой, не позволяют ему чем-либо спокойно заниматься. В таких случаях могут быть годы огромной нерешительности, когда люди допускают грубейшие ошибки и провоцируют тем самым несчастные случаи, начиная от производственных инцидентов и заканчивая авариями за рулем машины, со всеми вытекающими из этого последствиями.

Нептун в гармоничном аспекте с Солнцем

Когда транзитный Нептун проходит в благоприятном аспекте к нашему натальному Солнцу, нас неожиданно посещает сильное вдохновение, и тем важнее и полезнее оно окажется для нас, чем большую роль фантазия играет в нашей работе. Мы чувствуем себя унесенными приятным потоком забвения, в котором наше бессознательное восприятие усиливается и дарит нам уникальные впечатления. Активность нашего бессознательного возрастает до максимального уровня, в то время как рациональность опускается до минимума, и это благоприятствует любой творческой деятельности. Мы можем успешно воспользоваться этим моментом, чтобы писать, рисовать, сочинять музыку или стихи. Даже если мы не обладаем особой восприимчивостью и шестым чувством, свойственным Рыбам или тем, у кого в натальной карте имеется Солнце или сильные показатели в Восьмом Доме, мы с удивлением заметим, как в эти месяцы видим сны, щедрые на информацию о нас и о нашей жизни. Мы становимся более чувствительными ко всему тому, что нас окружает и не может быть выражено словами. Кроме того, мы ощущаем сильное влечение ко всему мистическому и трансцендентному. Мы сближаемся с таинством самыми разными способами, как через религию вообще, будь то христианство, буддизм, или исламизм, так и через эзотерику, астрологию, парапсихологию, философию, йогу, и так далее. Мы просто поражены тем, сколько всего важного нам удается открыть для себя в этих направлениях, особенно если сравнивать с нашей былой жизнью, прошедшей под знаком эффективности самой жесткой рациональности. В этот момент нас мало интересуют, а то и вовсе нам безразличны вопросы семейного бюджета или обычного режима управления нашей рабочей жизни, и мы обращаем свои мысли и либидо в самых сублимированных направлениях, поднимая его до огромных высот. Мы понимаем, что человек не есть лишь продукт своего прошлого опыта, а он также является существом, обращенным в будущее со стремлением к трансцендентности, желающим усладить не только свое тело, но и душу. Мы чувствуем, что должны своими действиями соответствовать подобным внутренним побуждениям, и это нас подталкивает к церкви или к любой другой форме агрегации, основывающейся на вышеупомянутых вопросах. Вполне возможно, что мы будем посещать священников и набожных людей вообще, будь они раввинами, буддийскими монахами или просто вдохновенными людьми, но также и философов, астрологов, мастеров восточных дисциплин. Вероятно, что мы присоединимся к общественному движению, которое вполне может быть политическим или профсоюзным, так как и эти сферы тоже могут практиковаться с «мистицизмом» и с «верой». Можно верить и в продвижение идей, связанных с экологией или защитой прав животных. С одинаковым чувством святости можно нести и крест, и флаг. Мы испытываем сильное стремление оказывать помощь бедным, больным и просто нуждающимся людям. Мы начинаем действовать в этом направлении либо в своей семье, либо при благотворительных организациях Каритас, Красный Крест или ЮНИСЕФ, стараясь внести свой посильный вклад в эти благородные дела. Нам хочется сделать все возможное, и даже больше, и мы прилагаем максимальные усилия в этих направлениях. Наш вклад может быть всего лишь в виде финансовых пожертвований, но даже это позволит нам обрести душевный мир и успокоить свою совесть. Нам будет полезно чтение, созвучное нашему настроению, и мы попытаемся как можно больше узнать обо всем, что делается в мире для помощи страдающим и нуждающимся людям. Вполне возможно, что мы будем заниматься волонтёрством и социально полезной деятельностью в течение этого планетарного транзита. Если нас беспокоит невротическое расстройство, то в этот период нам принесет облегчение терапия на основе психотропных лекарственных средств, и особенно антидепрессантов, как синтетических, так и натуральных, таких как мелатонин, травяные настои или гомеопатические препараты. Использование маленьких «наркотиков», таких как кофе, например, может помочь нам преодолеть трудную минуту. Мы будем испытывать сильное влечение к морю, и долгий круиз может принести огромную пользу нашему здоровью. Эти месяцы отлично подходят для занятий водными видами спорта, такими как водные лыжи, парусный спорт, подводное плавание, и так далее.

Нептун в напряженном аспекте с Солнцем

Когда транзитный Нептун проходит в напряженном аспекте к нашему натальному Солнцу, мы переживаем очень трудный и тяжелый период. Идет ли речь о транзитах длительностью в несколько месяцев, которые чередуются с более или менее долгими периодами стоянок Нептуна, или же мы ссылаемся на транзиты длительностью в годы, когда аспект действует беспрерывно, в любом случае мы ощущаем очень жесткие воздействия, которые подвергают испытанию наше психофизическое равновесие. Транзит легче переносится знаками Огня и Воздуха, и хуже знаками других стихий. Особенно тяжело его переживают Раки, Рыбы и Тельцы. Нас поражает целая серия приступов тревоги и тоски, фобии, страха и депрессии, не дающих нам жить спокойно. Зачастую речь идет о совершенно невероятных и несуществующих призраках, созданных нашим воображением, но кто сказал, что знание этого облегчает наши страдания? Можно быть смертельно обеспокоенными опасностью быть похищенными инопланетянами, и не хватило бы всех заверений этой Земли для того, чтобы мы почувствовали себя лучше. Паника и тревога – это абсолютно субъективные душевные состояния, и никто не может нам указывать, какие вопросы достойны нашего внимания и опасения, а какие нет. Но нередко переживаемые нами фобии, тем не менее, имеют связь с реальностью. Они могут относиться к нашей болезни или к проблеме со здоровьем близкого нам человека, к финансовому кризису или к деньгам, которые мы обязаны вернуть, но не имеем их в наличии, или же к экзамену, который нам нужно сдать любой ценой, но к которому мы недостаточно подготовлены. Складывается впечатление, что мы живем как в кошмарном сне, и нам хотелось бы проснуться с минуты на минуту, чтобы найти кого-то, кто бы нас обнял и успокоил. Но к несчастью, этот кто-то запаздывает с приходом, и поэтому мы можем пережить несколько самых ужасных месяцев нашей жизни. Прежде всего, мы очень растерянны, не способны правильно оценивать встречающиеся ситуации, и вообще ведем себя, будто пьяные за рулем машины. Состояние замешательства может нанести нам серьезный вред, и мы рискуем впасть в огромное заблуждение и допустить грубейшие ошибки, которые приведут к тяжелым последствиям в нашей финансовой, профессиональной и сентиментальной жизни. Именно в такие периоды, как этот, мы можем совершить самые вопиющие ошибки всей нашей жизни. Даже самые простые ситуации, которые в нормальное время не заставили бы нас минимально задуматься, сейчас становятся настоящими загадочными шифрами для нашего умственного анализа. Но будет ли речь идти о тревоге или о замешательстве, результат не меняется, и как правило, мы несем значительный урон. Иной раз проблемы проистекают от приёма лекарств, особенно психотропных, от чрезмерного курения, или от злоупотребления кофе, алкоголем или даже наркотиками. Многие молодые люди под воздействием такого рода транзита пополняют ряды наркоманов, а потом прилагают неимоверные усилия в попытках выбраться оттуда. Прямолинейность и солнечная открытость, которая обычно нам свойственна, в этот период делает решительный разворот в обратную сторону, и мы становимся склонны вести себя не очень лояльно, не особо искренне и не совсем последовательно. Мы чувствуем внутреннее побуждение ко лжи, к переживанию ситуаций очень расплывчатых и неясных, как на работе, так и в личных отношениях. Кроме прочего, в этот период нам могут очень серьезно навредить встречи со священниками, магами, плохими астрологами, или политическими экстремистами, спортивными фанатами, фанатиками религиозных сект, психопатами и наркоманами. Все, что было сказано до этого момента, может касаться не только нас самих, но и близкого нам мужчины, отца, партнера, мужа, брата или сына. В течение этого планетарного транзита мы должны соблюдать особую осторожность в отношении анестезии и путешествий по морю. Опасность исходит от любого рода жидкостей. Следует избегать подводных погружений. Мы склонны к излишней расслабленности и к набору лишнего веса, прежде всего, за счет задержки жидкости в организме. Транзит также указывает на опасность удушья или отравления газом.

Нептун в гармоничном аспекте с Луной

Когда транзитный Нептун проходит в позитивном аспекте (я отдаю себе отчет в том, что эта терминология неприятна многим из тех, кто предпочел бы выражения более расплывчатые и лицемерные, но я думаю, что она в точности передает смысл речи, а не кружит вокруг да около вопроса) к нашей натальной Луне, в гораздо большей степени, чем при аспектах Нептуна к Солнцу, мы переживаем невероятно плодотворный период художественного творчества, вдохновения поэтического, или литературного, или музыкального, погружения в мир грез. Речь идет об очень хорошем транзите, который может даже подарить нам влюбленность. Но, в любом случае, он относится к той сфере ситуаций, в которых, к счастью, на несколько месяцев или приблизительно на пару лет, он позволяет нам немного ослабить цепи рассудка и супер-Я, чтобы дать нам возможность посмотреть на мир и на жизнь без всяких ограничений цензуры. Действия могут быть подвергнуты цензуре, а мечты – нет. И в течение этого планетарного транзита, мечтаний и снов, как с открытыми, так и с закрытыми глазами, мы видим действительно огромное количество. Тот, кто проходит курс глубинного психоанализа, в эти месяцы сможет произвести и проработать просто непомерное количество материала сновидений, что пойдет на пользу лучшему пониманию собственных бессознательных сил. Несомненно, что артисты, художники, писатели и музыканты, получат наибольшую выгоду от данного транзита. Нашим основным стремлением в этот период является духовное возвышение и сублимация нашего либидо. Мы обращаем свой взор вверх, очень далеко ввысь. Нас очаровывает религиозная мысль, подразумеваемая в широком смысле слова. Нас завораживают и увлекают, может быть в первый раз в жизни, темы о священном, о таинствах жизни и смерти, вопросы философии, аналитической психологии, астрологии, ориентализма, йоги. Нам хочется принять участие в религиозных службах, во встречах верующих людей, в собраниях, конгрессах и семинарах, посвященных вышеназванным интересующим нас вопросам. Мы будем посещать священников, астрологов и психологов. Испытывая сильнейшее влечение к толпе, вероятно, что в течение этих месяцев мы вступим в ряды общественного движения любого рода. К тому же, и политика, и профсоюзная работа, и экологическая борьба, это если только для примера назвать лишь некоторые возможные пути, все они кажутся нам достойными для привлечения нашего либидо. Мы переживаем время высоких идеалов, и в наши намерения в этот период входят лишь хорошие поступки, лояльные действия, и следование здоровым, честным и достойным уважения принципам. Мы ощущаем необходимость действовать на благо человечества, и добровольно предлагаем свою помощь ближнему. Нам бы хотелось конкретно проявлять свое усердие и двигаться в направлении милосердной поддержки и реальной помощи другим людям, особенно самым нуждающимся. Тем не менее, стоит заметить, что, по сравнению с аналогичным транзитом Нептуна к Солнцу, в данном случае мы говорим больше о потенциальных, чем практических действиях. Это связано с тем, что Луна представляет собой те воды, по которым нам хотелось бы отправиться в плавание, но которые зачастую мы никогда не изведаем на самом деле. Транзиты Солнца, напротив, указывают на практическое и объективное осуществление. В любом случае, вовсе не исключено, что во время этого транзита мы действительно могли бы активно работать в какой-то благотворительной ассоциации волонтеров. Многие люди под влиянием этого транзита становятся верующими и набожными. То же самое, естественно, может относиться также к одной из женщин, играющих важную роль в нашей жизни, таких как жена, мать, сестра или дочь. Мы испытываем сильное влечение к морю, к плаванью на корабле, к водным видам спорта, к подводным погружениям. Кроме того, нас привлекают к себе люди нептунианского склада или с сильными значениями знака Рыб.

Нептун в напряженном аспекте с Луной

Когда транзитный Нептун проходит в напряженном аспекте к нашей натальной Луне, мы переживаем те же трудности, что и при транзите Нептуна к Солнцу, но на несколько октав выше по интенсивности. И даже больше того, можно сказать, что этот транзит безусловно является самым тяжелым из всех возможных, с точки зрения тревог, неврозов, фобий и навязчивых идей. Даже самые психически уравновешенные люди очень страдают под влиянием этого планетарного транзита. Множество монстров возникает в нашем сознании и внедряется в нашу повседневную жизнь. Самые невероятные страхи могут напасть на нас и сделать жизнь нашу невозможной. Как и в случае аспекта Нептуна к Солнцу, здесь тоже может идти речь об абсолютно логически неоправданных фобиях, но никто не имеет права недооценивать кошмары ближнего человека. Если наш партнер или партнерша, прежде чем лечь спать, по десять раз маниакально проверяет, закрыт ли газ, то мы не имеем никакого права критиковать или осуждать подобный невроз. Для некоторых людей это будет потребность непрестанно мыть руки, одни будут бояться грабителей, а другие – опасаться болезней. Речь всегда идет об изматывающих тревогах, которые лишают нас энтузиазма и уводят нас в мир паники и неуверенности. Любая попытка прибегнуть к логическим рассуждениям в целях нейтрализовать такое поведение оказывается совершенно бесполезной. В этот момент «монстры» могут быть исключительно внутренним порождением, полностью вымышленными, и не иметь никакой связи с реальностью. Но нередко существуют и объективные причины, которые доводят нас до такого состояния, и они могут касаться возможных долговых обязательств, настоящей болезни нашего родного человека, смерти близкого, увольнения с работы, измены партнера, и так далее. С подобным тяжелым камнем (Нептуном) над головой нас даже могут осаждать мысли о самоубийстве, и если есть на то указания и в натальной карте, и в общей транзитной ситуации, и в Солнечной Революции, то это может произойти и на самом деле. Кто-то сказал, что люди прибегают к самоубийству, когда они уверены, что не в состоянии пережить следующие пять минут, так вот, при напряженном транзите Нептуна к Луне могут возникать именно такие ощущения. Даже те люди, которые теснейшим образом связаны с реальностью и крепко стоят на земле, с наступлением этого транзита теряют свою устойчивость и оказываются хрупкими и неподготовленными. Те же, кто уже страдает тяжелыми расстройствами невротического плана, в этот момент могут переживать просто вертикальное падение, а в самых крайних случаях, к счастью, не очень частых, даже подавать признаки состояния психоза. Нептун – это также растерянность и замешательство, и сейчас мы ощущаем и испытываем их в полной мере. Нам не удается хорошо справляться с реальностью, мы допускаем ошибки в оценках ситуации и в своих действиях. Мы рискуем потерять престиж или деньги из-за тумана, окутывающего наши мысли. Это опасное положение для пилотов, хирургов, авиадиспетчеров, и для всех тех, в чьих руках находится судьба многих людей. Иногда тревоги являются следствием употребления наркотиков, лекарств, излишнего количества кофе или алкоголя. Есть риск разного рода отравлений. Нас могут одолевать страхи после бесед со священниками, психологами, плохими астрологами или магами. В этот период встречи с такими людьми для нас опасны. Опасность связана и с морем, поэтому лучше избегать морских путешествий.

Нептун в гармоничном аспекте с Меркурием

Когда транзитный Нептун проходит в гармоничном аспекте к нашему натальному Меркурию, наши мысли, фантазия и воображение прекрасно гармонируют между собой, позволяя нам в одно и то же время быть творческими, созидательными, плодотворными и рациональными. Речь идет о периоде большой умственной ясности, которая вовсе не противостоит логической стороне разума, а дополняет ее. Мы можем быть как отличными исполнителями, так и прекрасными творцами, без особого преобладания одного качества над другим. Мы отлично справляемся с любыми переговорами и дискуссиями, потому что с одной стороны прекрасно понимаем своих собеседников, а с другой идеально формулируем наши мысли, в итоге выражаясь лучше, чем обычно. Мы ощущаем большую потребность в общении, особенно с нашими родными или двоюродными братьями и сестрами, зятьями, шуринами и молодыми друзьями. К тому же нам хочется больше путешествовать, и вполне возможно, что мы будем чаще ездить из загорода в центр, более активно передвигаться вообще, и особенно по морю, озеру или реке. Нас привлекают одновременно и поездки, и вода, но речь скорей будет идти о частых поездках на короткие расстояния, чем о дальних путешествиях. Более вероятно, что один из наших вышеупомянутых родственников в этот период отправится в дальнее плавание, в круиз. Мы будем особенно заинтересованы в изучении эзотерики, чтении книг по философии, психологии, теологии, астрологии, йоге… Нам захочется посетить конференции, курсы и семинары на эти темы. Мы можем завязать новые знакомства с молодыми людьми, прекрасно разбирающимися в этих материях. Мы сами настолько можем вдохновиться подобными темами, что будем способны что-то об этом написать. Поскольку в течение этого планетарного транзита наше воображение и способность рационально организовать свои идеи проявляются на максимальном уровне, мы можем даже подумывать о написании своего романа. Вероятно, мы купим себе компьютер для использования его в качестве подспорья в изучении астрологии, а если он у нас уже есть, то возможно мы приобретем новый принтер, чтобы получить более качественные астральные карты. Помимо прочего, в эти месяцы мы можем заключить выгодные торговые сделки, связанные с морем, жидкостями, или же с вышеупомянутыми дисциплинами. Один из наших родственников может увлечься астрологией, теологией, философией или другими подобными предметами.

Нептун в напряженном аспекте с Меркурием

Когда транзитный Нептун проходит в напряженном аспекте к нашему натальному Меркурию, мы замечаем резкое уменьшение ясности мышления. Наши умственные способности работают на минимальном уровне, или же просто плохо. У нас появляется тенденция путаться, приходить в замешательство и искаженно воспринимать действительность. Уже на внутреннем уровне нам не удается видеть вещи в нормальном свете, и мы склонны как преувеличивать, так и недооценивать многое. Это естественным образом отражается на нашем обмене информацией с внешним миром, поскольку мы меньше понимаем все то, что говорят другие и сами, в свою очередь, выражаемся гораздо хуже, чем обычно. Даже если мы отличные ораторы, в течение месяцев, обозначенных этим планетарным транзитом, мы замечаем трудности в своих выступлениях перед публикой, а также и в устном, и письменном общении. Наши отношения с родными или двоюродными братьями и сестрами, зятьями, шуринами и молодыми друзьями, развиваются в атмосфере растерянности и запутанности, или же начинают страдать от недостатка искренности, либо с их стороны, либо с нашей по отношению к ним. Мы становимся склонны достаточно часто лгать, даже если обычно такое поведение для нас совершенно не характерно. Это плохой период для поездок вообще, так как наше бдительное внимание опускается до минимального уровня, и мы рискуем спровоцировать дорожно-транспортное происшествие, передвигаясь как за рулем машины, так и на мотоцикле или велосипеде. Необходимо соблюдать максимальную осторожность и путешествуя по морю. Наша учеба и исследования могут остановиться или же вызвать у нас сильнейшую тревогу, самые настоящие кошмары. То же самое можно сказать о чтении на темы, связанные с астрологией, психологией, эзотерикой, парапсихологией, йогой, теологией, и так далее. Знакомство и общение с молодыми психологами, юными астрологами или магами может стать негативным опытом и плохо сказаться на нашей психике. Некий особый письменный текст (например важный для нас письменный экзамен) отнимает у нас покой и сон. Наш родной или двоюродный брат, зять, шурин или молодой друг переживают период огромного нервного беспокойства, или даже психического расстройства. Во время коротких поездок мы рискуем пережить негативный опыт общения с наркоманами или с людьми страдающими сильными умственными расстройствами. Наши попытки получить коммерческую прибыль в этот период могут плохо закончиться, и мы рискуем заключить очень невыгодные сделки. Наше транспортное средство может пострадать от воды, например, из-за наводнений, разливов рек, проливных дождей… Если нам захочется попробовать покурить «травку», то последствия этого будут очень плохими, и подобный опыт окажется негативным.

Нептун в гармоничном аспекте с Венерой

Когда транзитный Нептун проходит в гармоничном аспекте к нашей натальной Венере, становится более акцентированной и преувеличенной та вдохновенная и артистическая часть, которая, в большей или меньшей степени, присутствует в каждом из нас. Нас очень влечет к искусству, музыке и поэзии. Мы сами становимся более внимательными к форме, а не только к содержанию и смысловому значению вещей. Мы чувствуем себя позитивно расположенными к другим людям, становимся склонны вести себя «soft», мягко сглаживая любые возможные конфликты в нашем окружении. Кроме того, с особенным вниманием начинаем относиться к своему эстетическому виду, не только стараясь лучше одеваться и более заботливо подбирать цветовые гаммы и модели наших костюмов, но и чаще посещать парикмахера или салоны красоты. Мы больше следим за своим весом и тщательней ухаживаем за нашей кожей. Наконец-то нам удастся выделить часть своего свободного времени на посещение музеев, выставок фотографии и картин, кинофестивалей, художественных галерей, археологических памятников, и так далее. Кроме того, очень даже вероятно, что мы влюбимся. Здесь необходимо сделать уточнение. Транзиты Нептуна, также как и Урана, часто провоцируют расставания или другие неприятные события, даже если они проявляются через гармоничный аспект трина или секстиля. Я не могу объяснить логику, лежащую в основе этой странности, но несомненно, что все могут убедиться и констатировать, насколько верно данное утверждение. Очень многие люди решаются на развод, даже после десятилетий совместной жизни или близких отношений, когда транзитный Нептун образует трин к Венере, и это тем более верно, чем напряженней является общая ситуация изучаемого неба. Другими словами можно сказать, что если данный планетарный транзит суммируется с плохими аспектами других планет, с одновременными другими негативными транзитами и с плохой Солнечной Революцией, то значительно возрастает вероятность не влюбленности, а разрыва отношений. Все сказанное выше, тем не менее, может относиться не только к самому субъекту, но и к одной из близких ему женщин: матери, дочери, сестре или жене (в этом случае транзит может означать, что партнерша субъекта влюбится в другого мужчину). В отношении здоровья должен заметить, что этот транзит может помочь процессу выздоровления, полного восстановления здоровья после физической болезни или перенесенной душевной боли, прежде всего, посредством психотропных препаратов и натуральных антидепрессантов, таких как мелатонин. Касательно денег, этот транзит может означать сны, подсказывающие выигрышные лотерейные номера, но это действительно лишь для тех субъектов, у которых от рождения заложены удачные положения натальной карты, оправдывающие такого рода событие.

Нептун в напряженном аспекте с Венерой

Когда транзитный Нептун проходит в напряженном аспекте к нашей натальной Венере, в большинстве случаев нас ожидает очень тяжелый период в личной жизни. Беспокойство, тревога и состояние замешательства могут быть ключевыми словами, идентифицирующими этот планетарный транзит. Можно сказать, с достаточной долей соответствия реальности, что в каждой паре есть палач и жертва. Так вот, если связать это утверждение с данным транзитом, то нужно сказать, что если мы в этот момент выступаем в роли палача, то это означает, что мы переживаем тайные отношения, совершаем прелюбодеяние, изменяем нашему любимому человеку. Если же мы оказываемся жертвой, то это может означать, что мы страдаем, очень мучаемся из-за измены нашего партнера или партнерши. Лишь в очень редких случаях данный транзит может указывать на то, что любимый человек нам изменяет, а мы пребываем в полном неведении. Исходя из природных особенностей планеты, в подавляющем большинстве случаев речь будет идти о страданиях, тревогах и мучениях, и именно потому, что предмет нашей боли становится очевидным, проявляясь во всей своей драматичности. Речь идет об очень скверном транзите, который в любом случае, играем ли мы роль палача или жертвы, заставляет нас чувствовать себя плохо, и даже очень. Страдания из-за любви, пожалуй, намного тяжелее перенести, чем какие-либо другие. Складывается такое впечатление, что весь мир рушится, у нас пропадает всякое желание жить, с большим трудом мы заставляем себя вставать по утрам и чувствуем необходимость прибегнуть к помощи антидепрессантов. К сожалению, самое худшее состоит в том, что транзит может продолжаться очень долго, и влиять на нас даже по два-три года подряд. Настолько длительный период может показаться нам просто вечностью, если мы страдаем. Если это мы нарушаем супружескую верность, то чувствуем себя при этом в огромной растерянности, и никак не можем решить, что делать. Стоит ли разорвать старые отношения? Переехать ли жить к новому партнеру? Продолжать ли сидеть между двух стульев? В любом случае, каждый день нас будут одолевать беспокойства, сомнения и тревоги. Все сказанное выше может также относиться к нашей сестре, матери или дочери. С сексуальной точки зрения этот транзит может указывать на наше довольно нестандартное поведение, возросшую заинтересованность в порнографии или проституции. Что касается денег, то этот период представляется опасным в связи с возможными финансовыми потерями в азартных играх, из-за ошибочных инвестиций, ограблений, и так далее. Что же самое можно сказать и о здоровье, которое в данном случае должно подразумеваться, прежде всего, с психической точки зрения, в смысле экзистенциальных кризисов и депрессий. Кроме того, транзит может указывать на период душевных страданий, тревог и неврозов в жизни близкой нам женщины.

Нептун в гармоничном аспекте с Марсом

Когда транзитный Нептун проходит в гармоничном аспекте к нашему натальному Марсу, все наши идеи, кредо и страстные увлечения получают сильнейший стимул к преувеличению. Мы чувствуем, как нас уносит за собой ветер крестовых походов, самого разного рода и в любом направлении. Этот транзит потрясает нас до глубины души, но в положительном смысле. Нас переполняют эмоции в отношении всего, что мы делаем и чем хотели бы заниматься. Мы воодушевлены своими идеями и хотели бы проповедовать их другим, обращать в свою веру новых сторонников, убеждать скептиков. Мы чувствуем, что идем на самом деле в правильном направлении, и просто удивляемся тому, что есть люди, думающие иначе. Наше сердце сильно бьется не только за религиозное кредо, оно может отзываться мощными вибрациями и на любые идеи, как политические, так и профсоюзные, экологические, профессиональные, и так далее. Во время этого планетарного транзита могут «зажечься» и сторонники либерализации наркотиков, и фанаты футбола или шахмат. В этот период мы можем сделать действительно важные шаги вперед в той области, на которой мы специализируемся, и добиться выдающихся результатов. И они могут быть еще более позитивными, если наша деятельность будет связана с философией, теологией, психологией, астрологией, эзотерикой, парапсихологией, и так далее. Нами овладевает огромное желание принять участие в групповой работе, войти в состав политической партии, ассоциации, кооператива, профсоюза, религиозной общины, и так далее. Возрастает наше человеколюбие и гуманность, усиливается то чувство милосердия и желание помогать другим, которое потенциально есть в каждом из нас, в большой или меньшей степени. Нас влечет к самым разным формам волонтерства, добровольной службы в социальной сфере. Мы стремимся помогать другим не только на словах, но и активными и конкретными действиями. Мы восхищаемся работой таких благотворительных организаций, как Красный Крест, Каритас, ЮНИСЕФ, и так далее. Мы придаем большее значение тому духовному удовлетворению, которое этот транзит нам может дать, чем материальным приобретениям. Этот период благоприятен для любых занятий, имеющих отношение к морю, озерам, рекам и воде вообще. Мы можем успешно установить у себя дома новую отопительную систему, подключить нашу мастерскую к артезианским колодцам, переделать гидравлическую систему в кухне, подготовить свою яхту к летнему спуску на воду, купить снаряжение для водных видов спорта. В этот период времени мы можем получить огромное удовольствие от рыбалки и от подводной охоты. Это отлично подходящие месяцы для начала торговли жидкостями, алкоголем, лекарствами, травами. Мы принимаем решение преодолеть какую-то свою патологическую проблему с помощью лекарственной терапии или психотропных препаратов. Благодаря целенаправленным действиям нам удается избавиться от тревоги, невроза или фобии. Возросшая сила воли позволяет нам бросить курить или пить.

Нептун в напряженном аспекте с Марсом

Когда транзитный Нептун проходит в напряженном аспекте к нашему натальному Марсу, мы переживаем состояние внутреннего дисбаланса. В нашем поведении начинают преобладать инфляционные тенденции самого разного рода. Мы чувствуем себя взволнованными, потрясёнными, расстроенными и раздраженными, и сами не понимаем отчего. Признавая, что ведем себя с сильными преувеличениями во всем, мы не можем поступать иначе. В эти несколько месяцев, но речь может идти и о годах, мы замечаем у себя измененное состояние сознания, подталкивающее нас к совершению таких действий, которые обычно мы считаем достойными осуждения. В нашем поведении заметны тенденции к экстремизму и радикализму. Складывается такое впечатление, что мы находимся под воздействием наркотиков, настолько ослабевает контроль нашего рационального Я над самыми примитивными импульсами нашей личности. Такое ошеломлённое состояние души склоняет нас, прежде всего, в направлении самых экстремальных проявлений политики, профсоюзных движений, религии, защиты окружающей среды или животных, и так далее. В течение такого планетарного транзита мы рискуем прийти в полное смятение после посещения священников, наставников йоги, плохих астрологов, магов, психологов, философов. Наша нервная система может быть сильно расстроена даже простым предсказанием, сделанным на наш счет, которое способно окунуть нас в бездну долгих месяцев, наполненных страхами, тревогами, неврозами и фобиями. В этот период мы должны постараться поддерживать контакты только с веселыми людьми, не обремененными особыми проблемами, пусть даже немного глуповатыми, но главное, чтобы они не были невротиками, потому что сейчас мы способны максимально впитывать любые негативные эмоции из-за необыкновенной чувствительности к окружающей обстановке. Прежде всего, этот транзит опасен для политиков и тех, в чьих руках находятся бразды правления любой организации, общественного движения или войсковых частей. Потенциальный диктатор под влиянием этого транзита может на самом деле им стать. Комиссар полиции, приказывающий своим подчиненным стрелять в толпу демонстрантов; командир пограничных войск, открывающий огонь без причины; политик, который своим уходом из партии провоцирует кризис на государственном уровне, со всеми вытекающими из этого последствиями, все это лишь отдельные примеры того, насколько может быть вредным и пагубным такой транзит. На индивидуальном же уровне этот транзит указывает на многие опасности, исходящие от употребления лекарств, и особенно психотропных препаратов, от токсинов, содержащихся в кофе и алкоголе, но прежде всего от наркотиков. В этом смысле транзит чрезвычайно опасен, поскольку может подтолкнуть молодых людей в пропасть наркотической зависимости, со всеми ужасными последствиями, к которым это может привести. Другие опасности подстерегают нас в толпе, и поэтому в этот период нам лучше держаться подальше от массовых демонстраций, разнообразных оккупаций зданий в знак протеста, любых забастовок, ностальгических групповых встреч со старыми товарищами, походов на стадионы в толпе фанатичных спортивных болельщиков. К тому же мы подвергаемся многим рискам в связи с морем и водой вообще. Это на самом деле очень опасный транзит для любителей подводной охоты, аквалангистов, людей, занимающихся водными видами спорта и для тех, чья работа связана с водой. Опасность также исходит от возможных утечек газа, которые могут спровоцировать возникновение пожаров. Помимо всего прочего, мы можем переживать долгий период повышенной тревожности и неврозов даже без объективных причин для этого.

Нептун в гармоничном аспекте с Юпитером

Когда транзитный Нептун проходит в благоприятном аспекте к нашему натальному Юпитеру, мы склонны расслабляться, как никогда раньше, и жить на ренту, то есть наслаждаясь благами, приобретенными всеми своими предыдущими усилиями и работой. Мы чувствуем себя в гармонии со всем окружающим миром, и склонны мыслить позитивно. Несомненно, мы становимся более оптимистично настроенными, чем когда-либо, и хотим думать лишь о том, что все обернется самым лучшим для нас образом. Такое замечательное и счастливое психическое состояние позволяет нам разрешить в свою пользу любые потенциально интересные профессиональные ситуации. Наша внутренняя уравновешенность ощущается окружающими людьми, и они в итоге могут поспособствовать нашему карьерному продвижению и росту. Наибольшую материальную пользу во время этого транзита нам могут принести дисциплины, имеющие отношение к огромному миру эзотерики, парапсихологии, астрологии, философии, религии, восточной культуры, и так далее. Например, это может означать, что после многих лет бесплатной астрологической практики мы наконец-то решаемся брать денежное вознаграждение за свои консультации, или же после долгих самостоятельных занятий йогой мы можем открыть свою собственную платную школу и начать передавать наши знания ученикам. Существенные преимущества и значительную прибыль нам могут принести связи с толпами, массовыми движениями, союзами трудящихся, группами людей, объединенных общей идеей или верой. Например, место, в котором находится наша торговая точка, неожиданно обретает статус святого и становится необычайно популярным у паломников, увеличивая наш доход. Мы можем заключить прибыльные торговые сделки со священниками, магами, гадалками, а также с музыкантами, художниками, артистами и творческими деятелями вообще. Если наша работа связана с художественным творчеством, то в этот период наше вдохновение возрастет до необычайно высокого уровня, что позволит нам добиться отличных конкретных результатов в карьере. Кроме того, этот транзит способствует заключению отличных прибыльных сделок в любой деятельности, связанной с морем, водой или жидкостями, например, мы можем открыть успешное совместное предприятие водного транспорта или пивную, или фирму технического обслуживания отопительных установок. Мы можем удачно организовывать продажу духов или ароматических и эфирных масел собственного изобретения, или же открыть собственную фирму по снабжению городских больниц газовыми баллонами. Долгое морское путешествие, приятный круиз окажет на нас очень благотворный эффект, в том числе с психологической точки зрения. Мы можем лучше познать самих себя с помощью психологии или чтения своей натальной карты, и это великолепно отразится на нашем самочувствии. Священник, высший духовный наставник или судья могут помочь нам успешно разрешить некоторые важные для нас дела. Благодаря удачному интуитивно принятому решению мы можем добиться благоприятного для нас разрешения некого судебного разбирательства. Это просто великолепный период для любых путешествий.

Нептун в напряженном аспекте с Юпитером

Когда транзитный Нептун проходит в напряженном аспекте к нашему натальному Юпитеру, нам слабо удается контролировать свои действия, которые зачастую склонны к инфляции и преувеличению. Из-за недостаточного чувства критики мы попадаем в неясные, запутанные, сомнительные и искаженные ситуации. Вокруг нас создается атмосфера, в которой легко могут возникать и разрастаться обман, мошенничество, плутовство и жульничество, причем мы можем стать как жертвами таких действий, так и инициаторами. Мы рискуем понести финансовый и материальный ущерб от толпы и массовых скоплений людей, демонстрантов, экстремистских группировок, агрессивных выступлений хулиганов, политических или спортивных фанатов. Кроме того, мы рискуем стать жертвами отдельных личностей, например, магов и плохих астрологов, которые могут потребовать от нас непомерной платы за свои услуги, попытавшись воспользоваться нашим расстроенным и тревожным душевным состоянием. Мы можем потерять большие денежные суммы также из-за враждебно настроенных по отношению к нам священников, психологов или судей, или же из-за грабительских нападений на нас наркоманов, маньяков и психически неуравновешенных людей. Серьезные финансовые потери могут быть спровоцированы также нашей госпитализацией по причине нервного истощения или депрессивного состояния. Мы можем понести серьезный ущерб от воды, как в случае наводнений, речных разливов, поломок водопроводных и отопительных систем. Большие расходы могут быть связаны с ремонтом гидравлической системы в нашем доме или на месте работы. Мы должны быть очень осторожными, поскольку возможны любые формы интоксикации организма, от простого алкогольного опьянения и до чего-то более серьезного. В этот период ущерб может быть как финансовый, например, в случае если мы сбиваем пешехода своей машиной, так и просто физический, как в случае интоксикации крови. Лекарственные препараты, на помощь которых мы рассчитывали, могут нам навредить. Взрыв в нашем доме или на рабочем месте причиняет нам огромный ущерб. Фальсифицированные продовольственные товары вызывают у нас большие проблемы с законом. Нас могут наказать огромным штрафом за продажу просроченных продуктов питания. Мы рискуем отравиться едой, заразиться ботулизмом или другой инфекционной болезнью, вызываемой микробами, содержащимися в испорченных пищевых продуктах. В этот период возрастает риск возникновения и роста опухолевых образований в нашем организме, и поэтому становится очень опасным в этот момент курение, употребление колбасных изделий и крепких спиртных напитков. Этот транзит указывает также на риск угона нашей лодки или яхты. Мы можем спровоцировать столкновение с другими морскими или речными судами, и вследствие этого понести большой финансовый ущерб.

Нептун в гармоничном аспекте с Сатурном

Когда транзитный Нептун проходит в гармоничном аспекте к нашему натальному Сатурну, создаются идеальные условия для того, чтобы мы смогли развить ту часть религиозности или мистицизма, подразумеваемого в широком смысле слова, которая потенциально заложена в каждом из нас. Суровость Сатурна склоняет нас к строгости, воздержанности, существенности, заставляя нас отстраниться от материальных благ, от чувственных соблазнов, и таким образом, способствуя возвышению нашего либидо. Нас сильнейшим образом привлекает все, что направлено к духовности и высшему сознанию. Таким образом, самые благородные чувства берут контроль над менее развитой частью нашей души. Нас очень влечет к себе таинство, подразумеваемое во всей широте его значения, и мы пытаемся обнаруживать вокруг себя всевозможные знаки божественного присутствия. Мы отправляемся в путешествие в поисках неизвестного, чтобы попытаться пробить брешь в стене, отделяющей нас от загадок смерти, потусторонней жизни или самого существования Бога. Мы склонны уделять огромное количество своего времени изучению религии, философии, йоги, буддизма, астрологии, парапсихологии, эзотерики. Многие люди, имеющие на то предпосылки в своей натальной карте, во время этого планетарного транзита обнаруживают свое религиозное призвание. В любом случае, даже если этот транзит не изменит направление всей нашей будущей жизни, он по крайней мере даст нам понять, насколько важна внутренняя духовная составляющая, в большей или меньшей степени свойственная человеку, и которая отличает нас от любого животного. Даже самые убежденные материалисты под воздействием этого транзита пошатнутся в своих принципах и будут вынуждены признать в себе ощущение сильных импульсов к мистике и трансцендентности. Иногда речь идет о духовном возвышении, являющемся следствием тяжелого испытания, серьезного препятствия, которое мы вынуждены преодолевать, и которое воплощает в себе суть Традиционного «Большого вредителя». На самом деле, многие люди, потеряв близкого человека или пройдя через трагедию тяжелой болезни, приходят к пониманию того, что жизнь не заключается лишь в обладании, и что для нас быть не менее важно, чем иметь. Иной раз транзит указывает на призвание, которое осознается человеком в позднем возрасте, как в случае субъектов, решающих принять обет в пятидесятилетнем возрасте или тех, кто бросает успешную профессиональную деятельность, чтобы стать миссионерами в Африке. Но если оставить в стороне настолько живописные крайности, то нужно сказать, что данный транзит может попросту указывать на наше позднее осознание своего внутреннего призвания к заботе о других людях, к оказанию им помощи медицинского и любого другого рода. Тогда уже немолодые люди решают посвятить себя волонтерской работе, например, активно помогая гуманитарным и благотворительным организациям Красный Крест, Каритас или ЮНИСЕФ. Однако более вероятно, что мы почувствуем необходимость направить свои усилия на сострадание и помощь старикам, пожилым людям, одним словом, тем созданиям, которые зачастую остаются без родственников, в полном одиночестве в этом мире. В других случаях транзит может означать, что наша мистическая, религиозная или трансцендентная часть приводит нас к принятию на себя важной и ответственной роли внутри организации, управляющей нашим кредо. Например, священник может стать епископом, а наставник йоги может перейти от Хатха-йоги (первого физического уровня) к преподаванию высших ступеней этой доктрины. Астролог может стать руководителем национальной, областной или городской организации. Может так случиться, что в течение этих месяцев или лет наша духовность обретет определенную и конкретную форму, и вместо спонтанных и неконтролируемых движений души превратится в деятельность, подчиняющуюся силам разума и соответствующую четким канонам определенной системной дисциплины. Это может означать, что бы будем методично и серьезно учиться придавать логичную форму любым спонтанным порывам нашего бессознательного. Укрепляется наша решимость достигать все более высокого уровня духовности, и мы прилагаем все возможные усилия в этом направлении, отказываясь ради этой цели от всего мимолётного и эфемерного в жизни. Пожилые люди будут передавать нам свои исключительно полезные знания, способствуя нашему росту. В зрелом возрасте, или позже других людей, мы обнаруживаем страстное влечение к морю. Благоприятное воздействие лекарственных средств позволяет нам лучше переживать свою старость.

Нептун в напряженном аспекте с Сатурном

Когда транзитный Нептун проходит в напряженном аспекте к нашему натальному Сатурну, мы переживаем очень тяжелый период с психической точки зрения. Беспокойство или депрессия, тревога и разного рода фобии, устанавливают границы территории, в рамках которой нам предстоит жить. Речь идет о действительно жестком в отношении психического здоровья транзите. Наше самочувствие вовсе не нормально, и не важно, реальны ли будоражащие нас изнутри монстры, или они совершенно субъективны, так как в обоих случаях они заставляют нас страдать равным образом. Причины всего этого могут быть самые разные, но результаты будут одинаковыми. В этот период нас одолевают различные страхи, или всего лишь один, но способный парализовать самую жизненную часть нашей личности. Этот транзит делает очень неустойчивым наше душевное равновесие. Зачастую речь идет о так называемом нервном истощении, но мы можем уверенно говорить о неврозах, вызванных неким тяжелым испытанием, которому подвергает нас судьба. Потеря родного человека, или внезапно поразившая нас болезнь, или же тяжелое финансовое положение, создавшееся по причине долга, который мы не способны вернуть, не дают нам покоя, и заставляют нас видеть впереди себя лишь самых ужасных призраков. Нами овладевают тенденции к параноическому поведению, вынуждающие думать, что наша жизнь злая, и мир настроен к нам враждебно, и никто нас не любит. Наше спокойствие разбито на куски, а психическое равновесие падает до уровня пола. Реальные или воображаемые кошмары уводят нас в мир страхов и фобий. В некоторых случаях эти ужасные мысли вызваны нашим внезапным старением, наступившим в силу самых разных причин, заставляющим нас с грустью думать обо всем, что нас ждет впереди с наступлением старости и с приближением смерти. Нас вообще беспокоит старость, и наша собственная, и наших близких людей. Этот транзит может означать, что пожилые люди наносят нам ущерб. Возможно, что мы должны позаботиться о психическом состоянии своих стариков, которые страдают в этот момент. Наша духовность пытается выйти наружу, но это плохо нами переживается и причиняет нам страдания. Мистическая часть нашей личности входит в конфликт с рациональной, желающей ее «уничтожить», возможно, по причине нашей слишком деятельной настроенности. Мы вынуждены проходить через тяжелые испытания вследствие своего выбора мистической направленности, например, мы лишаем себя удобств и комфорта современной жизни, живем в изоляции, в вынужденном уединении, отказываемся от всех видов развлечений. После долгих размышлений мы решаем посвятить свою жизнь добровольному служению, жертвенности на благо других, активному проявлению нашего христианского верования. Но по какой-то причине нам доставляет множество неприятностей и трудностей желание проявить конкретно на практике, а не только на словах, свою солидарность и помощь другим людям. Нам наносит ущерб постаревшая гидравлическая или отопительная система в доме. Наша старая лодка требует дорогостоящего ремонта или же она терпит кораблекрушение. Мы обнаруживаем, что длительный прием некого лекарства нанес непоправимый ущерб нашему организму. Какая-то запутанная ситуация может стать причиной наших страданий. Измена близкого человека вводит нас в состояние прострации. Встреча с магом, плохим астрологом или ложным мистиком вызывает у нас сильнейшее стрессовое состояние. Мы становимся одержимы чьим-то катастрофическим предсказанием о нашем будущем.

Нептун в гармоничном аспекте с Ураном

Когда транзитный Нептун проходит в гармоничном аспекте к нашему натальному Урану, могут внезапно пробудиться те внутренние силы, которые ведут нас в направлении более духовной жизни, более близкой моделям внутреннего роста и отказа от всего эфемерного, подразумеваемого в широком смысле. Для многих людей этот транзит означает неожиданное открытие для себя невероятного мира эзотерики, таинственного и паранормального. Прожив целую жизнь в уверенности, что можно обойтись без сверхъестественного и следовать исключительно направлениям, предложенным разумом, вдруг мы обнаруживаем, что наше бессознательное по сравнению с разумом настолько же огромно, как скрытая по водой часть айсберга по сравнению с его видимой частью. Карл Густав Юнг во второй половине своей жизни обнаружил, что тот подвал со старинной мебелью, который часто ему снился, означал его сильнейший интерес к миру алхимии, астрологии и восточных религий. Так и мы во время этого транзита, например, прочитав книгу Жака Бержье и Луи Повеля «Утро магов», можем открыть для себя существование бесконечной вселенной знаний, учений, которые мы никогда раньше не исследовали, а теперь намерены углубить как можно больше. Многие люди, и автор этих строк не исключение, под влиянием такого транзита в первый раз открывают для себя йогу, гомеопатическую медицину, акупунктуру, макробиотику, аналитическую психологию, астрологию, философию. Все это может на самом деле изменить нашу жизнь, и придать ей будущее направление, совершенно отличное от нашего предыдущего существования. Зачастую это происходит внезапно, вследствие совершенно случайного события, но астрологи не верят в случайность и знают, что все происходит в соответствии со сложным предначертанным планом, лишь в границах которого нам позволено действовать. Во время этого транзита какой-то наш сон или встреча со священником, психологом, другом, занимающимся астрологией, или беседа с учителем йоги и восточных дисциплин, может навсегда изменить нашу жизнь. Почти всегда речь идет о волнующих и всепоглощающих встречах, способных развернуть направление нашей жизни на девяносто градусов, а то и на все сто восемьдесят. В большинстве случаев это происходит в необыкновенно приятном контексте, который изменит нашу жизнь в лучшую сторону, значительно расширив открывающиеся перед нами горизонты. Этот транзит на самом деле сможет распахнуть нам двери к таким источникам знаний, у которых мы сможем бесконечно утолять свою жажду. Мы внезапно осознаем, что эти интересы потенциально уже присутствовали в нас, и просто всегда оставались незамеченными, но теперь мы полны решимости наверстать упущенное время, и делаем все возможное, чтобы поскорее научиться как можно большему. Новый лекарственный препарат оказывает благотворное влияние на наше состояние здоровья, помогая нам выйти из беспросветного туннеля страданий и боли. Начало курса глубинного психоанализа помогает улучшить наше самочувствие. Мы покупаем компьютер или новое программное обеспечение, облегчающее наши исследовательские и практические занятия астрологией. Мы стараемся применять новые информационные технологии в своей работе в области эзотерики.

Нептун в напряженном аспекте с Ураном

Когда транзитный Нептун проходит в напряженном аспекте к нашему натальному Урану, по причине охватившего нас чувства замешательства и растерянности мы рискуем принимать опрометчивые и бессмысленные решения. Мы совершенно не способны рассуждать трезво, и из-за недостатка ясности, характеризующего нас в этот момент, мы можем понести серьезный ущерб. Прежде всего, необходимо вести себя предельно осторожно в отношении возможных аварий и несчастных случаев. Мы рискуем за рулем машины и мотоцикла, пересекая дорогу по пешеходному переходу, катаясь на коньках, велосипеде или лыжах, практикуя любой опасный вид спорта. Мы должны избегать всех потенциально опасных ситуаций, например, не пытаться разжигать огонь с помощью бензина, не брать в руки огнестрельное оружие и не находиться в компании друзей, которые любят шутить с оружием. Следует сторониться работы с электрическим током, пилотирования самолетов, участия в соревнованиях на гоночных машинах. Наибольший риск своей ошибкой спровоцировать настоящую катастрофу, индивидуальную или массовую, грозит главным образом тем людям, в руках которых находятся человеческие судьбы, то есть хирургам, анестезиологам, авиадиспетчерам… Нас может настолько потрясти плохое предсказание астролога, мага или гадалки, что своим расстроенным состоянием мы действительно притянем к себе несчастья. Состояние нервного потрясения от недавно поразившего нас горя может послужить причиной совершения нами ошибочных действий, которые могут спровоцировать несчастный случай. Какой-то наркоман или психически неуравновешенный человек может нанести нам серьезный материальный вред, касающийся как нашей персоны, так и принадлежащего нам имущества. Мы можем стать жертвой нападения или ограбления со стороны наркомана. Этот транзит указывает также на возможность отравления лекарственными средствами. Для наркозависимых людей в этот период есть риск передозировки, ставящей под угрозу их жизнь. При злоупотреблении алкоголем в больших количествах мы можем спровоцировать дорожно-транспортное происшествие. Нас могут поразить беды и несчастья, имеющие отношение к морю или к воде вообще. Нам грозит опасность во время подводного погружения. Нервное потрясение может быть вызвано внезапно поразившей нас трагедией. Очень часто этот планетарный транзит встречается у людей, подающих признаки умственного расстройства вследствие неожиданной потери близкого человека. Смерть в таких случаях нередко провоцирует состояния психозов, она становится той классической последней каплей, которая переполняет чашу тревог и неврозов, способных довести нас до самых настоящих психозов. Мы внезапно обнаруживаем существование наших скрытых врагов или секретное прошлое очень близких и дорогих нам людей. Предательство партнера вводит нас в состояние прострации и депрессии. Мы рискуем понести серьезный ущерб от толпы, массовых собраний людей, спортивных фанатов, политических манифестаций.

Нептун в гармоничном аспекте с Нептуном

Когда транзитный Нептун проходит в гармоничном аспекте к нашему натальному Нептуну, усиливается наше воображение и решительно возрастает наш творческий потенциал. Мы ощущаем необычайное вдохновение и расцвет фантазии. Мы более склонны полностью погружаться в мир мечты и воображения, уходя от ограничивающих сил разума и внутренней цензуры. Безусловно, можно сказать, что мы переживаем волшебный, уникальный в своем роде момент. Мы устали быть всегда начеку, постоянно соблюдать осторожность и руководствоваться чувством недоверия, и, в конце-то концов, хотим предаться мечтаниям, совершенно свободно фантазировать и строить планы. Это необычайно хороший период для всех тех, чья работа связана с творчеством и искусством. Но в любом случае, такого рода паузы будут нам полезны, если обычно мы пребываем в состоянии постоянной готовности и неусыпного контроля над ситуацией. В этот момент мы питаем к другим людям самые добрые чувства и руководствуемся по-настоящему христианскими намерениями по отношению к окружающим, в лучшем смысле этого слова. Мы желаем оказывать реальную помощь и поддержку самым слабым и нуждающимся людям, чтобы проявить на практике те милосердные стремления, которые овладевают нами в течение данного планетарного транзита. Мы хотим ухаживать за больными и бедными, нас привлекает занятие волонтерством, и вовсе не исключено, что в эти месяцы мы вступим в ряды многочисленных добровольцев таких организаций, как Каритас, Красный Крест и ЮНИСЕФ. Мы переживаем огромное сострадание и жалость ко всем страдающим людям, и если мы не проявим себя вне дома, то наверняка сделаем все возможное для нашей семьи, и окажем посильную помощь своим самым нуждающимся родственникам. Мы ощущаем в себе возрастание религиозных чувств, которые необязательно должны быть связаны с христианством или католичеством, но могут относиться и к буддизму, и к исламизму, или просто к таинствам в широком смысле слова. Нас влечет к дисциплинам, изучающим человека, загадки жизни и смерти, к ориентализму, философии, теологии, астрологии, парапсихологии.

Нам хочется посещать культовые, святые места, и людей, с ними связанных. В этот период нам будут очень полезны встречи со священниками, философами, астрологами. Мы будем очарованы толпой, охотно примем участие в групповых молитвах, в собраниях людей, вдохновленных мистическими идеями, в конференциях и курсах по вышеупомянутым предметам. Под влиянием такого рода транзита может возникнуть глубокий интерес к эзотерическим вопросам, и многие люди в этот момент открывают в себе неизведанную часть, достойную внимания и изучения. Этот период просто великолепен для морских путешествий и для поездок в те страны, где перечисленные выше материи являются самой иконой Страны, как в Индии, например. Лекарственные средства, в том числе психотропные препараты, могут помочь нам преодолеть трудный момент жизни. Небольшой «наркотик», такой как кофе, если мы раньше не часто его пили, в этот период очень нам поможет и поддержит нас в ситуациях, требующих максимального приложения наших сил.

Нептун в напряженном аспекте с Нептуном

Когда транзитный Нептун проходит в напряженном аспекте к своему натальному положению, мы переживаем довольно трудный период с психологической точки зрения. Также как и в случае диссонансных аспектов Нептуна к светилам и Нептуна к Марсу, мы сталкиваемся со многими страхами, тревогами, неврозами, которые могут быть вызваны одним или несколькими неприятными событиями нашей жизни, или же могут иметь совершенно внутренний, сущностный характер, возникая без какой-либо видимой причины. Таким образом, наше психофизическое равновесие нарушается, и жизнь начинает нам казаться невыносимой и наполненной какими-то непонятными призраками. В течение этого планетарного транзита мы на самом деле начинаем осознавать, насколько может быть субъективным понятие страдания. Другие, окружающие нас люди, могут смеяться над нашими страхами, считая их чепухой и глупостью, но в наших глазах все тревоги возрастают до гигантских размеров и выглядят совершенно реальными. Мы можем волноваться по самым, казалось бы, ничтожным и невероятным мотивам, таким как страх землетрясения, например, или боязнь смерти наших родителей, которые в этот момент пребывают в полном здравии и отлично себя чувствуют. Мы страдаем и мучаемся, отвратительно себя чувствуем, видим все в черном цвете, ощущаем себя атакованными злой судьбой и суровой жизнью, воспринимаем реальность в виде огромного чудовища с раскрытой пастью, готового растерзать нас в любой момент. В течение этих месяцев мы живем будто бы под тяжелым колпаком, и как в кошмарном сне мы склонны думать, что все настроены против нас, что нас преследует неудача и окружают одни враги, что наша жизнь состоит из одних препятствий и ничто не может хорошо закончиться. Иногда такое психическое состояние может быть вызвано приемом лекарственных средств, и особенно психотропных. Некоторые люди очень плохо себя чувствуют из-за употребления наркотиков, например, большого количества кофе или алкоголя, или даже настоящих наркотиков, в прямом смысле слова. Нужно быть очень осторожными в этот период, и держаться подальше от людей, воплощающих собой самые негативные характерные черты Нептуна, то есть от наркоманов, психических больных, экзальтированных политических или религиозных фанатиков, экстремистов из любой секты или социальной организации, проповедников одержимых идей массового обращения в христианство, и так далее. Плохое предсказание астролога или мага может превратить месяцы или годы нашей жизни в сплошной кошмар. Если этот транзит происходит одновременно с другими тяжелыми транзитами или с негативной Солнечной Революцией, то мы и впрямь переживаем кризисный период, когда для выхода из подобной психической ловушки нам потребуется помощь лекарств или опыт квалифицированного психолога. Кроме того, необходимо соблюдать максимальную осторожность в отношении опасностей, связанных с морскими путешествиями, вообще с водой и газом. В этот период опасность исходит и от анестезии, поэтому по возможности желательно отложить возможные хирургические операции.

Нептун в гармоничном аспекте с Плутоном

Когда транзитный Нептун проходит в благоприятном аспекте к нашему натальному Плутону, потрясающее художественное вдохновение может привести нас к созданию действительно важных произведений, настоящих шедевров, которые могут оставить значительный след от нашего прохождения по этой жизни. Речь идет об очень мощном транзите, который, в сочетании с другими гармоничными аспектами и с особенно благоприятной Солнечной Революцией, может преподнести нам очень ценные дары. Наши религиозные чувства, которые оставались до этого момента в спящем состоянии, сейчас взрываются во всей своей силе, приводя нас в совершенно невиданные ранее пространства и измерения. В то же время транзит проявляется и в обратную сторону, то есть Нептун может усилить влияние Плутона, и тогда наша религиозность или мистицизм, склонности к милосердию и оказанию помощи другим людям, могут привести нас к назначению на очень ответственные должности в соответствующих общественных организациях, благотворительных объединениях, волонтерских группах, и так далее. Причем это происходит, даже если мы вовсе не искали власти, а были движимы лишь трансцендентными стремлениями духовного плана, вызванными этим транзитом. Возможно, что мы завяжем тесные отношения с очень влиятельными людьми, представляющими руководящую власть в иерархической структуре организации, в которой мы участвуем. Одним словом, каким-то образом значительно усилится наша активная работа в общественной организации, получит мощную поддержку, даже если мы вовсе не ставили себе целью заработать «медали» за службу. Несомненно, можно сказать, что наше желание оказывать всяческую помощь нуждающимся людям значительно возрастает под влиянием этого транзита. Транзит воздействует и на то, как мы переживаем свою сексуальность, он порождает в нас стремление к экзотике, подталкивающее нас к новым экспериментам в этой сфере. Мы испытываем большее влечение к таинству смерти, и в этот период потеря близкого человека может поспособствовать нашему духовному росту. Мы можем обнаружить источник воды при проведении раскопок на нашем земельном участке. Мы ощущаем особенное вдохновение в работе по самонаблюдению и интроспективному исследованию, что позволит нам сделать важные шаги вперед в анализе самих себя, выполненном самостоятельно или под руководством квалифицированного психоаналитика. В этот период многозначительные сны могут вдохновить нас на угадывание выигрышных номеров лотереи.

Нептун в напряженном аспекте с Плутоном

Когда транзитный Нептун проходит в напряженном аспекте к нашему натальному Плутону, мы переживаем тревоги, фобии и неврозы, типичные для диссонансных аспектов Нептуна к Нептуну, но на более интенсивном уровне, октавой выше. Мы должны прибегнуть ко всем своим способностям сохранения внутренней гармонии и поддержания глубинного душевного равновесия, чтобы не соскользнуть в пропасть страхов, кошмарных видений и самых разнообразных фобий. Ужасные монстры, объективные или субъективные, порожденные жестокой реальностью нашей жизни или существующие только в наших мыслях, схватывают нас в железные тиски, и заставляют страдать и мучиться. Мы чувствуем упадок духа, уныние и отчаяние, нас посещают параноидные мысли о том, что все вокруг, и наша жизнь, и весь мир, и окружающие люди, и даже наши близкие, настроены враждебно по отношению к нам. Любая попытка здраво рассуждать и с помощью логики преодолеть эти фобии оказывается бессмысленной и обречена на провал. Выбраться из этого состояния мучительных пыток нам может помочь только лекарственное средство или квалифицированный психолог. Если одновременно наблюдается общая напряженная транзитная ситуация и очень плохая Солнечная Революция, то в эти месяцы или годы следует ожидать чрезвычайно тяжелого периода, который негативно отразится на нашей профессиональной сфере, а также очень плохо скажется на нашей сексуальной жизни. Этот транзит может вызвать временную или полную сексуальную блокировку, как у мужчин, так и у женщин. На самом деле, совершенно невозможно себе представить нормальную сексуальную жизнь в то время, когда в нашем сердце или в наших мыслях поселяются подобные монстры. Прежде всего, наше душевное равновесие могут нарушить лица, связанные с религией или любыми сектами, астрологи или маги, экзальтированные фанатики разного рода, наркоманы и экстремисты любого общественного движения. С кем-либо из этих персонажей у нас может возникнуть сексуальная связь. В этот период появляется тяга к необычным сексуальным переживаниям, возможно увлечение порнографией или желание прибегнуть к услугам проституток, к случайным контактам, в которых, помимо всего прочего, мы рискуем заразиться инфекционными болезнями. Какая-то наша отдельно взятая тревога, горе, или общее невротическое поведение могут навредить нашей карьере, и даже послужить причиной потери престижного и ответственного служебного поста. Спутанность сознания может нанести нам серьезный финансовый ущерб, например, мы можем стать жертвой мошенничества, или можем одолжить деньги совершенно ненадежным людям. В момент психического замешательства мы можем запросить и получить банковский кредит, и лишь позже мы осознаем, что у нас никогда не получится его выплатить. Мы переживаем тревожный период из-за страха потерять близкого человека, родителя, любимого партнера. Чья-то смерть доводит нас до состояния глубокой прострации. Мы рискуем пережить негативный опыт, если в этот период будем посещать круги, в которых практикуют «спиритизм». Скрытые утечки воды или наводнения наносят огромный ущерб нашему имуществу

Нептун в аспекте с Асцендентом

Смотрите Нептун в Первом Доме

Нептун в аспекте с МС

Смотрите Нептун в Десятом Доме

Нептун в аспекте с Десцендентом

Смотрите Нептун в Седьмом Доме

Нептун в аспекте с IC

Смотрите Нептун в Четвертом Доме

Транзит Нептуна в Первом Доме

Когда транзитный Нептун проходит по нашему Первому Дому, мы ощущаем огромное вдохновение в трансцендентном и религиозном плане. У нас может проснуться интерес к вопросам, связанным с теологией, восточными культурами, йогой, буддизмом, философией, астрологией, эзотерикой, парапсихологией. Естественно, что как всегда нужно учитывать возраст, когда это происходит, общую транзитную ситуацию, также как и Солнечные Революции, но зачастую транзит соответствует радикальным переменам в религиозных верованиях человека. Например, мне неоднократно приходилось сталкиваться с ситуациями, когда при прохождении Нептуна вблизи Асцендента католики становились буддистами, а умеренно набожные люди решались на принятие обета и уходили в монастырь. Наша заинтересованность вопросами духовности в этот период очень большая, и она имеет тенденцию решительно превосходить все остальные наши увлечения. Сильные импульсы к человеколюбивому, милосердному и христианскому поведению, в широком смысле слова, могут подтолкнуть нас к оказанию активной помощи всем самым нуждающимся и страдающим людям. Вероятно, нам захочется присоединиться к какому-либо волонтерскому движению, начать сотрудничать с благотворительными организациями, такими как Каритас, Красный Крест или ЮНИСЕФ. Мы будем испытывать чувство огромного сострадания к старикам, осиротевшим детям, одиноким и больным, бездомным и неимущим людям, к бесправным и беззащитным нелегальным иммигрантам. Мы будем готовы оказать им реальную помощь, а не только дать милостыню или сделать благотворительное пожертвование. Стремление быть сестрами и братьями Красного Креста, которое в большей или меньшей степени свойственно каждому из нас, если обычно оно пребывает в спящем состоянии, то сейчас проявляется наружу. Мы с большим энтузиазмом начинаем проявлять свое милосердие и любовь к ближнему, наконец-то чувствуя себя при этом сестрами и братьями всего человечества. Во время этого планетарного транзита мы осознаем, что мимолетные и эфемерные жизненные блага не могут нас полностью удовлетворить, и что мы живем не только ради обладания какими-то вещами. В других случаях речь идет не о желании оказывать людям всяческую помощь, а о пробуждении нашего духовного потенциала, в широком смысле слова, которое подталкивает нас к усердным, упорным занятиям любыми вопросами, которые далеко уходят от нашей повседневной жизни. Нас будут очаровывать встречи с астрологами, магами, учителями йоги, просветленными и одухотворенными людьми, мудрыми и вдохновенными учителями жизни. Помимо прочего, мы будем склонны к расслаблению, к уходу в небытие, к ослаблению нашей жесткой защиты, которая слишком долго была в действии. Мы будем испытывать особые чувства любви к ближним людям. Нас будут привлекать к себе толпы, и возможно, что мы вступим в общественное движение любого рода, политическое, профсоюзное, экологическое, и так далее. Если же транзит происходит в общих напряженных условиях, то нас могут начать беспокоить тревоги, фобии, страхи, большие или маленькие неврозы, самого разного рода. Если эти страхи будут эндогенного характера, то есть внутреннего и не спровоцированного явными внешними проблемами, то мы сможем это пережить достаточно благополучным образом. И напротив, если наши тревоги будут связаны с большой реальной проблемой, такой как смерть близкого человека, наша серьезная болезнь или тяжелейший финансовый и профессиональный кризис, то мы рискуем даже дойти до состояния настоящего психоза. Но в этом случае должно иметься подтверждение подобным вещам в виде явных показаний уже в натальной карте субъекта, а также в крайне тяжелых Солнечных Революциях, поскольку транзит может длиться не одну пятилетку. В лучшем случае речь будет идти о временных и проходящих тревогах и фобиях. Во время этого транзита большая опасность исходит от принятия психотропных лекарственных препаратов, от курения, от излишнего потребления кофе, алкоголя или самых настоящих наркотиков. Многие молодые люди становятся наркозависимыми именно в период такого транзита. В любом случае, мы замечаем за собой состояние замешательства, спутанности сознания, нерешительность в поведении, постоянные колебания и сомнения, отсутствие четкого направления. Следует избегать встреч с астрологами, магами, священниками, религиозными или политическими фанатиками, экстремистами, наркоманами. Появляется склонность к ожирению и отекам тела, в том числе из-за задержки воды в организме. Есть риск возникновения самого разного рода опухолей, разрастаний тканей, в том числе и в переносном смысле, то есть в нашем уме. Транзит дает склонность к преувеличенному, инфляционному поведению, к экстремистским тенденциям, к измененным состояниям сознания.

Транзит Нептуна во Втором Доме

Когда Нептун проходит по Второму Дому нашего радикса, у нас развивается отличное деловое чутьё. Нас воодушевляет идея продвижения самых разных коммерческих и предпринимательских инициатив. Мы становимся более чувствительными ко всем открывающимся возможностям, и способными планировать такие начинания, которые могут принести нам большую финансовую прибыль. Для успешного бизнеса требуется не только хороший рациональный проект, но и шестое чувство, которое в этот момент очень мудро руководит нашими действиями. Нас посещают удачные идеи, помогающие нам добиться выдающихся результатов в области инвестиций. Прежде всего, этот транзит благоприятствует инициативам, каким-то образом связанным с миром эзотерики, ориентализма, религии, астрологии, парапсихологии, йоги, макробиотики, лечебных трав, иглоукалывания, гомеопатии, шиацу, и так далее. В этом смысле мы можем, например, организовать курсы по обучению этим дисциплинам, или же открыть фитнесс-центр, в котором они будут представлять собой основное направление деятельности. В этот период мы сможем применить на практике все свои знания в перечисленных выше материях, так называемых пограничных и необычных, и получить при этом финансовую прибыль. Для одних людей транзит будет означать начало профессиональной астрологической деятельности, для других речь может идти о заключении торговых импортно-экспортных отношений со странами дальнего востока, кто-то откроет собственную аптеку, а кто-то начнет продавать кислородные подушки или газовые баллоны... Для других людей прибыль может быть связана с инвестициями в морской отрасли, например, с открытием судовладельческого предприятия. Если же транзит должен читаться в негативном смысле, то стоит ожидать огромной путаницы в бизнесе, когда наше состояние замешательства и растерянности может спровоцировать самые настоящие катастрофы в нашей финансовой ситуации. Мы можем допустить непростительные ошибки в управлении своими капиталами, и нанести себе огромный ущерб. Мы рискуем стать жертвой обмана, жульничества, мошенничества. Наше состояние в данный момент просто идеально подходит для того, чтобы мы стали мишенью изворотливых, хитрых, бессовестных и аморальных спекулянтов. Периодически мы узнаем из газет о ком-то, кто, погнавшись за иллюзорной сказочной прибылью, доверил все свои сбережения, накопленные за долгую жизнь, очередному проходимцу, исчезнувшему с награбленными деньгами. В таких случаях никто не имеет права поучать несчастную жертву, поскольку даже самый внимательный, осторожный и недоверчивый бизнесмен может попасться в ловушку Нептуна. Нельзя забывать о том, что деньги не размножаются, за исключением случаев торговли наркотиками или наживы ростовщиков за счет бедных людей. Следовательно, в эти годы нам нужно ни в коем случае не доверять любым исключительно выгодным предложениям, сулящим нам баснословное обогащение без нашего тяжкого труда в поте лица. Нептун крайне коварен, он может окутать плотным туманом наш рассудок и затруднить нашу способность здраво мыслить в финансовых вопросах. Мы рискуем получить фальшивые или неоплачиваемые банком чеки. Когда Нептун в напряженных аспектах проходит по нашему Второму Дому, мы можем и сами испытывать побуждение к очень необычным или нелегальным способам заработка, а также к использованию обмана в целях наживы. Транзит может указывать на огромные денежные суммы, которые у нас вымогают маги, псевдоколдуны, экзорцисты, лица с сомнительными нравственными принципами. Мы рискуем стать жертвами этих персонажей, спекулирующих на людской боли, за вознаграждение обещающих нам любовь, которая никогда не сможет вернуться, или излечение от болезней, которое невозможно получить никакими волшебными зельями. Денежные расходы могут быть связаны с нашими пороками любого рода, включая потребление наркотиков. Возможны и доходы от нелегальной деятельности, продажи наркотиков или мошенничества. Финансовые потери могут быть спровоцированы несчастными случаями в море, затоплением нашего судна, повреждением нашего товара повышенной влажностью, и так далее. Значительные денежные суммы могут быть потрачены на лекарства. В этот период мы очень переживаем о деньгах. Нас одолевает страх остаться нищими или боязнь не вернуть в срок полученного банковского кредита.

Транзит Нептуна в Третьем Доме

Когда транзитный Нептун проходит по Третьему Дому нашего радикса, нас посещает великолепное вдохновение в писательстве и учебе. Этот транзит создает просто идеальные условия для любой интеллектуальной деятельности, связанной как с учебой в школе или университете, так и с нашими свободными творческими занятиями. Это превосходный период для поэтов, художников и артистов вообще, включая композиторов и музыкантов, желающих получить особое вдохновение в написании музыки. Мы отлично настроены на общение с окружающими нас людьми и это подходящий период для того, чтобы увеличить обмен информацией на расстоянии с помощью средств телекоммуникации. Улучшение коммуникабельности в этот период поможет журналистам и рекламным агентам. Возможны частые короткие поездки или просто постоянные и регулярные перемещения, в связи с любовными отношениями или с нашими интересами к религии, астрологии, философии, эзотерике. Мы можем ощутить романтическое вдохновение к написанию романа. Наш родной или двоюродный брат, зять, шурин или молодой друг может тесным образом сблизиться с религией или стать астрологом, политическим активистом, членом гуманитарной организации, волонтером или миссионером в далекой стране. В этот период у нас может развиться интерес к морю, и тогда нам захочется приобрести себе лодку, чтобы проводить больше времени на воде. Если транзит проявляется в негативных аспектах, то есть вероятность того, что один из вышеназванных наших родственников станет наркоманом или будет переживать очень тяжелый период психологических проблем, тревог, неврозов или депрессии. Наши отношения с родственниками становятся неясными или невротичными. Мы переживаем сильнейшее беспокойство и тревогу из-за учебы, например, в связи с возникшей необходимостью прервать наше обучение. Студенты университета, и все те, кто должен сдать какой-то важный экзамен, например, пройти конкурсный отбор на зачисление в профессиональный реестр, могут переживать этот период в состоянии огромного страха перед возможной неудачей и поражением, могут опасаться, что не смогут справиться с поставленной задачей. На некоторых людей изучение эзотерических материй в этот момент может оказать плохое влияние, нарушив их психическое равновесие. Возможны слишком частые поездки по религиозным мотивам, в связи с политическими увлечениями, или для посещения собраний или курсов по астрологии, эзотерике, философии. Есть опасность несчастных случаев и аварий, связанных с дорогой. Этот период длится достаточно долго (возможно и много лет), а значит, призыв к осторожности за рулем машины полностью теряет свое значение, если его не увязать с конкретной базовой стратегией наших действий. Например, я бы посоветовал взять себе в привычку на протяжении определенного количества лет не пользоваться своей машиной для поездки на дачу в выходные дни, а в течение всего транзита предпочитать поезд и электричку в качестве основного средства передвижения. В течение этого планетарного транзита следует соблюдать особую осторожность при покупке подержанной машины в момент передачи прав собственности. На самом деле, мы очень рискуем приобрести угнанный автомобиль, который нам перепродают по поддельным документам. Возможны вынужденные и утомительные ежедневные поездки по морю или реке, как в случае учителей, направленных преподавать в школе на острове, которые вместо того, чтобы поселиться на острове, предпочитают ежедневные поездки на работу и обратно домой. Морские путешествия опасны в этот период. Возможен неприятный опыт курения, в том числе легких наркотиков. Негативный опыт может быть связан с коммерческой деятельностью, которой мы начинаем заниматься, не имея никаких навыков и подготовки в этой области. Мы рискуем стать жертвой мошенничества в бизнесе, но также можем и сами попытаться обмануть других людей во время этого транзита. Мы опасаемся того, что наш телефон прослушивается, или же мы можем обнаружить, что наша телефонная карта уже давно клонирована. Анонимные звонки или письма вводят нас в депрессивное состояние.

Транзит Нептуна в Четвертом Доме

Когда транзитный Нептун проходит по Четвертому Дому нашего радикса, нам хочется поселиться в доме у моря, на берегу реки или озера. Мы переживаем архетипные значения дома, в их лучшей форме: дом как наше убежище, защита и искусственное чрево. Мы в полной мере ощущаем, что можем переживать новые и романтические отношения со своим жилищем, которое мы склонны идеализировать в этот период. То же самое можно сказать и о нашей семье, которую мы видим, возможно, даже впервые в жизни, в романтичном и идеальном свете. Нас привлекает чувство приватности и фокусировки, которое может предложить нам наша семья. Мифологема Великой Матери сейчас проявляется во всей своей мощи и очаровании. Мы ощущаем решительный импульс в направлении более вдумчивого и интроспективного взгляда на свою жизнь, и нуждаясь в максимальном семейном тепле и уюте, мы придаем большее значение личной жизни, чем общественной. Мы устанавливаем новые и нежнейшие отношения со своими родителями. Возможно, что в течение этого планетарного транзита наши родители станут более религиозными или начнут заниматься эзотерическими дисциплинами, астрологией, парапсихологией, йогой и всем тем, что можно обозначить стилем *нью-эйдж*. Если же транзит проявляется в негативной форме, то он может указывать на то, что наши родители переживают тяжелый период неврозов, тревог, фобий, разнообразных навязчивых идей и психической неустойчивости. В самых тяжелых случаях речь может идти даже о психотических проявлениях в поведении наших стариков. В других случаях негативный транзит указывает на то, что они часто прибегают к лекарственным средствам, психотропным препаратам, или разнообразным токсическим веществам, включая алкоголь и наркотики. Возможно, что использование наркотических средств им требуется для облегчения боли, вызванной страшными патологиями. Вероятно также, что мы очень переживаем о своих родителях, боимся потерять своих близких или беспокоимся о том, чтобы с ними не случилось что-то неприятное или страшное. Много беспокойств у нас вызывает и наш дом. Мы боимся его потерять или опасаемся, что у нас его конфискуют за старые долги, мы тревожимся о том, что нам не удастся выплатить кредит за жилье или о том, что нам необходимо сделать срочный ремонт квартиры, а финансовых средств для этого не хватает. Мы рискуем получить уведомительное письмо владельца квартиры о нашем выселении. Наводнение или утечка воды может нанести вред нашему имуществу. Возникает необходимость выполнения дорогостоящих работ по ремонту гидравлической или отопительной системы в нашем доме или на месте работы. Нас могут одолевать тревоги и тоска в связи с вынужденным переездом в дом, где умер наш близкий родственник. Может возникнуть неясная и запутанная ситуация в отношении дома, унаследованного нами вместе с другими близкими родственниками. Сомнения на счет отцовства. Страх попасть в тюрьму или в больницу. Риск госпитализации из-за депрессивного состояния и психических беспокойств вообще. Опасность лишиться недвижимости из-за допущенных процессуальных ошибок в момент подписания договора о покупке жилья или при передаче прав собственности на него. Могут возникнуть немотивированные страхи о том, что наш дом подвергся сглазу или колдовскому воздействию черной магии. Депрессивный кризис может подтолкнуть нас к нахождению временного или постоянного убежища в уединенном месте, где мы могли бы молиться, например, в монастыре. Мы рискуем потерять важные архивы данных нашего компьютера из-за попадания в систему вируса.

Транзит Нептуна в Пятом Доме

Когда транзитный Нептун проходит по Пятому Дому нашего радикса, мы выражаем себя гораздо более романтично, чем обычно. Нами овладевают чувство любви, желание влюбляться, сильное влечение к потенциальному или уже существующему партнеру. Мы больше беспокоимся о своем любимом человеке, как никогда чутко прислушиваясь ко всем его потребностям. Становимся особенно внимательными по отношению к нему, проявляя свою готовность заботиться о партнере, успокаивать и лечить его, как в переносном, так и в прямом смысле слова. Кроме того, мы уделяем больше внимания игровой и развлекательной стороне своей жизни. В этот период у нас возникает интерес к эзотерическим дисциплинам, к парапсихологии, астрологии, магии, уфологии, и тому подобным вещам. Мы стремимся углубить свои знания в подобных областях, и это увлечение может превратиться даже в хобби всей нашей жизни. Одним из наших излюбленных времяпровождений может стать водный вид спорта, такой как плавание, прыжки в воду, парусный спорт, водные лыжи или дайвинг. Мы можем купить себе лодку для приятного развлечения в конце рабочей недели. Мы ощущаем сильное желание иметь ребенка. Наш любимый человек или один из наших детей начинает увлекаться теологией, философией, или астрологией. В случае напряженного транзита Нептуна в нашем Пятом Доме, мы переживаем довольно неясный или таинственный и загадочный период с чувственной и сентиментальной точки зрения. В подавляющем большинстве случаев речь идет о внебрачных отношениях, которые мы завязываем в этот период и долгое время поддерживаем, со всеми соответствующими осложнениями, которыми чреваты подобные вещи. Возможна и иная ситуация, когда мы узнаем о том, что наш любимый человек имеет секретную любовную связь. В любом случае, любовь доставляет нам множество тревог и беспокойства. Нас одолевают навязчивые мысли в отношении нашей личной жизни. Мы боимся, например, что партнер нас бросит, что наш любимый или любимая может заболеть или умереть, или опасаемся оказаться слишком вовлеченными в новые отношения. Мы боимся заразиться венерической болезнью. Во время этого транзита женщины могут бояться забеременеть, а мужчины очень переживают о том, чтобы не спровоцировать беременность у своей партнерши. Много неясности и путаницы возникает в нашей сентиментальной и личной жизни в отношении планов на будущее. Наш ребенок или любимый человек переживает очень тяжелый период волнений, тревог и депрессии. Также им грозит опасность употребления наркотиков. Мы сами в этот период можем начать потреблять наркотики ради развлечения, рискуя быть затянутыми в наркотическую зависимость. Возможно, мы будем посещать дискотеки, где процветает распространение наркотиков, и где мы можем встретиться с наркоманами. Во время этого транзита может возникнуть интерес к порнографии. Существует риск заражения венерическими болезнями. Возможна нежелательная беременность от внебрачной связи. Множество наших переживаний и тревог связано с ребенком, который болеет или доставляет нам проблемы по самым разным причинам. В этот период нашему сыну или дочери грозит опасность, связанная с водой (рекой, озером, морем). Начав пить в шутку, мы можем стать алкоголиками. Транзит может указывать на одержимость азартными играми. Возможны любовные связи с наркоманами, политическими фанатиками, любого рода экстремистами.

Транзит Нептуна в Шестом Доме

Когда транзитный Нептун проходит по нашему Шестому Дому, наша рабочая среда и пребывание в компании людей, с которыми мы работаем, благотворно сказываются на нашем психическом состоянии здоровья. Мы вновь обретаем уверенность в своих силах и испытываем самые дружеские чувства по отношению к нашим коллегам. Мы склонны всячески помогать и делать добро всем тем, с кем нам приходится проводить свой рабочий день, будь то коллеги, подчиненные или начальники. Одним словом, дух милосердия, стремление оказывать помощь и поддержку, которыми в большей или меньшей мере обладает каждый из нас, в этот период устремляются в направлении нашей рабочей среды. В этот период нам удается найти подходящее лечение и эффективные лекарства, которые могут облегчить наши боли и страдания, и, прежде всего, улучшить наше психическое состояние. Для лечения мы обращаемся к помощи гомеопатии, иглоукалывания, макробиотики, шиацу, и других форм альтернативной медицины, получая, таким образом, великолепные результаты. Более глубокое понимание самих себя, достигнутое благодаря изучению астрологии и подобных дисциплин, помогает нам преодолеть различные психологические проблемы. Мы делаем огромные шаги вперед на пути достижения внутреннего равновесия. В этот период мы можем начать работать в области астрологии, преподавать йогу, делать массажи шиацу, открыть ресторан макробиотики, и так далее. Мы принимаем на работу сотрудника, являющегося экспертом в этих дисциплинах. Если транзит проявляется в негативную сторону, то вполне возможно, что мы будем переживать довольно долгий период тревог, страхов, депрессии и неврозов. Мы будем серьезно обеспокоены состоянием своего психического здоровья. Нас может одолевать боязнь тяжелой болезни. Вероятно возникновение разнообразных инфекционных заболеваний. Для лечения депрессии мы прибегнем к психотропным препаратам. Существует риск отравления лекарственными средствами, алкоголем или наркотиками. Нам грозит опасность от анестезии во время хирургических операций. Негативный транзит указывает на беспокойные, тревожные и напряженные отношения на рабочем месте. В этот период времени наш начальник ведет себя очень нервно или мы сами проявляем невротичные тенденции по отношению к своим подчиненным. Навязчивые идеи очень мешают нам выполнять свои ежедневные рабочие обязанности. Мы можем быть вынуждены по работе столкнуться с драматическими обстоятельствами мира наркотиков, психически больных людей, с фанатиками и экстремистами разных сект, религиозных организаций или политических группировок. Поступление на работу, связанную с риском, заставляет нас беспокоиться. На рабочем месте возникают беспорядки и запутанные ситуации. Работа может вынудить нас отправиться в длительные морские путешествия.

Мы опасаемся нелояльных действий и предательства со стороны своих бывших сотрудников и подчиненных. Возможны секретные или путаные и неясные рабочие отношения. Мы можем вести двойную игру на работе, совершая нечестные поступки, которые обычно для нас не характерны.

Транзит Нептуна в Седьмом Доме

Когда транзитный Нептун проходит по нашему Седьмому Дому, нас влечет к организациям, которые основываются на неком идеале, политическом, религиозном, экологическом, профсоюзном, гуманитарном или благотворительном. Возможно, что мы вступим в партию или присоединимся к организациям Каритас, Красный Крест, ЮНИСЕФ, или к любому другому движению, флаг которого как можно меньше общего имеет с деньгами и с материалистическим подходом к жизни. Речь идет о таком планетарном транзите, во время которого мы свято верим в брак, в парные отношения и в совместную жизнь с другими людьми, противопоставляя их любой форме эгоизма, ухода в приватность и изоляции от мира. Мы проецируем множество позитивных мыслей на своего партнера и на его возможности. Мы непоколебимо верим в него и готовы предоставить практически безграничный кредит доверия всему тому, что с ним связано. Если мы не состоим в браке, то начинаем серьезно задумываться о супружестве, воспринимая его как одну из самых благородных жизненных целей. В течение этих лет мы можем стать свидетелями существенного преображения нашего любимого человека, благодаря его стремлению к мистике, инициации, и вообще к эзотерике. Наш партнер начинает серьезно заниматься астрологией, йогой, восточными религиями или ему удается улучшить свое психическое состояние с помощью альтернативной медицины. Удачная интуитивная идея помогает нам благополучно разрешить долгие судебные разбирательства. Мы начинаем заниматься политикой благодаря поддержке и советам высокопоставленного священника, астролога, духовного наставника. Если же транзит проявляется в негативную сторону потому, что образует плохие аспекты, или происходит одновременно с другими напряженными транзитами, то вполне возможно, что мы будем переживать период большой растерянности и смятения в наших брачных отношениях и в совместной жизни. Мы не можем определиться насчет того, что нам нужно делать в партнерских отношениях. Мы рискуем на протяжении многих лет поддерживать тайную связь, пытаясь одновременно сидеть на двух стульях, и тем самым создавать мутные, путаные и двойственные ситуации в браке. Возможно также, что мы обнаружим измену любимого человека, и потрясение окажется настолько тяжелым, что принесет нам годы переживаний, тревог и неврозов. Мысль о браке нас пугает, и мы боимся решиться на совместное проживание с партнером. Наш любимый человек переживает очень беспокойный период, полный тревог, страхов, депрессии, неврозов, а в самых тяжелых случаях, и психозов. Наш супруг или супруга переживает смутные времена, занимается темными делами, скрывая это даже от нас. В этот период мы можем завязать отношения с наркоманами, политическими или религиозными фанатиками, всякого рода экзальтированными людьми, плохими астрологами или магами. Множество тревог и страхов связано с нашей политической деятельностью или с некой ассоциацией, объединением, членом которого мы являемся. В надежде на получение материальной выгоды и на достижение практических целей, мы можем ступить в тайное общество, в какую-то секту, и этот шаг станет нашей роковой ошибкой. Один из наших деловых партнеров переживает период сильного стресса. Мы боимся преследований со стороны закона, опасаемся ареста, террористических актов и покушений на нашу жизнь. Такое положение планеты характерно для людей, которые решаются бросить вызов организованной преступности, отказываются платить дань и осмеливаются противостоять мафиозным группировкам. Мы боимся насилия и жестокой реакции со стороны супруга или супруги. Этот транзит может указывать также на неясную, запутанную ситуацию с точки зрения делового сотрудничества. Мы можем вести себя некорректно в отношении наших партнеров по бизнесу. Мы рискуем разрушить свою семейную жизнь злоупотреблением лекарствами, психотропными препаратами, или такими токсичными веществами, как кофе в чрезмерном количестве или наркотики. Мы рискуем быть втянутыми в правовое разбирательство, к которому на самом деле не имеем никакого отношения, и можем стать жертвой судебной ошибки. В этот период мы рискуем оказаться замешанными, в качестве истца или ответчика, в судебных исках, причиной которых может послужить материальный вред, нанесенный водой, то есть наводнениями, затоплениями, и так далее. У нас могут изъять водительские права за управление транспортным средством в состоянии алкогольного или наркотического опьянения. Во время этого транзита мы, как никогда, боимся контроля налоговой инспекции.

Транзит Нептуна в Восьмом Доме

Когда транзитный Нептун проходит по Восьмому Дому нашего радикса, мы можем пережить великолепные интуитивные озарения в отношении азартных игр. Необычный сон может подсказать нам выигрышные лотерейные номера. Обостряется наше деловое чутье. Интуиция помогает нам выбрать самый удачный путь возможных финансовых инвестиций. В этот период мы способны планировать успешные начинания в сфере бизнеса. Мы прислушиваемся к полезным советам священников, психологов, духовных наставников или астрологов, и в результате получаем неожиданную денежную прибыль. В работе мы уделяем большее пространство своим чувствам и фантазии. Мы можем хорошо зарабатывать деятельностью, связанной с религией, эзотерикой, астрологией. Воображение и фантазия обогащают и улучшают нашу сексуальную жизнь. Мы обдумываем возможные новые способы выражения нашей сексуальности. Во время этого транзита мы начинаем относиться с большим уважением и благоговением к таинству смерти. Уход из жизни одного из наших друзей или родственников способствует нашему духовному росту. Переживая боль тяжелой утраты, мы сближаемся с религией и приходим к Богу. Обостренная интуиция помогает нам значительно продвинуться вперед в работе по глубинному психологическому анализу. Во время раскопок мы можем обнаружить воду или другие ценные жидкости. Если же транзит в основном проявляется негативным образом, то мы рискуем пережить тяжелый кризисный период, особенно с точки зрения психического равновесия, по причине чьей-то смерти. Потеря близкого человека наносит нам настолько тяжелую душевную травму, что мы вынуждены обратиться за помощью к психиатру или неврологу. Из-за переживаний о смерти нашего родственника нам приходится прибегнуть к лечению психотропными препаратами. Нас одолевают фобии и страхи, связанные со смертью, мы боимся потерять близких нам людей или умереть сами. Мы можем пережить негативный опыт в области спиритизма. Встречи со священниками, астрологами, психологами или магами, и выслушивание их речей усиливают нашу боязнь смерти. Ночные кошмары и воспаленное воображение терроризируют нас ужасными мыслями о смерти. Наша сексуальная жизнь существенно ухудшается из-за тревог, фобий и неврозов самого разного рода. Этот транзит может указывать на сексуальные отклонения и извращения, на влечение к проституции. Необходимость прибегнуть к порнографии для пробуждения сексуального желания. Сексуальные связи с наркоманами или с психически неуравновешенными лицами. Сексуальный опыт, наносящий тяжелую психическую травму (например у детей). Вероятно возникновение запутанных ситуаций в бизнесе, с возможными крупными финансовыми потерями из-за плохих инвестиций. Мы рискуем стать жертвами обмана, мошенничества, разбоя или грабежа. Действуя в состоянии замешательства, мы можем совершить ошибочные спекулятивные сделки, которые приведут к огромным денежным убыткам. Во время этого транзита могут возникнуть тревоги и страхи из-за нехватки наличных денег. Мы переживаем о взятом кредите, который обязались вернуть, не имея на то достаточных возможностей. Мы становимся одержимыми мыслями о деньгах, и эти терзания могут привести нас даже к совершению противоправных действий. Может возникнуть неясная, запутанная ситуация с наследством, которое необходимо разделить с нашими близкими родственниками. Мы боимся быть исключенными из завещания и потерять право наследования. В худшем случае транзит означает опасность смерти от утопления. Наводнение, разливы рек или затопление могут нанести ущерб нашему имуществу. Просачивание воды повреждает принадлежащую нам собственность.

Транзит Нептуна в Девятом Доме

Когда транзитный Нептун проходит по нашему натальному Девятому Дому, наше либидо возвышается и взлетает к невиданным высотам. Нас привлекает все далекое, как в географически-территориальном, так и в метафизически-трансцендентном смысле этого слова, и с центробежной силой подталкивает нас к внешнему миру. В этот момент мы всерьез хотим оторваться от земного притяжения и взлететь к небу, устремляя всю свою энергию в направлении как можно большей сублимации. Мы испытываем глубокое потрясение от религиозных чувств, от охватившей нас тяги к чему-то божественному и от потребности в сверхъестественном. Мы отправляемся на поиски Бога или чего-то, находящегося превыше человека, исследуя самые разные направления. Нас очаровывает философия, теология, изучение исламизма или буддизма, вообще ориентализма. Мы испытываем влечение ко всем дисциплинам, которые пытаются постигнуть таинства жизни и смерти. Мы жаждем больше учиться, исследовать, углублять свои знания, проникать в тайны таких наук, как астрология, парапсихология или толкование сновидений. Мы приходим к пониманию того, что наша жизнь не состоит из одной лишь материи и материализма. Мы верим в трансцендентность человека, в необходимость сублимировать наши плотские желания и стремиться к чему-то высокому, а не только происходить из прошлого негативного опыта. Нас очаровывают понятия судьбы, кармы и божественных законов. Нам хочется как можно больше расширить территории возможных исследований. Мы приближаемся к знаниям более глубоким, которые далеко уходят от всего, что связано с будничной, банальной и обыденной жизнью. Это просто превосходный период для изучения любых предметов и дисциплин, которые с помощью веры или мысли уводят нас в далекие выси. Эти годы также благоприятны для получения академического высшего образования. Возможно, что мы отправимся в долгие морские круизы или в далекие путешествия по религиозным мотивам. В этот период возможно паломничество в святые места. Путешествия, которые вызывают душевные потрясения с точки зрения отношения к религии. Переживание мистического опыта во время поездки. В пути мы можем встретиться со священниками, отшельниками, святыми, проповедниками, астрологами, мистиками, учителями йоги. Во время пребывания вдали от родного дома возможно проживание на морском побережье. Мы можем изучать эзотерические науки, пребывая долгое время за границей. В случае напряженного транзита нам следует ожидать негативных, стрессовых переживаний во время путешествий. За границей мы можем получить психологическую травму. Пребывая вдали от родного дома, мы рискуем пережить неприятный опыт общения с наркоманами, психически больными людьми, религиозными или политическими фанатиками. На некоторое время мы отправляемся в далекие края, чтобы излечиться от депрессии или кризисного психического состояния. В поездках нас одолевают тревоги и страхи. Некое лицо иностранного происхождения становится главным героем наших кошмаров (например в случае, когда мы узнаем об измене нашего любимого партнера с человеком, родившимся в другой области нашей страны или за границей). Кроме прочего, этот транзит указывает на опасность дорожно-транспортных происшествий. Риск во время морского путешествия, и в том числе опасность кораблекрушения. Во время пребывания вдали от дома мы рискуем понести ущерб от толпы или экстремистских группировок. Мы отправляемся в поездку в надежде исцелиться от болезни, которая поразила нас самих или близкого нам человека. Изучение эзотерических дисциплин в этот период может плохо отразиться на состоянии нашего психического здоровья. Религиозный или политический фанатизм угрожает нарушить психофизическое равновесие и подорвать наше здоровье.

Транзит Нептуна в Десятом Доме

Когда транзитный Нептун проходит по Десятому Дому нашего радикса, мы можем получить назначение на важную должность, продвижение по службе, особое признание наших заслуг и мастерства. Этот транзит исключительно благоприятен для политиков, высокопоставленных лиц и общественных деятелей. Это волшебный момент для карьеры, особенно когда планета располагается очень близко к МС. Неожиданно появляются новые возможности, которые могут открыть нам путь к блестящему профессиональному будущему. Великолепные интуитивные находки помогают нам добиться успеха в работе. Мы строим превосходные планы развития своей трудовой деятельности. Наша работа может устремиться в одном из направлений, связанных с символикой Нептуна, например, с психоанализом или астрологией, магией, йогой, теологией, философией, альтернативной медициной, и так далее. Потрясающее вдохновение усиливает и улучшает эффективность нашей работы, особенно если мы творим в сфере искусства, литературы, поэзии или музыки. Режиссеры, писатели, поэты, музыканты переживают исключительно плодотворный период огромного вдохновения. Мы можем начать заниматься делами, связанными с морем или водой. Например, мы можем инвестировать капитал в судоходную компанию, в сферу рыболовства или морского туризма, в торговлю вином или лекарствами, специями, духами, газом для домашнего или терапевтического использования, наркотическими веществами, используемыми в лечебных и медицинских целях. Данный планетарный транзит, к тому же, может указывать на период инициации или мистического роста нашей матери, когда она сближается с разными пророческими практиками или неожиданно открывает в себе особые экстрасенсорные способности, или вдруг увлекается благотворительной деятельностью, начиная оказывать посильную помощь нуждающимся людям. Если же транзит характеризуется скорей напряженными, чем гармоничными аспектами, то мы можем переживать довольно долгий, даже многолетний, период беспокойства, опасений, тревоги, страхов и навязчивых идей в отношении работы, а также нашего профессионального и социального положения. Такая ситуация может иметь место в случае, когда один из супругов мучается мыслями о возможном разводе с престижным партнером, поскольку опасается таким образом внезапно потерять свое высокое положение в обществе. Для многих рабочих и служащих, которые были временно отстранены от работы и живут на пособие по безработице, этот планетарный транзит может соответствовать нескольким годам, прожитым в страхе окончательного увольнения и полной потери работы. Конкурсное испытание, связанное с работой или некий очень амбициозный профессиональный проект доставляет нам множество переживаний и тревог. Возникают неясные, запутанные ситуации на работе. Нам не хватает последовательности и правильной стратегии в планировании своего профессионального развития. Будучи в состоянии замешательства, мы можем допустить грубейшую ошибку, которая спровоцирует падение нашего престижа и создаст серьезные трудности в работе (как в случае хирурга, ошибка которого становится причиной смерти пациента). Наша профессиональная деятельность становится опасной и рискованной, и тем самым заставляет нас беспокоиться и наводит на самые кошмарные мысли, например, как в случае полицейского, который переводится на работу в специальное подразделение по борьбе с организованной преступностью. Состояние нервного истощения или нарушение психофизического равновесия наносят вред нашей карьере. Мы начинаем опасаться за свою работу из-за плохого предсказания астролога или мага. В своей профессиональной деятельности мы можем столкнуться с представителями преступного мира или с лицами, связанными с торговлей наркотиками. Помимо прочего, негативный транзит может указывать на состояние тяжелого невроза или психоза у нашей матери. Ее неуравновешенность может быть связана с употреблением токсичных веществ, алкоголя или наркотиков. Состояние нашей матери вызывает наши огромные опасения и тревогу. Наша мать может злоупотреблять лекарственными средствами в этот период. Она может переживать тяжелый религиозный кризис. Ей грозит опасность от воды, и в самых тяжелых случаях она рискует утонуть.

Транзит Нептуна в Одиннадцатом Доме

Когда транзитный Нептун проходит по нашему Одиннадцатому Дому, мы имеем возможность познакомиться с особенными и совершенно очаровательными людьми. Круг наших друзей обогащается артистами, художниками, поэтами, писателями, музыкантами, и в самом деле необыкновенными персонажами. Мы входим в контакт с лицами, обладающими мощной харизмой и сильными трансцендентными стремлениями. Это могут быть разного рода посвящённые, священники, мистики, философы или учителя йоги, астрологи, психоаналитики, проповедники, личности, обладающие неотразимым обаянием и способностью околдовать массы, увлечь за собой толпу. Все эти люди могут многое для нас сделать, и не только с точки зрения духовного знания или расширения наших ментальных границ. Они могут оказать нам материальную и практическую поддержку, которая окажется полезной в нашей работе или поможет улучшить наше состояние здоровья. Во время этого транзита мы обретаем особенное чутье, великолепную способность интуитивно понимать, какого рода помощь нам необходима в данный момент. Мы ясно ощущаем, к тому же, откуда именно должна прийти к нам помощь. Возрастают и развиваются наши творческие способности. Мы максимально расширяем горизонты своих проектов на будущее. В этот период можем строить долгосрочные планы и особенно успешно разрабатывать выигрышные проекты, связанные с эзотерическими дисциплинами. Если же транзит проявляется в негативной форме, то мы должны опасаться плохой компании, и особенно избегать любых связей с психически неуравновешенными людьми, с политическими и религиозными фанатиками, буйными или охваченными бредовыми идеями лицами, с теми, чей мозг одурманен употреблением алкоголя, лекарств или наркотиков. В этот период самозваные маги и псевдоастрологи для нас настолько же опасны, как и психопаты. Ненадежные и подозрительные лица могут наставить нас на ложный путь или плохо повлиять на состояние нашей психики. Негативное влияние друзей, которые внезапно оказываются опасными людьми, способными нанести нам тяжелый удар, может заставить нас пережить период глубокого экзистенциального или религиозного кризиса. Тяжелые переживания о чьей-то смерти вводят нас в состояние психической прострации. Потеря друга или утрата близкого и дорогого нам человека доводит нас до отчаяния. Возможно, что мы прибегнем к психотропным лекарственным средствам или к потреблению каких-то токсичных веществ в попытке уйти от тоски и боли, вызванной смертью близкого человека, которую мы не в состоянии принять. Мы переживаем период глубокого нервного кризиса из-за смертельной опасности, которой мы неожиданно подверглись или которая нависла над нашим дорогим и любимым человеком. Мы можем стать одержимыми идеей смерти. Этот транзит может указывать на смертельную опасность, связанную с жидкостями, то есть мы рискуем утонуть или умереть от отравления лекарствами, или от передозировки наркотиков. Возможны попытки покончить жизнь самоубийством.

Транзит Нептуна в Двенадцатом Доме

Когда транзитный Нептун проходит по Двенадцатому Дому нашего радикса, мы должны уделять много времени самым разнообразным исследованиям. На самом деле, это великолепный период для того, чтобы сконцентрироваться на изучении всех таинственных территорий и загадочных областей, лежащих перед нами, которые могут принадлежать как науке, так и эзотерическим материям. Мы ощущаем сильное влечение к исследованиям вообще, и мысленным, и территориальным. Мы чувствуем некий глубинный призыв, исходящий изнутри, который подталкивает нас в направлении всех тех областей, которые традиционно связаны с символикой Нептуна, то есть к истории религий, к изучению восточных культур, к философскому знанию, к теологии, астрологии, йоге, психоанализу, и всему тому, что можно назвать эзотерическим. Во время этого транзита проявляется наша самая лучшая часть, связанная с милосердным отношением к людям и с желанием оказывать помощь и посильную поддержку нуждающимся, и которая выражается, прежде всего, с духовной точки зрения. Нам хотелось бы заботиться о других людях, о стариках, детях, больных или бедных, об эмигрантах или о населении неразвитых стран, обо всех страждущих и нуждающихся. Мы желаем сделать нечто конкретное, засвидетельствовать свои христианские чувства не только словами, но и практическими делами. Мы ощущаем потребность присоединиться к волонтерскому движению и к гуманитарным организациям, таким как Красный Крест, Каритас или ЮНИСЕФ. Мы будем заниматься благотворительностью, давать милостыню нищим на улице, активней помогать ближним, возможно, даже не выходя из дому, если мы можем помочь своему больному престарелому родственнику, нуждающемуся в уходе. С помощью веры в Бога мы можем вновь обрести душевное равновесие и преодолеть зависимость от какого-то лекарства. Беседы с психологом, священником или астрологом помогают нам улучшить свое психическое состояние. В этот период мы можем успешно преодолеть какую-то давнюю проблему, некое тяжелое испытание, и вновь обрести спокойствие, наконец избавившись от постоянных кошмаров, преследующих нас на протяжении последних лет. Мы чувствуем себя гораздо лучше, посещая религиозные и эзотерические круги. Если же транзит проявляется в напряженных условиях, то следует опасаться возникновения и усиления психических расстройств, беспокойств, тревог, неврозов. В самых худших случаях, когда это подтверждается общей транзитной ситуацией, и если данный планетарный транзит суммируется с не одной очень негативной Солнечной Революцией, то могут случиться и эпизоды психозов. В этот период наблюдается явная тенденция воспринимать весь мир и жизнь сквозь параноическую призму. Мы можем убедить себя в том, что все окружающие нас ненавидят, что жизнь к нам враждебно настроена, и нас преследует злосчастная судьба. Мы рискуем впасть в глубокую депрессию и начать принимать психотропные препараты или даже наркотики. Это, в самом деле, опасный и темный период нашей жизни, когда мы серьезно рискуем провалиться в бездонный вертикальный туннель. Жизненные испытания наносят нам тяжелый психологический удар, серьезно нарушая наше душевное равновесие. Встречи с наркоманами, маньяками, религиозными или политическими фанатиками и разного рода экстремистами наносят огромный вред нашей психике. Катастрофические предсказания астрологов или магов могут повергнуть нас в состояние паники. Нам причиняют огромные несчастья и наносят серьезный вред массовые движения, толпы людей, спортивные фанаты. Тайные враги строят против нас козни и плетут интриги. Нас подстерегают опасности, связанные с водой, газом или анестезией. Мы испытываем сильный страх перед хирургической операцией, которой вынуждены подвергнуться. Транзит также указывает на возможные скандалы, связанные с тайной стороной нашей жизни. Мы можем попасть в больницу или в тюремное заключение. Нам грозят самые разные тяжелые испытания и несчастья.

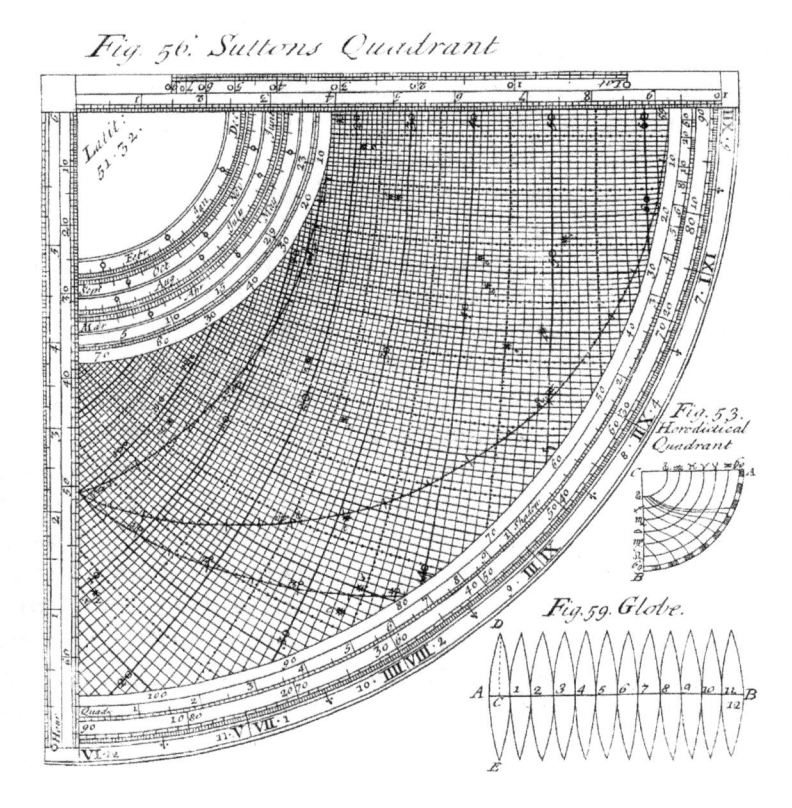

Глава 11
Транзиты Плутона

Транзиты Плутона сравнимы с дорожным катком, который может разрушить или сдвинуть все, что угодно. Полный цикл этой последней из всех известных планет нашей солнечной системы может длиться четверть тысячелетия, около двухсот пятидесяти лет. Следовательно, прохождение Плутона по определенной точке натальной карты субъекта может продолжаться даже много лет подряд, если учитывать орбис в несколько градусов до и после образования им точного аспекта. Эффект этих транзитов может быть как очень разрушительным, так и чрезвычайно красочным и позитивным, конечно если получится различить их воздействие от одновременных транзитов более быстрых планет. Безусловно, Плутон связан с самыми примитивными силами нашей личности, и он указывает на совершенно невероятные трансформации, с которыми мужчина или женщина может столкнуться на протяжении всей своей жизни. Если он действует в позитивном направлении, то может обозначать чудесную метаморфозу человека, который находит в себе достаточно энергии и внутренних ресурсов, чтобы полностью изменить свою жизнь в положительную сторону. Однако если он оказывает негативное воздействие, то высвобождает всю мощь своих примитивных, животных и разрушительных сил, которыми он может располагать. Следовательно, транзиты Плутона могут сопровождать моменты самого настоящего возрождения, воскрешения из любого пепла или груды обломков. Но они также могут и послужить фоном для полного уничтожения человеческого существа. Подобно транзитам Урана и Нептуна, а отчасти и Сатурна, если транзиты Плутона происходят одновременно с особо негативными Солнечными Революциями, то они могут представлять действительно наиболее драматичные моменты в жизни субъекта. С точки зрения влияния на психику, они могут быть даже более опасными, чем транзиты Нептуна.

Общие значения этих транзитов следует соотносить со знаком Скорпиона и с символикой Восьмого Дома.

Плутон в гармоничном аспекте с Солнцем

Когда транзитный Плутон проходит в гармоничном аспекте с Солнцем нашего радикса, мы склонны концентрироваться на фундаментальных проблемах нашей жизни и пренебрегать теми, которые считаем второстепенными. Такая тенденция явно прослеживается во всех областях нашей деятельности и может означать, например, что если мы заняты торговлей, то пытаемся заключать колоссальные сделки, и при этом оставляем без внимания продажу мелких аксессуаров, которые в итоге могли бы принести нам большую прибыль. Наше внимание направлено лишь на все «грандиозное», зрелищное, огромное. И это относится в равной степени и к коммерческой, и к производственной сфере, к художественной или ремесленной работе. Гипертрофированные и инфляционные импульсы в итоге полностью подчиняют себе наше поведение, вынуждая нас двигаться исключительно в направлении гигантских целей. Мы просто не в состоянии заинтересоваться скромными вопросами, и решительно устремляемся вперед, преследуя лишь самые высокие и превосходные цели. С одной стороны, подобное поведение может оказаться очень полезным, поскольку позволяет нам добиться результатов, совершенно немыслимых и невозможных в иной ситуации, но с другой стороны, оно в итоге ограничивает наше продвижение одним единственным направлением. Возвращаясь к предыдущему примеру торговой деятельности, можно представить себе следующую ситуацию. Поставщик больничного оборудования отказывается от участия в тендере на поставку одноразовых пластиковых пробирок в больницу, несмотря на то, что он мог бы заработать порядка тридцати процентов с проданных товаров. При этом он нацеливается на поставку сложнейшей установки магнитного резонанса, на которой, в лучшем случае, он может заработать всего лишь один процент от стоимости проданного оборудования. Если посчитать, то даже учитывая стоимость сложной аппаратуры со многими нолями, в случае выигрыша тендера, прибыль поставщика в итоге окажется гораздо ниже той, которую он получил бы, поставляя больнице пластиковый одноразовый материал. Но проблема именно в том и состоит, что его либидо и все его внимание направлены исключительно на то, что выглядит грандиозно, феноменально, мощно и огромно. Если перенести эту тенденцию на другие направления деятельности человека, то становится понятно, что во время этого транзита кинорежиссер будет стремиться снять суперколоссальный фильм, а писатель захочет создать роман такой же по объему, как Война и Мир, а архитектор пожелает перестроить весь Манхэттен, а… В общем, как уже было сказано, мы переживаем такой период времени, когда нами овладевает мания величия, которая, тем не менее, может послужить превосходной поддержкой для достижения выдающихся результатов и реализации самых сложных целей. Во время этого планетарного транзита мы можем положиться на необычайную силу воли, которая позволит нам выразить себя наилучшим образом и максимально проявить силу нашего таланта. В этот момент мы способны показать настоящую львиную смелость и с превосходным вдохновением преодолеть любые трудности и препятствия, возникающие перед нами на пути к успеху в любом начинании. Это великолепный транзит для восстановления сил после падения, помогающий нам начать сначала после любой пережитой трагедии. Мы способны преодолеть любую проблему благодаря титаническому мужеству.

Плутон в напряженном аспекте с Солнцем

Когда транзитный Плутон проходит в напряженном аспекте к нашему натальному Солнцу, мы переживаем период, подобный напряженным транзитам Нептуна к Солнцу, но на гораздо более интенсивном уровне, несколькими октавами выше. Речь идет о годах, когда у нас может развиться довольно сильная невротическая тенденция, со страхами, тревогами, фобиями и разного рода навязчивыми идеями. Особенно заметно могут проявляться параноические идеи, которые заставляют нас воображать о том, что все нас ненавидят, и жизнь к нам враждебно настроена, и судьба избрала нас в качестве своей излюбленной мишени для ударов, и что мы во всем обречены на провал. Мы ощущаем себя так, будто бы живем под давящим колпаком депрессии, и все нам видится в черных тонах и кажется окутанным глубоким мраком, видится фатальным и непредотвратимым. К тому же, следует добавить о сильной склонности к мазохизму, саморазрушению и к действиям в ущерб собственным интересам, в самом широком смысле слова. Во время этого планетарного транзита мы можем поддаться искушению очевидного нанесения себе вреда, допуская разного рода деструктивные действия и преувеличения в поведении. Например, мы можем слишком много курить, пить ледяные напитки, злоупотреблять крепким алкоголем, очень мало спать или вовсе не отдыхать, вести слишком активную сексуальную жизнь, и так далее. Сексуальные импульсы в этот период, несомненно, будут очень сильными, но речь идет скорее не о сенсуальности, а об эротизме. Это означает, что наша сексуальная жизнь может значительно улучшиться, но может возникнуть и обратная ситуация, когда мы страдаем от блокировки в сексуальных отношениях, поскольку слишком большое участие головы в таких вещах никогда не может быть исключительно полезным. Кроме того, мы можем соблазниться идеей попробовать некий извращенный опыт сексуальных переживаний, групповые, гомосексуальные и другие, совершенно нетрадиционные половые связи. Мы можем почувствовать влечение к порнографии и проституции. Одним словом, в эти годы склонна выходить наружу самая животная, в негативном смысле, часть нашей личности, и мы рискуем навредить самим себе и больно ранить наших близких людей. Риск стать жестокими в этот период вовсе не редок. В течение всей нашей жизни мы можем дойти и до совершения преступных действий, и как раз в этот момент это может произойти с большей вероятностью, чем в другое время. В эти годы понятия секса и насилия оказываются очень тесно связанными. Нами овладевают чувства ненависти и мести, и нам следует, на самом деле, призвать на помощь все свои самые лучшие качества, культуру и воспитанность, если мы не хотим оказаться в полной власти злодейских сил Плутона. На протяжении этих лет мы рискуем очень низко пасть и пережить самые драматичные моменты нашей жизни, пройдя через трагичный опыт больничной постели или тюремного заключения. Если мы хотим выйти почти невредимыми из транзита такого рода, то должны положиться на свои самые лучшие внутренние ресурсы и человеческие качества. В годы напряженного транзита Плутона к Солнцу у нас могут проявиться, и отнюдь не в легкой форме, чувства зависти, ненависти и обиды. Возможны серьезные ссоры и конфликтные ситуации в семье и на работе. Все, что было описано выше, может относиться не только непосредственно к нам самим, но и к нашему мужу, отцу, сыну или брату.

Плутон в гармоничном аспекте с Луной

Когда транзитный Плутон проходит в гармоничном аспекте с нашей натальной Луной, мы испытываем сильное влечение ко всему, что можно назвать эзотерическим и далеким от обыденной реальности. Мы начинаем интересоваться Востоком, религиями, философией, астрологией, парапсихологией, уфологией. Но прежде всего мы увлекаемся всем, что связано со спиритизмом или загробным миром, с преступностью, детективной литературой, фильмами ужасов, с сексом. Все эти интересы возникают у нас с огромной силой, можно сказать, преувеличенным образом, и ощущаются как непреодолимые желания. Сейчас мы способны максимально углубить свои знания в этих вопросах, и даже стать экспертами в подобных областях знания. В течение этого планетарного транзита нами обычно движут сильные и страстные чувства, которые могут быть связаны как с любовью, так и просто с физическим влечением. Для некоторых женщин, в особенности, данный транзит может представлять самый настоящий переворот в их сентиментальной жизни, а во многих случаях обозначать и наступление беременности. С этой точки зрения такой транзит может произвести необычайно яркий и потрясающий эффект, когда даже те женщины, которые были уверены в своей неспособности забеременеть, наконец-то могут пережить удивительный опыт материнства. То же самое может произойти и с мужчинами, но на менее интенсивном уровне, на несколько октав ниже. Кроме того, этот транзит может вызвать у нас сильнейшие и противоречивые чувства по отношению к близким нам женщинам, таким как мать, сестра, дочь или подруга. Все описанные выше эффекты транзита могут относиться и к этим женским фигурам, и может так случиться, например, что наша мать в пожилом возрасте снова выйдет замуж или она неожиданно забеременеет, когда мы уже взрослые. Как правило, речь идет о самом настоящем урагане наших чувств любви, и в основном позитивного плана. Помимо прочего, можно говорить и о страстных увлечениях, зарождающихся или угасающих в этот момент, которые могут быть связаны с самыми разными вещами, и относиться, например, к тому, как мы используем свое свободное время или к нашим культурным интересам, к хобби, и так далее. Наши душевные силы возрастают и укрепляются, что позволяет нам вложить всю свою страсть в служение неким благородным идеалам, самым разным положительным крестовым походам и благотворительным кампаниям. Мы строим серьезные и важные планы насчет дома, собираемся провести ремонт, купить или продать недвижимость, или переехать на новую квартиру. Этот транзит может также указывать на проведение раскопок на нашем земельном участке или на исследование нашего бессознательного с помощью психоаналитика. Мы начинаем относиться более рассудочно и зрело к таинству смерти.

Плутон в напряженном аспекте с Луной

Когда транзитный Плутон проходит в напряженном аспекте с нашей натальной Луной, нами движут сильные саморазрушительные и деструктивные импульсы. Мы переживаем период значительных психических проблем, с тенденцией к депрессии, тревожности и к необычайно пессимистичному отношению к жизни. У нас пропадает всякое желание жить, нам стоит огромных усилий вставать с постели по утрам. Мы все воспринимаем в темных тонах, и уверены, что это будет длиться всегда. Нами овладевает хронический пессимизм, вынуждая нас вести себя как побежденные, отказываться от борьбы и выходить из игры раньше времени. Мы не верим в свои силы и испытываем сильнейшее недоверие к другим людям. Нам абсолютно не хочется что-либо создавать или заниматься какими-либо делами. Чья-то смерть, или даже просто беспричинный страх смерти, посылает нас в нокаут. Самая настоящая фобия в отношении смерти может сильнейшим образом повлиять на наше поведение и привести нас к уверенности в том, что наш конец уже близок. Нередко этот планетарный транзит может даже довести человека до мыслей о самоубийстве и послужить причиной попыток покончить с жизнью. Посещение кругов, где практикуют или изучают спиритизм, может нанести нам серьезный вред. В течение этих лет нам было бы лучше держаться как можно дальше от магии, астрологии, теологии, эзотеризма и парапсихологии. Мы должны соблюдать особую осторожность в отношении друзей и нашего привычного круга общения, поскольку в этот период мы рискуем войти в контакт, и даже интимный, с преступниками, уголовниками, наркоманами, психически больными людьми и разного рода фанатиками. К тому же, довольно сильное беспокойство может отразиться на том, как мы переживаем свои сексуальные отношения, и спровоцировать блокировки в этом смысле. В других же случаях, наоборот, преувеличенно мощные сексуальные импульсы могут подтолкнуть нас к поиску платных сексуальных услуг или к совершенно нетрадиционным формам секса, что может в итоге еще больше ухудшить наше и так уже неустойчивое психическое состояние. Все сказанное может относиться не к нам самим, а к близкой нам женщине: матери, жене, дочери, сестре или дорогой подруге. В эти годы нашему дому могут быть нанесены серьезные повреждения. Есть вероятность того, что мы совершим огромную глупость в отношении своего недвижимого имущества, как в случае рискованной продажи людям, которые не способны предоставить нам никаких гарантий своей платежеспособности. Самым мудрым решением было бы избегать каких бы то ни было торговых операций с недвижимостью в течение такого транзита Плутона. В этот период возможно возникновение заболеваний груди или желудка. Мы рискуем случайно потерять все данные, хранящиеся на жестком диске нашего компьютера.

Плутон в гармоничном аспекте с Меркурием

Когда транзитный Плутон проходит в гармоничном аспекте с нашим натальным Меркурием, усиливаются все наши умственные способности. Мы чувствуем необычайную ясность мыслей и можем с максимальной эффективностью заниматься умственным трудом. Нам удается четко формулировать свои мысли и великолепно объяснять их другим людям. В то же время мы прекрасно понимаем и все то, что излагают нам наши собеседники. Нам хочется расширить круг своего общения и телекоммуникаций. В этом смысле мы будем целенаправленно покупать те вещи, которые дадут нам возможность осуществлять обмен информацией на максимальном уровне, который только может позволить нам современная технология. Таким образом, мы приобретем себе новейшие модели мобильных телефонов, закажем выделенную телефонную линию и широкополосный Интернет с оптическим волокном, спутниковую антенну, и так далее. Также вполне вероятно, что мы купим очень мощную или престижную машину или мотоцикл, жилой самоходный автофургон или даже личный самолет (конечно, если мы принадлежим к тому ограниченному кругу важных персон, которые могут себе это позволить). Несомненно, мы будем гораздо больше и чаще ездить из загорода в центр, и увеличится количество наших ежедневных, еженедельных и ежемесячных передвижений. Если у нас нет водительских прав, то в этот период мы наверняка сможем успешно сдать экзамен и получить права. То же самое относится к правам на вождение мотоцикла, патенту на управление самолетом, катером или яхтой. Это просто изумительный период для учебы, разного рода исследований, письма и чтения. Если мы учимся в университете, то в течение этого транзита безусловно сможем успешно сдать множество экзаменов. Мы будем очарованы чтением, изучением литературы и написанием в детективном или оккультном стиле. Мы с удовольствием примем участие в конференциях, конгрессах и семинарах, посвященных этим темам. Более чем вероятно, что в годы рассматриваемого транзита наш родной или двоюродный брат, зять, шурин или молодой друг будут переживать период огромного успеха, получат назначение на высокую руководящую, ответственную и престижную должность. В то же время, укрепятся и станут более близкими наши отношения с этими людьми. Если для нас не в новинку писать, то вполне вероятно, что мы создадим необычайный литературный шедевр, очень важную книгу, которая может нас сделать знаменитыми. То же самое можно сказать и о профессии журналиста. Этот транзит, помимо прочего, означает улучшение наших коммерческих способностей, и мы можем заключить очень выгодные сделки, даже если торговля не является нашей привычной деятельностью. Мы можем значительно продвинуться вперед в лечении серьезного респираторного заболевания. Если мы приложим должные усилия, то сможем побороть свою вредную привычку и будем способны бросить курить.

Плутон в напряженном аспекте с Меркурием

Когда транзитный Плутон проходит в напряженном аспекте к нашему натальному Меркурию, мы переживаем период смятения в мыслях и замешательства на ментальном уровне. Нам становится труднее наводить порядок в своем мозгу, и мы теряем способность намечать надежные программы и строить ясные планы. Нам удается хуже, чем обычно, выражать свои мысли, и мы с большим трудом понимаем речи своих собеседников. Вокруг нас возникает атмосфера путаницы, в лучшем случае, или же интриг, подозрений, тайных происков и махинаций. В течение этого планетарного транзита мы становимся главными героями клеветы, сплетен и интриг, либо в качестве жертвы, либо выступая в роли нападающих. В этот период мы вовсе не руководствуемся честностью в своем поведении, и в то же время мы рискуем стать жертвой нелояльного отношения со стороны близких нам людей. Мы можем получать анонимные письма или телефонные звонки. Пожалуй, что вранье и ложь являются общим знаменателем для всех субъектов, переживающих подобный период. Не исключено, что наш телефон будет прослушиваться, но в то же время нельзя сказать, что мы сами не попытаемся установить контроль над телефоном нашего близкого человека. Если тому есть подтверждения в натальной карте, в других важных негативных транзитах и в Солнечной Революции, то мы можем стать жертвой серьезного дорожно-транспортного происшествия. Нашу престижную машину угоняют или она получает огромные повреждения в аварии на дороге, вне зависимости от того, пострадаем ли мы в этом происшествии или нет. Мы внезапно обнаруживаем, что наш спутниковый телефон был клонирован, и нам приходится оплачивать астрономические суммы по счетам телефонной компании. Письма, телеграммы или телефонные звонки могут кардинально изменить нашу жизнь. Наш родной или двоюродный брат, зять, шурин или молодой друг оказываются в центре огромного скандала, важного судебного процесса или же становятся главными героями противозаконных действий, в качестве жертв или преступников. Жестко разрываются наши отношения с одним из этих родственников. Чтобы оказать помощь кому-то из них, мы вынуждены приложить огромные усилия, или же между нами устанавливаются такие отношения, которые необходимо скрывать от всех окружающих. Назначение на новую должность, связанное с переводом на другое место работы, принуждает нас к болезненным и невыносимым ежедневным поездкам из загорода в центр, на протяжении многих лет подряд. Изменения в расписании железнодорожного транспорта с отменой удобных для нас поездов создает нам огромные проблемы в наших ежедневных перемещениях. Наша попытка заняться коммерческой деятельностью плохо заканчивается и приносит огромные финансовые убытки. Этот транзит может также указывать на возникновение тяжелого лёгочного заболевания или же мы начинаем курить гораздо больше, чем обычно.

Плутон в гармоничном аспекте с Венерой

Когда транзитный Плутон проходит в гармоничном аспекте к нашей натальной Венере, мы испытываем приятное потрясение от внезапно вспыхнувшей огромной любовной страсти. Более чем вероятно, что в этот период мы безумно влюбимся. Даже будучи совершенно спокойными людьми средних лет, мы ощутим такое же мощное притяжение, как Одиссей, когда услышал любовный призыв русалок, и попытки сдержаться, привязывая себя к грот-мачте корабля, нам вряд ли помогут. Речь будет идти о страсти, которая может продолжаться несколько лет подряд, и рано или поздно, но она заставит нас совершить нечто из ряда вон выходящее. Те спокойные граждане, уже убеленные сединой, которые вдруг уходят из семьи и бросают работу, чтобы сбежать в Бразилию со своей секретаршей или домработницей, могут быть жертвами (или избранными счастливчиками) именно этого планетарного транзита. То же самое может произойти и с женщинами. В любом случае речь будет идти о совершенно слепой любви, безумной и безусловной, и даже еще более интенсивной, чем при революционном транзите Урана. Если мы не состоим в законном браке, то транзит может привести нас к супружеству. В такой же степени именно в течение этих лет вероятно наступление беременности, и мы познаем радость материнства или отцовства. Кроме того, мы можем переживать огромную страсть к искусству, будь то поэзия, театр, пение, музыка, живопись или фотография. В этот период многие люди начинают коллекционировать произведения искусства. Мы начнем, может быть в первый раз в своей жизни, посещать музеи, художественные галереи, выставки фотографии или места археологических раскопок. Мы будем увлеченно изучать историю искусства, покупать книги, журналы и компакт-диски с репродукциями коллекций самых знаменитых музеев мира. Мы можем стать страстными коллекционерами живописи или просто увлечься собиранием старинных предметов, антикварной мебели, ковров или фарфоровых изделий. В таком случае мы станем заядлыми посетителями аукционов и антикварных магазинов, будем покупать специализированные периодические издания на эту тему. Помимо прочего вполне возможно, что мы начнем уделять огромное внимание своему внешнему виду, будем самым тщательным образом подбирать себе стиль одежды, украшения, макияж и прическу. Мы будем заботиться о красоте и здоровье своей кожи, регулярно посещать салоны красоты, термальные курорты, массажистов, косметологов, и так далее. Во многих случаях люди, переживающие этот планетарный транзит, решаются на пластическую операцию или садятся на строжайшую диету, чтобы избавиться от лишнего веса. В эти годы мы будем выглядеть совершенно иначе, и вряд ли по окончанию этого транзита наш внешний вид останется таким же, как раньше. В этот период может так случиться, что наша сестра, мать, жена или близкая подруга будет переживать момент огромной популярности, личного успеха и всеми признанного престижа. Если с какой-то из этих женщин у нас сложились напряженные отношения, то почти наверняка мы сможем помириться, устранив любые старые обиды и недоразумения. Этот транзит может указывать на неожиданный денежный доход, огромные заработки или крупный выигрыш в азартной игре. Нам удастся улучшить свое финансовое положение. Мы получаем очень большой кредит, банковскую ссуду, на которую даже не смели надеяться. Улучшается и стабилизируется наше состояние здоровья. Очень эффективное лечение помогает нам избавиться от давней болезни.

Плутон в напряженном аспекте с Венерой

Когда транзитный Плутон проходит в напряженном аспекте с нашей натальной Венерой, мы рискуем пережить сильное потрясение от бурных эмоций и нездоровых страстей, которые могут подтолкнуть нас к завязыванию нежелательных и ненадежных отношений. Мы можем стать одержимыми совершенно нереальной любовью, которая не может переживаться открыто, при свете дня и на глазах у всех. Этот транзит может указывать на завязывание внебрачных любовных связей, на начало отношений с личностями, связанными с преступным миром, или слишком молодыми для нас, или слишком старыми. Возможно влечение к нетрадиционным видам секса. Начало гомосексуальных отношений. Опасность возникновения скандала вокруг нашей личной жизни. Тяга к проституции. Огромный риск заражения венерическими заболеваниями. Опасность завязывания неприличных, постыдных отношений или нездорового влечения к порнографии. Возможны странные сексуальные отношения. Период сексуальных проблем разного рода, фригидности или импотенции. Хирургические операции на детородных и половых органах. Существует опасность возникновения проблемной беременности, которая абсолютно противопоказана. Риск рождения больного ребенка, с каким-либо физическим изъяном, инвалида. В этот период разум может быть совершенно ослеплен бурными страстями. Следовательно, возникают сентиментальные драмы. Возможно совершение преступных деяний по так называемым «мотивам чести». Любовная страсть толкает людей на вооруженные нападения и убийства. Навязчивая ревность приводит нас к слежке за своим партнером или к прослушиванию его разговоров по домашнему телефону. Мы можем неожиданно узнать о том, что наш любимый человек ведет двойную жизнь и скрывает от нас многие вещи. Наша мать, сестра, жена или молодая подруга могут оказаться вовлеченными в скандальную историю. Одна из этих ближайших к нам женщин может совершить противозаконные, преступные действия или же серьезно заболеть. Мы сами рискуем тяжело заболеть во время этого транзита. У одной из наших родственниц могут возникнуть психические проблемы. Любовные страсти и терзания могут довести нас до тяжелых неврозов или даже до состояния психоза. Мы рискуем потерять огромные суммы денег из-за любовных отношений, а также в связи с азартными играми либо с любыми другими нашими пороками и скверными привычками. Мы рискуем погрязнуть в долгах из-за любимого человека. Следует избегать любых излишеств и злоупотреблений, поскольку в этот период существует опасность интоксикации и заболеваний крови. Возможны чрезмерные траты на покупку произведений искусства. Мы можем стать жертвами мошенничества, приобретая картину, украшения, ковры или предметы антиквариата. Во время этого транзита из нашего дома или офиса могут быть украдены старинные картины, дорогие фарфоровые изделия, или другие ценные предметы искусства. Нас могут обвинить в незаконном хранении археологических экспонатов.

Плутон в гармоничном аспекте с Марсом

Когда транзитный Плутон проходит в гармоничном аспекте с

нашим натальным Марсом, мы пребываем в отличной физической форме, и чувствуем себя способными взяться за решение самых сложных задач и приступить к реализации самых трудных целей. Поговорка *mens sana in corpore sano* (в здоровом теле здоровый дух), как никогда, актуальна в этот период. Наш внутренний двигатель работает на максимальных оборотах, и невероятно возрастает выносливость нашего организма. Наша сила воли также достигает невиданных высот, что позволяет нам быть более амбициозными, смелыми и отважными. Такой огромный запас волевой энергии, которым мы располагаем с течение этого планетарного транзита, тем не менее, вовсе не делает нас высокомерными и спесивыми. Просто мы всем своим поведением даем ясно понять окружающим людям, что никому не позволим нас игнорировать или не считаться с нашим мнением. Мы проявляем тот необходимый минимум превосходства над другими, который проистекает от нашей уверенности в собственных силах, от осознания того, что мы можем исключительно здраво рассуждать и работать с максимальной отдачей. Пользуясь таким ясным состоянием ума и просто превосходной физической формой, мы можем пройти по любым самым долгим и трудным путям, устремляясь к высоким и амбициозным целям. Прекрасно осознавая все это, мы осмеливаемся и дерзаем больше, чем обычно. С точки зрения нашего физического состояния все складывается как нельзя лучше, и если мы профессионально занимаемся спортом, то этот момент отлично подходит для попытки установить какой-нибудь рекорд. Если же мы обычно ведем сидячий образ жизни, то можем воспользоваться этим транзитом, и начать заниматься спортом. В этот период, к тому же, решительно улучшается наша отдача в сексуальном плане, если интерпретировать ситуацию с мужской точки зрения. В действительности, в сексуальном смысле именно мужчины могут получить наилучшие результаты от данного транзита. В отношении умственной и интеллектуальной деятельности влияние этого транзита проявляется в нашей большей заинтересованности всеми темами, которые связаны с символикой двух планет, задействованных в аспекте. То есть нас будут привлекать к себе кинофильмы и книги с детективными или оккультными сюжетами. Возрастет наш интерес к преступному миру и к вопросам смерти. Мы можем посещать круги, где практикуют спиритизм или нечто подобное, заниматься спелеологическими исследованиями, археологическими раскопками, поиском подземных жидкостей или минералов. В такие периоды, как этот, у молодых людей может проявиться большая заинтересованность профессиями нотариуса, геолога, психолога, психоаналитика или судебного патологоанатома. Возможно, что мы займемся ремонтом и приведением в порядок кладбищенских могил наших усопших родственников. Благодаря возросшей уверенности в своих силах, мы можем решительно настоять на своих правах и добиться справедливости в отношении получения законного наследства, пенсии, выходных пособий или производственных премий.

Плутон в напряженном аспекте с Марсом

Когда транзитный Плутон проходит в напряженном аспекте с Марсом нашего радикса, склонна выходить наружу наша самая животная часть, в наихудшем смысле слова. Речь идет о том самом диком компоненте нашей природы, о котором в старину говорили *homo homini lupus* (человек человеку волк). Эти примитивные энергии и импульсы проистекают из самых первобытных времен, из глубин веков, когда человек был очень похож на тех диких зверей, которые жаждали его разорвать на куски. Это наши самые постыдные инстинкты, определенно наименее благородная часть нашей личности. И эта доля зверской жестокости, которую мы по эффекту психологической проекции всегда приписывали каким-то другим людям, которые раз от раза оказывались то неверующими во времена крестовых походов, то краснокожими в прошлом веке, то нацистами в недавнее время, на самом деле является реальным компонентом нашей личности. И как раз во время подобных планетарных транзитов она выходит наружу, выводя нас на край пропасти, преступив который мы можем совершить такие преступные действия, что даже нам самим с трудом будет вериться, что мы способны на подобные вещи. Конечно же, для отказа от воспитанного, цивилизованного поведения и для преступных склонностей должны быть указания и в натальной карте, но также верно и то, что при таких транзитах может проявиться мистер Хайд, скрывающийся внутри каждого из нас. Без преувеличения можно сказать, что этот транзит мог бы послужить доказательством существования дьявола, настолько негативные силы приводятся в действие в этот момент. Они могут подтолкнуть нас, как уже было сказано, к совершению злодейских поступков, самых страшных преступлений, и по любым мотивам. Одним из основных стимулов может быть секс, в данном случае соединяющий воедино импульсы к разрушению, смерти и прелюбодеянию, и воплощающий самые худшие представления о сексуальной активности. Пожалуй, было бы излишне говорить, что эти тенденции характерны почти исключительно для мужчин, как на то указывает вся многовековая история изнасилований, от самой зари цивилизации до сегодняшних дней. Возможно, что именно термин изнасилование может лучше всего описать душевное состояние, управляющее человеческими существами, находящимися под воздействием этого транзита. Несомненно, это и есть один из главных мотивов, используемых в антологии самых злодейских и мерзких преступлений человечества. Далее, параллельно, следуют деньги, обладание и власть, но при этом мы не слишком далеко уходим от зверских жестокостей, названных выше. Под подобными «флагами» так называемые человеческие существа обагряли свои руки кровью в давние времена, совершают страшнейшие преступления сегодня, и будут продолжать это делать и завтра. Но я пытаюсь анализировать ситуацию как можно более объективно, и хотел бы не пускаться в морализирующие рассуждения, а всего лишь описать воздействие транзита. Так вот, этот транзит можно описывать более или менее красочными прилагательными, но он все равно остается варварским проявлением всего самого худшего, что может сделать человек другим людям, животным или вещам. Плутон в плохом аспекте с Марсом означает как деструктивность, так и саморазрушение. Соответственно, в самых крайних и наиболее драматичных случаях, когда на то есть множественные подтверждения в натальной карте и в Солнечной Революции, можно насчитать столько же самоубийств, сколько и убийств. В других случаях речь может попросту идти о таком поведении, которое из-за агрессии или насилия не делает нам чести, и которое, по окончании транзита, мы хотим как можно скорее забыть. В противоположность яростных тенденций к сексуальному насилию можно столкнуться и с состояниями временной импотенции или фригидности. В этот период существует опасность абортов, венерических заболеваний, гинекологических проблем и хирургических операций на половых органах. Могут возникнуть фобии, тревоги, мании преследования, неврозы и навязчивые идеи о смерти. Страх смерти. Смерть дорогого человека повергает нас в состояние глубокого кризиса. Этот транзит может указывать на смертельную опасность для нас самих или для нашего близкого человека. Мы рискуем потерять огромные суммы денег из-за ошибочных инвестиций, мошенничества, ограблений, краж, невозвращенных долгов, азартных игр или биржевых спекуляций. Мы можем потерять наследство. Наш партнер по браку переживает резкое ухудшение своего финансового положения, он может погрязнуть в долгах. Мы испытываем нездоровое влечение к криминальным темам, увлекаемся детективной литературой и фильмами ужасов. В этот период при подземных исследованиях и раскопках могут возникнуть смертельно опасные ситуации или несчастные случаи.

Плутон в гармоничном аспекте с Юпитером

Когда транзитный Плутон проходит в благоприятном аспекте к нашему натальному Юпитеру, нас переполняет сильнейшее чувство оптимизма. Мы с доверием смотрим в будущее, и прежде всего, с уверенностью в собственных силах. Несомненно, мы переживаем позитивный период своей жизни. Нам хочется строить, идти вперед, реализовывать большие планы и важные начинания. Под таким небом могут родиться действительно важные фирмы и крупные предприятия, как коммерческие, так и индустриальные или ремесленные. В этот момент удача на нашей стороне, и в немалой степени, поэтому мы можем смело бросить вызов самим себе или другим людям, и одержать уверенную победу. Этот транзит может обозначать период нашего профессионального роста, повышение заработной платы, разного рода вознаграждения, награды и премии на работе. Мы можем укрепить свое профессиональное положение или утвердиться в социальном плане. Есть вероятность того, что мы повысим свой социальный уровень благодаря заключению партнерских отношений, брачного или другого союза. Мы можем показать рекордные результаты в спорте или завоевать самые разные награды и премии, в любых областях, будь то наука, искусство или литература. Возрастает наша популярность, и это можно успешно использовать, особенно в политической деятельности. Мы блестяще сдаем ответственный экзамен или проходим важное испытание. Этот период благоприятствует восстановлению после падения, когда мы можем вновь вырасти в финансовом плане, профессиональном, и любом другом. Может быть найдено дипломатическое разрешение спорного вопроса после долгой «войны». Длительные судебные разбирательства завершаются положительным для нас результатом. Мы получаем помощь самого разного рода в отношении юридических конфликтов. Мы получаем оправдательный приговор суда. Нам удается избежать неприятностей благодаря принятию нового закона. Амнистия или снятие налоговых санкций помогают нам выйти из тяжелой ситуации и избавиться от проблем с законом. Вмешательство влиятельного и высокопоставленного политика или судьи оказывает нам огромную помощь. Во время этого транзита мы можем отправиться в исключительно важное путешествие, или же долго и счастливо пребывать за границей. Нам удается найти решение одной из наших проблем или за рубежом, или вдали от дома (например, в другом городе нашей Страны). В этот период нам необычайно легко дается изучение иностранных языков, компьютерного программирования или пользования новым программным обеспечением. Возможно начало любовных отношений или заключение брака с иностранцем или с человеком из другого города. Транзит облегчает изучение таких дисциплин, как эзотерика, теология, психология, философия, астрология, йога или ориентализм. Благоприятны исследования всего далекого в трансцендентном и метафизическом смысле.

Плутон в напряженном аспекте с Юпитером

Когда транзитный Плутон проходит в напряженном аспекте с нашим натальным Юпитером, мы склонны преувеличивать понемногу во всем, и в физическом, и в умственном плане. Возможна гипертрофия мыслей или излишне легкомысленное поведение. Наше чувство критики резко падает. Мы слишком безоговорочно доверяем другим людям, жизни и миру. Мы рискуем серьезно пострадать от такого непомерного «простосердечия» и наивности. Наше доверие к окружающим возрастает до невиданных ранее высот, подвергая нас опасностям самого разного рода, и прежде всего в финансовой, коммерческой, профессиональной и предпринимательской сфере. Недооценивая возможные проблемы, мы можем открыть коммерческое, индустриальное или ремесленное предприятие, не имея для этого достаточного опыта или крепких тылов. Таким образом, мы рискуем начать не с той ноги. Из-за слишком большой веры в свои возможности и счастливую судьбу мы можем погрязнуть в долгах. В этот период мы склонны слишком безрассудно полагаться на возможную помощь наших родственников, друзей, знакомых и спонсоров. Наша мания величия никак не оправдывается реальным положением вещей. Гипертрофия может также относиться к нашей фигуре и внешнему виду, что может проявиться в виде резкого набора лишнего веса, ненормального увеличения объёма какого-то органа или, в самом худшем случае, в виде появления опухолей. Мы можем пострадать от интоксикации крови или печени. Мы рискуем подвергнуться чрезмерному воздействию токсинов, которые могут спровоцировать возникновение тяжелого заболевания. Транзит может указывать также на проблемы с правосудием. Мы рискуем проиграть важное дело в суде, получить невыгодное для нас решение суда в правовом споре. Судья или адвокат негативно настроен и враждебно себя ведет по отношению к нам. Мы можем потерять огромные суммы денег из-за обмана, мошенничества, ограблений, краж, невозвращенных долгов, азартных игр, ошибочных биржевых спекуляций, долгов нашего супруга или супруги, и так далее. В этот период мы можем плохо управлять своим имуществом. Нам может быть нанесен имущественный ущерб. Мы можем столкнуться с проблемами при разделе наследства или с разными сложностями юридического характера при получении выходного пособия, пенсии или задолженности по зарплате. Во время этого транзита нам могут предоставить большой кредит, который мы вряд ли сможем выплатить. Совершенно неожиданно мы получаем известие о необходимости оплатить какой-то важный налог. Смерть родственника приносит нам судебные проблемы или негативное наследство в виде долгов усопшего. Возможно заражение венерическими заболеваниями. Возможны излишние траты на похороны или в связи с раскопками на нашем земельном участке.

Плутон в гармоничном аспекте с Сатурном

Когда транзитный Плутон проходит в гармоничном аспекте с нашим натальным Сатурном, мы способны лучше контролировать свои внутренние потоки энергии. Можно сказать, что мы оказываемся в условиях, диаметрально противоположных тем, которые создаются во время напряженных аспектов Плутона с Марсом, когда мы не можем управлять самыми инстинктивными и животными силами нашей личности. Здесь же, напротив, рациональный контроль инстинктов проявляется в максимальной степени. Мудрость, опыт и зрелость, действуя совместно, позволяют нам быть, прежде всего, существами мыслящими и разумными, а не животными, лишь на вид цивилизованными. На более внешнем и объективном уровне можно сказать, что планеты помогают нам блестяще преодолеть серьезное испытание, и Плутон в гармоничном аспекте с Сатурном позволяет нам избавиться от очень давней проблемы, которую сложно было разрешить. Речь может идти как о проблеме, связанной с нашей работой, так и со здоровьем или личной жизнью. Невероятно мощные силы приходят нам на помощь, чтобы вызволить нас из какой-то тяжелой ситуации. Эти силы находятся как внутри нас, поскольку мы лучше реагируем на ежедневные трудности, так и вокруг нас, на небе, управляющем нами в течение этого планетарного транзита. Немного удачи будет на нашей стороне. Конечно, фортуна в это время будет не яркая и «фейерверочная», а более сдержанная, и медленная, но настолько же позитивная и ощутимая. Она может предстать перед нами в степенном облике старика, пожилого человека, некого важного персонажа, гораздо более мудрого, чем мы. В этот период мы можем получить значительные и позитивные результаты в лечении заболеваний костей или зубов, а также открыть для себя очень эффективный способ улучшения состояния нашей кожи. С помощью разных средств мы можем восстановить здоровье своих волос, а установка зубного протеза может помочь нам выглядеть моложе. Транзит может также указывать на наше карьерное продвижение. Мы получаем назначение на ответственную должность или специальную награду за работу в сфере искусства, литературы, поэзии, и так далее. Наше произведение получает высокую оценку критики и занимает почетное, постоянное и окончательное место в истории. У нас устанавливаются очень важные взаимоотношения с каким-то пожилым человеком. Наш пожилой родственник или друг переживает момент огромной популярности или получает назначение на высокий и престижный пост.

Плутон в напряженном аспекте с Сатурном

Когда транзитный Плутон проходит в напряженном аспекте к нашему натальному Сатурну, мы чувствуем себя довольно подавленными и удрученными, и даже можем ощущать состояние депрессии. Нам кажется, что все должно плохо закончиться, что судьба к нам враждебно настроена, жизнь неудачна, а окружающие нас ненавидят. Это ощущение полное поражения, тенденция отказываться от борьбы, на самом деле очень трудный момент нашей жизни. Естественно, что момент подразумевает под собой период, который может продолжаться и несколько лет подряд. Мы не испытываем никакого желания искать новые пути, и очень боимся того, что может случиться с нами в ближайшее время. С подобным пессимизмом мы вряд ли сможем двигаться в направлении инвестиций, вложений своих сил и капиталов в какое бы то ни было предприятие, коммерческое, индустриальное или ремесленное. И действительно, этот внутренний голос, который подсказывает нам остановиться и отказаться от намерений, совершенно прав, так как в этот период некоторая доля «объективного невезения» реально нас преследует. Испытания, преувеличенные зловредным гигантизмом Плутона, имеют тенденцию оказываться супер, во всех смыслах. Если судьба посылает нам кирпич на голову, то речь будет идти об огромном кирпиче. К несчастью, такого рода планетарный транзит практически никогда не затрагивает второстепенные или незначительные стороны нашей жизни. Если он происходит одновременно с другими негативными транзитами и с одной или несколькими критическими Солнечными Революциями, то мы серьезно рискуем перенести тяжелый удар и пасть вниз. В основном речь будет идти о финансовых проблемах, но и не только о них. Мы можем столкнуться с большими денежными потерями по самым разным причинам. Мы можем стать жертвами мошенников или воров, получить негативное наследство в виде долгов усопшего родственника, одолжить кому-то деньги и не получить их обратно. Нам придется оплатить неожиданный налог или наш партнер погрязнет в долгах, мы потеряем деньги в азартных играх или в ошибочных биржевых спекуляциях, и так далее, и тому подобное. Может быть, мы получим большой кредит, который не сможем выплатить. С точки зрения здоровья мы можем столкнуться как с физическими, так и с психическими проблемами, с тревогами и неврозами, фобиями и навязчивыми идеями. Возможны сексуальные проблемы на нервной почве, временные состояния импотенции или фригидности, венерические заболевания, хирургические операции на половых органах или геморрой. Опасность появления опухолей. Смерть близкого человека повергает нас в экзистенциальный кризис или наносит нам огромный ущерб, в том числе финансовый. Мы можем стать одержимыми идеей смерти. Возможен негативный опыт в связи со спиритизмом или оккультизмом. Болезненное влечение к вопросам уголовной хроники и преступного мира. Раскопки могут нанести ущерб нашему имуществу.

Плутон в гармоничном аспекте с Ураном

Когда транзитный Плутон проходит в гармоничном аспекте с нашим натальным Ураном, мы ощущаем преобразующий поток внутри себя, и устремляемся вперед с намерением произвести большие перемены в нашей жизни. Нас переполняет дух обновления, который приводит к нашей глубокой личностной трансформации, сначала на ментальном, а затем и на материальном уровне нашей судьбы. Мы смотрим в будущее с оптимизмом, и в этот момент осознаем, что ключом к разрешению многих наших проблем является обновление всего того, что мы имеем. Но обновление не обязательно должно быть синонимом разрушения, поэтому не стоит представлять себе его как наступление черных дней, когда мы потеряем все самое ценное. В основном речь будет идти о пересмотре наших планов на будущее, если не по сути, то хотя бы по форме. При этом нам неизбежно придется обратиться ко всему, что связано с понятием будущего, с высокими технологиями и самыми последними достижениями науки. Мы найдем разрешение своих проблем, и особенно самых серьезных, в разных новинках, в резких переменах, в изменениях направления на девяносто градусов, в громе средь ясного неба. Мы должны быть готовы управлять своим будущим очень динамичным образом и, прежде всего, открыто, без предохранительных щитов, избегая возведения любых стен вокруг себя и закрытия в крепости нашего страха. Мы должны осмеливаться и дерзать, и как можно больше. Разрешение наших самых больших проблем может прийти также от субъектов уранического характера, например, от Водолеев, артистов, оригинальных и эксцентричных людей. Внезапное, непредвиденное событие может помочь выйти из сложной ситуации. Новая терапия, основанная на электромагнитных волнах или излучениях, поможет нам исцелиться от давней болезни. Мы должны ловить свой шанс на лету и действовать с молниеносной реакцией, поскольку судьба не замедлит свой шаг, проходя с нами рядом. Во время этого планетарного транзита мы можем завязать невероятно ценные и значительные дружеские отношения, познакомиться со знаменитыми или обладающими большой властью людьми, которые смогут оказать нам поддержку в самых разных областях. В этот период мы будем особенно ценить дружбу, и искать ее больше, чем обычно. Могут реализоваться многие наши амбициозные проекты, так же как и менее значительные. Мы будем переживать месяцы или годы отличной умственной живости, ясности идей и планов, великолепной способности к изучению новых техник в любой дисциплине. Огромную пользу нам может принести использование компьютерного оборудования и программного обеспечения в нашей работе. Мы начинаем относиться к смерти более раскрепощено и безболезненно. Чья-то внезапная смерть приносит нам пользу. Возможно неожиданное получение наследства, выигрыша в азартных играх или дохода от биржевых спекуляций. Финансовое положение нашего супруга или супруги меняется в лучшую сторону. Нам самим или одному из наших близких людей внезапно удается избежать смертельно опасной ситуации. Раскопки на земельном участке могут принести нам важные приобретения. Нас ожидает плодотворный опыт путешествий в наше бессознательное. У нас неожиданно возникает интерес к детективной литературе, спиритизму или оккультным наукам.

Плутон в напряженном аспекте с Ураном

Когда транзитный Плутон проходит в напряженном аспекте с нашим натальным Ураном, мы чувствуем себя очень беспокойными и желаем любой ценой многое изменить в своей жизни. Однако речь идет не столько о желании улучшений под знаком возрождения, сколько о чувстве неудовлетворенности с разрушительными намерениями. Слово ломать может наилучшим образом описать наше состояние души в этот период. В течение этого планетарного транзита мы испытываем сильнейшую нетерпимость ко всему тому, что угрожает привести к застою и заблокировать нашу жизнь, и в то же время все новинки нам кажутся носителями позитивных изменений, хотя вовсе не обязательно это так и будет. Даже наоборот, в большинстве случаев все новинки в эти годы рискуют сбросить на нашу голову тяжеленные кирпичи, открыв нам дорогу к самым настоящим депрессивным кризисам большого размаха. На нас внезапно, как гром средь бела дня, сваливаются проблемы и жизненные испытания первой величины. Серьезные неприятности поражают нас неожиданно. Возможны внезапные финансовые потери в связи с обманом или мошенничеством, грабежом или воровством, с неполученным наследством или с получением в наследство долгов усопшего родственника, мы несем убытки из-за азартных игр или ошибочных инвестиций, огромных долгов нашего партнера, и так далее. Внезапная смерть родного человека повергает нас в очень тяжелое состояние. Мы можем неожиданно потерять человека, который был для нас главным жизненным ориентиром в экономическом или в чувственном плане. Этот транзит может также указывать на внезапное появление серьезного заболевания, сексуальных странностей или проблем. Возможны хирургические операции на половых органах или по удалению геморроя. Разного рода психологические кризисы. Озабоченность возможной смертью, нашей собственной или наших родственников. Опасность тяжелой утраты. Психологическая травма, вызванная посещением кругов, связанных с оккультизмом или спиритизмом. Злоключения с представителями преступного мира. Болезненный интерес к криминальным темам и детективной литературе. Имущественный ущерб, нанесенный раскопками. Прерывание работ по причине неожиданных находок во время раскопок. Этот транзит также может указывать на возможную насильственную смерть дорогого нам человека. Нам самим грозит смертельная опасность, если все транзиты и соответствующие Солнечные Революции дают подобные указания. Риск ареста или тюремного заключения.

Плутон в гармоничном аспекте с Нептуном

Когда транзитный Плутон проходит в гармоничном аспекте с нашим натальным Нептуном, мы становимся свидетелями пробуждения нашей духовности, если таковая в нас присутствует, а в противном случае у нас зарождаются первые ее ростки. Мы будем ощущать настроения мистического вдохновения, потребность во всем необычайном, желание пережить таинственный опыт сверхъестественного. Если же мы совершенно неверующие и остаемся такими и при данном транзите, то скорей всего речь будет идти об огромном вдохновении в мечтах, поэзии или искусстве. Несомненно, мы заметим позитивное расширение нашего бессознательного, которое будет склонно превалировать над силами Я, отодвигать в сторону вездесущий рассудок, чтобы освободить больше места для внутренних сил. Это просто великолепный период для композиторов, музыкантов, вообще артистов, писателей и поэтов. Такой транзит благоприятствует восстановлению психических сил после тяжелого опыта зависимости от наркотиков или критического психологического состояния, неврозов или даже легких форм психоза. Если мы переживали трудный период, когда темные призраки нашего сознания царили над силами разума, то сейчас мы получаем все возможности для того, чтобы выбраться из этой пропасти и вернуться к вполне нормальной жизни. В иных случаях может произойти полностью противоположная ситуация, когда мы, проходя через переживание религиозного кризиса и периода огромного мистического вдохновения, можем успешно преодолеть тяжелое испытание судьбы, такое как смерть близкого человека, серьезная проблема с работой или деньгами, какая-то болезнь. В этот период наши потенциальные возможности погрузиться, со страстью или с фанатизмом, в сердцевину массового движения, в борьбу за наши идеалы, достигают максимального уровня, и мы можем успешно использовать вдохновляющие нас ветры «крестовых походов» для достижения выдающихся целей. В течение этих месяцев или лет мы способны полностью посвятить себя некому идеалу, политическому или религиозному, профсоюзному, экологическому, профессиональному, и так далее. Мы ощущаем сильнейшее влечение ко всему тому, что можно назвать эзотерическим, и мы на самом деле можем погрузиться в такие дисциплины, как астрология, философия, теология, йога, буддизм, и так далее. Присоединившись к толпе, к массам, к общественным движениям, мы проявляем свою яркую индивидуальность, и это может привести нас к назначению на важные и очень ответственные руководящие посты. Близкие отношения с влиятельным священником, знаменитым астрологом или важным психологом приносят нам максимальную пользу и способствуют нашему необычайному росту. В этот период мы можем совершать далекие путешествия с помощью мыслей, но и в прямом смысле слова, и особенно благоприятны будут долгие морские путешествия. С помощью психотропных препаратов мы можем отлично восстановить свое душевное состояние после тяжелых испытаний. Употребление алкоголя или кофе в умеренном количестве может помочь нам выйти из кризисного состояния.

Плутон в напряженном аспекте с Нептуном

Когда транзитный Плутон проходит в напряженном аспекте с нашим натальным Нептуном, мы переживаем состояния измененного сознания, которые могут стать серьезным испытанием нашей жизни. Мы чувствуем себя глубоко расстроенными и замечаем состояние существенного внутреннего беспокойства. Мы прикладываем огромные усилия, чтобы убедить себя, что речь идет всего лишь о внутренних призраках, а не реально стоящих перед нами привидениях. Но реальность прежде всего является субъективной и лишь потом объективной, а следовательно те монстры, которых мы видим, воспринимаются нами «во плоти», и никакой полезный совет психолога не сможет разубедить нас в этом. Целый букет тревог, страхов и навязчивых идей оказывает на нас сильное влияние, возводя перед нами стену неврозов, которую очень сложно устранить. В этот момент мы, как никогда, нуждаемся в помощи, как человеческой, так и лекарственной. Мы проводим наши дни, будто бы находясь воздействием наркотиков, в окружении призраков, которые мелькают то внутри нас, то снаружи. Нам не удается спокойно воспринимать действительность, и в итоге жизненные события еще больше усиливают наше состояние высочайшего психологического напряжения. В некоторых случаях этот транзит соответствует реальному интенсивному потреблению токсинов, например, кофе в больших количествах, или алкоголя, или курению, а в худшем случае даже настоящих наркотиков. В годы такого транзита мы рискуем войти в мир наркотиков и наркотической зависимости. Иной раз речь может идти о последствиях долгого принятия лекарств и психотропных препаратов без предписания врача.

Химия вообще играет значительную роль в нашей судьбе во время этого транзита. В других случаях можно столкнуться с ухудшением психического состояния вследствие страхов, которые появляются после посещения священника, астролога, мага или психолога. Бывает и так, что те самые материи, которыми мы обычно занимаемся, провоцируют усиление наших страхов и тревожных состояний. Например, многие люди, которые учатся читать эфемериды, в течение этих лет начинают переживать состояния измененного сознания, связанные со страхами, которые могут у них возникнуть при попытке анализа своих будущих транзитов, пребывая в уже нестабильном душевном состоянии. Кроме того, на нашу психику могут плохо повлиять кошмарные сны или ужасающие телевизионные репортажи. Естественно, что эти вещи обычно не оказывают никакого разрушительного влияния на здоровых людей, не подвергающихся такого рода транзиту, но в данном случае они действительно становятся для нас опасными и губительными. В самых худших случаях могут возникнуть даже эпизоды психозов. Во время этого транзита опасность исходит от толпы, массовых движений, забастовок, демонстраций, и так далее. Опасность связана также с морем, есть риск кораблекрушения. Сильные тревоги, страхи и терзания, связанные со смертью, которые могут быть вызваны тяжелой утратой родного человека или попросту навязчивыми мыслями о нашем конце или о возможной смерти дорогих нам людей. Риск затопления подвальных помещений принадлежащей нам недвижимости. Множество страхов одолевает нас из-за нехватки денег или из-за денежных потерь в азартных играх, ошибочных инвестициях, вследствие кражи или ограбления.

Плутон в гармоничном аспекте с Плутоном

Когда транзитный Плутон проходит в гармоничном аспекте к нашему натальному Плутону, мы сами удивляемся своему великолепному и благодатному состоянию, которое характеризуется огромной волей к жизни, желанием создавать нечто важное, приниматься за реализацию новых проектов и побеждать любой ценой. Наверняка в нашем поведении присутствует некоторая агрессивность и самонадеянность, но речь идет об основных компонентах, формирующих характер, например, отличного предпринимателя. Ведь на самом деле, если бы предприниматель не считал себя хоть немного особенным человеком, то как бы он смог справиться со всеми проблемами, неизбежно возникающими в любом коммерческом, индустриальном или ремесленном проекте? Возросшая сила воли позволяет нам преодолеть старые препятствия, многие из которых являлись таковыми лишь по причине нашего бездействия. Но сейчас мы располагаем всеми возможностями и ресурсами, чтобы взяться за разрешение старых проблем и разобраться с ними. Но речь идет не только о возрастании нашей силы воли, а еще и о помощи, совершенно бесценной, которая приходит к нам сверху, с небес, вне зависимости от того, хотим ли мы понимать это выражение в мистическом смысле, или в мирском (то есть астрологическом). Вероятно, что в течение этих месяцев или лет мы получим высокое признание нашей работы, награды, повышение заработной платы, продвижение по службе, ответственную должность, премии и знаки высокого доверия. Этот планетарный транзит может соответствовать одному из наиболее важных моментов нашей жизни, связанных с возрастанием нашего престижа и улучшением профессионального положения. На самом деле, силу Плутона, сравнимую с мощным дорожным катком, следует подразумевать как в негативном, так и в позитивном смысле. Последняя из известных планет солнечной системы может являться иконой выдающихся целей, которых нам удается достигнуть. И эти великолепные достижения могут касаться и сферы личной жизни, и быть связанными с нашим излечением от какой-то болезни. Прояснить, в какой именно области мы добьемся успеха, нам поможет анализ других транзитов планет по натальной карте и одновременных Солнечных Революций. В этот период улучшается наше состояние здоровья и повышается уровень физической выносливости, что может быть успешно использовано, например, в спорте. Это просто отличный транзит для спортсменов, которые могут в это время установить рекорды. Он превосходен и для сексуальной жизни, провоцируя значительное повышение заинтересованности с этой точки зрения (преимущественно у мужчин). Возможно получение помощи от знаменитых людей. Увеличение имущественной собственности, например, благодаря получению наследства, выигрышу в игре, выходному пособию, обогащению супруга или супруги, и так далее. Возникновение большого интереса к темам криминальным, полицейским и к детективной литературе.

Траур по потере близкого человека может изменить нашу жизнь в лучшую сторону. Этот транзит может также указывать на период серьезной работы по интроспективным исследованиям во время глубинного психоанализа. Работы по раскопкам на земельном участке могут принести нам богатство.

Плутон в напряженном аспекте с Плутоном

Когда транзитный Плутон проходит в напряженном аспекте к нашему натальному Плутону, мы переживаем тяжелый момент, со всех сил пытаясь с помощью своего разума, воспитанности и цивилизованности, сдерживать самую дикую и животную часть нашей личности. Примитивные энергии, таящиеся внутри каждого из нас, которые являются наследием древних животных инстинктов, свойственных нашим предкам млекопитающим в поисках пищи, стремятся выйти наружу в этот период, и мы должны прибегнуть к максимально возможному контролю, чтобы их заблокировать. Речь идет, прежде всего, о деструктивных и саморазрушительных инстинктах, садистских и мазохистских выражениях нашей личности. Волк, который у нас внутри, просыпается и пытается быть волком по отношению к себе подобным. Если за всю жизнь нам случится совершить преступные действия, то очень вероятно, что это произойдет во время такого транзита или другого, очень похожего, Плутона в напряженном аспекте к Марсу. Мистер Хайд, который обычно дремлет внутри нас, сейчас, подобно пробуждению оборотня, проявляется во всей своей драматичности, и может подтолкнуть нас, если другие транзиты и одновременные Солнечные Революции это подтверждают, к совершению таких поступков, о которых впоследствии мы будем горько сожалеть или стыдиться содеянного. В течение этих месяцев или лет выходит на поверхность наименее благородная часть нашей сущности, и почти все наши действия навеяны чувствами ненависти, агрессии и оппозиции по отношению к другим. Мы уж точно не будем напрягаться в христианском смысле, и будем совершенно далеки от мысли предложить какую-либо добровольную помощь. На наше поведение будут оказывать сильное воздействие сексуальные стимулы, склоняющие нас к видению секса скорее в форме эротизма, порнографии и отклонений, чем с точки зрения взаимного дополнения в любви. Другими словами, мы будем чувствовать большую склонность к изнасилованию, чем к нежным объятиям и ласке. У женщин, естественно, транзит будет действовать по-другому, и он может попросту означать сильное любопытство в сексуальном плане, тягу к трансгрессивности, поиск сексуальных приключений. Однако этот транзит может также принести с собой периоды импотенции у мужчин и сексуальной блокировки у женщин. Опасность заболеваний, передаваемых половым путем или хирургических операций на репродуктивных органах или анусе (например, геморрой). Сексуальные приключения с очень ненадежными и подозрительными людьми или секс за деньги. Посещение криминальных кругов, встречи с преступниками. Сильные фобии в отношении смерти или навязчивые мысли о ней. Смерти, которые выбивают нас из колеи или в любом случае приносят нам серьезные проблемы. Негативное наследство, когда близкий человек оставляет нам после своей смерти огромное количество долгов. Потеря денег в азартных играх или на бирже, опасность стать жертвами краж, грабежа и мошенничества. Крупные налоги, подлежащие оплате. Одолженные кому-то деньги, которые невозможно возвратить. Ситуация огромных задолженностей супруга или супруги, которая внезапно обнаруживается в этот период. Конфликтные ситуации, борьба с родственниками из-за вопросов наследства. Неврозы, спровоцированные посещением кругов, имеющих отношение к оккультизму или спиритизму. Вред от раскопок (например, крушение здания во время выполнения ремонтных работ в подвальных помещениях).

Плутон в аспекте с Асцендентом

Смотрите Плутон в Первом Доме

Плутон в аспекте с MC

Смотрите Плутон в Десятом Доме

Плутон в аспекте с Десцендентом

Смотрите Плутон в Седьмом Доме

Плутон в аспекте с IC

Смотрите Плутон в Четвертом Доме

Транзит Плутона в Первом Доме

Когда транзитный Плутон проходит через Первый Дом нашего радикса, нашу жизнь потрясает ветер страстей. Мощная волна энергии ведет нас по пути переживаний на высоких частотах. Мы чувствуем себя более смелыми и решительными, мы намерены пытаться, рисковать и больше действовать. В стремлении избавиться от тех тупиковых ситуаций, которые существовали вплоть до этого момента, мы решаем, что должны осуществить нечто значительное, на работе, в личной жизни или в отношении нашего здоровья. Такая энергичность может оказаться очень полезной, прежде всего, в тех видах деятельности, в которых требуется способность идти на предпринимательский риск, чтобы практически с нуля создавать коммерческие, производственные или ремесленные предприятия. Чтобы решиться на такое, мы должны быть уверены в неких своих превосходных способностях, и действительно, во время этого планетарного транзита мы ведем себе несколько более самонадеянно и высокомерно, что в подобных случаях вовсе не вредит делу. На протяжении этих лет возрастает и наша физическая выносливость, и мы можем попытаться побить какой-нибудь рекорд, если занимаемся профессиональным спортом. Параллельно мы выражаем большую сексуальную силу (мужчины) или более подчеркнутое сексуальное желание (женщины). Естественно, все нужно интерпретировать в контексте возраста субъекта, не забывая о том, что подобного рода транзит может продолжаться на протяжении тридцати, сорока, и более лет, и если он случается уже в среднем возрасте, то вышеупомянутые значения должны быть порядком переоценены и адаптированы к годам субъекта. Кроме прочего, и в меньшей зависимости от возраста, транзит может сопровождать периоды времени, когда мы будем испытывать большое влечение ко всем материям, связанным с оккультизмом, спиритизмом, преступностью, детективной литературой. Наиболее чувствительные люди могут пережить экстрасенсорный опыт: предвидение событий, телепатию, ясновидение... Если транзит происходит в условиях напряженных или негативных (не боюсь этого слова, ни в устном, ни в письменном виде, даже если современная демагогия стремится навязать нам обязанность называть слепых слабовидящими, инвалидов лицами с ограниченной трудоспособностью, воров недостаточно честными людьми, и так далее), то перед нами может предстать цикл невероятно трудных лет, наполненных тревогами, навязчивыми идеями, страхами, разного рода неврозами, тенденциями к членовредительству, мазохизму, деструктивности и саморазрушению. Самые черные мысли могут одолевать нас, склоняя даже к разрушению самих себя. Таким образом, возможны проявления более или менее сознательных попыток самоубийства, в широком смысле. Уничтожение собственной личной жизни. Разрыв с родственниками, друзьями, дорогими и близкими людьми. Падение в безвыходный туннель, связанный с наркотиками, сексом, преступным миром. Тяга к проституции, порнографии, сексуальным отклонениям и всякого рода извращениям. Опасность для состояния психического здоровья. Общение с ненадежными и подозрительными людьми. Тревоги и беспокойства в отношении смерти, вызванные потерей близкого человека или самой идеей смерти. Вредное воздействие на психику общения с людьми, практикующими спиритизм, оккультизм, черную магию, демонологию, и тому подобные вещи. Болезненное влечение к криминальным, уголовным темам. Очень опасные подземные исследования, в том числе в психологическом смысле. Чувства ненависти, войны и мести.

Транзит Плутона во Втором Доме

Когда транзитный Плутон проходит через Второй Дом нашего радикса, то с точки зрения финансов мы строим проекты самого большого размаха. Нас привлекают только великие дела в экономическом плане, и мы склонны пренебрегать всеми более скромными начинаниями. Тот предпринимательский потенциал, которым в большей или меньшей степени обладает каждый, в этот период у нас значительно возрастает. Мы начинаем серьезно заниматься финансовыми вопросами, читая специализированную прессу, следя за динамикой цен на бирже, прислушиваясь к мнению экспертов, посещая специфичные сайты Интернета, собирая необходимые сведения всеми возможными способами. Даже если мы хотим инвестировать сущие гроши, имеющиеся в нашем распоряжении, в любом случае мы будем этим заниматься с таким видом, будто бы являемся магнатами с Уолл-стрит. Все наше внимание сосредоточено, захвачено и переполнено темой денег, и вряд ли мы будем в другие периоды своей жизни интересоваться этим вопросом настолько же сильно, как сейчас. Если наша натальная карта удачная в этом смысле, то при помощи такого мощного либидо мы действительно сможем сделать себе состояние. Вполне вероятно, что, несмотря на род наших занятий на тот момент, мы энергично совершим кардинальное изменение своей жизни, устремившись в направлении предпринимательской деятельности, чтобы начав с малого достигнуть даже очень больших высот. Иной раз может так случиться, что мы, не прикладывая никаких усилий для этого, получим очень приличную сумму денег, как в случае наследства, которое изменяет нашу жизнь. На другом уровне у нас может появиться некий стимул, который подтолкнет нас в направлении любой деятельности, связанной с изображением, будь то театр, кино, фотография, графика, рисование, компьютерная графика, рекламный дизайн, и так далее. Многие актеры именно таким образом начинают свою артистическую карьеру. То же самое относится к режиссерам, сценаристам, декораторам, авторам сюжетов, и так далее. К тому же возможно, что мы обретем большую заметность, какой бы ни была наша работа, мы можем оказаться на виду у широкой публики, например, приняв участие в телевизионной передаче, массовой демонстрации, круглых столах, конференциях, и так далее. В других случаях мы можем ощутить потребность в решительном изменении своего имиджа. И тогда мы садимся на жесткую диету, начинаем активно заниматься спортом для похудения, или делаем себе пластическую операцию, или изменяем стрижку и цвет волос, начинаем одеваться совершенно иначе (например, если раньше мы носили спортивную одежду, то теперь надеваем костюм и галстук). Если же транзит проявляется негативным образом, то мы серьезно рискуем пережить резкое падение с финансовой точки зрения или, в любом случае, потерять огромные суммы денег. Но такого рода возможность должна быть уже отмечена в натальной карте и должна сопровождаться другими красноречивыми в этом смысле транзитами, помимо плохих Солнечных Революций. Возможно также, что ради денежной прибыли мы дойдем до совершения противоправных или, в любом случае, далеко не стандартных действий. Возможны связи с преступным миром по финансовым мотивам. На самом деле, в течение этого планетарного транзита могут проявиться такие словосочетания, как деньги-секс, деньги-преступность, деньги-наркотики, деньги-смерть (убийство, но также и самоубийство), деньги-проституция, деньги-порнография, и так далее. Проблема с деньгами может довести нас до глубочайшей депрессии. Мы можем погрязнуть в долгах с банками или ростовщиками. Вероятно возникновение смертельной опасности из-за невозможности выплатить взятые в долг деньги. Карточный долг. Ошибочные спекуляции и проигранные в азартных играх деньги. Убытки, спровоцированные иллюзиями о наших больших талантах в финансовой сфере. Мания величия, которая приводит нас к краху. Не стоит забывать, что все начинается с субъективного плана, а значит, вполне возможна ситуация, когда скромный ремесленник, имея относительно небольшую задолженность, в своем воображении увеличивает ее до огромных размеров и в итоге выбирает самоубийство, думая, что это единственный выход, способный разрешить его проблемы. На другом плане этот транзит может означать, что мы обретаем сильную заметность в нежелательном и неприятном для нас виде (например, из-за скандала вокруг нашего имени), или наш внешний вид значительно ухудшается из-за ожирения, ранения, операции или болезни. Мы можем испытывать влечение к порнографическим фильмам и даже принимать участие в их съемках. Во время этого транзита у нас может быть украдено дорогостоящее оборудование, связанное с фотографией, кино, компьютерной графикой, и тому подобное.

Транзит Плутона в Третьем Доме

Когда транзитный Плутон проходит по нашему натальному Третьему Дому, мы переживаем годы, когда нам дается возможность заняться серьезной учебой и важными исследованиями самого разного рода. Будет ли идти речь об университетских экзаменах или о нашем самообучении, во время данного планетарного транзита нам удается достичь наилучших результатов благодаря невероятно высокому уровню концентрации. Наш ум работает очень живо и ясно, пребывая в готовности к быстрому обмену информацией с окружающим миром, в обоих направлениях, и входящем, и исходящем. Мы можем заняться любой учебой, от простых языковых курсов до самых высших исследований, которые могут обогатить наш культурный багаж и повысить уровень нашей профессиональной квалификации. То же самое можно сказать и о письменной работе, которая в эти годы может воплотиться в тексте, способном сделать нас знаменитыми. Для тех людей, в жизни которых понятие коммуникации связано скорей с автомобилями, чем с книгами, следует предполагать покупку престижной, дорогой, мощной и быстрой машины. Это может быть и другое транспортное средство, как мотоцикл, так и фургон, грузовик или автобус. Кроме того, данный транзит может указывать на период больших успехов и самоутверждения в социальном, профессиональном, сентиментальном плане, в жизни нашего родного или двоюродного брата, шурина, зятя или молодого друга. В эти годы усиливаются наши способности к бизнесу, даже если наша работа не имеет ничего общего с коммерческой деятельностью. Если транзит выражается в негативном смысле, то есть вероятность того, что какое-то тяжелое жизненное испытание, например смерть родного человека, вынудит нас бросить учебу или надолго ее отложить. Возможны тревоги, неврозы или фобии из-за экзамена, который нам нужно сдать, или конкурса, в котором нам предстоит участвовать, или конференции, которую мы приглашены провести, или книги, которую мы обязались написать в кратчайшие сроки. Изучение оккультизма, спиритизма или черной магии отрицательно влияют на наше психическое состояние. Наш родной или двоюродный брат, шурин, зять или молодой друг оказываются замешанными в уголовном преступлении или сексуальном скандале, или переживают период тяжелого нервного кризиса. Наши взаимоотношения с этими родственниками резко ухудшаются. Либо мы сами, или один из вышеназванных родственников, можем стать жертвой тяжелой автомобильной аварии или дорожно-транспортного происшествия на мотоцикле, или несчастного случая при пересечении дороги по пешеходному переходу. Есть риск угона нашей дорогостоящей машины. Смерть нашего родственника в дорожно-транспортном происшествии. Нас атакует пресса. В книжных магазинах появляется книга с острой сатирой на наш счет. Наша книга становится предметом скандала или мишенью для атак наших противников. Во время этого транзита мы рискуем стать жертвой мошенничества при заключении торговых сделок, а также существует опасность проявления жульнического поведения и у нас самих. Возможно возникновение тяжелых легочных или респираторных заболеваний, вызванных в первую очередь курением. Вероятны серьезные поломки наших принтеров.

Транзит Плутона в Четвертом Доме

Когда транзитный Плутон проходит по Четвертому Дому нашего радикса, мы размышляем о покупке дома, и делаем это с большим размахом. Если мы раньше уже строили планы в отношении покупки недвижимости, то в этот период мы будем делать то же самое, но думая об исключительном и особенном жилище, по своей величине, важности, роскошности, престижности, расположению. Наши проекты насчет дома будут склонны развиваться в направлении грандиозности и великолепия, почти всегда превосходящего наши возможности, но не настолько, чтобы сделать нереализуемым наш план, поскольку на самом деле при этом планетарном транзите наша мечта почти наверняка станет былью. Говоря о доме, тем не менее, необходимо на всякий случай также подразумевать место, где мы работаем, или дачу, или совместную недвижимую собственность для отдыха, или кампер. Если же в наши намерения не входит приобретение недвижимости, то тогда речь может идти о ремонте, больших работах по поддержанию дома в рабочем состоянии или по перестройке нашего жилища. В этом случае мы тоже будем склонны рассуждать максимальными категориями, и наши намерения не будут вдохновляться бережливостью и экономностью. Этот транзит, как известно, длится многие годы, а следовательно в течение этого периода мы можем выполнять работы поэтапно, приостанавливая и возобновляя их через какое-то время, с более или менее длительными перерывами, но финальным результатом будет новый и более красивый, удобный и уютный дом, который доставит нам немалое удовлетворение. Кроме того возможно, что речь будет идти всего лишь о переезде, а не о покупке или ремонте. И в этом случае мы тоже будем действовать с расчетом на отнюдь не безболезненную с финансовой точки зрения операцию. Параллельно со всем этим, предсказуем период большой славы или престижа, или профессионального успеха для наших родителей, и в особенности для нашего отца. В эти годы наш родитель может быть назначен на ответственную должность, стать знаменитым, или создать выдающееся произведение, или же просто достигнет успеха в личной жизни, или сможет оправиться от тяжелой болезни и великолепно восстановить свои силы. Наши взаимоотношения с родителями становятся более близкими и значительными. Очень часто этот Дом ссылается и на родителей нашего мужа или жены, поэтому все вышесказанное относится и к ним тоже. Если этот транзит приобретает негативное значение, то мы должны бояться больших проблем в отношении нашего жилища, начиная от получения уведомления о нашем выселении по самым разным мотивам, и заканчивая разрушением нашего дома из-за землетрясения, наводнения, пожара, преднамеренного взрыва, утечки газа, и так далее. В отдельных случаях мы можем потерять недвижимость по юридическим причинам, например, из-за допущения процессуальной ошибки в момент подписания договора о покупке дома или мы слишком поздно узнаем, что купленная нами квартира была отдана в залог, или неожиданно появляется наследник, о котором мы не ведали. У нас отбирают дом, потому что мы не можем выплатить банковский кредит, или потому что наш партнер по браку проиграл его в карты. Покупка дома доводит нас до полного разорения в финансовом смысле. Чтобы приобрести недвижимость, мы одалживаем огромные суммы денег. Чтобы вступить во владение какого-то дома, мы совершаем противозаконные или даже преступные действия. Проблема отсутствия собственного дома доводит нас до тяжелого нервного истощения. Мы покупаем недвижимость у уголовного преступника. В здании, где мы проживаем, происходит незаконная торговля, и мы рискуем оказаться вовлеченными в эти дела. Дом оказывает на нас настолько тяжелое влияние, что мы оказываемся на грани нервного срыва или психоза. Множество фобий, страхов и тревог в отношении места, где мы живем или работаем. Мы допускаем грубейшую, катастрофическую ошибку при операции купли-продажи недвижимости и несем огромные экономические убытки. Мы становимся жертвой мошенников при покупке квартиры или сами пытаемся обмануть кого-то в этом смысле. Мы жестоко ссоримся со своими родителями или же с родителями нашего партнера по браку из-за прав на владение домом. Нас исключают из наследования недвижимости, которую мы считали по праву нам полагающейся. Во время раскопок на принадлежащем нам земельном участке мы обнаруживаем нечто, ставящее нас перед фактами драматичного, уголовного и ужасного характера. Один из наших родителей, в особенности наш отец, совершает тяжкое уголовное преступление или переживает период психического расстройства, огромной тревожности, страхов, неврозов, поведения на грани психоза. Один из наших родителей оказывается вовлеченным в сексуальный скандал. Смерть одного из наших родителей доводит нас до глубокого нервного кризиса, который очень сложно преодолеть. Риск насильственной смерти нашего отца или матери.

Транзит Плутона в Пятом Доме

Когда транзитный Плутон проходит в Пятом Доме нашего радикса, мы ощущаем заметный творческий импульс, в широком смысле слова. Если мы занимаемся искусством, то будем переживать очень плодотворный период, когда мы имеем возможность создать произведения, способные войти в мировую историю, и это относится как к сфере живописи, так и кинематографии, музыки, литературы, и так далее. Но, даже не будучи профессиональными артистами, мы все равно будем ощущать себя очень креативными, и можем начать заниматься новым хобби, связанным с художественным или любым другим вдохновением. Иногда созидательное желание направляется к своему самому натуральному проявлению и воплощается в наступлении материнства или отцовства. Учитывая особенный характер данной планеты, следует полагать, что речь будет идти о зачатии ребенка, которому суждено обозначить исключительно важный момент нашей жизни. Так бывает в случае рождения наследника, который сможет продолжить наше доброе имя, вдохнуть новую жизнь в наши любовные отношения, и своим появлением на свет благословить новый период нашего более ответственного отношения к своей жизни. Кроме того, в течение этого планетарного транзита вполне возможно, что мы направим большую часть своего либидо в сторону любви. И тогда эти годы станут для нас долгим сезоном увлекательных приключений, случайных любовных связей, но также и очень интенсивных постоянных отношений с любимым человеком, как в чувственном, так и в сексуальном плане. Этот транзит приносит взрыв чувств и сильное влечение к сексу. Период игровой и творческой направленности либидо. Рождение важного страстного увлечения на досуге, нового хобби. Много времени посвящается хобби, спорту, кино. А также театру и концертам, вообще музыке, танцам, игре в карты, казино, биржевым спекуляциям, собачьим бегам, скачкам, ставкам, и новым воодушевляющим интересам, которые могут быть самыми разными, от увлечения компьютером до изучения греческих классиков, от приготовления пищи до садоводства. К тому же вполне возможно, что наши отношения с сыном или дочерью станут более близкими. Наш ребенок во время этого транзита может отличиться, блестяще себя проявить, поставив рекорд, получив премию или назначение на ответственную и престижную должность, он может порадовать нас выздоровлением от тяжелой болезни, вступлением в законный брак или началом совместной жизни со своим партнером. Пятый Дом также означает преподавание, поэтому данный планетарный транзит может указывать на начало нашей педагогической деятельности. Если транзит проявляется негативным образом, то мы должны опасаться возможного появления у нас порочной страсти, скверной привычки, наносящей вред нашему здоровью, имиджу или кошельку. Мы рискуем стать рабами карточной игры или заядлыми посетителями казино. Возможна потеря огромных денежных сумм за зеленым столом, на лошадиных скачках или в биржевых спекуляциях. Безудержный секс. Опасность заражения половыми инфекциями и появления на свет незаконнорождённых детей. Скандалы на сексуальной почве или в связи с незаконным материнством или отцовством. Влечение к миру порнографии, проституции и наиболее разрушительных и смертоносных форм секса. Совершение незаконных действий и тяжких преступлений по мотивам, связанным с сексом или порочными увлечениями. Интимные связи с преступниками или опасными личностями. Период импотенции у мужчин и сексуальных блокировок у женщин. Опасность абортов или рождения детей с недостатками развития, с тяжелыми физическими уродствами, инвалидов. Сын или дочь, которые оказываются замешанными в скандале или совершают преступление, или начинают посещать преступные круги. Риск возникновения агрессии между нами и нашим ребенком или разрыва наших взаимоотношений. Смертельная опасность для одного из наших детей или насильственная смерть сына или дочери. Тяжелые состояния невроза, которые поражают нас из-за сильных переживаний о наших детях. Преувеличенные опасения за наших детей.

Транзит Плутона в Шестом Доме

Когда транзитный Плутон проходит по Шестому Дому нашего радикса, мы думаем о своей работе с огромным размахом. Мы планируем расширение, рост и позитивный пересмотр нашей трудовой деятельности. И действительно, с очень большой вероятностью произойдут улучшения в нашей работе, и мы сможем достигнуть невиданных высот в своей профессии. Транзит может также указывать на то, что мы принимаем на работу сотрудника или сотрудницу, которые окажутся очень важными для нас, либо в связи с возложенными на них ответственными обязанностями, либо потому, что они принесут нам большую пользу, даже выполняя очень скромные поручения. То есть речь может идти как о ценном специализированном работнике, эксперте, обладающем высоким уровнем образования и квалификации, так и о скромной служанке, которая выполняя простые задачи по домашнему хозяйству, тем не менее, помогает нам освободить массу времени для других полезных целей. В этом смысле во время данного планетарного транзита мы будем иметь возможность принять на работу человека, который окажется ценнейшим, надежным, полезным, преданным подчиненным, который верно послужит нам долгие годы. Может случиться и так, что наш подчиненный служащий, или коллега, или начальник, займет очень важное положение, престижную должность, обретет большую известность или славу. Кроме того возможно, что этот транзит будет касаться нашего здоровья. В таком случае он указывает на выздоровление, которое считалось очень маловероятным, на излечение и восстановление после тяжелой болезни, на избавление от проблемы со здоровьем, которая считалась практически неразрешимой и летальной. В этом смысле мы сможем мобилизовать все наши силы и ресурсы, привести в готовность свой самый лучший потенциал, чтобы заняться своим здоровьем в самом широком смысле и в любой доступной нам форме. Мы можем позаботиться о своем теле, начав следовать строгой диете для очистки организма, или прибегнув к помощи физических упражнений, термальных процедур, традиционного или шиацу массажа, иглоукалывания, гомеопатической медицины, грязевых ванн, электромагнитных волн, и всего того, что может вернуть нам состояние здоровья и благополучия. В этом случае речь будет идти не об одном, а о нескольких чудотворных лекарствах, о комплексном воздействии разных терапий, которые совместно смогут возвратить нам состояние здоровья, которое казалось уже навсегда утраченным. Однако если транзит проявляется в негативном плане, то мы должны опасаться отнюдь не легкой и второстепенной болезни, а патологии, которая может быть серьезной или очень тяжелой, ничего не исключая. Это может быть как исключительно соматическое заболевание, так и психическое, которое может привести к состоянию глубокой психологической прострации, тревожности, депрессии, более или менее тяжелых неврозов. Одной из возможных причин этих состояний может быть чья-то смерть. В отношении работы такой транзит может указывать на любого рода преступление, совершенное одним из наших сотрудников, или на скандал, в том числе сексуальный, в котором оказывается замешанным наш подчиненный работник. Мы сами рискуем оказаться вовлеченными в криминальные события или в сексуальный скандал вместе со своим подчиненным служащим или коллегой по работе. Наш подчиненный сотрудник может тяжело заболеть. Нам грозит потеря важной работы, и мы рискуем быть уволенными во время этого транзита. Навязчивая боязнь потерять свое рабочее место может довести нас до состояния прострации. Чья-то смерть становится причиной нашего увольнения. Возможны тяжелые несчастные случаи на производстве. Правоохранительные органы могут заняться проверкой законности нашей профессиональной деятельности.

Транзит Плутона в Седьмом Доме

Когда транзитный Плутон проходит по нашему натальному Седьмому Дому, вполне вероятно, что мы почувствуем сильное желание вступить в законный брак. Но также как и при всех транзитах Плутона, речь здесь будет идти не об одних лишь абстрактных мечтаниях о свадьбе, а об объективной реальности. И если мы уже давно пребываем в одиночестве или еще не состоим в браке, то вероятней всего сделаем это на самом деле. Во время такого планетарного транзита даже самые убежденные холостяки могут изменить своим принципам и связать свою жизнь с любимым человеком, с официальной регистрацией в муниципалитете, с венчанием в церкви или без всяких формальностей. Следовательно, транзит может и попросту указывать на начало совместной жизни. В эти годы мы будем склонны думать об отличных возможностях и той большой пользе, которую нам приносит любого рода объединение и союз, как любовный и брачный, так и связанный с профессиональными целями, культурными или коммерческими, политическими, идейными или религиозными. Многие люди начинают заниматься политической деятельностью именно во время этого транзита. В другом плане транзит может указывать на момент большого успеха и престижа, славы и самоутверждения нашего мужа или жены, партнера по бизнесу, важного и дорогого человека, являющегося нашим культурным ориентиром. В то же время, в течение транзита Плутона по Седьмому Дому зачастую нам удается выиграть важное дело в суде. Мы можем быть полностью оправданы в громком процессе, который длился многие годы или выставлял нас в центр общественного внимания в самом неприглядном виде. Однако если транзит проявляется в основном с напряженными аспектами, то он может привести к нашему разводу, окончательному расставанию с партнером, прерыванию отношений, которые длились на протяжении многих лет. При таком транзите распадаются совместные предприятия, которые казались нерушимыми. Исчезают и растворяются, казалось бы, самые стабильные и крепкие объединения политического, культурного, идейного плана. В то же время, следует опасаться больших неприятностей с законом, проверок налоговой инспекции, контрольных визитов полиции или серьезных обвинений в совершении преступлений, судебных разбирательств, в которых мы можем оказаться замешанными. Мы рискуем угодить в тюрьму. Нам может быть предъявлено обвинение в совершении тяжкого преступления против собственности или против третьих лиц. Скандал может быть настолько громким, что наше имя попадет на страницы криминальной хроники газет. Возможно, что наш супруг или супруга, или деловой партнер, будет замешан в неком скандале, или же кто-то из них будет обвинен в совершении тяжкого преступления. Опасность стать жертвой покушения, физических или моральных нападок, например, в печати могут выйти острые сатирические статьи, атакующие нас самих или нашего партнера. Возможно покушение на нашу собственность со стороны преступных группировок. Серьезные атаки со стороны наших политических противников.

Транзит Плутона в Восьмом Доме

Когда транзитный Плутон проходит по нашему натальному Восьмому Дому, мы можем получить необыкновенно огромную прибыль. Мы, в самом деле, имеем возможность воспользоваться уникальным в своем роде транзитом, который даже может сделать нас богатыми за один день самыми разными способами. Например, благодаря важным деловым соглашениям, когда мы выступаем посредниками в грандиозной торговой сделке или выигрываем тендер всемирного значения. Нам может невероятно повезти в возрастании цены на принадлежащее нам имущество, которое вовсе не казалось способным когда-нибудь изменить нашу жизнь, как в случае нашего земельного участка, который благодаря новому плану городского строительства неожиданно возрастает в цене в десятикратном размере. Речь может идти и о заработках, непосредственно связанных с нашей работой, но такое случается гораздо реже, поскольку обычно транзит говорит о деньгах, которые будто бы сваливаются на нас с неба. Счастливые формы неожиданного появления удачи, одетой в зеленые банковские билеты, могут быть самые разные: многомиллионный выигрыш в лотерею, более или менее нежданное получение наследства или обогащение благодаря удачному браку. Значительная финансовая прибыль может поступить путем продажи нашей недвижимости или другого очень ценного имущества. Помимо прочего, транзит может означать неожиданное и просто поразительное обогащение нашего любимого человека. Существенно возрастает наше либидо в отношении секса, мы испытываем большое оживление сексуальной жизни. Чья-то смерть способствует нашему социальному продвижению и росту, открывает нам путь к профессиональному самоутверждению или позволяет получить назначение на ранее недоступную престижную должность. Во время этого транзита мы можем получить важное духовное наследие, глубже познать таинство смерти. Мы переживаем катарсис, пройдя через смерть близкого человека. Начинаем страстно увлекаться оккультизмом, магией, спиритизмом. В первый раз за всю жизнь мы можем столкнуться с проявлением наших медиумических способностей или с фантастическим опытом телепатии, предвидения, экстрасенсорных феноменов. Возможны грандиозные подземные исследования и прибыльные раскопки на принадлежащих нам территориях. Важные исследования нашего бессознательного при помощи психоаналитика. В негативном случае этот планетарный транзит может указывать на огромные финансовые потери, самые настоящие утечки денег, вызванные кражами, грабежом, мошенничеством или невозвращенными нам кредитами, обесцениванием наших акций, жалким провалом и банкротством коммерческих, или индустриальных, или ремесленных предприятий. А также возможной необходимостью оказать значительную помощь нашему партнеру, или немыслимыми расходами в целях спасения нашего родственника, или самого разного рода задолженностями. При таком транзите получение денег может оказаться даже опасней, чем их потеря, поскольку речь может идти, например, об огромном банковском кредите, который впоследствии станет причиной нашего полного банкротства из-за невозможности его выплатить. Существует огромный риск попасться с сети ростовщиков, которые могут быть связаны с преступным миром. Возможно ростовщичество и с нашей стороны, если такие криминальные тенденции уже обозначены в нашей натальной карте. Вероятны заработки, связанные с преступными актами. Обогащение путем проституции или другой незаконной деятельности. Преступление, совершенное по финансовым мотивам. Постыдные и достойные презрения поступки в отношении родственников ради получения денежной прибыли. Смерть близкого родственника, которая повергает нас в кризисную финансовую ситуацию. Негативное наследство, когда умерший родственник оставляет нам множество неуплаченных долгов. Смерть нашего партнера, которая открывает нам глаза на бездонный колодец его долговых обязательств. Возникновение идей об убийстве или самоубийстве из-за финансовых проблем. Сексуальные связи с проститутками. Платные сексуальные услуги. Самые разные сексуальные отклонения. Преступления на сексуальной почве. Попытки совершения изнасилования или опасность стать жертвами насильника. Период импотенции у мужчин или сексуального блокирования, в смысле фригидности, у женщин. Сочетание понятий секса и смерти. Тенденции к некрофилии или к чему-то подобному. Сильное психическое расстройство, вызванное смертью или боязнью смерти. Негативный опыт, связанный с оккультизмом, спиритизмом или черной магией, который наносит психическую травму и провоцирует неврозы. Боязнь дьявола. Навязчивые мыли о наведенном сглазе или порче. Встречи с преступниками или посещение криминальных кругов. Опасность венерических заболеваний или хирургических операций на половых органах и анусе. Ужасающие находки во время работ по раскопкам. При психоанализе возможен негативный опыт, например, когда открываются опасные зоны нашего бессознательного. Смерть родственника вызывает у нас панику. Возможны повреждения кладбищенских могил наших усопших близких. Огромные суммы, потраченные на похороны.

Транзит Плутона в Девятом Доме

Когда транзитный Плутон проходит по Девятому Дому нашего радикса, наше либидо с огромной силой устремляется ко всему далекому, как в географически-территориальном, так и в метафизически-трансцендентном смысле этого слова. Если мы раньше уже рассматривали идею о переезде в другой город или в другую область, или в дальнее зарубежье, то сейчас наша решимость возрастает и конкретизируется, становясь окончательной и неминуемой целью. Мы не можем больше ждать, и наверняка перейдем к исполнительной части этого проекта, чего бы нам это ни стоило. В любом случае, обычно речь идет о чем-то таком, что нас обогатит и сделает лучше, позволит нам невероятно вырасти, со всех точек зрения, не исключая власть или деньги. Наше социальное и профессиональное положение, уровень престижа и то, как нас воспринимают другие люди, все может улучшиться и возрасти в позитивном смысле, если мы переедем или эмигрируем. В других случаях данный планетарный транзит может означать, что наш успех или популярность могут зависеть от дальнего путешествия, в которое мы неожиданно решаем отправиться после многих лет, проведенных на одном месте. Дальние поездки открывают нам новые горизонты. Но далекое следует подразумевать и в метафорическом смысле, как те воды, по которым нам всегда хотелось плавать, но никогда ранее не приходилось их изведать, как в случае исследований бескрайних просторов философии, теологии, эзотеризма, парапсихологии, астрологии, йоги, ориентализма, и других материй в стиле нью-эйдж. Новый и исключительно важный этап нашей жизни открывается поступлением в университет, началом изучения иностранного языка (включая язык компьютерного программирования), прохождением стажировки, участием в последипломном семинаре, и так далее. Из-за границы или от иностранного лица к нам приходит премия или высокое признание нашей работы, или блестящая возможность для профессионального роста. Мы получаем деньги от родственника, проживающего в дальней стране, например, в виде наследства. У нас завязывается бурный и страстный роман с иностранцем, или же мы испытываем сильное сексуальное влечение к своему постоянному партнеру во время дальней совместной поездки или долгого пребывания вдали от дома. Если же транзит проявляется в самом худшем смысле, то мы рискуем пережить ужасные события за границей, такие как арест, обвинение в совершении преступления, скандал, тяжелое происшествие или несчастный случай, смертельную опасность. Смерть нашего родственника, проживающего за границей, доводит нас до глубокого психологического кризиса. Сильнейшая депрессия поражает нас во время пребывания вдали от родных мест. Страшные фобии, тревоги и депрессии могут проявиться во время путешествия. Возможны болезненные и драматичные поездки по состоянию здоровья, нашего собственного или наших близких родственников. Мы рискуем пережить отвратительный опыт общения с подозрительными и ненадежными людьми, с которыми знакомимся во время отпуска. Рискованные сексуальные связи во время поездки или с иностранными лицами. Психологический кризис, спровоцированный изучением таких материй, как астрология, черная магия, оккультизм или спиритизм. Встречи с приезжими людьми плохо влияют на наше психическое состояние. Возможны огромные проблемы с законом.

Транзит Плутона в Десятом Доме

Когда транзитный Плутон проходит по нашему натальному Десятому Дому, вся наша энергия мобилизуются в поддержку амбиций. Мы желаем сделать как можно больше, стать важнее и влиятельнее, добиться большей власти в обществе, независимо от того, входим ли мы в число видных общественных деятелей или принадлежим к категории так называемого молчаливого большинства людей. Но наши амбиции в этот момент основываются не на пустом тщеславии, а на верной оценке наших реальных возможностей. И это становится очевидным для всех окружающих, поэтому вовсе не редко случается, что именно в данный период нам удается достигнуть важных результатов в плане нашего профессионального роста. Вполне вероятно, что мы сможем повысить свою квалификацию, получить назначение на престижную должность, самые разные почетные звания и награды, похвалы и премии за рабочие заслуги. То же самое может относиться и к нашей матери, которая при таком транзите переживает период роста в профессиональной или в личной жизни, или в отношении здоровья, оправившись о какой-то болезни. Возможно также, что наши отношения с матерью изменятся в лучшую сторону и приобретут очень большое значение в нашей жизни. Но если транзит проявляется в негативной форме, то следует опасаться неудачных изменений в работе, и особенно если наше профессиональное положение уже довольно неустойчивое. В этом смысле следует различать ситуации государственного служащего, совершенно не рискующего быть уволенным с работы, даже если теоретически повод может найтись, и предпринимателя, человека свободной профессии, ремесленника, политика, актера, артиста, художника, музыканта, писателя, то есть людей, которые рискуют потерять свою работу с минуты на минуту. При таком транзите врач должен быть крайне осторожен, чтобы не совершить профессиональную ошибку, из-за которой он может даже угодить в тюрьму, то же самое касается политика, рискующего быть наказанным за взяточничество, или инженера, подписывающего очень сомнительный проект. На самом деле, в этот период мы все, за исключением лишь вышеназванной категории работников, подвергаемся огромному профессиональному риску. И даже тем, кому не грозит потеря рабочего места, следует опасаться возможного резкого падения престижа в глазах общественности или ухудшения репутации в тесных профессиональных кругах. В этот период некий скандал наносит огромный вред нашей работе. Наша профессиональная деятельность может получить криминальный уклон. Возможны рабочие контакты с преступниками, проститутками, очень подозрительными лицами. Совершение противоправных действий ради улучшения своего социального положения. Чья-то смерть наносит вред нашей профессиональной деятельности. Этот транзит может указывать на тяжелое психическое состояние нашей матери. Она может оказаться замешанной в скандале. В самом худшем случае, если многие аспекты натальной карты и Солнечных

Революций подтверждают это, наша мать рискует умереть или покончить жизнь самоубийством.

Транзит Плутона в Одиннадцатом Доме

Когда транзитный Плутон проходит по нашему натальному Одиннадцатому Дому, мы строим грандиозные проекты, по своему величию и размаху похожие на вдохновенные планы Людовика XIV, когда Король-Солнце давал указания своим архитекторам насчет того, каким образом, на его взгляд, должны были выглядеть фонтаны и сады королевского дворца. Нам не удается мыслить мелкомасштабно. Гипертрофия, довольно близкая к мании величия, лишает нас чувства критики и подталкивает исключительно в направлении великих свершений. Естественно, что само по себе это не вредно, и даже наоборот, может оказаться большим нашим преимуществом. Инженер будет пытаться спроектировать новый Бруклинский мост, художник захочет расписать новую Сикстинскую Капеллу, а писатель будет стремиться создать новую Божественную Комедию. И никому из них не будет интересно заниматься проектированием нового жилого дома или планировкой расположения светофоров в периферийном районе города, или художественным оформлением скромного объявления о собрании в местной библиотеке. В отличие от прохождения Плутона в Десятом Доме, данный транзит не предусматривает обязательную или немедленную реализацию наших идей, но может помочь нам заложить основу для неких исключительно важных проектов, которые будут реализованы, например, двадцать или тридцать лет спустя. Во время этого транзита мы можем получить поддержку и помощь уважаемых и знаменитых людей, влиятельных друзей, высокопоставленных знакомых. Перед нами могут открыться многие двери, но лишь те, которые ведут в кабинеты высоких начальников. Гораздо реже речь будет идти о скромных секретарях, доступ к которым нам могут принести транзиты более быстрых планет, например, Юпитера. В этот период мы имеем возможность завязать очень интересные и полезные знакомства, которые впоследствии перерастут в дружбу. Кто-то из наших друзей или подруг может стать знаменитым, получить престижное назначение, добиться невиданного успеха. Если же транзит проявляется в негативном смысле, то один из наших друзей может оказаться вовлеченным в скандал или даже получить обвинение в совершении тяжкого преступления, быть арестованным, или попасть в ситуацию, связанную с риском для жизни. Этот транзит нередко встречается в случаях смерти, и гораздо чаще Восьмого Дома, особенно когда умирает очень близкий и дорогой человек, смерть которого оказывает на нас тяжелейшее воздействие на психическом плане, негативно отражается на материальном положении, или происходит при трагических обстоятельствах. Возможно совершение убийства или самоубийства, в котором оказывается замешанным один из наших друзей. Друзья, погрязшие в пороке, состоящие в связях с преступниками, проститутками, транссексуалами, педофилами. Человек, которого мы любим как друга, переживает период тяжелого психологического кризиса. Этот транзит может указывать на преступные планы. Возможно получение защиты со стороны уголовных элементов, от которых впоследствии будет невозможно избавиться. Мы можем прибегнуть к ростовщическому займу, который приведет нас к банкротству.

Транзит Плутона в Двенадцатом Доме

Когда транзитный Плутон проходит по нашему натальному Двенадцатому Дому, перед нами могут открыться двери в бескрайние пространства исследований, подобные тем, которые были описаны в книге Жака Бержье и Луи Повеля *«Утро магов»*. Мы испытываем сильнейший интерес к эзотерике, парапсихологии, оккультизму, астрологии, теологии, философии. Чувства гуманности, милосердия и стремления оказывать помощь, которыми потенциально обладает почти каждый из нас, в этот момент взрываются во всей своей мощи и проявляются больше в делах, чем на словах. Наша духовность возвышается в благородных жестах добровольной помощи всем нуждающимся людям, бедным, старым, больным, эмигрантам. Взрывное влияние сильных мистических чувств может даже привести нас к абсолютному и окончательному жизненному выбору, и мы можем, например, вступить в монашеский орден или отправиться с миссией в беднейшие страны мира. В этот период мы можем встретить необычайного человека, великого учителя, харизматичного священника, святого, апостола, астролога, ясновидящего, мудрейшего. Возможен просветленный выбор отшельничества, бедности, уединенной медитации. Блестящий успех в разного рода оккультных исследованиях, а также неожиданный триумф в полицейских расследованиях. Огромное облегчение, испытанное от признания существования скрытых врагов. Однако если транзит проявляется в негативной форме, то возможно снисхождение в самые худшие круги ада, которые только можно себе представить: пороки, наркотики, преступность, сексуальные извращения типа педофилии, страшные неврозы и даже психозы. В зависимости от степени тяжести транзита, одновременных других планетарных транзитов, а также соответствующих Солнечных Революций, мы рискуем пережить вертикальное падение с минимальной вероятностью снова подняться впоследствии. Те люди, которым все же удается это сделать, могут по праву утверждать, что они вернулись к свету, пройдя через ад, пережили настоящий катарсис, воскрешение, смогли из змеи превратиться в орла. Ужасающие сценарии, описанные Виктором Гюго в романе *«Отверженные»* (тюрьмы, больницы, сточные канавы, нищета, болезни, братоубийственная ненависть, зло во всех своих проявлениях), могут послужить фоном для этого транзита, который является одним из самых плохих среди всех транзитов, а возможно и самым худшим. Разрушения, вызванные дорожным катком Плутона, который раздавливает все, что попадается ему на пути, даже на протяжении десятков лет подряд, сложно сравнить с тяжелыми последствиями любого другого транзита. Другими важными ингредиентами этого транзита могут быть самоубийство и убийство, достойно сопровождающие события, описанные в романе *Преступление и наказание* или в других шедеврах русской литературы подобного рода. В этот период мы можем подвергнуться атаке очень серьезных тайных врагов. В лучшем случае речь будет идти об анонимных письмах, которые запятнают нашу репутацию и спровоцируют огромный скандал. Возможно получение обвинения в совершении преступления или заключение под стражу, госпитализация, помещение в лечебницу из-за тяжелых расстройств нервной системы, сильные неврозы или психозы, сильнейшие психические травмы из-за смерти близкого человека. Эпизоды психоза вследствие посещения магов, плохих астрологов, сатанистов. Навязчивые идеи на тему смерти. Состояния глубочайшей депрессии.

Глава 12
Дома Солнечной Революции

Асцендент Солнечной Революции в Первом Доме радикса, или стеллиум, или Солнце в Первом Доме Солнечной Революции

Здесь необходимо объясниться. Уже в других моих публикациях, и особенно в книге *Новый Трактат о Солнечных Революциях*, я попытался как можно лучше объяснить, но, по всей видимости, или я недоходчиво это сделал, или мои читатели не до конца поняли. Поэтому сейчас я снова попробую еще больше преувеличить значения этого положения в надежде на то, что выкрикивая громче, могу быть услышан и понят. Мой опыт показал, что Двенадцатый, Первый и Шестой Дома являются тремя крайне опасными и исключительно вредными секторами Солнечной Революции, практически без разницы между ними, почти на одном уровне. «Почти на одном уровне» означает, что если Двенадцатый дом соответствует ста баллам по степени негативности, то Первый и Шестой – девяноста восьми. Вот, именно так обстоят дела. Но, к сожалению, многие меня очень неправильно поняли. Настолько, что мне приходилось слышать от учеников или читателей, как они радовались, что избежали Асцендента в Двенадцатом Доме, поставив его в Первый. Я вам гарантирую, что на практике нет абсолютно никакой разницы между вредом, который может нанести Двенадцатый Дом, Первый или Шестой. Все эти три Дома являются пагубными, убийственными и очень негативными. Не буду распространяться на тему о предполагаемой полезности этих Домов, якобы способствующих нашему росту, поскольку уже обсуждал этот вопрос в другом разделе книги и в других моих публикациях. И остановлюсь на значениях огромной вредоносности.

Итак, считая само собой разумеющимся негативное и опасное значение этих Домов, и надеясь, что на этот раз мне удалось более ясно объяснить это, перейду к попытке устранения еще одного важного недоразумения. Действительно, я неоднократно говорил о том, что разрушительное влияние положения Асцендента СР в Первом Доме радикса, или стеллиума, или Солнца в Первом Доме Солнечной Революции, прежде всего проявляется на уровне здоровья. Но и в этом я был неверно понят. На самом деле, много раз мне приходилось слышать, как ровно через год после моих предсказаний консультируемый очень удивлялся насчет того, что он столкнулся вовсе не с проблемой здоровья, а с ужасной ситуацией в личной жизни, и его «бросила любимая женщина» или ему «изменила жена». Но о чем же тогда идет речь, если не о здоровье? Как же вы думаете себя чувствует мужчина или женщина, когда их бросает любимый человек? Как в аду! Именно такое состояние и вызывает этот Дом. Говорим ли мы о людях, покинутых любимым партнером, или о политиках, теряющих власть из-за обвинения в совершении преступления, или о предпринимателях, финансовая ситуация которых переворачивается с ног на голову, или о школьниках, провалившихся на экзамене, или о спортсменах, получивших травму во время несчастного случая, или о человеке, пережившем инфаркт, или о раковом больном... Что меняется? Везде мы встречаем лишь мучения и боль, огромное количество страданий. Так что хочу еще раз повторить, в надежде быть до конца понятым, что Первый Дом, также как Двенадцатый и Шестой, представляет собой целый калейдоскоп самых разных несчастий, какие только могут случиться с человеком, испытания на триста шестьдесят градусов, во всех без исключения областях жизни, от проблем в любви или с деньгами до неприятностей с законом, до тюрьмы, скандалов, соматических болезней, тяжелых депрессий, и так далее, и тому подобное. Здоровье следует понимать и на физическом, и на психическом уровне, и депрессия доставляет не меньше боли, чем раковая опухоль. Причины страдания могут быть самыми разными и, как правило, они охватывают весь мир человеческих мучений, любые возможные проблемы, начиная от ревматизма и заканчивая состоянием крайнего отчаяния, приводящего к самоубийству. Вот почему в этом смысле никто не должен говорить: «Мне не о чем беспокоиться, потому что мое здоровье в порядке!». Здесь здоровье задействовано лишь до определённой степени, поскольку если случится большое горе, то оно отразится не на уровне холестерина или гликемии, а проявится в личном отчаянии, которое может нанести гораздо больший ущерб.

Тем не менее, все-таки в большинстве случаев речь может идти просто о физической проблеме, и не более того, как при прогрессирующем артрозе или зубной боли, образовании камней в почках или вирусном гепатите, сердечном шуме или любом другом заболевании. Иной раз, и вовсе нередко, такое положение указывает на хирургическую операцию, которой необходимо подвергнуться в период от одного дня рождения до следующего, и это может быть как совершенно банальное вмешательство, вроде вправления искривленной носовой перегородки, так и серьезная операция: коронарное шунтирование, пересадка печени или почки, удаление раковой опухоли. К территории этого Дома относятся и долгие выздоровления после болезни, от послеоперационного восстановительного периода до химеотерапии, длящейся на протяжении долгих недель. Когда Первый Дом проявляется в позитивном смысле, но это редчайшие случаи, он может указывать на беременность, которая значительно изменяет женское тело. То же самое относится к ситуациям, когда субъект резко толстеет или худеет, существенно изменяет свой внешний облик, прибегнув к пластической хирургии, кардинально меняет свой имидж, стрижку или цвет волос, бороду или усы, или загар кожи. И наконец, говоря о здоровье в несколько более широком смысле, следует упомянуть о возможных резких изменениях в характере человека, когда он становится более или менее интровертным, более добродушным или сердитым, проявляет себя необычно агрессивно, или пессимистично, или со склонностью к ипохондрии, которой раньше не было, и так далее. Но все же я настаиваю на том, что все эти «оправдательные» формы выражения Первого Дома, о которых было упомянуто, не могут представить никакого приемлемого алиби, и Первый Дом по сути своей является очень негативным и исключительно опасным. Естественно, что здесь, как везде, работает основное правило: если субъекту пятнадцать лет, то для него вероятность инфаркта или раковой опухоли будет мизерной, но если ему за сорок, то вероятность болезни значительно возрастает, а с ней и степень опасности. Отсюда можно вывести следующее правило, что когда мы уже не дети, и чем старше мы становимся, тем больший вред может принести Асцендент СР в Первом Доме радикса, или стеллиум, или Солнце в Первом Доме Солнечной Революции.

Асцендент Солнечной Революции во Втором Доме радикса, или стеллиум, или Солнце во Втором Доме Солнечной Революции

Преобладают значения экономического характера. Если говорить вкратце, то такое положение указывает на большее обращение денег, как входящих, так и исходящих. Это означает, что субъект сможет зарабатывать гораздо больше, получить доступ к большим финансовым ресурсам, иметь в своем распоряжении больше имущественных ценностей, или же может столкнуться с самой настоящей утечкой денег. И как правило, чаще всего возрастают именно расходы. Сказав это, я представляю себе возмущение многих читателей, которые будут возражать: «Но почему мы обязательно должны предполагать больше негативных, а не позитивных событий?». В этом нет моей вины, и вы сами попробуйте вывести министатистику: на каждого человека, выигравшего лотерею, сколько приходится людей, которые погрязают в долгах с банками, родственниками, друзьями или ростовщиками? Неужели это моя выдумка, что в деньгах, также как и в любой другой области жизни, на каждого человека, который радуется, приходится, по крайней мере, тысяча других, которые плачут? И мы хотим теперь поступить как страусы, и спрятать голову в песок? Или использовать демагогию и, как в фильме Фрэнка Капра, все вместе дружно повторять, что жизнь прекрасна и удивительна? Да, конечно же, давайте это скажем, но при этом не забудем упомянуть и о том, что число бед и несчастий, угрожающих нам каждый день и год, во много раз превосходит количество тех прекрасных событий, которые могут произойти в нашей жизни. Мне не интересно знать, пессимизм ли это или же просто реализм, поскольку здесь я пытаюсь не жульничать с моими читателями, а все возможные обвинения в пессимизме меня особенно не трогают. Итак, как было сказано, это положение наверняка указывает на большее количество расходов, чем доходов, с должными исключениями. Каковы же эти исключения? Ну, прежде всего, это натальные карты тех субъектов, которым как царю Мидасу удается превращать в деньги все, к чему бы они ни прикоснулись. Есть люди, которые могут продать что угодно, кузнечиков в Африке или холодильники на Аляске, и вне зависимости от стоимости товара заработать миллиарды. Для таких людей, которые в прошлом уже доказали свое невероятное везение, помогающее выдержать любой экономический кризис, национального или мирового масштаба, акцентированный Второй Дом Солнечной Революции может несомненно означать огромные денежные поступления. Но увеличение доходов ожидает и тех, у кого одновременно наблюдаются великолепные транзиты и настолько же позитивные комплексные значения Солнечной Революции. Или же тех, кто наверняка знает, что должен получить крупную сумму денег в течение года. Например, кто выставил на продажу свою квартиру, тот в любом случае получит несколько миллионов, даже если сделка пройдет менее успешно, чем предполагалось. То же самое касается людей, ожидающих получения законного выходного пособия, полагающегося им наследства или дарственной, и так далее. В других же случаях осторожность никогда не будет лишней. С подобным положением СР, например, если вы начинаете ремонтные работы в доме, то вполне возможно, что вместо запланированных десяти тысяч в итоге вы потратите пятьдесят или сто. В данном случае, при наличии объективных поводов для опасений, единственным способом защиты будет резкое ограничение излишних и ненужных расходов, перекрытие любых возможных каналов утечки денег. Но противодействие определенным транзитам и положениям Солнечной Революции не является темой этой книги, которая адресована всем без исключения, а не только тем, кто следует моей школе *Активной Астрологии*. Желающие могут найти более подробную информацию в других моих книгах, таких как *Соль Астрологии* (Il sale dell'astrologia), *Новый Трактат о Солнечных Революциях* или *Упражнения по Целенаправленным Солнечным Революциям* (Esercizi sulle Rivoluzioni solari mirate). В других случаях такое положение СР может сильно повлиять на внешний вид и имидж субъекта. Например, в течение года он неожиданно становится более заметным и популярным, потому что принимает участие в одной или нескольких телевизионных программах, или его фотография появляется в газете. Иной раз он изменяет свой имидж и начинает носить классический костюм с галстуком вместо привычной полуспортивной одежды, или наоборот. Один человек отращивает бороду или сбривает усы, а другой перекрашивает волосы или меняет стрижку, делает пластическую операцию, резко поправляется или худеет, начинает заниматься спортом и развивать мускулатуру, одевает очки или вместо очков начинает носить контактные линзы, и так далее. Иной раз речь идет о возникновении страстного увлечения фотографией или кино, о покупке нового телевизора, дорогого видеомагнитофона, монитора с высоким разрешением, оборудования для фотосъемки или компьютерной графики. Субъект начинает изучать CAD (программу компьютерной графики) или поступает на курсы стилистов, дизайна, живописи, графики, и так далее. В других случаях субъект сближается с театром, кино, режиссурой, сценографией, начинает коллекционировать видеоролики, записывается в клуб любителей кино, подписывается на журналы о кино, изучает биографии знаменитых актеров. В течение года следует остерегаться краж, мошенничества, грабежей, фальшивых банковских чеков. Мы рискуем не вернуть себе обратно одолженные кому-то деньги, или получить банковский кредит, который в итоге не сможем выплатить.

Асцендент Солнечной Революции в Третьем Доме радикса, или стеллиум, или Солнце в Третьем Доме Солнечной Революции

Это может показаться банальным, но при таком положении Солнечной Революции наиболее вероятным событием, которое может произойти от одного дня рождения до другого, будет покупка машины, мотоцикла, фургона, грузовика, автобуса, или же угон нашего транспортного средства. Речь может также идти о необходимости серьезного ремонта машины, о неожиданных поломках в пути, столкновениях на дороге, а в самых тяжелых случаях, когда другие элементы анализа подтверждают это, и о довольно серьезных дорожно-транспортных происшествиях. В большинстве случаев в течение года у нас будет множество путешествий или просто небольших постоянных перемещений, регулярных поездок из загорода в центр по самым разным мотивам, будь то учеба, работа, лечение, любовь, и так далее. С огромной вероятностью мы примем участие в каких-либо учебных курсах, в качестве слушателей или преподавателей, и будем изучать иностранные языки или сдавать экзамены в университете, посещать семинары, проходить стажировку, учиться водить машину или пользоваться компьютером, и так далее. Кроме того, почти наверняка в бортовом журнале нашего года, от одного дня рождения до следующего, заголовком на девять колонн будет написано: родные и двоюродные братья, сестры, зять, свояк, и другие родственники по мужу или жене. Все эти люди могут стать главными героями года, как в позитивном, так и в негативном смысле. Естественно, что все будет зависеть от общей ситуации текущих транзитов и Солнечной Революции. Например, если Асцендент СР расположен в Третьем Доме радикса, а Солнце в Двенадцатом Доме СР, то следует ожидать разного рода неприятностей у наших родственников. Кто-то из них может заболеть, столкнуться с проблемами в личной жизни, переживать период финансового кризиса, а наши отношения с ними могут ухудшиться. В любом случае, наши родственники будут главными героями, в хорошем или плохом смысле. И если, например, Солнце расположено в Третьем Доме СР, а Асцендент СР в Пятом Доме радикса, то один из дорогих нам людей может познать счастье материнства или отцовства. И так далее, для всех других возможных сочетаний транзитов и Солнечной Революции. Однако не следует забывать о том, что определенные положения натальной карты могут не только дать нам множество полезной информации о важнейших этапах нашей жизни, но и помочь в интерпретации каждой отдельно взятой Солнечной Революции (если вы считаете, что мой метод эффективен и достоин изучения, то я советую вам ознакомиться с моей книгой *Руководство по Астрологии* (Guida all'astrologia), которая в своем четвертом издании на итальянском языке, от 1998 года, была полностью обновлена в свете моих последних исследований. Эта книга может быть полезной даже тем профессиональным астрологам, которые с полным правом считают себя отлично подготовленными, поскольку позволит им лучше обдумать положения натальной карты и глубже рассмотреть многие другие вопросы, ознакомившись с особенностями моей школы, такими как важность Одиннадцатого Дома в связи со смертью, сочетание значений Рак/информатика, связь Двенадцатого и Шестого Домов со слепотой, тема либидо, важность доминанты, и так далее). Кроме прочего, вполне возможно, что в течение года мы напишем что-то значительное, займемся журналистской деятельностью, получим предложение о сотрудничестве с газетой, местным телевидением или радио. Мы можем писать стихи или прозу, или опубликовать результаты важных исследований, монографию на близкую нам тему. Возможно, что мы сделаем важное приобретение в области телекоммуникаций, например, купим новый мобильный или беспроводный телефон, факс или компьютерное оборудование для навигации в Интернете, или спутниковую антенну. В самом худшем случае в эти двенадцать месяцев нами могут заняться средства массовой информации, в негативном смысле, например, мы окажемся замешанными в каком-то скандале, нас будет атаковать пресса, по телевидению против нас будет развернута дискредитирующая кампания... Возможна покупка или поломка принтера. Мы можем начать использование новой программы для редактирования текстов.

Асцендент Солнечной Революции в Четвертом Доме радикса, или стеллиум, или Солнце в Четвертом Доме Солнечной Революции

Одним из наиболее вероятных событий, которые могут произойти в течение этих двенадцати месяцев, является важная операция с недвижимостью. В основном речь будет идти об одном из трех возможных событий: купля-продажа недвижимости, переезд с одного местожительства на другое, ремонтные работы в доме. Все это может относиться как к домашнему помещению, то есть к месту, где мы живем и спим, так и к рабочему, офису или лаборатории, магазину или мастерской. Речь может идти как о нашей частной собственности, так и о государственном заведении, например, для кого-то это может означать смену почтового отделения связи, переход в другой филиал банка, и так далее. На самом деле, очень маловероятно, что не произойдет ни одно из этих трех возможных событий, даже если они совершенно не были запланированы. То же самое касается любой вещи, которая прямо или косвенно может ассоциироваться с понятием дома, будь то дача, жилой автомобильный прицеп, кампер, совместная собственность для летнего отдыха или гараж. В самых банальных случаях речь может попросту идти о покраске кухни или ванной комнаты, о смене оконных жалюзи, об установке новой отопительной системы или подвесных потолков, о покупке новой мебели для гостиной, и так далее. Если же ничего такого не происходит, то возможно, что мы получим уведомительное письмо о выселении от хозяина нашей съемной квартиры или же наш квартиросъёмщик доставит нам массу проблем в течение года. Кроме того, возможно начало ремонтных работ в здании, где расположена наша квартира, или нам придется оплатить непредвиденный налог на жилье, или наш дом пострадает от преднамеренно нанесенного вреда или от землетрясения, пожара и других стихийных бедствий. Могут возникнуть проблемы с другими жильцами нашего кондоминиума, ссоры с соседями или с охранником дома. Новый сосед может доставлять нам множество беспокойств. Когда общая ситуация транзитов и Солнечной Революции очень плохая, то это положение становится достаточно опасным, поскольку оно может указывать на нашу госпитализацию или даже на тюремное заключение (но на тюрьму с большей вероятностью указывают выделенные значения Восьмого или Двенадцатого Дома). Если данное положение СР сочетается со значениями Третьего, и особенно Девятого Дома, то есть вероятность того, что мы переедем в другой город, на некоторое время или насовсем. Для многих государственных служащих, преподавателей, банковских работников, и тому подобных, такое положение может косвенно указывать на повышение по службе и карьерный рост. Возможна покупка жесткого диска для нашего компьютера или другого запоминающего устройства очень большого объема. Мы рискуем понести убытки из-за поломки этих устройств и потери хранящихся на них важных данных. Могут произойти важные события в жизни наших родителей, в особенности отца. Если общая ситуация СР благоприятная, то речь может идти о волшебном для них моменте, о новой любви, выздоровлении от болезни, профессиональном успехе, и так далее. В противном же случае, и особенно если наши родители уже престарелые, мы должны опасаться ухудшения состояния их здоровья, а в самых тяжелых случаях даже их смерти. Порой это положение указывает на нашу ссору или очень напряженные отношения с родителями. Все это может относиться и к родителям нашего партнера по браку. Все вышеперечисленные указания насчет операций с недвижимостью могут иметь отношение и к нашим родителям. Наконец, в течение данного года мы можем получить недвижимость по наследству.

Асцендент Солнечной Революции в Пятом Доме радикса, или стеллиум, или Солнце в Пятом Доме Солнечной Революции

Очень часто речь идет о начале или об окончании любовной истории. Доминирующей темой этого года будет любовь и чувства, как в положительном, так и в отрицательном смысле, и как всегда только лишь общая ситуация транзитов и Солнечной Революции сможет разъяснить нам, в какую сторону будут разворачиваться события, в позитивную или в негативную. Но не стоит думать, что все настолько относительно, что проблема не имеет никакой возможности разрешения. На самом деле все достаточно ясно, так как если мы одновременно с этим положением находим выделенный Первый, Двенадцатый, Шестой, а в данном случае и Восьмой Дома, то это означает наши страдания из-за любви, и вполне возможно, что любимый или любимая нам изменит или нас покинет. В противном же случае речь будет идти об очень приятных и счастливых событиях в нашей личной жизни, таких как влюбленность, расцвет любовных отношений с постоянным партнером, встреча с новой любовью, одновременно несколько любовных связей (для тех, кому нравятся такие вещи), и так далее. В самых тяжелых случаях возможна даже смерть супруга или супруги. Вообще Пятый Дом говорит нам о большей игровой и развлекательной активности, что означает более частые походы в кино, в театр, в рестораны, на концерты или дискотеки, больше веселых выходных, секса, путешествий, азартных игр в карты, в рулетку или на бирже. В зависимости от возраста субъекта, от его культурного уровня, социального сословия, финансовых и других возможностей, мы можем попытаться понять, в каком направлении проявится его игровая и развлекательная активность, которая практически безгранична. В соответствии с учением о «физиологии удовольствия» человек может наслаждаться чем угодно: протыканием тыквы острым ножом или изучением греческой философии, видеоиграми или подслушиванием телефонных разговоров, использованием компьютера, гоночными машинами, шахматами, верховой ездой, спортом вообще и даже швырянием камней с эстакады по проезжающим машинам. У развлечений практически нет пределов, и единственным условием для них является получение удовольствия, а уж на вкус и цвет товарищей нет. Соображения, изложенные выше насчет любви, действительны и здесь, так что будет совершенно очевидно, например, что если одновременно с Пятым выделяется Второй или Восьмой Дом СР, то вполне возможно, что субъект потратит много денег на развлечения или потеряет большие суммы в ошибочных биржевых спекуляциях. Это положение СР может также указывать на рождение ребенка, и под такими звездами мы можем впервые познать радость материнства или отцовства, или снова стать родителями. Такого рода событие тоже может быть прочитано в позитивном или в негативном смысле, в зависимости от того, желанный ли это ребенок или речь идет о «случайном происшествии», может ли беременность привести к серьезным физическим проблемам, и так далее. Возможно также, что это положение Солнечной Революции укажет на аборт или на более или менее серьезную проблему у нашего сына или дочери. Это может быть провал на школьном экзамене или болезнь, счастливая или несчастная любовь. Мы можем столкнуться с проблемой воспитания нашего ребенка, например, он может связаться с плохой компанией, или начать курить травку, или принести нам финансовые убытки, и так далее. Многие родители приходят в ужас, когда этот Дом выделяется в Солнечной Революции положением Асцендента, Солнца или стеллиума. Но в действительности все обстоит не настолько трагично, особенно если учесть факт того, что дети обладают огромным запасом сил, а уровень риска для их здоровья не такой уж высокий и ужасный. В большинстве случаев речь может идти об обычных сезонных болезнях, иногда о падениях и несчастных случаях, но почти никогда об очень тяжелых происшествиях. Для политиков Пятый Дом может указывать на рождение новой партии или коалиции, на победу на выборах и инаугурацию.

Асцендент Солнечной Революции в Шестом Доме радикса, или стеллиум, или Солнце в Шестом Доме Солнечной Революции

Все, что было сказано о Первом Доме, почти на 100% относится и к Шестому Дому. Забудьте о том, что речь идет о Доме здоровья, или забудьте о том, что он может принести вам только проблемы со здоровьем. Наверняка по окончании года с неприятностями на все триста шестьдесят градусов вы столкнетесь также с плохим состоянием здоровья, но не только с этим. Основная концепция уже была высказана: Шестой Дом объявляет о бедах и несчастьях самого разного рода, также как и Первый, и Двенадцатый Дом, почти на одном уровне с ними, он приносит вред во всех областях жизни. Когда Асцендент Солнечной Революции попадает в Шестой Дом радикса или Солнце, или стеллиум оказывается в Шестом Доме СР, то вы должны ожидать тяжелейший год со всех точек зрения. Вы расстанетесь с партнером или будете уволены, потеряете работу, столкнетесь с проблемами с законом, а может даже попадете в тюрьму, умрет ваш близкий родственник, вы окажетесь в центре скандала, более или менее серьезно заболеете, попадете в аварию или на операционный стол, и так далее, и тому подобное. В конце концов, после всего этого у нас возникнут проблемы со здоровьем, но их следует рассматривать не только в физическом, но и в психологическом плане. Состояния глубокой депрессии, тревоги, фобии, самые разные страхи, изнеможение и упадок сил, которые трудно преодолеть, все это может возникнуть по любой причине, и не быть напрямую связанно со здоровьем, как я уже сказал, а быть спровоцировано проблемами в работе, любви, с законом, и так далее. В общем, я бы хотел повторить еще раз, и надеюсь последний: выделенное положение Шестого Дома в Солнечной Революции, почти на одном уровне с Первым и Двенадцатым, означает тяжелые испытания, беды и несчастья любого рода. Речь идет о зловредном Доме и точка, не стоит вдаваться в подробности, какой тип несчастья он нам принесет. Только в редчайших случаях он проявляется исключительно в специфических значениях, с которыми обычно ассоциируется, то есть в проблемных отношениях на работе, в разногласиях с коллегами, начальниками или подчиненными. Конечно же, речь может идти о повышении квалификации, переводе в другой филиал компании или о смене коллег по работе, но только в очень редких случаях, и даже в таких ситуациях окончательный результат будет тот же: огромное беспокойство, тревоги и разного рода страдания. Естественно, что такое положение, как по учебнику, может указывать на возникновение болезни или лёгкого недомогания. И только в этом случае можно говорить о какой-то пользе, поскольку проявление болезненных симптомов может указать субъекту на наличие скрытой патологии, которая с этого момента дает о себе знать, тем самым позволяя принять меры предосторожности и начать лечение. В молодом возрасте это положение не настолько опасно, но в любом случае оно означает провал на экзамене, или юношеский любовный кризис, или тяжелое переживание чьей-то смерти, и так далее. Однако, как я уже объяснил в другом разделе этой книги, такое положение СР вряд ли укажет на тяжелое заболевание у молодого человека, тем более на раковую опухоль, в то время как для тех, кому за сорок, оно становится действительно чрезвычайно опасным и пагубным. Иной раз можно «разрядить» этот сектор гороскопа с помощью хирургического вмешательства, и даже такой банальной операции, как удаление миндалин, аппендикса или камней из жёлчного пузыря, или сделав легкий лифтинг, или поддесневую чистку корней (операция, предусматривающая надрез десен и удаление сформировавшегося под ними зубного камня). Эта стоматологическая операция на самом деле особенно неприятная и впечатляющая, но при этом она совершенно не опасная для пациента, а зачастую даже становится необходимой людям в возрасте после сорока лет. В течение этого года мы можем также принять на работу нового сотрудника или потерять старого, получить предписание суда по делу о трудовом конфликте с нашим бывшим подчиненным, столкнуться с огромными проблемами, связанными с одним из наших сотрудников.

Асцендент Солнечной Революции в Седьмом Доме радикса, или стеллиум, или Солнце в Седьмом Доме Солнечной Революции

Почти всегда речь идет о самых разных официальных бумагах. Начиная от ссоры с партнером, расставания и развода с ним, и заканчивая всевозможными проблемами с законом. При таком положении СР люди, которые никогда бы не могли себе вообразить, что будут иметь что-то общее с судьей или судом, вдруг оказываются с официальными бумагами на руках и вынуждены прибегнуть к помощи адвокатов. По моему мнению самыми плохими Домами являются Двенадцатый, Шестой и Первый, почти на одном уровне, далее следует Восьмой Дом, который обычно не очень меня пугает, но все же может принести проблемы, связанные с деньгами и с окончанием определенных ситуаций и отношений. Сразу же после Восьмого, почти на том же уровне, я бы поставил Седьмой Дом из-за его злобности, которая может привести к конфликтам, от простой ссоры в семье до террористических актов и покушений со стороны уголовных преступников. Ведь на самом деле, Седьмой Дом относится к нашим открытым врагам, которые могут воплотиться как в виде закона и прокурора, так и в виде мафии с ее эмиссарами, привыкшими выражаться языком бомб, поджогов, покушений, ранений, и даже убийств. Следовательно, если Седьмой Дом акцентируется, то можно быть уверенными, что в течение года, от одного дня рождения до другого, мы должны будем столкнуться с какой-то враждебностью. Как уже было сказано, в очень многих случаях наиболее вероятным событием будет ссора с партнером или партнершей, расставание или развод. Но речь может также идти о контрольном визите инспекторов налоговой полиции, об изъятии водительских прав за грубое нарушение правил дорожного движения, о получении обвинения со стороны государственного учреждения, о прослушивании нашего телефона, потому что наш номер был найден в записной книжке какого-то преступника, и так далее. Тем не менее, во многих случаях мы сами будем инициаторами описанного выше движения официальных бумаг, поскольку влияние этого Дома ощущается в увеличении нашей агрессивности и воинственного настроения, вне зависимости от того, миролюбивы ли мы по характеру или нет. Нас будет больше привлекать к себе политика и активное участие в работе какой-нибудь ассоциации, партии, экологической организации, религиозной группы, и так далее. К тому же, нам будет больше хотеться вступить в союз, объединиться, например, с коммерческим партнером, чтобы основать совместное предприятие. С небом такого рода могут сформироваться или распасться многие объединения, и компании, деловые, предпринимательские, ремесленные, учебные, политические союзы, и так далее. Мы можем обнаружить измену своего партнера или наоборот, принять решение о вступлении в законный брак, начать новые любовные отношения, тайный роман или совместное проживание с партнером.

Асцендент Солнечной Революции в Восьмом Доме радикса, или стеллиум, или Солнце в Восьмом Доме Солнечной Революции

Данное положение, прежде всего, означает большее денежное обращение, которое в свою очередь должно подразумеваться как увеличение доходов, так и рост расходов. Здесь, как и в случае Второго Дома, общая ситуация транзитов поможет нам понять, в каком именно направлении будет устремляться денежный поток. Например, если Асцендент Солнечной Революции попадает в Четвертый Дом радикса, а стеллиум в Восьмой Дом СР, то будет одно из двух: или субъект продает свой дом, и в таком случае деньги поступают, или же он покупает недвижимость, переезжает, делает ремонт в доме, и тогда деньги уходят. Как правило, в большинстве случаев, по вышеизложенным мотивам, а не из-за моего пессимизма, речь будет идти о крупных расходах (в соотношении с доходами субъекта), если не о самых настоящих утечках денег. Причины этого могут быть самыми разными, от покупки, аренды или ремонта дома, до оплаты налогов, погашения банковского займа, приобретения новой машины, и так далее. Денежные поступления, в свою очередь, могут быть связаны с получением наследства или пенсии, выходного пособия, задолженностей по зарплате, или с выигрышем в азартной игре, с повышением зарплаты, дарением, предназначенным нам самим или нашему партнеру по браку, и так далее. Очень многие люди опасаются этого Дома или даже приходят в ужас при мысли о нем. Я же абсолютно не могу с этим согласиться, во-первых, потому что в отношении смерти Одиннадцатый Дом во много раз опасней Восьмого, а во-вторых, потому что в девяноста девяти процентах случаев речь идет о финансовых и экономических вопросах, и только один процент случаев может указывать на траур. Но даже в этой ситуации, как правило, мы можем пережить потерю, которая не касается нас напрямую (друга, родственника по мужу или жене, двоюродного брата). Только в малой части событий речь будет идти о смерти близкого человека, и лишь в редчайших случаях о нашей собственной смерти, только если другие элементы анализа подтверждают это (прежде всего, анализ натальных карт и Солнечных Революций всех наших близких родственников). С другой стороны, можно сказать, что несомненно Восьмой Дом обозначает конец вещей, и поэтому часто он свидетельствует об окончании любовной истории, совместного проживания, брака, внебрачных отношений, о разрыве помолвки. В этом смысле этот Дом может быть довольно тяжелым, но я считаю, что в любом случае он во много раз менее негативный, чем другие уже названные опасные Дома, которые должны действительно внушать страх и заставлять нас искать возможных путей разрешения такой проблемы. Иногда Восьмой Дом может указывать на тюрьму, но и здесь встречается ограниченное меньшинство случаев. Более вероятно возникновение заболеваний половой сферы и/или гинекологических. Нам самим или нашему близкому родственнику может грозить смертельная опасность, которая, тем не менее, может остаться всего лишь потенциальной и не превратиться в реальную угрозу для жизни. Этот год будет важным с точки зрения сексуальной жизни, или из-за прерывания интимных отношений, или из-за большей сексуальной активности (такое положение зачастую сообщает об окончании любовных отношений или об их возобновлении). Возможны страхи и фобии в отношении понятия смерти. Возникновение интереса к темам преступности, к оккультизму, магии или спиритизму. Мы можем получить банковский кредит, ссуду, финансирование. Возможны трудности с выплатой взносов полученного ранее кредита. Это положение может указывать на вред, нанесенный нашему имуществу, недвижимому, акционерному, и так далее. Существует опасность стать жертвами кражи, разбоя или грабежа.

Асцендент Солнечной Революции в Девятом Доме радикса, или стеллиум, или Солнце в Девятом Доме Солнечной Революции

Это положение почти всегда указывает на одно или несколько важных путешествий в течение года. В нашу эпоху, когда межконтинентальные путешествия уже не пугают, речь будет идти по большей части об очень длительных поездках, связанных с работой, учебой, лечением, и так далее. Возможно, что в течение года у нас завяжутся важные отношения с иностранцами, с людьми из другого города или другой области нашей страны. Наше произведение (плод литературной, журналистской, музыкальной и любой другой профессиональной деятельности) получит особую оценку и теплый прием далеко за границами нашего обычного круга деятельности. Кроме того, возможно, что призыв Девятого Дома мы ощутим не в географическом и территориальном смысле, а в метафизическом, трансцендентном и культурном. В таком случае вполне вероятно, что в течение двенадцати месяцев этой Солнечной Революции мы займемся глубоким изучением таких материй, как астрология, философия или история религий, а также будем исследовать мир йоги, восточных культур, эзотерики и парапсихологии. Иной раз речь будет попросту идти об учебе в университете или в аспирантуре, о прохождении стажировки или участии в семинарах, о посещении курсов иностранных языков или пользования компьютером. Наверняка мы получим доступ к высшим знаниям, даже в отношении того предмета, которым мы обычно занимаемся. Приведу пример. Если мы давно занимаемся астрологией, то в течение года, когда Асцендент СР или стеллиум, или Солнце попадают в Девятый Дом, мы перейдем к изучению Солнечных Революций, или первичных дирекций, гармоник, или других техник, более сложных, чем базовые понятия предмета. В других случаях этот Дом может проявиться в сильном религиозном импульсе, как позитивном, так и негативном, например, через переживание самого настоящего кризиса, который может привести нас к пересмотру отношения к религии. Мне не раз приходилось видеть субъектов, которые с таким положением СР обращались к буддизму или теряли веру в Бога после перенесенного ими несчастья. Бывает, что в течение года (подразумеваемого опять же от одного дня рождения до другого) происходит несчастный случай, и в основном речь идет о дорожно-транспортных происшествиях, на машине, мотоцикле, велосипеде или при пересечении дороги по пешеходному переходу. Но он может также относиться и к банальному падению, с более или менее тяжелыми последствиями, когда мы пробегаем из одной комнаты в другую или поднимаемся по лестнице. Этот Дом может также проявиться в начале активных занятий спортом, в более интенсивной физической нагрузке, или в несколько особых отношениях с животными.

Асцендент Солнечной Революции в Десятом Доме радикса, или стеллиум, или Солнце в Десятом Доме Солнечной Революции

Безусловно, это самый лучший Дом. Когда встречается такое положение, происходит одно или несколько событий, которые приносят нам эмансипацию, премии, удовлетворение, рост и улучшение нашей жизни. Некоторые из самых лучших вещей, которые только могут с нами случиться за всю жизнь, несомненно связаны с таким положением СР. Чувствительность каждого из нас к такому положению соизмеряется временем, то есть несмотря на субъективную интерпретацию, она отличается по значению у разных людей, и только лишь непосредственный анализ жизни субъекта может помочь нам понять, настолько он способен извлечь для себя пользу из этой ситуации. Для одних людей эффекты будут живописные, поразительные, блистательные, просто волшебные. Для других речь будет идти о получении преимуществ менее броских и блестящих, но настолько же позитивных. Однако не все способны распознать пользу, принесенную этим Домом, потому что очень часто ожидания в одной определенной области жизни не позволяют ясно увидеть огромное позитивное воздействие Десятого Дома на другие сферы в течение двенадцати месяцев. Приведу несколько примеров. Деятель культуры, который получил несколько престижных наград за профессиональные заслуги, не оценит их позитивно, даже в минимальной степени, потому что он вместо этого ожидал денег. Женщина, которая ждала профессионального роста и успехов в личной жизни, совершенно недооценивает факт того, что ей удалось похудеть на тридцать килограмм и таким образом избавиться от ожирения и перейти в нормальную физическую форму. Бизнесмен, который ожидал заключения крупных сделок, не замечает, что ему впервые в жизни удалось воспользоваться компьютером и, таким образом, подняться на более высокий уровень личной эмансипации. Женщина, которая надеялась на сближение со своими детьми после давней ссоры, вместо этого научилась плавать в свои пятьдесят лет и в первый раз без страха села в самолет, в один миг избавившись от комплексов и освободившись от тяжеленного камня на шее. Один субъект смог понять причину своей болезни и после долгих лет наконец-то освободиться от использования лекарства, в то время как он на самом деле ожидал большого финансового успеха. Одна женщина, обычно пребывающая в состоянии тревоги и депрессии, неожиданно завершает курс психоанализа, длившийся практически полжизни, и не может должным образом оценить важность подобной эмансипации. У одной пожилой синьоры умирает родственник, который на протяжении тридцати лет нуждался в ее постоянном уходе, будучи полностью обездвиженным в инвалидной коляске. Предприниматель, больные и престарелые родители которого настаивали на самостоятельном проживании у себя дома, наконец-то получает приятную новость о том, что они решились переехать в дом престарелых, где им гарантирован уход и медицинская помощь. Владелец компьютера, использующий очень редкую операционную систему, которая работает с ограниченным числом приложений, переходит на другую, очень распространенную операционную систему, которая дает ему возможность пользоваться тысячами разных программ. Перечень мог бы продолжаться бесконечно, и если я несколько настоял с примерами, то лишь потому, что очень часто замечаю, как многие люди не признают превосходных результатов этого Дома. Иной раз недоразумение между ожиданиями и реально полученными результатами вызвано фактом того, что заинтересованное лицо надеется на целую серию великолепных событий в течение года, а происходит всего лишь одно, подобное описанным выше. Но если бы субъект был объективен, то он должен был бы признать, что это единственное событие, тем не менее, принесло ему превосходные и позитивные результаты. Для многих людей, и прежде всего женщин, таким образом выделенный Десятый Дом может принести важную любовную историю или даже заключение брака и начало совместного проживания с партнером. В таких случаях мне тоже приходилось разговаривать со многими людьми, которые совершенно не признавали позитивность события. Естественно, что вовсе не обязательно родившийся при такой Солнечной Революции брак будет длиться вечно. Астрологический аспект, о котором ведется речь, говорит нам про определенный год и не более, и важно лишь то, что в эти двенадцать месяцев произошло счастливое событие, и зазвонили церковные колокола. Все вышеназванные положения СР преувеличиваются по значению, если в течение такого года субъект переживает еще и великолепный транзит, например, Юпитера по Солнцу или в хорошем аспекте к МС. В таком случае ценность Десятого Дома невероятно возрастает, и мы получаем то, что я называю *Солнечная Революция бомба*, которая приносит еще более сенсационные результаты. Тем не менее, здесь тоже не стоит отпускать свои мысли в свободный полет, фантазируя о собственном всемогуществе и воображая себе результаты в виде миллиардного лотерейного выигрыша или получения депутатского мандата. Такая Солнечная Революция может попросту означать, например, что мы находим нового важного клиента, который со временем принесет нам огромную пользу в работе. Однако если в течение года наблюдаются негативные транзиты, особенно Сатурна и Урана в напряженных аспектах к Солнцу, Луне, Асценденту и МС, то интерпретация будет совершенно иной. В таких случаях мы можем столкнуться с полным крахом субъекта, финансовым или профессиональным, политическим, физическим, психологическим, падением его престижа, и так далее. Безусловно, как вы можете убедиться на примерах, приведенных в этой и в других моих книгах, сочетание Десятого Дома с негативными транзитами может быть даже более опасным, чем Двенадцатый Дом. Существует и третий вариант, когда одновременно со значениями Десятого Дома мы находим как позитивные, так и негативные транзиты. При таких обстоятельствах мы должны, прежде всего, оценить работу субъекта, поскольку если он занимается политикой и негативным транзитом является соединение Сатурна с Луной, то для него это будет опаснейшей ситуацией, наводящей на мысль о резком падении популярности, потере власти и полном крахе политической карьеры. Однако при таком же транзите, если работой субъекта является свободная профессия архитектора, то я безусловно доверился бы ситуации, когда одновременно с Десятым Домом и вышеназванным негативным транзитом Сатурна к тому же присутствует отличный аспект транзитного Юпитера к МС, например. Здесь не может быть определенного и однозначного правила, и естественно, что астролог может полагаться только лишь на свой опыт. Если он накопил его в достаточном объеме, то сможет довольно легко понять, в каком направлении будет развиваться ситуация.

Асцендент Солнечной Революции в Одиннадцатом Доме радикса, или стеллиум, или Солнце в Одиннадцатом Доме Солнечной Революции

Очень часто, и даже гораздо чаще, чем можно было бы представить себе, положение Асцендента, Солнца или стеллиума в этом Доме объявляет о трауре в течение года. Причем значение смерти здесь проявляется гораздо сильнее, чем в Восьмом Доме. Тяжелая утрата может относиться как к смерти близких родственников субъекта, так и к потере его друзей, знакомых и других людей, которые могут быть близкими, даже не будучи родственниками. В других случаях речь может идти о смертельной опасности, которая может грозить как родственникам, так и друзьям. В этом можно легко убедиться. Достаточно проанализировать гороскопы родственников, а не самих усопших, и сравнить, сколько раз в случаях смерти фигурирует Одиннадцатый Дом и сколько раз Восьмой. Подавляющее превосходство Одиннадцатого Дома настолько очевидно, что я не могу понять, отчего ни один коллега не заметил раньше меня такого явного факта. Когда этот Дом не говорит о трауре в течение двенадцати месяцев, то он означает, что будут заметные перемены в дружеском круге общения, то есть старые друзья будут отдаляться, а новые прибывать. Наверняка такой год не будет банальным с точки зрения дружеских отношений. Может также случиться, что этот Дом проявится в смысле поддержи и помощи, полученной от знакомых и влиятельных людей, которая может быть самой разной, и благодаря высокопоставленным друзьям мы можем получить престижную работу, возможность дополнительного заработка, продвижение нашей фирмы, и так далее. Этот Дом помимо прочего указывает на проекты, а значит, мы наверняка построим очень много планов в течение года. Несмотря на то, что этот сектор гороскопа говорит о смерти, я считаю, что абсолютно не стоит называть его плохим. Во-первых, потому что смерть должна считаться явлением неминуемым, а следовательно совершенно не катастрофичным. А во-вторых, потому что попадание Асцендента или стеллиума, или Солнца в другой Дом СР вовсе не означает, что находящийся при смерти родственник не умрет, а всего-навсего говорит о том, что субъект менее тяжело будет переживать такое событие. А вот Асцендент в Двенадцатом, Первом или Шестом Доме, поверьте мне, во сто раз хуже. Этот Дом, помимо прочего, может указывать на возникновение временного или серьезного и постоянного увлечения музыкой.

Асцендент Солнечной Революции в Двенадцатом Доме радикса, или стеллиум, или Солнце в Двенадцатом Доме Солнечной Революции

Когда этот Дом сильно выделен в Солнечной Революции, он дает нам понять, насколько фальшивы те, на первый взгляд мудрые, а на самом деле ханжеские рассуждения некоторых авторов, которые пытаются всячески убедить своих читателей и учеников в том, что этот Дом вовсе не плохой, а даже наоборот, помогает стать мудрее и способствует личностному росту субъектов, переживающих подобный опыт. Повторю еще раз. Я не сомневаюсь, что Двенадцатый Дом способствует возвышению человека в духовном плане, но вопрос в том, желает ли субъект получить раковую опухоль, тюрьму, смерть сына или уход любимого человека и вырасти, или же он предпочитает никак не расти и избежать всего этого. В этих случаях складывается такое впечатление, что вышеназванные авторы общаются не с земными клиентами, а с марсианами или другими пришельцами из космоса. Вы думаете, что ваши клиенты согласятся с рассуждениями о том, что этот Дом вовсе не плохой, когда вернутся к вам через год и расскажут, что потерпели полный провал в работе, их преследуют кредиторы, они проходят курс химиотерапии рака, и обнаружили, что сын употребляет наркотики? Я думаю, что вряд ли, и считаю этот Дом самым худшим их всех, и он лишь в минимальной степени, почти неощутимой, по своей негативности превосходит Первый и Шестой Дома. И именно в этом, если позволите, я предлагаю вам сравнить мою школу с другими авторами, начиная с Волгина. Не думаю, что стоит давать панические описания каждого Дома, и делать вывод, что везде все ужасно. Я считаю должным действовать гораздо более честно, без какой бы то ни было страховки, принимать на себя определенную ответственность, определять подробную классификацию и выставлять восклицательные знаки. Попробуйте интерпретировать транзиты вместе с Солнечными Революциями, сначала следуя школе Волгина или любой другой, которую вы предпочитаете, а потом сделайте то же самое в соответствии с моим методом, и дайте мне знать, какой процент точных предсказаний вы сможете получить в каждом из двух методов. Я не демонизирую Двенадцатый Дом, потому что являюсь пессимистом. На самом деле все обстоит с точностью до наоборот, потому что именно зловредность этого сектора склоняет меня к пессимистичным выводам, и его злобность я соизмеряю на практике, а не в теории. Если бы я решил перечислить все события, которые произошли с многими тысячами моих клиентов, переживших воздействие этого Дома, то не хватило бы целой книги, и ее к тому же пришлось бы запретить для несовершеннолетних, потому что по содержанию она бы получилась ужасней любого фильма Дарио Ардженто. Двенадцатый Дом вы найдете в самых худших несчастьях вашей жизни. При наличии Двенадцатого Дома делать предсказания проще простого. Вам достаточно будет сказать, что ожидаются все беды этого мира, во всех областях жизни, на все триста шестьдесят градусов, в любви, с законом, со здоровьем, что будут болезни, хирургические операции, огромные финансовые трудности, траур, и так далее. Естественно, что это мы говорим между нами, и вы не должны выражаться именно таким образом с вашими консультируемыми. Постарайтесь сделать все возможное, чтобы успокоить их и, прежде всего, помочь им выдержать или нейтрализовать подобную тяжелую ситуацию. Но это не является предметом данной книги, и только тот, кто желает следовать моей школе *Активной Астрологии*, может найти информацию на эту тему в других моих книгах, таких как *Новый Трактат о Солнечных Революциях*. Здесь же я должен только предостеречь вас и предупредить о том, что если субъекту попался акцентированный Двенадцатый Дом, то он столкнется с целым рядом бед, от провала на важном экзамене до тяжелой болезни близкого родственника, не исключая ничего из панорамы всех несчастий, которые только могут произойти с каждым простым смертным. Совершенно бесполезно пытаться установить, о чем именно будет идти речь, ведь в большинстве случаев, как было сказано, это будут самые разные испытания или же одно определённое и тяжелейшее несчастье. В последнем случае все обстоит даже хуже, потому что пагубность Дома не разбавляется в гомеопатических дозах, а концентрируется в одном жесточайшем ударе. Если вы достаточно близко познакомитесь с этим Домом, то поймете, что его даже врагу не пожелаешь. Когда Асцендент располагается в знаках долгого или очень долгого восхождения, таких как Рак, Лев, Дева и Весы, то Двенадцатый Дом может возвращаться снова каждые четыре года на протяжении очень многих лет, и такую ситуацию действительно очень тяжело вынести. Здесь, как и других случаях, нет большой разницы между Асцендентом, располагающимся в этом Доме, или Солнцем, или стеллиумом. Бывает, что Солнце оказывается в Одиннадцатом Доме на расстоянии всего лишь двух-трех градусов от куспида Двенадцатого Дома, и это особенно опасное положение, поскольку очень часто время рождения округляется, и субъект на самом деле родился на десять-пятнадцать минут раньше официально заявленного времени. В результате многие люди подхватывают себе Солнце в Двенадцатом Доме, думая что оно расположено в Одиннадцатом, но потом, по тяжести событий года начинают понимать, что произошло в действительности без их ведома. Тем не менее, такой трагичный опыт послужит им на будущее.

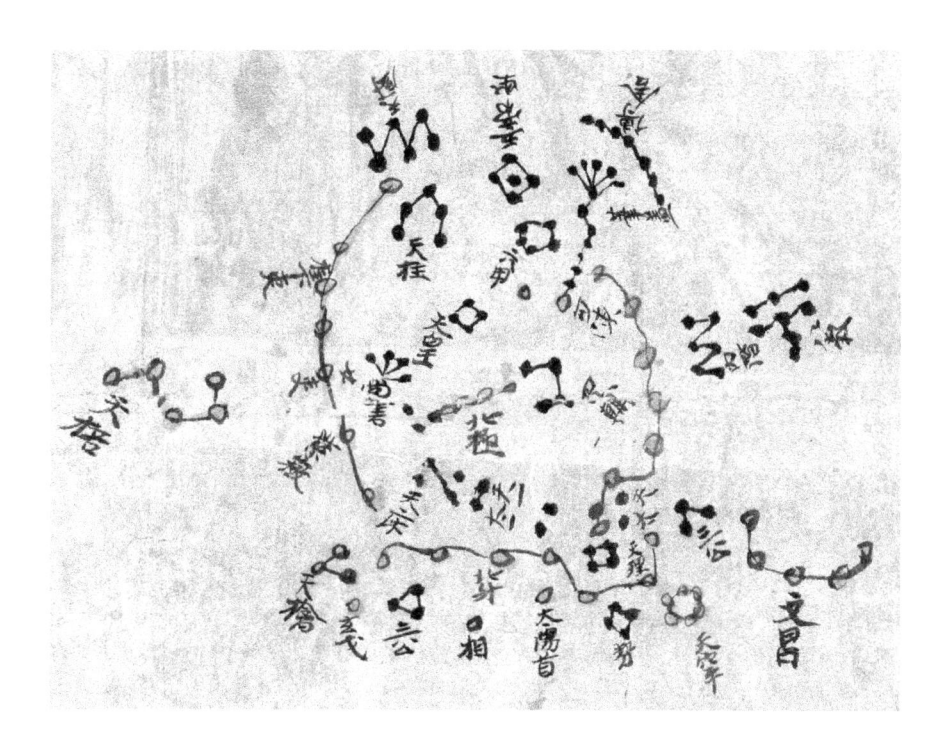

Глава 13
Планеты в Домах Солнечной Революции

Здесь необходимо повторить сказанное ранее, что «жадность» в попытках объяснить каждую минимальную деталь Солнечной Революции не только не помогает прояснить ситуацию, но и, безусловно, приводит к усложнению интерпретации и делает предсказание намного менее прозрачным и четким. Помните, что прежде всего следует рассматривать три вещи, а именно: в какой натальный Дом попадает Асцендент Солнечной Революции, затем в каком Доме СР расположен стеллиум и в какой Дом СР попадает Солнце. После этого можно добавить указания, проистекающие из положения вредителей в Домах Солнечной Революции, особенно Марса, и положения Юпитера и Венеры в Домах Солнечной Революции. Я не советую вам дополнительно форсировать полученную таким образом ценнейшую и исключительно точную информацию. Если вы начнете попытки установить, что некая планета является ретроградной и находится в плохом аспекте к другой, которая управляет таким-то Домом, и так далее, то вы соберете такое количество переменных значений, что уподобитесь положению, в котором оказались современные ученые. Запущенные в космос искусственные спутники отправили нам такое количество информации, что даже если они сегодня вдруг прекратят свою работу, то нам не хватит ближайших двухсот или трехсот лет, чтобы расшифровать все эти данные, и еще неизвестно, поможет ли нам такая масса информации прояснить ситуацию на небе. В общем, знание того, что планета хорошо или плохо аспектирована, не то чтобы вовсе бесполезно, но я хотел бы подчеркнуть, что его значение минимально. При желании выразить это значение в числах, можно сказать, что оно будет приблизительно равняться 0,1 по сравнению с другими основными положениями СР, которые будут соответствовать, например, 70 или 85, или 92, и так далее. Если вы будете ориентироваться на оценочную шкалу такого рода, то заметите, что абсолютно бесполезно устанавливать, например, хорошо или плохо аспектирован Марс в Первом Доме СР у семидесятилетнего человека, потому что его влияние всегда будет убийственным, в любом случае.

Глава 14
Луна СР в Домах Солнечной Революции

В отношении Луны, в особенности, следует заметить, что на самом деле она имеет минимальное значение в общей ситуации Солнечной Революции, и самое большее, что она может нам сообщить, так это о каких-то настроениях, о некоторых особых склонностях, о чём-то, чем нам хотелось бы заниматься, но чего мы делать не будем... В общей оценочной шкале значений я бы поставил ее если не на последнее место, по важности, то на одно из последних, в то время как при оценке натальной карты я поступил бы совершенно иначе.

Луна в Первом Доме устанавливает переменчивость настроения в течение года, постоянные колебания между волей к действию и желанием скрыться. Часто меняющиеся идеи в течение двенадцати месяцев Солнечной Революции. Поведение более пассивное, менее уверенное, более внушаемое и восприимчивое. Повышенная общая чувствительность. Капризность и нерешительность в поведении. Ненадёжность в исполнении важных проектов.

Луна во Втором Доме безусловно наводит на мысль о циклично изменяющемся финансовом положении в течение года, о чередовании позитивных и негативных периодов, с разными временными промежутками. Эмоциональность, которая обусловливает выбор в финансовом плане. Подверженность чужому влиянию в отношении денег, особенно со стороны близких людей. Недостаточное вдохновение к тому, чтобы зарабатывать. Невнимательность к финансовым проблемам. В течение этих двенадцати месяцев проявляется склонность к занятиям фотографией, кино, театром, изображением, компьютерной графикой, своим личным имиджем, и так далее.

Луна в Третьем Доме может означать психологическую зависимость от родных и двоюродных братьев, сестер, родственников по мужу или жене, а также неустойчивость отношений с ними. Склонность к путешествиям, которая вовсе не обязательно реализуется на практике. Интерес к связи и телекоммуникации. Учеба с переменным успехом, одни месяцы удачные, а другие нет. Планы в отношении покупки машины или мотоцикла.

Луна в Четвертом Доме может указывать на множество фантазий и мечтаний в отношении покупки дома, переезда или ремонта в своей квартире. Очень нестабильное состояние здоровья родителей или переменчивость в отношениях субъекта с родителями. Стремление к приватности, желание проводить много времени дома, которое могло бы быть вполне исполнимым.

Луна в Пятом Доме почти наверняка означает влюбленность в течение года. Для субъектов особо влюбчивых может указывать и на несколько увлечений за этот год. Нестабильность отношений с партнером или с детьми. Ситуация детей в учебе, или со здоровьем, или в чувственном плане, складывается с переменчивым успехом, то лучше, то хуже. Появление новых увлечений и хобби. Желание чаще ходить в кино, в театр, на дискотеки. Тяга к большему количеству развлечений в течение года (напомню, что все это относится к периоду от одного дня рождения до другого).

Луна в Шестом Доме обычно указывает на больший интерес, по крайней мере, в плане заявленных намерений, к здоровью и внешнему эстетическому виду, своему собственному или других людей. Заинтересованность в вопросах медицины. Чтение популярных журналов на тему медицины и здоровья. Намерение записаться на курсы шиацу, пранотерапии, макробиотики, и так далее. Отношения на работе нестабильные, с резкими перепадами то в лучшую, то в худшую сторону. То же самое касается отношений с подчиненными, секретарями, домашней прислугой, и так далее.

Луна в Седьмом Доме означает перемены то в лучшую, то худшую сторону, в отношениях с супругом или супругой, с постоянным партнером или с любимым человеком. Влечение к супружеской жизни чередуется с периодами неприязни к ней. Намерения в отношении заключения союзов и организации совместных предприятий. Желание объединиться с кем-нибудь. Периоды тревоги и беспокойства чередуется с моментами уверенности в судебных и юридических вопросах.

Луна в Восьмом Доме означает, отчасти как для подобной ситуации во Втором Доме, циклические перемены с деньгами в течение года, желание зарабатывать больше, но и некоторую опасность финансовых потерь. Надежды и ожидания в связи с наследством. Возможность получения кредита, которая появляется, а потом пропадает. Большее сексуальное влечение.

Луна в Девятом Доме безусловно означает большее желание путешествовать, передвигаться, переехать в другое место. Почти всегда речь идет всего лишь о желании, без всяких практических результатов. Преклонение перед иностранцами и перед заграницей вообще. Влечение ко всему экзотическому, далекому, также в отношении идей и мыслей. Интерес к философии, теологии, астрологии, эзотерике, восточным культурам, йоге, и так далее.

Луна в Десятом Доме означает немного больше амбиций, которые однако не поддерживаются убедительными действиями в этом смысле. Возникает желание высоко подняться, но при этом не хочется проделывать путь ступень за ступенью. Престиж и популярность периодически то повышаются, то понижаются. Неустойчивость отношений с матерью. Переменчивое состояние здоровья и настроение матери, то хорошее, то не очень.

Луна в Одиннадцатом Доме означает большое стремление к дружеским отношениям и желание заводить новых друзей. Переменчивость в отношении с друзьями. Крайнее непостоянство в планах. Инфантильные проекты. Попытки, и не очень убедительные, попросить помощи у влиятельных людей. Возможны состояния депрессии вследствие какой-то смерти.

Луна в Двенадцатом Доме означает тягу к уединению, желание изоляции. Благоприятствует уединенной молитве или медитации. Психическая нестабильность. Нервные срывы. Некоторые тревоги и фобии. Негативные действия со стороны женщин. Небольшие неприятности в отношении близких людей женского пола. Периодическое стремление оказывать помощь, особенно своим родственникам.

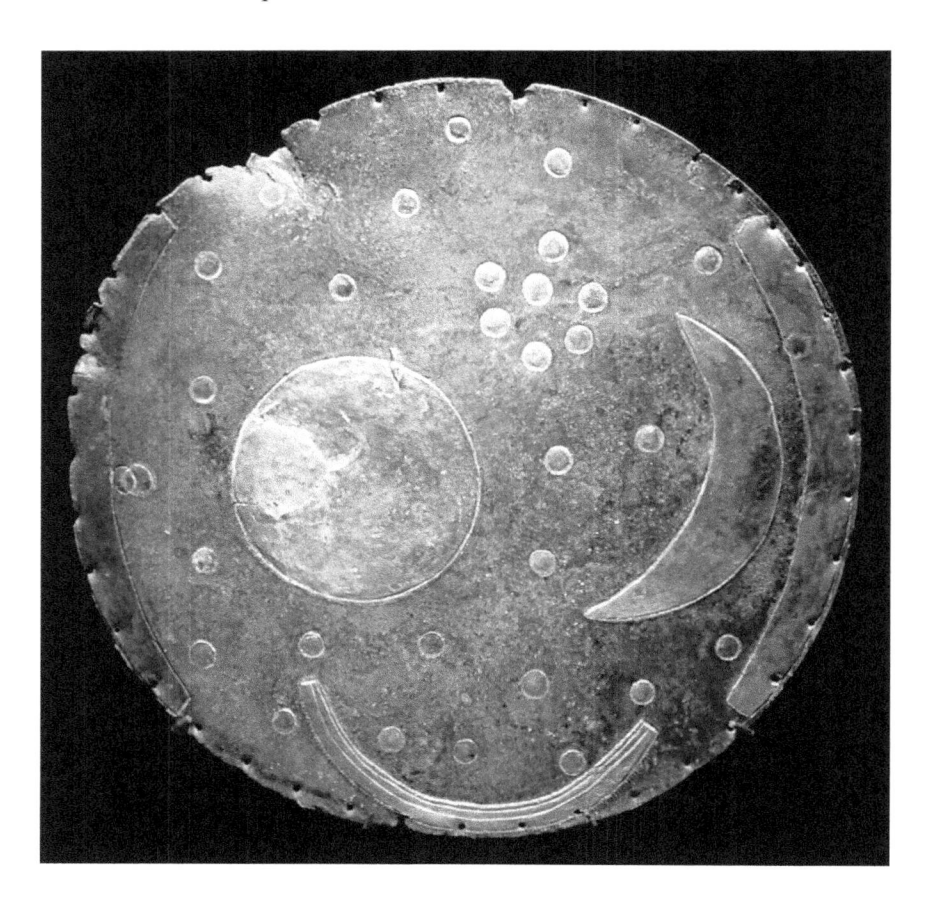

Глава 15
Меркурий СР в Домах Солнечной Революции

В отношении положения Меркурия в Домах Солнечной Революции остается в силе почти все то, что было сказано о Луне. Его важность не то, чтобы совсем ничтожна, но на самом деле она очень незначительна. Меркурий подсказывает, во что мы будем вкладывать большую часть своей умственной энергии, и в какой области жизни будет более заметна наша подвижность.

Меркурий в Первом Доме указывает на год повышенной физической и умственной подвижности. Мы будем более активными, динамичными, наэлектризованными. Это не значит, что мы станем более сильными, но, безусловно, более стремительными, по крайней мере на вид. Кто-то может критично заметить со стороны, что речь идет больше о пустом сотрясании воздуха, чем о реальных действиях, и отчасти окажется прав. Мы будем выглядеть более моложавыми и свежими, и физически, и умственно. Будем склонны, как в лучшие студенческие времена, шутить и веселиться, охотно и по-товарищески принимая участие в жизни других людей.

Меркурий во Втором Доме способствует зарождению и расцвету новых идей, удачных изобретений и небольших хитростей, которые помогут нам в бизнесе и в получении большего количества денег вообще. Доходы каким-то образом могут быть связаны и с небольшими торговыми сделками, с коммерческой деятельностью, вне зависимости от того, работаем ли мы в этой сфере или нет. В частности мы можем заниматься торговыми операциями, имеющими отношение к телекоммуникациям и средствам связи. Возможна покупка транспортного средства, машины или мотоцикла.

Меркурий в Третьем Доме максимально благоприятствует телекоммуникациям и связи. Соответственно, он подтолкнет нас к покупке инструментов, предназначенных для удовлетворения этих потребностей, таких как факс, мобильные и беспроводные телефоны, устройства для навигации в Интернете, спутниковые антенны. Больше регулярных ежедневных поездок из загорода в центр или много путешествий на близкие расстояния, прежде всего в связи с учебой, или же для встреч с родными и двоюродными братьями, родственниками по мужу или жене, молодыми друзьями. Благоприятствует любой интеллектуальной деятельности. Возможна учеба в течение года, посещение курсов, семинаров, конференций, писательская деятельность.

Меркурий в Четвертом Доме может указывать на то, что наши родители, оба или один из них, начинают заниматься коммерческой деятельностью. Возможна торговая сделка, связанная с недвижимостью, домом, офисом, мастерской. Могут возникнуть вопросы, касающиеся недвижимости, которые вынуждают нас иметь дело с нашими родными и двоюродными братьями, шурином, зятем, родственниками по мужу или жене. Частые отъезды из дома или перемещения между двумя разными домами.

Меркурий в Пятом Доме может означать возродившийся интерес к играм, в широком смысле слова, к развлечениям, особенно ребяческим, немного инфантильным. Возможен отъезд сына или дочери, кто-то из наших детей или часто перемещается или занят активной интеллектуальной деятельностью. Игривые и веселые отношения с детьми или с молодежью. Появление нового хобби в меркурианском стиле, такого как игра в бридж, разгадывание кроссвордов, ребусов, и так далее.

Меркурий в Шестом Доме может указывать на появление легких патологий нервного характера или аллергических и простудных заболеваний в течение года. Проявление негативных последствий курения. Постоянные перемещения, которые могут негативно отразиться на здоровье. Приём на работу в собственную фирму сотрудника молодого возраста или наём молодой домработницы. Лечение аэрозолем или с помощью любой другой формы ингаляции.

Меркурий в Седьмом Доме способствует тенденции к объединению с другими людьми, особенно в бизнесе. Может указывать на коммерческую деятельность партнера или на его более частые поездки и перемещения. Возможны любовные свидания или деловые встречи с людьми, которые моложе нас по возрасту. Совместные поездки с любимым или любимой.

Меркурий в Восьмом Доме благоприятствует большему обращению денег. Однако денежный поток может быть как входящим, так и исходящим, и будет зависеть как от небольших выигрышей в азартных играх, в карты, в лотерею, на скачках, так и от потерь, связанных с кражами, мошенничеством, ограблениями, фальшивыми банковскими чеками, и так далее. Деньги могут быть потрачены на путешествия или на покупку транспортного средства. Опасность для жизни молодого друга или родственника.

Меркурий в Девятом Доме, так же как в Третьем, но на более интенсивном уровне, октавой выше, благоприятствует многим поездкам, а также важным путешествиям. Возникает желание постоянного движения, как в физическом, так и в интеллектуальном смысле. Интерес к изучению иностранного языка или философии, теологии, астрологии, эзотерики, йоги, и так далее. Важное путешествие родного или двоюродного брата, шурина, зятя, родственника по мужу или жене, или молодого друга. Возможна дружеская или любовная связь с молодым иностранцем или с человеком из другого города нашей страны.

Меркурий в Десятом Доме может означать, что наша мать будет больше путешествовать и перемещаться или она займется коммерческой деятельностью. Возможно, что мы чаще отправляемся в путь, чтобы навестить нашу мать. Блестящие идеи способствуют нашему профессиональному росту. Повышение социального положения благодаря коммерческой деятельности. Работа, имеющая отношение к транспортным средствам, перевозкам, связи, коммуникациям или телекоммуникациям, например, открытие туристического агентства.

Меркурий в Одиннадцатом Доме значительно оживляет наши дружеские отношения. Возможно завязывание новой дружбы с юными и довольно молодыми людьми в течение двенадцати месяцев такой Солнечной Революции, от одного дня рождения до другого. Помощь и поддержка со стороны молодых друзей. Коммерческие проекты самого разного рода. Планирование путешествия.

Меркурий в Двенадцатом Доме благоприятствует всем видам исследований, особенно в области эзотерики, астрологии, философии, теологии, йоги, парапсихологии, и так далее. Мелкие неприятности у нашего молодого сына, родного или двоюродного брата, зятя или шурина. Опасность пострадать от обмана, мошенничества или кражи. Небольшой риск попасть в дорожно-транспортное происшествие. Возможно появление корреспонденции анонимного или клеветнического характера.

Глава 16
Венера СР в Домах Солнечной Революции

Это довольно важная фигура на шахматной доске событий года, поэтому не стоит недооценивать ее роль. Венера может предложить нам, пусть не чудесную, но довольно эффективную и действенную помощь и, прежде всего, в отличие от Юпитера, она не имеет эффекта «бистабильного осциллятора», о котором говорится в другой главе книги. Я не знаю, отчего так происходит, и это, возможно, заставит ужаснуться всех тех, кто очаровывается лишь абсолютной уверенностью. Но поверьте, мир полон примеров псевдоабсолютной уверенности, также как и самого разного рода шарлатанов. Мне кажется, что смиренное признание своего непонимания перед лицом подобных таинств не только не должно пугать исследователя, а должно воодушевлять его, поскольку такие неопределённости проистекают из долгой практики. Они проверены «на поле» и исключают любое теоретизирование насчет того, что все обязательно должно быть объясненным неким алгоритмом, простым или сложным. Я считаю, что форсированные попытки во что бы то ни стало найти квадратуру круга, обязательно сделать невозможное, должны не очаровывать, а настораживать и вызывать подозрения.

Венера в Первом Доме приносит нам прекрасную расположенность к другим людям и благостное отношение к окружающим. Несомненно, она склоняет нас к большей снисходительности, не только по отношению к другим людям, но и к самим себе. Мы склонны больше доверять людям и с центробежной силой устремляться вовне. Но зачастую такое положение, к тому же, усиливает ту долю нарциссизма, которая в большей или меньшей степени свойственна каждому из нас. В этом смысле не стоит удивляться, если в этом году мы начнем носить золотой браслет (мужчины) или серьги (женщины), красить волосы и больше заботиться о своей внешности. Такое положение планеты может предоставить защиту для здоровья, а также предохранение от всех возможных неприятностей и несчастий года в целом. Если Венера располагается в этом Доме вместе с одной или несколькими планетами вредителями, то она может оказать успокаивающее воздействие, которое улучшит общую ситуацию такого года.

Венера во Втором Доме не имеет эффекта «бистабильного осциллятора». На самом деле, как уже было сказано в других главах, Юпитер может спровоцировать не только значительные доходы, но и самые настоящие утечки денег. В то время как Венера проявляется хоть и менее эффектно, октавой ниже по интенсивности, но при этом, как правило, она приносит решительно позитивный результат. Она приносит совсем немаловажную помощь, которая оказывается более ценной, чем общее «укрепляющее средство» в виде Юпитера. Иной раз Венера реально помогает выйти из серьезного финансового затруднения. Она может проявиться как небольшая удача, приходящая к нам на помощь, в виде дополнительных денег, финансовой помощи со стороны друга или родственника, которые одалживают нам необходимую сумму, более снисходительного отношения наших кредиторов, появления неожиданного резерва или возможности нового заработка. Речь также может идти о любви к фотографии, кино, театру, и изображению в широком смысле слова. Вполне возможно, что мы купим фотоаппарат или видеокамеру, широкоформатный телевизор, монитор с высоким разрешением, самую современную видеокарту, видеомагнитофон, программное обеспечение для работы с компьютерной графикой, и так далее. Мы можем стать более заметными и известными, например, мы примем участие в телевизионной передаче, или наша фотография будет напечатана в газете, или наше имя будет упомянуто в книге, и так далее. Это положение планеты хорошо влияет на наш внешний вид, поэтому мы можем обрести новый и интересный имидж. Возможно улучшение внешности с помощью пластической хирургии. Денежные траты могут быть связаны с покупкой произведений искусства или с любовью и любимым человеком.

Возможно и получение денег благодаря вмешательству партнера.

Венера в Третьем Доме может указывать на приобретение новой машины или же, поскольку Венера имеет несколько меньшее влияние, чем Юпитер, просто на работы по перекраске и эстетическому обновлению транспортного средства. Возможны небольшие путешествия, особенно увеселительные, в течение года. Приятные ежедневные поездки из загорода в центр. Путешествия и перемещения по сентиментальным мотивам. Улучшение отношений с родными и двоюродными братьями и сестрами, родственниками по мужу или жене, а также позитивный год для одного из этих людей. Благоприятные возможности для образования и учебы любого порядка и уровня. Способность к успешному обучению на разного рода курсах, будь то посещение подготовительных занятий для сдачи экзамена на получение водительских прав, уроки по пользованию компьютером или курсы по изучению иностранного языка. Способствует улучшению инструментов и средств связи и телекоммуникации. Это отличный год, чтобы перейти на более современный мобильный или беспроводный телефон, факс, спутниковую антенну или хороший принтер. Изучение компьютерной программы для работы с текстом или переход на ее лучшую версию. Год хороших возможностей для написания любых текстов, от простых статей до книг. То же самое относится к композиторам и к написанию музыки. Возможна влюбленность близкого родственника. Пресса может заняться нами в позитивном смысле.

Венера в Четвертом Доме часто указывает на год, в течение которого нам наконец-то удается насладиться своим домом после долгого периода работ по его ремонту. Или же это положение объявляет о смене местожительства, об изменении жилищных условий в лучшую сторону, в зависимости от возраста и индивидуальной ситуации субъекта. Например, для ребенка это может обозначать возможность распоряжаться более просторной комнатой после свадьбы и отъезда старшего брата или сестры. Для мужа или жены это часто может указывать на возвращение в собственный дом после расставания с партнером. Пожилой человек, который долгое время менял разные неуютные жилища, может наконец-то найти себе подходящее пристанище, устроившись жить у сына или дочери, или в отдельном собственном доме. В других случаях это положение указывает на выполнение ремонтных работ в своей квартире, которые сделают жилье более красивым, удобным и уютным. Но все же это бывает гораздо реже, чем в случае Марса в Четвертом Доме, поскольку именно огненная планета как нельзя лучше иллюстрирует мучения, связанные с ремонтом, нахождение рабочих в доме, недели разрухи, пыли, холода, невозможность пользоваться комнатами… В любом случае почти всегда речь идет о преимуществах в отношении недвижимости, менее мощных, чем в случае Юпитера, но совсем немаловажных. Возможно улучшение состояния здоровья одного из наших родителей, а также установление более теплых отношений между нами и родителями.

Венера в Пятом Доме дает очень высокую вероятность появления новой любви или значительного укрепления существующих любовных отношений. Это на самом деле хорошее положение, которое почти никогда не обманывает надежды и законные ожидания того, кто его получает. То есть я не хочу сказать, что Венера творит чудеса с точки зрения чувств, чудес она конечно не делает, но позитивные эффекты безусловно приносит. Если речь не идет об улучшении в личной жизни, то тогда такое положение указывает на год, прожитый в приятной атмосфере игры и развлечений. Больше походов в кино, в театр, на дискотеки, в рестораны, больше путешествий и игр. Это могут быть классические игры, карточные например, или же любые другие, поскольку, как гласит старинная поговорка, «на вкус и цвет товарищей нет». Можно развлекаться самыми разными способами, а значит не стоит прилагать особых усилий в попытках заранее понять, в чем именно это проявится. Это положение указывает также на хорошие события в жизни детей, на их успехи в учебе, удачу в сентиментальной сфере или улучшение здоровья. Улучшение наших с ними отношений. Это благоприятный период для преподавательской деятельности и для рождения ребенка. Возможно рождение не только в генетическом смысле. Появление новых хобби. Улучшение состояния здоровья благодаря более веселому времяпровождению. Больше секса в течение года.

Венера в Шестом Доме оказывает ощутимую помощь в разрешении проблем со здоровьем. В стадии выздоровления, в послеоперационный период, после несчастных случаев, это положение является одним из самых лучших для восстановления здоровья и благосостояния. Отличный год для начала лечения, новой терапии, занятий в фитнес-клубе, массажей, грязевых ванн и термального лечебного курса, диет для похудения и очищения организма, разного рода косметических операций. Вряд ли такое положение проявится негативным образом. По этой причине я почти никогда не переживаю насчет того, хорошо или плохо аспектированы планеты в Домах Революции. Я все еще ожидаю, когда мне придется увидеть случай субъекта, у которого при великолепно аспектированном Солнце в Двенадцатом Доме Солнечной Революции не случилось ничего трагичного и очень негативного. И наоборот, мне приходилось исключительно редко, или вообще никогда, видеть Венеру в Шестом Доме, которая плохо влияла бы на здоровье. При этом положении можно также найти подходящего сотрудника для офиса или для помощи по дому. Благоприятный год для поиска работы или для перехода на новое лучшее место работы. Улучшение отношений в трудовом коллективе и атмосферы на рабочем месте. Возможна любовь с коллегой, подчиненным или начальником. Деньги могут быть потрачены для заботы о своем здоровье.

Венера в Седьмом Доме разительно отличается от характерного поведения Юпитера в таком же положении, и она в подавляющем большинстве случаев благоприятствует браку, сожительству и укреплению, оздоровлению любых отношений. Она указывает на возможное примирение, для тех пар, которые переживают кризисный период, или же на начало новой любовной истории, совместного проживания, на заключение брака. Способствует также всем формам совместных предприятий и объединений, коммерческого или ремесленного плана, политических, студенческих, и так далее. Кроме того, помогает благополучному разрешению правовых вопросов или началу новых разбирательств, которые таким образом рождаются под очень позитивной звездой. Возможно улучшение состояния здоровья или профессиональной ситуации супруга или супруги. Начало деятельности в области политики. Любовь к партнеру по браку.

Венера в Восьмом Доме облегчает получение денег. Доходы могут увеличиться не только от обычной работы, но и с большей вероятностью зависеть от выигрышей в азартных играх, дарений, наследства, увеличения финансового капитала супруги или супруга, и так далее. С таким положением Венеры можно довольно легко получить денежные субсидии, банковское финансирование и кредиты, естественно, только лишь при реальном наличии соответствующих необходимых условий, требующихся для их предоставления. Иначе говоря, если субъект не владеет никакой недвижимостью, то нет и никакой вероятности, что он сможет получить банковский кредит на очень крупную сумму, и положение Венеры в Восьмом Доме Солнечной Революции не поможет в этом случае. Это может показаться совершенно очевидным, но, тем не менее, я не перестаю сталкиваться с большими ожиданиями пользователей астрологической информации, которые зачастую начинают возлагать излишние надежды на получение некого волшебного средства для счастья или универсального ключа к богатству. Это положение зачастую сообщает нам о приятных событиях и удовольствиях в сексуальной жизни субъекта. Возможно получение пользы и преимуществ от чьей-то смерти или от любого рода раскопок, включая исследование глубин собственного бессознательного с помощью психологического анализа.

Венера в Девятом Доме очень часто дарит нам довольно приятные путешествия или любовь с иностранцем, или же просто с человеком из другого города нашей страны. Возможно завязывание любовных отношений в поездке. Путешествие со своим постоянным партнером, доставляющее большое удовольствие. Это отличный год для дальних путешествий, и особенно для круизов. Такое положение благоприятствует высшему образованию и изучению необычных материй, таких как философия, теология, астрология, парапсихология, эзотерика, йога, ориентализм, и так далее. Возможен перевод по службе на выгодных условиях. Разрешение проблемы со здоровьем, нашим собственным или близкой нам женщины, в больнице, находящейся за рубежом или в другой области нашей страны. Получение денег издалека, финансовый успех за границей. Возможно улучшение финансового положения с помощью коммерческих связей с иностранцами или с зарубежными странами.

Венера в Десятом Доме безусловно благоприятна для нашей работы, она способствует получению признания профессиональных заслуг, престижных наград, или высоких премий и существенной финансовой выгоды. Это положение планеты создает благоприятные условия для карьерного роста, повышения в чине, получения назначения на более ответственную должность. Возможно получение учёного звания, почетного титула или престижной премии в денежной форме. Высокая оценка плодов нашего таланта, нашего изобретения, результатов упорных трудов. Период профессионального развития и роста. Хорошие условия для начала новой работы. Улучшение наших взаимоотношений с матерью. Хороший период в жизни нашей матери, связанный с ее профессиональными достижениями, успехом в личной жизни или с улучшением состояния ее здоровья.

Венера в Одиннадцатом Доме как правило, дарит нам хороших и новых друзей или же улучшает наши дружеские отношения, которые ранее были расстроены. Возможно получение финансовой помощи от друзей в течение года. В эти двенадцать месяцев мы можем в полной мере ощутить, что означает дружеская солидарность, если в нашей натальной карте уже заложена такая возможность (тот, у кого от рождения имеется плохой Сатурн в Одиннадцатом Доме, вряд ли сможет насладиться поддержкой друзей). Возможно получение помощи от влиятельных людей, даже если они не могут считаться нашими друзьями. Этот год приносит великолепные планы на будущее. Такое положение помогает избежать опасности для жизни, нашей собственной или близкого нам человека.

Венера в Двенадцатом Доме действует точно так же, как Юпитер, хоть и менее интенсивно, октавой ниже. Она помогает нам преодолеть любые возможные испытания и текущие проблемы года, будь то болезни, конфликтные отношения, финансовые проблемы, неприятности с законом, проблемы с детьми или родственниками, и так далее. Ее влияние особенно полезно, когда в этом же Доме располагаются и планеты вредители, поскольку в этом случае Венера оказывает успокаивающее воздействие и приносит защиту на все триста шестьдесят градусов. Это положение благоприятно для любой исследовательской работы, а также для удовольствия, которое мы можем получить от волонтерской деятельности, оказания помощи бедным, старикам, больным, всем страдающим и нуждающимся людям. Способствует восстановлению здоровья после перенесенной болезни. Будто бы маленький ангел-хранитель спускается с неба, чтобы помочь нам. Однако это положение, к тому же, зачастую указывает на проблемы в любви в течение года.

Глава 17
Марс СР в Домах Солнечной Революции

Это действительно опаснейшее положение, гораздо более страшное, чем положение Сатурна, Урана, Нептуна и Плутона. Я не знаю почему, но это так и есть. На самом деле, после присутствия Асцендента СР в Двенадцатом, Первом и Шестом Доме радикса, стеллиума и Солнца СР в Двенадцатом, Первом и Шестом Доме Солнечной Революции, положение Марса в этих же Домах представляет собой исключительно опасное условие. Но и в остальных девяти Домах Марс дает о себе знать очень ощутимо, и почти всегда болезненным образом. Внимательно изучив следующие ниже описания, вы сможете в этом убедиться. Радикальность этой планеты по своей интенсивности уступает лишь Урану, но, тем не менее, в период времени действия Солнечной Революции она обретает особую пронизывающую силу, намного более интенсивную, чем воздействие управителя Водолея.

Марс в Первом Доме проявляет себя действительно очень скверно и злобно. Однако, как всегда необходимо учитывать возраст субъекта. Для пожилого человека это положение может нанести огромный вред. Дети и подростки могут отделаться приступом аппендицита или операцией по удалению миндалин, падением с мотоцикла, удалением зуба, переломом конечности. Взрослые же обычно сталкиваются с гораздо более тяжелыми ситуациями, и такое положение для них может означать довольно серьезные болезни и хирургические операции, начиная от удаления камней из желчного пузыря и заканчивая раковыми опухолями, трансплантацией органов или инфарктом. Безусловно, речь идет об одном из самых тяжелых положений в карте Солнечной Революции. Однако необходимо уточнить, что даже если в подавляющем большинстве случаев оно относится к хирургической операции, несчастному случаю или тяжелому физическому заболеванию, иной раз, и не так уж редко, оно может указывать на состояние глубокой озабоченности субъекта, психической прострации, нервного кризиса, сильной тревоги или депрессии. Все это может быть вызвано сильным разочарованием в личной жизни (как в случае, когда субъекта бросает любимый человек), крахом финансового положения, проблемами в работе (например, у политиков, чей престиж резко падает после скандала, обвинения в коррупции, и так далее), тяжелыми эмоциональными переживаниями (из-за смерти близкого человека, например), и так далее. Следовательно, иногда такое положение больше относится к психологическим проблемам, чем физическим, но это не значит, что они будут менее тяжелыми. Только в одном случае мы можем говорить о не таком уж плохом положении, для субъектов, имеющих от рождения очень слабый Марс, например, в Весах или в Раке, присутствие Марса СР в Первом Доме Солнечной Революции может указывать на великолепный год, проходящий под знаком принятия смелых решений, конкретных действий, непосредственных реакций, и активности, доставляющей огромное удовольствие, никогда ранее не испытанное субъектом. Но тем не менее, даже в этих случаях, в дополнение к очень позитивной стороне ситуации, остается вероятность попадания в аварию на мотоцикле, получения травмы, падения с лестницы, и так далее. Несомненно, при всех перечисленных условиях и для всех возрастов, будет ощущаться большое количество энергии, сопровождающееся повышенной агрессивностью, проявляемой субъектом по отношению к другим людям или исходящей к нему от окружающих. Поэтому в течение этих двенадцати месяцев чрезвычайно возрастает риск ссор и разрывов отношений. Это положение Марса может благотворно повлиять на сексуальную энергию мужчин, а следовательно, и на интенсивность их сексуальных отношений в течение года.

Марс во Втором Доме почти всегда провоцирует утечку денег. Под его влиянием многие легко теряют контроль и начинают много тратить, слишком много, больше, чем могли бы себе позволить, и как следствие погрязают в долгах или расходуют все свои сбережения. Мы можем стать жертвой кражи, грабежа или мошенничества, но в негативный список следует включить также одолженные деньги, которые не удается себе вернуть, и прежде всего чрезмерные расходы. Зачастую это положение встречается одновременно со значениями Четвертого Дома, и тогда вместо запланированных десяти тысяч в конечном счете мы тратим на ремонтные работы в доме пятьдесят или сто тысяч. Иной раз мы собираемся приобрести лишь одну дорогостоящую вещь, например компьютер или новую машину, и неожиданно сталкиваемся с необходимостью выплаты задолженностей по налогам, с внеплановыми ремонтными работами кондоминиума, с оплатой непредвиденных поездок, с болезнями, требующими дорогого лечения, с оказанием финансовой помощи родственникам, попавшим в затруднительное положение, и в итоге «пробка» вылетает. Следует категорически избегать любых биржевых спекуляций и инвестиций коммерческого, предпринимательского или производственного плана, за исключением лишь тех случаев, когда присутствуют многие обнадеживающие, противоположные по смыслу, показатели Солнечной Революции, и подтверждения финансовой удачливости субъекта историей всей его жизни. В некоторых случаях, но речь идет о меньшинстве, такое положение может быть позитивным, когда субъект вкладывает массу своей энергии в направлении заработка и прилагает огромное количество усилий, чтобы принести домой как можно больше денег. В других случаях это положение сообщает нам о большей заинтересованности субъекта в вопросах, связанных с изображением, таких как фотография, изобразительное искусство, кино, театр, компьютерная графика, а также о его появлении на телевизионном экране, обретении большей популярности и заметности, зачастую завоеванной настойчивыми усилиями. В этом смысле следует предполагать крупные траты на технические инструменты, программное обеспечение и оборудование, необходимое для реализации всего только что перечисленного. Практически невозможно не найти хотя бы одного из этих событий в течение анализируемого года, поэтому нужно очень тщательно «допрашивать» субъекта, чтобы понять, в какой форме проявилось данное положение в его жизни. Кто-то говорит, например: «Я всего лишь научился пользоваться видеокамерой или фотоаппаратом...», а вам этого мало? Не забывайте, что мы рассматриваем двенадцать месяцев жизни Сергея Павленко, Маши Петровой или Васи Пупкина, а вовсе не обязательно описание самого важного года из жизни Наполеона Бонапарта.

Такое положение Марса также указывает на большее внимание к своей одежде. Много энергии и усилий, направленных на улучшение своего внешнего вида. Улучшение имиджа благодаря приложению силы воли, например, с помощью активных занятий спортом или упорного соблюдения диеты для похудения и потери лишних килограммов. Возможна пластическая операция. Вообще, очень большое внимание к собственной одежде и внешнему виду. Возможно появление на экранах телевидения и в прессе. Есть вероятность возникновения спорных ситуаций, касающихся денег, на работе или в семье.

Марс в Третьем Доме, даже если это может показаться слишком банальным, почти всегда указывает на несчастный случай или происшествие при поездке на машине, мотоцикле, велосипеде, при посадке в автобус или при пересечении дороги. Большая или меньшая степень тяжести такого происшествия зависит от общей ситуации транзитов и других положений в карте Солнечной Революции. Иной раз это положение может означать, что наша машина или мотоцикл будут украдены, поломаются или получат повреждения. Может случиться и так, что в течение двенадцати месяцев такой Солнечной Революции мы столкнемся с плохими новостями, неприятностями или ссорами в отношении наших родных или двоюродных братьев, сестер, шурина, зятя, дядь или теть, племянников и племянниц. Иногда речь может идти даже об очень тяжелых событиях, если Солнечная Революция содержит также значения Двенадцатого, Первого, Шестого и Одиннадцатого Дома, с опасностью серьезных болезней, несчастных случаев или смерти одного из этих родственников в крайне негативном случае. Кто-то, читая сейчас эти строки, может склониться к идее, что никогда не стоит размещать Марс в этом секторе карты Солнечной Революции, и это было бы грубейшей ошибкой!.. Скажу даже больше. Всякий раз, когда в день рождения Марс и Сатурн (а может также Уран, Нептун или Плутон) находятся на расстоянии десяти-пятнадцати градусов друг от друга, а то и гораздо меньше, лично я стараюсь разместить их именно в этом Доме, поскольку считаю его наименее опасным. Кто-то может заметить, что поступая таким образом, я поставлю в опасность жизнь моих близких родственников, но я не согласен с таким рассуждением. Во-первых, потому что если мы считаем опасными ближайшие месяцы для нашего брата, например, то это он должен будет уехать, а не мы должны будем избегать Третьего Дома, а во-вторых, по общим соображениям, изложенным в моей книге *Новый Трактат по Астрологии* (Nuovo Trattato di Astrologia, Armenia). Помимо прочего, в течение года мы можем столкнуться с довольно раздражающими ежедневными поездками из загорода в центр или, в любом случае, со многими неприятными перемещениями. Возможен кризис или огромные трудности в учебе, провал на экзаменах, неудачи в прохождении конкурсных отборов. Серьезные поломки или значительные повреждения оборудования и инструментов телекоммуникаций, таких как факсимильный аппарат, мобильный или беспроводный телефон, спутниковая антенна, принтер, модем, высокоскоростная линия Интернет, и так далее. Проблемы с прессой, атаки со стороны газет или телевидения, письменная полемика. Большая агрессия, выраженная вовне или исходящая от окружающих людей при случайных и маловажных встречах: со служащим у стойки, контролером в трамвае, продавцом в магазине, и так далее. Возможны повреждения при транспортировке, например, отправленные нами посылки не доходят до адресата, письма доставляются в открытом виде, или багаж повреждается при перевозке. Вероятны вредные последствия курения или возникновение проблем дыхательных путей. В число возможных несчастных случаев в ходе движения можно также внести те, которые происходят при пересечении дороги по пешеходному переходу, а также падение с лестницы, падение дома, подбегая к телефону, чтобы ответить на звонок, и так далее. Возможны препятствия в пути или невозможность доехать до места назначения из-за забастовок, массовых демонстраций протеста, поломки самолета, и так далее.

Марс в Четвертом Доме почти всегда указывает на необходимость выполнения ремонтных работ дома или в офисе, в лаборатории, в мастерской. Это одно из наименее «плохих» положений огненной планеты, но, тем не менее, не стоит его недооценивать. Иногда нашему жилищу может быть нанесен значительный ущерб в виде обрушений, пожаров, провалов полового покрытия. В других случаях речь идет об ущербе в финансовом смысле, например, необходимость оплатить налоги на недвижимость, трудности с выплатой банковского кредита на жилье, большие затраты на ремонт квартиры. Кроме того, это положение Марса может означать получение письменного уведомления о выселении, ссоры с соседом, с управляющим кондоминиума, с арендатором нашей квартиры или с охранником дома. Иной раз этот аспект указывает на проблемы со здоровьем у наших родителей и/или родителей мужа или жены (а также у родителей жениха или невесты, любовника, и т. д.) или на наши ссоры с ними. Наши родители или мы сами можем попасть в больницу. Следует соблюдать осторожность с обогревательными приборами, отопительными котлами, газовыми баллонами и возможными короткими замыканиями. Было бы благоразумно держать в доме огнетушитель. Необходимо позаботиться об охране дома в наше отсутствие, потому что к нам могут наведаться грабители. Возможны поломки запоминающих устройств компьютера, существует риск потери наших архивных данных, хранящихся на жестком диске. В эти последние годы (см. в Послесловии книги главу, посвященную вопросу здоровья) такого рода положение указывает, с достаточно высокой вероятностью, на опасность госпитализации или хирургической операции. С помощью правил экзорцизации символов (например тех, которые описаны в моей книге Активная Астрология Astrologia Attiva, edizioni Mediterranee) можно будет держать под контролем такой аспект, с достаточной степенью уверенности и безопасности. Лучше всего в данном случае было бы добровольно подвергнуться небольшому хирургическому вмешательству приблизительно через месяц после дня рождения, но ни в коем случае не в опасные двадцать дней после него, и не несколько месяцев спустя, когда Марс уже сам может выбрать, куда нас поразить… Бывает, что субъект даже жалуется на то, что с Марсом СР в Четвертом Доме он провел худший год своей жизни, всего лишь потому, что столкнулся с большей конфликтностью в собственном доме и на рабочем месте. А если бы он попал под поезд, то рассуждал бы подобным образом?

Марс в Пятом Доме почти всегда сопровождает повышенную конфликтность в любовных отношениях. Тем не менее, это вовсе не означает обязательный разрыв. В большинстве случаев речь идет просто о более напряженной атмосфере, спорах, препирательствах даже ежедневного характера. Только в меньшинстве случаев, если остальные показатели Солнечной Революции и транзитов плохие, то можно опасаться расставания или окончательного прекращения отношений. В исключительно редких случаях, когда общая картина на самом деле пагубная, это положение может указывать на тяжелую болезнь или смерть любимого человека. Возможны также ссоры с детьми или переживания о своих детях, обоснованные или нет. Конечно же, это положение Марса может означать болезни наших детей или их провалы на школьных экзаменах, сентиментальные кризисы, приводящие их к депрессивным состояниям, проблемы с наркотиками, дурными компаниями, их падение с мотоцикла или попадание в дорожно-транспортное происшествие, и так далее. В других случаях Марс в Пятом Доме СР говорит об аборте в течение двенадцати месяцев такой Солнечной Революции или о сложной беременности, о кесаревом сечении, о послеродовых осложнениях. В своем лучшем выражении, однако, этот зодиакальный элемент указывает на вложение большого количества энергии в развлечения, на мощную направленность либидо в игровом и увеселительном смысле, на получение удовольствия посредством занятий спортом, интенсивной сексуальной активности, воинственных хобби. Наш ребенок может ощущать огромный прилив энергии и достигнуть важных результатов в спорте. Поскольку Пятый Дом также относится и к нашим «побочным» детям, таким как ученики в школе для преподавателей, или наш молодой партнер по бизнесу, к которому мы относимся как к сыну, то в этих случаях мы можем и должны ожидать неприятных событий, связанных и с этим микрокосмосом нашего бытия. Возможна наша серьезная ссора с сыном или дочерью, но также вероятно и возникновение конфликтов у нашего сына с его женой. Мы можем вкладывать много энергии и сил в новое увлекательное хобби. Это положение планеты может также означать начало занятий артистической или творческой деятельностью: выступления в любительском театре или на телевидении, танцы, живопись, скульптура, и так далее. Возможно страстное (и вредное) увлечение азартными играми или спекуляциями разного рода (в том числе инвестированием в акции).

Марс в Шестом Доме представляет собой одну из трех опаснейших позиций, вместе с Первым и Двенадцатым Домами. Для взрослых, зрелых или пожилых субъектов такое положение Марса означает болезнь, даже серьезную, в течение года, хирургическую операцию или несчастный случай с негативными последствиями для здоровья. Начиная от более легких патологий, таких как гастрит или бронхит, и заканчивая тяжелейшими болезнями, инфарктами, трансплантациями органов, реанимацией после дорожно-транспортных происшествий. Как всегда, чтобы понять уровень опасности такого положения, необходимо рассмотреть общую ситуацию неба Солнечной Революции и натальной карты. Программа *Scanner* из пакета *Astral*, со своим индексом опасности года, может помочь понять уровень тяжести ситуации, но следуя правилам, изложенным в этой книге, вы можете спокойно обойтись и без него, и решить самостоятельно. Повторю еще раз, возраст имеет первостепенное значение, поэтому подросток в такой ситуации действительно сталкивается с не очень (сравнительно) серьезными рисками. Объясню подробней эту концепцию. Я не хочу теоретизировать о том, что молодые люди не могут тяжело заболеть, получить злокачественную опухоль или инфаркт миокарда. Я только говорю, что вероятность такого события для них на самом деле минимальна. Назову одну случайную цифру, которая наверняка будет ошибочной, но поможет дать представление об идее, скажем, что один подросток из каждых трех тысяч заболевает раком. А теперь вообразим, что подростку, пришедшему к нам на консультацию, мы даем в руки револьвер с барабаном в три тысячи патронов, заряжаем его лишь одним патроном и прокручиваем барабан много раз. После этого, предложив подростку сыграть в воображаемую «русскую рулетку», мы поспорим на все, что имеем, будучи абсолютно уверенными, что он себя не убьет, поскольку расчет вероятностей будет на нашей стороне (эти рассуждения были мной пересмотрены в последнее время, частично в связи с тем, что я написал в послесловии этой книги, в главе «Вопрос здоровья»). Однако в случае пятидесятилетнего человека вероятность будет не один к одному, но несомненно и не один из трех тысяч. Следовательно, этим я хочу сказать, что Марс в Шестом Доме, также как в Первом или Двенадцатом Доме СР у подростка не должен слишком пугать нас. И потом, как для юных людей, так и для взрослых, он может означать психологическую, а не соматическую проблему. Например, если мы переживаем ужасную неприятность, сильное разочарование, предательство любимого человека или проблему с законом, потерю работы, финансовое падение или тяжелую потерю близкого родственника, то Марс в Шестом Доме СР указывает на период огромных страданий, а вовсе не обязательно на воспаление лёгких или аборт. Среди наиболее вероятных несчастий, которые, повторяю, следует предусматривать на все триста шестьдесят градусов, а не только в отношении здоровья (надеюсь, что на этот раз я достаточно понятно объяснил, потому что писал об этом и раньше, но поняли меня отнюдь немногие), можно перечислить проблемы с работой, правовые споры и судебные иски, затеянные подчиненными или нашими бывшими работниками, несчастные случаи или серьезные ссоры на работе. Почти никогда, если не сказать вообще никогда, мне не приходилось встречать позитивного проявления такого положения, даже если Марс поддерживается тринами и секстилями или оказывается в обители. Кроме того, не забывайте, что даже когда в течение года с нами вроде бы не происходит ничего страшного, на самом деле мы можем просто не знать о нанесенном нам вреде, как в случае начала тяжелой болезни, которая проявится во всей своей силе лишь несколькими годами спустя (подумайте, например, о случае гепатита С, каждый год поражающем тысячи новых людей, большинство из которых не знают об этом и будут оставаться в неведении о своем заболевании на протяжении многих лет).

Марс в Седьмом Доме пугает меня немного больше, чем в Восьмом, и поэтому если бы мне пришлось указать (но я этого не делаю) четвертый очень плохой Дом, то после Первого, Шестого и Двенадцатого я бы назвал Седьмой. В девяноста девяти процентах случаев речь идет об официальных бумагах. Они могут означать ссоры с партнером, расставания, разводы, споры с участием адвоката или без него. Однако могут быть и официальные бумаги, не имеющие никакой связи с личными отношениями. У нас могут возникнуть беды с правосудием, мы можем подвергнуться судебному разбирательству, тяжелым дисциплинарным мерам, высоким штрафам и санкциям, контрольным визитам налоговой инспекции, более или менее жестоким обвинениям, в том числе со стороны прессы или телевидения, получить письма с угрозами.

С Марсом в Седьмом Доме мы можем даже стать жертвами мафиозного нападения на нашу имущественную собственность или покушения на нашу жизнь. Опасность получения ранений с целью запугивания со стороны мафии. В самых тяжелых случаях есть риск быть убитыми, но только лишь при наличии очень веских оснований для настолько тяжелого предположения (небесные карты всех родственников должны выражаться в этом смысле). Ссоры могут быть связаны как с соседом по дому, охранником, управляющим кондоминиумом, так и с нашим коллегой по работе или политическим противником. Нас могут наказать изъятием водительских прав или обвинить в оскорблении государственного служащего. Мы рискуем быть избитыми наркоманом, пытающимся украсть нашу машину или мобильный телефон. Мы сами можем стать инициаторами движения официальных бумаг, например, чтобы потребовать через суд возврата одолженных нами денег, добиться правосудия в отношении перенесенной нами несправедливости или защититься от клеветы. В течение этого года возрастает наша воинственность, которая может проявиться также в нашем активном участии в работе политической партии, в войнах или крестовых походах в защиту слабых, угнетенных и разного рода меньшинств. Мы можем принять участие в демонстрациях партии зеленых, в маршах в защиту прав трудящихся или в выступлениях в знак протеста против расизма. Мы переживаем период высоких идеалов, политических порывов или религиозного рвения. Возможны попытки вступить в армию, в полицию или в ряды карабинеров. Но, тем не менее, даже если мы хотим интерпретировать это положение Солнечной Революции в позитивном смысле, в порыве очень здорового оптимизма, оно все равно остается отвратительным. С ним нужно вести себя очень осторожно, поскольку даже в самом лучшем случае оно укажет на период двенадцати месяцев открытой враждебности со стороны других людей, когда мы не сможем ожидать от окружающих никаких скидок, уступок или снисходительности по отношению к нам.

Марс в Восьмом Доме, также как и во Втором, почти всегда объявляет об утечке денег. В отношении этого вряд ли можно ошибиться, поскольку это положение в высочайшей степени проверяемо, и только слепой или представитель CICAP (Итальянского Комитета по Расследованию Заявлений о Паранормальных явлениях) мог бы не заметить этого. По большей части речь будет идти о разного рода тратах и расходах, в особенности, связанных с домом или машиной. Но возможны также кражи, ограбления, мошенничества, одолженные нами деньги, которые не удается вернуть назад, требующие оплаты налоги, взносы по банковским кредитам, долги нашего партнера, и так далее. Необходимо быть внимательными также к возможным денежным потерям в азартных играх. Иной раз речь идет о юридических вопросах, касающихся получения наследства, завещанного имущества, дарения, пенсии, выходного пособия. Возможны ссоры с родственниками по вопросам наследства. В гораздо более редких случаях это положение может указывать на большое горе, связанное со смертью или опасностью для жизни наших родственников. Период большей сексуальной активности. Возможен нервный стресс или страхи в отношении спиритизма, магии или оккультизма. Боязнь смерти. Проблемы сексуального характера. В эти двенадцать месяцев следует категорически избегать любых биржевых спекуляций или предпринимательской, коммерческой, производственной деятельности, за исключением лишь тех случаев, когда присутствуют многие довольно обнадеживающие показатели Солнечной Революции, и подтверждения финансовой удачливости субъекта историей всей его жизни. Страх перед возможной насильственной смертью, нашей собственной или наших близких, который почти всегда терроризирует новичков и даже коллег астрологов, на самом деле не имеет смысла, поскольку это настолько маловероятное событие, что по моему мнению его даже не стоит рассматривать.

Марс в Девятом Доме очень часто говорит нам о дорожно-транспортных происшествиях на машине, мотоцикле или велосипеде, с фургоном или просто пересекая дорогу по пешеходному переходу. Но в общем, должен сказать, что я очень много раз сталкивался с этим положением, когда мои клиенты сообщали о произошедших с ними несчастных случаях, абсолютно непричастных к передвижениям на дороге, таких как падение с лестницы, случайное ранение, перелом бедренной кости, получение травмы при занятиях спортом, и так далее.

Следовательно, хоть это положение и весьма коварное, но оно не в ходит в число самых опасных. На самом деле, как правило, речь идет о совершенно банальных непредвиденных трудностях во время путешествий. Например, когда авиакомпания отправляет наш багаж в Гонконг, в то время как мы летим в Париж, или когда мы устраиваемся в гостинице, а ночью с ужасом обнаруживаем «блуждающих» тараканов. У нас могут возникнуть неприятности с иностранной полицией или проблемы юридического порядка в зарубежной поездке, на нас могут напасть хулиганы в другом городе, или вдали от дома мы столкнемся с финансовыми злоключениями. Иногда это положение планеты подает идею о медицинском лечении или о хирургических операциях в какой-то зарубежной больнице. Возможны проблемы в университете. Один из наших родственников может заболеть, вынудив нас сопровождать его в поездке на лечение. Возможны самые разные злоключения во время путешествий, но на первом месте стоит опасность автомобильных аварий на дороге (каждый год только в Италии на автострадах погибает больше людей, чем в любой из наших войн за независимость, и целое войско остается без ног, без рук, без глаз… И если учесть, что всего лишь один авиарейс из двух с половиной миллионов обречён закончиться катастрофой, то становится совершенно ясной безосновательность страха перед полетом на самолете при этом положении Марса. Однако, само собой разумеется, что если мы сами пилотируем, например Piper, или если мы путешествуем на вертолете, то вероятность происшествий значительно возрастает). Возможно нанесение вреда нашим транспортным средствам. Ссора с иностранным учителем, служащим для нас культурным ориентиром. Много энергии и сил, вложенных в изучение языка, в том числе компьютерного программирования. Религиозный кризис и проблемы, вызванные изучением философии, астрологии, эзотерики, парапсихологии, и так далее. Данное положение, безусловно, самое худшее для путешествий, но на самом деле я хотел бы иметь возможность выбирать его каждый год моей жизни, потому что по сравнению со всеми другими положениями Марса оно наименее опасное.

Марс в Десятом Доме обычно имеет почти одинаковое количество положительных и отрицательных значений. Много энергии вкладывается в профессиональный рост. Усилия, направленные на улучшение условий работы. Огромное количество сил и энергии прилагается для роста, личной эмансипации и освобождения от любого рода проблем. В негативном смысле это положение указывает на трудности в работе, опасность потерять ее, на скандалы, которые наносят вред профессиональной репутации, войны по профессиональным мотивам, противодействие в работе не только со стороны врагов, но и друзей или партнеров. Возможно нанесение ущерба нашему предприятию, несчастные случаи в профессиональной деятельности (например, когда ошибка врача провоцирует смерть пациента). Возможно ухудшение здоровья нашей матери (или свекрови, или тещи) или наши с ней конфликтные отношения. В очень тяжелых случаях, если тому есть подтверждения в других показателях транзитов и Солнечной Революции, это положение может означать смерть нашей матери. Если же говорить без всяких эмоциональных преувеличений, то наиболее вероятно, что этот год пройдет в трудной борьбе за собственную эмансипацию и рост, например, когда девушка разрывает отношения со своей матерью и переезжает на другую квартиру, чтобы начать самостоятельную жизнь. Хирургическая операция может подарить нам более высокую степень свободы и эмансипации (например, лечебное протезирование конечностей).

Марс в Одиннадцатом Доме в подавляющем большинстве случаев означает ссору с другом или дальним родственником. Возможен траур в семье, если другие элементы Солнечной Революции и транзитов подтверждают такое событие. Такое положение также указывает на смертельную опасность для друзей или родственников, а поскольку за последние годы, когда заболевания вообще, и раковые особенно, все более интенсивно прогрессируют, то мы можем стать свидетелями многих случаев смерти наших друзей, знакомых, коллег или родственников. Но тот, кто практикует Целенаправленные дни рождения, тем не менее, допустит большую ошибку, пытаясь избегать этого Дома, по причинам, которые я уже не раз объяснял во многих моих книгах. Кроме прочего, мы рискуем поссориться с властным и высокопоставленным человеком, который нас спонсировал. Мы вкладываем много сил и энергии в дружеские отношения, и делаем все возможное, чтобы поддержать друзей и помочь всем тем, кого мы любим. Много энергии тратится на планирование во всех областях нашей жизни. Возможны усердные занятия музыкой. Такое положение, подобно Марсу в Седьмом Доме, но на менее интенсивном уровне, октавой ниже, несомненно принесет нам много враждебности со стороны окружающих, и в большинстве случаев абсолютно бесплатной. В течение всего года нас будет сопровождать атмосфера сильной напряженности, и будет трудно понять, как нам удается, совершенно непреднамеренно и незаслуженно, вызвать к себе такое количество неприязни окружающих. В течение этих двенадцати месяцев мы абсолютно не сможем рассчитывать на какие-либо уступки, скидки или снисхождение со стороны кого бы то ни было.

Марс в Двенадцатом Доме обычно приносит огромное количество бед, во всех областях жизни, или же одно определенное и тяжелейшее событие в течение года. Остаются в силе все описания Марса в Первом и Шестом Домах СР, поэтому не имеет смысла повторяться. Это опаснейшее положение для здоровья, как в физическом, так и в психическом смысле. Возможны тяжелые нервные срывы, состояние тревоги и депрессии из-за разочарования в любви, проблем с деньгами или работой, политических или профессиональных неудач, скандала, потери близкого человека, измены или ухода любимого партнера, провала на экзамене, серьезных проблем со здоровьем, от камней в жёлчном пузыре до раковой опухоли, СПИДа, инфаркта и трансплантации органов. При таком положении Марса можно попасть в тюрьму или в больницу, получить обвинение в совершении преступления и вызов в суд. Возможны скандалы, касающиеся нас самих или близких нам людей. Тяжелые состояния психического стресса могут быть спровоцированы также плохими предсказаниями мнимых магов или целителей. Страх перед мнимой тяжелой болезнью. Тайные враги, которые наносят нам вред самыми разными способами. Риск потерять работу и быть уволенными. Беды на все триста шестьдесят градусов.

Глава 18
Юпитер СР в Домах Солнечной Революции

Это довольно важное положение, так как оно указывает нам, где именно мы сможем рассчитывать на наибольшие возможности и ресурсы в течение двенадцати месяцев, пока длится Солнечная Революция. Помощь Юпитера окажется необходимой и будет иметь важное значение в целях определения общего годичного результата Солнечной Революции. Юпитер может протянуть нам руку помощи как в качестве толкающей вперед и приводящей в движение силы, предлагая нам козырь в одном конкретном направлении, так и в качестве ангела-хранителя, ограничивая возможный вред определенной ситуации. Однако необходимо соблюдать осторожность в отношении его «работы», главным образом в трех Домах: во Втором, в Седьмом и Восьмом. В этих трех секторах гороскопа управитель Стрельца зачастую проявляется в направлении, полностью противоположном своему классическому поведению. Об этом можно также прочитать в соответствующих описаниях транзитов Юпитера в этих трех Домах радикса.

Юпитер в Первом Доме обычно оказывает очень позитивное влияние на общее восстановление организма после депрессивных и подавленных состояний, упадка физических и психических сил, послеоперационного выздоровления, пережитых стрессовых ситуаций и больших проблем в финансовой, профессиональной, сентиментальной и семейной сфере, упадочных состояний, вызванных смертью близких или любыми другими горестями и неприятностями. При таком положении Юпитера даже те люди, которые обычно очень недоверчивы, снижают свою защиту и чувство критики, начинают вести себя более простодушно и наивно, и проявляют большее доверие к окружающим. Это положение благоприятствует социальным контактам и большей открытости в поведении, но оказывается вредным с точки зрения возможных обманных действий со стороны других людей, с которыми может столкнуться субъект, пребывая в таком доверчивом состоянии. Следует соблюдать особую осторожность, так как это положение способствует не только «радости» сердца и общей расслабленности, но и набору лишних килограммов и ожирению. В самых негативных случаях может спровоцировать разрастание тканей любого рода, даже патологических. Дает склонность к гипертрофии в целом, неумеренности, излишествам, преувеличениям в оценке ситуаций. Тем не менее, даже при должном проблематичном прочтении значений этого положения, необходимо считать его по сути позитивным. Мало того, оно дает нам максимальную защиту для здоровья, а также приносит «фортуну», в самом широком смысле слова. Если Юпитер расположен очень близко к Асценденту, то он может, как настоящий звездный «Прозак», оказать мощное антидепрессивное воздействие, которое приносит огромную пользу, особенно после года тяжелых испытаний.

Юпитер во Втором Доме представляет собой одно из трех положений, при которых необходимо соблюдать особую осторожность. В главе о транзитах Юпитера вы можете прочитать насчет эффекта *бистабильного осциллятора*. Повторю вкратце и здесь. Бистабильный осциллятор представляет собой электронную схему, которая определяет для каждого входного импульса инвертирование выходного сигнала. Например, когда поступает первый импульс на входе, осциллятор включает лампочку на выходе. Если поступает второй импульс, он ее выключает, при третьем – снова включает, и так далее. Это означает, что положение Юпитера в трех названных Домах, как правило, определяет инвертирование предыдущего состояния. Юпитер во Втором Доме Солнечной Революции несомненно означает большее денежное обращение, но направление денежного потока может быть как входящим, так и исходящим. Чтобы понять, в каком именно направлении он проявится, необходимо оценить общую ситуацию. Приведу некоторые примеры. Если это положение сочетается с акцентированными значениями таких Домов Солнечной Революции, как Двенадцатый, Первый или Шестой, то почти наверняка будут денежные потери. Если речь идет о коммерсантах или предпринимателях, у которых транзитный Сатурн в этот период проходит по Второму или Восьмому Дому, то почти наверняка речь будет идти об увеличении денежных расходов. Если субъект проводит ремонт в доме или собирается купить квартиру, имея выделенный Четвертый Дом в Солнечной Революции, то и в этом случае речь идет о расходах, о самой настоящей утечке денег. Если же наоборот, присутствуют значения Четвертого Дома и субъект продает недвижимость, то данное положение Юпитера указывает на большие денежные поступления. Рассуждая подобным образом, можно почти всегда определить направление денежного потока. Если рабочий, будучи временно отстраненным от работы из-за проблем на его предприятии, живет на пособие по безработице, то при плохих транзитах в сочетании с Юпитером во Втором Доме Солнечной Революции он может вообще лишиться рабочего места и полностью разориться. Необходимо также учитывать ситуацию натальной карты субъекта, которая в общем анализе играет вовсе не второстепенную роль. Тот, кто способен продавать кузнечиков в Африке или холодильники на Аляске, даже с этим транзитом увеличит свои доходы, в то время как человеку, которому вечно не везет с деньгами, снова предстоит столкнуться с проблемами в финансовой сфере. Такое положение может также означать повышенную «заметность» субъекта, который, по всей вероятности, в течение года примет участие в торжественных церемониях или в телевизионных передачах, будет запечатлен на фотографиях или показан по новостным телеканалам, и так далее. Возможно возникновение интереса, доставляющего большое удовольствие, к сфере кино, фотографии, театра, компьютерной графики или дизайна, а также приобретение инструментов и оборудования, связанного с этими областями деятельности. Такое положение Юпитера способствует красоте и улучшению внешнего вида, которое может осуществиться самыми разными способами: с помощью специальной диеты или пластической операции, смены имиджа, изменения прически, отращивания бороды или усов, установления зубного протеза, и так далее. Необычно большое внимание к подбору одежды. С этим положением Юпитера почти невозможно, чтобы субъект в течение года не купил себе новый монитор или широкоформатный телевизор, или не увлекся, хотя бы на время, фотографией или видеосъемкой.

Вероятно, его изображение будет опубликовано в газетах, или он сможет улучшить свое зрение с помощью лазерной хирургии. Если речь идет об актере, то в течение года он насладится большей заметностью и популярностью, например, снявшись в рекламном ролике.

Юпитер в Третьем Доме очень тривиальным образом, и довольно часто, означает покупку новой машины или мотоцикла, велосипеда, фургона, или любого другого транспортного средства. Возможны увеселительные путешествия и множество передвижений. Приятные ежедневные поездки из загорода в центр, частые перемещения по счастливым мотивам, в связи с новой работой, любовной историей или улучшением здоровья. Обмен информацией в больших объемах, частое использование телекоммуникаций. Вероятна покупка мобильного или беспроводного телефона, факса, телефонной подстанции, спутниковой антенны, модема, оборудования для высокоскоростной навигации в Интернете, принтера или новой компьютерной программы для работы с текстом. Отличные новости, которые приходят в письме, в телеграмме, по факсу или по телефону. Великолепные события в учебе. Много блестяще сданных экзаменов в университете. Хорошие возможности пройти конкурсный отбор. Возможно посещение учебных курсов в качестве студентов или преподавателей. Большую пользу приносит обучение на языковых или компьютерных курсах, в аспирантуре, прохождение стажировки, участие в семинарах, конференциях, круглых столах, дискуссиях. Хороший период для писательской деятельности. Печать и пресса к нам позитивно относятся. Отличные новости от родных или двоюродных братьев, сестер, родственников по мужу или жене. При наличии лёгочных заболеваний способствует излечению и улучшению состояния здоровья. Везение в коммерческой сфере деятельности. При положении такого рода может также быть сделан первый шаг к ликвидации компьютерной неграмотности, например, культурный человек, который вплоть до пятидесятилетнего возраста писал лишь ручкой по бумаге, в таком году начинает пользоваться программой *Word*. Многие люди впервые успешно сдают экзамен на получение водительских прав или получают лицензию на управление яхтой.

Юпитер в Четвертом Доме почти неминуемо приносит преимущества, связанные с недвижимостью. Они могут выражаться в виде удачной операции по купле-продаже, осуществления важной сделки, касающейся недвижимости, или в переезде, или в выполнении ремонтных работ как в доме, так и в офисе, лаборатории, мастерской, магазине, и так далее. Все это может относиться и к нашей собственной недвижимости, и к месту, где мы работаем. Например, для банковского служащего такое положение может означать перевод на работу в другой, новый и более комфортабельный филиал банка. Тот, кто намерен приобрести собственную квартиру, должен обязательно воспользоваться таким положением Юпитера. Оно сулит прекрасные вещи также для тех людей, которые были вынуждены на протяжении многих лет испытывать различные неудобства с жильем, и в течение этого года, наконец-то могут вступить во владение собственным домом. Юпитер в Четвертом Доме может касаться и тех людей, которым удается, после многолетних разъездов, наконец-то в полной мере насладиться пребыванием у себя дома на протяжении определенного времени. Мы можем унаследовать недвижимость. С другой точки зрения это положение может указывать на улучшение состояния наших родителей (или родителей мужа или жены), и особенно отца (или отца супруга или супруги), в отношении их здоровья, или в плане финансовом, профессиональном, или сентиментальном. Улучшение жилищных условий может относиться также и к нашим родителям, или к родителям мужа или жены (также как к родителям жениха или невесты). Наши отношения с родителями улучшаются. Возможна покупка кампера (жилого самоходного автофургона) или совместной собственности для летнего отдыха (таймшер квартиры). Аренда новой студии или холостяцкой квартиры. Покупка нового жесткого диска большого объема или другого запоминающего устройства для нашего компьютера. Юпитер в Четвертом Доме может также указывать на вновь обретенную обстановку спокойствия в доме или на работе, прекрасное самочувствие на территории своего жилого пространства после долгой «бури». Как ни странно, но это положение может быть связано с болезнью, а именно с тем, как мы с огромным наслаждением пребываем дома, отдыхая от работы, воспользовавшись больничным листом.

Юпитер в Пятом Доме проявляется довольно зрелищно и ярко, значительно облегчая сентиментальные свидания и рождение новой любви, только если субъект не обладает извечной неудачливостью в этой области жизни. Здесь стоит поразмышлять. Многие пользователи астрологии, будучи слегка наслышаны о предмете, уверены в том, что подобное положение Юпитера должно по умолчанию давать им право на любовь. На самом деле все обстоит совершенно иначе, и то же самое можно сказать, например, об инаугурациях. Мне не раз приходилось сталкиваться с ситуациями, когда кто-то обращался ко мне за советом насчет удачной даты для открытия коммерческого предприятия, а потом через несколько лет жаловался, что, несмотря на это, дело не принесло финансовой прибыли. Но это вполне логично, поскольку в ситуации, кроме астрологических факторов, всегда задействованы и другие переменные, которые, к тому же, в большой степени зависят и от условий рынка. Соответственно, если кто-то пытается продавать шубы в тропиках, то даже если он откроет свой магазин под самым превосходным небом, все равно его предприятие будет обречено на провал. Аналогичным образом, если решительно безобразный или очень малопривлекательный мужчина попытается завоевать женщину на торжественном приеме, где будет присутствовать множество блестящих и очаровательных курсантов престижной военно-морской академии, то вряд ли ему удастся покорить ее сердце. Следовательно, данное положение Юпитера в течение года, от одного дня рождения до другого, может принести новую прекрасную любовь или возвращение возлюбленного человека, но только при наличии объективных условий для этого. В любом случае, субъект будет развлекаться и веселиться больше обычного в течение года. И удовольствие ему может доставить как игра в карты, музыка, компьютер или видеоигры, так и чтение Толстого или Бунина, ведь «на вкус и цвет…». Бывало, что мне приходилось слышать от человека признание в том, что в течение прошедшего года Солнечной Революции он, безусловно, весело проводил время, но необыкновенное удовольствие он нашел для себя в обычных беседах с людьми, после долгого периода уединения. В такой год может быть увлечение спортивными занятиями, больше походов в кино, в театр, в рестораны, на концерты или дискотеки, больше веселых поездок на выходные и больше секса. Получение отличных новостей от своих детей или от молодежи вообще (особенно это касается преподавателей). Преодоление проблемы, связанной с потомством. Возможность зачать ребенка, даже когда он нежелателен, поскольку такое положение сильнейшим образом увеличивает фертильность субъекта, как женщины, так и мужчины. Только в крайне редких случаях это положение должно читаться в негативном смысле, и может указывать, например, на неприятности с детьми. Возвращаясь к теме любви, к счастью, все еще самой популярной среди всех, хотелось бы добавить, что для всех людей, не «крапленых» в этой сфере, Юпитер в Пятом Доме объявляет о безусловно прекрасном годе любви или секса. Речь может идти либо о вновь вспыхнувшей старой страсти, либо о новой встрече. Иногда приходится слышать: «Если это не будет Василий, то никакая любовь мне не интересна…». Но звезды смотрят дальше нас, и зачастую, даже если речь не идет о Василии, субъект остается очень доволен и счастлив.

Юпитер в Шестом Доме способен принести довольно ощутимую помощь в различных ситуациях, с точки зрения оздоровления. На самом деле, он дает действенную помощь в исцелении от болезней и предлагает нам ресурсы, иногда неожиданные, для улучшения нашего психофизического состояния и благополучия. Он оказывает очень хорошее и эффективное воздействие в стадии выздоровления после болезни и при необходимости общего восстановления после тяжелого периода разочарований и неудач в личной жизни, проблем в финансовом или профессиональном плане, или после смерти близкого человека. Лечебные процедуры, которые начинаются при такой Солнечной Революции, имеют гораздо больше шансов на получение предполагаемых результатов, конкретных и позитивных. Это благоприятный период для хирургических вмешательств, особенно косметологического характера. Возможно улучшение в работе, в трудовых условиях или в человеческих отношениях на работе. Отличные возможности для принятия на работу новых сотрудников, подчиненных служащих или домашней прислуги. Старые обиды, конфликтные ситуации в рабочей среде, находят свое позитивное разрешение. Наш подчиненный работник переживает великолепный период жизни, с разных точек зрения. Если раньше мы тяжело, с озабоченностью и переживаниями, переносили свою работу, то теперь она кажется нам приятной или легкой. Это положение Юпитера приносит пользу и преимущества во всех видах терапии, от грязевых ванн и термальных процедур до шиацу или физиотерапии, от диет для похудения или дезинтоксикации организма до гимнастических упражнений. Нам может доставить много радости домашнее животное. Помните, что самыми защитными положениями для здоровья являются Юпитер и Венера в Шестом Доме СР или Юпитер и Венера в Первом или Двенадцатом Доме (Венера в Двенадцатом, особенно если она расположена очень близко к Асценденту, безусловно отлично подходит для этой цели, однако обычно она оказывается неудачной для любовных отношений).

Юпитер в Седьмом Доме ведет себя приблизительно также, как при транзите планеты в этом же натальном Доме. Обычно, действуя с «бистабильным» эффектом, описанным ранее, он предлагает нам помощь в разрешении проблем в партнерских, любовных отношениях, а также связанных с официальными бумагами. Если мы одиноки и очень желаем завязать любовные отношения, то при наличии хотя бы теоретических предпосылок и оснований для осуществления этого, мы несомненно можем надеяться на интересную встречу в течение двенадцати следующих месяцев, на важное знакомство, которое может перерасти в довольно устойчивые отношения. Кроме того, если наша личная жизнь в последнее время пребывала в кризисном состоянии, если наши любовные отношения были наполнены агрессией или нарушены временным расставанием, то с началом новой Солнечной Революции, содержащей Юпитер в Седьмом Доме, на самом деле, существует огромная вероятность того, что мы достигнем примирения, что нам удастся восстановить хорошую, мирную и любящую атмосферу прежних добрых времен. То же самое происходит в отношении правовых вопросов, исков, судебных разбирательств, нерешенных проблем с правосудием. Если мы находимся под следствием, замешаны в судебном разбирательстве, если мы заняты изнурительным судебным процессом, то с большой вероятностью мы обнаружим важный ресурс, получим неожиданную помощь, чудесную поддержку, которые избавят нас от беды и выручат, или поспособствуют получению оправдательного приговора суда или, по крайней мере, вынесению как можно более благоприятного для нас решения суда. И наоборот, если наши любовные отношения складываются великолепно и мы не имеем никаких проблем с законом, то Юпитер в Седьмом Доме может принести нам серьезные ссоры, расставания или даже развод, обилие официальных бумаг самого разного рода, неприятности с законом, атаки со стороны отдельных людей или официальных организаций, открытых врагов, или даже покушения на нашу жизни, или попытки огнестрельного ранения с целью запугивания или ограбления, и так далее. Механизм этого, как уже было сказано, мне не известен. Но это не мешает мне сделать вывод и, на основе многих тысяч изученных и проанализированных Солнечных Революций, утверждать с абсолютной уверенностью, что это правило действует в подавляющем большинстве случаев, если не сказать на все сто процентов. Все, что было сказано насчет личных отношений, с мужем, женой, партнером или партнершей, естественно, относится и к возможным деловым партнерским отношениям в бизнесе, в учебе, в политике, и так далее. Тем не менее, помимо биполярности, которую я определил как «бистабильность», есть одно значение, присутствие которого я всегда замечал при наличии такого положения Юпитера. А именно, в течение этих двенадцати месяцев наш партнер, жених или невеста, муж или жена, компаньон или компаньонка по бизнесу, блестяще себя проявят по любой причине в какой-либо области. То есть они будут лучше себя чувствовать или добьются высоких результатов в профессии, или вырастут в социальном плане, и так далее. Этот период прекрасно подходит для поиска партнера по бизнесу, если это входит в наши планы.

Юпитер в Восьмом Доме означает, также как и во Втором Доме, несомненное значительное увеличение денежного оборота, относительно обычных доходов субъекта (для одного это будет несколько миллионов, а для другого – миллиарды). Денежный поток может быть как входящим, так и исходящим. Он может зависеть от получения наследства или дарения, от выигрышей в азартных играх, выплаты нам выходных пособий, пенсий или задолженностей по зарплате, дополнительных заработков, удачных коммерческих или посреднических сделок. А также он может быть связанным с потерями денег в игре, с кражами, крупными тратами на жилье, оплатой долгов партнера, с нанесением нам ущерба мошенниками, с нашими неудачными биржевыми или другими спекуляциями, с невозвращением одолженных нами денег, и так далее. Если мы не будем внимательны, то с этим положением рискуем столкнуться с самыми настоящими утечками денег. Иногда эффект такого Юпитера может быть обманчивым. Например, он благоприятствует нашему получению кредита, финансирования, субсидии, помогая получить огромные суммы денег, которые потом мы не сможем вернуть назад, и в итоге положение Юпитера в Восьмом Доме оказывается для нас гибельным, и создает нам серьезные трудности. Возможно получение преимуществ и пользы от чьей-то смерти, и не только в финансовом смысле. Хорошие возможности для подземных исследований, глубинных, в том числе для тех, которые относятся к нашей психике. Улучшение в нашей сексуальной жизни, которое не имеет двойственной интерпретации, и зачастую косвенно дает понять о приходе новой любви или о налаживании отношений с нашим постоянным партнером. Такое положение может указывать на усиление психических и медиумических способностей. Получение неких преимуществ в вопросах, имеющих отношение к кладбищу.

Юпитер в Девятом Доме почти всегда означает великолепные дальние путешествия, долгое нахождение вдали от дома, преимущества и выгоду от дальних мест или от людей из иностранной державы, из другого города или области нашей страны. Заграница и все далекое, с любой точки зрения, для нас благоприятно, приносит огромную пользу и помощь в работе, с деньгами, со здоровьем, с любовью, славой и успехом. Иностранным больницам и врачам удается нас вылечить. Другие города предлагают нам работу или сотрудничество. Мы получаем возможность посещать иностранные курсы и университеты, проходить практику или специализацию за границей. Это положение благоприятствует получению любых высших знаний, как университетских, так и имеющих отношение к материям, далеким от повседневной реальности, таким как философия, астрология, парапсихология, теология, йога, и так далее. Мы начинаем изучать иностранный язык или программирование, или работу особенно сложной компьютерной программы. Это великолепный период для переезда в другой город или для того, чтобы попытаться заключить деловые соглашения с частными лицами или с организациями из другой области нашей страны. Если бы мы захотели определить идеальные границы действия Девятого Дома, то нужно было бы сказать, что это любые территории, где говорят на языке или диалекте, отличном от нашего. В моей очень долгой практике изучения Солнечных Революций мне неоднократно приходилось обнаруживать, что такое положение также соответствует, например, первому опыту полета субъектов, до этого испытывавших панический ужас перед самолетами.

Юпитер в Десятом Доме почти всегда приносит позитивные события в течение года Солнечной Революции. Такое положение указывает на наш рост, зачастую в профессиональном плане, но который может иметь и более общее значение, и относиться к самым разным видам эмансипации. Например, мы можем научиться плавать или глотать таблетки (есть такие взрослые, которым не удается это сделать), освободиться от присутствия неприятного человека в нашей жизни или впервые смело сесть в самолет, обрести идеальное зрение 10/10 после успешной операции на глазах, отлично выучить английский язык или другой новый иностранный язык, научиться пользоваться компьютером, укрепить свое психологическое состояние, победить страхи и преодолеть табу, замышлять выигрышные и перспективные проекты на будущее, познакомиться с людьми, которые кардинально изменят нашу жизнь к лучшему, успешно завершить учебу в университете, купить дом своей мечты, родить ребенка или оформить законный брак, и так далее. Тем не менее, следует уточнить, что это положение намного менее мощное, чем Асцендент СР в Десятом Доме радикса (который, однако, имеет многие противопоказания, в данном случае отсутствующие). Я не могу сказать, отчего так происходит, но убеждался в этом тысячи раз. Результаты, которые могут быть получены с Юпитером в Десятом Доме, почти всегда являются необратимыми. По моему мнению, сложившемуся за долгие годы экспериментов, за исключением особых случаев, положение Юпитера в тесном соединении с МС является самым лучшим, что может быть в Солнечной Революции. В некоторых случаях это положение означает отличный период в жизни нашей матери, ее профессиональные успехи, обретение известности и славы, финансовую прибыть, улучшение здоровья или счастье в любви, или же улучшение наших взаимоотношений с матерью.

Юпитер в Одиннадцатом Доме приносит нам огромную помощь посредством влиятельных друзей и высокопоставленных знакомых, дает нам поддержку людей, обладающих властью, политиков, судей, руководящих должностных лиц. Эти люди могут помочь нам найти работу, получить ответственную должность или важный заказ клиента, или выиграть тендер. Кроме того, они могут попросту поспособствовать тому, чтобы мы смогли прооперироваться у знаменитого хирурга, светила в своей области, или пройти медицинский осмотр у известного врача. Мы можем получить отличные рекомендации для поступления на курсы или в эксклюзивный клуб, поддержку на все триста шестьдесят градусов, ничего не исключая, вплоть до телефонного звонка знакомому механику, чтобы он внимательней отнесся к ремонту нашей машины. В течение двенадцати месяцев такой Солнечной Революции мы можем воспользоваться льготами самого разного рода, и в полной мере ощутить поддержку друзей, встреть самые лучшие проявления товарищества и дружбы. Год великолепных проектов. Планы профессионального роста. Проекты, которые реализуются и приносят желанные результаты. Возможно получение выгоды от чьей-то смерти. Опасность для жизни, нашей собственной или нашего близкого человека, прекрасно преодолевается. В течение такого года мы завяжем новые и отличные дружеские отношения. Юпитер в Одиннадцатом Доме интерпретируется всегда позитивно, и по своему воздействию он сравним с положением в Седьмом Доме, только проявляется менее интенсивно, октавой ниже.

Юпитер в Двенадцатом Доме представляет, пожалуй, наилучшее свое положение, поскольку даже не принося нам поддержку в каком-то определенном направлении, он работает как джокер, или козырь, как ангел-хранитель, который помогает нам выйти из любой негативной ситуации, избежать опасности и бед, восстановиться после тяжелых ударов. Это реальная панацея, отличное универсальное средство для восстановления здоровья после болезни, которое помогает также отстраниться от проблем с законом, преодолеть финансовую трагедию, воспрянуть духом после перенесенного горя расставания или смерти любимого человека. Его благоприятные последствия никогда не бывают яркими и зрелищными, но для тех, кто честен сам с собой, они чрезвычайно очевидны. Присутствие такого положения в Солнечной Революции гарантирует нам, в достаточной степени, что пережитый год не окажется трагичным, ни с какой точки зрения, и даже если мы решим пройтись по стальному канату, натянутому между двумя небоскребами, то всегда найдем под нами «страховочную сетку». Это положение, более чем все другие, должно заставить нас оценить по достоинству способность Юпитера быть очень добрым, когда он желает быть таким.

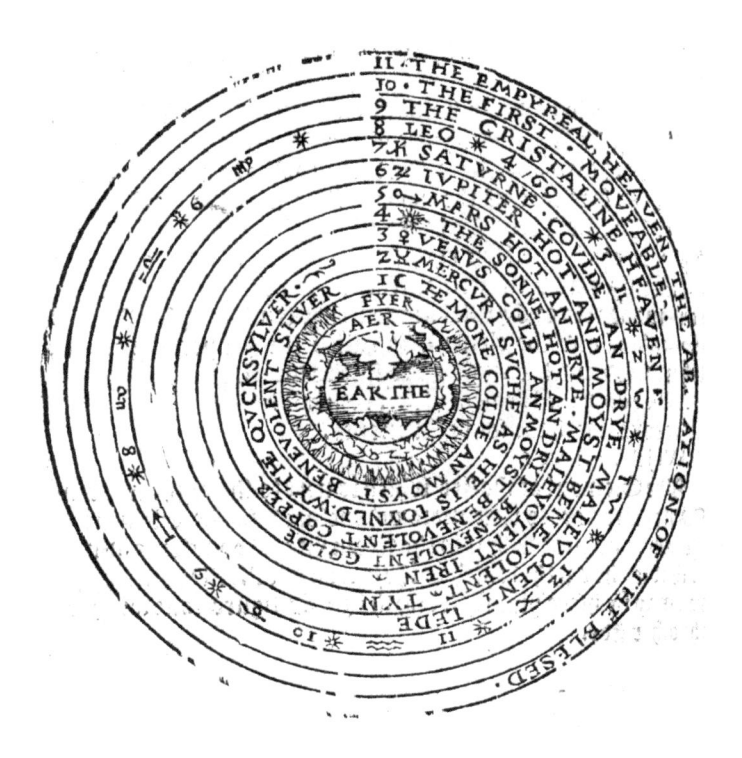

Глава 19
Сатурн СР в Домах Солнечной Революции

Сатурн Солнечной Революции представляет гораздо меньшую опасность, чем Марс СР, и причем во много раз меньшую. Это правило тоже проистекает из очень длительной практики наблюдения «вживую» за многими тысячами Солнечных Революций, Целенаправленных или нет, осуществляемой мной на протяжении порядка тридцати пяти лет (на февраль 2004 года). Я не могу сказать, почему так происходит, но безусловно это так и есть. Возможно, причина меньшей злобности планеты кроется в том, что его проявление, как правило, хронического типа слабо сочетается с периодичностью Солнечной Революции, которая охватывает всего лишь двенадцать месяцев. Но, все же, я в этом не уверен. Однако, остается фактом, что мне приходилось наблюдать огромное количество раз положение Сатурна в Двенадцатом, Первом и Шестом Домах СР, которое не принесло никакого серьезного вреда, в отличие от управителя Овна и Скорпиона, который в этих же положениях может быть неимоверно разрушительным. Несомненно, Сатурн указывает на сектор гороскопа, в котором мы должны будем прилагать усилия, и довольно большие, в течение года, но результаты вовсе не обязательно будут негативными. В действительности он зачастую также объявляет, в какой области жизни мы получим особенно высокое вознаграждение, но которое достается нам не просто, а ценой огромных усилий и жертв.

Сатурн в Первом Доме устанавливает особый психологический климат на целый год, общий фон, своего рода desktor, для которого характерны меланхолия, грусть, депрессия, упадок духа, понижение энтузиазма, но необязательно доходящие до максимального или критически опасного уровня. Скорее такое положение Сатурна может служить показателем внутреннего роста, который проявляется в более осмотрительном и уравновешенном поведении субъекта, в его более сдержанной и взвешенной манере выражаться, в лучшей способности управления своей мимикой, жестами и движениями всего тела. Такой показатель сообщает о почти абсолютной нехватке любого рода энтузиазма или стремительной и увлекающей силы в течение этого периода. Год может быть довольно апатичным, утомительным, с тяжелым подъемом в гору и с редкими развлечениями, но в то же время конструктивным и позитивным для личного роста в психологическом плане. Возможна склонность к большему уединению и изоляции в течение года (подразумеваемого от одного дня рождения до другого). Тенденция к воздержанности и простоте. Мало внимания к телесным удовольствиям и меньшее сексуальное желание, как у женщин, так и у мужчин. Возможно похудание. Вероятные проблемы с костями или зубами. Очень тесное соединение Сатурна с Асцендентом СР может сделать более тяжелыми все проявления, описанные выше, и весь год может даже стать отражением одного лишь этого положения. Прежде всего, такое положение сказывается на состоянии грусти, меланхолии, небольшой депрессии, однако, помимо соображений, высказанных в главе о здоровье (в послесловии книги), я никогда не встречал его выражения на очень опасном или вызывающем серьезные опасения уровне.

Сатурн во Втором Доме указывает на сокращение финансовой прибыли или на проблемы с деньгами, связанные с увеличением расходов, неожиданными тратами, требующими оплаты налогами, ремонтными работами дома или в офисе, тянущими на себя все ресурсы, большие или малые, которые имеются на банковском счете. Вообще, это несколько тяжелый период для денег. Общая ситуация транзитов и Солнечной Революции почти всегда может прояснить причину таких денежных утечек или недостаточных доходов, будь то операции с недвижимостью, расходы на лечение, ремонтные работы в квартире, путешествия, проигрыши в азартных играх, и так далее. Возможно уменьшение заметности и популярности для общественного деятеля (например, потому что он реже появляется на телевидении или о нем меньше упоминают в прессе). Иногда такое положение может указывать на перемену стиля одежды или внешнего вида, на склонность к классическому стилю, если вплоть до этого момента субъект носил полуспортивную одежду, на отращивание бороды и усов или наоборот, на избавление от них, на новую привычку одевать зимой шапку, и так далее. Возможно резкое прекращение хобби, связанного с фотографией, кино, театром, или наоборот, приложение огромных усилий в этих направлениях, например, стремление научиться пользоваться компьютерной программой для работы с графикой, или большие затраты на покупку монитора с высоким разрешением или профессиональной аппаратуры для видеосъемки. Обычно с таким положением ухудшается внешний вид. Например, привлекательная женщина после такого года выглядит заметно постаревшей или же, в менее драматичном случае, она решительно теряет тот «блеск», который зачастую, даже просто в виде искристости глаз, придает характерную моложавость женщине и позволяет ей выглядеть гораздо моложе своего возраста. Встречается и полностью противоположная ситуация, когда субъект начинает уделять огромное внимание своему имиджу, и прикладывает огромные усилия (и в финансовом смысле тоже) для улучшения своего внешнего вида, даже с помощью пластической операции.

Сатурн в Третьем Доме может указывать на большие расходы в связи с покупкой новой машины. Однако иногда речь может идти об угоне нашей машины или о необходимости в ее дорогостоящем ремонте, в связи с дорожно-транспортным происшествием или независимо от этого. Чаще всего возникают проблемы в отношениях с родными или двоюродными братьями, сестрами, шурином, зятем, невесткой, дядями или тетями, племянниками или племянницами. Или эти родственники переживают кризисный период болезней и/или разных проблем. Если это положение относится к молодым или взрослым людям, занятым учебой, то почти всегда оно указывает на временное или окончательное прекращение учебы. Но возможна и обратная ситуация, когда субъект уже в зрелом возрасте поступает в институт, начинает серьезно изучать иностранный язык или записывается на курсы, требующие больших интеллектуальных усилий, и так далее. Это положение особенно вредно для писателей, которые могут столкнуться с периодом почти полного отсутствия заказов по работе. Связь и телекоммуникации будут серьезно «страдать» в течение такого года. Возможно резкое сокращение отправленной и полученной корреспонденции. Чтение серьезных, трудных и тяжелых для восприятия книг. Возможны неприятности, связанные с печатью и прессой, например, о нас будут плохо говорить в газетах или по телевидению. В других случаях это астрологическое положение относится к большему количеству ежедневных поездок, тяжелых и утомительных, вызванных самыми разными причинами. Например, учителя направляют на работу в школу, расположенную очень далеко, на другом конце города, студент переводится в престижный институт соседнего города, мужчина или женщина постоянно ездят на свидания с любимым (или не очень) человеком, необходимо часто ездить в больницу на лечебные процедуры, и так далее. Мало путешествий в течение года. Необходимо оказать поддержку, в том числе финансовую, кому-то из вышеперечисленных родственников. Возможно проявление респираторных заболеваний.

Сатурн в Четвертом Доме в подавляющем большинстве случаев указывает на возникновение проблем с родителями. Такое положение встречается в случаях болезни и госпитализации наших стариков, в том числе порой связанного с необходимостью хирургического вмешательства. В самых негативных случаях, но только если общая ситуация транзитов и Солнечной Революции, а также анализ астральных карт всех родственников, подтверждают это, речь может идти о смерти одного из наших родителей (скорей отца, но это не есть абсолютное правило). То же самое может относиться к бабушке, дедушке и родителям супруга/супруги. Это положение также может означать значительные расходы или большие жертвы, связанные с покупкой дома, выполнением ремонтных работ или переездом. Все это может относиться не только к месту, где мы живем, но и к нашему месту работы. Возможны крупные затраты на коммунальные услуги или на обновление обстановки в квартире. Необходимость оплатить налог на недвижимость или расходы, связанные с передачей прав собственности или с наследованием недвижимого имущества. Огромные трудности с выплатой полученного ранее кредита на жилье. Большие работы по текущему или внеплановому ремонту дома. Вынужденная смена местожительства или уход из дома по какой-либо причине, например, при разводе с супругом или супругой, или при госпитализации или, в самых худших случаях, при аресте субъекта. Тяжелая атмосфера в доме или на месте работы. Для некоторых молодых людей подобного рода положение Сатурна может также указывать на процесс большего взросления и созревания, например связанного с вступлением в брак, приводящего к «перерезанию пуповины». Кроме прочего, это положение может означать повреждения дома, спровоцированные природными явлениями, такими как землетрясения, наводнения, пожары, ураганы, и так далее. Повышенная влажность начинает наносить вред нашему жилищу. Возможно возникновение проблем с желудком, а также с жестким диском и с другими запоминающими устройствами нашего компьютера.

Сатурн в Пятом Доме почти однозначно объявляет о решительном прекращении или временном прерывании любой игровой и развлекательной деятельности. В течение этого года обычно бывает или очень мало развлечений, или преобладают хобби «тяжелого» характера, такие как изучение классических материй, истории античности, нумизматика, и тому подобные. Такое положение очень часто встречается у субъектов, которые расстаются со своим партнером или на некоторое время прерывают свою внебрачную связь. Наверняка в этот период будет мало или очень мало секса. Могут возникнуть проблемы с детьми самого разного рода, будь то неуспеваемость в школе, посещение дурных компаний или потребление наркотиков, и так далее. Возможна нежелательная беременность, аборт или трудная беременность и кесарево сечение. В других случаях можно столкнуться с совершенно противоположной ситуацией, когда любящая пара решает зачать ребенка после многих лет совместной жизни, но обнаруживает, что не может иметь детей. И тогда возникает двойной невроз, подталкивающий супругов ко всевозможным попыткам излечения бесплодия, и начинается голгофа медицинских анализов и обследований, в надежде на маленькое чудо. Возможно получение неприятной новости об измене и предательстве любимого человека. Потери денег в азартных играх или биржевых спекуляциях. Прекращение занятий давним хобби. Такой год пройдет под знаком большей умеренности и очень ограниченных светских вечеринок. Сын или дочь могут вынудить нас к более ответственному отношению к жизни. Вероятно ослабление сексуального желания. Если субъект находится в соответствующем этому событию возрасте, то наступает менопауза или климакс.

Сатурн в Шестом Доме в большинстве случаев, в отличие от Марса, совершенно не должен вызывать панический ужас или навязчивые страхи. Почти всегда он сообщает о том, что некие беспокойства, в основном физические, о которых субъект уже знает, переходят в хроническую форму. Может проявиться новая патология, предполагающая очень долгое развитие. Зачастую речь идет о появлении проблем с зубами или костями, таких как артрозы, ревматизмы, болезни вызванные переохлаждением, и так далее. Только если общая ситуация Солнечной Революции, совместно с транзитами, на самом деле очень плохая, то тогда следует насторожиться и приготовиться к встрече с серьезными проблемами со здоровьем. Однако они могут проявиться не в физическом, а в психическом смысле, и таким образом будут означать депрессивные кризисы или тревоги, вызванные тяжелыми событиями, происходящими во время двенадцати месяцев Солнечной Революции. Иной раз речь будет идти о проблемах на работе, например, новый директор усложняет нам жизнь, новый коллега не дает нам покоя своим невыносимым характером, возникает напряженная и враждебная обстановка по разным причинам, уход в декретный отпуск нашей коллеги взваливает на нас множество дополнительных обязанностей... Возможен перевод в другой филиал фирмы, моббинг (коллективные действия, направленные на дискредитацию коллеги по работе) или просто общий тяжелый климат неприязни на работе. Помимо прочего, это положение может указывать на огромные усилия и жертвы в оздоровительных целях, такие как жесткие диеты для похудения и дезинтоксикации организма, регулярное и настойчивое посещение термальных лечебниц, сеансов физиотерапии, иглоукалывания, шиацу, и так далее. Возможна потеря очень ценного сотрудника, увольнение нашей домработницы, продавца или секретаря. Начало массивного приема лекарственных препаратов или терапии, чреватой тяжелыми побочными эффектами. Возможна болезнь или смерть домашнего животного.

Сатурн в Седьмом Доме объявляет о наступлении проблем в

отношениях с любимым человеком. Очень часто это положение означает расставание, временное или окончательное, со своим партнером. Однако иной раз оно может указывать и на то, что наш любимый или любимая переживает кризисный период, болеет или сталкивается с тяжелыми проблемами по какой-либо причине. Возможен разрыв делового партнерства. Ухудшение ситуаций юридического порядка, поступление официальных бумаг. Опасность получения обвинения в совершении преступления со стороны судебных инстанций, контрольных проверок налоговой инспекции или полиции, вовлечения в судебные процессы и вызова для свидетельских показаний, получения обвинительного приговора суда, штрафных санкций, лишения водительских прав, атак самого разного рода, в том числе со стороны частных лиц, и всяческие войны с ближними. В самых тяжелых случаях, но гораздо реже по сравнению с аналогичным положением Марса, Сатурн в Седьмом Доме может сопровождать покушение на жизнь или на имущественную собственность субъекта. В лучших случаях речь идет о «росте», прежде всего в профессиональном плане, нашего мужа или жены, но при этом наблюдается также возрастание высокомерия в поведении партнера и его большая отстраненность от нас. Это положение Сатурна особенно неблагоприятно для политиков. В других случаях можно встреть, на первый взгляд, противоположную ситуацию начала совместной жизни или вступления в законный брак, на самом же деле речь будет идти о свадьбе «с тяжелым сердцем» или об отношениях, основанных почти исключительно на выгодном расчете.

Сатурн в Восьмом Доме свидетельствует о наступлении трудной финансовой ситуации. Если уже были проблемы с деньгами, то при такой Солнечной Революции положение ухудшается. Речь будет идти об уменьшении доходов или об увеличении расходов. Зачастую такое положение встречается в картах СР промышленников и предпринимателей, которые находятся в отчаянном финансовом положении по каким-то причинам, например, потому что государственная организация продолжает не платить за давно выполненную ими работу или за выполнение заказа по поставке товаров многолетней давности. В других случаях финансовые проблемы являются следствием огромной задолженности, накопившейся за предыдущий период, и за которую нам выставляют счет к незамедлительной оплате. В такой ситуации оказываются многие люди, попавшие в сети ростовщиков. И наоборот, именно такие проблемные ситуации могут привести субъекта в ловушку ростовщика. Возможны налоги, требующие срочной оплаты, огромные потери в азартных играх или из-за получения фальшивого банковского чека, риск стать жертвами мошенничества, кражи или грабежа. Потеря прав на наследство или тяжелая борьба за вступление в право наследования имуществом. Проблемы с получением выходного пособия или пенсии. Партнер по браку может погрязнуть в долгах. Нам удается получить ссуду, банковский кредит, который, однако, вынудит нас оплачивать высокие проценты и крупные ежемесячные взносы. В общем, совершенно ясно, что это положение является одним из самых худших с финансовой точки зрения. Но оно может быть полностью оправданным, если субъект намерен осуществить операции с недвижимостью (покупку, ремонт, переезд), поскольку в таком случае следует говорить об инвестициях, а не о деньгах, выброшенных на ветер. То же самое можно сказать о покупке дорогостоящего оборудования, необходимого для профессиональной деятельности. Возможно сокращение или прерывание сексуальной активности. Временные проблемы сексуального характера, такие как фригидность и импотенция. Возможны проблемы с геморроем (особенно у субъектов знака Скорпиона). Страх смерти. Негативный опыт посещения спиритических сеансов или тайных обществ, сект, или встреч с колдунами и магами. Возможен семейный траур или смерть друга. Конец отношений.

Сатурн в Девятом Доме решительно не советует нам отправляться в путешествия в течение года, даже если в противоположном случае нам грозят скорей мелкие неприятности и неудобства в пути, чем серьезные беды. Это положение указывает на очень редкие поездки или на полное отсутствие путешествий в течение года. Может быть вынужденная поездка, вызванная проблемами со здоровьем, нашим собственным или членов нашей семьи. В других случаях такое положение указывает на вынужденный отъезд из дома по разным мотивам, связанным с учебой, или работой, или юридического характера. Существует возможность несчастных случаев во время поездок, но гораздо менее вероятная, чем при таком же положении Марса. Заграница и иностранцы враждебно настроены по отношению к нам, стоит повторить, что под заграницей подразумевается любая территория, где говорят на языке или диалекте, отличном от нашего. Один из наших родственников, живущий в дальнем городе, заболевает или переживает тяжелый период. Человек, который нам дорог, находится далеко, и заставляет нас страдать от этого. Мы отдаляемся от своего любимого человека. Иностранная или иногородняя фирма лишает нас важнейшего торгового представительства. Наш духовный или культурный наставник из далекого города разрывает с нами связь или умирает. Временно прерываются или окончательно разрываются наши культурные связи с зарубежным университетом или с иногородней исследовательской группой, или с издателем из другой области нашей страны. Наши произведения подвергаются критическим атакам в местах, далеких от наших родных. Плохие новости самого разного рода, которые приходят «издалека». Нам приходится отказаться от проекта, связанного с чем-то далеким, в течение этих двенадцати месяцев. Мы переживаем период религиозного кризиса или проблем с изучением таких материй, как философия, теология, астрология, эзотерика, и так далее. Возможен вынужденный отказ от запланированной поездки. Болезненная тоска по родине, ностальгия. Тем не менее, в очень многих случаях при этом положении Сатурна мы имеем, наоборот, необычайно великолепный год нашего роста в трансцендентном и духовном плане.

Сатурн в Десятом Доме свидетельствует о нелегком или очень трудном моменте для профессиональной деятельности или просто для нашего личного престижа. Для общественного деятеля, политика или актера, это положение означает огромное падение популярности. Возможна потеря рабочего места, особенно у людей с уже неустойчивым положением. Отказ от работы и увольнение. Досрочный выход на пенсию по собственному желанию или нежеланный и неприятный законный уход на заслуженный отдых. Уход в отставку с занимаемой должности с тяжелым сердцем. Болезненное прекращение рабочей деятельности. Болезнь или последствия несчастного случая, которые вынуждают нас оставить работу, временно или навсегда. Шаг назад в эмансипации, например, мы лишаемся некой привилегии, которой обладали раньше, позволяющей нам часто отлучаться с работы. Мы могли пользоваться факсом или ксероксом нашего родственника, который в этом году уехал и увез с собой эти аппараты (это всего лишь один пример из тысячи возможных, чтобы лучше объяснить концепцию запрещённой или потерянной эмансипации). Тем не менее, в обратном случае Сатурн в Десятом Доме Солнечной Революции может означать наши напряженные и мучительные усилия, предпринимаемые ради профессионального роста, такие как интенсивное изучение иностранного языка или поступление в университет в уже немолодом возрасте. Наша мать (или бабушка, или теща, или свекровь) плохо себя чувствует или ухудшаются наши с ней взаимоотношения. В самом худшем случае, если общая ситуация транзитов и Солнечной Революции подтверждают это, возможна даже смерть нашей матери.

Сатурн в Одиннадцатом Доме в подавляющем большинстве случаев означает потерю нашего друга, дорогого человека, коллеги или далекого родственника, по причине их отъезда или смерти. Жизнь одного из этих людей может оказаться в опасности. В других случаях такое положение указывает, более скромно, на конец дружбы или на серьезную ссору с друзьями или родственниками. Прерывается реализация какого-то важного проекта или мы лишаемся защиты и протекции со стороны влиятельного человека, бывшего нашим спонсором. Встречи с друзьями становятся очень редкими. Мало новых знакомств в течение года. Нам не хватает музыки. Могут возникнуть проблемы со слухом. Мы ощущаем меньше тепла в отношениях с окружающими. Возникает общий климат большей, и порой молчаливой, враждебности по отношению к нам. В течение года мы не сможем рассчитывать ни на какую долю удачи, наоборот, судьба и фортуна будут против нас, как в мелких, так и в важных вещах. Наш привычный круг общения с друзьями и родственниками решительно сократится.

Сатурн в Двенадцатом Доме является обобщенным показателем несчастий, которые могут поразить нас в любой области жизни, но по масштабу нанесенного ущерба они будут гораздо слабей, чем возможный вред, наносимый присутствием Марса в Двенадцатом Доме. Речь может идти как о проблемах с деньгами, так и о неприятностях в любви, или со здоровьем, или с законом. Тем не менее, в большинстве случаев, если Солнечная Революция, за исключением этого положения, в общем достаточно хорошая, то нам не стоит бояться абсолютно никаких тяжелых событий, и в течение года могут возникнуть скорей некоторые мелкие неприятности, чем самые настоящие беды. Могут возникнуть проблемы, связанные с принудительной изоляцией, например, с пребыванием в больнице или, в худшем случае, с тюремным заключением. Возможна депрессия, уныние, упадок духа, подавленное психическое состояние. Враждебность вокруг нас, которая почти никогда не проявляется открыто. Если Сатурн располагается очень близко к Асценденту, то такое положение является довольно вредным и в отношении него действительны значения и указанные здесь, и приведенные насчет Сатурна в Первом Доме (в тесном соединении с Асцендентом).

Глава 20
Уран СР в Домах Солнечной Революции

Уран Солнечной Революции, также как Сатурн, Нептун и Плутон, проявляется гораздо менее тяжело, чем Марс, и на самом деле обычно лишь привносит обновления в сферу того Дома, в который он попадает. В период конца восьмидесятых и начала девяностых годов мне приходилось наблюдать огромное количество раз положение Урана вместе с Нептуном в Первом, и в Шестом, и в Двенадцатом Доме СР, и его влияние на жизнь субъекта почти никогда не было тяжелым.

Уран в Первом Доме не столько производит значительные изменения, сколько действует в «нервном» смысле, то есть обычно он свидетельствует о периоде повышенной тревожности, нервозности, бессонницы, небольших приступов паники, общего беспокойства, но почти никогда не означает чего-то очень негативного. Тем не менее, также возможны перемены в поведении субъекта, если это подтверждается другими элементами анализа транзитов и Солнечной Революции. Это положение обычно сопровождает более ярко выраженную открытость по отношению к окружающему миру и к людям. Кроме того, возможны изменения физического тела, например в весе, а также перемена привычного поведения в отношениях с окружающими людьми и с близкими родственниками.

Уран во Втором Доме указывает на новости в финансовой сфере, и вовсе не обязательно на плохие. Безусловно это положение присутствует в ситуациях, когда субъект много зарабатывает или тратит, предпринимает какие-то действия для улучшения своего жизненного уровня, придумывает себе новую работу, получает премию или наследство, а также выходное пособие, пенсию или задолженности по зарплате. Увеличение денежного потока может также зависеть от продажи недвижимости или от чрезмерных расходов на ремонтные работы в доме. В любом случае, присутствие Урана в этом Доме предупреждает нас о том, что с точки зрения финансов жизнь субъекта в этом году вовсе не будет спокойной, а наоборот, его ожидает не один неожиданный и эффектный поворот событий. Это положение встречается, почти обязательным образом, во всех ситуациях, связанных с крупной операцией с недвижимостью: покупкой, продажей, куплей-продажей, ремонтом и переездом, относящейся как к месту проживания, так и к месту работы. Риск денежных потерь в азартных играх или биржевых спекуляциях. Одолженные кому-то деньги могут не вернуться. Неожиданные и непредвиденные расходы. Изменения внешнего вида, иногда радикальные, телесные или относящиеся к одежде, прическе, и так далее. Внезапный интерес к кино, фотографии, компьютерной графике, театру, видеокамерам, клубам любителей кино, домашнему кинотеатру, и так далее.

Уран в Третьем Доме может указывать на смену собственного автомобиля, а также на то, что наша машина может быть угнана или повреждена в небольшом столкновении или в дорожно-транспортном происшествии. Возможно резкое прерывание отношений с родными или двоюродными братьями, сестрами, родственниками по мужу или жене, или же радикальные изменения в жизни одного из этих людей. Резкая смена направления в учебе. Обучение может внезапно прерваться или, наоборот, неожиданно начаться. Возможно изучение инновационных дисциплин, таких как электроника, информатика, фотография, астрология. В течение года может неожиданно возникнуть необходимость в частых ежедневных поездках. Мы вдруг начинаем заниматься писательской деятельностью или неожиданно информация о нас появляется в печати. Возможны поломки оборудования, имеющего отношение к средствам связи и телекоммуникациям. Риск несчастного случая для одного из родственников. Получение неожиданных и драматичных писем, телеграмм, телефонных звонков. Для тех, кто не умеет пользоваться компьютером это положение может указывать на год ликвидации безграмотности в информатике, начало использования компьютерной программы для набора текста или открытие собственного электронного почтового ящика.

Уран в Четвертом Доме указывает, на самом деле очень часто, на внезапную смену местожительства, по самым разным причинам, которые могут быть связаны с новой работой, с переводом на работу в новый филиал частной фирмы или государственного предприятия, с выселением, которое неожиданно вынуждает нас собирать пожитки, с разводом, с финансовыми проблемами, которые вынуждают нас сократить расходы на жилье и переехать к родственникам, и так далее. Необходимо быть начеку в отношении возможных коротких замыканий и случайных возгораний в доме. Возможны также повреждения, нанесенные природными явлениями, такими как молнии, например. Нежданная возможность получить дом в подарок или по наследству. Случайная потеря недвижимости, в том числе в азартной игре или из-за неспособности выплатить банковский кредит. Внезапное принятие решения о начале ремонтных работ в доме или в офисе. Один из родителей внезапно заболевает или умирает (то же самое относится к бабушкам, дедушкам и родителям мужа или жены). Родители, бабушка, дедушка или родители мужа или жены, неожиданно и радикально изменяют свой образ жизни, например, снова женятся или выходят замуж. В течение года возможны серьезные поломки жесткого диска или других запоминающих устройств компьютера.

Уран в Пятом Доме можно было бы назвать «разрыв презерватива». Возможно неожиданное наступление беременности, материнства или отцовства. Риск нежданной, незапланированной беременности. Возможно случайное прерывание беременности или преждевременные роды. Риск непредвиденных осложнений во время родов или кесарево сечение. Начало новой любовной истории, которое застигает нас врасплох. Резкое прерывание давней любовной связи. Неожиданные повороты событий в личной жизни, в любовных отношениях. Мы узнаем о том, что наш партнер любит другого человека, и эта новость нас поражает, как гром среди ясного неба. Опасность несчастных случаев для наших детей. Сын или дочь сталкиваются с неожиданными изменениями в своей жизни или же резко изменяются наши с ними взаимоотношения. Сильное увлечение новым хобби уранического характера, например, музыкой, информатикой, электроникой. Наш партнер может стать жертвой несчастного случая на дороге, у него может неожиданно возникнуть необходимость в хирургической операции. Возможно возникновение сердечных болезней.

Уран в Шестом Доме. Для этого положения, более или менее, остается в силе уже сказанное про Первый Дом. Очень часто мне приходилось наблюдать положение Урана в этом Доме, и лишь в редчайших случаях, и только с одновременным присутствием других негативных значений, я замечал его участие в значительных несчастьях. В большинстве же случаев это положение может означать проблемы нервного напряжения, тревоги и бессонницы, и будет достаточно в течение года пить меньше кофе или принимать легкие успокоительные средства, в том числе натуральные, чтобы смягчить и притупить эффекты присутствия Урана в Доме, традиционно связанном со здоровьем. В то же время возможны важные новости в работе, например, назначение на новую должность, которое изменяет обстановку на работе или переводит нас на работу в другой филиал компании. Новые коллеги на работе, смена разных начальников или подчиненных. Один из сотрудников или помощников по работе, в том числе кто-то из домашней прислуги, увольняется без предупреждения. Возможны лечебные процедуры с использованием разного рода излучений. Использование новой аппаратуры, последних достижений науки и техники, для лечения какой-то нашей болезни. Неожиданные повороты событий в нашей рабочей среде.

Уран в Седьмом Доме проявляет себя довольно сильно и резко. Очень и очень часто он указывает на резкие перемены в брачных или в партнерских отношениях, какого бы ни было рода, любовного, сексуального, коммерческого, учебного, политического, и так далее. Неожиданные изменения в жизни нашего партнера, связанные с его новой работой, пережитым трауром, назначением на престижную должность... Внезапное получение официальных бумаг или резкое прекращение их навязчивого присутствия в нашей жизни. Возможно, что нам придется заниматься юридическими проблемами и правовыми вопросами в течение года. Неожиданные повороты событий в суде. Риск несчастного случая или заболевания (острого) для нашего партнера. Большая нестабильность в любых формах взаимоотношений с другими людьми.

Уран в Восьмом Доме может определить значительную и неожиданную потерю денег. Возможны непредвиденные налоги, получение требований об оплате услуг, о которых мы ничего не знаем, задолженности нашего партнера без нашего ведома, кража, ограбление, мошенничество, неудачные биржевые спекуляции, катастрофическое невезение в азартных играх, которое бросает нас в море финансовых проблем. Но также возможно и неожиданное получение денег в виде наследства, выигрыша в азартной игре, подарка, появления богатого партнера, и так далее. Возможны сексуальные проблемы, вызванные тревожностью, нервозностью. Неожиданный траур или смертельная опасность для нашего друга или родственника. Сюрпризы во время работ по раскопкам. Зарождение новых интересов в области оккультизма, спиритизма, магии. Новые формы сексуальности, которые позволяют освежить наши интимные отношения с партнером.

Уран в Девятом Доме довольно часто означает незапланированное путешествие, необходимость в котором возникает по самым разным причинам, как позитивным, так и негативным. Например, оно может быть связано с учебным курсом, прохождением специализации или стажировки, с посещением конференции или конгресса, с отдыхом, визитом к дальнему родственнику, необходимостью прохождения лечения в иностранной больнице или сопровождения больного родственника, с поиском работы или собеседованием с издателем, спонсором, редактором телевидения. Опасность несчастного случая в пути или неожиданные происшествия, создающие проблемы во время поездки. Многие люди задаются вопросом, рискуют ли они путешествуя на самолете, и будет полезно сделать небольшое отступление насчет этого. Прежде всего, необходимо напомнить о совершенно очевидном факте, что самолет является одним из самых безопасных транспортных средств в мире, а скорей всего даже абсолютно самым безопасным. Вероятность попасть в авиакатастрофу является во много раз меньшей, чем возможность оказаться жертвой дорожно-транспортного происшествия, причем с действительно колоссальной разницей между ними. Уран в Девятом Доме СР, с теоретической точки зрения, мог бы указывать на авиакатастрофу, но только если натальная карта субъекта уже содержит такую опасную информацию, например, соединение Марса с Ураном в Девятом Доме, и только если общая ситуация транзитов и Солнечной Революции подтверждают это. С неплохой Солнечной Революцией, при отсутствии, например, двойного соединения Сатурн-Марс с натальным соединением Марс-Уран в Девятом Доме, мы можем на самом деле спать спокойно, и вовсе не переживать насчет этого вопроса. Естественно, другое дело, если мы сами пилотируем самолет и если речь идет о модели Piper.

Уран в Десятом Доме зачастую указывает на смену направления в работе или даже на перемену работы. Выполнение обычных профессиональных задач новыми способами, применение новых методик в работе. Внедрение современных технологий и новейшего оборудования в нашу работу, как например полная компьютеризация нашей фирмы. Неожиданные новые пути и возможности, которые могут открыться в нашей профессии. Это положение также может означать период неожиданных больших перемен в работе, здоровье или любви, в жизни нашей матери (или бабушки, или свекрови/тещи), или новизну в наших с ней взаимоотношениях.

Уран в Одиннадцатом Доме во многих случаях указывает на наш траур, который, тем не менее, не должен обязательно касаться смерти нашего родственника, но может относиться к потере друга, знакомого, или влиятельного человека, который оказывал нам финансовую или любую другую помощь и поддержку. Вместо траура речь может идти об опасности для жизни, которой подвергается один из наших родственников или дорогих и близких нам людей. Это положение может также означать внезапный разрыв дружеских отношений или встречу с новыми и интересными друзьями. Большая взаимовыручка в дружбе. Появляется человек, который может помочь нам. Новые и интересные проекты. Возможное возвращение интереса к музыке.

Уран в Двенадцатом Доме почти всегда указывает на приход несчастья, который происходит, как гром среди ясного неба. Неожиданная плохая новость в отношении работы или денег, здоровья, семейной или сентиментальной жизни. Хоть это и неприятное положение, но все же оно не является очень опасным. Безусловно, оно во много раз менее тяжелое, чем такое же положение Марса. В начале девяностых годов я нередко обнаруживал положение Урана вместе с Нептуном в Двенадцатом Доме СР, и почти никогда оно не соответствовало каким-либо трагедиям в жизни людей. Неприятности могут быть связаны с техническими новинками и самыми последними достижениями науки. Это может означать, например, что в течение года мы намучаемся со своими компьютерами, поскольку установка новой операционной системы создаст огромные проблемы, спровоцирует потерю важных данных, большого количества драгоценного времени и денег.

Глава 21
Нептун СР в Домах Солнечной Революции

Нептун СР, также как Сатурн, Уран и Плутон, не играет очень весомой роли в Солнечной Революции, а главное, он не имеет особенно тяжелого негативного значения. В основном он сообщает нам, в каком направлении будут проявляться наши страхи и фобии года, и в отношении каких вопросов будут склонны развиваться наши неврозы в этот период. Но конечно же, все относительно. Как-то раз одна синьора шестидесяти лет, довольно культурная и аристократичная, часа два подряд рыдала у меня на консультации, потому что не сошлась характером со своей домработницей, а муж отказывался ее уволить. Следовательно, если для меня лично смерть домашнего животного не стала бы нестерпимой болью, то я прекрасно знаю, что такое же событие могло бы спровоцировать тяжелый приступ депрессии у кого-то другого. Когда я говорю, что Нептун СР «не имеет особенно тяжелого негативного значения», то естественно ссылаюсь на виртуальную оценочную шкалу, относящуюся к большинству человеческих существ. Ведь очевидно, что если злокачественная опухоль для кого-то и является фактором духовного роста, то для подавляющего большинства человеческих существ она представляет собой одно из самых худших возможных событий в жизни.

Нептун в Первом Доме говорит нам о невротических тенденциях, которые можно было бы определить как «сущностные», то есть не имеющие никакого конкретного повода. Мы чувствуем себя взволнованными, беспокойными, напуганными, и порой даже не можем дать внятное название нашим тревогам. Несомненно, мы переживаем трудный период с психологической точки зрения. Наши мысли приходят в замешательство и смятение, и мы становимся склонны злоупотреблять кофе, алкоголем, курением, психотропными препаратами или разного рода наркотиками. Ощущение сильной одухотворённости и интересы в области эзотерики, астрологии, парапсихологии, теологии. Стремление к трансцендентности, милосердию и оказанию помощи нуждающимся людям. Спутанность сознания, которая мешает нам принимать решения и действовать.

Нептун во Втором Доме заставляет нас прожить двенадцать месяцев под знаком страхов и переживаний о деньгах. Мы боимся не справиться с финансовой ситуацией, не выдержать тяжести накопившихся долгов, разориться и впасть в нищету, особенно в старости. Мы чувствуем необходимость в большом количестве кофе, или алкоголя, или лекарств, чтобы преодолеть этот тяжелый момент, связанный, почти исключительно, с переживаниями насчет денег. Возможно получение доходов от жидкостей, от деятельности, связанной с морем или с искусством, музыкой, астрологией, магией, гаданием на картах. Это положение означает отнюдь не кристально-чистые ситуации в нашем бизнесе. Мы можем стать жертвами мошенников, выдающих себя за астрологов, магов, священников, духовных наставников. В течение года мы можем обрести своеобразный «мистический» облик.

Нептун в Третьем Доме провоцирует затуманивание нашего мозга, резкое падение ясности ума и трезвости мышления. Мы затрудняемся выражать свои идеи последовательным и логичным образом. Нам стоит больших усилий доступно объяснять свои мысли и понимать других людей. У нас будут вызывающие обеспокоенность письма или тревожные телефонные звонки. Мы можем часто передвигаться по морю и воде (например, те учителя, которые ежедневно должны добираться на работу в школу, расположенную на острове). Возможен период тяжелых неврозов у нашего родного или двоюродного брата, зятя, шурина (а также у дяди или тети, племянников обоих полов), или же наши отношения с этими родственниками могут стать фальшивыми и запутанными. Огромные переживания и обеспокоенность насчет учебы. Сильная нервозность из-за участия в конкурсном отборе. Мы не можем определиться, в каком направлении следует продолжать наше обучение. Растерянность и в письменных занятиях. Невротическая переписка по Интернету. Возможны дорожно-транспортные происшествия и несчастные случаи в пути по причине рассеянности и ошибок, вызванных психическим замешательством и недостаточно ясным мышлением.

Нептун в Четвертом Доме означает, прежде всего, много переживаний, страхов и тревог из-за дома. Боязнь не справиться с оплатой арендованного жилья или с выплатой взносов по кредиту, страх потерять дом или быть выселенными. Тревоги из-за того, что мы начали слишком серьезные ремонтные работы в доме, возможно недооценив важность такой вещи. Опасность от воды, например, затопление нашего жилища из-за разрыва труб, наводнения, гидравлических поломок, и так далее. Возможно беспокойство из-за состояния здоровья наших родителей (или бабушек и дедушек, родителей супруга или супруги, в том числе бывших), или наши с ними отношения становятся невротичными. Сконфуженная атмосфера в доме, очень неясные и запутанные отношения в семье. Возможны сомнения насчет отцовства. Мы можем странным образом, по нелепой ошибке, потерять данные, содержащиеся на жестком диске нашего компьютера.

Нептун в Пятом Доме главным образом указывает на множество страхов и тревог о наших детях или на неврозы, одолевающие нас в безуспешных попытках зачать ребенка. Возможны приступы сильной ревности, беспокойство и опасения насчет сентиментальных отношений. Пороки и «отклонения» в наших хобби, например, тяга к порнографии. Возможно плохое самочувствие нашего ребенка в психическом плане, например, он может быть одержим переживаниями о предстоящем экзамене, о своем здоровье или о сентиментальных проблемах. Нашему ребенку грозит опасность от моря или он подвергается риску, связанному с наркотиками. Неясная и путаная ситуация в нашей личной жизни. Возможно возникновение внебрачной связи или обнаружение измены со стороны нашего партнера.

Нептун в Шестом Доме в основном провоцирует возникновение тревог, неврозов и разного рода фобий, зачастую совершенно немотивированных. Мы боимся заболеть, или потерять работу, или поссориться с нашими коллегами и сотрудниками. Это положение вообще указывает на озабоченность и беспокойство в рабочей среде. Может возникнуть неясность и путаница в отношениях с сотрудниками или начальством. Домашняя прислуга может вызвать у нас беспокойство. Один из наших сотрудников или подчиненных переживает период тревог и психологического кризиса или ведет себя неоднозначно и двулично по отношению к нам. Мы можем быть вынуждены прибегнуть к лекарственным средствам и психотропным препаратам для лечения какого-то заболевания. Возможно ведение двойной игры в нашей профессиональной деятельности.

Нептун в Седьмом Доме акцентирует наши страхи и опасения касательно партнерских и супружеских отношений. Возможен период психологического стресса или невроза у нашего супруга или супруги. Страхи, вызванные объединениями и совместными предприятиями, или же боязнь вступления в брак. Беспокойство и озабоченность по поводу юридических вопросов. Тревоги, спровоцированные получением повестки в суд или уведомления о нахождении под следствием. Неопределенность и неясность в отношениях с партнером по бизнесу или с любимым человеком. Мы можем изменить нашему партнеру или стать жертвой предательства с его стороны. Могут возникнуть проблемы с правосудием из-за нашего активного участия в движениях религиозных фанатиков или в экстремистских политических группировках.

Нептун в Восьмом Доме может означать наши тревоги и терзания по причине тяжелой утраты близкого человека или из-за одолевающей нас боязни смерти, которая может быть спровоцирована, например, тяжелой болезнью, поразившей очень дорогого нам человека. Неврозы и фобии, вызванные посещением кругов или ассоциаций, практикующих спиритизм, оккультизм, черную магию, и так далее. Большая озабоченность финансового характера. Мы начинаем тревожиться о взятых на себя важных долговых обязательствах. Мы теряем покой и сон из-за полученного банковского кредита. Мы не знаем, как оплатить неожиданно свалившийся нам на голову налог или взносы по кредиту. Фобии и страхи вредят нашей сексуальной жизни. Возможны наводнения и затопления в ходе выполнения работ по раскопкам на принадлежащем нам земельном участке.

Нептун в Девятом Доме приносит много замечательных путешествий в дальние края, как в географически-территориальном, так и в метафизически-трансцендентном смысле. Возникает сильное влечение к зарубежным странам, кораблям и круизам. Желание как можно больше возвысить свое либидо, влечение ко всем формам духовности, религиозные и трансцендентные чувства. Занятия философией, теологией, йогой, восточными культурами, астрологией, эзотерикой. Неврозы, поражающие нас во время путешествия или пребывания вдали от дома. Приступы паники в отношении поездки на самолете. Опасность кораблекрушения в течение года. Несчастья и злоключения в связи с морем. Беспокойство и тревоги по поводу обучения в университете. Состояние замешательства может спровоцировать дорожно-транспортное происшествие.

Нептун в Десятом Доме указывает на тревоги, которые одолевают нас в отношении работы, на боязнь ее потерять, на страх быть уволенными или сделать шаг назад в социальном плане. По работе мы можем начать заниматься делами, связанными с жидкостями, алкоголем или лекарствами, наркотиками (в смысле лечебно-медицинском), магией, астрологией, гаданием на картах или хиромантией, парапсихологией, эзотерикой, или завязать коммерческие контакты с какой-нибудь религиозной организацией. Наша мать переживает период огромного нервного напряжения, тревоги, депрессии, или же наши отношения с ней становятся очень беспокойными и тревожными. Нашей матери грозит опасность от моря. Состояния замешательства и растерянности мешают нам принимать решения в работе.

Нептун в Одиннадцатом Доме может означать опасности для наших друзей, исходящие от моря и воды или, вплоть до того, что смерть от утопления наших друзей или родственников (если другие указания Солнечной Революции и транзитов обосновывают настолько тяжелое предсказание). Друзья, которые впадают в состояние депрессии или злоупотребляют кофе, курением, алкоголем, наркотиками. Наши беспокойные и тревожные отношения с друзьями. Сильные опасения насчет того, что влиятельный человек перестанет оказывать нам свою помощь и поддержку. Страхи, мешающие реализации наших планов. Знакомство с новыми друзьями из кругов, связанных с искусством, живописью, музыкой или астрологией, религией, и так далее.

Нептун в Двенадцатом Доме говорит нам о том, что наибольшие испытания и беды года, вполне вероятно, будут связаны с хрупким психическим состоянием, с тревогами, переживаниями, боязнью и разного рода страхами. На нашу психику оказывает вредное влияние посещение священников, фальшивых магов или астрологов, философов, оккультистов, и так далее. Опасность, исходящая от наркотиков и от контактов с наркоманами. Большой риск, связанный с морем. Это положение может также указывать на госпитализацию, особенно из-за проблем на нервной почве. Тревоги в отношении любой области жизни. Если у субъекта уже есть некоторая предрасположенность к «паранойе», то это положение может дополнительно усилить его склонность в этом смысле.

Глава 22
Плутон СР в Домах Солнечной Революции

Как уже говорилось в предыдущих главах, Плутон Солнечной Революции не представляет собой опасное или особенно враждебное для субъекта положение в его годичном небе. Зачастую даже Плутон в Двенадцатом Доме СР, среди огромного количества изученных мной случаев, не вызвал совершенно никаких тяжелых ситуаций. Естественно, за исключением тех случаев, когда, например, он присутствовал одновременно с Асцендентом СР в Первом Доме радикса, но по прошествии событий такого года, был ли Плутон или Асцендент причиной целого ряда случившихся бед? Я безусловно склоняюсь ко второму предположению. В течение года Плутон преимущественно проявляется скорей на психологическом плане, чем в реальных фактах.

Плутон в Первом Доме воздействует, усиливая волю субъекта, а в некоторых случаях доводит его до склонности к доминированию над другими, даже в дерзком и деспотичном смысле. Высокомерие, наглость, агрессивность и насилие могут стать крайними проявлениями этого положения, если общая ситуация натальной карты и Солнечной Революции оправдывают такое поведение. Инфляционные и гипертрофические тенденции. Преувеличения самого разного рода. Склонность к большому размаху, мании величия и фантазии о могуществе и силе.

Плутон во Втором Доме в отношении финансов смещает наше внимание в направлении грандиозных целей, заставляя нас, как правило, упускать более скромные, но реальные возможности заработка. Мы склонны преследовать лишь очень крупные сделки, пренебрегая мелкими, которые на самом деле могли бы принести нам больше прибыли. Возможны преувеличения в расходах или значительные финансовые трудности. Важные, крупные сделки и настолько же большие долги.

Плутон в Третьем Доме может объявить нам о необычайно успешном годе для нашего родного или двоюродного брата, зятя, шурина, родственника по мужу или жене. В течение этого года один из них может подняться к вершинам общественной или политической жизни, стать объектом всеобщего внимания, обрести славу или получить отличную работу, осуществить важный проект. В негативном смысле это положение означает тяжелое испытание для нашего родственника, который может оказаться замешанным в скандале, особенно сексуальном, получить обвинение в совершении преступления, переживать период огромных психологических проблем. В течение года мы покупаем престижную и дорогую машину, а также рискуем попасть в дорожно-транспортное происшествие или стать жертвой угона нашей машины.

Плутон в Четвертом Доме может указывать на получение недвижимости по наследству или в подарок, или же на покупку дома. Крупные ремонтные работы в доме, в офисе или в лаборатории. Опасность потерять дом или быть выселенными из квартиры. Проблемы с выплатой кредита. Крупные повреждения, спровоцированные природными явлениями. Великолепный период самоутверждения наших родителей, и прежде всего отца, или же серьезное заболевание у одного из них. В наших отношениях с родителями могут проявиться агрессивные тенденции.

Плутон в Пятом Доме может свидетельствовать о нашей огромной влюбленности, бурной и страстной, которая сражает нас наповал или заставляет мучиться. Любовь с субъектами плутонианского характера, скорпионского типа, возможными преступниками. Сильная сексуальная страсть. Секс во всех формах, в том числе совершенно нетрадиционных. Период большого успеха и самоутверждения для нашего ребенка, в школе, в спорте, в работе. Опасности, сожаления и неприятности, связанные с нашим ребенком, который может столкнуться с тяжелым испытанием в течение года. Появление не совсем легального хобби.

Плутон в Шестом Доме может означать довольно серьезную патологию, но как я уже объяснил, мне редко приходилось находить это положение присутствующим в действительно опасных ситуациях, и его негативное влияние является в сотню раз менее тяжелым, чем положение Марса в «зловредных» Домах, в кавычках или без. Возможно «чудесное» исцеление. Огромные проблемы с нашим подчиненным, который, например, может оказаться преступником, сексуальным маньяком, психически нездоровым человеком, сильным невротиком или помешанным на оккультизме. Получение ответственной должности, важного поручения на работе.

Плутон в Седьмом Доме вполне мог бы объявить о бракосочетании, однако мой опыт в отношении этой планеты в Домах Солнечной Революции говорит о том, что сам по себе Плутон не может означать почти ничего существенного, в то время как в сочетании с другими мощными указаниями он способствует увеличению красочности и зрелищности событий года. Возможно расставание с партнером или развод. Разрыв делового сотрудничества и совместного предприятия. Проблемы с законом у партнера по бизнесу или у супруга/супруги, в том числе связанные с их криминальной деятельностью. Влечение к субъектам плутонианского типа. Беды с правосудием. Громкий или важный судебный процесс.

Плутон в Восьмом Доме может сопровождать тяжелую утрату важного для нас человека в течение года, период психологического кризиса, следующий за смертью, которая становится для нас тяжелым ударом, сильную боязнь смерти, нашей собственной или дорогого нам человека. Сильные или нездоровые сексуальные импульсы, более интенсивная сексуальная жизнь. В негативном смысле возможно противоположное значение, указывающее на состояния импотенции у мужчин или временные блокировки у женщин в виде фригидности. Потеря крупных денежных сумм в азартных играх или понесенный значительный финансовый ущерб из-за краж, грабежей, мошенничества или невозвращения одолженных кому-то денег. Финансовые проблемы разного рода. В лучшем случае возможен выигрыш в азартной игре или большое наследство.

Плутон в Девятом Доме предупреждает нас о том, что будут возможны дальние путешествия, долговременные пребывания за границей или, в любом случае, вдали от дома. Какой-то иностранец или человек иногороднего происхождения будет играть важную роль в нашей жизни в течение года. Может объявиться, дать о себе знать, наш родственник, проживающий в дальнем городе. Необходимость в хирургической операции, нашей собственной или нашего родственника, вынуждает нас отправиться в дальнюю поездку. Возможны большие достижения в учебе в высшем учебном заведении или важные культурные исследования в области философии, теологии, эзотерики, ориентализма, астрологии, и так далее. Опасность несчастных случаев в поездках.

Плутон в Десятом Доме может означать назначение на престижную должность, важную работу, которую нам поручают, повышение зарплаты или рост в иерархической лестнице, с которой мы связаны. Возможен решительный и важный поворот в нашей работе или тяжелый кризис в профессиональной деятельности. Падение престижа, популярности, социального уровня. Возможна серьезная болезнь нашей матери, период ее тяжелого нервного состояния, навязчивых идей, больших проблем невротического характера. Возможен разрыв наших отношений с матерью.

Плутон в Одиннадцатом Доме может стать иконой траура, тяжелой утраты, с которой мы столкнемся в течение года, но вовсе необязательно речь будет идти о смерти нашего родственника. Престижное и влиятельное лицо оказывает нам большую поддержку, способствуя нашему социальному или профессиональному росту. Возможна потеря ценного спонсора. Новые и важные дружеские связи. Большая ссора и скандальный разрыв отношений с одним из наших друзей. Гипертрофические проекты в течение года.

Плутон в Двенадцатом Доме мог бы заставить нас подумать, что ожидаются испытания и несчастья практически необъятных широт, но на самом деле в этом Доме Плутон не приносит большего вреда, чем в других одиннадцати секторах СР. Возможно тяжелое испытание в течение года. В основном речь идет о проблемах психического плана, невротических, сексуальных, связанных с агрессивностью. Деструктивные и саморазрушительные импульсы. Может указывать на акты насилия с нашей стороны или со стороны других по отношению к нам. Проблемы, связанные с религией, магией, астрологией, оккультизмом.

Глава 23
Индекс опасности года

Индекс опасности года, что это такое и как он читается? Сразу уточню, что он не является необходимым и обязательным условием совместного прочтения транзитов и Солнечных Революций в целях установления, насколько некий определенный год может быть опасен для субъекта. Он необязателен, но все же полезен. Совместно с Луиджи Мьеле мы создали эту программу (*Scanner*), которая входит в программный пакет *Astral*, в качестве вспомогательного инструмента для проверки правильности выполнения анализа по методу, изложенному мной в этой и других книгах, чтобы предложить всем исследователям некий абсолютно объективный фактор, ориентир, на который можно было бы смело положиться в общей оценке ситуации, зависящей от многих субъективных элементов анализа. Другими словами, мы даем в ваше распоряжение определенную цифру, по сути обозначающую в виде номера степень потенциальной опасности года. Следовательно, повторю, этот индекс не является необходимым условием, но он дополняет приведенные в этом тексте правила, чтобы помочь расшифровать основные события года. Он предназначен для определения степени *опасности года*, а не уровня его позитивности.

Хотелось бы особо заострить ваше внимание на том, что позитивный балл, указанный для каждого года сразу после негативного (в следующих далее ста примерах), приводится исключительно в иллюстративных целях, для сравнения, в отличие от негативного балла, имеющего огромное значение и высочайшую степень проверяемости и эффективности. Иначе говоря, *позитивный индекс не работает* (было бы слишком долго объяснять почему, но вкратце могу заявить, что целью этой книги, как уже было сказано в предисловии, является наглядный показ элементов наибольшей опасности, а не позитивности).

Стоит добавить, что *Индекс опасности года* основан на алгоритме, включающем в себя все правила, перечисленные в первой главе этой книги. Он не представляет собой суд Божий, но является параметром, который с исключительно высокой точностью предупреждает в случае очень опасного для субъекта года. В целях верного прочтения индекса необходимо разделить его показатели на три группы:

А) От 60 до 100 Индекс опасности является чрезвычайно высоким, и он неминуемо соответствует драматическому году в жизни субъекта. Как вы увидите в 100 примерах, следующих далее, насчет этого не может быть никаких сомнений. Если обнаруживается такой показатель в изучаемой теме субъекта, то даже без лишних рассуждений его можно рассматривать, как счетчик Гейгера, который подает сигнал тревоги, как только значение становится слишком опасным. В череде следующих далее примеров вы можете изучить и оценить самые разнообразные драматические факты, которые не оставляют минимального сомнения в прочтении событий по моему методу, предложенному в этой книге. В их число входят: арест Бенито Муссолини (84), развенчание мифа Кракси (90), сексуальный скандал с Джиджи Сабани (84), Джулио Андреотти получает уведомление о нахождении под следствием (70), обвинение Вуди Аллена в педофилии (74), наихудший чемпионат мира Диего Армандо Марадоны (84), приговор о пожизненном заключении Паччани (78), попытка самоубийства Лореданы Берте (72), отставка мэра Турина Диего Новелли из-за коррупционного скандала (74), арест мафиозного босса Бадаламенти (60), Мара Веньер сломала ногу (76), Паола Борбони попала в тяжелейшее ДТП (90), Индира Ганди арестована (62), Франко Фреда приговорен к пожизненному заключению (84), тренер Луиджи Радиче попадает в ДТП (66), тяжелая утрата для Уинстона Черчилля (64), умирает дочь Зигмунда Фрейда (60), сын Аделе Фаччьо подозревается в терроризме (88), арест Анджело Риццоли (76), арест Альберто Риццоли (76), потрясающий арест Энцо Тортора (84), миллиардер Франко Амброзио осужден за мошенничество (84), инфаркт у Джанни Аньелли (70). И простите, если этих примеров вам покажется мало.

Б) От 40 до 60 Индекс опасности все еще остается высоким, и соответствует году трудному и тяжелому, даже если октавой ниже, чем предыдущие показатели. Примеры: террористы стреляют в Индро Монтанелли (50), Джанни Аньелли сломал ногу (50), Рональд Рейган ранен в результате покушения (42), арест террористки Сюзанны Ронкони (44), тяжелая утрата для Виктора Эммануила (52), Джанни Аньелли перенес операцию на сердце (52), жесткий протест епископу из Палермо кардиналу Сальваторе Паппалардо (52), ордер на арест для агента секретной службы Франческо Пациенца (46), Ренато Курчио приговорен к 15-ти годам тюрьмы (56), Виктор Эммануил Савойский стреляет в туриста (42), Камилла Чедерна осуждена по делу Президента Леоне (50), политический крах Клаудио Мартелли (52).

В) От 20 до 40 нужно быть осторожными. Индекс опасности года указывает на важные и тяжелые события, но при одном условии, и здесь стоит различать две возможные ситуации. Если при данных показателях наблюдаются тяжелые транзиты, но карта Солнечной Революции не имеет опасных элементов (в соответствии с указаниями данной книги), то можно быть уверенными почти на сто процентов, что с субъектом не случится ничего страшного. Однако, если транзиты ничем не примечательные, незначительные или лишь немного «злые», в то время как в Солнечной Революции присутствует хоть один опасный элемент (например Асцендент Солнечной Революции в Первом, Шестом или Двенадцатом Доме радикса), то ситуация по-прежнему является рискованной и опасной. Соответствующие примеры: трагический день рождения Дачиа Мараини (32), Кармело Бене избил свою беременную жену (20, читайте внимательно этот пример), судебные проблемы для сына Паоло Вилладжо (34), похищение Альдо Моро (32), Клаудио Аббадо оказывается под следствием (28), импичмент Президента Джованни Леоне (36), арест Франко Калифано за хранение наркотиков (30), террористка Адриана Фаранда приговорена к семи годам тюрьмы (26), секвестрирован роман Альберто Моравиа «La vita interiore» (36), «дьявольская любовница» Франка Баллерини приговорена к пожизненному заключению (34), арестован террорист Патрицио Печи (26), обвинение футболистов Альбертози (40) и Савольди (30), ранение бандита Ренато Валланцаска (32), развод принцессы Монако Каролины (36), арест террориста Марио Моретти (30), ордер на арест Личио Джелли (32).

Хотелось бы добавить, что вовсе необязательно произойдут драматичные события в течение года, от одного дня рождения до другого, когда показатель Индекса опасности года входит в вышеназванные группы. Но абсолютно точно и, осмелюсь сказать, с вероятностью в сто процентов, если происходит драматичное событие, мы всегда имеем дело с высоким баллом Индекса опасности года. Этот факт, также как и другие вещи в астрологии, невозможно толком объяснить. Остается загадкой принцип работы этого «странного механизма», но благодаря правилам, изложенным в этой книге, думаю, мне удалось предоставить достаточно надежные указатели важных событий года. За много лет работы я убедился в действенности этого метода, благодаря собственной практике и многочисленным подтверждениям моих идей со стороны учеников и читателей. Надеюсь, что буду и дальше продолжать получать положительные отзывы о моих исследованиях. Я уже неоднократно заявлял, что главной целью своей работы считаю не нахождение универсальных ключей астрологического анализа, а лишь установление основных правил технически верного прочтения, способных дать наиболее исчерпывающие указания и направить в нужную сторону работу астрологов.

Глава 24
Предисловие к Примерам

Приведенные здесь 100 примеров были специально выбраны из общеизвестных и знаменитых случаев, предложенных нам историей, а не из моих личных архивов. Это было сделано во избежание легко предсказуемой критики, что якобы я придумал такие примеры, которые невозможно подвергнуть проверке.

Последовательность примеров определялась следующим образом. Сначала планировалось привести очень большое их количество (три-четыре сотни?), но впоследствии стало понятно, что произведение подобного объема было бы трудным для публикации. Таким образом, в «сокращенном» варианте были исследованы лишь некоторые годы и опущены многие другие. Моим главным источником информации стали анналы «Иллюстрированной Истории» (*Storia Illustrata*). Этот итальянский журнал предоставляет чрезвычайно ценные сведения об исторических событиях и датах. Также были использованы некоторые данные из архивов Бордони, Родена и моего личного.

По причинам, изложенным в предисловии к этой книге, я ограничился лишь «негативными» случаями и пренебрег другими. Считанные примеры приятных событий приведены исключительно для частичного сравнения.

Также вы заметите, что предлагается очень мало случаев смерти. Причина кроется в моей убежденности в том, что непосредственную смерть субъекта вряд ли можно предвидеть, в то время, как гораздо более предсказуемо горе родственника (и некоторые примеры таких случаев будут приведены).

Хорошая точность расчетов и отличная графическая четкость карт была обеспечена программами ASTRAL.

АРЕСТ МУССОЛИНИ

В 1943 году, уже начиная с зимы, над головой Бенито Муссолини стали сгущаться тучи, и 25 июля грянул гром. В этот день он был отстранен от власти королем, арестован и выслан в Гран-Сассо. Обратите внимание, что 1 августа 1943 года в 4 ч. 06 мин. по Гринвичу над г. Римом произошло солнечное затмение, а это по астрологической Традиции считается отрицательным предзнаменованием для монархов и политических лидеров. Рассмотрим транзиты. Плутон около 6° Льва располагался практически над натальными Солнцем и Меркурием; Уран, находясь около 8° Близнецов, был над радиксным соединением Луна-Марс-Сатурн. Сатурн находился около 22° в Близнецах, и, на мой взгляд, был важен не столько в действии аспекта квадратуры к натальному Урану, а сколько тем, что он входил в 8-й Дом, символизирующий конец вещей. Юпитер тоже был в почти идеальном соединении с Солнцем рождения. Какой же астролог, опираясь исключительно на транзиты и не владея моим методом чтения Солнечных Революций, был бы в состоянии предсказать, что должно было произойти? Во время СР рассматриваемого периода Солнце было в 6 Доме, в положении прескверном и пагубном. Марс в VII Доме тоже очень вреден, особенно для политического лидера. Кроме того, это событие произошло за несколько дней до дня рождения, и внимательные читатели моих книг знают, какую важность я придаю этому фактору. И наконец, Dulcis in fundo (в пер. с латыни «Остатки сладки»), негативный Индекс, полученный методом Дишеполо-Миеле, равняется 84 баллам, в то время как позитивный составляет всего лишь 32 балла. Этот случай мне кажется достаточно прозрачным и достойным заметки с астрологической точки зрения.

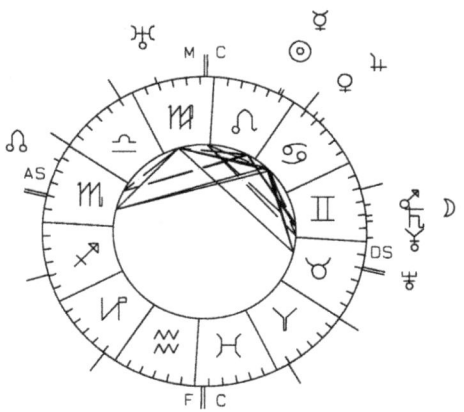

Натальная карта Бенито Муссолини
г. Предаппио, 29/7/1883, в 13.54

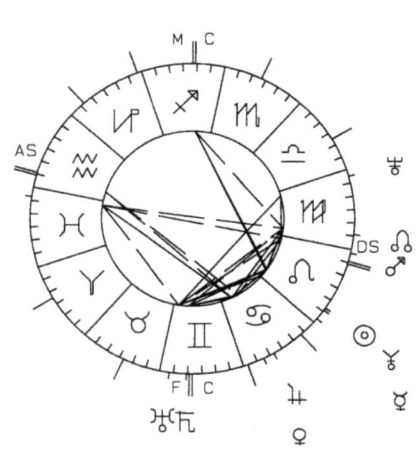

Солнечная Революция
1942 года, г. Рим

СМЕРТЬ МУССОЛИНИ

Теперь мы имеем дело с трагической гибелью итальянского диктатора. 27 апреля 1945 года в Донго он был арестован, а 28-го числа того же месяца расстрелян. Плутон не проявляет себя в транзитах. Нептун был в секстиле к радиксному Солнцу, и касательно этого стоит напомнить, что порой гармоничный транзит медленной планеты к светилу несет с собой драматические события. Уран, около 11° в Близнецах, в течение порядка двух лет располагался над убийственным натальным соединением Луна-Марс-Сатурн. Других заметных транзитов пожалуй и нет. А теперь давайте посмотрим на СР и увидим, что она (для 1944 года, то есть захватывающая интересующий нас период), дает нам Асцендент около 8° Девы, в Десятом Доме. Помните, что когда Асцендент падает в Десятый, но транзиты негативны, то все становится очень опасным. Дополнительными показателями огромного риска являются Марс в соединении с Асцендентом Солнечной Революции и стеллиум целых четырех планет между 12-м и I-м Домами. Доказательством "объективным" всего вышесказанного служит довольно высокий негативный балл Дишеполо-Миеле: 64 (против позитивного 40).

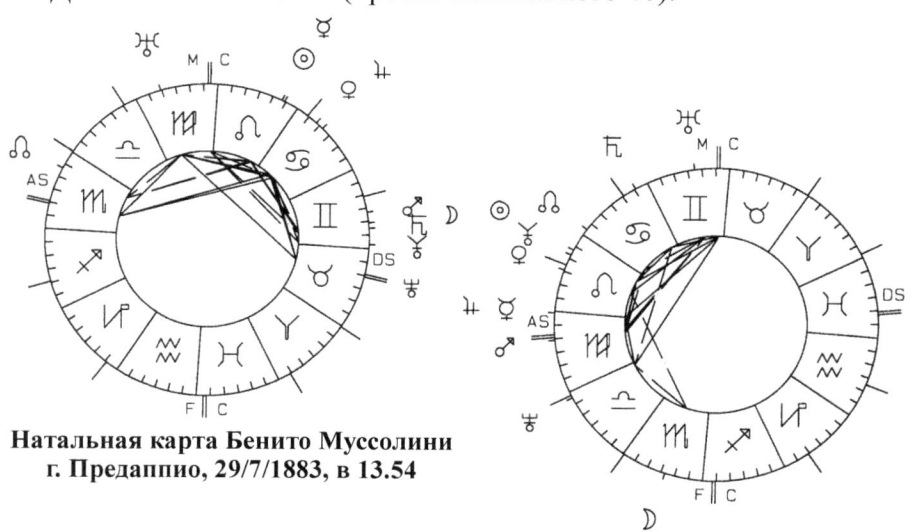

Натальная карта Бенито Муссолини
г. Предаппио, 29/7/1883, в 13.54

Солнечная Революция
1944 года, г. Комо
(не так важно, находился ли он в Комо, или в Сало, или в окрестностях)

ТА ЖЕ ТРАГЕДИЯ, УВИДЕННАЯ КЛАРЕТТОЙ

Та же трагедия предыдущих страниц, увиденная другой героиней событий – Клареттой Петаччи, которая демонстрировала необычайную преданность любимому мужчине, вплоть до жертвенного конца. В конце июля 1943 года транзитный Плутон был в идеальной оппозиции к натальным Венере и Меридиану. Нептун был в трине к Асценденту (тоску и тревогу можно иметь даже с тринами). Уран находился около 8° Близнецов, в соединении с Марсом в Первом Доме, и в квадратуре к Солнцу радикса. Соответствующая Солнечная Революция дает Асцендент в Шестом Доме. И напоследок, негативный Индекс составил 48 баллов, а позитивный – 22 балла.

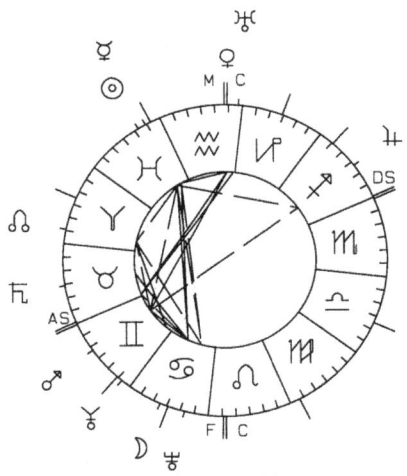

**Натальная карта Кларетта Петаччи
г. Рим, 28/2/1912, в 10.15**

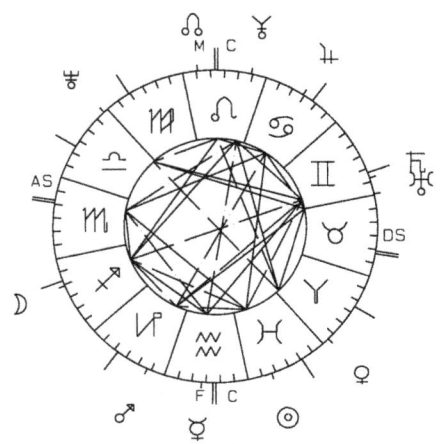

Солнечная Революция 1943 года, г. Рим

СВЕТ ГАСНЕТ

Партизаны были все ближе и ближе, и Кларетта прекрасно знала, что оставшись рядом со своим пожилым и больным спутником жизни, она серьезно рисковала. Тем не менее, как истинная Рыба, она пожелала ухаживать за ним до последнего вздоха. В последние дни холодного апреля 1945 года в Донго (близ г. Комо) партизаны взяли в плен их обоих и казнили на месте. Уран, в 11° Близнецов, формировал точное соединение с натальным Марсом в Первом Доме! Все мы знаем, что Марс в Первом, в определенных обстоятельствах, может обозначать насильственную смерть, и в данном случае так и случилось. Естественно, Уран был также в квадратуре к Солнцу. Сатурн, в 7° Рака, был в широком соединении с Луной (а вы бы согласились с некоторыми немецкими астрологами, которые не учитывают орбиты в 5°?). Солнечную Революцию, в свою очередь, можно назвать «шедевром». Асцендент в Первом Доме, Солнце в 11-м (тяжелая утрата и смерть), а Уран с Марсом на углах карты. Индекс опасности года составил 46 баллов по сравнению с позитивным 26 баллов.

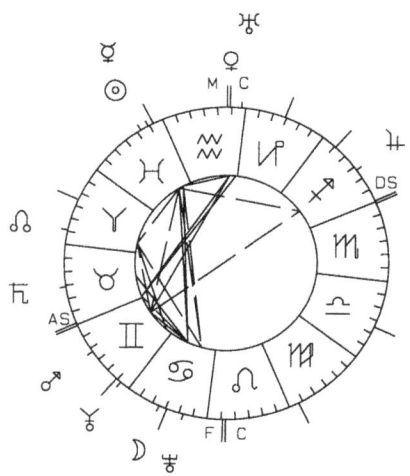

**Натальная карта Кларетта Петаччи
г. Рим, 28/2/1912, в 10.15**

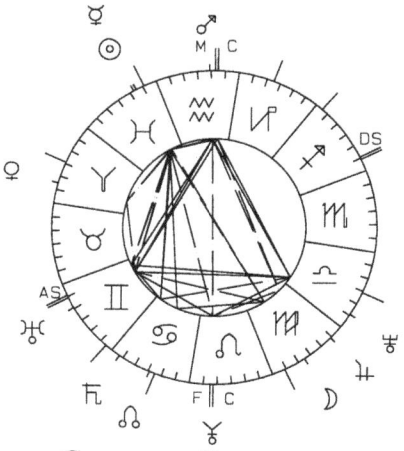

**Солнечная Революция
1945 года, г. Комо**

РАЗВЕНЧАНИЕ МИФА КРАКСИ

Политическое падение Беттино Кракси произошло просто, как по учебнику! 11 февраля 1993 года итальянский лидер Социалистов подал в отставку, всего за несколько дней до своего дня рождения (уделяйте внимание всегда дням, окружающим день рождения), после шестнадцати с половиной лет руководства своей партией, которая постепенно превратилась во вторую по значению политическую силу Италии. Плутон находился в 25° Скорпиона (во всей книге я буду указывать положение планет, округленное до одного градуса, потому что не придаю этому очень большого значения), в тесном соединении с МС. Нептун и Уран, оба в 20° Козерога, находились недалеко от Асцендента. По этой причине можно предположить, что Беттино Кракси родился немного раньше официально заявленного времени, и Асцендент находился около 20° Козерога. Транзитный Сатурн был в соединении с натальным Сатурном в 21° Водолея. Марс около 8° в Раке, в соединении с Луной радикса. Солнечная Революция 1992/1993 – это своего рода «шедевр». Асцендент падает в Первый Дом, а Солнце и Стеллиум (включая два вредителя) оказываются в Двенадцатом Доме! Индекс опасности года (по методу Дишеполо-Миеле) был очень высоким и достигал 90 баллов (против положительного 22 балла).

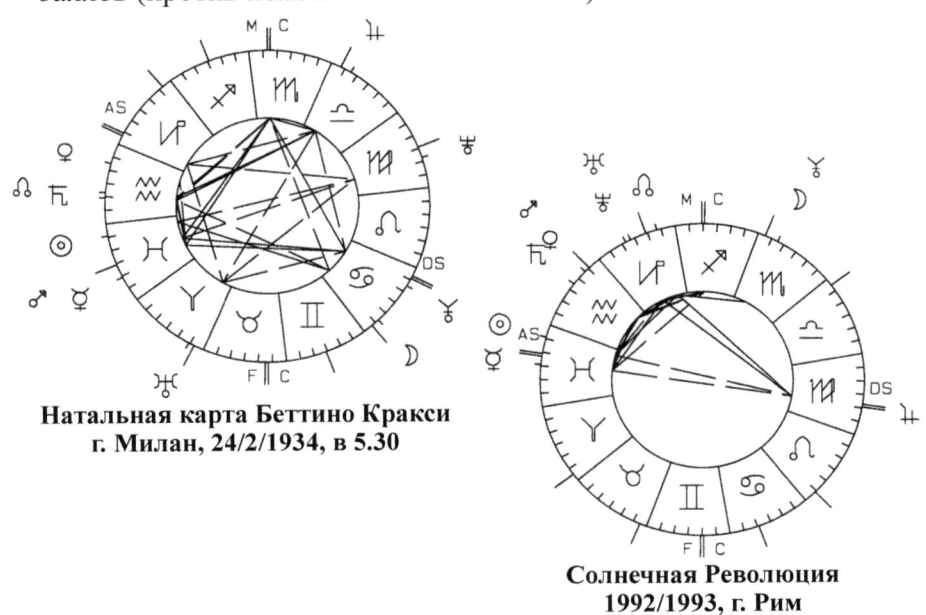

**Натальная карта Беттино Кракси
г. Милан, 24/2/1934, в 5.30**

**Солнечная Революция
1992/1993, г. Рим**

«ДОФИН» ТОЖЕ ПОДАЕТ В ОТСТАВКУ

Танжентополи (итальянский скандал, связанный с политической коррупцией) не прошел безболезненно и для преемника Беттино Кракси. 10/2/1993 Министр Юстиции Клаудио Мартелли был вынужден уйти в отставку вследствие скандала, в который оказались вовлечены почти все ведущие представители правительства. Плутон, в 25° Скорпиона, находился в квадратуре с натальным МС бывшего Министра Юстиции. Уран с Нептуном располагались в 20° Козерога, в полуторквадрате к натальной Венере этого второго по значимости человека на виа Дель Корсо. Сатурн в 20° Водолея был в оппозиции к радиксному Юпитеру. Карта Солнечной Революции на 1992/1993 год дает нам Солнце в 12-м Доме! Индекс опасности года равнялся 52 негативным баллам против позитивных 12.

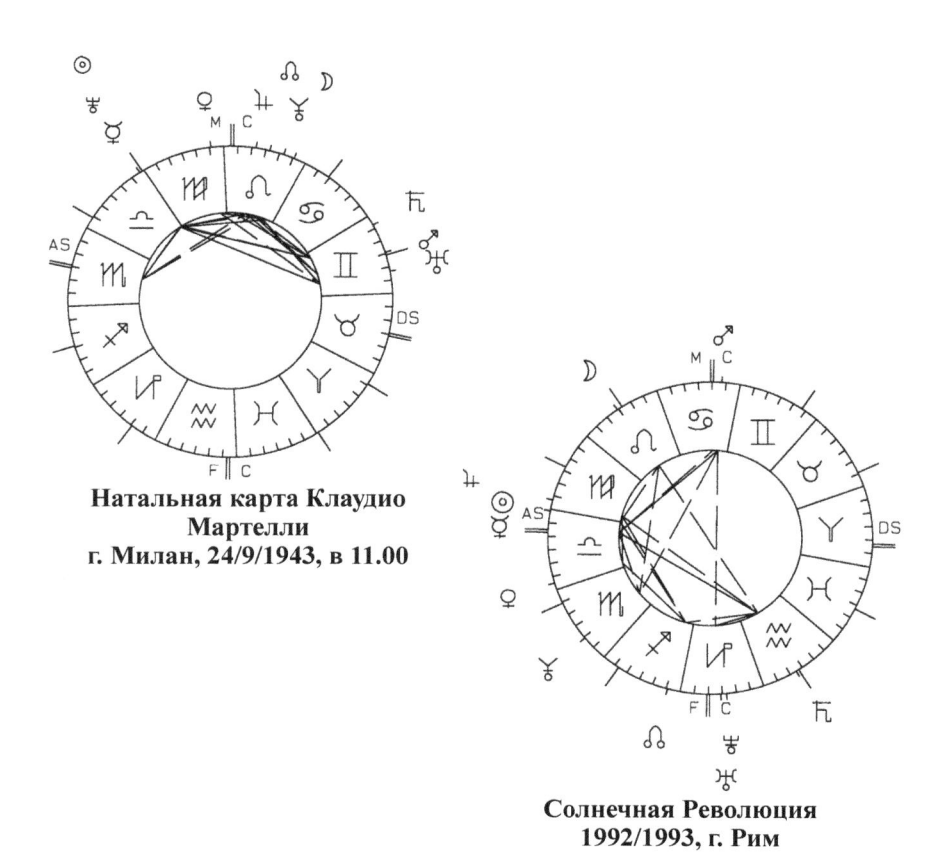

Натальная карта Клаудио Мартелли
г. Милан, 24/9/1943, в 11.00

Солнечная Революция 1992/1993, г. Рим

ПОЛИТИЧЕСКИЙ КОНЕЦ ФРАНЧЕСКО ДЕ ЛОРЕНЦО

Политический конец итальянского Министра Здравоохранения Франческо де Лоренцо начался мягко и нечетко. Некоторые могли бы заявить, что причина этого кроется в том, что транзиты не были ужасными (и они действительно не были очень опасными или смертельными). Другие объяснили бы произошедшее спесивым характером этого человека, и тем, что он вовремя не осознал глубины пропасти, открывавшейся перед ним. Если бы астролог, не использующий метод Солнечных Революций в своей практике прогнозирования, проанализировал бы этот случай, то он даже смог бы утверждать, что субъекта ожидает удачный год. Но Солнечная Революция никогда не лжет: Асцендент был в Первом Доме! Из транзитов выделим оппозицию Плутон- Меркурий радикса и квадратуру Урана и Нептуна к МС. Сатурн также давал квадратуру к Меркурию. Индекс опасности года был 30 баллов против 28. Он ушел с поста Министра Здравоохранения 19/2/1993.

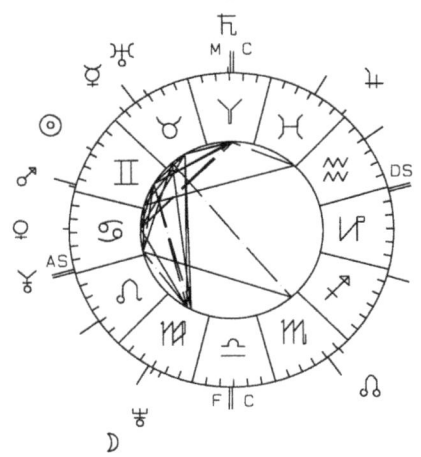

Натальная карта Франческо де Лоренцо
г. Неаполь, 5/6/1938, в 8.00

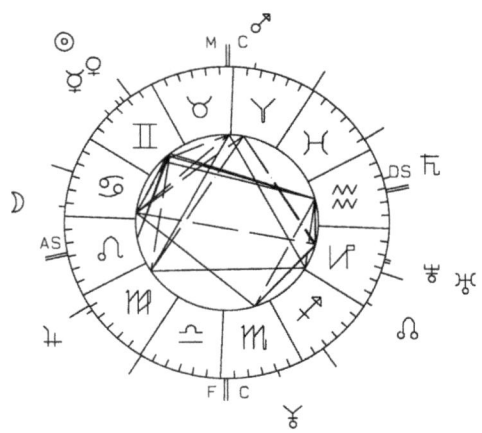

Солнечная Революция
1992/1993, г. Рим

СТИГМАТЫ У ПАДРЕ ПИО

Падре Пио, один из самых интересных персонажей, которых мне приходилось исследовать астрологически (см. Ritratti di celebrità, Ricerca '90). 20 сентября 1918 года у скромного монаха из Пьетрельчины (область Кампанья) на руках и теле образовались стигматы. Это событие может быть истолковано по-разному. Если бы спросили мнения господ из CICAP (Итальянский Комитет по Расследованию Заявлений о Паранормальных явлениях, во главе с Пьеро Анджела), то они наверняка бы рассмеялись в ответ. Лично я, однако, несмотря на отсутствие у меня непоколебимых убеждений в вопросах веры, трактую это событие с большим уважением. Я вижу, что этот простой и великий монах пережил момент душевных мучений исключительной силы. В этот день Плутон, в 7° Рака, проходил точно по Луне радикса субъекта. Нептун, в 9° Льва, давал квадратуру на Асцендент. Уран в Водолее 25°, был в квадратуре к тесному и фантастическому натальному соединению Марс-Нептун, которое и объясняет часть таинства Падре Пио. Сатурн, в 23° Льва, давал на это соединение квадратуру с другой стороны, а Марс был в оппозиции к ней из Первого Дома. В Солнечной Революции находим Солнце в 12 Доме. Индекс «опасности» года был очень высокий: 68 против 32.

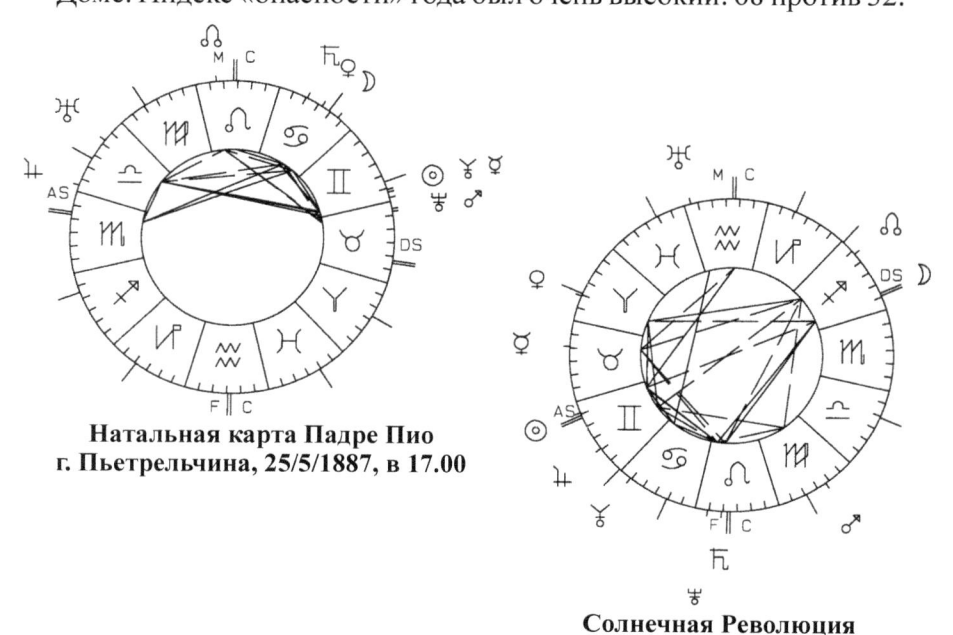

**Натальная карта Падре Пио
г. Пьетрельчина, 25/5/1887, в 17.00**

**Солнечная Революция
1918 года, г. Пьетрельчина**

СЕКСУАЛЬНЫЙ СКАНДАЛ С ДЖИДЖИ САБАНИ

В июле 1996 года, в разгар летней жары, когда итальянская политика уходит в застой сезонного перерыва, вспыхнул скандал "Сабани - Мерола", в котором два знаменитых телеведущих были обвинены в сексуальных домогательствах к юным участницам конкурса красоты, якобы предлагая им в обмен за услуги премии и высокие оценки. Сабани был арестован и, когда он вышел на свободу, то заявил: "Мне уничтожили карьеру и жизнь". Точные дни ареста не известны, поэтому используем значения немного приблизительные. Уран в 3° Водолея, был в квадратуре к натальной Луне, и Сатурн в 8° Овна был в широкой оппозиции к Солнцу, которое в свою очередь испытывало квадратуру от Юпитера. Марс в оппозиции к Марсу рождения. Вот и все. С такими транзитами вы могли бы представить себе его катастрофу? Лично я – нет, но если бы увидел его карту Солнечной Революции, то да, и еще как! Солнце было в 6-м Доме Революции, Асцендент СР – в 6-м Доме радикса. Стеллиум располагался в 6-м Доме Революции. А я разве не утверждал с самых первых моих публикаций, что Шестой Дом, в порядке негативной важности, располагается на третьем месте после 12-го и I-го? Кроме того, здесь мы также находим Марс в Седьмом, об опасности которого в связи с возможными проблемами с законом, думаю, я уже выразился исчерпывающе. Индекс опасности года для Сабани был очень высоким: 84 против 14.

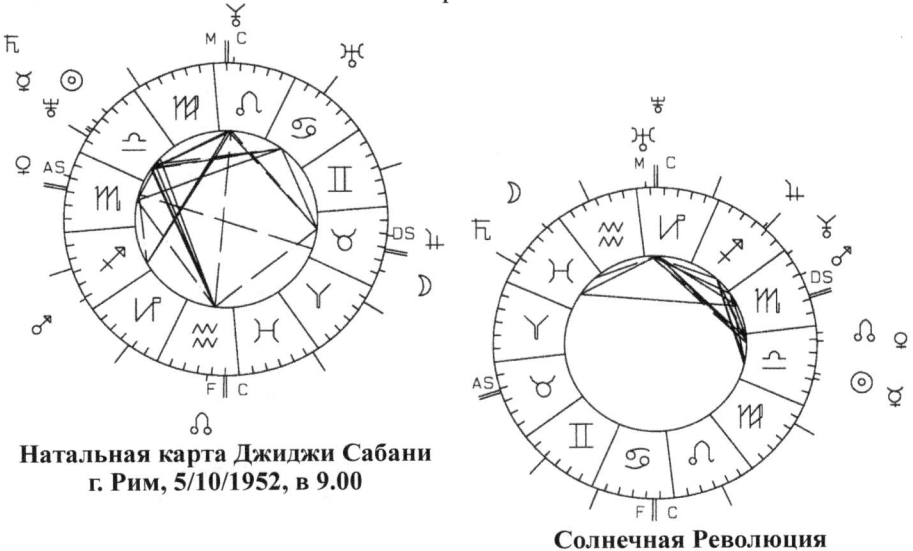

Натальная карта Джиджи Сабани
г. Рим, 5/10/1952, в 9.00

Солнечная Революция
1995/1996, г. Рим

ИРЕНЕ ИДЕТ НА ВОЙНУ

В августе 1996 года Ирене Пиветти была буквально вышвырнута из партии Лега Норд. Всего за несколько месяцев до этого она потеряла третий по важности пост в правительстве Страны. Одним словом, мрачный год для бывшей самой молодой из итальянских Президентов Палаты Депутатов. Плутон, около 1° Стрельца, был в квадратуре на натальный Уран. Сатурн практически «сидел» на Десценденте ее радикса. Юпитер был в квадратуре и к Асценденту и к Десценденту. Маловато, по правде говоря, чтобы оправдать потерю такой власти за раз. Но если мы посмотрим на карту Солнечной Революции… Если посмотрим, то увидим, что субъект заполучила, ни больше ни меньше, как Асцендент Солнечной Революции в 12 Доме. Индекс опасности года был 44 против 18.

Натальная карта Ирене Пиветти
г. Милан, 4/4/1963, в 18.20

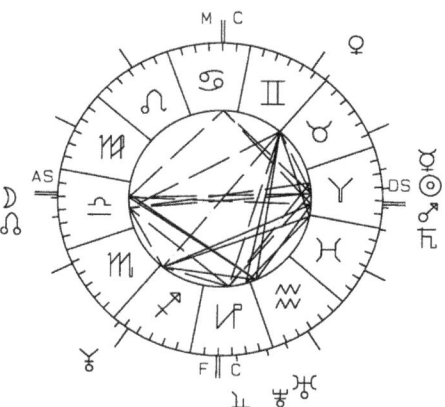

Солнечная Революция
1996 года, г. Рим.

ДЖУЛИО АНДРЕОТТИ ПОЛУЧАЕТ УВЕДОМЛЕНИЕ О НАХОЖДЕНИИ ПОД СЛЕДСТВИЕМ

Джулио Андреотти, долгое время занимающий министерский пост, изобретатель лозунга: «Власть портит тех, у кого ее нет», 27 марта 1993 года получил из суда Палермо уведомление о том, что он находится под следствием по обвинению в связях с мафией. Возможно, что это означает конец его политической карьеры, хоть никто и никогда не сможет у него отнять кресло пожизненного сенатора. Плутон, в 25° Скорпиона находился в аспекте квадратуры к натальному Урану. Уран и Нептун, около 21° Козерога, проходили почти точно по Солнцу радикса. Сатурн, в 26° Водолея, был в соединении с натальным Ураном. А Марс в 17° Рака образовывал широкую оппозицию с Солнцем. Угадайте, где был Асцендент Солнечной Революции? В 12 Доме!!! Также в СР находим Марс в Седьмом Доме. Индекс опасности года составил 70 против 34 баллов.

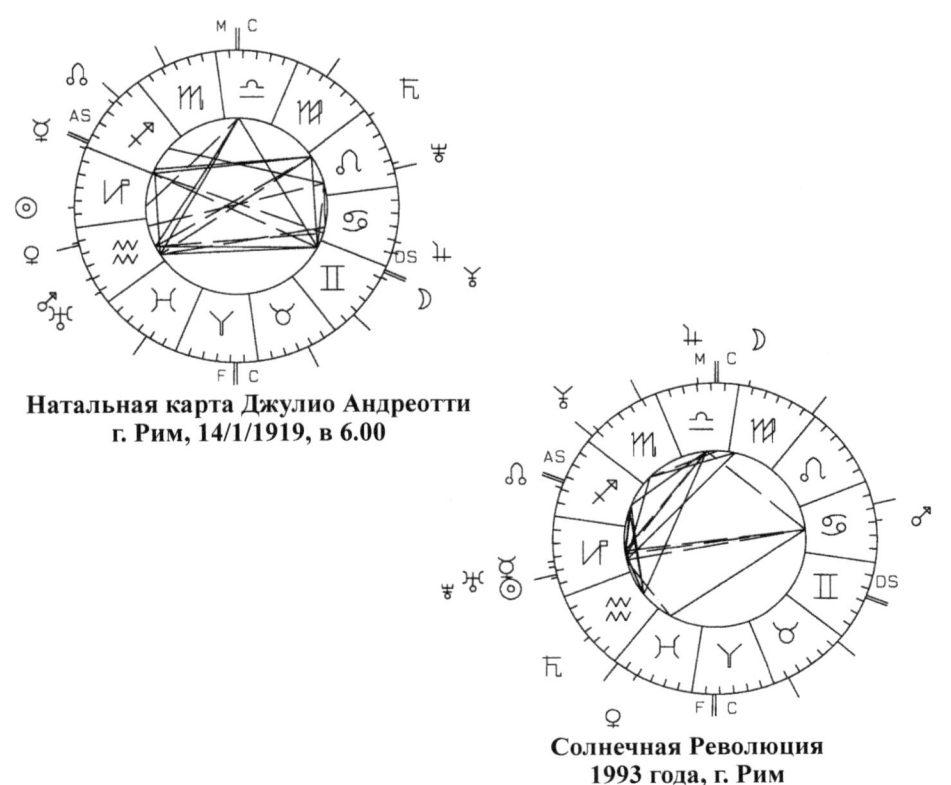

Натальная карта Джулио Андреотти
г. Рим, 14/1/1919, в 6.00

Солнечная Революция
1993 года, г. Рим

КЛАРНЕТ ВУДИ АЛЛЕНА ЗАДЫХАЕТСЯ

7 июня 1993 года жена Вуди Аллена, Миа Фэрроу, обвинила его в сексуальных домогательствах к их дочери. Этот момент был ужасен для режиссера, любимого во всем мире. Земля будто бы уходит у него из-под ног. Плутон в 24° Скорпиона, в точной квадратуре к Луне радикса. Уран и Нептун, около 21° Козерога, находились в квадратуре к Венере и в соединении с Марсом рождения. Сатурн, в 1° Рыб, на Десценденте. Юпитер – в трине к МС (его большая «популярность» в тот период...), Марс в 21° Льва, находится в оппозиции к Луне. Этого достаточно, чтобы даже не смотреть на Солнечную Революцию, но если мы все же это сделаем, то найдем нашу «известную карту»: Солнце Солнечной Революции в 6-м Доме. Индекс опасности года был 74 против 12.

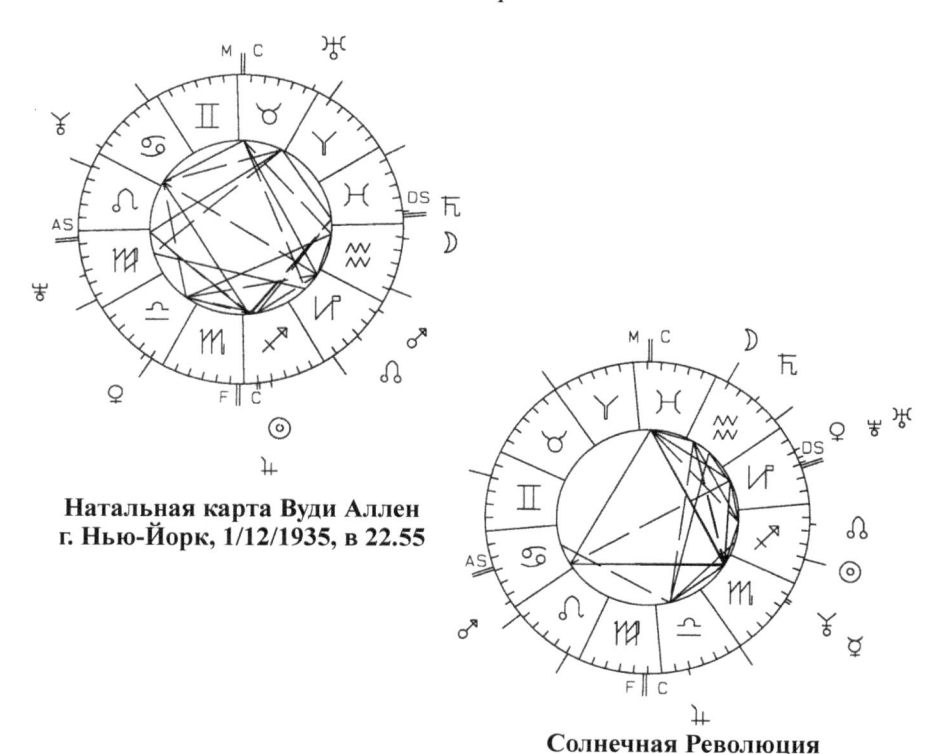

**Натальная карта Вуди Аллен
г. Нью-Йорк, 1/12/1935, в 22.55**

**Солнечная Революция
1992/1993, г. Нью-Йорк**

БЕРТИНОТТИ ИЗБРАН СЕКРЕТАРЕМ

23 января 1994 года Фаусто Бертинотти был избран секретарем итальянской Коммунистической Партии. Плутон находился в 28° Скорпиона, и можно было бы считать его в аспекте широкого трина с натальным Солнцем, но честно говоря, для этой очень медленной планеты орбис уж слишком широкий. И напротив, Уран и Нептун в 22° Козерога, находятся в аспекте точного трина к МС. Сатурн – на Десценденте, Юпитер в 13° Скорпиона дает секстиль на Луну. В карте Солнечной Революции находим Солнце и Стеллиум в X Доме. Индекс опасности года был 24 против 40 баллов. Итак, два очень кратких замечания: 1) Как вы можете видеть, позитивный балл Индекса опасности года почти вдвое больше негативного, и событие было приятного рода. 2) Марс на Асценденте Солнечной Революции является потенциально пугающей комбинацией, но негативный Индекс чуть выше порога в 20 баллов, и вдвое меньше позитивного, мог бы помочь астрологу, использующему метод Дишеполо-Мьеле, правильно оценить ситуацию.

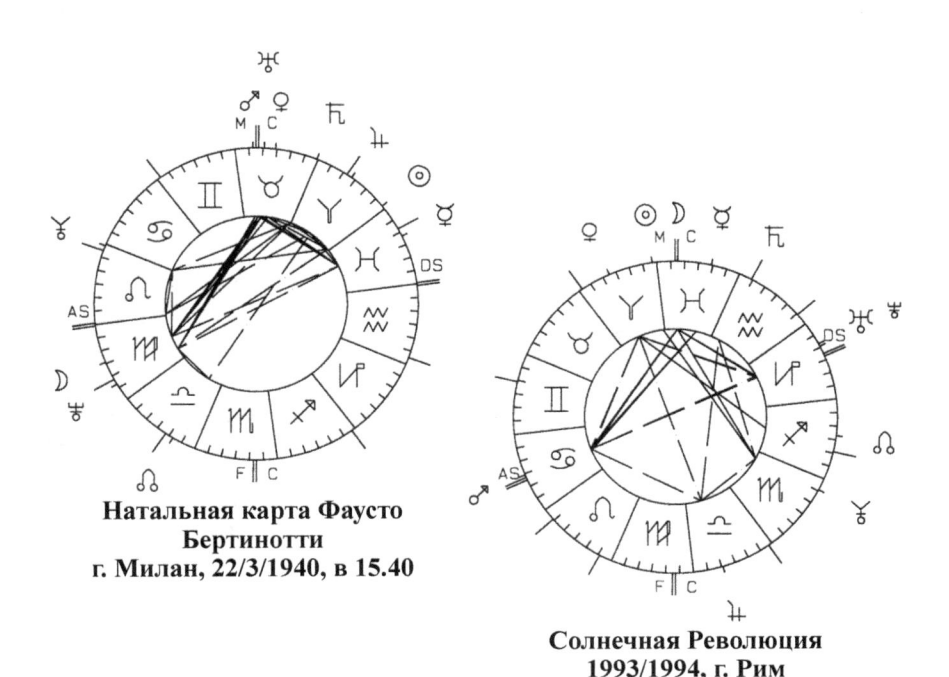

Натальная карта Фаусто Бертинотти
г. Милан, 22/3/1940, в 15.40

Солнечная Революция
1993/1994, г. Рим

БЕРЛУСКОНИ ПОБЕДИЛ НА ВЫБОРАХ

28 февраля 1994 года Сильвио Берлускони выиграл политические выборы и занял пост Премьер-министра Италии. Транзитный Плутон, в 29° Скорпиона, был в идеальном трине с натальным Плутоном. Сатурн, в 4° Рыб, в трине к MC и Венере. Юпитер, в 15° Скорпиона, в аспекте трина с Луной. Асцендент Солнечной Революции расположен в X Доме! Индекс опасности года был 16 против 26, то есть позитивный балл больше негативного, а последний, в свою очередь, находится решительно ниже порога в 20 баллов, который мы с Луиджи Мьеле установили как предел, за который лучше не выходить, если вы желаете быть очень спокойны за безопасность года. Естественно, как вы видите в примерах на этих страницах, негативные 25, 26 или 27 баллов еще не означают страшные вещи, но Индекс в 40, 60, или 80 баллов почти наверняка указывает на убийственный год. Одним из преимуществ Модуля *Scanner* программы ASTRAL является то, что вы можете сразу рассчитать Индекс опасности года, как только введете данные предполагаемой Целенаправленной Солнечной Революции, и тут же оценить, насколько вам удалось уклониться от ударов.

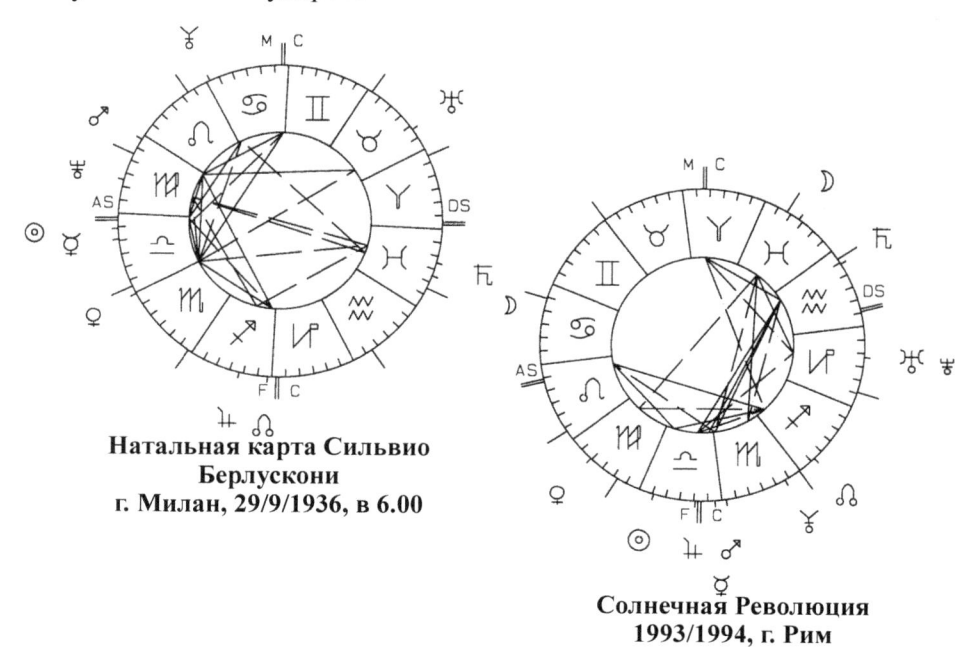

Натальная карта Сильвио Берлускони
г. Милан, 29/9/1936, в 6.00

Солнечная Революция
1993/1994, г. Рим

СМЕРТЬ МАССИМО ТРОИЗИ

26 августа 1993 года в неаполитанской ежедневной газете *IL MATTINO*, с которой я сотрудничаю, была опубликована моя статья о Массимо Троизи. Пребывая в полном неведении о больном сердце актера, я выразил свою озабоченность состоянием здоровья Массимо, и посоветовал ему переехать на день рождения, но он этого не сделал. Несколько месяцев спустя, а именно 4 июня 1994 года, актер, родившийся в Сан-Джорджио а Кремано, умер от сердечного приступа, сразу после окончания съемок фильма Почтальон (*Il postino*). Смерть была и остается огромной тайной и для нас, астрологов.

На данном примере я намерен показать не фатальность этого события, а тяжесть и опасность года в отношении здоровья неаполитанского комика. Когда его сердце остановилось, Нептун и Уран были в квадратуре к его натальному соединению Сатурна и Нептуна, но я не расположен придавать слишком большое значение этому аспекту, потому что считаю, что транзиты медленных планет гораздо тяжелее и опасней, когда они создают аспекты с быстрыми принимающими точками натальной карты (включая Асцендент и МС). Транзитный Сатурн был в соединении с радиксным Меркурием в 13° Рыб. Юпитер в 6° Скорпиона был в оппозиции к натальной Луне, к которой в свою очередь был в идеальном соединении транзитный Марс. Тем не менее, видя эти транзиты, мне никогда бы не вздумалось огласить то предостережение на страницах газеты. Однако меня снова пугала, как и во множестве других случаев, Солнечная Революция, вне зависимости от планетарных транзитов. Карта СР показывала Асцендент в 12 Доме радикса, и рождалась с тесным соединением Сатурн-Солнце. Индекс опасности года был 44 против 22 баллов (не очень высокий, но с резкой разницей между негативным и позитивным баллом, и был в основном обусловлен Солнечной Революцией). Задумайтесь на минутку. СР как бы «запомнила» прохождение Сатурна по Солнцу на момент солнечного возвращения, ведь этот транзит уже не действовал, когда молодой актер умер. Некоторые мои коллеги, упорствующие в скептическом отношении к Солнечным Революциям,

638 Чиро Дишеполо

должны были бы задуматься еще раз, и об этом конкретном случае.

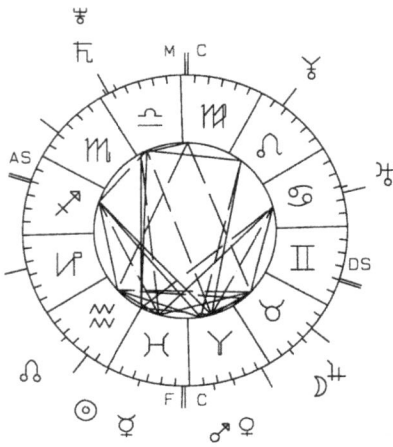

Натальная карта Массимо Троизи
г. Сан-Джорджио а Кремано, 19/2/1953, в 2.00

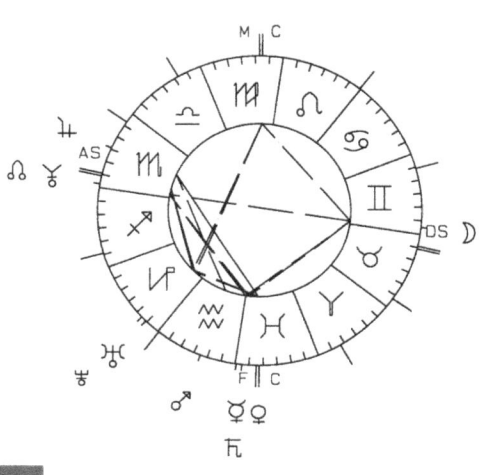

Солнечная Революция 1994 года, г. Рим

АРЕСТ О. ДЖ. СИМПСОНА

18 июня 1994 года бывший любимец американского спорта О. Джей Симпсон был арестован после дерзкого побега, показанного в прямом эфире по телевидению, по обвинению в убийстве красавицы жены и ее молодого друга. Почти все транзиты кажутся великолепными (действительно, очень часто гармоничные аспекты Урана, Нептуна и Плутона к основным чувствительным точкам натальной карты чрезвычайно опасны). Плутон в трине к Луне и Меркурию, Нептун в оппозиции к Меркурию, Уран в секстиле к Луне и в оппозиции к Меркурию, Юпитер в трине к Венере, Марс в соединении с МС, в квадратуре к Асценденту и в оппозиции к Юпитеру. Как вы можете видеть, транзиты к Луне и Венере великолепны. Но если мы посмотрим на карту Солнечной Революции, то заметим Марс в 12-м Доме в оппозиции к Луне, и Сатурн в 5-м Доме. Суд вынес Симпсону оправдательный приговор, но мне лично думается, учитывая его СР, что он виновен. Индекс опасности года составил в баллах 48 (против 48).

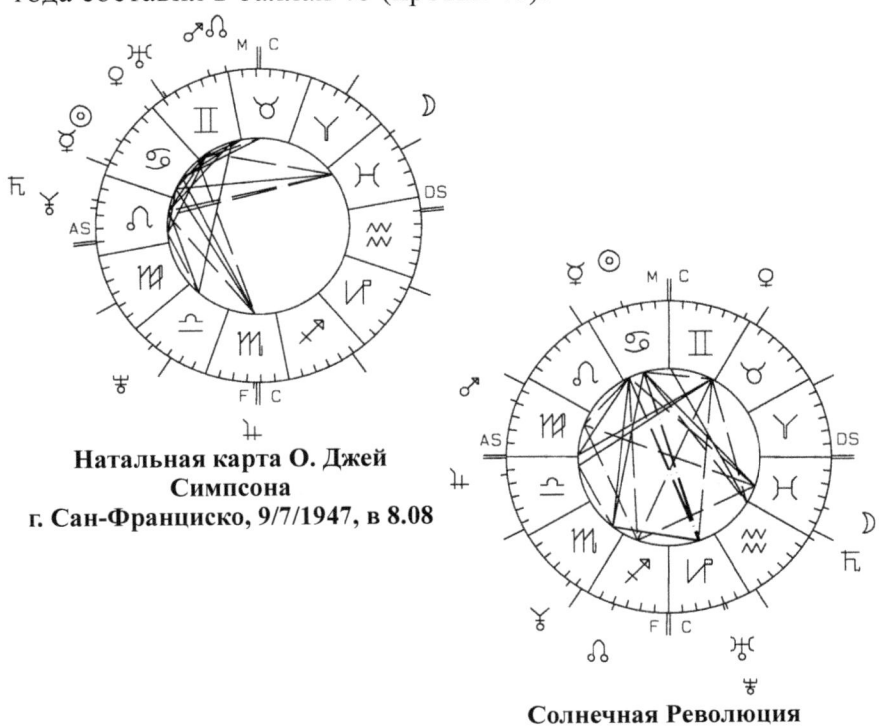

Натальная карта О. Джей Симпсона
г. Сан-Франциско, 9/7/1947, в 8.08

Солнечная Революция
1993/1994, г. Лос-Анжелес

НАИХУДШИЙ ЧЕМПИОНАТ МИРА МАРАДОНЫ

30 июня 1994 года аргентинский футболист Диего Армандо Марадона на чемпионате мира, после матча против Нигерии, был дисквалифицирован из-за положительного результата теста на допинг. Это событие стало одной из худших страниц в жизни аргентинского чемпиона. Плутон был в соединении с Асцендентом, Сатурн в соединении с натальной Луной (это один из тех транзитов, которых я лично больше всего боюсь). Юпитер был в соединении с Солнцем и Марс в соединении с Десцендентом (т.е. закон, официальные бумаги). Как вы можете видеть, сочетание аспектов Сатурн-Луна и Юпитер-Солнце может дать такую негативную популярность, что хуже некуда. Солнечная Революция выглядит просто катастрофически: Асцендент в 12-м Доме, Солнце в 12-м, стеллиум в 12-м, Марс на Асценденте (это положение действительно пагубно, ибо может соответствовать не только авариям и хирургическим операциям, но и страшным тревожным и депрессивным состояниям). Индекс опасности года не мог бы быть более ясным: 84 против 20.

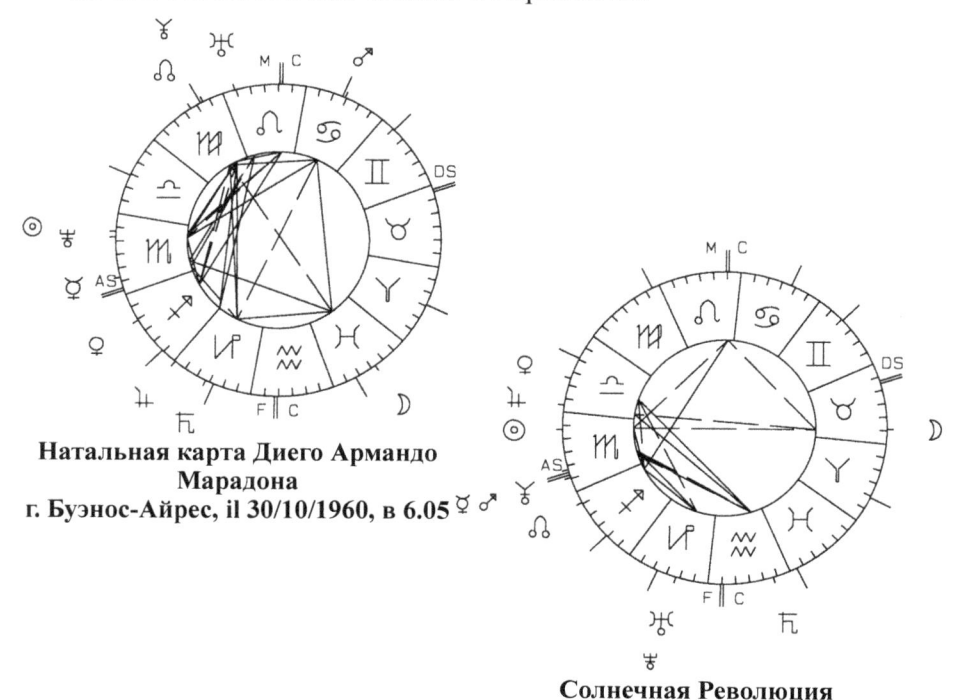

Натальная карта Диего Армандо Марадона
г. Буэнос-Айрес, il 30/10/1960, в 6.05

Солнечная Революция
1993/1994, г. Буэнос-Айрес

СМЕРТЬ СЕНАТОРА СПАДОЛИНИ

Не стоит удивляться, что на день смерти итальянского сенатора Джованни Спадолини, 4 августа 1994 года, мы не найдем, кроме одного, страшных положений транзитных планет. Смерть остается величайшей тайной для всех, в том числе и для астрологов. Для больного раком конец жизни зачастую означает освобождение, а значит может произойти и при позитивных конфигурациях планет. Не случайно Индекс опасности того года для бывшего республиканского лидера был 16 баллов против 12. Единственным действительно значительным транзитом был Уран в 6-м Доме, в почти точном аспекте оппозиции к натальному Марсу в 12-м Доме, в Раке (он умер из-за рака желудка). Транзитный Сатурн был в 8-м Доме. Плутон в трине к Урану и Марсу. Транзитный Марс проходил по 11 Дому, в квадратуре к Урану. В общем хорошая карта Солнечной Революции нам показывает, просто, и в то же время эффективно, Асцендент в 8-м Доме и Уран с Нептуном в 11-м Доме. Стоит уточнить, что для Троизи ситуация была совершенно другой, поскольку актер очень страдал от болей в последние месяцы жизни. Его коллеги рассказывают, что вынуждены были носить его на руках во время съемок фильма Почтальон (*Il postino*), Массимо Троизи не был в состоянии работать больше пятнадцати минут в день.

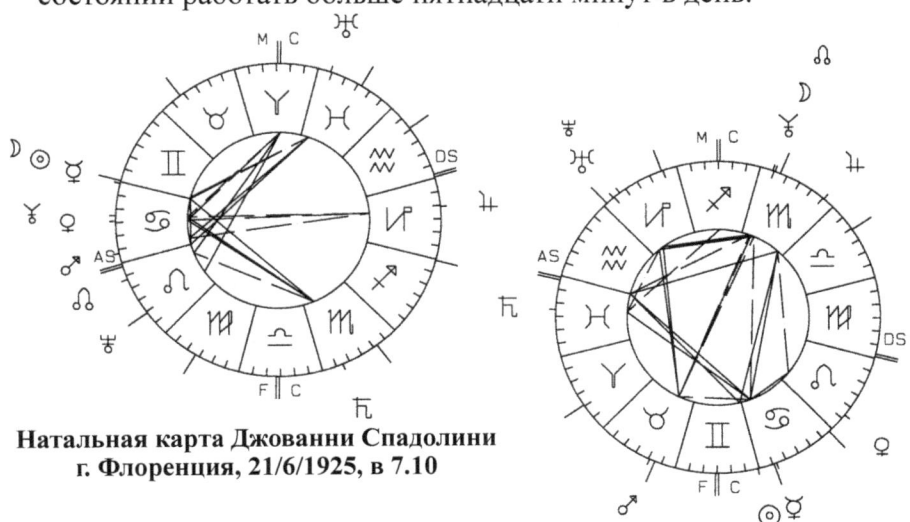

**Натальная карта Джованни Спадолини
г. Флоренция, 21/6/1925, в 7.10**

**Солнечная Революция
1994 года, г. Рим**

БОЛЕЗНЬ И СМЕРТЬ МОАНЫ ПОЦЦИ

Итальянская порнозвезда Моана Поцци умерла во французской больнице 17 сентября 1994 года от рака печени. Нам уже никогда не узнать, правдивы ли были слухи о ее заболевании СПИДом. Ее случай астрологически гораздо ближе к картине смерти Массимо Троизи, чем Джованни Спадолини. Моана серьезно заболела после ее дня рождения, и несколько месяцев до ее смерти были страшными. В самом деле, Индекс опасности года в этом случае был 60 против 26. Плутон был в трине к натальному Марсу, а Нептун был в трине к Луне. Транзитный Уран в 11-м Доме находился в оппозиции к Марсу. Сатурн был в соединении с Асцендентом, в секстиле к Солнцу и в оппозиции к Плутону. Транзитный Марс был в соединении с натальным Марсом и в секстиле к Луне. Наверняка в этом случае сочетание аспектов Урана и Сатурна стало решающим фактором. Но гораздо более детерминирующей стала Солнечная Революция, с ужасным Асцендентом в 12-м Доме и не менее страшными Марсом и Сатурном в I-м Доме. Уран и Нептун находились в 11-м.

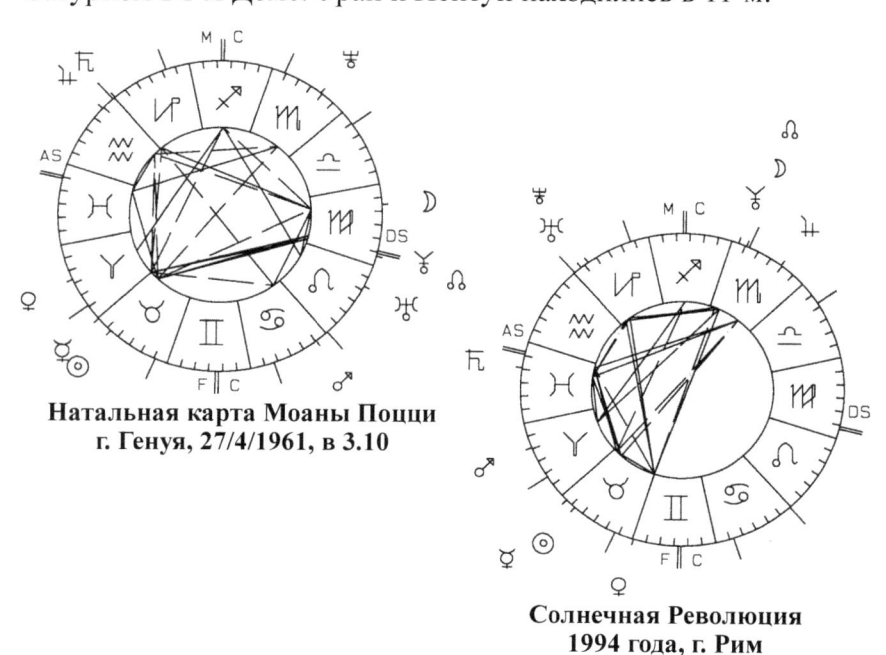

Натальная карта Моаны Поцци
г. Генуя, 27/4/1961, в 3.10

Солнечная Революция
1994 года, г. Рим

АНТОНИО ГАВА АРЕСТОВАН

20 сентября 1994 года бывший министр Антонио Гава был арестован по обвинению в получении взяток. Этот пример еще раз наглядно доказывает, что плохая Солнечная Революция может означать очень печальные события в течение 12-месячного периода времени от одного дня рождения до другого, даже если транзиты не так уж скверны. Каковы же три наихудших условия для Солнечной Революции? Помните, Асцендент или Солнце, или Стеллиум в Двенадцатом, Первом или Шестом Доме. В данном случае, действительно, мы находим Асцендент Солнечной Революции в натальном Шестом Доме. Основные транзиты - Уран в IV-м Доме (резкая смена места жительства), Сатурн в квадратуре к Марсу, и Марс в соединении с МС. Индекс опасности на тот год составлял 50 баллов против 18.

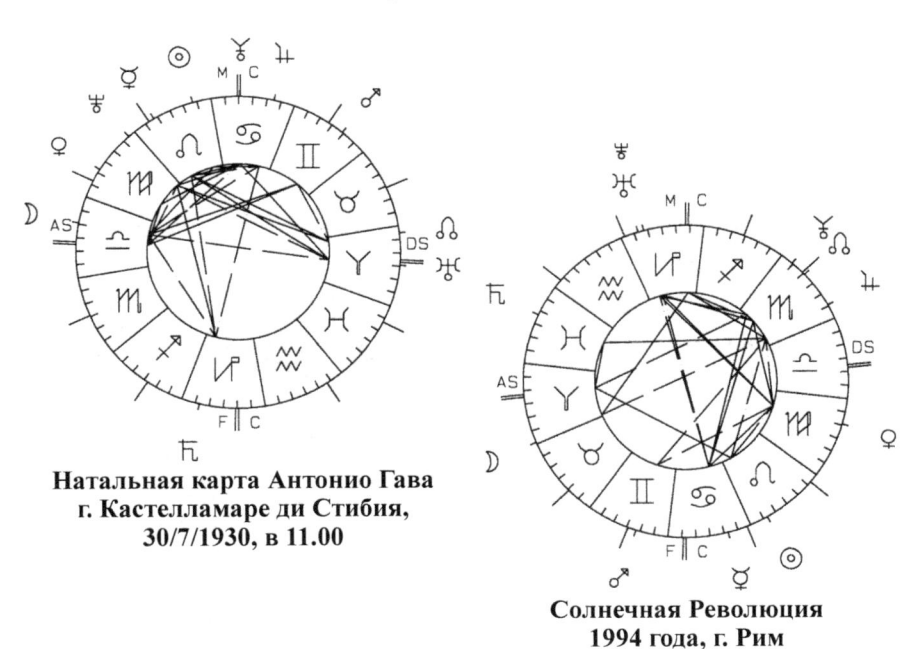

**Натальная карта Антонио Гава
г. Кастелламаре ди Стибия,
30/7/1930, в 11.00**

**Солнечная Революция
1994 года, г. Рим**

ПОЖИЗНЕННОЕ ЗАКЛЮЧЕНИЕ ПАЧЧАНИ

1 ноября 1994 года сельский житель Паччани судом Флоренции был признан виновным в преступлениях, совершенных «флорентийским монстром» и приговорен к пожизненному заключению. Плутон был в аспекте квадратуры к МС и полутораквадрате к радиксному Плутону, Юпитер в квадратуре к МС и Нептуну, Марс в квадратуре к Сатурну. Карта Солнечной Революции выглядит наихудшим образом: Солнце и мощнейший стеллиум в 12-м Доме. Как следствие, Индекс опасности года был очень высок: 78 против 22.

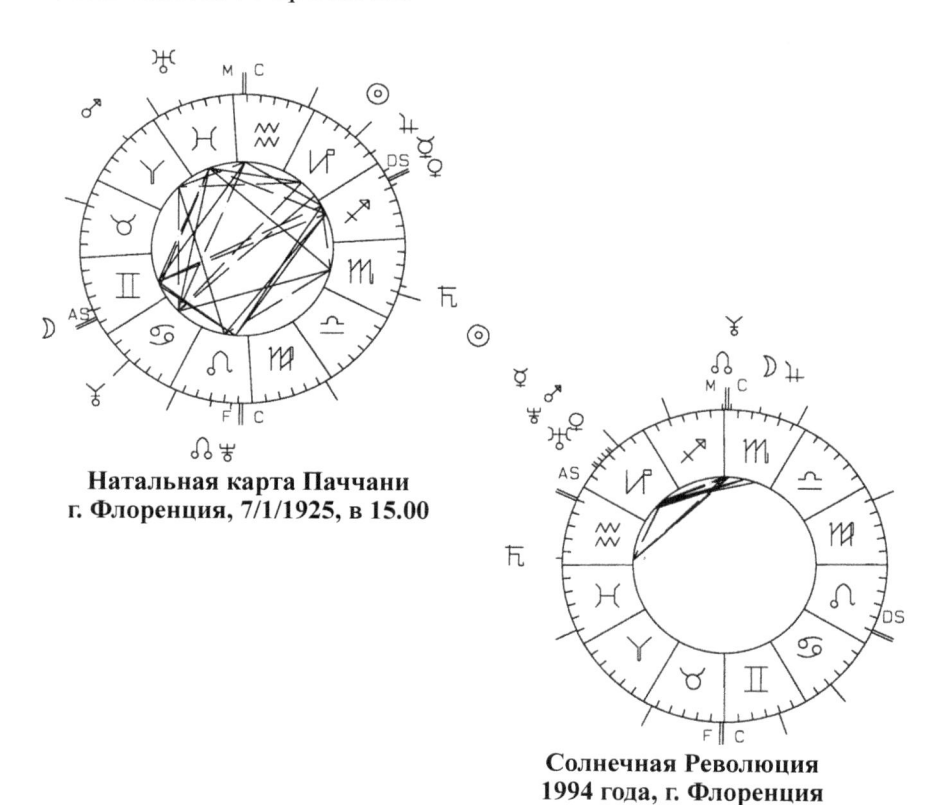

Натальная карта Паччани
г. Флоренция, 7/1/1925, в 15.00

Солнечная Революция
1994 года, г. Флоренция

ТЯЖЕЛЫЙ ГОД ДЛЯ АЛЕКСАНДРЫ МУССОЛИНИ

В ноябре 1996 года Александра Муссолини, политический представитель группы «Поло делле Либерта» (Polo delle Libertà), оказалась одновременно в двух тяжелых ситуациях. Во-первых, ее муж, бывший сотрудник финансовой полиции, попал под следствие по делу Танджентополи 2. Во-вторых, она была вынуждена выйти из партии Аллеанца Национале (Alleanza Nazionale), вследствие непримиримых разногласий с секретарем Джанфранко Фини. Плутон был в полуквадрате к МС (когда аспекты полуквадрата и полутораквадрата рассчитываются с очень тесным орбисом, то они действуют подобно квадратуре). Нептун был в соединении с Меркурием и в полутораквадрате к Плутону. Сатурн в полутораквадрате к Нептуну. В карте Солнечной Революции находим плохое положение Асцендента в Первом Доме радикса. Индекс опасности года составил 42 балла против 26.

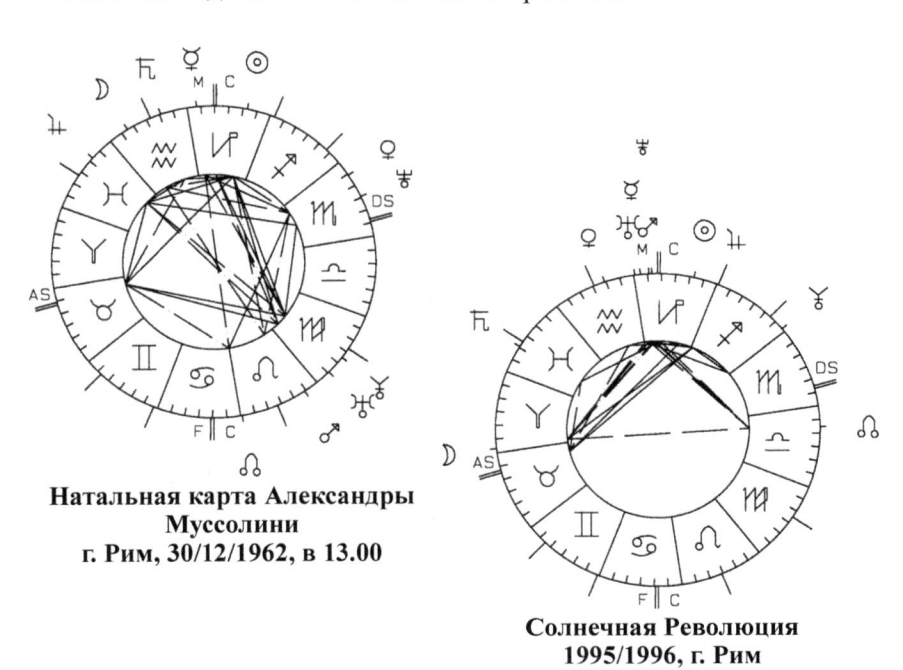

Натальная карта Александры Муссолини
г. Рим, 30/12/1962, в 13.00

Солнечная Революция 1995/1996, г. Рим

ОТСТАВКА СИЛЬВИО БЕРЛУСКОНИ

22 февраля 1994 Сильвио Берлускони ушел в отставку с поста Премьер-министра. Это был очень тяжелый момент его новой политической карьеры, так как всего несколько месяцев до этого (но с совершенно другой Солнечной Революцией!) он выиграл выборы. Транзитный Плутон был в трине к Плутону радикса. Уран в полуквадрате к Луне. Сатурн был в соединении с Луной (орбис 5°), в оппозиции к натальному Марсу, в трине к МС и в секстиле к Урану. Юпитер был в квадратуре к Марсу и в трине к Плутону. И наконец, транзитный Марс был в соединении с натальным, с орбисом 0 градусов. Солнечная Революция нам дает Асцендент в I-м и Солнце в 12-м Доме. Индекс опасности года был 40 баллов против 12.

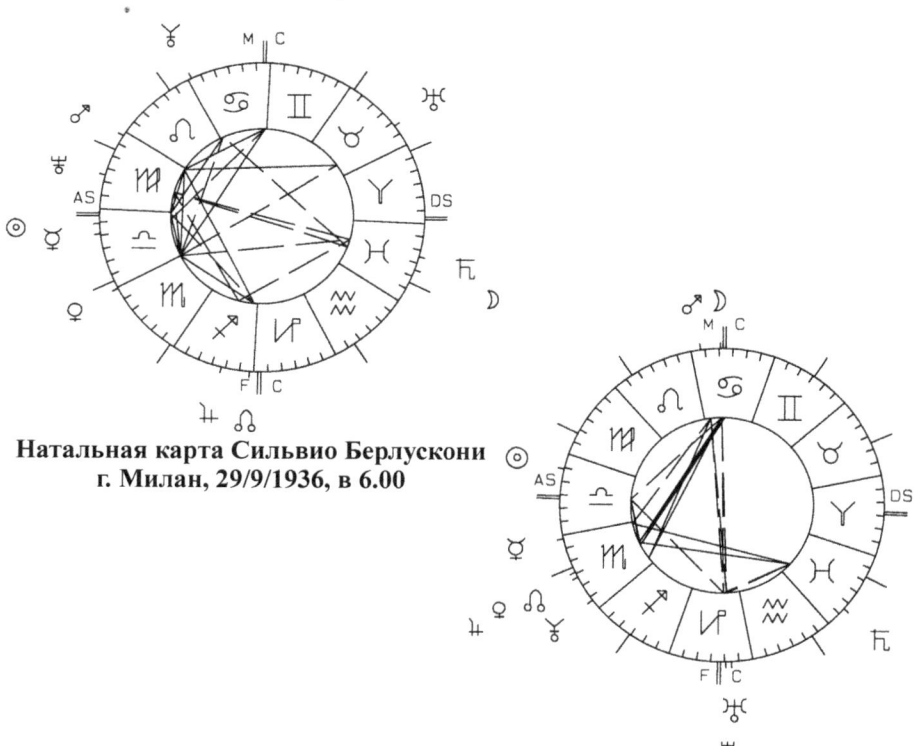

Натальная карта Сильвио Берлускони
г. Милан, 29/9/1936, в 6.00

Солнечная Революция
1994 года, г. Рим

АНТОНИО ДИ ПЬЕТРО УХОДИТ ИЗ МАГИСТРАТУРЫ

Оценивая транзиты и Солнечную Революцию на 6 декабря 1994 года, когда инициатор дела Танджентополи Антонио Ди Пьетро оставил магистратуру, мы можем сделать вывод полностью противоположный толкованию этого события, данному средствами массовой информации. Газеты утверждали, что якобы на самом деле он не переживал тяжелый момент, и вполне возможно, что его выбор был оправдан не падением популярности, а его новыми амбициозными планами на будущее. Ничего подобного! Асцендент Солнечной Революции попадает в VII-й Дом: война! Плутон был в секстиле к Венере и в квадратуре е Юпитеру. Нептун в трине к Меркурию. Уран в трине к Меркурию и Сатурну. Сатурн в свою очередь был в квадратуре к Марсу и в трине к Урану. Транзитный Юпитер был в квадратуре к натальному Юпитеру, а Марс - в оппозиции к Юпитеру. Индекс опасности года равнялся 36 баллов против 4.

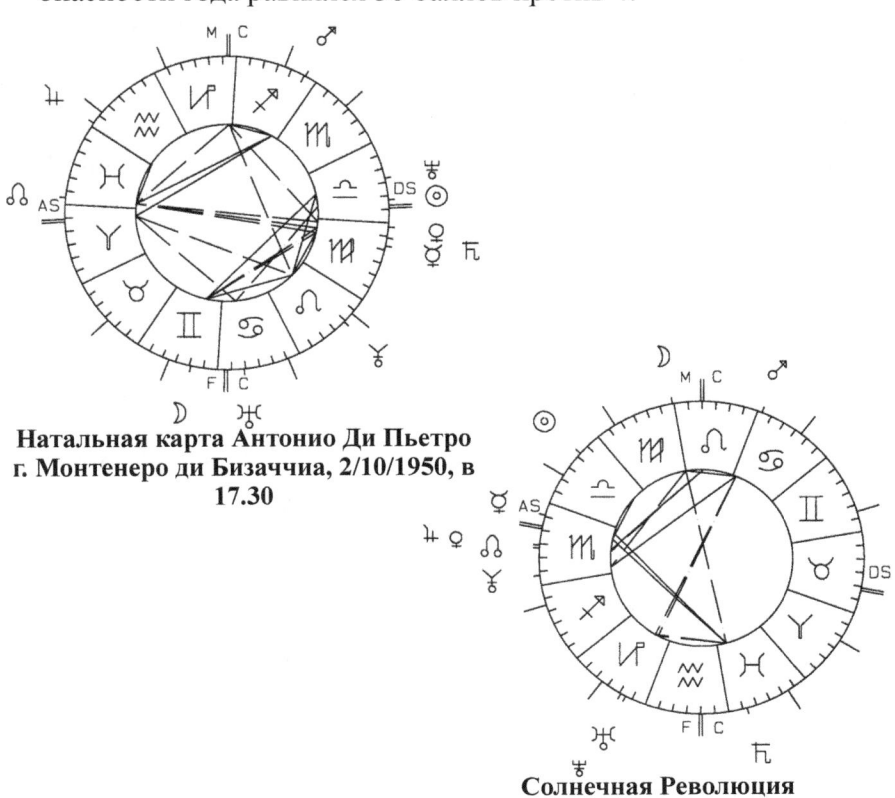

Натальная карта Антонио Ди Пьетро
г. Монтенеро ди Бизаччиа, 2/10/1950, в 17.30

Солнечная Революция 1994 года, г. Бергамо

СУПЕРГОД ДЛЯ АЛЬБЕРТО ТОМБА

22 декабря 1994 года, за несколько суток после дня рождения, итальянский горнолыжник Альберто Томба выиграл слалом в Валь Бадиа, и это была третья победа, одержанная за три дня. Болонский чемпион несомненно переживал великолепный момент. Транзиты планет были многочисленные и роскошные. Нептун был одновременно в трине к натальному МС, Плутону и Урану, и в секстиле к Сатурну и Нептуну. Уран был полуквадрате к Меркурию, но в трине к МС и Урану радикса, а также в секстиле к Сатурну и Нептуну. Сатурн в секстиле к Венере и в квадратуре к Асценденту. Юпитер в соединении с Асцендентом (0 градусов!) и в трине к натальному Юпитеру. Марс в квадратуре к Асценденту. Карта Солнечной Революции выглядит просто великолепно: Асцендент в Десятом Доме, Луна доминирующая на МС и серия тринов. Это доказывает то, что я уже упомянул много раз, что Солнечная Революция как бы "поддерживает" транзиты. То есть, отличная СР часто сопровождает очень хорошие транзиты и страшная приходит вместе с плохими транзитами. В таких случаях можно оценить в полном объеме значение Активной Астрологии, особенно в сочетании с Целенаправленными Солнечными Революциями. Индекс опасности года составил 0 (!) баллов против 34.

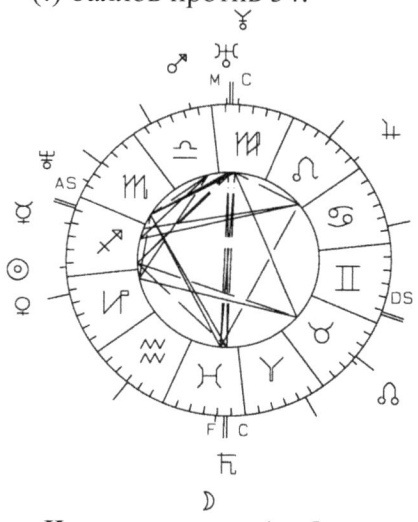

Натальная карта Альберто Томба
г. Болонья, 19/12/1966, в 6.00

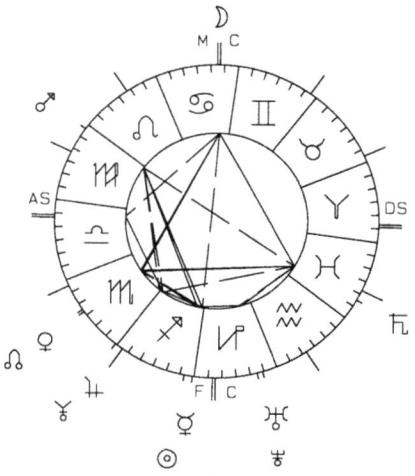

Солнечная Революция 1994 года, г. Болонья

ТРАГИЧЕСКИЙ ДЕНЬ РОЖДЕНИЯ МАРАИНИ

Газетная хроника еще раз дает нам возможность доказать, насколько важен период времени, близкий ко дню рождения, и особенно сам день рождения. Писательница Дачиа Мараини, 13 ноября 1996 года, в день ее рождения, астрологически начавшегося ночью, ехала по улицам Рима на велосипеде, когда он была сбита машиной. Водитель скрылся с места происшествия. Дачиа получила тяжелую травму бедра, и вынуждена была перенести сложнейшую операцию, выполненную командой французских хирургов. В день аварии Плутон был в точном соединении с МС - 0 градусов. Уран был в трине к Марсу (очень часто этот аспект может быть столь же опасным, как и квадратура, оппозиция, или соединение), в секстиле с МС, полуквадрате к Сатурну и в оппозиции к Плутону. Сатурн был в полутораквадрате к Луне, в квадратуре к Венере, в оппозиции к Марсу и в трине к МС и Плутону. Юпитер был в секстиле к Луне и к Сатурну. И напоследок, Марс находился в оппозиции к Сатурну и в трине к Урану. Карта Солнечной Революции достаточно красочно показывает Марс в 12-м Доме и стеллиум с Солнцем в 3-м Доме. Индекс опасности года составил 32 балла против 28.

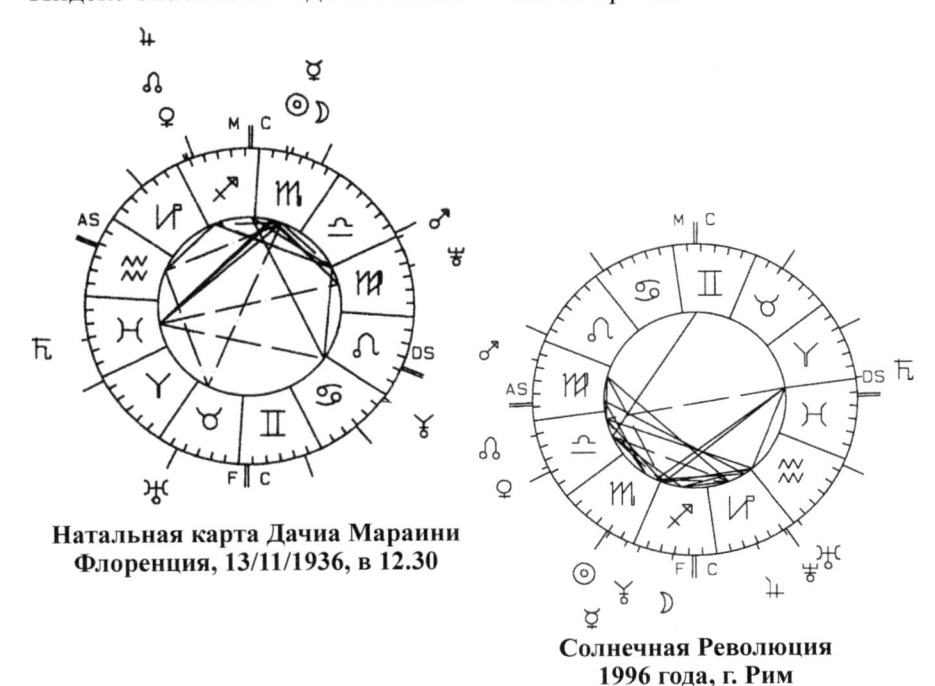

**Натальная карта Дачиа Мараини
Флоренция, 13/11/1936, в 12.30**

**Солнечная Революция
1996 года, г. Рим**

ЛАУРА АНТОНЕЛЛИ АРЕСТОВАНА ЗА ХРАНЕНИЕ НАРКОТИКОВ

27 апреля 1991 актриса Лаура Антонелли была арестована в своем доме в г. Черветери (близ Рима) за хранение наркотиков. В этот день Плутон был в точном аспекте 120° к МС. Нептун в соединении с Десцендентом. Уран в соединении с Десцендентом, в квадратуре к Марсу и в полутораквадрате к натальному Урану. Сатурн в секстиле с Солнцем и Луной, в полуквадрате к МС и в оппозиции к Плутону. Юпитер, в свою очередь, был в трине к Солнцу. Этот аспект может означать наихудшие вещи, когда общая картина транзитных планет имеет отрицательное значение, особенно при тяжелой Солнечной Революции, проявившись в том, что у вас может быть момент «негативной славы», и вам могут посвятить заголовок на первой странице газеты. Юпитер был также в трине к Луне, в полутораквадрате к МС, в полуквадрате к натальному Юпитеру и в соединении с Плутоном. Марс, наконец, был в квадратуре к Луне и к натальному Марсу, а также в тесном соединении (1°) с Асцендентом. В этом случае присутствие Урана и Нептуна рядом с Десцендентом могло натолкнуть нас на мысль о проблемах с официальными бумагами и с законом. Солнечная Революция еще лучше подчеркивает этот неизбежный вывод, так как Солнце находится в поврежденном положении в Седьмом Доме, а Марс – в еще более угрожающем положении в Первом Доме. Индекс опасности года составил 46 баллов (по сравнению с позитивным 32).

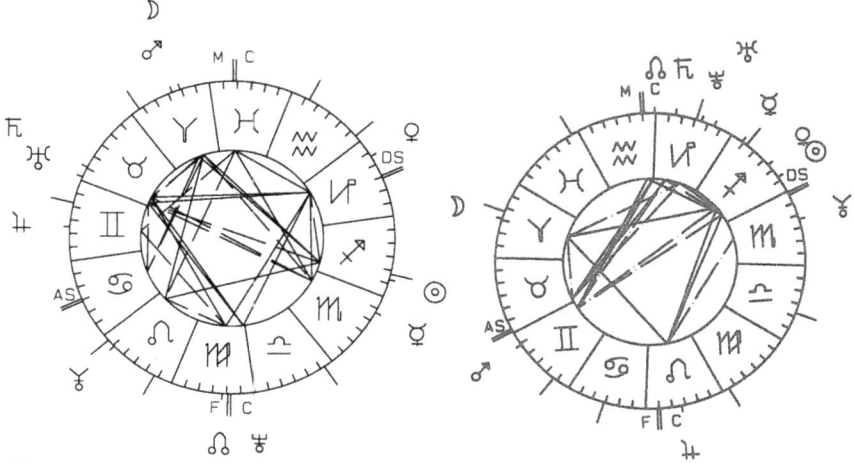

Натальная карта Лаура Антонелли
г. Пола, 28/11/1941, в 20.00

Солнечная Революция
1990/1991, г. Черветери

ПОПЫТКА САМОУБИЙСТВА ЛОРЕДАНЫ БЕРТЕ

24 апреля 1991 года итальянская певица и танцовщица Лоредана Берте после ссоры со своим супругом, теннисистом Бьерном Боргом, попыталась покончить жизнь самоубийством, но, к счастью, была спасена. В этот день Плутон был в квадратуре к своему натальному положению. Нептун тоже квадратуре к своему натальному положению и в оппозиции на Уран. Транзитный Уран был в тесном соединении с Луной (1°), в полуквадрате с Марсом и Юпитером, в трине к Венере и полутораквадрате с Асцендентом. Сатурн в полутораквадрате с самим собой и с Меркурием. Наконец, Юпитер был в полуквадрате с Меркурием. Солнечная Революция, еще раз, не могла бы быть более красноречивой: Сатурн в соединении с Десцендентом и Асцендент в 12-м Доме радикса. Индекс опасности года был 72 балла против 16.

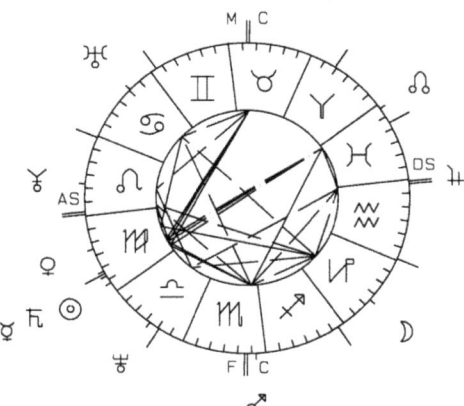

Натальная карта Лоредана Берте
Баньяра Калабра, 20/9/1950, в 3.25

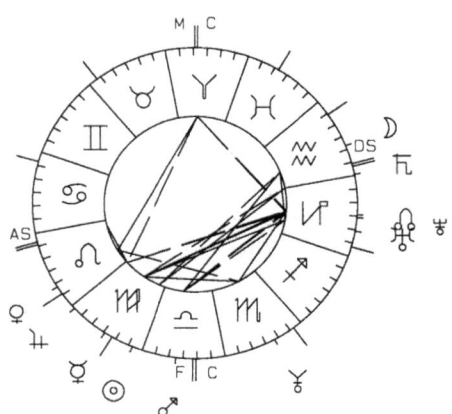

Солнечная Революция
1991 года, г. Рим

ВЗРЫВ НА ВИЛЛЕ ПИППО БАУДО

3 ноября 1991 г. взрыв повредил дом итальянского шоумена и телеведущего Пиппо Баудо в Ачиреале. Несколько лет спустя станет ясно, что виновники и исполнители этого преступления принадлежали мафии, а их целью было запугивание и наказание Пиппо за то, что он занял четкую позицию против мафии в телеэфире. В день взрыва транзитный Плутон был в трине к натальному Сатурну, а Нептун в трине к своему натальному положению. Уран был в соединении с Луной и в трине к натальному Урану. Сатурн был полутораквадрате к Солнцу, Марсу и Нептуну, в секстиле к Асценденту и в полусекстиле к МС. Юпитер был в трине к Луне и Урану, в квадратуре к Меркурию и Венере, и в полуквадрате к Плутону. Марс был в оппозиции с Ураном и в секстиле к Нептуну. Солнечная Революция показывает красноречивый Сатурн в VII-м Доме (Доме открытых врагов) и Марс в I доме (действительно тяжелое положение). Индекс опасности года был 56 баллов против 16.

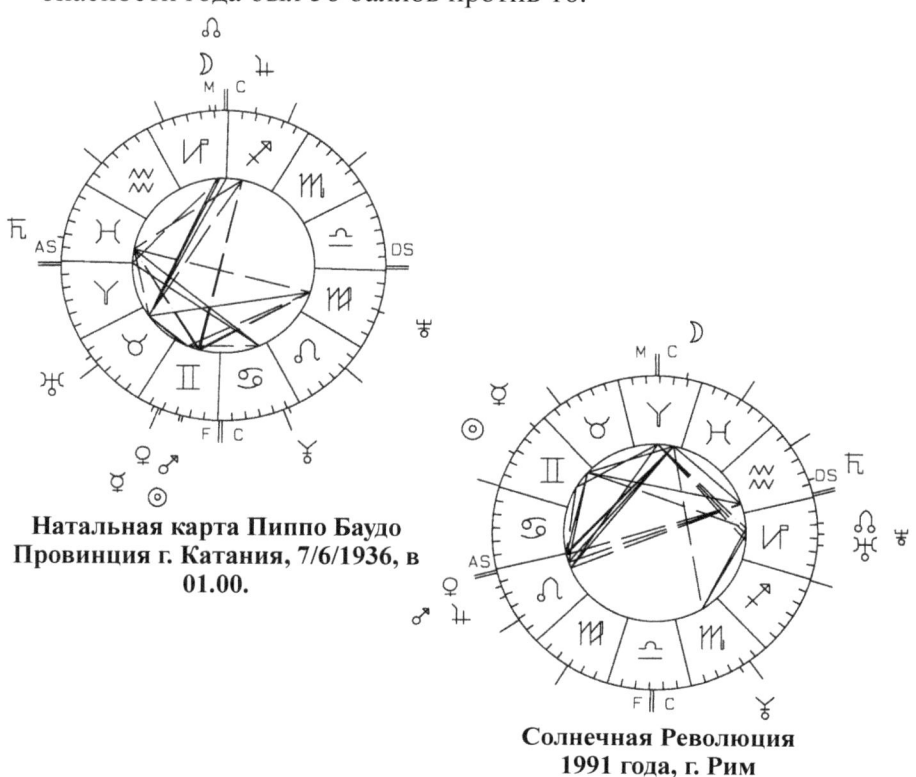

Натальная карта Пиппо Баудо Провинция г. Катания, 7/6/1936, в 01.00.

Солнечная Революция 1991 года, г. Рим

КАРМЕЛО БЕНЕ ИЗБИВАЕТ СВОЮ ЖЕНУ

4 марта 1992 итальянский актер и режиссер Кармело Бене избил свою беременную жену и оказал яростное сопротивление полиции. Транзитный Плутон был в трине к Луне. Нептун в трине к натальному Нептуну и в соединении с Юпитером. Уран тоже был в соединении с Юпитером, и в трине к Нептуну. Сатурн был в полутораквадрате к Меркурию, в секстиле к Марсу, и в квадратуре к Урану. Юпитер был в точном соединении с натальным Солнцем, в полуквадрате к Луне и квадратуре к Марсу. Транзитный Марс был в секстиле к натальному Марсу, в оппозиции к МС и в квадратуре к Урану. Карта Солнечной Революции нам дает красивый стеллиум в X-м Доме, включающий Солнце, Юпитер и Венеру, и Асцендент в I-м Доме. Показатель степени риска года равняется, в баллах, 20 против 56. Это именно тот случай, который должен нас заставить задуматься. Общая картина транзитов просто великолепна. Я очень сильно сомневаюсь, что астролог, не использующий карту Солнечной Революции, смог бы предвидеть настолько трудный момент в жизни эклектичного итальянского актера. Но более того, даже тот астролог, который следует не моей школе, а например, указаниям Александра Волгина, с трудом смог бы раскрыть обман. Простите за нескромность, но я не припомню, какой другой автор книг по астрологии, кроме нижеподписавшегося, заглавными буквами или, если хотите, чередой восклицательных знаков предупредил бы вас, что независимо от транзитов, всякий раз, когда обнаружится Асцендент СР в Первом Доме, нужно вздрогнуть от осознания грядущего

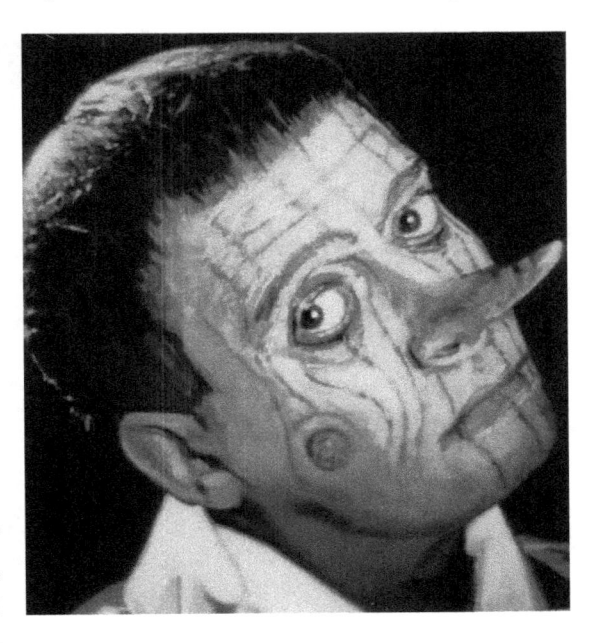

воистину черного года. Я всегда заявлял, и неоднократно, что сочетание Домов типа X/12 или X/I, или X/6 является необычайно плохим, и почти всегда означает, как и в данном конкретном случае, дурную славу на первых страницах газет. Также обратите внимание, что в этом примере Индекс опасности года является довольно низким, поскольку он практически отражает исключительно положение Асцендента в Первом Доме. Но и в отношении этого я уже отмечал, что в случае, когда Индекс опасности года, в баллах, попадает в промежуток от 20 до 40, то необходимо изучить и транзиты, и Солнечную Революцию. Только если карта СР дает отрицательный прогноз, то субъекта ожидает действительно опасный год.

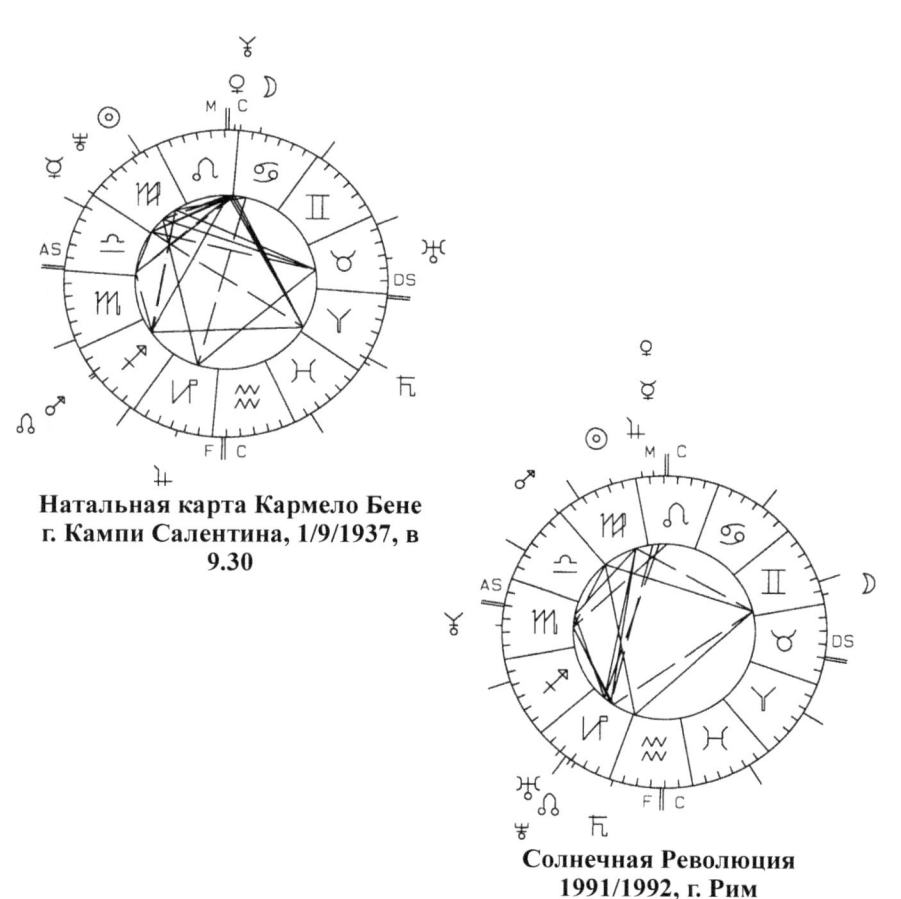

**Натальная карта Кармело Бене
г. Кампи Салентина, 1/9/1937, в 9.30**

**Солнечная Революция
1991/1992, г. Рим**

ПОПЫТКА САМОУБИЙСТВА БРИДЖИТ БАРДО

15 ноября 1992 Бриджит Бардо попыталась, снова, покончить жизнь самоубийством, и была с трудом спасена. Этот случай особенно интересен для наших исследований. Транзиты были вовсе не плохими, и я готов бросить вызов любому астрологу, не использующему метод Солнечных Революций, и спросить его о том, как бы он смог предвидеть настолько тяжелый год для французской звезды. Транзитный Юпитер был в соединении с Солнцем (орбис 2°) и в трине к Луне. Одни лишь плохие транзиты Марса не могут объяснить чтобы то ни было. С другой стороны, Солнечная Революция красноречиво показывает Асцендент в

I-м Доме, что само по себе целая программа. Кстати, должен заметить одну вещь. Даже сегодня, когда прошло уже много лет с момента выхода в свет моих самых важных книг о Солнечных Революциях, мне случается слышать от самых преданных учеников, заявляющих намерение внимательно следовать моим советам, как они во избежание значений 12-го Дома с радостью переезжают, передвигая все эти значения в I-й. Но ведь это же эквивалент почти на 100%! Возможно ли, что мне за все эти годы не удалось объяснить, что I-й Дом исключительно опасен, почти настолько же, как и 12-й? Надеюсь, что благодаря огромному количеству примеров, приведенных в этой книге, Читатели смогут убедиться в этой истине, которую невозможно найти ни в каких других книгах, кроме моих. А теперь рассмотрим транзиты. Плутон в секстиле к Венере и в квадратуре к Сатурну. Нептун в полусекстиле к Асценденту. Уран в полусекстиле к Асценденту, в квадратуре к МС и в трине к Нептуну. Сатурн в трине к Луне, в секстиле к Асценденту и в трине к МС. Юпитер в соединении с Солнцем, и в трине к Луне. Марс в полуквадрате к натальной Луне и Нептуну, в квадратуре к Меркурию, Юпитеру и Урану, в соединении с Плутоном. Индекс опасности года был 52 балла против 24.

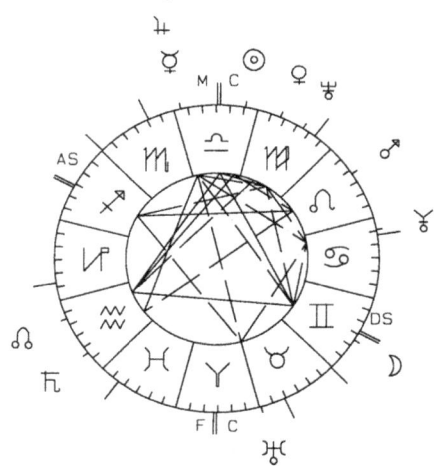

**Натальная карта Бриджит Бардо
г. Париж, 28/9/1934, в 12.15**

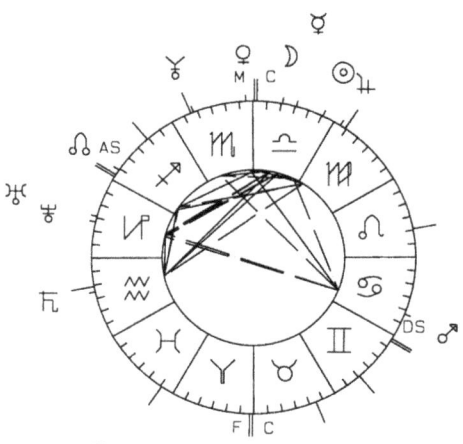

**Солнечная Революция
1992 года, г. Париж**

КРАКСИ ПОЛУЧАЕТ УВЕДОМЛЕНИЕ О ВОЗБУЖДЕНИИ УГОЛОВНОГО ДЕЛА

15 декабря 1992 Беттино Кракси был уведомлен о возбуждении уголовного дела, связанного с процессом о коррупции «Чистые Руки» (Mani Pulite). Снова, как и в других примерах, описанных в этом разделе, за исключением Марса мы не находим очень плохих транзитов, в то время как карта Солнечной Революции выглядит пугающе. Вот почему я, в отличие от всех предыдущих астрологических школ, твердо убежден, что первичную роль в событиях человеческой жизни имеют Солнечные Революции, а не транзиты. Среди всех нижеперечисленных транзитов лишь один Плутон в полутораквадрате с натальной Луной и в соединении с МС (1°) мог бы объяснить катастрофическое падение бывшего лидера Социалистической партии Италии. Я сомневаюсь, что коллеги астрологи, которые отказываются признать значение Солнечных Революций, смогли бы с помощью одних лишь транзитов предсказать такой адский год для главы виа Дель Корсо. Перечислим транзиты. Плутон в полутораквадрате к Луне, в секстиле к Асценденту и в полусекстиле к Юпитеру, в соединении с МС, и в трине к натальному Плутону. Нептун в полуквадрате к Солнцу и в секстиле к Меркурию и Марсу. Уран в секстиле к Марсу. Сатурн в полусекстиле к Марсу. Юпитер в квадратуре к Луне, в трине к Венере и в полусекстиле к Нептуну. Марс в трине к Меркурию и МС, в соединении с Десцендентом и Плутоном, в трине к МС, в квадратуре к Юпитеру и Урану, в полуквадрате к Нептуну. Солнечная Революция дает нам стеллиум в 12-м Доме, включающий Солнце, Марс и Сатурн, а также Асцендент в I-м Доме. Юпитер на Десценденте красноречиво описывает проблемы с правосудием. Индекс опасности года был 86 баллов против 18!

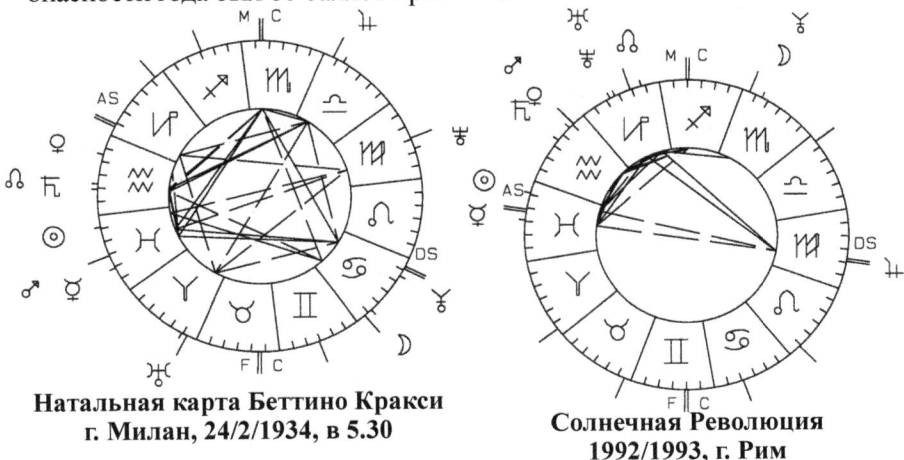

Натальная карта Беттино Кракси
г. Милан, 24/2/1934, в 5.30

Солнечная Революция
1992/1993, г. Рим

МАРА ВЕНЬЕР СЛОМАЛА НОГУ

10 октября 1995 года, во время еженедельной телепередачи «Доменика ин» Мара Веньер, танцуя с партнером, неудачно упала и сломала ногу. Транзитный Плутон был в квадратуре к Юпитеру и в секстиле к Сатурну. Нептун в квадратуре к Солнцу, Меркурию и Венере. Уран в идеальной квадратуре (90°) к Солнцу, в полутораквадрате к МС, в полусекстиле к Юпитеру и в трине к Сатурну. Сатурн в квадратуре к Марсу, полусекстиле к Луне, в оппозиции к натальному Сатурну и в соединении с Десцендентом. Юпитер в полуквадрате к Солнцу, в соединении с Марсом, и в квадратуре к Асценденту. Марс в квадратуре к Луне, Юпитеру и Плутону, в полусекстиле к Венере и в полутораквадрате к Урану. Солнечная Революция, как по учебнику, имеет стеллиум из пяти планет, Солнце включительно, в Шестом Доме. Обратите внимание, что несчастный случай произошел за несколько дней до ее следующего дня рождения. Индекс опасности года был 76 баллов против 10.

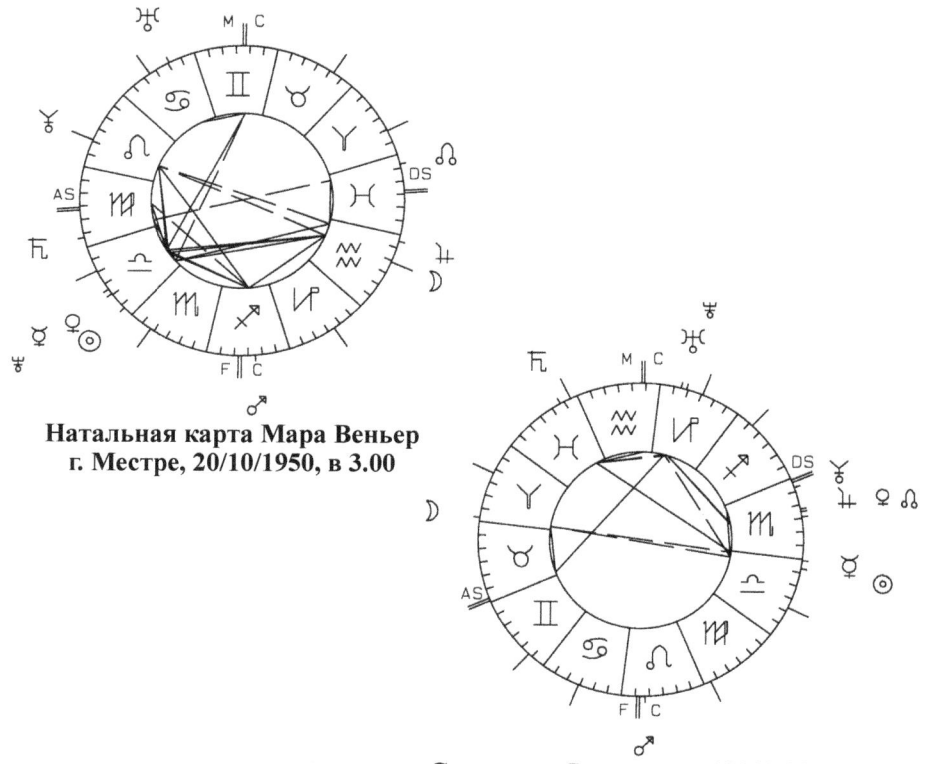

**Натальная карта Мара Веньер
г. Местре, 20/10/1950, в 3.00**

Солнечная Революция 1994/1995, г. Рим

РИНО ФОРМИКА АРЕСТОВАН В БАРИ

28 марта 1995 года, в связи с впечатляющими и революционными расследованиями дела, известного как Танджентополи или Мани Пулите, бывший министр от социалистической партии Рино Формика был арестован в г. Бари. Обратите внимание на транзиты этого интересного примера. Нептун в полуквадрате к Солнцу, Юпитеру и Сатурну, в секстиле к Меркурию и Урану. Марс в оппозиции к Луне, в соединении с IC, в полутораквадрате к Меркурию и Урану, в трине к Сатурну и в полусекстиле к Плутону. Вы серьезно думаете, что астролог без карты Солнечной Революции мог бы предсказать настолько тяжелый год для Рино? А если это так, то на основании чего? Этих жалких трех полуквадратов Нептуна? Или транзитов Марса, которые сами по себе ничего не значат? Может быть на основании довольно широкого соединения Сатурна с Солнцем (орбис 7°) или Урана с Луной (6°)? Нет, я так не думаю. Если мы хотим быть честными, то должны признать, что в этом случае транзиты абсолютно ничего не говорят нам о личной трагедии этого человека, который пал из князи в грязи. И напротив, если мы посмотрим на карту Солнечной Революции, то заметим Асцендент в Шестом Доме. Вы можете спросить: «И это все?» А я отвечу: «Вам этого мало?» Не писал ли я много раз, в других моих публикациях, что когда Асцендент, Солнце или стеллиум планет попадают в 12-й, I-й или 6-й Дом, то вам нужно убегать как можно больше, и не задавать лишних вопросов? Асцендент СР в Шестом Доме – это нечто очень тяжелое и чрезвычайно критичное. Может означать как серьезные болезни, так и

трагедии в любой области жизни: в любви, в семье, в работе, и в связи с официальными бумагами. Все эти неприятные события, как правило, приводят к резкому ухудшению здоровья. Индекс опасности года был 42 балла против 10.

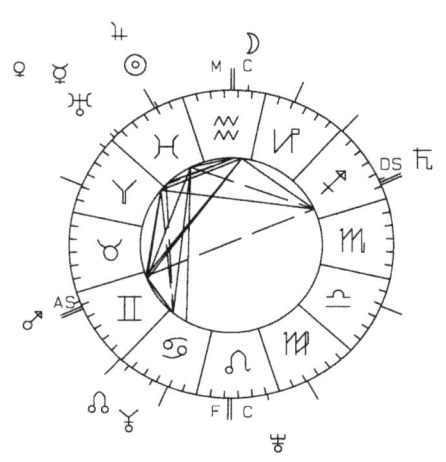

**Натальная карта Рино Формика
г. Бари, 1.03.1927, в 10.15**

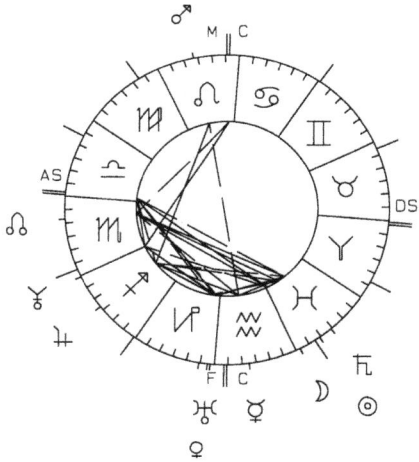

**Солнечная Революция
1995 года, г. Бари**

ПОХИЩЕНИЕ АЛЬДО МОРО

16 марта 1978 года на Виа Фани в Риме был похищен Альдо Моро, а эскорт его охраны расстрелян на месте. Лидер Христианско-Демократической партии будет убит 9 мая. Этот террористический акт левой группировки «Красные Бригады» (Brigate Rosse) вызвал волну презрения и негодования в нашем обществе, ставшей первым шагом массивной стратегической и политической кампании, благодаря которой Итальянское государство одержит победу над феноменом терроризма в нашей стране. Транзиты выглядели действительно убийственно. Плутон был в секстиле к натальным Луне и Венере и в трине к Урану. Нептун в полутораквадрате к МС и натальному Нептуну. Уран в квадратуре к Луне, Венере и к натальному Урану, в полуквадрате к Солнцу и в соединении с Марсом, – здесь речь идет о широком соединении с орбисом 6 градусов, но дальше я объясню, почему оно было важно. Транзитный Сатурн в секстиле к Асценденту. Юпитер в квадратуре к Солнцу, в полуквадрате к Луне, в трине к Асценденту и в полусекстиле к Сатурну. И наконец, Марс в соединении с Сатурном и в квадратуре к Меркурию и Асценденту. В карте Солнечной Революции Асцендент находится в X-м Доме. Я уже неоднократно подчеркивал, что это положение является очень опасным в сочетании с негативными транзитами, особенно когда речь идет о транзитах Сатурна и Урана. В данном конкретном случае, в течение рассматриваемого года наблюдался опаснейший транзит Урана к натальному Марсу в I-м Доме, и «ловушка»

сработала! Марс в 11-м Доме СР говорит о насильственной смерти произошедшей в этом году. Сатурн в I-м Доме СР указывает на отчаяние Альдо Моро. Индекс опасности года составил 32 балла против 32.

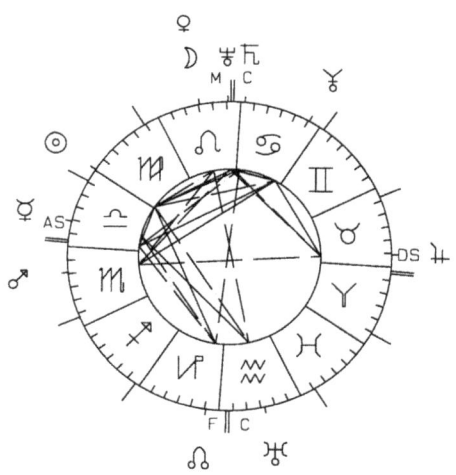

**Натальная карта Альдо Моро
г. Малье, 23/9/1916, в 9.00**

**Солнечная Революция
1977/1978, г. Рим**

СОФИ ЛОРЕН ПОД СЛЕДСТВИЕМ

15 апреля 1978 г. Софи Лорен оказалась вовлечена в расследование налоговой полиции по подозрению в незаконном вывозе капиталов за рубеж. Событие в то время вызвало сенсацию, и очень тяжело переживалось актрисой. Транзиты в этот день были следующими. Плутон в соединении с Меркурием и в секстиле к Марсу. Нептун в секстиле к Луне и Меркурию, и в полуквадрате к МС. Уран в квадратуре к Марсу и в секстиле к Нептуну. Транзитный Сатурн в оппозиции с натальными Луной и Сатурном, и в секстиле к Юпитеру. Юпитер в квадратуре с Солнцем, в соединении с Десцендентом (это положение почти всегда указывает на «официальные бумаги»), в трине к МС, и в секстиле к Урану. Марс в квадратуре с МС и Ураном, и в соединении с Плутоном. Солнечная Революция, как по учебнику, показывает Асцендент в Седьмом Доме (закон, суд) и Марс в 12-м Доме, который очень часто обозначает аварии или хирургические вмешательства, но нередко указывает на ситуацию огромного беспокойства и сильных переживаний. Индекс опасности года показывал 52 балла против 34.

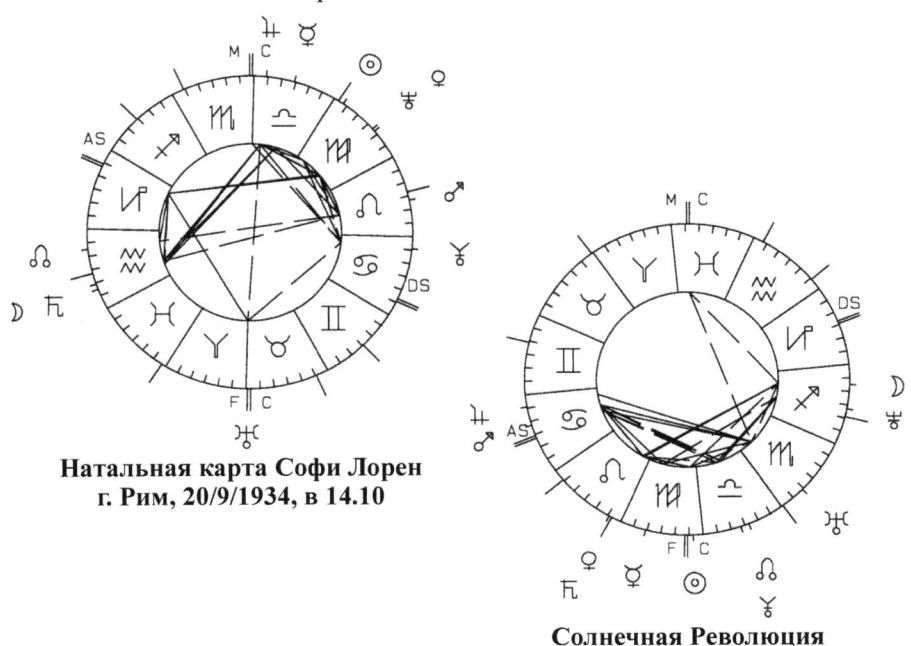

Натальная карта Софи Лорен
г. Рим, 20/9/1934, в 14.10

Солнечная Революция
1977/1978, г. Рим

КАРЛО ПОНТИ ТОЖЕ ОКАЗЫВАЕТСЯ ПОД СЛЕДСТВИЕМ

Муж Софи Лорен, кинопродюсер Карло Понти, также оказывается под следствием. Транзиты в этот день были следующими. Плутон в секстиле к Меркурию и в полутораквадрате к Сатурну. Нептун в соединении с Солнцем и в полусекстиле к Луне. Уран в полуквадрате к МС и в полутораквадрате к Плутону. Сатурн в трине к МС и Юпитеру, и в полусекстиле к Нептуну. Юпитер в квадратуре к Асценденту, в полусекстиле к Сатурну и соединении к Плутону. Марс в полутораквадрате к Солнцу, в оппозиции к Венере и Урану, в трине к Асценденту, в секстиле к Сатурну и в полусекстиле к Плутону. Действительно, речь не идет об очень тяжелых транзитах, но давайте посмотрим на карту Солнечной Революции. Юпитер в Седьмом Доме ("официальные бумаги") и стеллиум с Солнцем между 12-м и I-м Домами. Индекс опасности года составил 58 баллов против 18.

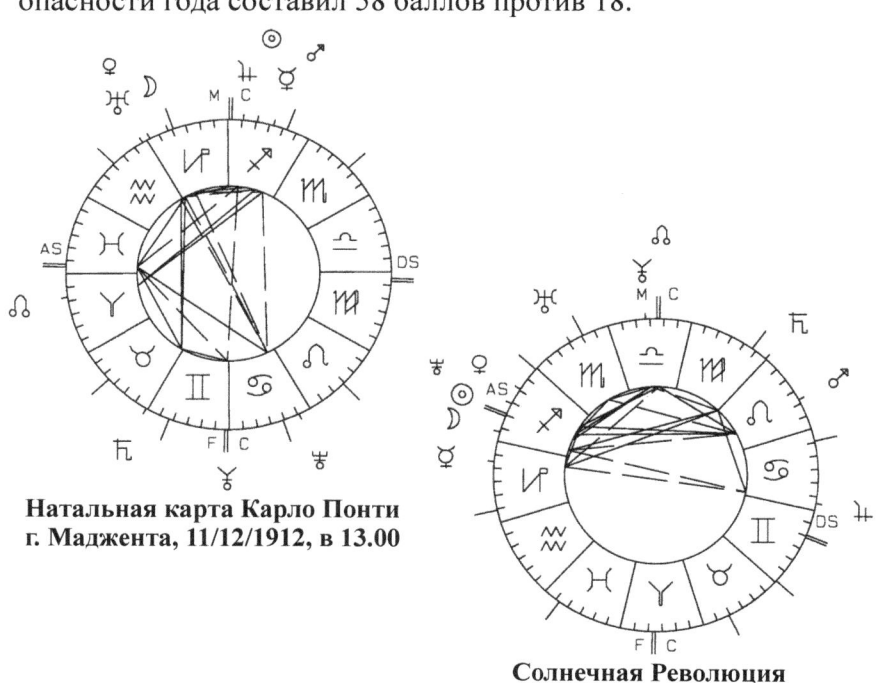

**Натальная карта Карло Понти
г. Маджента, 11/12/1912, в 13.00**

**Солнечная Революция
1977/1978, г. Рим**

КЛАУДИО АББАДО ТОЖЕ ОКАЗЫВАЕТСЯ ПОД СЛЕДСТВИЕМ

29 апреля 1978 года дирижер Клаудио Аббадо оказался вовлечен в расследование налоговой полиции по подозрению в незаконном вывозе капиталов за рубеж. Транзиты были следующими. Плутон в секстиле к Сатурну. Нептун в квадратуре к Юпитеру. Уран в секстиле к Юпитеру и в квадратуре к Сатурну. Сатурн в полусекстиле к Венере, Марсу и Плутону, в квадратуре к Асценденту и в трине к Урану. Марс был в соединении с Луной, в полуквадрате к натальному Марсу, в оппозиции к Сатурну и в полусекстиле к Нептуну. Солнечная Революция, как по учебнику, с Юпитером и Асцендентом в Седьмом Доме. Хотелось бы повторить еще раз, насколько красочно Солнечная Революция указывает на самые важные события года. Кто выступает против этого, в подавляющем большинстве случаев, просто не в состоянии правильно прочитать карту Солнечной Революции. Индекс опасности года составил 28 баллов против 30.

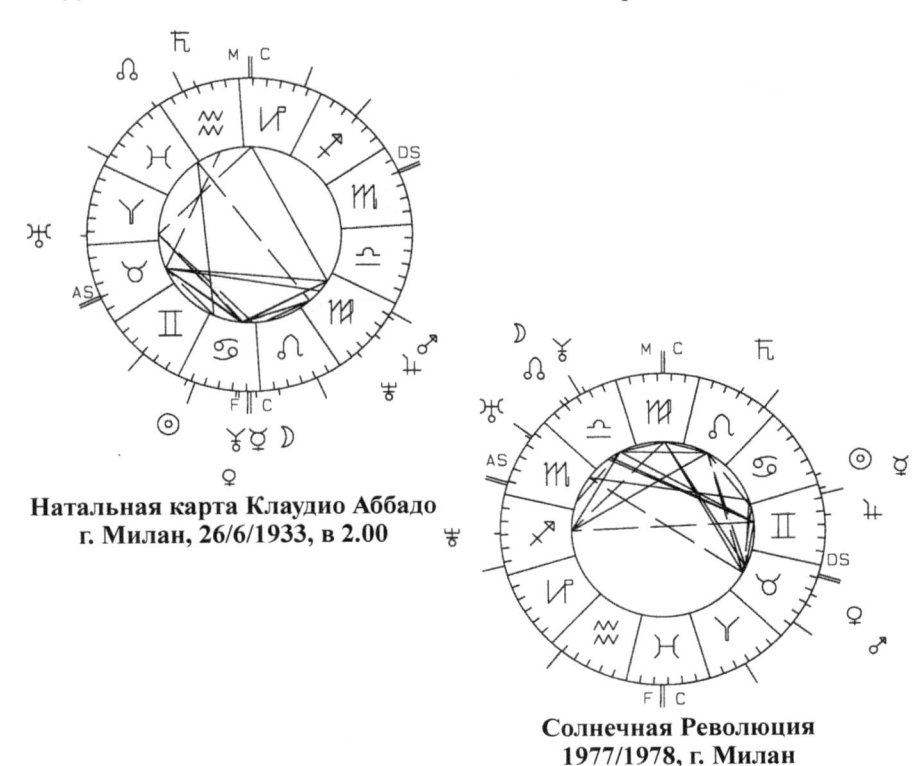

Натальная карта Клаудио Аббадо
г. Милан, 26/6/1933, в 2.00

Солнечная Революция
1977/1978, г. Милан

ИМПИЧМЕНТ ПРЕЗИДЕНТА ЛЕОНЕ

15 июня 1978 года, вследствие скандала «Lockheed», Джованни Леоне был вынужден уйти в отставку с поста Президента Итальянской Республики. Транзиты были следующими. Плутон в полутораквадрате к Луне, в соединении с Марсом и в квадратуре к Урану. Нептун в полуквадрате к Меркурию и в секстиле к Марсу. Уран в соединении с Солнцем, в полуквадрате к Венере и Асценденту, в полутораквадрате к МС, в секстиле к Юпитеру и натальному Урану. Сатурн в оппозиции к Луне, в секстиле к Меркурию, МС, и Плутону, в полусекстиле к Асценденту, в полутораквадрате к Урану. Транзитный Юпитер в трине к Солнцу, в квадратуре к Марсу, в секстиле к натальному Юпитеру, в оппозиции к Урану, и в соединении с Нептуном. Марс в оппозиции к Луне, в секстиле к Меркурию, в полусекстиле к Венере, в полуквадрате к натальному Марсу, в полутораквадрате к Урану и в полуквадрате к Нептуну. Асцендент Солнечной Революции – в Десятом Доме. И вот, снова перед нами интересный случай. Как я уже неоднократно говорил, Асцендент СР в натальном Х-м Доме является чрезвычайно опасным, если одновременно формируются напряженные транзиты Урана и Сатурна, прежде всего. В данном случае мы имеем три очень опасных транзита: Уран в соединении с Солнцем, Уран в напряженном аспекте с МС и Сатурн, проходящий по Одиннадцатому Дому, и в оппозиции к Луне. Обратите внимание, что трин Юпитера к Солнцу мог бы ввести в заблуждение многих астрологов, пытающихся прочитать

карту Солнечной Революции без соблюдения правил, описанных мной в этой и других предыдущих книгах. Не люблю хвалиться, но здесь речь идет о существенном и фундаментальном моменте: ввиду того, что часто высказывается недоверие к Солнечным Революциям и оспаривается мой метод их прочтения, вы могли бы указать, в каком другом тексте подобная карта СР описывалась бы как очень опасная? Индекс опасности года составлял 36 баллов против 42.

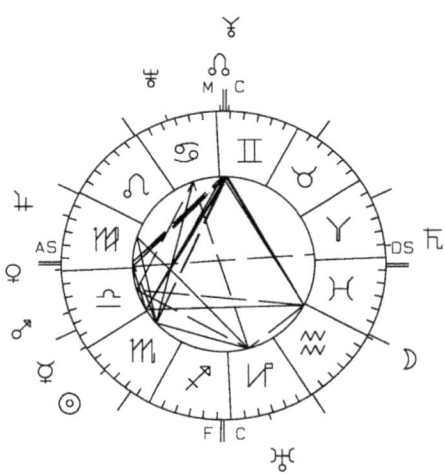

Натальная карта Джованни Леоне
г. Неаполь, 3/11/1908, в 3.00

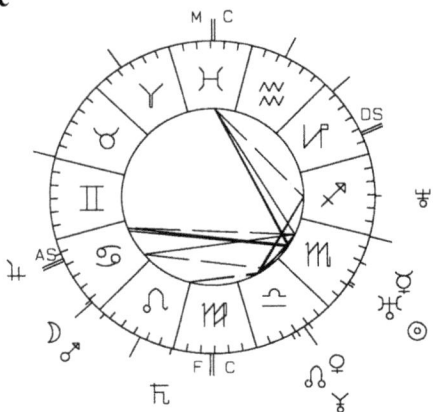

Солнечная Революция
1977/1978 года, г. Рим

ПАОЛА БОРБОНИ ОСТАЕТСЯ ВДОВОЙ И ПОЛУЧАЕТ ТЯЖЕЛЫЕ ТРАВМЫ ВСЛЕДСТВИЕ ДТП

16 июня 1978 актриса Паола Борбони и ее молодой муж Бруно Вилар попали в серьезное дорожно-транспортное происшествие. Он скончался на месте, а она выжила, но получила множественные переломы костей (в карте ее рождения было тройное соединение Солнце-Марс-Луна в 6-м Доме в Козероге. Транзиты были следующими. Плутон в квадратуре к Луне и Марсу и в полуквадрате к Юпитеру. Нептун в оппозиции к Плутону. Уран в секстиле к Солнцу, Луне и Марсу, в полуквадрате к Сатурну и в полутораквадрате к Нептуну. Сатурн в полутораквадрате к Солнцу и Луне, в трине к натальному Сатурну, и в секстиле к Нептуну. Юпитер в оппозиции к Марсу и в квадратуре к МС. Марс в полутораквадрате к МС и к натальному Марсу, в полусекстиле к Асценденту, в квадратуре к Юпитеру, в трине к Сатурну. Солнечная Революция недвусмысленно сообщает о произошедшем. Сатурн расположен в 3-м Доме, четыре планеты (включая Солнце) в 6-м Доме и Асцендент в 12-м Доме. Индекс опасности на тот год составлял 90 баллов против 28. В подобных случаях даже полный профан в астрологии смог бы предсказать ужасный год для актрисы, и посоветовал бы ей обратиться за помощью эксперта для того, чтобы подобрать подходящую Целенаправленную Солнечную Революцию. Кроме крайне опасной СР, в данном случае также имеются довольно напряженные транзиты. Но если вы попытаетесь вычислить Индекс опасности на тот год, указав в качестве местоположения дня рождения не Рим, а Лиссабон, то уже получите Индекс опасности года, уменьшенный почти вдвое – 58 баллов.

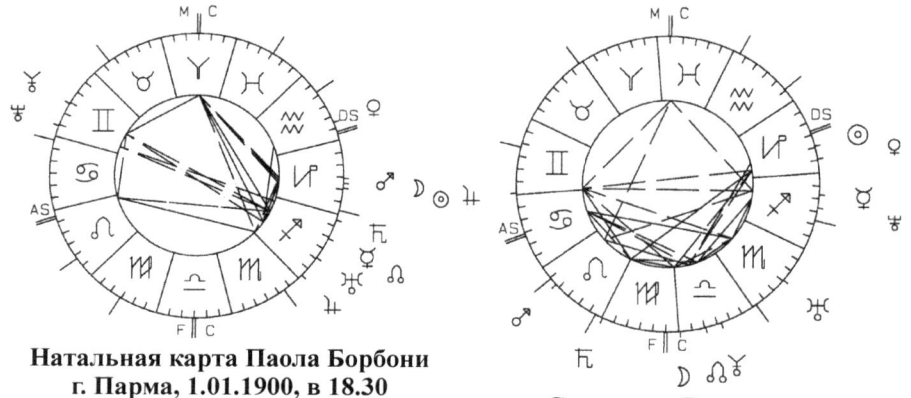

**Натальная карта Паола Борбони
г. Парма, 1.01.1900, в 18.30**

**Солнечная Революция
1978 года, г. Рим**

РЕНАТО КУРЧИО ПРИГОВОРЕН К 15-ТИ ГОДАМ ТЮРЬМЫ

23 июня 1978 года Ренато Курчио, лидер террористической левой группировки «Красные Бригады» (Brigate Rosse), был приговорён к 15-ти годам тюрьмы. Транзиты были следующими. Плутон в полутораквадрате к Сатурну и Урану. Нептун в полуквадрате к Луне. Уран в соединении с Венерой, в полуквадрате к Нептуну. Сатурн в секстиле к Луне и Меркурию, в квадратуре к натальному Сатурну и в полусекстиле к Нептуну. Юпитер в полуквадрате к Сатурну и Урану. Марс в полуквадрате к Меркурию, в секстиле к Венере, в полутораквадрате к натальному Марсу, в полусекстиле к Плутону и в квадратуре к Асценденту. Эти транзиты вовсе не кажутся драматичными, и в любом случае, они не дают повода предположить подобный удар для субъекта. Но давайте посмотрим карту Солнечной Революции. Солнце в Первом Доме и стеллиум между 12-м и I-м Домами. Индекс опасности года составил 56 баллов против 42.

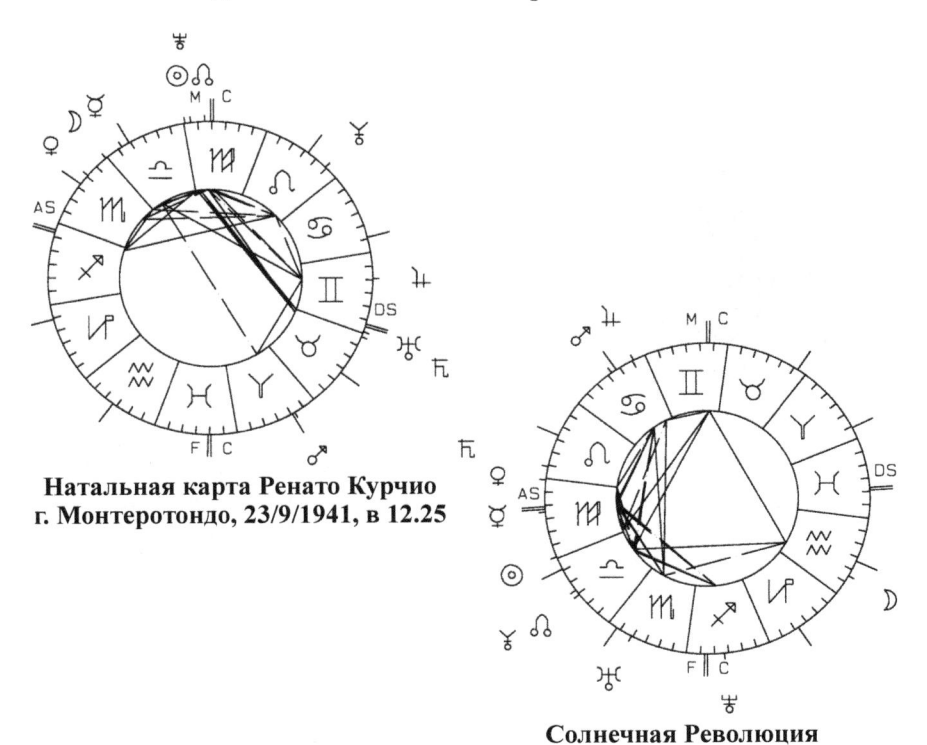

Натальная карта Ренато Курчио
г. Монтеротондо, 23/9/1941, в 12.25

Солнечная Революция
1977/1978, г. Рим

БАНДИТ ВАЛЛАНЦАСКА ПРИГОВОРЕН К ПОЖИЗНЕННОМУ ЗАКЛЮЧЕНИЮ

8 июня 1978 года Ренато Валланцаска был приговорен к пожизненному заключению за убийство сотрудника полиции в 1976 году. Транзиты были следующими. Плутон в секстиле к Луне, в полутораквадрате к Меркурию, в полусекстиле к Сатурну, в соединении с Нептуном и IC. Нептун в соединении с Луной, в полутораквадрате к Асценденту, в трине к МС и Плутону, в секстиле к Нептуну. Уран в оппозиции к Солнцу (с орбисом всего один градус), в полусекстиле к Луне, в полутораквадрате к Венере и в секстиле к Сатурну. Сатурн в квадратуре к Меркурию и в оппозиции к Юпитеру. Юпитер в секстиле к Солнцу и Сатурну, в полуквадрате к Меркурию и в квадратуре к МС. Марс в квадратуре к Меркурию и в оппозиции к Юпитеру. Асцендент Солнечной Революции в Десятом Доме, вместе с Солнцем в 12-м и стеллиумом между 12-м и I-м Домами, а также оппозиция транзитного Урана к Солнцу, комплексно породили данный результат. Индекс опасности года составил 62 баллов против 32.

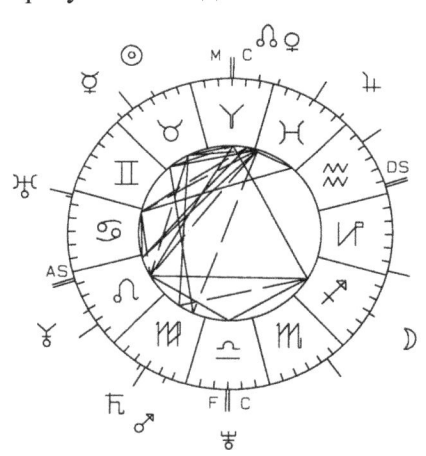

Натальная карта Ренато Валланцаска
г. Милан il 4/5/1950, в 10.30

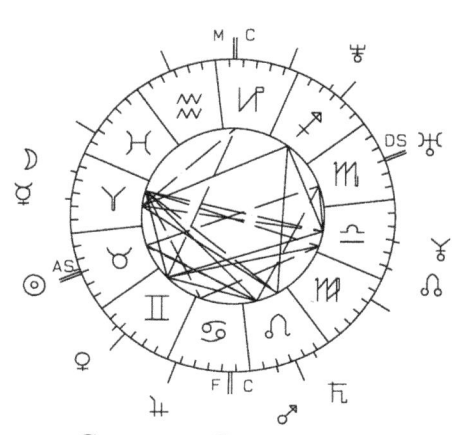

Солнечная Революция 1978 года, г. Милан

ВИКТОР ЭММАНУИЛ САВОЙСКИЙ СТРЕЛЯЕТ В ТУРИСТА

18 августа 1978 года Виктор Эммануил Савойский, будучи в отпуске на Корсике, по ничтожным мотивам выстрелил в молодого немецкого туриста, за что и попал в тюрьму. Юноша был ранен в яички. Он умер через несколько месяцев ужасных страданий, после многочисленных хирургических операций, в немецкой больнице. Транзиты Виктора Эммануила были следующими. Плутон в квадратуре к Юпитеру. Нептун в полусекстиле к Юпитеру. Уран в полутораквадрате к МС. Сатурн в оппозиции к Луне, в полуквадрате к Асценденту и в полутораквадрате к Юпитеру. Транзитный Юпитер в полутораквадрате к Луне, в оппозиции к Меркурию, в трине к МС, в соединении с Плутоном. Марс в полутораквадрате к Солнцу и в оппозиции к Венере. Угадайте, где находился Асцендент Солнечной Революции? Именно так, в Двенадцатом Доме. Индекс опасности года составил 42 балла против 26.

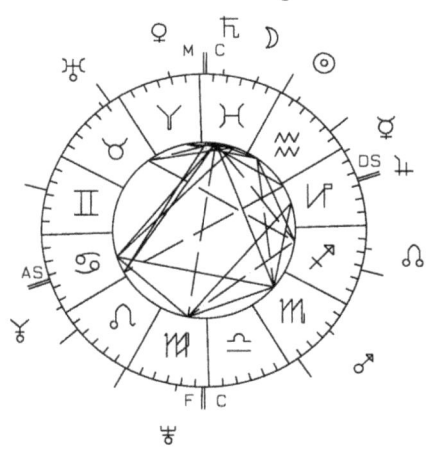

Натальная карта Виктора Эммануила Савойского г. Неаполь, 12/2/1937, в 14.25

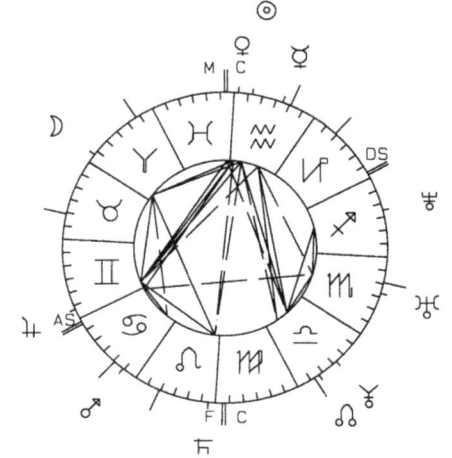

Солнечная Революция 1978 года, г. Женева

ИНДИРА ГАНДИ АРЕСТОВАНА

19 декабря 1978 года Индира Ганди была исключена из индийского парламента и арестована. Транзиты были следующими. Плутон в полуквадрате к Меркурию и в трине к Урану. Нептун в секстиле к Урану. Уран в квадратуре к Асценденту и натальному Урану, в полутораквадрате к Плутону. Сатурн в полутораквадрате к Луне, в трине к Венере, в соединении с Марсом, в полусекстиле к натальному Сатурну. Юпитер в трине к Меркурию, в полусекстиле к Марсу и Плутону, в соединении с Нептуном. Марс в полусекстиле к Меркурию, в трине к натальному Марсу, в полуквадрате к Урану и в оппозиции к Плутону. Карта Солнечной Революции нам дает Асцендент в Десятом Доме и стеллиум в 6-м, образованный пятью планетами, включая Солнце. Уже только этого стеллиума хватило бы для того, чтобы Асцендент в Десятом Доме проявил себя отрицательно, но напомним, что одновременный транзит Урана в квадратуре к Асценденту усилил негативный эффект. Индекс опасности года дает 62 балла против 14.

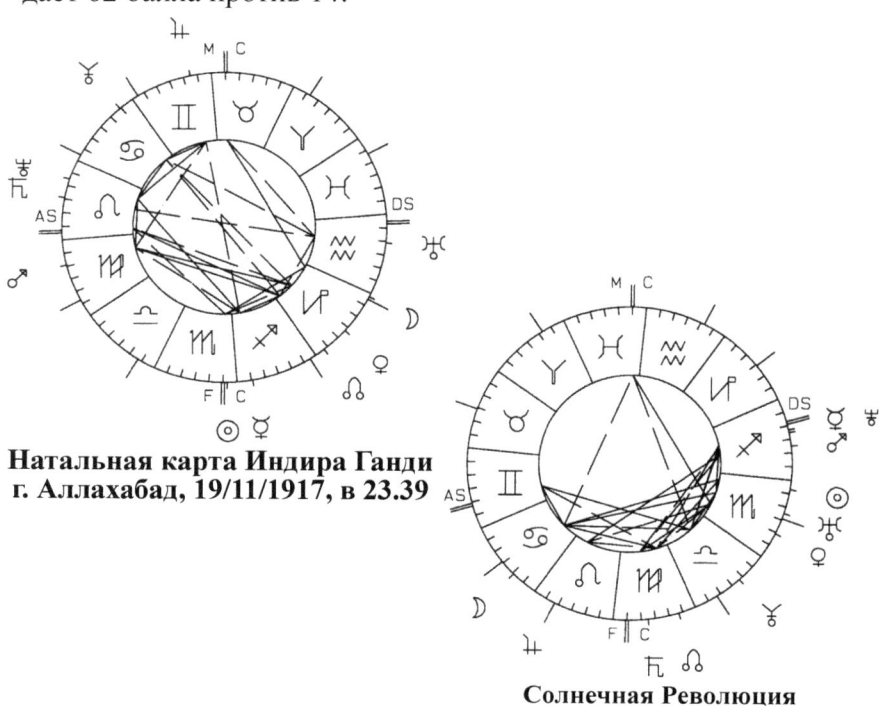

**Натальная карта Индира Ганди
г. Аллахабад, 19/11/1917, в 23.39**

**Солнечная Революция
1978 года, г. Дельфи**

ФРАНКО ФРЕДА ПРИГОВОРЕН К ПОЖИЗНЕННОМУ ЗАКЛЮЧЕНИЮ

23 февраля 1979 года Франко Фреда был приговорен к пожизненному заключению за террористический акт. Бомба, установленная им в банке на Пьяцца Фонтана, в самом центре Милана, привела к человеческим жертвам, 16 погибшим и 88 раненым. Плутон в трине к Солнцу. Нептун в секстиле к Солнцу, в полуквадрате к Венере и Асценденту, в соединении с Марсом, в трине к МС и в полутораквадрате к Плутону. Уран в квадратуре к Солнцу и в оппозиции к натальному Урану. Сатурн в оппозиции к Меркурию, в трине к Юпитеру и натальному Сатурну. Юпитер в оппозиции к Венере, в квадратуре к Асценденту и в соединении с Плутоном. Марс в соединении с Солнцем, в секстиле к радиксному Марсу, в квадратуре к Урану. В карте Солнечной Революции присутствует конъюнкция Солнца, Марса и Меркурия в Первом Доме, которая в очередной раз доказывает, что этот Дом почти такой же зловредный, как 12-й. Эту истину я открыл опытным путем, так как ни один текст из изучаемых мной не давал подобного указания. Так что, лишь с помощью упорной практики в тысячах и тысячах Солнечных Революций и Целенаправленных Солнечных Революций, я смог обнаружить эту реальность. Любой исследователь или студент сможет убедиться в этом, проверив худшие годы собственной жизни или жизни близких людей. Индекс опасности года дает 84 балла против 34.

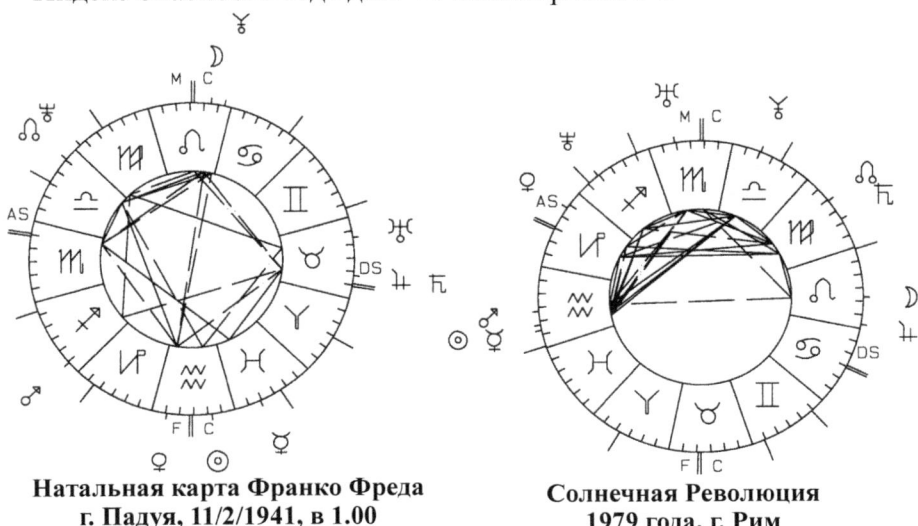

Натальная карта Франко Фреда
г. Падуя, 11/2/1941, в 1.00

Солнечная Революция
1979 года, г. Рим

ЛУИДЖИ РАДИЧЕ ПОПАДАЕТ В ДТП

17 апреля 1979 года Луиджи Радиче, тренер футбольной команды Турина, попал в дорожно-транспортное происшествие и серьезно пострадал. Транзиты были следующими. Плутон в соединении с Марсом и в полусекстиле к Юпитеру. Уран в полутораквадрате к Асценденту и в соединении с Юпитером. Сатурн в полутораквадрате к Солнцу, в квадратуре к Луне и в секстиле к Асценденту. Юпитер в оппозиции к Меркурию, в квадратуре к Урану и в полуквадрате к Нептуну. Транзитный Марс в секстиле к Луне, Меркурию и Венере, в оппозиции к натальному Марсу, в квадратуре к Асценденту и в полусекстиле к МС. Параллельно с транзитами, действительно тяжелыми, в карте Солнечной Революции мы видим тесное соединение Солнца и Марса в Первом Доме. Индекс опасности года показывает 66 баллов против 22.

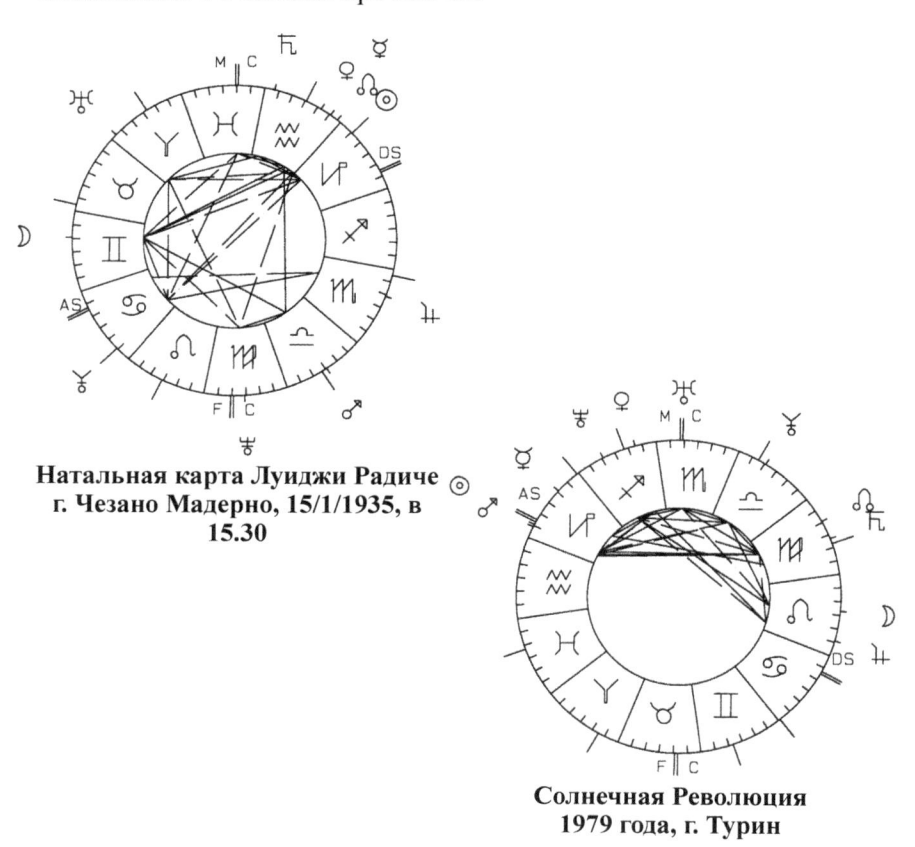

**Натальная карта Луиджи Радиче
г. Чезано Мадерно, 15/1/1935, в 15.30**

**Солнечная Революция
1979 года, г. Турин**

ФРАНКО КАЛИФАНО АРЕСТОВАН ЗА ХРАНЕНИЕ НАРКОТИКОВ

2 мая 1979 года, после доноса одной актрисы, певец Франко Калифано был арестован по подозрению в хранении наркотиков и делах, связанных с проституцией. 11 мая он был приговорен к шести месяцам тюрьмы за незаконное хранение оружия, так как при обыске 2 мая у него был найден пистолет. Транзиты были следующими. Плутон в полуквадрате к Меркурию и в оппозиции к Сатурну. Нептун в квадратуре к Солнцу (это и есть ключевой транзит, исчерпывающе объясняющий произошедший эпизод), и в квадратуре к натальному Нептуну. Транзитный Уран в оппозиции к натальному, в секстиле к Нептуну. Сатурн в соединении с Марсом. Юпитер в полусекстиле к Меркурию, в полуквадрате к Асценденту, в соединении с Плутоном. Марс в полусекстиле к Луне, в полутораквадрате к Меркурию и натальному Марсу, в соединении с Сатурном. Солнечная Революция имеет Юпитер и Асцендент в Седьмом Доме (закон, суд), а также стеллиум с Солнцем, в Восьмом Доме. Восьмой дом часто появляется в случаях тюремного заключения. Индекс опасности года составил 30 баллов против 26.

Натальная карта Франко Калифано
г. Триполи, 14/9/1938, в 22.20

Солнечная Революция
1978 года, г. Рим

ПОСМЕРТНЫЙ СКАНДАЛ КОРОЛЕВЫ ВИКТОРИИ

21 мая 1979 г. Daily Telegraph заявил, что королева Виктория якобы тайно вышла замуж за своего слугу и конюха Джона Брауна, от которого она якобы еще и родила ребенка. Транзиты в этот день были следующими. Плутон в полутораквадрате к Солнцу и Луне, в оппозиции к Марсу и в трине к Юпитеру. Уран в квадратуре к Юпитеру. Сатурн в квадратуре к Луне (этот транзит вызывает волну непопулярности) и к Асценденту, в трине к Меркурию. Юпитер в секстиле к Солнцу, Луне и Асценденту. Марс в полусекстиле к Солнцу, Луне и Асценденту, в соединении с Меркурием, и в квадратуре к МС. Солнечная Революция королевы на этот год имеет Асцендент в натальном 6-м Доме (такая комбинация всегда присутствует в годы, несущие крупные неприятности), Солнце в 8-м Доме, а также соединение Марс-Сатурн на куспиде Десятого/Одиннадцатого Дома. Этот пример напоминает нам о двух важных аспектах астрологии: во-первых, гороскоп продолжает работать даже после смерти субъекта, а во-вторых, дни, окружающие день рождения особо критичны.

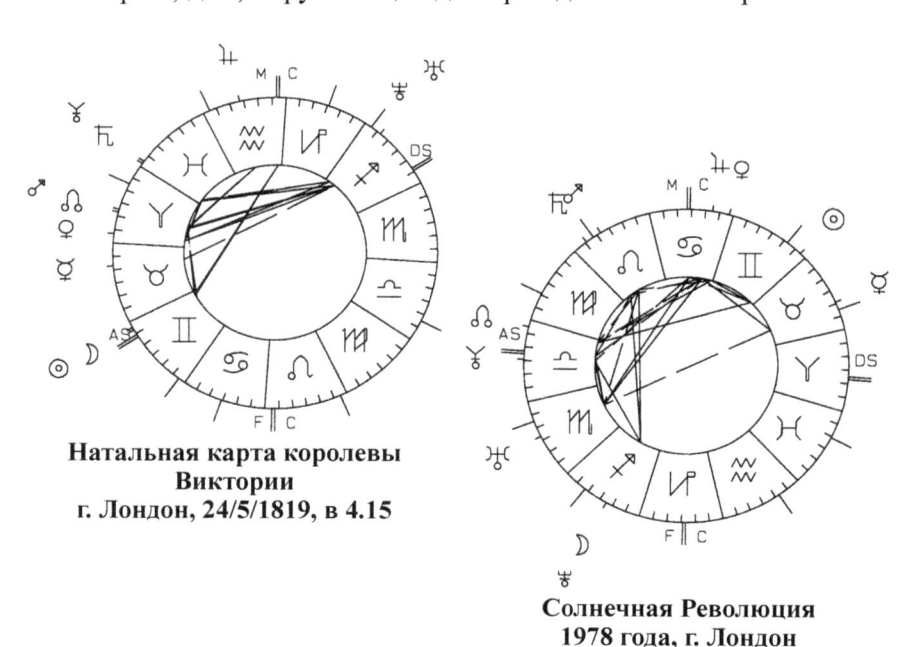

Натальная карта королевы Виктории
г. Лондон, 24/5/1819, в 4.15

Солнечная Революция 1978 года, г. Лондон

ЧЕДЕРНА ОСУЖДЕНА ПО ДЕЛУ ПРЕЗИДЕНДА ЛЕОНЕ

Журналистка Камилла Чедерна написала книгу, содержащую прямые обвинения в отношении Президента Итальянской Республики Джованни Леоне и его семьи. 28 июня 1979 года она по приговору суда была оштрафована на один миллион лир, а также приговорена к выплате 45 миллионов за нанесенный моральный ущерб. Приговор довольно тяжелый, но не столько с финансовой точки зрения, сколько для престижа итальянской журналистки. Транзиты в этот день были следующими. Плутон в секстиле к Асценденту. Нептун в полуквадрате к Солнцу, в секстиле к Венере, в соединении с Асцендентом. Уран в квадратуре к Венере и в полусекстиле к Асценденту. Сатурн в трине к Меркурию и в полутораквадрате к Урану. Юпитер в оппозиции к Солнцу, в полутораквадрате к Марсу, в секстиле к МС, в квадратуре к натальному Юпитеру и в полуквадрате к Плутону. Марс в трине к Солнцу и Урану, и в полусекстиле к Сатурну. Солнечная Революция показывает очевидность ситуации. Тесное соединение Солнце-Марс в Седьмом Доме и Асцендент СР в натальном Восьмом Доме. Индекс опасности на тот год составил 50 баллов против 18.

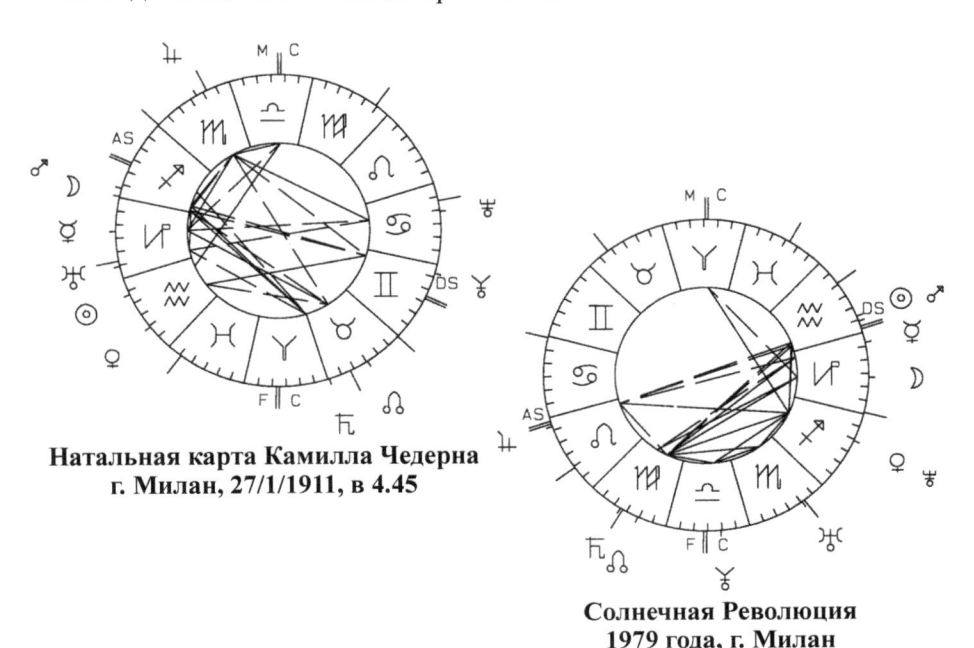

Натальная карта Камилла Чедерна
г. Милан, 27/1/1911, в 4.45

Солнечная Революция
1979 года, г. Милан

ТЕРРОРИСТКА АДРИАНА ФАРАНДА ПРИГОВОРЕНА К СЕМИ ГОДАМ ТЮРЕМНОГО ЗАКЛЮЧЕНИЯ

4 июля 1979 года террористка Адриана Фаранда была приговорена к семи годам лишения свободы за незаконное хранение оружия, которое было найдено у нее при обыске. Транзиты в этот день были следующими. Плутон в секстиле к Солнцу, в квадратуре к Венере, в трине к МС и в соединении с Нептуном. Нептун в секстиле к МС, в квадратуре к Сатурну и в трине к Плутону. Уран в квадратуре к Солнцу, к МС, и к Плутону, в трине к Венере, в секстиле к Сатурну, и полусекстиле к Нептуну. Сатурн в соединении с Меркурием, в квадратуре к Асценденту и в секстиле к Урану. Юпитер в соединении с Солнцем, в секстиле к Асценденту и к Нептуну. Марс в квадратуре к Меркурию и Юпитеру, в соединении с Асцендентом, в полусекстиле к Урану. В карте Солнечной Революции видим два тяжелых стеллиума, с Солнцем и Сатурном в Седьмом Доме, и другой в Восьмом Доме. Индекс опасности года дает нам 26 баллов против 34.

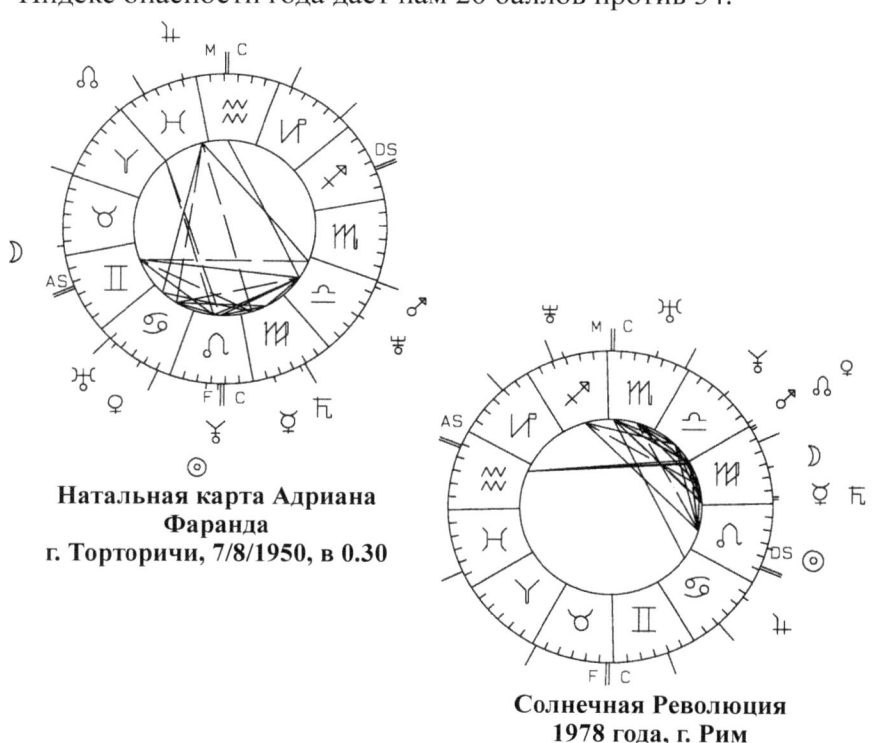

Натальная карта Адриана Фаранда
г. Торторичи, 7/8/1950, в 0.30

Солнечная Революция 1978 года, г. Рим

СЕКВЕСТИРОВАН РОМАН АЛЬБЕРТО МОРАВИА «LA VITA INTERIORE»

18 октября 1979 года прокурор Донато Массимо Бартоломей из Аквилы, центральной Италии, наложил арест на роман Альберто Моравиа «La vita interiore» по всей национальной территории. Транзиты в этот день были следующими. Плутон в полуквадрате к Солнцу и Луне писателя. Нептун в трине к МС и в квадратуре к Сатурну. Уран в квадратуре к МС, и в трине к Сатурну. Транзитный Сатурн в квадратуре к Венере, в полуквадрате к Асценденту, в оппозиции к натальному Сатурну. Юпитер в квадратуре к Солнцу и в соединении с Луной. Марс в квадратуре к Меркурию, в соединении с МС и Юпитером, в полусекстиле к Нептуну. Транзиты Марса имеют особенно важное значение в отношении скандальных эпизодов, подобных этому. Тем не менее, они не произвели бы должного эффекта, если бы не были подкреплены другими транзитами медленных планет. Солнечная Революция дает нам Асцендент в 3-м Доме и Юпитер в VII-м. Для писателя, выпускающего в свет почти каждый год по одной книге, Асцендент в Третьем Доме должен был указывать нечто особенное и важное для нового романа, но что же? Ответ дает Юпитер в VII-м Доме СР, который, как мы знаем, зачастую означает события, связанные с бюрократией, законом, официальными бумагами, что и проявилось в точности в данном примере. Индекс опасности года составил 36 баллов против 30.

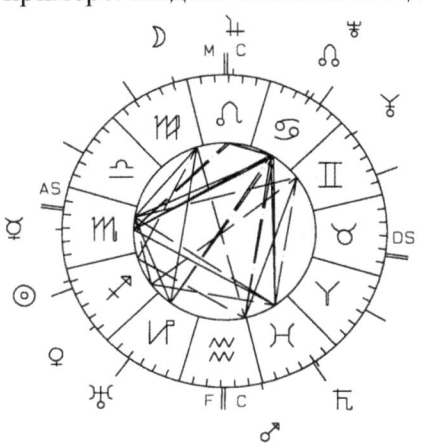

Натальная карта Альберто Моравиа
г. Рим, 28/11/1907, в 5.00

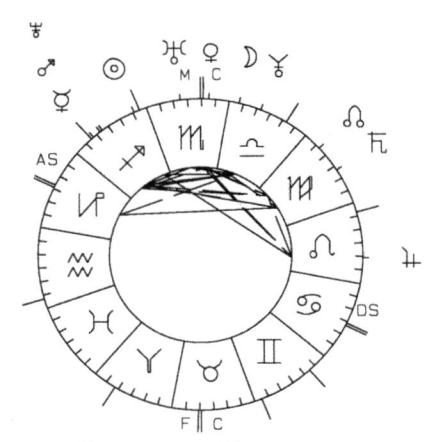

Солнечная Революция
1978/1979, г. Рим

ТОМ ПОНЦИ ПРИГОВОРЕН К 22 МЕСЯЦАМ ТЮРЕМНОГО ЗАКЛЮЧЕНИЯ ЗА ПРОСЛУШИВАНИЕ ТЕЛЕФОННЫХ ПЕРЕГОВОРОВ

5 октября 1979 года самый известный итальянский частный детектив, Том Понци, был приговорен судом к 22 месяцам тюремного заключения за несанкционированное прослушивание телефонных переговоров. Транзиты в этот день были следующими. Плутон в полуквадрате к Марсу и в полутораквадрате к Урану. Нептун в трине к натальному Нептуну. Уран в полуквадрате к Солнцу, в полутораквадрате к Луне, и в оппозиции к МС. Сатурн в трине к МС. Юпитер в полусекстиле к Солнцу и к натальному Юпитеру, в соединении с Венерой, Марсом, и Асцендентом. Марс в полусекстиле к Луне. На самом деле, двойного напряженного транзита Урана к светилам уже было бы достаточно, чтобы астрологически объяснить такое тяжелое для субъекта событие, но если мы посмотрим на его карту Солнечной Революции, то сможем увидеть Асцендент в Первом Доме, что делает любые дальнейшие комментарии излишними. Индекс опасности года составил 40 баллов против 14.

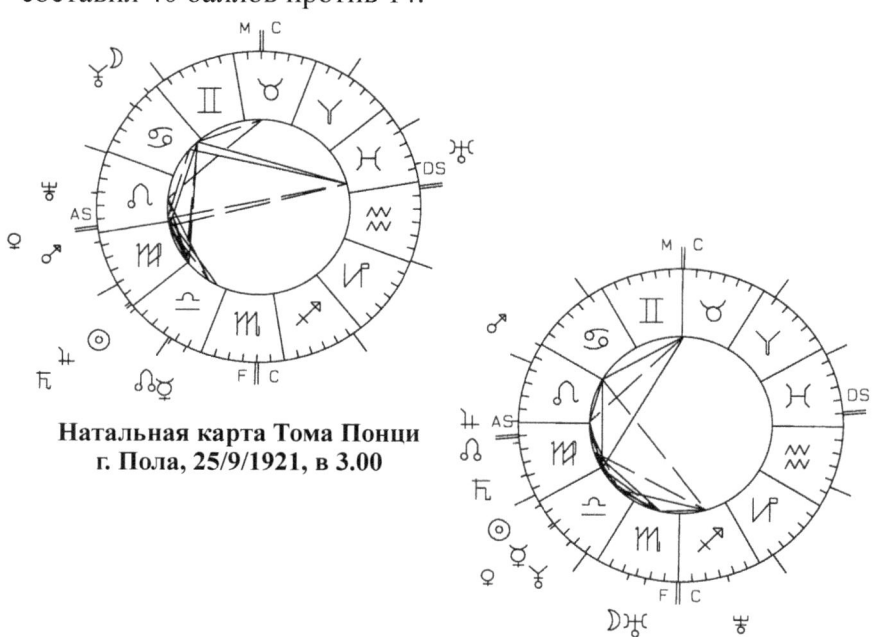

**Натальная карта Тома Понци
г. Пола, 25/9/1921, в 3.00**

**Солнечная Революция
1979 года, г. Милан**

ДЬЯВОЛЬСКАЯ ЛЮБОВНИЦА ПРИГОВОРЕНА К ПОЖИЗНЕННОМУ ЗАКЛЮЧЕНИЮ

2 мая 1977 Франка Баллерини, прозванная «дьявольской любовницей», была приговорена к пожизненному заключению за убийство своего мужа в соучастии с любовником. Транзиты в этот день были следующими. Плутон в соединении с Нептуном. Транзитный Нептун в полутораквадрате к Солнцу и Венере, в полуквадрате к Юпитеру, в трине к Плутону. Сатурн в соединении с Плутоном. Юпитер к полутораквадрате к Луне, в полусекстиле к Меркурию, и в полуквадрате к Марсу. Транзитный Марс в полусекстиле к Меркурию, в полуквадрате к МС, в секстиле к Юпитеру. Безусловно, прохождение Нептуна вблизи Десцендента и в напряженном аспекте с Солнцем можно считать наиболее тяжелым транзитом, объясняющим вынесенный ей приговор. Солнечная Революция нам дает очень плохое положение Сатурна в соединении с Десцендентом (неблагоприятный вердикт правосудия), и Марс в Первом Доме. Помните, что Марс не только в 12-м, но и в I-м Доме СР всегда указывает на двенадцать наихудших месяцев из-за возможной хирургической операции, аварии, или любого другого чрезвычайно неприятного обстоятельства. Индекс опасности года составил 34 балла против 28.

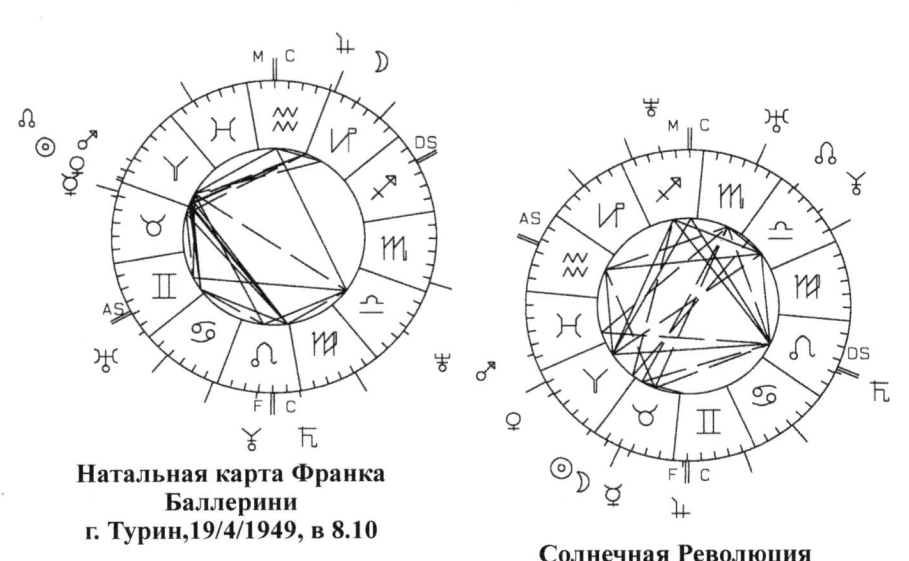

Натальная карта Франка Баллерини
г. Турин, 19/4/1949, в 8.10

Солнечная Революция 1977 года, г. Турин

КАССАЦИОННЫЙ СУД ПРОТИВ РАКЕЛЬ МУССОЛИНИ

11 мая 1977 года Ракель Муссолини, вдове «дуче», Кассационным судом было отказано в возврате ценностей, конфискованных после войны. Транзиты в этот день были следующими. Плутон в секстиле к Марсу и в полуквадрате к Сатурну. Нептун в соединении с Марсом. Уран в секстиле к Асценденту, в соединении с МС, в квадратуре к Юпитеру. Сатурн в трине к Марсу и в оппозиции к Юпитеру. Юпитер в полуквадрате к Солнцу и Меркурию, в оппозиции к Марсу, в соединении с Плутоном. Транзитный Марс в трине к натальному, в квадратуре к Асценденту, в секстиле к Юпитеру, в полутораквадрате к Сатурну. Конечно, транзиты Урана по МС, в напряженном аспекте с Юпитером, а также Юпитера в плохом аспекте с Солнцем, являются наиболее важными для обозначения неблагоприятного приговора суда. Солнечная Революция настолько же ясно описывает ситуацию. Асцендент и Марс находятся в Первом Доме, а Сатурн в соединении с Десцендентом обозначает невезение в судебных процессах. Как вы можете легко заметить, довольно часто карта Солнечной Революции может дать нам очень четкие указания о результате юридических разбирательств. Индекс опасности на тот год

Натальная карта Ракель Муссолини
г. Предаппио, 11/4/1890, в ore 1.00

Солнечная Революция 1977 года, г. Форли

ТЕРРОРИСТЫ «КРАСНЫХ БРИГАД» СТРЕЛЯЮТ В ИНДРО МОНТАНЕЛЛИ

2 июня 1977 года Индро Монтанелли был ранен в ногу членами террористической левой группировки «Красные Бригады» (Brigate Rosse). Монтанелли был одним из самых известных и любимых в Италии журналистов, поэтому неудивительно, что в качестве комментария к этому случаю в прессе появилась сатирическая виньетка, изображающая соперника Евгения Скальфари, якобы из зависти стреляющего по своим ногам. Транзиты были следующими. Плутон в полусекстиле к Асценденту и в полуквадрате к МС. Нептун в полутораквадрате к Солнцу и Венере, в полусекстиле к Асценденту, в трине к Сатурну. Планетой, объясняющей лучше всего это событие, безусловно, был Уран в квадратуре к Марсу, в полутораквадрате к Плутону, в соединении с Асцендентом (в примерах этой книги я придерживаюсь достаточно тесных орбисов, но в этом случае соединение в 4° приемлемо, т.к. в случае неточного времени рождения Асцендент может оказаться гораздо ближе к Урану). Сатурн в квадратуре к Асценденту, Юпитер в секстиле к Сатурну, в полусекстиле к Нептуну. Марс в соединении с Солнцем, Меркурием, и Венерой. Солнечная Революция дает нам Солнце в 12-м Доме, стеллиум между 12-м и I-м Домами,

и Асцендент в VII-м Доме. Последнее положение, касаясь темы открытых врагов, очень часто проявляется в связи с актами терроризма, ранениями и убийствами. Мне много раз случалось обнаруживать это положение Асцендента в картах Солнечных Революций убитых людей. Индекс опасности года равняется 50 баллов против 32.

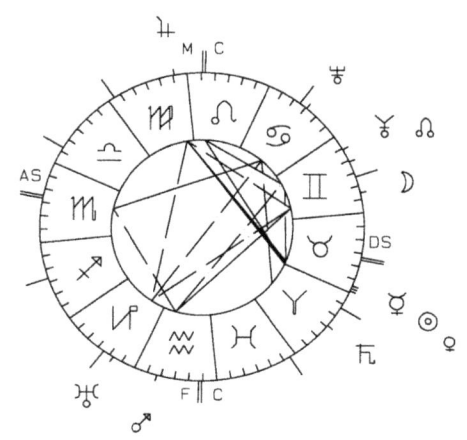

**Натальная карта Индро Монтанелли
г. Флоренция, 22/4/1909, в 20.00**

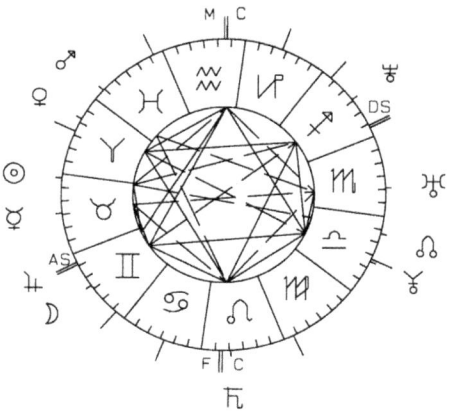

**Солнечная Революция
1977 года, г. Милан**

ИНДИРА ГАНДИ ТЕРЯЕТ ВЛАСТЬ

21 марта 1977 года индийский Премьер-министр Индира Ганди подала в отставку с политического поста, занимаемого ею непрерывно в течение 11 лет. Транзиты, соответствующие этому событию были следующими. Плутон в полуквадрате к Солнцу, в квадратуре к Венере и в секстиле к Сатурну. Нептун в оппозиции к Юпитеру (для политика это довольно коварный транзит). Уран в секстиле к Венере и Марсу. Сатурн в полусекстиле к Марсу, в секстиле к Юпитеру, в соединении с Нептуном. Юпитер в оппозиции к Солнцу и в полутораквадрате к Венере. Марс в квадратуре к Солнцу, в полусекстиле к Луне, в полуквадрате к Венере, в трине к Плутону. В карте Солнечной Революции мы видим Солнце в соединении с Марсом в 12-м Доме и стеллиум между 12-м и I-м Домами. Индекс опасности года дает 70 баллов против 22.

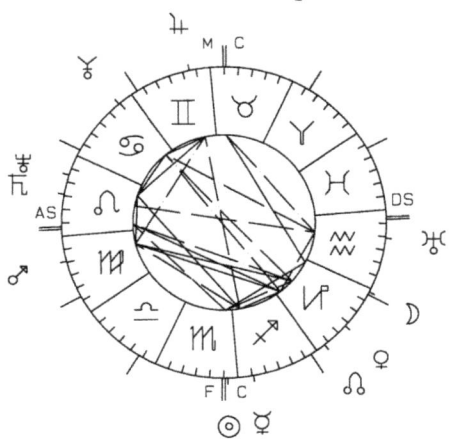

Натальная карта Индира Ганди
г. Аллахабад, 19/11/1917, в 23.39

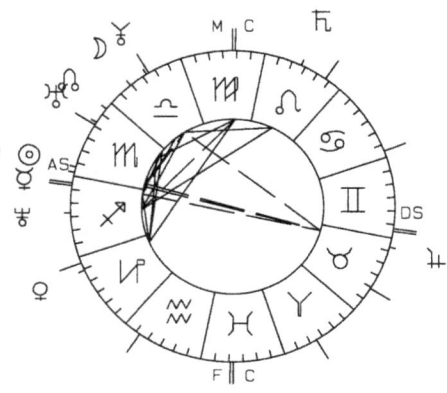

Солнечная Революция
1976/1977, г. Дельфи

У ВОРОТ ДОМА КОССИГИ ВЗРЫВАЕТСЯ БОМБА

7 апреля 1977 года у ворот дома Франческо Коссиги взорвалась бомба. Речь не идет о тяжелом событии, так как материальные повреждения были небольшими, а сам политический лидер непосредственно не пострадал. Транзиты были следующими. Плутон в квадратуре к Меркурию, в секстиле к Венере и Сатурну, в полуквадрате к Нептуну. Уран в квадратуре к Венере, в оппозиции к Юпитеру и в полусекстиле к Сатурну. Транзитный Сатурн в соединении с Венерой, в квадратуре к Юпитеру, в трине к натальным Сатурну и Урану. Юпитер в секстиле к Солнцу, в полуквадрате к Меркурию и Плутону, в квадратуре к Нептуну. Марс в трине к Меркурию и Плутону, в квадратуре к Сатурну. Солнечная Революция говорит нам о некой опасности или негативном событии, в связи с Асцендентом в Восьмом Доме, но также уточняет, что в период между днями рождения в 1976-1977 годах, проблемы будут относиться к вопросам дома (стеллиум и Сатурн в IV-м Доме СР). Индекс опасности на тот год был достаточно низким - 16 баллов против 12.

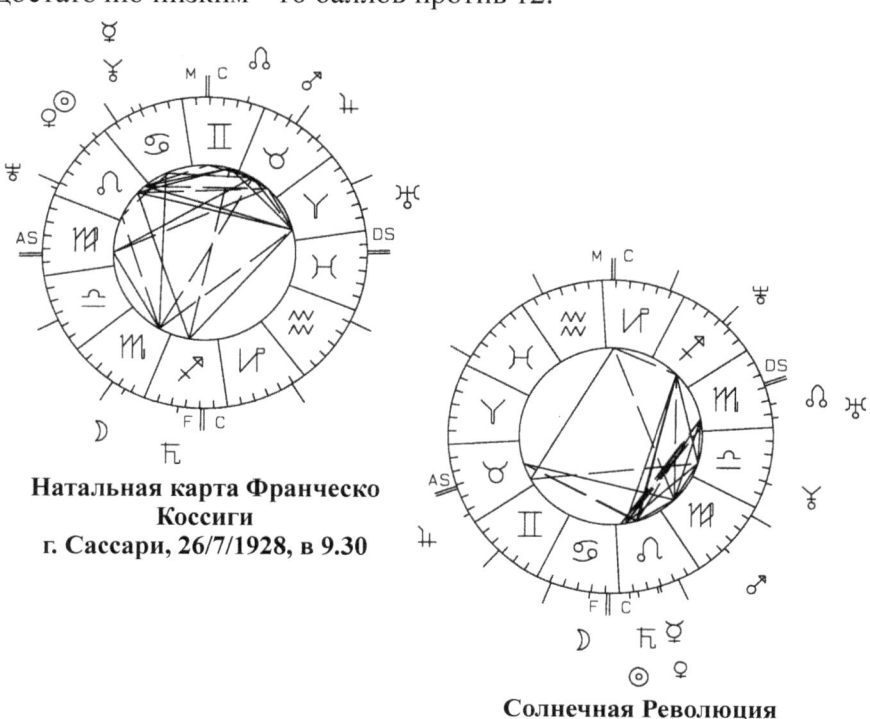

Натальная карта Франческо Коссиги
г. Сассари, 26/7/1928, в 9.30

Солнечная Революция
1976/1977, г. Рим

АРЕСТОВАН ТЕРРОРИСТ ПАТРИЦИО ПЕЧИ

20 февраля 1980 года, после семи месяцев преследования полицией, в Турине был арестован лидер террористической левой группировки «Красные Бригады» (Brigate Rosse) Патрицио Печи. Транзиты были следующими. Плутон в соединении с Сатурном, в квадратуре к Урану, в соединении с Нептуном и в секстиле к Плутону. Нептун в полутораквадрате к Солнцу, в оппозиции к Венере, в секстиле к Сатурну и Нептуну, в трине к Плутону. Сатурн в квадратуре к Венере (напряженный транзитный аспект между Сатурном и Венерой часто встречается в случаях ареста беглых преступников, возможно потому, что таким образом подчеркивается прерывание их сентиментальной и сексуальной жизни). Юпитер в полусекстиле к Солнцу, в полуквадрате к Сатурну, Нептуну и Урану. Марс в полусекстиле к Солнцу, в полуквадрате к Сатурну, Нептуну и Урану, в оппозиции к Луне. Еще раз отметим, насколько транзиты Марса подчеркивают, точно и красочно, любые человеческие несчастья, но имеют при этом ценность лишь при одновременном присутствии других, более тяжелых транзитов, как полутораквадрат Нептуна к Солнцу в данном случае. Солнечная Революция дает нам стеллиум и Солнце в 8-м Доме (тюремное заключение) и Марс в VII-м Доме (проблемы с правосудием). Индекс опасности года составил 26 баллов против 4.

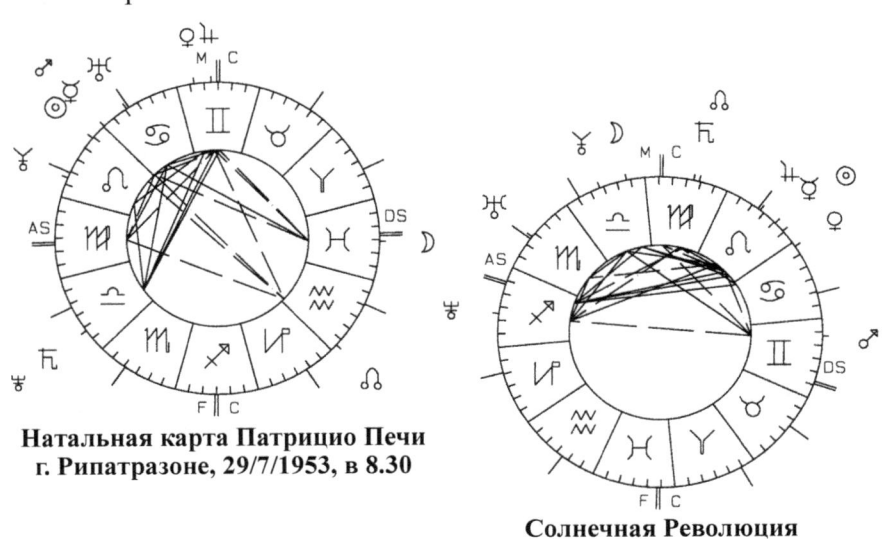

Натальная карта Патрицио Печи
г. Рипатразоне, 29/7/1953, в 8.30

Солнечная Революция 1979 года, г. Рим

АЛЬБЕРТОЗИ ВОВЛЕЧЕН В СКАНДАЛ ФУТБОЛЬНОГО ТАТОЛИЗАТОРА

3 марта 1980 года разгорелся очередной скандал, давший Италии сомнительную честь стать в те годы самой коррумпированной страной в мире, по крайней мере согласно рейтингу, составленному журналистами немецких СМИ. Скандал был связан с футболом, который является самым популярным видом спорта в Италии. Фанаты были просто потрясены, когда проснувшись в одно прекрасное утро, узнали новость о том, что всеми обожаемые чемпионы подозреваются в организации договорных матчей, позволяя определенным людям наживаться бессовестным образом на «неожиданных результатах» спортивных состязаний. В скандал оказались вовлечены три очень любимых фанатами чемпиона: Альбертози, Савольди и Паоло Росси. На этих страницах мы рассмотрим транзиты и Солнечные Революции всех троих. Начнем с Энрико Альбертози. Транзиты планет в этот день были следующими. Плутон в трине к Марсу. Нептун в полуквадрате к Солнцу и в полусекстиле к Венере. Уран в соединении с Венерой и в секстиле к Нептуну. Сатурн в полуквадрате к Солнцу (именно этот транзит, в сочетании с напряженным аспектом Нептуна к Солнцу, является наиболее важным и характерным для рассматриваемой ситуации), в секстиле к Венере и в соединении с Нептуном. Юпитер в полусекстиле к Плутону. Марс в полуквадрате к Луне, в квадратуре к Меркурию и в полусекстиле к Плутону. Карта Солнечной Революции дает нам довольно неприятное и опасное сочетание Асцендента в 8-м Доме с Марсом в VII-м Доме. Индекс опасности года составил 40 баллов против 34.

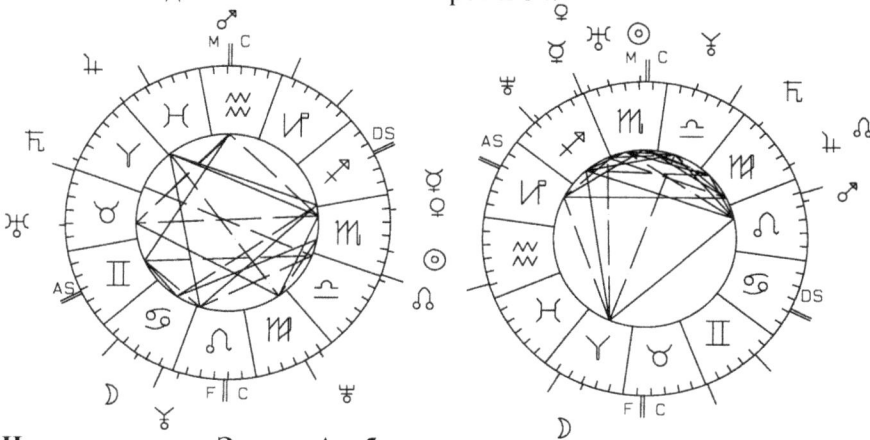

Натальная карта Энрико Альбертози
г. Понтемоли, 2/11/1939, в 19.00

Солнечная Революция
1979/1980, г. Рим

БЕППЕ САВОЛЬДИ И СКАНДАЛ ФУТБОЛЬНОГО ТАТОЛИЗАТОРА

Популярный футболист Беппе Савольди тоже оказался вовлечен в эту отвратительную историю в итальянском стиле. Транзиты планет были следующими. Плутон в квадратуре к Луне (этот транзит особенно важен, с орбисом 0°). Нептун в полусекстиле к Луне и Юпитеру, в полутораквадрате к Сатурну. Уран в секстиле к Марсу, в соединении с Юпитером и в полуквадрате к Нептуну. Сатурн в трине к Марсу и в секстиле к Юпитеру. Юпитер в полутораквадрате к Луне и в полусекстиле к Сатурну. Солнечная Революция очень точно описывает событие Асцендентом в Первом Доме, а положение Нептуна в Седьмом Доме, в свою очередь, свидетельствует о беспокойстве и тревогах Савольди в отношении проблем с правосудием. Индекс опасности на тот год составил 30 баллов против 38.

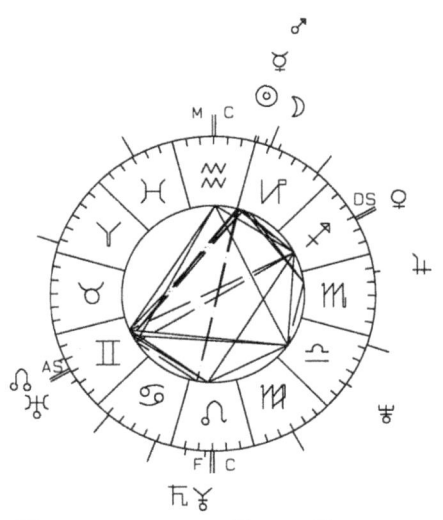

Натальная карта Беппе Савольди
г. Горлаго, 21/1/1947, в 13.30

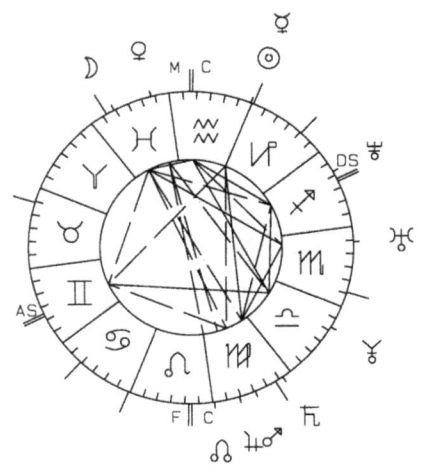

Солнечная Революция
1980 года, г. Рим

ПАБЛИТО ТОЖЕ ВОВЛЕЧЕН В СКАНДАЛ ФУТБОЛИСТОВ

Суперлюбимчик фанатов футбола Паоло Росси, по прозвищу Паблито, также оказался вовлечен в эту уродливую страницу истории нашей Страны. Вот его транзиты. Уран в соединении с Сатурном. Транзитный Сатурн в полутораквадрате к Луне (думаю, что это наихудший транзит в данном случае). Юпитер в полусекстиле к Меркурию и Урану, в полутораквадрате к Асценденту. Марс в полутораквадрате к Асценденту, в соединении с Плутоном. Асцендент Солнечной Революции находится в 8-м Доме, а стеллиум планет с Солнцем расположен между I-м и 12-м Домами. Карта Солнечной Революции в данном случае чрезвычайно ясно описывает ситуацию. Индекс опасности года дает 50 баллов против 14.

Натальная карта Паоло Росси
г. Прато, 23/9/1956, в оre 15.00

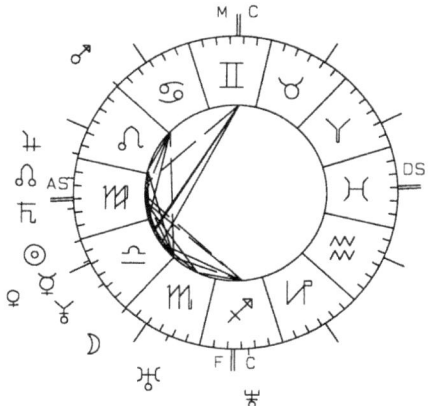

Солнечная Революция
1979/1980, г. Рим

ПОБЕГ ТЕРРОРИСТА КОРРАДО АЛУННИ

28 апреля 1980 года двенадцать заключенных, завладев оружием необъяснимым образом, сбежали из миланской тюрьмы Сан Витторе. Близлежащая территория сразу же была окружена сотнями служителей порядка, и началась охота на преступников, с перестрелками на улицах города. В числе беглецов были террорист из группировки «Красные Бригады» Коррадо Алунни и бандит Ренато Валланцаска. Оба были ранены и пойманы вскоре после побега. Давайте сначала рассмотрим транзиты Алунни. Плутон в полусекстиле к Солнцу, в полуквадрате к Венере и Юпитеру.

Нептун в полуквадрате к Меркурию, в трине к Марсу и Сатурну. Уран в соединении с Солнцем, в квадратуре к Марсу, Асценденту и Сатурну (четыре транзитных аспекта восьмой планеты в этом случае чрезвычайно живописны). Транзитный Сатурн в секстиле к Солнцу, в полуквадрате к Меркурию, в полусекстиле к Марсу и натальному Сатурну. Юпитер в соединении с Десцендентом (обозначающий дальнейшие проблемы с законом), в квадратуре к радиксному Юпитеру (тоже обозначающей проблемы с законом). Марс в соединении к Десцендентом (такое же значение, как для Юпитера), в квадратуре к натальному Марсу (идентичное значение), в полуквадрате к Нептуну. В карте Солнечной

Революции мы видим Солнце в 12-м Доме и стеллиум между 12-м и I-м Домами. Положение Марса в 9-м Доме СР часто встречается при несчастных случаях и ранениях, а не только при дорожно-транспортных происшествиях. Индекс опасности года составил 58 баллов против 20. Этот пример наглядно демонстрирует, насколько неуместно было этим преступникам совершать побег из тюрьмы. Наверняка они не приняли во внимание положение планет.

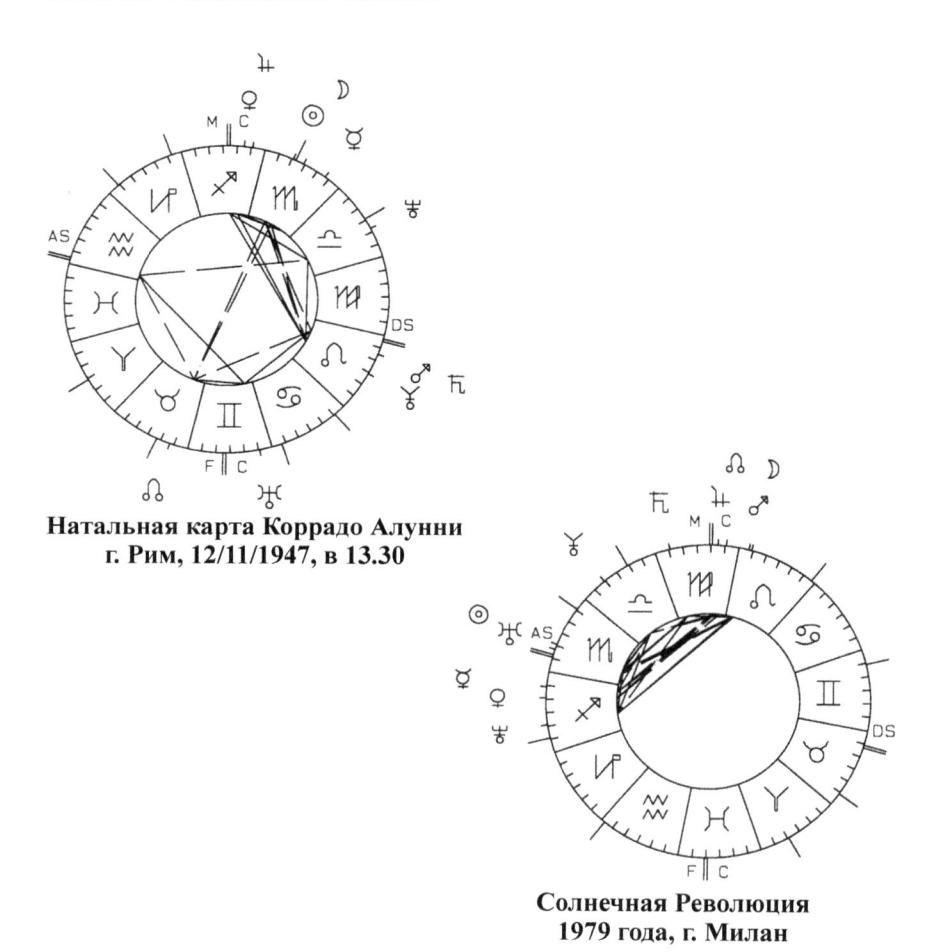

**Натальная карта Коррадо Алунни
г. Рим, 12/11/1947, в 13.30**

**Солнечная Революция
1979 года, г. Милан**

РЕНАТО ВАЛЛАНЦАСКА ТОЖЕ РАНЕН ПРИ ПОБЕГЕ

Бандит Ренато Валланцаска участвовал в побеге из тюрьмы, описанном в предыдущем примере. Этот преступник тоже был ранен и пойман. Транзиты были следующими. Плутон в полутораквадрате к Юпитеру (неудача в операции). Нептун в квадратуре к Марсу (путаница в связи с боевыми действиями). Уран в секстиле к Марсу. Сатурн в соединении с Марсом (наихудшее положение для активных «военных» действий). Юпитер в квадратуре к Меркурию и в полутораквадрате к МС. Марс в квадратуре к Меркурию, в полутораквадрате к МС, в оппозиции к Юпитеру и в полуквадрате к Нептуну. Солнечная Революция дает нам четкое и ясное положение Асцендента в Первом Доме. Индекс опасности года показывает 32 балла против 12.

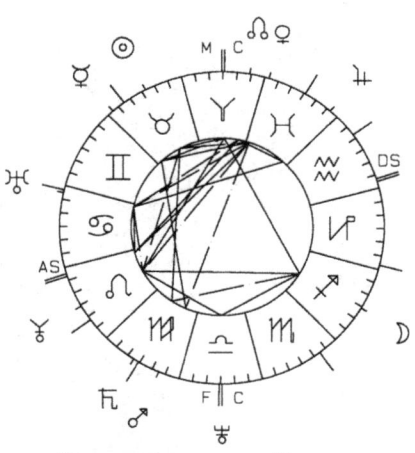

**Натальная карта Ренато Валланцаска
г. Милан, 4/5/1950, в 10.30**

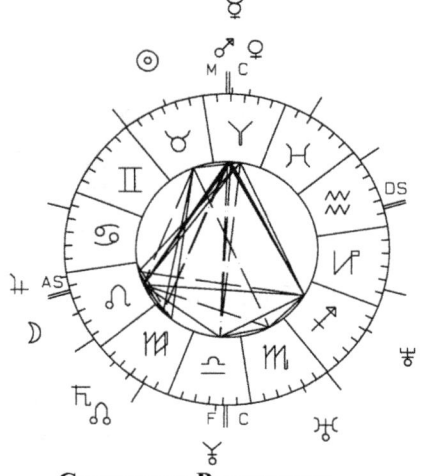

**Солнечная Революция
1979 года, г. Милан**

КАРЛ ДОНАТ КАТТИН ПОПАДАЕТ В БЕДУ

Карл Донат Каттин был одним из ведущих лидеров итальянской Христианско-Демократической партии. 7 мая 1980 года СМИ сообщили сенсационную новость о том, что его сын Марко – террорист, принимавший непосредственное участие в убийстве Берарди. Для отца это событие стало жестоким ударом, принесшим серьезный ущерб его политической карьере, и вынудившим его оставить все занимаемые в то время государственные посты. В скандал был втянут даже Президент Италии Франческо Коссига. Оппозиция обвинила его в том, что он якобы способствовал побегу Марко за границу. Транзиты для Карла Донат Катин были действительно тяжелыми. Плутон в секстиле к Венере, в трине к Марсу и МС. Транзитный Нептун в оппозиции к Марсу, в квадратуре к Асценденту, в полутораквадрате к радиксному Нептуну. Уран в секстиле к Асценденту, в трине к Юпитеру, в полутораквадрате к Плутону, в квадратуре к Сатурну. Сатурн в секстиле к Меркурию, в полусекстиле к Венере, в соединении с Асцендентом (для политика это значит удар, как обухом по голове), в квадратуре к МС (то же самое значение), в секстиле к Юпитеру. Транзитный Юпитер в оппозиции к натальному Урану (аспект, способствующий скандалам). Марс в секстиле к Солнцу и в оппозиции к Урану. Солнечная Революция дает нам Асцендент в 6-м Доме. Уже очень много лет, как я прилагаю максимум усилий, чтобы мои ученики наконец-то поняли, насколько опасно положение Асцендента в 6-м и в I-м Домах. Эти два положения можно почти приравнять по значению к Асценденту в 12-м Доме, ну разве что поставить на одну ступеньку ниже, но это то же самое, что попасть из огня да в полымя. С таким Асцендентом можно ожидать неприятностей не только со здоровьем, но и с любовью, с семейными отношениями, работой, законом, скандалами и т.д. Индекс опасности года в этом случае равнялся 46 баллам против 20.

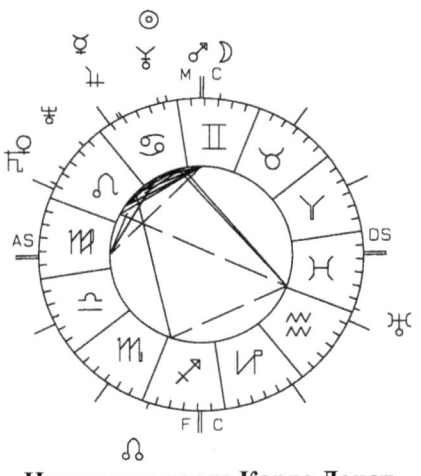

Натальная карта Карла Донат Катин
г. Савона, 26/6/1919, в 12.30

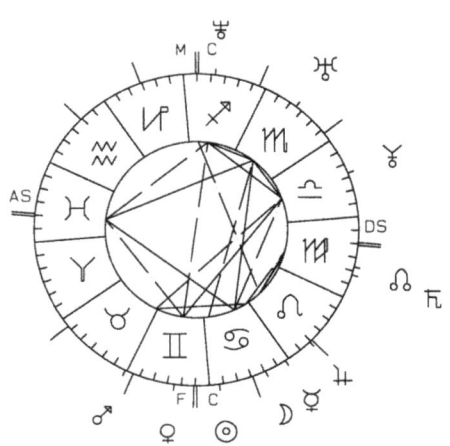

Солнечная Революция 1979 года, г. Рим

МИКЕЛЕ СИНДОНА РЕЖЕТ СЕБЕ ВЕНЫ

13 мая 1980 года, через несколько дней после своего дня рождения, в Нью-Йоркской тюрьме, финансист Микеле Синдона попытался покончить жизнь самоубийством, перерезав себе вены. Он был спасен тюремными охранниками, по долгу службы обязанными держать его под пристальным наблюдением. Транзиты планет были следующими. Плутон в квадратуре к МС, в полуквадрате к Сатурну, и в полутораквадрате к Урану. Нептун в полутораквадрате к натальному Нептуну. Уран в полусекстиле к Марсу и в полутораквадрате к Плутону. Сатурн в полутораквадрате к Асценденту, в трине к МС. Юпитер в трине к Меркурию, Венере и Асценденту. Марс в трине к Меркурию, Венере и Асценденту, в полутораквадрате к МС, в соединении с Сатурном, в оппозиции к Урану. В карте Солнечной Революции, безусловно, важным элементом является Марс в Первом Доме. Это очень опасное положение, которое может довести человека до самоубийства. Индекс опасности того года равнялся 42 балла против 42.

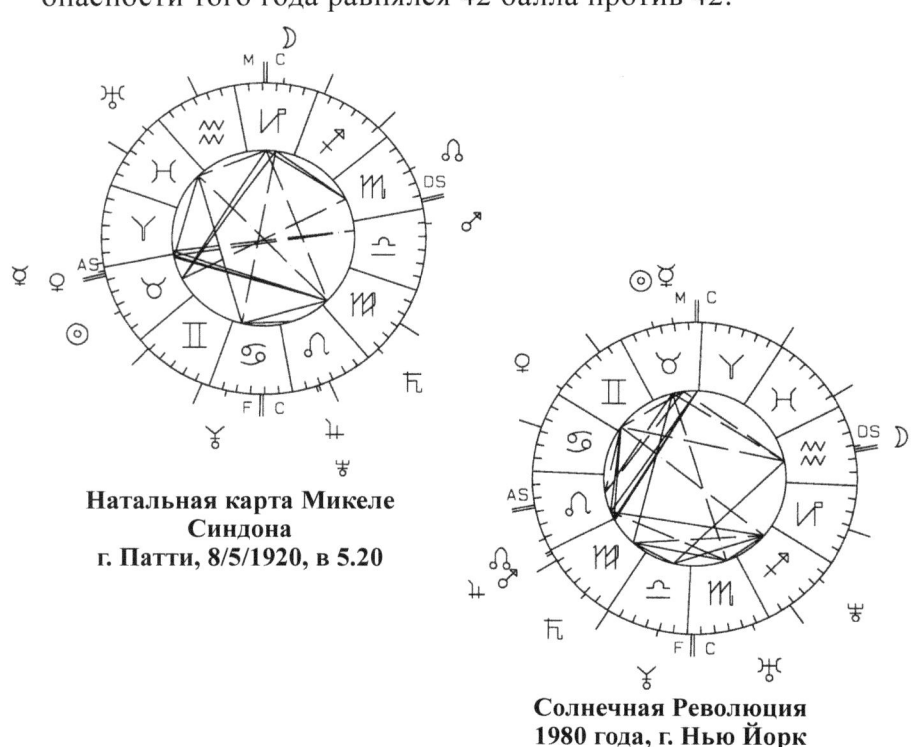

Натальная карта Микеле Синдона
г. Патти, 8/5/1920, в 5.20

Солнечная Революция 1980 года, г. Нью Йорк

КАРОЛИНА РАЗВОДИТСЯ С ФИЛИППОМ ЖЮНО

5 октября 1980 года принцесса Монако Каролина подала на развод с мужем Филиппом Жюно. Они поженились 28 июня 1978 года. Транзиты красивой и несчастной принцессы были следующими. Нептун в соединении с МС (этот транзитный аспект часто объявляет об изменениях в социальном положении, в позитивном или негативном смысле), в полутораквадрате к Урану, в полуквадрате к натальному Нептуну. Сатурн в трине к Солнцу, в соединении с Юпитером (с орбисом 0°, в натальном Седьмом Доме), в полусекстиле к Нептуну и Плутону. Марс в полуквадрате к Меркурию и Венере, в квадратуре к Плутону. Самым важным элементом Солнечной Революции является Асцендент в Седьмом Доме. Как уже отмечалось в других разделах этой книги и в других моих публикациях, это положение работает как бистабильное реле, то есть имеет тенденцию изменять состояние. Соответственно, для одиноких людей оно станет толчком к заключению союза, а устойчивые отношения окажутся под угрозой разрыва. Индекс опасности на тот год равнялся 36 баллов против 34.

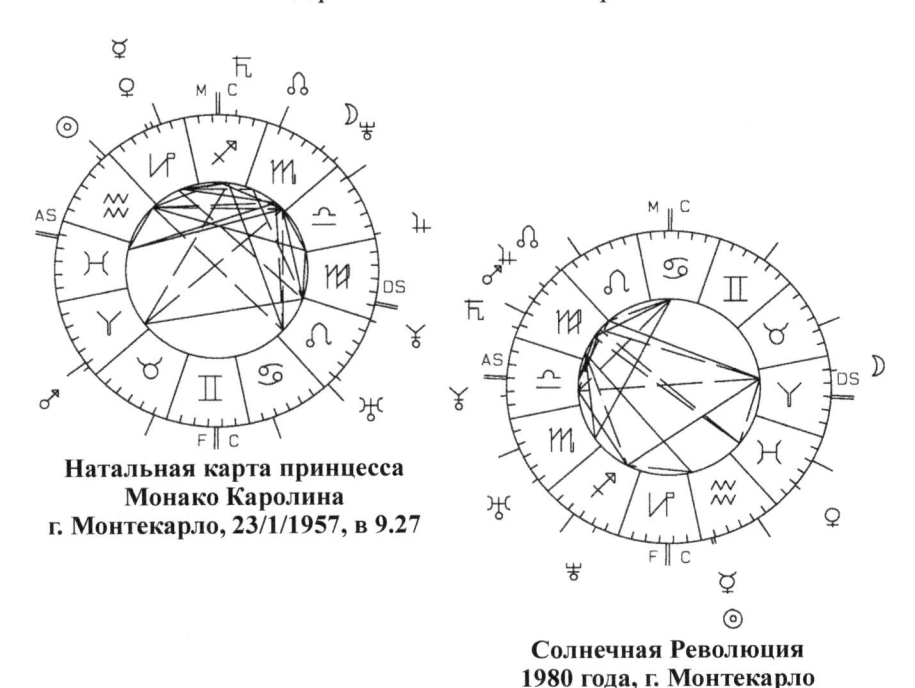

Натальная карта принцесса Монако Каролина
г. Монтекарло, 23/1/1957, в 9.27

Солнечная Революция 1980 года, г. Монтекарло

ТОНИ НЕГРИ ОБВИНЯЕТСЯ МАРКО БАРБОНЕ

17 октября 1980 года террорист Марко Барбоне, обвиняемый в убийстве журналиста Тобаджи, привлек к суду Тони Негри, присвоив ему тяжелейшую ответственность за вдохновение и призыв к террористической деятельности своими социальными и политическими теориями. Безусловно это был черный день для Тони Негри. Посмотрим транзиты. Плутон в полуквадрате к Венере и Нептуну, в полусекстиле к Юпитеру. Нептун в полутораквадрате к Меркурию и в квадратуре к Юпитеру. Уран в секстиле к Юпитеру, в трине к Плутону. Сатурн в секстиле к Меркурию, в соединении с Десцендентом и в квадратуре к МС (эти два последних аспекта просто как «по учебнику»). Марс в трине к Меркурию, в квадратуре к Венере, в трине к Асценденту. Карта Солнечной Революции крайне неблагоприятна из-за положения Асцендента в 6-м Доме и Солнца в 12-м, наихудшее из возможных сочетаний. Индекс опасности года составил 54 балла против 24.

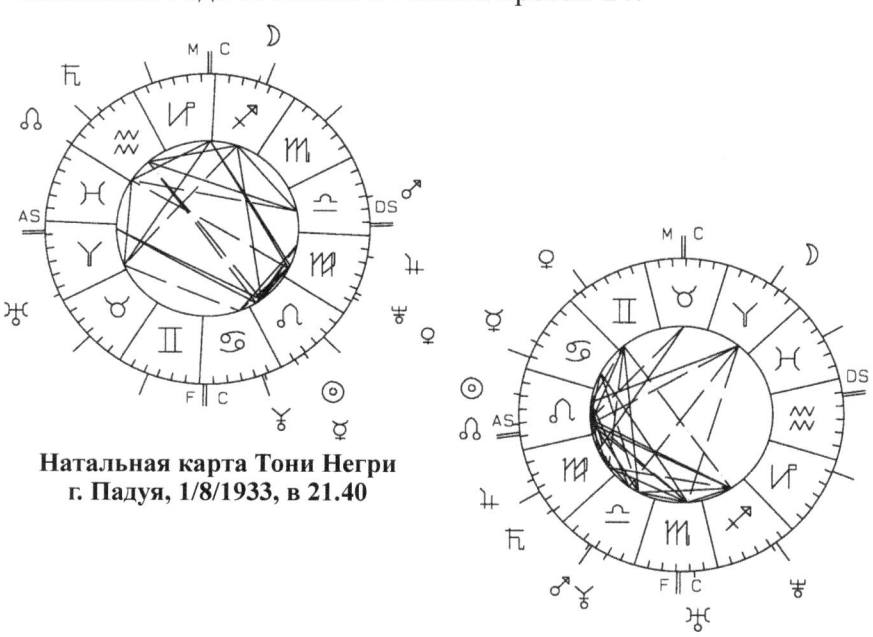

**Натальная карта Тони Негри
г. Падуя, 1/8/1933, в 21.40**

**Солнечная Революция
1980 года, г. Рим**

ИНФАРКТ У ЛИДЕРА ХРИСТИАНСКО-ДЕМОКРАТИЧЕСКОЙ ПАРТИИ ДЗАКАНЬИНИ

30 октября 1980 года Бениньо Дзаканьини, один из лидеров Христианско-Демократической партии, был госпитализирован в Равенне с сердечным приступом. Транзиты были следующими. Плутон в оппозиции к Луне и Меркурию (этот двойной транзит кажется наиболее значительным для этого события), в квадратуре к Нептуну. Нептун в трине к Луне. Сатурн в полутораквадрате к натальному Сатурну, в трине к Урану, в оппозиции к Венере и в квадратуре к Марсу. Юпитер в соединении с Десцендентом, в квадратуре к МС (препятствие для карьеры и работы), в трине к Урану, в квадратуре к Плутону. Марс в полутораквадрате к Солнцу и в соединении с Юпитером. Солнечная Революция дает нам Асцендент в 6-м Доме, Солнце в 8-м (опасность для жизни), Марс в 12-м Доме. С такими положениями любой студент моей школы, даже с закрытыми глазами, смог бы предсказать для субъекта серьезные проблемы со здоровьем. Индекс опасности года составил 56 баллов против 24.

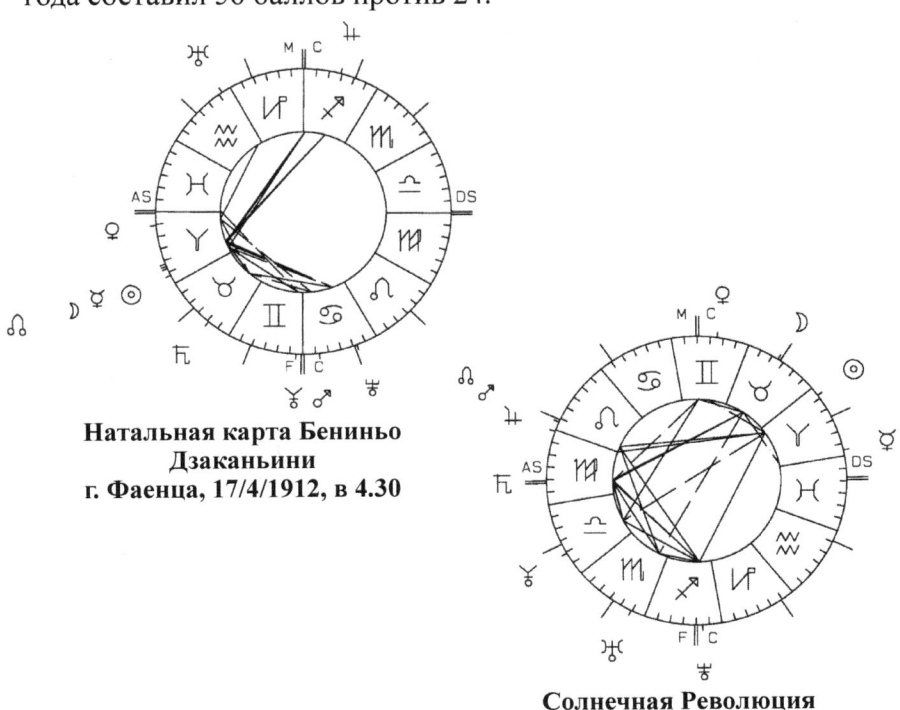

**Натальная карта Бениньо Дзаканьини
г. Фаенца, 17/4/1912, в 4.30**

**Солнечная Революция
1980 года, г. Рим**

АРЕСТ ТЕРРОРИСТКИ СЮЗАННЫ РОНКОНИ

3 декабря 1980 года в Риме была арестована террористка Сюзанна Ронкони. Транзиты в этот день были следующими. Плутон в секстиле к Венере. Нептун в трине к Венере. Уран в полутораквадрате к натальным Меркурию, Юпитеру и Урану, в секстиле к Сатурну. Сатурн в квадратуре к Солнцу (этот транзит, вместе с Юпитером в напряженном аспекте к Солнцу, является худшим для этого события) и в квадратуре к Урану, в полуквадрате к Венере. (Снова мы столкнулись со случаем, когда напряженный аспект транзитного Сатурна к натальной Венере, вероятно, обозначает остановку, прекращение сентиментальной истории девушки в связи с ее арестом). Юпитер в квадратуре с Солнцем и Ураном, в полуквадрате к Венере. Марс в оппозиции к Солнцу, Меркурию и Урану, в полутораквадрате к Венере, в квадратуре к Юпитеру. Как вы можете заметить по общей картине транзитов, радиксная конъюнкция Солнце-Уран в 8-м Доме является самой чувствительной и критичной точкой гороскопа девушки. Как только тяжелые транзиты начинают с разных сторон негативно воздействовать на эту точку, то в жизни субъекта происходит пагубное событие. Солнечная Революция, снова, образцово-показательная: Асцендент в I-м Доме и Солнце в 8-м. Индекс опасности года составил 44 балла против 14.

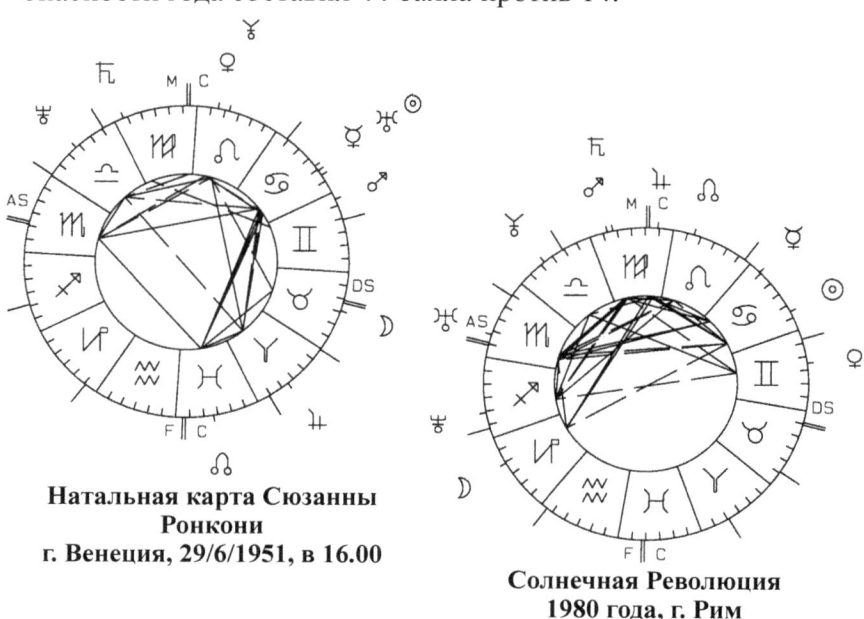

Натальная карта Сюзанны Ронкони
г. Венеция, 29/6/1951, в 16.00

Солнечная Революция 1980 года, г. Рим

ДЖОН ЛЕННОН УБИТ ФАНАТОМ

9 декабря 1980 года великий Джон Леннон был убит в Нью-Йорке одним невменяемым фанатом, который так никогда и не смог объяснить причины своего поступка. Почти все случаи смерти гораздо интереснее рассматривать со стороны близких людей умершего человека. На самом деле, смерть человека не всегда обнаруживается при астрологическом анализе его карты, но она гораздо более четко обозначается в гороскопах родственников.

Чем большим количеством натальных карт и Солнечных Революций родственников мы можем располагать, тем выше вероятность предвидеть смерть. Транзиты Йоко Оно, жены Леннона, в этот день были следующими. Плутон в полуквадрате к Луне и Нептуну, в полутораквадрате к Меркурию, в полусекстиле к Юпитеру, в квадратуре к натальному Плутону. Нептун в квадратуре к Юпитеру, в полуквадрате к Сатурну, в трине к Урану. Транзитный Уран в квадратуре к Солнцу и в полутораквадрате к МС (эти два транзитных аспекта, с одновременным прохождением Сатурна по Асценденту, являются наиболее ярко указывающими на данное событие). Сатурн в секстиле к Луне, в соединении с Асцендентом, в квадратуре к МС, в трине к натальному Сатурну, в полусекстиле к Нептуну. Юпитер в соединении с Асцендентом, в квадратуре к МС, в трине к натальному Сатурну, в полусекстиле к Нептуну. Марс в полуквадрате к Солнцу, в полусекстиле к Луне и Венере, в трине к радиксному Марсу, в квадратуре к Асценденту, в трине к Нептуну. В карте Солнечной Революции Асцендент находится в 11-м Доме (тяжелые утраты), а Солнце – в VII-м (самое важное событие года связано с мужем). Кроме того, мы можем предположить, и на то имеются основания, что Йоко Оно на самом деле родилась на несколько минут позже заявленного времени, и тогда в карте Солнечной Революции Марс окажется в Первом Доме, в оппозиции к Солнцу. Без учета последнего предположения Индекс опасности на тот год равняется 28 баллам против 24.

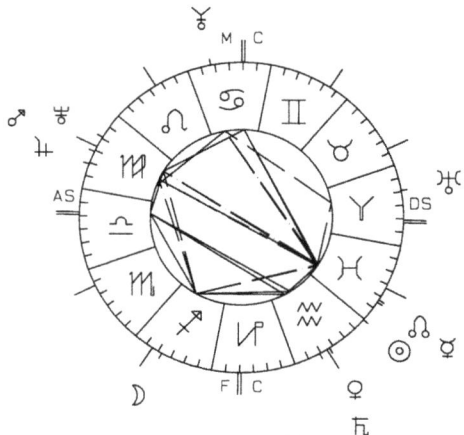

Натальная карта Йоко Оно
г. Токио, 18/2/1933, в 20.30

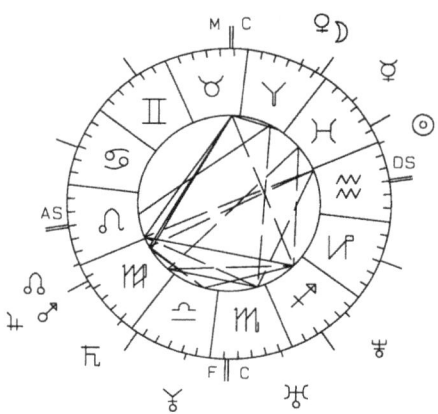

Солнечная Революция
1980 года, г. Нью Йорк

ДЖАННИ АНЬЕЛЛИ СЛОМАЛ НОГУ

1 февраля 1981 года Джанни Аньелли катался на лыжах в Санкт-Морице. Когда он стоял у подъемника, два лыжника неожиданно сошли с трассы и сбили его, спровоцировав множественные переломы левой ноги. Транзиты в этот день были следующими. Плутон в секстиле к Асценденту. Нептун в соединении с Асцендентом с орбисом 0° (этот транзит сыграл главную роль в случившемся), в квадратуре к Сатурну. Сатурн в секстиле к Нептуну и в квадратуре к Плутону. Юпитер в секстиле к Нептуну и в квадратуре к Плутону. Марс в секстиле к Асценденту. Единственным значительным элементом Солнечной Революции является положение Асцендента в 6-м Доме, но и этого с лихвой хватит. Индекс опасности года показывает 50 баллов против 26.

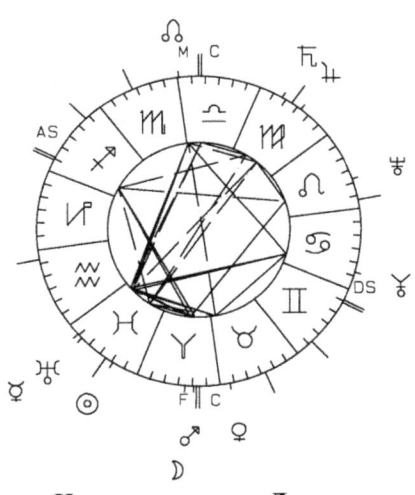

**Натальная карта Джанни Аньелли
г. Турин, 12/3/1921, в 2.30**

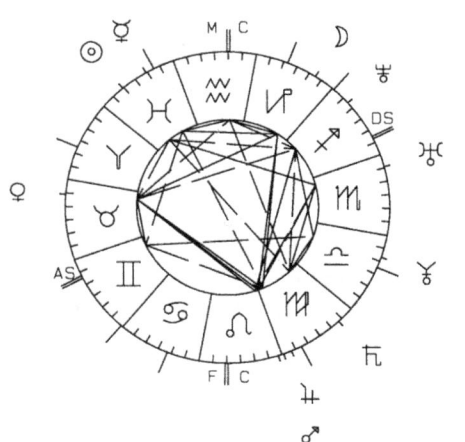

**Солнечная Революция
1980/1981, г. Турин**

РОНАЛЬД РЕЙГАН РАНЕН В РЕЗУЛЬТАТЕ ПОКУШЕНИЯ

30 марта 1981 года, в Вашингтоне, президент Соединенных Штатов Америки Рональд Рейган был ранен в легкое при покушении, совершенном молодым террористом, бывшим неонацистом. Поначалу президент не осознавал, насколько серьезно было его ранение, и войдя в больницу, в шутку интересовался у врачей, являются ли они республиканцами или демократами. Лишь после обнаружится, что ситуация чрезвычайно тяжелая, так как пуля прошла в паре сантиметров от сердца и задела легкое. Транзиты в этот день были следующими. Плутон в полусекстиле к Асценденту и в секстиле к МС. Нептун в полутораквадрате к Луне, в полусекстиле к Асценденту и Урану, в трине к МС. Сатурн в квадратуре к Марсу и в полуквадрате к Асценденту. (Лишь эти два аспекта достойны внимания в отношении события, которое гораздо лучше объясняется картой Солнечной Революции, чем транзитами планет). Марс в полусекстиле к Луне и в полутораквадрате к МС. Солнечная Революция имеет очень красноречивый Асцендент в I-м Доме. Индекс опасности на тот год, почти исключительно основываясь на положении Асцендента, составил 42 балла против 36.

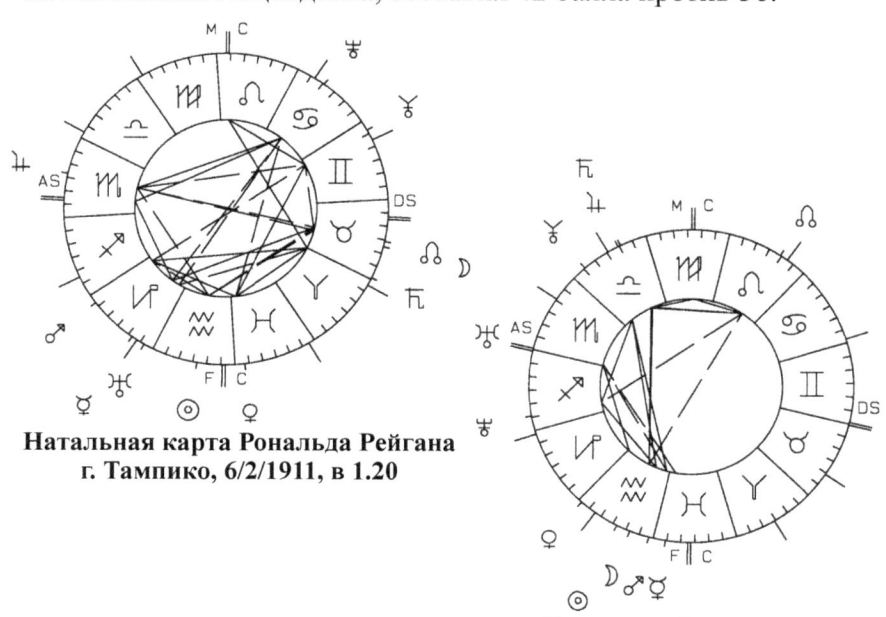

Натальная карта Рональда Рейгана
г. Тампико, 6/2/1911, в 1.20

Солнечная Революция
1981 года, г. Вашингтон

АРЕСТ ТЕРРОРИСТА МАРИО МОРЕТТИ

4 апреля 1981 года в Милане был арестован террорист Марио Моретти, находившийся в розыске много лет. Посмотрим транзиты. Плутон в квадратуре к Солнцу, Венере, Марсу и Сатурну (этот учетверенный напряженный аспект является основной причиной неприятного для субъекта события), в полуквадрате к Асценденту. Нептун в полусекстиле к Солнцу, в секстиле к Юпитеру, в полутораквадрате к Плутону. Уран в секстиле к МС. Сатурн в квадратуре к Луне (это тоже прескверный транзит) и Меркурию, в соединении с Нептуном. Юпитер в квадратуре к Луне и в соединении с МС (зачастую популярность приходит в связи с негативными событиями). Марс в квадратуре к Меркурию (плохая встреча с правоохранительными органами), в трине к Асценденту и Плутону, в секстиле к Урану, в оппозиции к Нептуну. В карте Солнечной Революции Асцендент расположен в 8-м Доме (тюрьма), а Солнце в VII-м (проблемы с правосудием). Индекс опасности года составил 30 баллов против 36.

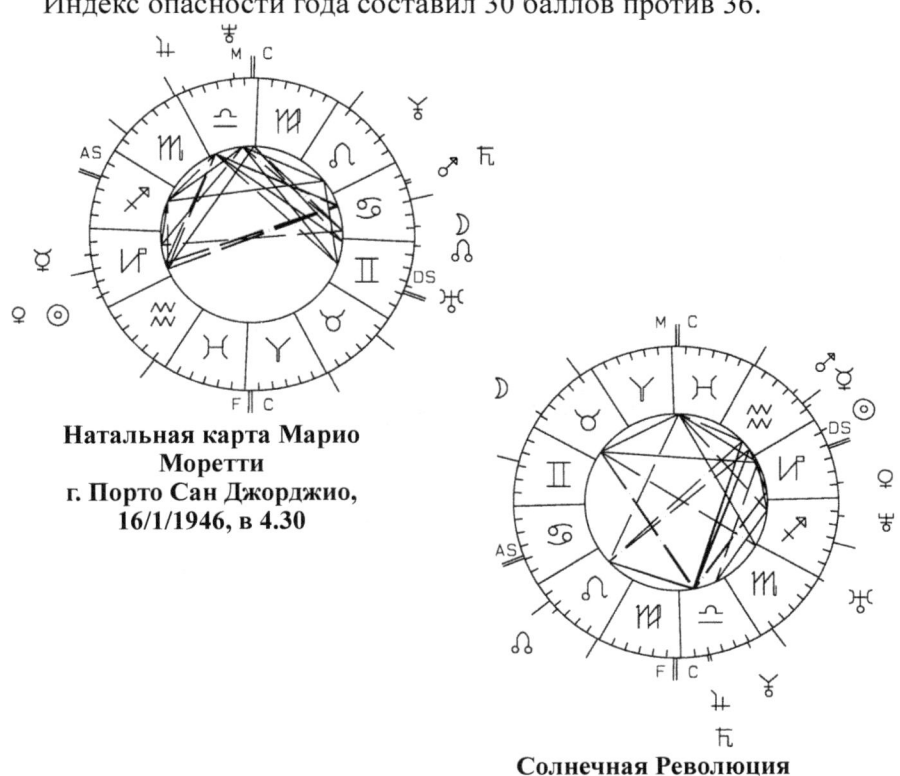

Натальная карта Марио Моретти
г. Порто Сан Джорджио,
16/1/1946, в 4.30

**Солнечная Революция
1981 года, г. Рим**

ОРДЕР НА АРЕСТ ЛИЧИО ДЖЕЛЛИ

22 мая 1981 года был выдан ордер на арест Личио Джелли, Великого Магистра масонской ложи P2. Транзиты в этот день для него были следующими. Плутон в полутораквадрате к Венере и в секстиле к Сатурну. Нептун в трине к Сатурну и в полутораквадрате к радиксному Нептуну. Уран в соединении с МС и в квадратуре к натальному Урану (этот аспект, вместе с напряженным транзитом Сатурна к Луне, является наиболее сильным). Сатурн в квадратуре к Луне и Плутону, в трине к Венере и Асценденту. Юпитер в квадратуре к Луне, в трине к Венере и Асценденту. Марс в квадратуре к Сатурну и в полуквадрате к Плутону. Карта Солнечной Революции дает нам Асцендент в Первом Доме и плотный стеллиум в Восьмом Доме. Индекс опасности года равняется 32 баллам против 12.

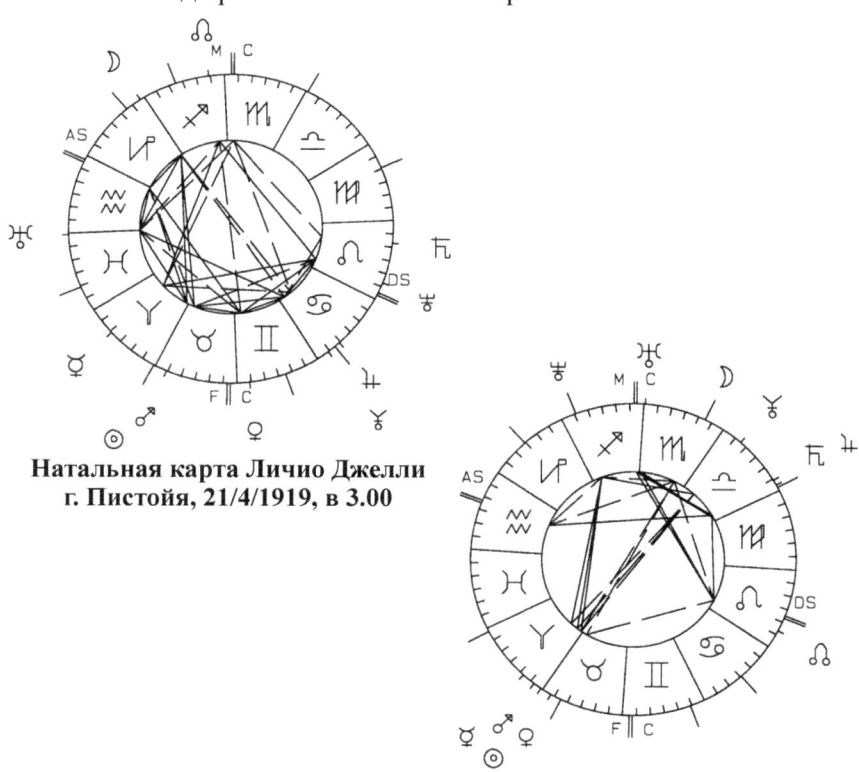

**Натальная карта Личио Джелли
г. Пистойя, 21/4/1919, в 3.00**

**Солнечная Революция
1981 года, г. Рим**

МИЛЛИАРДЕР ФРАНКО АМБРОЗИО ОСУЖДЕН ЗА МОШЕННИЧЕСТВО

22 сентября 1981 года суд г. Лугано приговорил финансиста Франко Амброзио к 5 годам лишения свободы за мошенничество в отношении швейцарского банка. Транзиты были следующими. Плутон в соединении с Солнцем и в квадратуре к Луне (именно эти два аспекта являются самыми тяжелыми транзитами из всех, и они объясняют это событие достаточно четко), в полусекстиле к Венере, в квадратуре к Сатурну. Нептун в секстиле к Солнцу, в полусекстиле к Луну и МС. Уран в секстиле к Венере, в полуквадрате к Юпитеру и в трине к Сатурну. Сатурн в соединении с Юпитером и в секстиле к Плутону. Юпитер в квадратуре к МС и в трине к Урану. Марс в секстиле к Юпитеру и в соединении с Плутоном. Солнечная Революция очень тяжелая: Асцендент в 6-м Доме, Солнце в I-м и стеллиум планет между 12-м и I-м Домами. Индекс опасности года равняется 84 балла против 26.

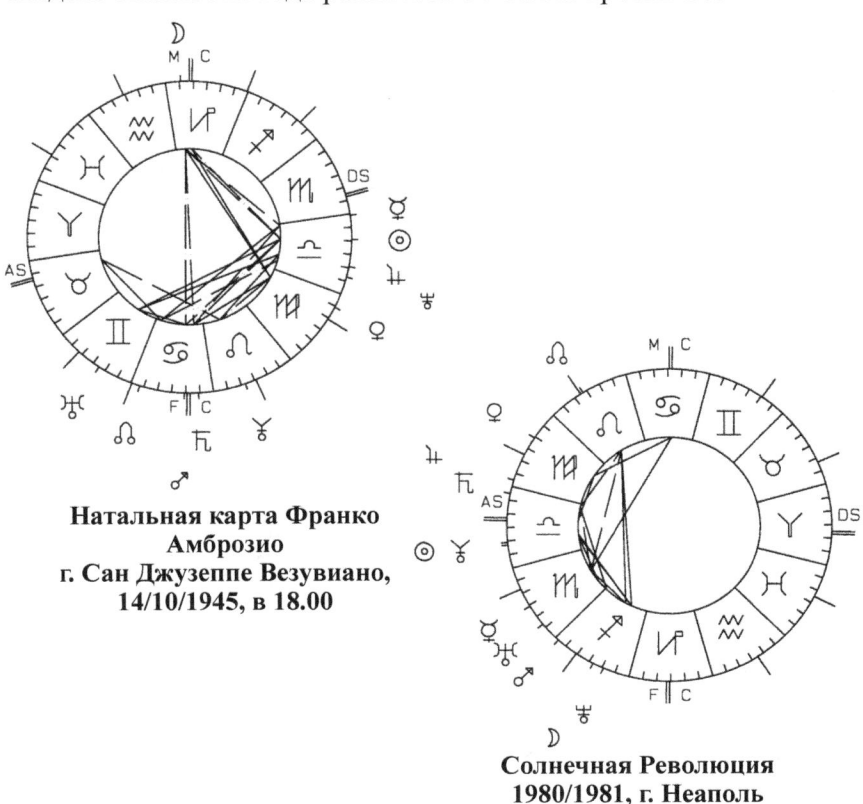

Натальная карта Франко Амброзио
г. Сан Джузеппе Везувиано, 14/10/1945, в 18.00

Солнечная Революция 1980/1981, г. Неаполь

ИНФАРКТ У ДЖАННИ АНЬЕЛЛИ

23 марта 1982 года, через несколько дней после его рождения и сразу же после разговора с тренером футбольной команды Ювентус, Джанни Аньелли был срочно госпитализирован в туринскую больницу Молинетте с диагнозом инфаркт миокарда. Транзиты были действительно ужасными. Плутон в секстиле к Асценденту и в полуквадрате к Юпитеру. Нептун в соединении с Асцендентом (этот транзитный аспект является одним из наиболее тяжелых, но не единственным), в полутораквадрате к натальному Нептуну. Уран в полутораквадрате к Луне и Марсу, в квадратуре к Меркурию и натальному Урану, в полуквадрате к МС. Сатурн в оппозиции к Луне и Марсу, в полутораквадрате к Меркурию и Урану, в соединении с МС (этот транзит часто служит косвенным индикатором болезни или несчастных случаев, потому что обычно подразумевает период замедления или остановки в профессиональной деятельности). Транзитный Сатурн был также в полусекстиле к натальному Сатурну. Юпитер в полуквадрате к Асценденту и Сатурну, в трине к Плутону. Марс в оппозиции к Луне, в полусекстиле к Юпитеру и в секстиле к Нептуну. Карта Солнечной Революции выглядит не менее тяжелой, имея мощный стеллиум с соединением Марс-Сатурн в 12-м Доме. Индекс опасности на тот год составил 70 баллов против 30.

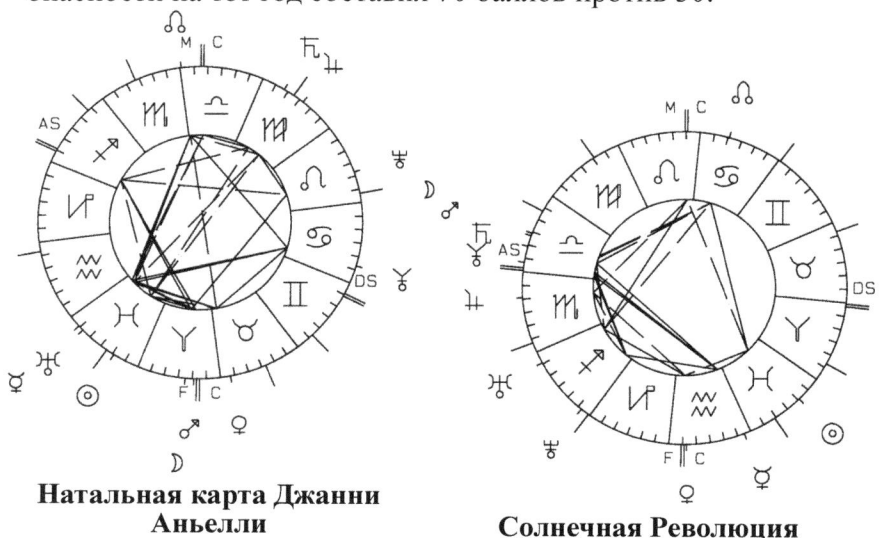

Натальная карта Джанни Аньелли
г. Турин, 12/3/1921, в 2.30

Солнечная Революция 1982 года, г. Турин

ДЖОРДЖИО БЕНВЕНУТО ОСВИСТАН ЗАБАСТОВЩИКАМИ

26 марта 1982 года в Рим приехало триста тысяч рабочих машиностроителей со всей Италии. Выступив перед ними на забастовочном митинге, профсоюзный лидер Джорджо Бенвенуто в ответ получил жесткий протест, свист и ругань. Это событие может показаться незначительным и не достойным сравнения с другими примерами тяжелых событий, приведенных в этой книге, но я бы уточнил, что для политического лидера потерять базовую поддержку избирателей может стать худшим несчастьем. Транзиты в этот день были следующими. Плутон в квадратуре к Юпитеру (возможно, это и есть самый тяжелый транзит из всех напряженных). Нептун в полусекстиле к Юпитеру, в квадратуре к Сатурну и в полутораквадрате к Урану. Уран в полусекстиле к Меркурию, в соединении с Венерой и в секстиле к МС. Сатурн в трине к Луне и Марсу, в полусекстиле к Нептуну. Юпитер в секстиле к Меркурию, в оппозиции к Урану и в полуквадрате к Нептуну. Карта Солнечной Революции ясно показывает Асцендент в 12-м Доме, стеллиум (включая Солнце) в 8-м Доме, Марс в X-м, и отвратительное соединении Сатурн-Плутон в VII-м (открытая вражда). Индекс опасности года достигает 48 баллов против 44.

Натальная карта Джорджо Бенвенуто
г. Гаэта, 8/12/1937, в 15.15

Солнечная Революция 1982 года, г. Рим

СОФИ ЛОРЕН ВЫБИРАЕТ ТЮРЬМУ

После того, как в 1977 году Софи Лорен была приговорена к тридцати дням тюрьмы за уклонение от уплаты налогов, она эмигрировала. 19 мая 1982 года актриса, не желая терять возможность приезжать в Италию по желанию в любое время, решила вернуться в Рим, чтобы наконец искупить свою вину и отдать себя в руки правосудия. Она была заключена в тюрьму в городе Казерта, но пробыла там лишь 16 дней, а оставшиеся 14 дней провела под домашним арестом. Транзиты для нее были следующими. Плутон в полуквадрате к Венере, в соединении с Юпитером, в квадратуре к Нептуну. Нептун в квадратуре к Солнцу, в полутораквадрате к Марсу, в секстиле к Юпитеру. Уран в полуквадрате к Меркурию, в полусекстиле к Асценденту и МС. Сатурн в соединении с Меркурием, в секстиле к Марсу. Юпитер в секстиле к Асценденту, в оппозиции к Урану, в соединении с МС (часто этот транзитный аспект приносит негативную популярность, но в этом случае он пошел на пользу актрисе, так как по приезду в Рим она была радушно встречена морем цветов и сотнями вспышек фотографов). Марс в соединении с Солнцем, в полуквадрате к радиксному Марсу, в квадратуре к Асценденту, в полусекстиле к МС. Солнечная Революция имеет мощный стеллиум с Солнцем и Сатурном в Седьмом Доме (проблемы с законом), а положение Марса в 6-м Доме является общим, но немаловажным показателем несчастий. Индекс опасности года составил 36 баллов против 12.

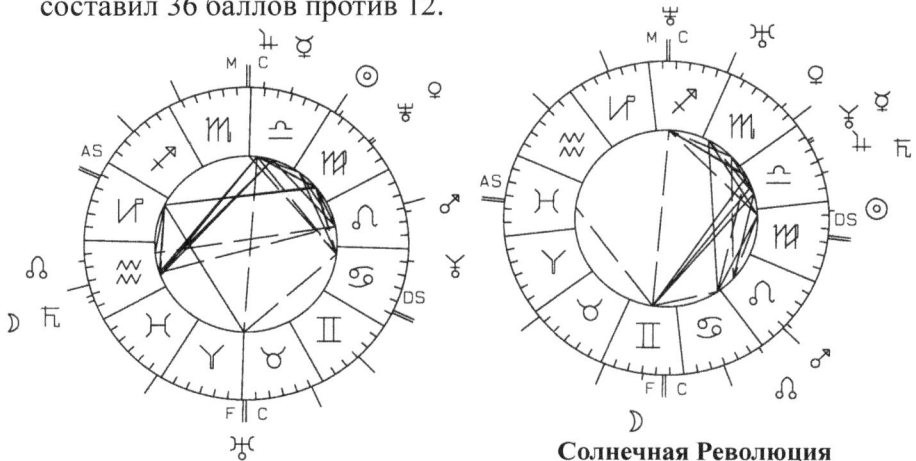

Натальная карта Софи Лорен
г. Рим, 20/9/1934, в 14.10

Солнечная Революция
1981/1982, г. Нью Йорк

ПРИНЦЕССА МОНАКО СТЕФАНИЯ ПОПАДАЕТ В ДТП

15 сентября 1982 года принцесса Монако Стефания, вместе с матерью Грейс Келли, попала в аварию на одной из дорог княжества. Их машина неожиданно съехала с дороги и ушла вниз в овраг. Мать умерла на месте, а Стефания была серьезно ранена. Происшествие вызвало множество споров и домыслов, так как возникло подозрение, что Стефания вела машину без водительских прав, и именно она якобы стала виновницей аварии. Транзиты в этот день были следующими. Плутон в квадратуре к Меркурию и Венере (здесь, вероятно, и находится самая горячая точка транзитов). Нептун в полусекстиле к Венере и в трине к Асценденту. Уран в секстиле к Марсу и в квадратуре к Сатурну. Транзитный Сатурн в секстиле к Асценденту, в полутораквадрате к натальному Сатурну, в полусекстиле к Нептуну. Юпитер в квадратуре к Солнцу и Луне. Транзитный Марс в секстиле к Меркурию, Венере и радиксному Марсу, в квадратуре к Асценденту. В карте Солнечной Революции находим очень плохое соединение Марс-Сатурн в I-м Доме, Луну в 8-м и Уран в 3-м Доме. Индекс опасности года дает 40 баллов против 8.

Натальная карта принцессы Монако Стефании
г. Монтекарло 1/2/1965, в 18.25

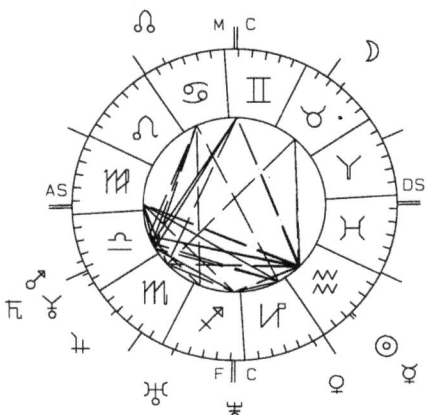

Солнечная Революция 1982 года, г. Монтекарло

ТЯЖЕЛАЯ УТРАТА ДЛЯ УИНСТОНА ЧЕРЧИЛЛЯ

Помня о том, что *гороскопы работают даже после смерти субъекта*, давайте проанализируем тяжелую утрату великого английского государственного деятеля Уинстона Черчилля, когда 23 сентября 1982 года умерла его дочь Сара. Транзиты были следующими. Плутон в соединении с Юпитером. Нептун в секстиле к Юпитеру, в полуквадрате к Сатурну, в соединении с Венерой (этот транзитный аспект, вместе с квадратурой Урана к Луне, астрологически представляет собой суть события). Уран в квадратуре к Луне, в полуквадрате к Марсу, в секстиле к Асценденту. Сатурн в полуквадрате к Солнцу, в секстиле к Венере, в соединении с Юпитером. Юпитер в квадратуре к Сатурну. Марс в соединении с Солнцем, в квадратуре к Луне, в полуквадрате к натальному Марсу, в секстиле к Асценденту. Солнечная Революция дает Асцендент в 12-м Доме и Марс в соединении с Асцендентом. Индекс опасности года составил 64 балла против 44.

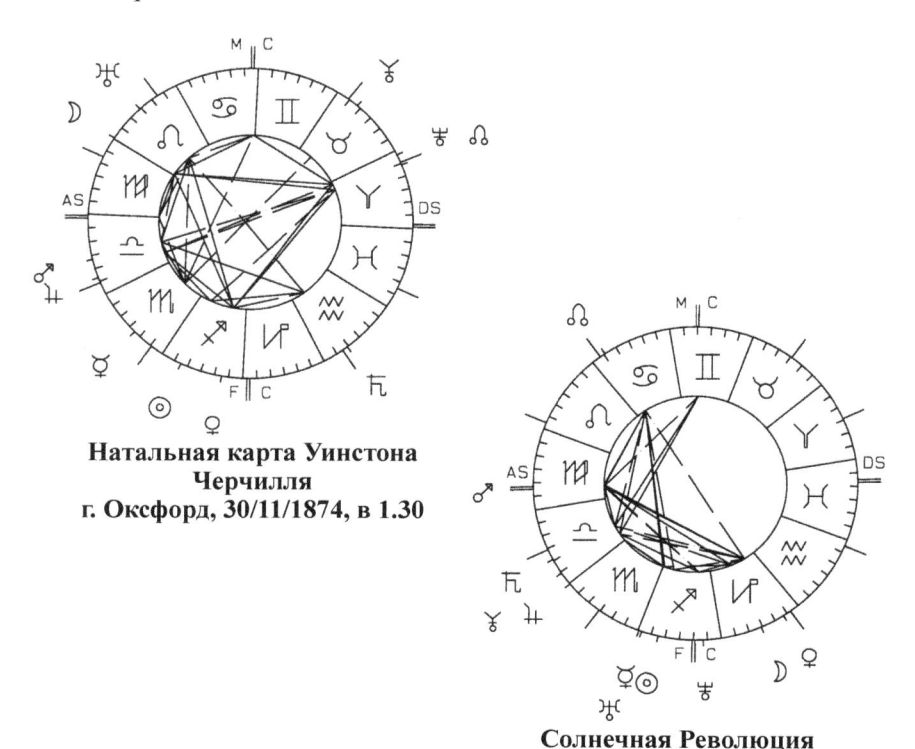

Натальная карта Уинстона Черчилля
г. Оксфорд, 30/11/1874, в 1.30

Солнечная Революция
1981/1982, г. Лондон

ТЕРРОРИСТКА СЮЗАННА РОНКОНИ СНОВА АРЕСТОВАНА

28 октября 1982 года в Милане была снова арестована террористка Сюзанна Ронкони, сбежавшая в январе из тюрьмы города Ровиго. Транзиты были следующими. Плутон в трине к Марсу и в полусекстиле к Сатурну. Нептун в квадратуре к Сатурну. Уран в квадратуре к МС и в полуквадрате к Нептуну. Сатурн в трине к Марсу и в полусекстиле к натальному Сатурну. Юпитер в оппозиции к Луне, в соединении с Асцендентом, в полусекстиле к Нептуну, в квадратуре к Плутону. Марс в трине к Венере, в оппозиции к натальному Марсу, в квадратуре к Сатурну. Как вы можете видеть, эти транзиты не были особенно тяжелыми, но посмотрите на карту Солнечной Революции... И вы заметите, что Асцендент расположен в 8-м Доме, а Солнце - в I-м Доме. Индекс опасности года составил 34 балла против 18.

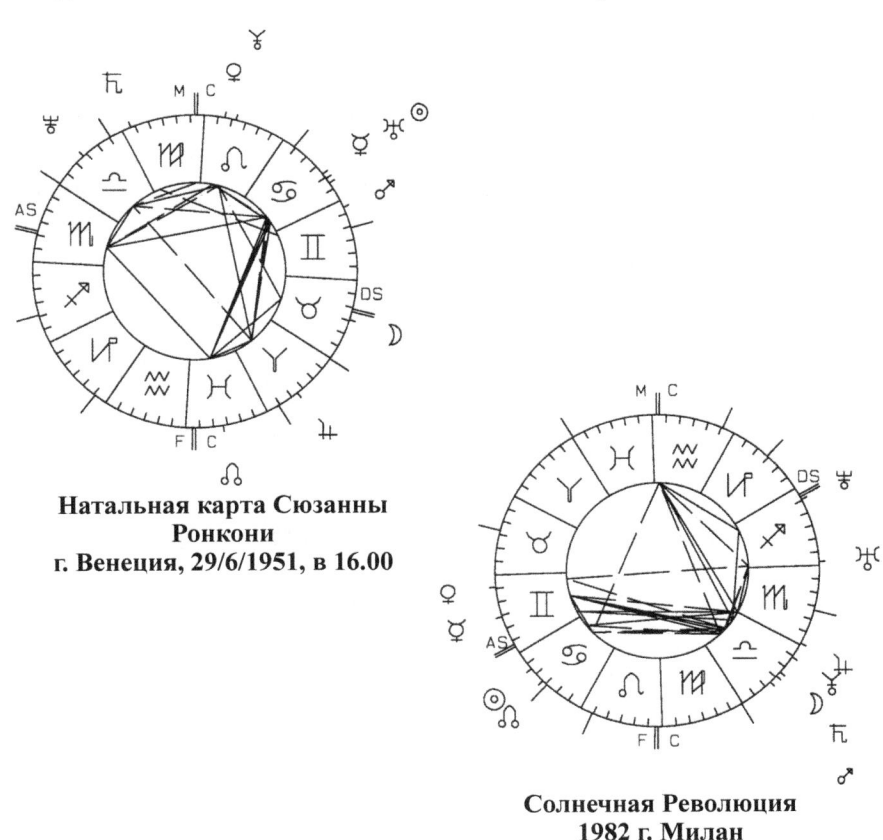

Натальная карта Сюзанны Ронкони
г. Венеция, 29/6/1951, в 16.00

Солнечная Революция
1982 г. Милан

КОРОЛЕВА АНГЛИИ ПРИСТРУНИЛА СЫНА АНДРЕА

27 октября 1982 году, в конце войны на Фолклендских островах, королева Елизавета II проявила твердость характера и положила конец одному из многих скандалов, преимущественно сексуального содержания, сопровождающих ее царствование. Она приказала своему сыну Андреа разорвать его отношения с порнозвездой Ку Старк. Транзиты были следующими. Плутон в полутораквадрате к Венере и в полусекстиле к МС. Нептун в полусекстиле к МС и Сатурну, в квадратуре к Урану и в трине к Нептуну. Уран в трине к Меркурию. (Этот транзитный аспект является одним из самых ответственных за рассматриваемое событие. Не нужно забывать, что трины и секстили медленных планет по отношению к быстрым планетам могут принести весьма неприятные ситуации). Сатурн в полутораквадрате к Венере, в полусекстиле к МС и радиксному Сатурну. Юпитер в квадратуре к Луне и Марсу, в полутораквадрате к Меркурию, в трине к Венере и Плутону. Марс в трине к Солнцу и Нептуну, в полутораквадрате к Луне, в полусекстиле к МС и Сатурну, в квадратуре к Урану. Солнечная Революция нам показывает Асцендент и Солнце в 8-м Доме и Марс в I-м Доме (показатель очень негативный в целом). Индекс опасности года составил 42 балла против 24.

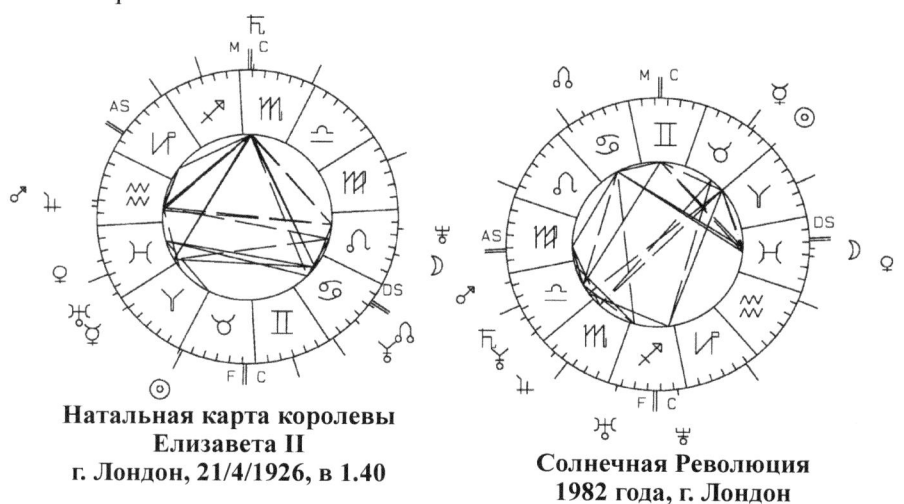

Натальная карта королевы Елизавета II
г. Лондон, 21/4/1926, в 1.40

Солнечная Революция 1982 года, г. Лондон

УМИРАЕТ ДОЧЬ ЗИГМУНДА ФРЕЙДА

9 октября 1982 года Анна Фрейд, дочь великого психоаналитика Зигмунда, скончалась в Лондоне в возрасте 86 лет. Давайте проанализируем это событие со стороны отца. Транзиты для него были следующими. Плутон в трине к Сатурну, в оппозиции к Венере. (Этот аспект, вместе с оппозицией транзитного Сатурна и натальной Венере, достаточно исчерпывающе объясняет случившееся). Нептун в трине к Венере и в полуквадрате к Асценденту. Уран в секстиле к Марсу. Сатурн в оппозиции к Венере. Юпитер в оппозиции к Солнцу, в полутораквадрате к натальному Юпитеру и Сатурну. Марс в оппозиции к Луне. Карта Солнечной Революции имеет Солнце, расположенное в 12-м Доме и сильнейший и зловредный стеллиум в 6-м Доме. Индекс опасности года составил 60 баллов против 18.

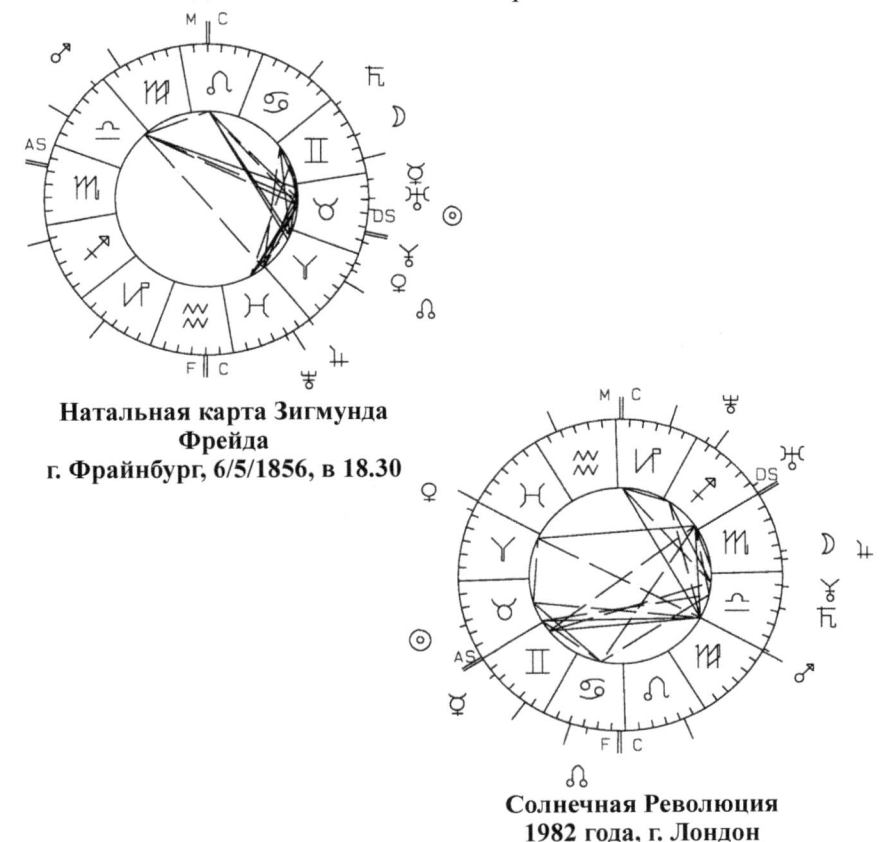

Натальная карта Зигмунда Фрейда
г. Фрайнбург, 6/5/1856, в 18.30

Солнечная Революция 1982 года, г. Лондон

ДЖЕРРИ ЛЬЮИС ПЕРЕЖИЛ ОПЕРАЦИЮ НА ОТКРЫТОМ СЕРДЦЕ

21 декабря 1982 года в Нью-Йорке, знаменитый американский комик Джерри Льюис пережил операцию по коронарному шунтированию, длившуюся пять часов. Транзиты в этот день были следующими. Плутон в оппозиции к Луне. (Этот транзит и напряженный аспект между Нептуном и Солнцем, по всей видимости, несут основную ответственность за случившееся). Нептун в квадратуре к Солнцу, МС и Урану, в полусекстиле к Марсу и Сатурну. Сатурн в оппозиции к натальной Луне. (Этот транзит тоже немаловажен). Юпитер в полутораквадрате к Меркурию и Плутону, в трине к МС, в соединении с Сатурном. Карта Солнечной Революции дает нам красноречивый Асцендент в 6-м Доме. Индекс опасности года равняется 54 баллам против 28.

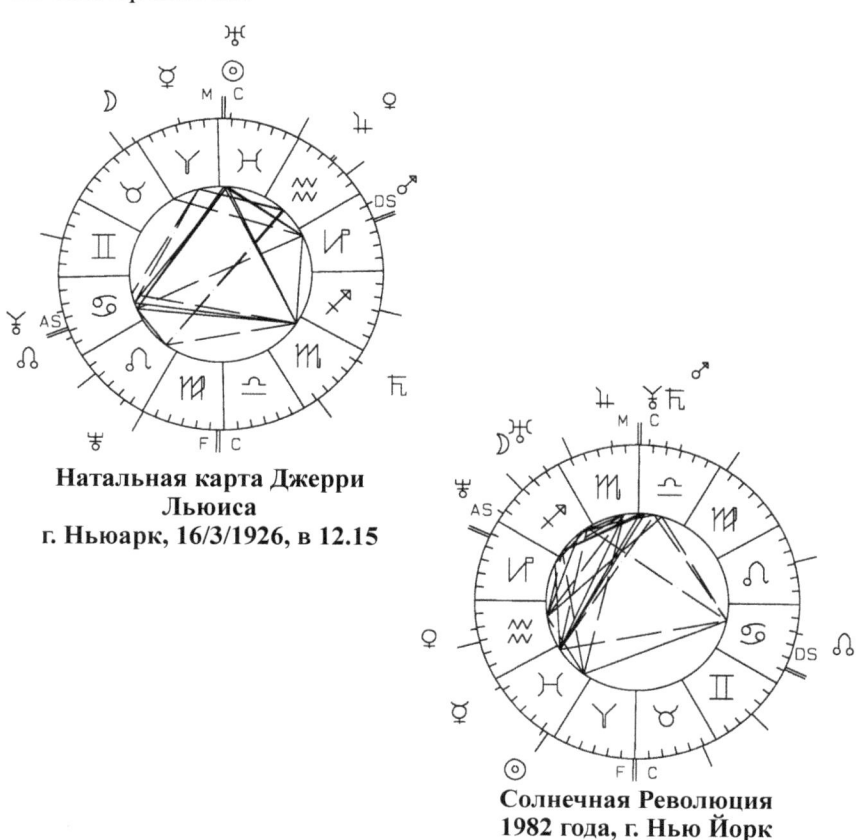

Натальная карта Джерри Льюиса
г. Ньюарк, 16/3/1926, в 12.15

Солнечная Революция 1982 года, г. Нью Йорк

ТЕРРОРИСТКА АДРИАНА ФАРАНДА ПРИГОВОРЕНА К ПОЖИЗНЕННОМУ ЗАКЛЮЧЕНИЮ

24 января 1983 года Адриана Фаранда и Марио Моретти, вместе с тридцатью другими террористами левой группировки «Красные Бригады» (Brigate Rosse), были приговорены к пожизненному заключению за похищение и убийство Альдо Моро. Рассмотрим обоих субъектов, начиная с Адрианы. Транзиты были следующими. Плутон в соединении с Марсом. (Это, безусловно, очень важный аспект для рассматриваемого события, вместе с транзитом Нептун-Солнце). Нептун в полутораквадрате к Солнцу и в секстиле к Марсу. Уран в квадратуре к Меркурию. Сатурн в трине к Юпитеру и в полуквадрате к радиксному Сатурну. Юпитер в квадратуре к Меркурию и натальному Юпитеру, в полутораквадрате к Венере. Марс в оппозиции к Меркурию, в соединении с Юпитером, в трине к Урану. Асцендент Солнечной Революции расположен в 8-м Доме, а Солнце – в VII-м Доме. Индекс опасности года составил 40 баллов против 18.

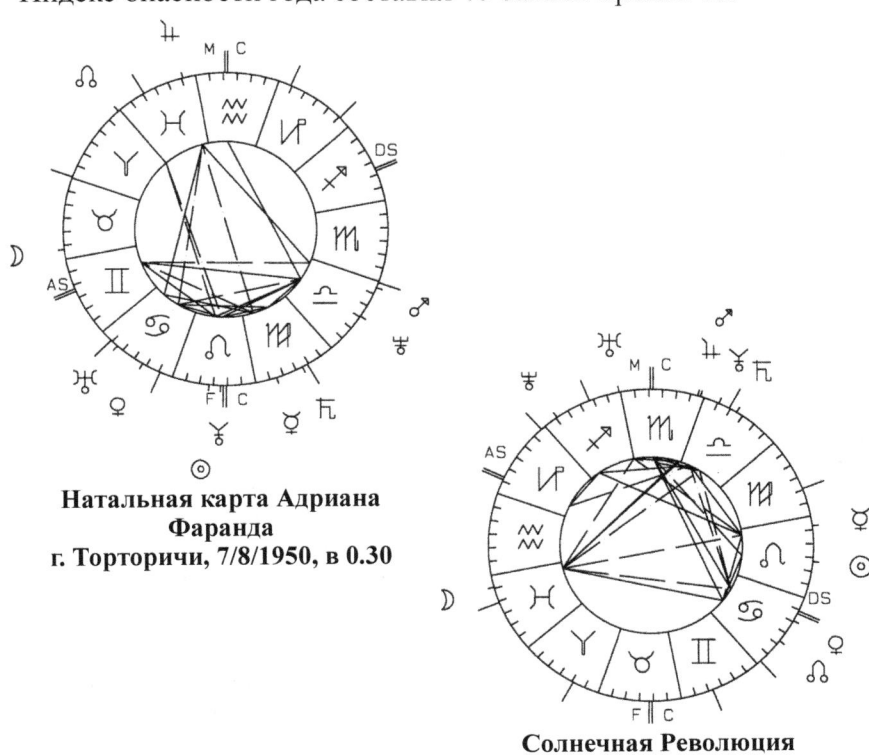

Натальная карта Адриана Фаранда
г. Торторичи, 7/8/1950, в 0.30

Солнечная Революция 1982/1983, г. Рим

ПОЖИЗНЕННОЕ ЗАКЛЮЧЕНИЕ ДЛЯ МАРИО МОРЕТТИ

24 января 1983 террорист Марио Моретти также был приговорен к пожизненному заключению за похищение и убийство Альдо Моро. Транзиты были следующими. Плутон в полусекстиле к МС и в полутораквадрате к Урану. Нептун в секстиле к Юпитеру и в полутораквадрате к Плутону. Уран в полуквадрате к Солнцу и Венере, в соединении с Асцендентом (этот транзит, вместе с аспектом Уран-Солнце, безусловно, является ответственным за тяжелый удар, нанесенный террористу таким судебным приговором), в полусекстиле к Меркурию, в полутораквадрате к Марсу и Сатурну, в секстиле к Нептуну. Сатурн в трине к Луне и в полусекстиле к МС. Марс в трине к Луне, в полуквадрате к Венере, и в полутораквадрате к натальному Марсу и Сатурну. Солнечная Революция красноречиво показывает Асцендент в 12-м Доме. Индекс опасности на тот год составил 54 балла против 38.

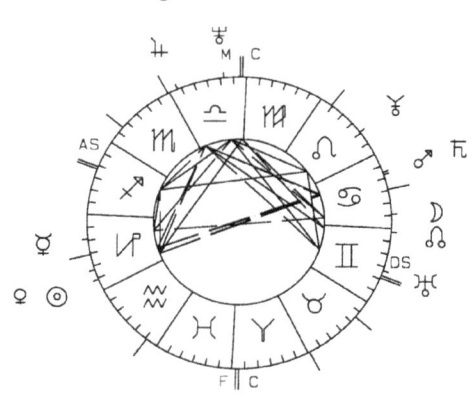

Натальная карта Марио Моретти г. Порто Сан Джорджио, 16/1/1946, в 4.30

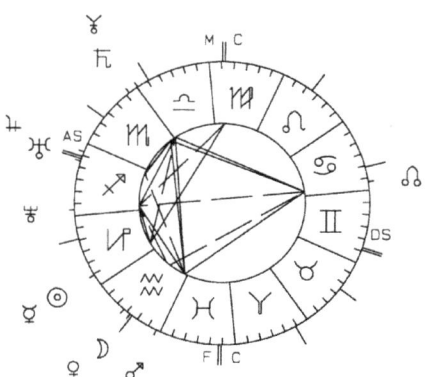

Солнечная Революция 1983 года, г. Рим

РОКОВОЙ УДАР ДЛЯ РАФФАЭЛЕ КУТОЛО

29 января 1983 года был нанесен роковой удар Раффаэле Кутоло, главе мафиозной организации Нуова Каморра. Соперники из Нуова Фамилья убили двух самых доверенных лиц босса, Винченцо Казилло и Марио Куомо. Для Раффаэле это событие было чрезвычайно тяжелым, так как представляло собой не только явный вызов конкурентов на бой до последней капли крови, но и полностью «обрубило обе руки» босса, ведь с помощью этих двух убитых он, находясь в тюрьме, продолжал руководить своей криминальной деятельностью. Транзиты в этот день были следующими. Плутон в секстиле к Луне, в соединении с Асцендентом (этот аспект является очень мощным в негативном смысле, вместе с транзитом Сатурна по Асценденту), в полуторакварате к Юпитеру и в полусекстиле к Нептуну. Нептун в трине к Луне и в квадратуре к натальному Нептуну. Уран в соединении с Меркурием (этот транзитный аспект в данной ситуации можно интерпретировать как «интерфейс» босса по отношению к внешнему миру), в трине к МС и Плутону. Сатурн в полуквадрате к Солнцу (еще один весьма губительный транзит), в квадратуре к Венере, МС и Плутону, в соединении с Асцендентом. Юпитер в трине к Плутону. Марс в квадратуре к Меркурию. Солнечная Революция ясно показывает Асцендент в 12-м и стеллиум в I-м Доме. Индекс опасности года составил 56 баллов против 36.

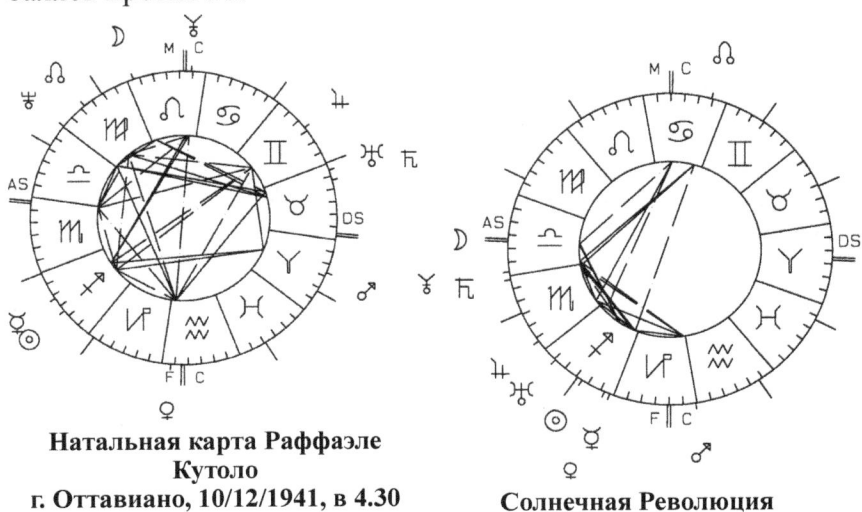

Натальная карта Раффаэле Кутоло
г. Оттавиано, 10/12/1941, в 4.30

Солнечная Революция 1982/1983, г. Рим

СЫН АДЕЛЕ ФАЧЧЬО ПОДОЗРЕВАЕТСЯ В ТЕРРОРИЗМЕ

27 февраля 1983 года для представителя итальянской партии радикалов Аделе Фаччьо стало воистину черным днем. Ее сын Дарио был арестован по подозрению в принадлежности к террористической группировке «Красные Бригады». Транзиты для Аделе были следующими. Плутон в трине к Урану. Нептун в полусекстиле к Меркурию, в секстиле к Урану и в полутораквадрате к натальному Нептуну. Уран в полутораквадрате к МС. Сатурн в полуквадрате к Луне и в трине к Урану. Марс в трине к Меркурию и в полусекстиле к Урану. Как можно заметить, транзиты не были особенно негативными и тяжелыми, но посмотрите на карту Солнечной Революции: Асцендент и Солнце в I-м Доме, а сильнейший стеллиум расположен между Первым и Двенадцатым Домами. Индекс опасности года, естественно, очень высокий: 88 баллов против 10.

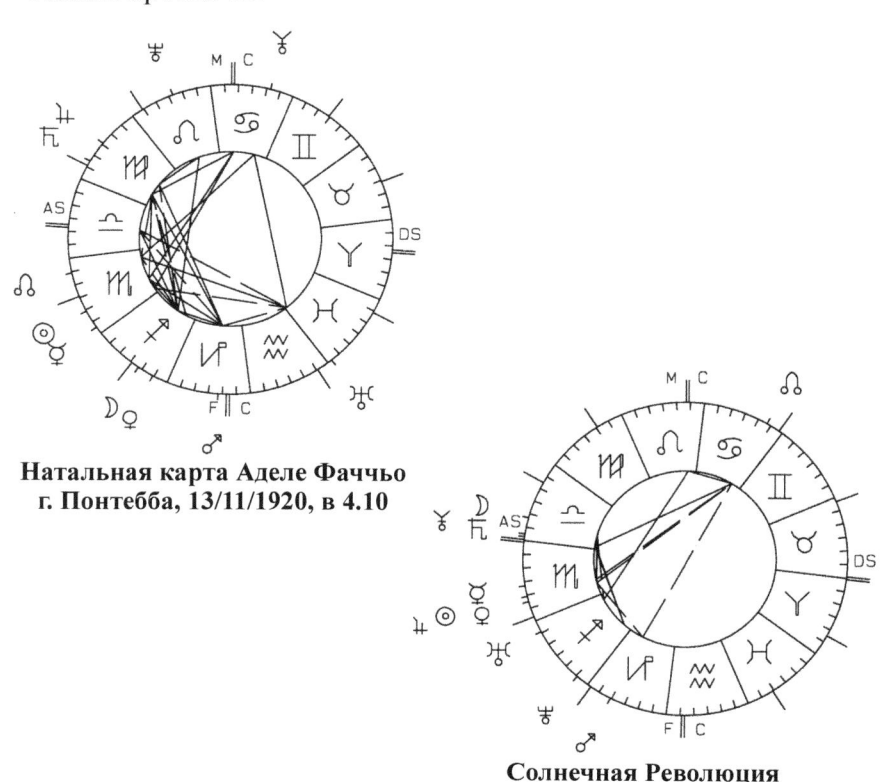

Натальная карта Аделе Фаччьо
г. Понтебба, 13/11/1920, в 4.10

Солнечная Революция
1982/1983, г. Рим

АНДЖЕЛО РИЦЦОЛИ В НАРУЧНИКАХ

18 февраля 1983 года братья Анджело и Альберто Риццоли, и их администратор Бруно Тассан Дин, были арестованы по обвинению в недостаче бюджета их издательства Риццоли. Так как мы не знаем данных рождения Бруно Тассан Дина, то рассмотрим ситуацию двух братьев Риццоли. Начнем с Анджело, который проведет 13 месяцев в камере предварительного заключения, и будет оправдан в результате расследования. Транзиты были следующими. Нептун в оппозиции к Сатурну и в полуквадрате к MC. Уран в соединении с Десцендентом (проблемы с законом. Этот транзит, вместе с соединением Юпитер-Десцендент, может рассматриваться как своего рода заложенная бомба, ведущая к столкновению с законом или к разводу с партнером, в подавляющем большинстве случаев), в оппозиции к натальному Урану, в трине к Плутону. Сатурн в полусекстиле к Венере и Нептуну, в полутораквадрате к Марсу. Юпитер в соединении с Десцендентом, в оппозиции к Урану, в трине к Плутону. Марс в трине к Солнцу и Меркурию, в секстиле к Луне, в квадратуре к Сатурну и натальному Марсу, в полутораквадрате к Плутону. Солнечная Революция дает нам Асцендент в 6-м Доме, Солнце в I-м и густейший стеллиум между Двенадцатым и Первым Домами. Индекс опасности года составил 76 баллов против 28.

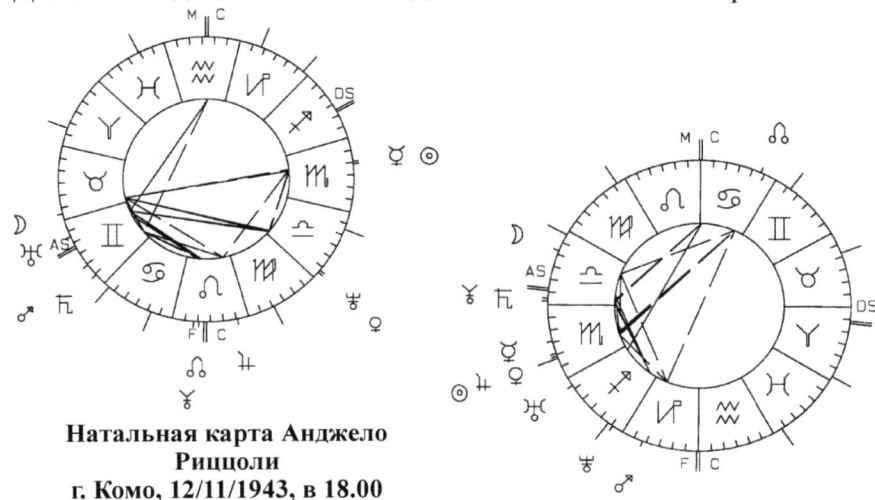

Натальная карта Анджело Риццоли
г. Комо, 12/11/1943, в 18.00

Солнечная Революция
1982/1983, г. Милан

АЛЬБЕРТО РИЦЦОЛИ ТОЖЕ АРЕСТОВАН

С точки зрения астрологического исследования случай Альберто Риццоли является более интересным по сравнению с его братом. Ведь Альберто, фактически, был доставлен в тюрьму в самый день его рождения! Необходимо, однако, принять во внимание Солнечную Революцию 1982 года, а не 1983, потому что его рождение произошло через несколько часов после ареста. Транзиты в этот день были следующими. Плутон в трине к Солнцу и Асценденту, в полуквадрате к МС. Нептун в секстиле к Солнцу, в полутораквадрате к Луне, в секстиле к Асценденту. Уран в оппозиции к натальному Урану, в секстиле к Нептуну, в трине к Плутону. Сатурн (в транзите по Восьмому Дому) в квадратуре к Марсу, в трине к Сатурну, в полусекстиле к Нептуну. Юпитер в оппозиции к Урану, в секстиле к Нептуну, в трине к Плутону. Марс в оппозиции к Юпитеру и в полутораквадрате к Плутону. Солнечная Революция говорит сама за себя: Асцендент 12-м Доме, Солнце в I-м и стеллиум с вредителями в 8-м Доме. Индекс опасности года составил 76 баллов против 28.

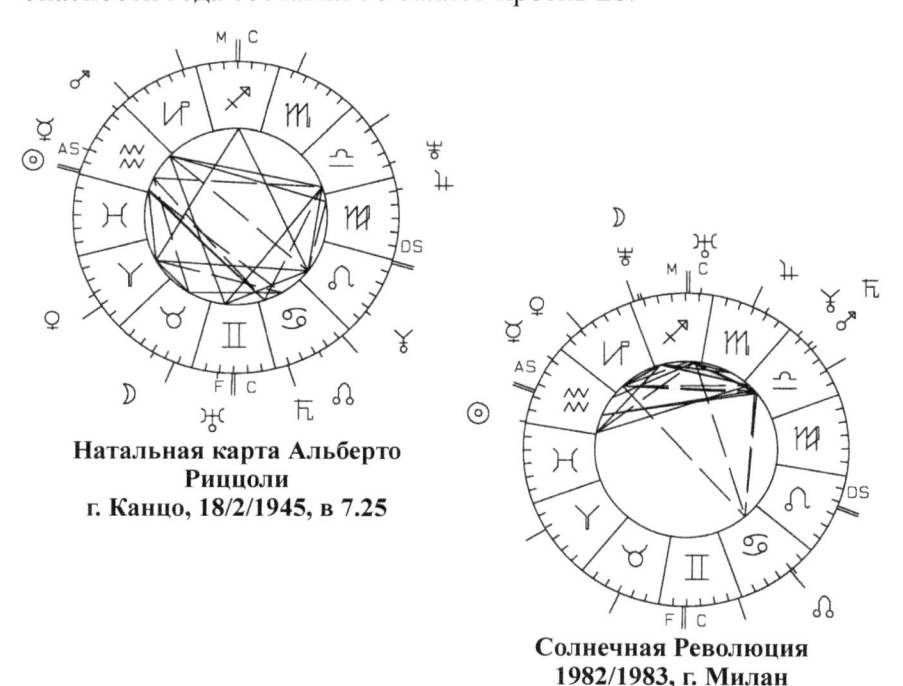

Натальная карта Альберто Риццоли
г. Канцо, 18/2/1945, в 7.25

Солнечная Революция 1982/1983, г. Милан

ТЯЖЕЛАЯ УТРАТА ДЛЯ ВИКТОРА ЭММАНУИЛА

18 марта 1983 года, в Женеве, итальянский король Умберто Савойский в изгнании скончался от рака костей. Рассмотрим это событие с астрологической точки его сына, Виктора Эммануила. Транзитный Плутон в квадратуре к натальным Меркурию и Плутону. Нептун в полусекстиле к Меркурию и в квадратуре к МС. Уран в квадратуре к Луне (это самый важный транзит), в трине к Венере. Транзитный Сатурн в полутораквадрате к радиксному Сатурну и в полуквадрате к Нептуну. Юпитер в квадратуре к Луне, в полуквадрате к Меркурию, в трине к Венере, в полутораквадрате к Плутону. Марс в квадратуре к Асценденту и Юпитеру. Солнечная Революция дает нам Солнце и Луну в 6-м Доме и стеллиум в IV-м Доме. Индекс опасности года показывает 52 балла против 24.

Натальная карта Виктора Эммануила Савойского г. Неаполь, 12/2/1937, в 14.25

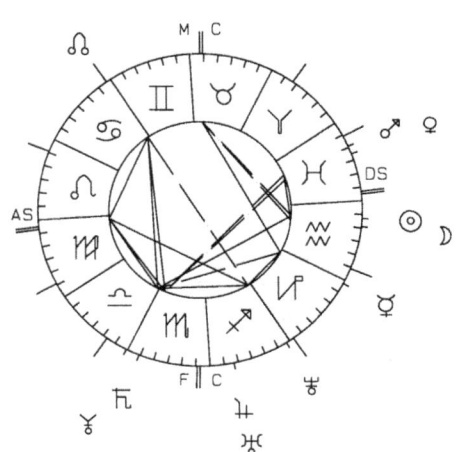

Солнечная Революция 1983 года, г. Женева

ДЖАННИ АНЬЕЛЛИ ПЕРЕНЕС ОПЕРАЦИЮ НА СЕРДЦЕ

11 марта 1983 года в Нью-Йорке, за сутки до своего дня рождения, сенатор Джанни Аньелли перенес сложнейшую операцию по коронарному шунтированию на сердце. Транзиты в этот день для него были следующими. Плутон в полуквадрате к Юпитеру. Нептун в полутораквадрате к натальному Нептуну. Сатурн в полутораквадрате к Солнцу, в трине к Меркурию и Урану, в оппозиции к Венере. Юпитер в квадратуре к натальному Юпитеру и в трине к Нептуну. Марс в трине к Нептуну и квадратуре к Плутону. Как вы можете заметить, кроме напряженного аспекта между Сатурном и Солнцем, особенно негативные транзиты не наблюдаются. Но если мы посмотрим карту Солнечной Революции, то заметим страшнейший стеллиум в 12-м Доме. Индекс опасности года равняется 52 балла против 14.

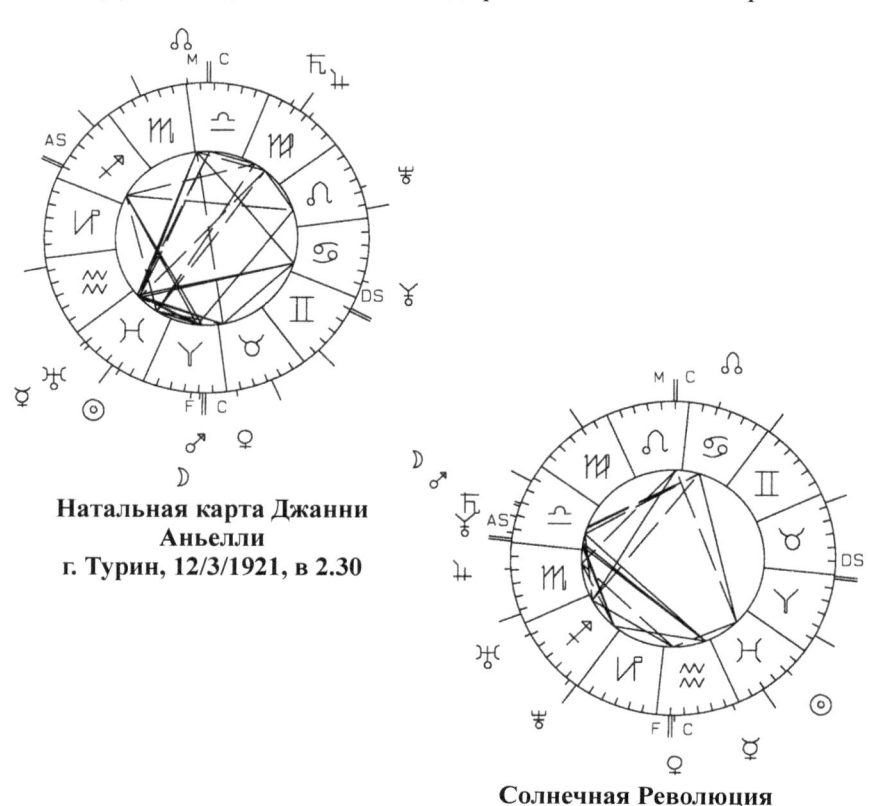

Натальная карта Джанни Аньелли
г. Турин, 12/3/1921, в 2.30

Солнечная Революция 1982 года, г. Турин

ЖЕСТКИЙ ПРОТЕСТ ЕПИСКОПУ ИЗ ПАЛЕРМО

17 апреля 1983 года кардинал Сальваторе Паппалардо, епископ Палермо, отправился в тюрьму Учиардоне для празднования мессы. К несчастью, мафия приказала заключенным не принимать участие в этом мероприятии, так что никто из 1090 заключенных не пришел на церемонию. Речь идет о жесточайшем факте открытого вызова, брошенного священнослужителю, бывшему всегда на первом фланге, с риском для жизни, в борьбе против Коза Ностра. Транзиты в этот день были следующими. Плутон в полусекстиле к Солнцу, в полуквадрате к Меркурию, Венере и

Асценденту. Нептун в квадратуре к Солнцу (этот и транзитный аспект и аспект Уран-Асцендент являются самыми значительными в данном случае). Уран в квадратуре к Асценденту, в трине к Нептуну. Сатурн в полусекстиле к Солнцу, в полуквадрате к Меркурию и Венере. Юпитер в квадратуре к Асценденту и в трине к Нептуну. Марс в полутораквадрате к Солнцу, в трине к Меркурию, Венере, и Асценденту. Солнечная Революция дает нам Асцендент в 6-м Доме. (Я надеюсь, что мне удалось разъяснить и наглядно показать, что Двенадцатый, Первый и Шестой Дома являются очень зловредными, и их негативное влияние всегда распространяется на все 360 градусов, в любой области жизни: будь то работа, здоровье, любовь, деньги, судебные дела, и так далее). Солнце СР расположено в VII-м Доме (с этим Домом связаны всяческие виды враждебности, атаки, войны, угрозы и протеста). Также в карте СР мы видим стеллиум в 8-м Доме. (Все вышеперечисленное в отношении трех зловредных Домов является действительным и для 8-го, но к счастью, в гораздо меньшем объеме и значении). Индекс опасности года дает 52 балла против 12.

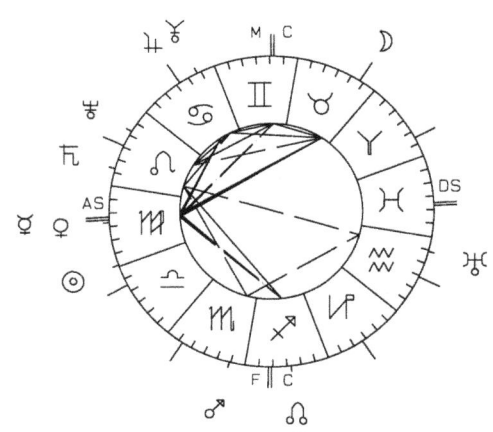

Натальная карта Сальваторе Паппалардо
г. Виллафранка Сикула, 23/9/1918, в 5.30

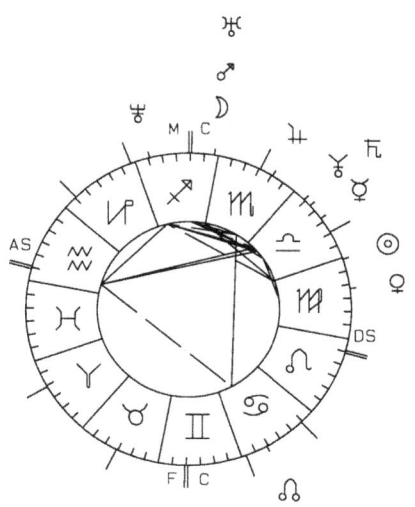

Солнечная Революция
1982/1983, г. Палермо

ОРДЕР НА АРЕСТ АГЕНТА СЕКРЕТНОЙ СЛУЖБЫ ФРАНЧЕСКО ПАЦИЕНЦА

29 апреля 1983 года был выдан ордер на арест, за мошенничество, для агента итальянской секретной службы Франческо Пациенца. Транзиты для него в этот день были следующими. Плутон в соединении с Юпитером и в полутораквадрате к Урану. Нептун в квадратуре к Солнцу (это самый напряженный транзитный аспект). Уран в секстиле к Луне и к Нептуну, в трине к Меркурию, Венере и Плутону. Сатурн в полутораквадрате к Урану. Юпитер в секстиле к Луне и к Нептуну, в трине к Меркурию, Венере и Плутону, в полуквадрате к Юпитеру. Марс в секстиле к натальному Марсу, МС и Сатурну. Карта Солнечной Революции дает нам Асцендент в 12-м Доме и Солнце с Марсом в VII-м, ясней не бывает… Индекс опасности года равняется 46 баллов против 36.

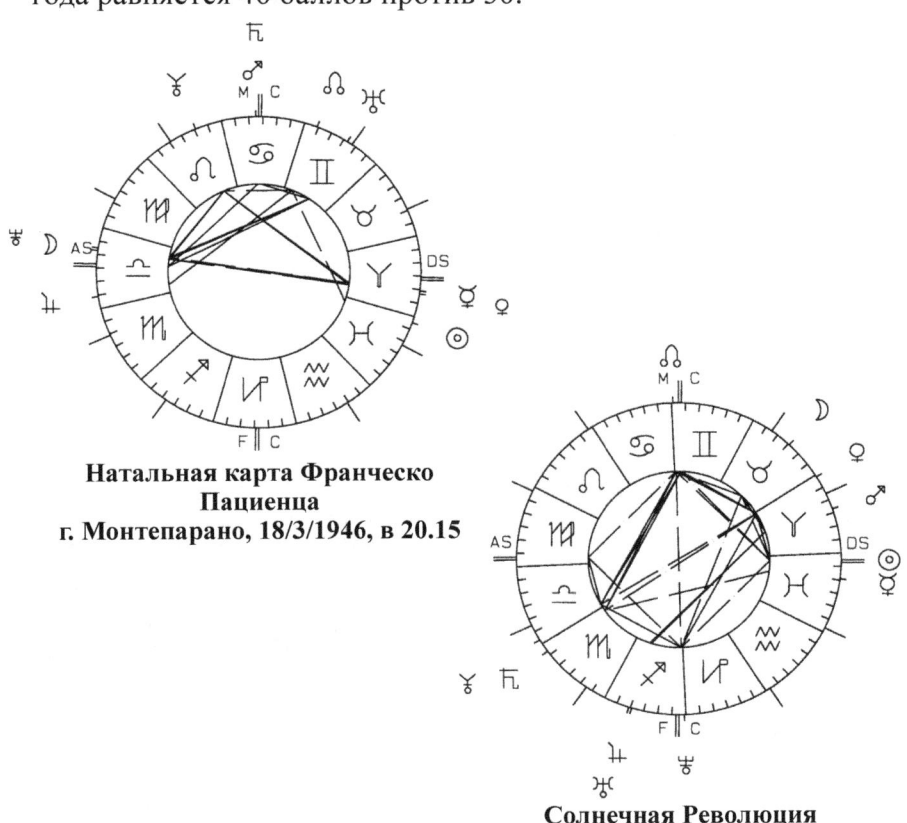

Натальная карта Франческо Пациенца
г. Монтепарано, 18/3/1946, в 20.15

Солнечная Революция 1983 года, г. Милан

ЭНЦО ТОРТОРА ОКАЗАЛСЯ В ТЮРЬМЕ

17 июня 1983 года разыгралось событие, которое войдет в историю последних пятидесяти лет жизни нашей Италии, как невообразимый, неимоверно гротескный и в то же время ужасающий фарс. Один из самых популярных итальянских журналистов и шоуменов, Энцо Тортора, в прямой трансляции по телевидению был арестован и, в наручниках, в сопровождении двух карабинеров, препровожден в тюрьму. Весь народ был потрясен и сбит с толку. Впоследствии правда восторжествует, и все узнают, что всенародный любимец из Генуи был абсолютно невиновен, и обвинения его в связях с преступным миром Каморра не имели никаких оснований. Увы, между тем, Энцо провел долгие месяцы в заключении, его профессиональная жизнь была уничтожена, и в скором времени он умер от рака, и эта опухоль почти наверняка была спровоцирована перенесенными им страданиями. Транзиты в этот день были сенсационными, как и само событие. Плутон в полусекстиле к Меркурию. Нептун в полусекстиле к Меркурию и в полуквадрате к Асценденту. Уран в соединении с Солнцем (!). Сатурн в полусекстиле к Меркурию. Юпитер в соединении с Солнцем (!), в полутораквадрате к Луне, в трине к Урану. Марс в секстиле к МС и в оппозиции к Сатурну. Карта Солнечной Революции выглядит, как поэма: Солнце было в 12-м Доме, Асцендент в I-м, а стеллиум между 12-м и I-м Домами. Индекс опасности года тоже впечатляет: 84 балла против 24.

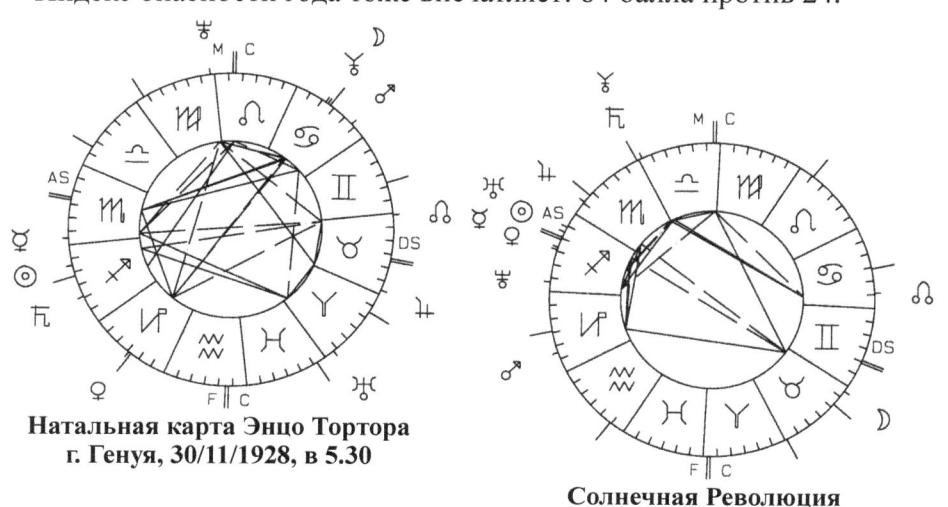

**Натальная карта Энцо Тортора
г. Генуя, 30/11/1928, в 5.30**

**Солнечная Революция
1982/1983, г. Милан**

СУДЕБНЫЕ ПРОБЛЕМЫ ДЛЯ СЫНА ПАОЛО ВИЛЛАДЖО

31 августа 1983 года на вилле у популярного актера Паоло Вилладжо внезапно умирает невеста его сына, Пьер Франческо Вилладжо, и начинается уголовное расследование. Судебная медицинская экспертиза установила, что девушка умерла по естественным причинам. Тем не менее, в ожидании приговора, ходили слухи, что она погибла от передозировки наркотиков. Транзиты у Паоло Вилладжо были следующими. Плутон в полуквадрате к Венере и Нептуну, в трине к Асценденту и МС. Нептун в соединении с Десцендентом (и это, безусловно, самый тяжелый транзитный аспект, кроме прочего означающий также переживания и беспокойство в отношении правосудия), Нептун был также в секстиле к МС. Уран в секстиле к Сатурну и полутораквадрате к радиксному Урану. Сатурн в полуквадрате к Меркурию. Юпитер в полутораквадрате к Урану. Марс в трине к Венере, в полуквадрате к Асценденту, в полусекстиле к Нептуну. В карте Солнечной Революции мы видим Солнце на границе между 5-м и 6-м Домами (и я считаю, что оно все же попало в 6-й Дом), Марс в VII-м Доме. Нептун и Уран находятся в 5-м Доме. Индекс опасности года, рассчитанный для положения Солнца в 5-м Доме, равняется 34 баллам против 28, (если, как я думаю, Солнце было бы расположено в 6-м Доме, то Индекс опасности года был бы значительно выше).

Натальная карта Паоло Вилладжо
г. Генуя, 30/12/1932, в 15.45

Солнечная Революция
1982/1983, г. Рим

МЭР ГОРОДА ДИЕГО НОВЕЛЛИ ПОДАЕТ В ОТСТАВКУ

11 октября 1983 года мэр города Турина Диего Новелли был вынужден уйти в отставку из-за скандала, связанного с получением взяток членами городской управы. Транзиты в этот день были следующими. Нептун в полутораквадрате к МС. Уран в полусекстиле к Асценденту, в полуквадрате к Сатурну и в полутораквадрате к Плутону. Сатурн в квадратуре к Луне и в соединении с Асцендентом (эти два транзитных аспекта, в суммарном действии, представляют собой настоящую гильотину для политика). Транзитный Сатурн был также в оппозиции к Меркурию и Венере, в секстиле к Нептуну. Юпитер в полуквадрате к Сатурну. Марс в трине к Меркурию и Венере, в полутораквадрате к Сатурну, в соединении с Нептуном, в полуквадрате к Плутону. В карте Солнечной Революции выделяется положение Асцендента на куспиде 8-го Дома, соединение Солнце-Марс в 12-м Доме и стеллиум в 6-м Доме. Индекс опасности года составил 74 балла против 16.

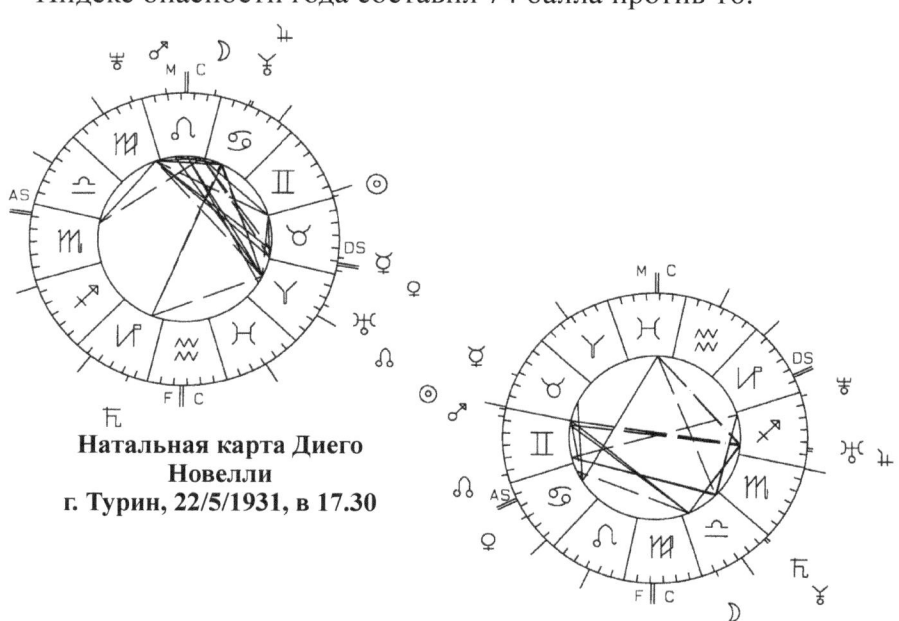

Натальная карта Диего Новелли
г. Турин, 22/5/1931, в 17.30

Солнечная Революция 1983 года, г. Турин

КАЛИФАНО АРЕСТОВАН ПО ПОДОЗРЕНИЮ В СВЯЗЯХ С МАФИЕЙ

12 марта 1984 года Франко Калифано был арестован по распоряжению тех же судей, которые устроили макси-блиц операцию по аресту и других знаменитостей, таких как Энцо Тортора и президент футбольного клуба Авеллино Калчио Сибилио. На этот раз ордер на арест популярного певца был выдан за его предполагаемые связи с мафиозной организацией Каморра. Посмотрим его транзиты. Плутон в секстиле к Меркурию и в квадратуре к натальному Плутону. Нептун в полутораквадрате к Урану. Уран в соединении с Десцендентом (!) и в трине к Сатурну. Сатурн в оппозиции к Урану. Юпитер в полутораквадрате к Луне, в секстиле к Венере, в полуквадрате к МС и Юпитеру. Марс в секстиле к Солнцу, в оппозиции к Луне, в квадратуре к МС и Юпитеру. Солнечная Революция показывает Солнце и стеллиум в 6-м Доме, Сатурн на Десценденте и стеллиум в 8-м Доме. Индекс опасности года составил 40 баллов против 12.

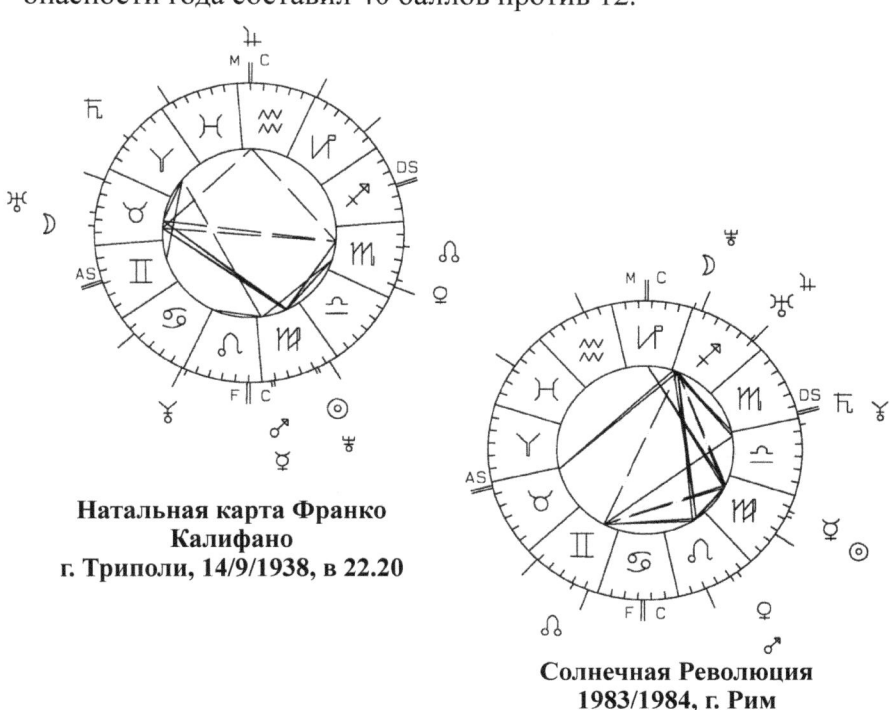

Натальная карта Франко Калифано
г. Триполи, 14/9/1938, в 22.20

Солнечная Революция 1983/1984, г. Рим

В ИСПАНИИ АРЕСТОВАН БОСС БАДАЛАМЕНТИ

8 апреля 1984 года, благодаря слаженным действиям полиции трех стран, Италии, США и Испании, был арестован в Мадриде босс Гаетано Бадаламенти (известный как Тано), один из верховных руководителей мафии. После он будет экстрадирован в США за совершение многочисленных преступлений, связанных с незаконным оборотом наркотиков в этой стране. Транзиты для него были следующими. Плутон в полутораквадрате к Урану. Нептун в полуквадрате к Юпитеру. Уран в секстиле к Меркурию и в квадратуре к натальному Урану. Сатурн в полусекстиле к Меркурию, в полуквадрате к Асценденту, в полутораквадрате к МС, в соединении с Юпитером, в трине к Урану и Плутону. Юпитер в квадратуре к Меркурию, в трине к Марсу, в оппозиции к Плутону. Марс в полуквадрате к Меркурию, в секстиле к Асценденту, в полутораквадрате к Плутону. Солнечная Революция показывает Асцендент в 6-м Доме, Солнце в VII-м и Марс в 6-ом Доме (очень негативный показатель в целом). Индекс опасности года в данном случае соответствует 60 баллам против 26.

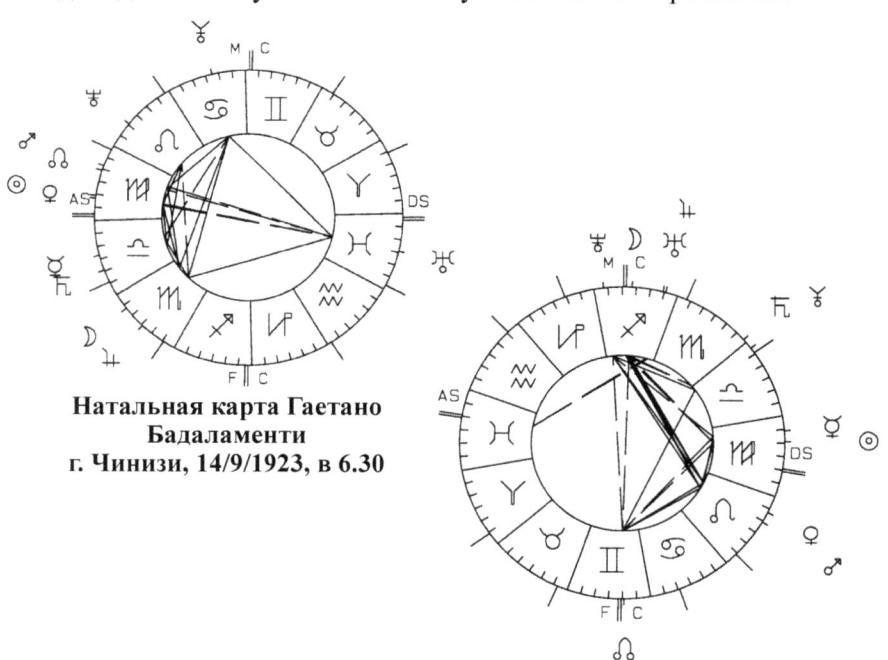

**Натальная карта Гаетано Бадаламенти
г. Чинизи, 14/9/1923, в 6.30**

**Солнечная Революция
1983/1984, г. Мадрид**

ФАТАЛЬНАЯ ДОЗА НАРКОТИКА ДЛЯ ДЭВИДА КЕННЕДИ

24 апреля 1984 Дэвид Кеннеди был найден мертвым в своем гостиничном номере в Палм-Бич. Он был четвертым сыном сенатора Роберта Кеннеди, убитого в Лос-Анджелесе в 1968 году. Дэвид был наркоманом с многолетним стажем, и причиной его смерти стала передозировка кокаином. Рассмотрим событие с астрологической точки зрения покойного отца, Роберта Кеннеди. Транзитный Уран, в натальном 8-м Доме, в полуквадрате к Луне (это самый важный аспект), и в полусекстиле к Венере. Сатурн в секстиле к Венере и в трине к Плутону. Юпитер в полуквадрате к Солнцу, в соединении с Венерой, в оппозиции к Плутону. Марс в соединении с Солнцем, в секстиле к Луне, в трине к Урану, в квадратуре к Нептуну. Асцендент Солнечной Революции расположен в Первом Доме, Солнце – на границе между Шестым и Седьмым Домами, стеллиум в Шестом и Седьмом Домах а Марс – в Пятом Доме. Индекс опасности года равняется 64 балла против 8.

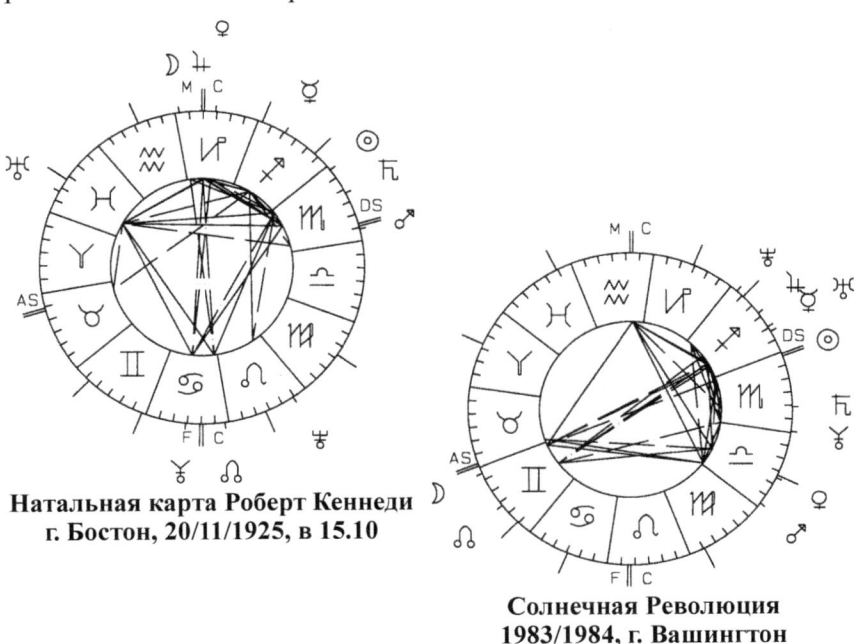

Натальная карта Роберт Кеннеди
г. Бостон, 20/11/1925, в 15.10

Солнечная Революция
1983/1984, г. Вашингтон

Послесловие

Глава 25
Предисловие ко второму изданию

Эта книга имела огромный успех. Не смотря на свой крупный формат и объем, превышающий пятьсот страниц, она была за несколько лет переиздана в Италии в трех тиражах, и теперь уже выходит в свет в своем втором издании. Ее французский вариант, опубликованный престижным издательством *Éditions Traditionnelles* (которое подарило нам лучшие произведения мировой астрологии, начиная с книг Андре Барбо и Анри Ж. Гушона), был распродан за считанные месяцы (чуть ниже вы сможете прочитать два французских письма об этом).

В общем, еще раз читатели захотели премировать *Истину*. Конечно не абсолютную, а истину исследователя, который высказывает лишь то, что проверил на практике, опробовал тысячи раз, и никогда не говорит лишь на теоретическом уровне или делая вид, что разбирается в вопросах, о которых не имеет понятия.

Отношения со многими тысячами читателей, даже если зачастую безмолвные, являются одной из самых ценных наград моей жизни. Я пишу для моих читателей, и они вознаграждают меня, покупая многие экземпляры моих книг. Так что я совершенно не переживаю об отсутствии рецензий со стороны некоторых посредственных коллег. И меня особо не волнует факт того, что в библиографиях некоторых астрологов, называющих себя экспертами в этом вопросе, мои книги помещаются на последнее место. Ведь они это делают по очевидным мотивам ревности, разве вы не знали, что существует такое чувство? А списки рекомендованной литературы составляют специально для поощрения и продвижения членов одной или другой команды…

Максимального признания и уважения со стороны Андре Барбо, самого великого астролога мира последних двух веков, мне уже достаточно, и хватит на всю оставшуюся жизнь. Но еще большей наградой для меня служит одобрение многих тысяч читателей, которые заблаговременно заказывают мои книги, за месяцы до выхода в свет моих новых работ.

В октябре прошлого года мы с моим издателем Джованни Армения были застигнуты врасплох, неожиданно узнав, что весь тираж этой книги оказался полностью распродан. Новое издание уже было запланировано нами на октябрь 2004 года, и поэтому книга, которую вы держите в руках, отсутствовала на полках книжных магазинов Италии около года.

При подготовке издания этой книги в новой редакции я думал переделать многие вещи и добавить сотни страниц. Но перечитав ее, понял, что она меня совершенно удовлетворяет, и нуждается лишь в легком лифтинге, который я и сделал в виде Послесловия, добавив только несколько очень важных новых глав. Я решил оставить в тексте оба варианта описания *Планет в Домах Солнечной Революции*, чтобы Читатель смог напрямую увидеть те небольшие изменения, которые я внес в отдельные параграфы.

Мне остается лишь пожелать вам отличной учебы, и поблагодарить от всей души моих друзей Мариаграция Пелайя, Пино Валенте и Лоренцо Ванкери, за помощь, которую они оказали мне в подготовке новой версии этой книги *Транзиты и Солнечные Революции*.

Неаполь, 27 марта 2004, в 10.25
(в великолепное весеннее утро, несмотря на отвратительный прогноз погоды).

Следуют два электронных письма, которые я получил из Франции.

Cher Monsieur,

Je recherche désespérément votre livre en français " Traité complet d'interprétation des transits et des R.S. en Astrologie. Hélas, en France, il est épuisé, impossible de m'en procurer. Peut-être en avez-vous encore.

Faites-le moi savoir par e-mail, je vous enverrai un chèque en Euros et dès réception, vous pourriez me l'envoyer. Merci beaucoup. Meilleurs voeux pour 2004. Astrologiquement vôtre.

....

Paris - *France*

Cher Monsieur,

Merci de m'avoir répondu si rapidement. Bien sûr que j'ai contacté les Editions Traditionnelles et toutes les librairies Astrologiques. Mais tous m'ont répondu que votre livre était épuisé. Je vous informe que j'ai appris tout récemment son existence sur le site d'Astrologie libre où on ne fait que des éloges de votre livre. Et comme je suis moi-même astrologue, j'ai tenu absolument à le posséder.

J'ai encore une petite chance de le trouver d'occasion, peut-être. Encore un grand merci et mes meilleurs voeux pour l'année 2004 pour vous et toute l'Italie.

Grenoble

(перевод с французского)

Уважаемый Господин,

Я отчаянно ищу вашу книгу на французском языке «Трактат полной интерпретации транзитов и СР по Астрологии». Увы, во Франции она недоступна, и мне не удается ее найти. Быть может у вас осталось еще несколько экземпляров.

Пожалуйста, сообщите мне по электронной почте, тогда я вышлю вам чек в Евро, а вы по получении сможете отправить мне книгу. Большое спасибо. С наилучшими пожеланиями в 2004 году. Астрологически ваш.

....

Париж - Франция

Уважаемый Господин,

Спасибо, что ответили так быстро. Конечно, я связался с издательством *Editions Traditionnelles* и со всеми астрологическими книжными магазинами. Но все они мне сказали, что ваша книга уже распродана. Позвольте сообщить вам, что я недавно обнаружил существование сайта по Астрологии, где на вашу книгу оставлены только хвалебные отзывы. И так как я тоже астролог, то мне абсолютно необходимо иметь эту книгу.

Есть ли у меня хоть небольшой шанс получить экземпляр этой книги, по возможности. Еще раз большое спасибо и наилучшие пожелания на 2004 год вам и всей Италии.

Гренобль

Глава 26
Предсказания: почему Да

Прежде всего, хотелось бы уточнить, что следующие строки не претендуют на то, чтобы представлять точку зрения очень многих коллег. Я собираюсь просто изложить свои личные мысли по данному вопросу, при полном уважении ко всем, кто думает иначе.

Тем не менее, должен сказать, что за всю мою долгую жизнь, посвященную астрологии (тридцать четыре года исследований и интенсивной практики, на январь 2004), мне неоднократно приходилось слышать от коллег заявления о том, что астрологические предсказания не заслуживают доверия или совершенно невозможны. И в большинстве случаев, судя по рассказанным ими фактам, было абсолютно очевидно, что эти астрологи действительно не были способны выполнить надёжные и достоверные предсказания и, по всей видимости, именно по этой причине выступали против любых попыток определения будущего для одного человека или для группы людей. Однако есть и такие астрологи, которым на самом деле неинтересна эта тема, или они искренне и глубоко уверены в том, что предсказания невозможны, и поэтому даже не пытаются ими заниматься.

Я выступаю за, потому что с каждым днем мне удается все больше совершенствовать мою предсказательную технику и получать результаты, которые я считаю крайне интересными и убедительными с точки зрения вышеназванного брошенного вызова. Именно так, потому что на самом деле речь идет ни о чем ином, как о брошенном вызове.

Как мне кажется, многие слишком эмоционально относятся к практике предсказаний, в которой нет ничего ни паранормального, ни чудесного, и скорей всего речь идет о фундаментальной проблеме, лежащей в основе огромного недоразумения, которое в свою очередь приводит к крайне беспокойному отношению к данному вопросу. Ведь в действительности многие путают *прогнозирование с предсказанием*.

В прошлом мне уже не раз приходилось писать о том, что прогноз мы делаем, когда говорим, что в следующее воскресенье на лошадиных бегах выиграет Вертушка или что первым из выигрышных номеров субботней лотереи выпадет 28.

Совершенно другое дело, если мы исследуем развитие процесса нагревания двух литров воды в кастрюле. В этом случае, зная атмосферное давление и температуру в помещении, уровень тепловой энергии, который мы подаем на кастрюлю, паровое давление под крышкой, и т.д., на основе полученных данных мы предсказываем, что вода закипит, например, ровно через 12 минут. Вот это и будет предсказанием. Вы скажете, что в области астрологии присутствует огромное количество переменных значений, которые невозможно полностью контролировать. И будете правы, но это не может привести нас к полностью ошибочному предсказанию. В моих статьях и книгах я всегда постулировал о том, что основными переменными, определяющими судьбу человека, являются следующие три: а) астральный импринтинг (в момент рождения и рассматриваемый с помощью разных предсказательных методов); б) ДНК субъекта (то есть дезоксирибонуклеиновая кислота, которая передает гены и «информацию» наших родителей, а также дедов и всех предков); в) переменные окружающий среды того времени и места, где человек рождается и живет, политические, социальные, исторические, экономические, географические, и так далее.

Вот почему, по моему мнению, чем ближе астролог знаком с консультируемым человеком, тем более достоверным будет его предсказание, и наоборот. Если я анализирую транзиты и Солнечную Революцию женщины, за которой наблюдаю много лет и для которой лично выполнил ректификацию времени рождения, когда я знаю ее прошлую жизнь, состояние здоровья, профессиональное положение и сентиментальную ситуацию, и довольно хорошо припоминаю также ситуацию ее родственников, тогда я буду способен выполнить точнейшие предсказания. И даже могу уверенно заявить, что Солнечная Революция, прочитанная вместе с транзитами, следуя указанным мной во многих книгах правилам, является «Кассационным Судом», то есть высшим порядком суждения, сообщая нам в самых минимальных деталях обо всем, что произойдет с субъектом в течение года. Если же я изучаю положение звезд Президента Республики, о котором ничего не знаю на уровне частной и личной жизни, и не имею никакого понятия о его прошлой жизни вне общественной деятельности, то безусловно могу наговорить глупостей, несмотря на то, что точно укажу основные направления его грядущего года.

Большая часть людей, за которыми я наблюдаю, продолжает приходить ко мне на консультацию на протяжении многих лет и десятилетий, чтобы я помог им понять и улучшить их жизнь. Другие не возвращаются, потому что остаются неудовлетворенными по самым разным причинам. Кто-то говорит, что мои предсказания не сбылись, хотя на самом деле не сбылось то, что эти люди хотели понять из моих предсказаний (об этом вы можете прочитать в статье «Ожидания» на моем сайте www.cirodiscepolo.it/aspettative.htm). А кто-то, наоборот, заявляет, что предсказания оказались настолько точными, что человек испугался дальнейших консультаций. Бывает, что консультируемый не ощутил хорошего эмоционального контакта со мной. В итоге, в гипотетическом соревновании, переписи или статистике, довольных моей консультацией людей оказалось бы во много раз больше, чем неудовлетворенных. Но я не намерен убеждать кого бы то ни было, и говорю это лишь для того, чтобы объяснить, почему астролог должен делать предсказания. Первая причина в том, что при наличии большого опыта и при использовании действующей техники, предсказания великолепно срабатывают.

Вторая причина, которую мне хотелось бы высказать, имеет этический характер: предсказания служат для оказания помощи людям. И здесь, вопреки моей воле, я вынужден вступить в полемику, которой бы охотно избежал. Некоторые коллеги (но не все) считают, что тот, кто выполняет предсказания (или большинство делающих предсказания астрологов), занимается «предсказательным или астрологическим терроризмом».

Давайте попытаемся тщательно проанализировать, рассмотреть через увеличительное стекло такое утверждение, и для этого невольно прибегнем к метафоре медицинского характера. Предположим, что гастроэнтеролог, посмотрев на анализы пациента, говорит ему: «Дорогой Господин, если вы не прекратите употреблять ацетилсалициловую кислоту, то есть аспирин, то ваша язва может дегенерировать в рак желудка. Я советую вам не только категорически исключить эту молекулу лекарственных средств из обычного употребления, но и защитить стенки вашего желудка ранитидином или еще более продвинутыми активными веществами». Вопрос, как по-вашему, этот врач занимается предсказательным терроризмом или спасает своего пациента?

А теперь представьте себе, что я, или мой ученик, или коллега из моей школы, говорим пришедшей на консультацию женщине: «Дорогая Госпожа, если вы проведете свой следующий день рождения дома в Риме, то получите очень тяжелую карту Солнечной Революции, при которой вы подвергаетесь серьезному риску в отношении здоровья. Но если вы отправитесь в Египет, подарив себе чудесное путешествие в город Шарм-эш-Шейх, то сможете не только «предохранить» себя от проблем со здоровьем, но и одновременно улучшить свою ситуацию с работой». Снова вопрос, речь идет о занятиях предсказательным терроризмом или об оказании помощи своему ближнему?

И потом, кто сказал, что предсказания обязательно будут плохими? Ведь если мы видим отличные возможности для ученого, желающего получить кафедру, то можем посоветовать ему переместиться и провести следующий день рождения, например, в Канаде, в городе Ванкувер, чтобы увеличить его шансы на успех во сто раз.

В альбоме самых дорогих воспоминаний моей жизни есть люди, которые никак не могли найти подходящего партнера, а сегодня счастливы в браке, другие, которым не удавалась профессиональная карьера, и вдруг они получили просто «взрывной» успех, или те, кому удалось родить ребенка после многих лет безуспешных попыток, и можно продолжать очень долго. Неужели все это вам кажется терроризмом?

Я говорю об этом совершенно спокойно, без излишней снисходительности к себе, и с полным осознанием того, что говорю лишь правду, поскольку совершенно не заинтересован в доказательстве моей «мужской силы» в этой области знаний. Я должен жестко ограничивать количество людей, за которыми могу наблюдать, и не нуждаюсь в какой-либо рекламе. Мои книги постоянно переиздаются, несмотря на то, что зачастую получают немногие отзывы или вообще никакой рецензии, у меня тысячи учеников, и их число не перестает расти.

В общем, мне хотелось бы призвать вас к следующему: доверяйте вашим знаниям, на ошибках вы сможете научиться, и впоследствии будете выполнять надежнейшие предсказания, которые окажут огромную помощь людям в улучшении их жизни.

Глава 27
Вопрос здоровья

Эта глава, даже если на первый взгляд далека от предыдущей темы, на самом деле теснейшим образом с ней связана, и чуть далее вы поймете по какой причине.

Этот краткий доклад нацелен на определение того, каким, по моему мнению, является на сегодняшний день состояние здоровья планеты и человечества, проживающего на ней. Я советую прочитать его в верном значении, то есть не думая, что он относится к особенным отдельно взятым людям, к Иванову, Петрову, Сидорову или ко мне, или к моей девятнадцатилетней дочери. Речь идет не о Президенте страны или лидере оппозиции, а обо всем человечестве, никого не исключая, начиная от детей и заканчивая самыми престарелыми людьми. Должен признать, что эти мои рассуждения могут показаться довольно тревожными, и возможно даже удручающими, однако я убежден в том, что они могут иметь значительную практическую пользу. Если бы это было не так, то речь шла бы попросту о пространных жалобах и причитаниях, чтобы подтолкнуть людей к депрессии и к самоубийству, в то время, как на самом деле, с точки зрения *Активной Астрологии*, речь идет о попытке достигнуть полностью противоположной цели, то есть защитить жизни людей.

Своими длинными рассуждениями я хотел бы пробудить реакцию читателей, подтолкнуть их к практическому применению всех тех ресурсов, которые каждый из нас считает подходящими для улучшения состояния собственного здоровья.

Здесь я должен сделать шаг назад и, в качестве преамбулы, начать с указания объективных данных. Каковы же эти объективные данные, фактические? Я пишу эти строки в июле 2003 года. Практикой Целенаправленных Солнечных Революций я занимаюсь на протяжении 33 лет, и если подсчитать, округлив с недостатком, то получится, что я отправил, по крайней мере, 16.000 (шестнадцать тысяч) человек провести свой Целенаправленный день рождения далеко, в подходящем месте, с результатами, которые мы сейчас рассмотрим. Остановимся на минутку на периоде трехлетней давности, когда я уже около тридцати лет, как направлял многих субъектов отмечать Целенаправленный день рождения (в общем, порядка двенадцати тысяч человек). Так вот, на тот момент выходило, что из двенадцати тысяч человек, уехавших на Целенаправленный день рождения, на протяжении моей тридцатилетней практики, я столкнулся всего лишь с одним случаем (единственным случаем) молодой женщины, чуть старше тридцати лет (моей дорогой подруги, римлянки), которая на следующий год, если мне не изменяет память, после своего первого Целенаправленного дня рождения стала жертвой рака молочной железы, довольно сложной для лечения опухоли, и в такой продвинутой стадии, что женщине пришлось подвергнуться операции полной мастектомии.

В том случае я остался в большой растерянности. Сначала подумал, что предоставленное мне время рождения оказалось ошибочным, но потом, изучив документы, свидетельства субъекта и натальную карту, я убедился, что время было верным, и что если ошибка и произошла, то не в этих данных. С другой стороны я считал, и сегодня продолжаю так считать, что не допустил никакой методологической ошибки при выборе того дня рождения. В любом случае, даже при таком эпизоде статистика была на моей стороне с подавляющим результатом. Поскольку один лишь случай из 12 тысяч уехавших людей, за тридцать лет практики, мог означать только две вещи: или Господь Бог меня очень любит, и поэтому он помог мне необычайным образом, или метод работает. Теперь, исключив первый вариант, потому что я не думаю, что заслуживаю такого уважения, или любви, или протекции со стороны нашего Господа Бога, я думаю все же, что действительна вторая гипотеза, то есть, что метод на самом деле работает. Должен сказать, что в той ситуации вместо того, чтобы скрыть плохую новость, я придал ей максимальную огласку. В этом можно убедиться, прочитав источники, поскольку я описал этот случай одновременно в Интернете, в моем журнале (*Ricerca '90*) и в моих книгах, естественно, не указывая имени и данных рождения субъекта. Если бы у меня имелись «скелеты в шкафу», то в том случае они бы обязательно выскочили наружу. То есть я хочу сказать, что после того, как я написал об одном лишь случае неудачи, а именно «молодой женщины, адвоката из Рима», то наружу бы повыскакивали другие "трупы". Вполне вероятно, что кто-то объявился бы в Интернете, куда имеют доступ все люди, чтобы напомнить о том, например, что я «забыл о бухгалтере из Каникатти», или «скрыл случай домохозяйки из Кунео или архитектора из Феррары», и так далее. Тем не менее, как я уже объяснил, эти гипотетические скелеты в шкафу ни разу не объявились, что ясно указывает на факт того, и *это основополагающий момент*, что вышеназванная статистика, на которую я ссылался, является абсолютно верной. Другими словами, из двенадцати тысяч людей, уехавших на Целенаправленный день рождения, вплоть до трех лет тому назад, у меня был **только один случай серьезной болезни**. В той ситуации я написал: «Я не могу объяснить, что произошло. Когда я буду в состоянии сделать это, и *если* когда-нибудь я смогу это сделать, то расскажу вам, каким образом все случилось».

Теперь сделаем небольшой шаг вперед во времени, к марту 2002 года. В том месяце, на протяжении около десяти дней, для меня будто бы рухнул весь мир. На самом деле, именно тогда пять женщин от сорока до пятидесяти лет, за которыми я астрологически наблюдал, пришли ко мне одна за другой, чтобы сообщить, что у них обнаружился рак. Так вот, четверо из них имели ужасные Солнечные Революции и не захотели уехать, несмотря на то, что были предупреждены мной с большой эмоциональной выразительностью. И должен сказать, что они легко и спонтанно признали это, даже вспомнив, что я до последней минуты нашей встречи, провожая их до самой лестничной клетки, очень настаивал на их отъезде, но они не желали прислушиваться к моим советам. В том случае было четыре рака груди и один рак горла.

Пятая женщина поехала впервые на Целенаправленный день рождения, и на следующий же день, вернувшись в Италию, она узнала о поставленном ей диагнозе рака молочной железы, который несомненно уже присутствовал в ее организме и раньше. Так что я не был шокирован из-за возможной ответственности с моей стороны, потому что объективно ее не могло быть. Однако я остался очень встревожен и подумал: «Если в таком маленьком пространстве, как мой кабинет, за такой короткий промежуток времени, как десяток дней, и в таком ограниченном кругу населения, как пользующиеся моими астрологическими консультациями люди, я зарегистрировал пять случаев рака, то это означает, что эта болезнь буквально взрывается, распространяясь по всему миру» (я изучал статистику, и знаю, что в этой науке таким образом не рассуждают, но интуиция подталкивала меня к расследованиям).

С этой глубокой обеспокоенности начались мои беспрерывные исследования, которые я проводил не читая ненадежные или смехотворные источники, которыми могли бы быть сенсационные статьи популярных журнальчиков *Novella 2000* или *Eva Express*, а обращаясь к первичным и оригинальным источникам, таким как крупнейшие в мире исследовательские центры по изучению рака, среди которых был сайт Национального Института Раковых заболеваний (www.cancer.gov), то есть мирового центра исследований рака, которым руководит правительство Соединенных Штатов Америки, или сайт великого онколога Умберто Веронези, или сайты других французских институтов, которые, по моему мнению, являются самыми передовыми в отношении исследования и лечения рака, даже больше американских, и многие другие.

В те месяцы я в особенности остановился на раке молочной железы, отправив в крупнейшие мировые центры письмо по электронной почте, в котором задал вопрос: «Будьте добры, в целях исследований, не могли бы вы указать мне, в отношении женщин старше пятидесяти лет, с 1980 по 2002, год за годом, сколько случаев рака молочной железы было зарегистрировано в вашем институте?». Многие исследовательские центры сразу же ответили на мой запрос по электронной почте, очень любезно сообщая, каждый на своем собственном языке, что, безусловно, они могли предоставить мне такие данные, но лишь до 1997 года. Тогда я по знакомству раздобыл себе «рекомендацию», и позвонил онкологу, ответственному по статистике при Госпитале Паскаля в Неаполе (специализирующемся на исследовании и лечении раковых заболеваний), и спросил у него: «Доктор, почему только до 1997 года?». На что он мне ответил: «Знаете, бюрократия, статистика, эпидемиология, и мы всегда отстаем на пару лет от реальных данных…». Но я не отступал: «Простите, но какие же пару лет, если мы говорим о пяти годах, с 1997 по 2002, а не о двух, и потом, извините, но я не спрашивал, сколько было зафиксировано случаев рецидивов, или смертности, или сколько случаев осложнений, метастаз, и т.д., и т.д. было. Нет, я только спросил, сколько пациентов поступило в ваш госпиталь, день за днем, в 1988 году, в 1989, 1990, и т.д. Вы могли бы попросту открыть журнал и прочитать, что три пациента поступило сегодня, два вчера, три позавчера, а потом с помощью калькулятора суммировать данные и тут же сообщить мне полученную цифру. Вы можете предоставить мне эту цифру?». «Нет!». «И почему же?». «Знаете, бюрократия, эпидемиология, статистика…». «Хорошо, спасибо, до свидания».

Тогда я начал думать, именно с тех пор, что данные, которые нам выставлялись напоказ публично, были совершенно фальшивыми. Должен сказать, что мое исследование продолжилось, и помимо официально опубликованных данных (которые, повторю, я считаю ложными), есть свидетельства многих врачей, в том числе заболевших раком, а также некоторых моих знакомых онкологов, которые придя ко мне, просили выключить диктофон, и нашёптывали: «Я вам кое-что скажу при выключенном диктофоне, но если вы это опубликуете, то я все публично опровергну». И потом, без свидетелей, признавались: «Да, мы уверены в том, что речь больше не идет об одной женщине из каждых семи, как было в 1997 году (женщин старше пятидесяти лет), и рассматриваем гипотезу того, что мы уже приближаемся к пропорции одна к трем». Пропорция одна к трем означает, что у одной женщины обнаружен рак, а других двух он поразит в ближайшее время, в течение четырех или пяти лет, или в любом случае в будущем, и это производит довольно-таки сильное впечатление.

Продолжая эти исследования, я имел свою собственную идею насчет причин, которые могли лежать в основе падения этой, скажем так, «Берлинской стены». Такое особенное историческое событие можно комментировать с разных точек зрения, и в данном случае речь идет не о наступлении капитализма и/или свободы, а о прогрессировании болезни в санитарном положении всего человечества.

Мои расчеты и рассуждения были довольно простыми. Я думал: «За последние годы неимоверно возрос уровень загрязнения окружающей среды, а наша иммунная защита понизилась, вот и началось широкое распространение болезни».

Стоит заметить, что кроме рака (который с того момента стал для меня, как рухнувшая плотина, то есть каждый день я могу получить два, три, четыре звонка знакомых людей, которые сообщают мне, что у них обнаружилась опухоль), многие субъекты рассказывают, что столкнулись с заболеванием, например, щитовидной железы, или с болезнью Гейбнера (непереносимость пищевых продуктов, особенно глютена), развили аллергии, вызывающие сильнейшее раздражение дыхательных путей, кожи или глаз, были поражены вирусным гепатитом или другими вирусными болезнями. Кроме того, я заметил, что снова стали распространяться эндемические формы туберкулеза, сифилиса и других инфекционных заболеваний. Другие «новые» болезни, такие как САРС (атипичная пневмония), дебютировали впервые (как вы знаете, волна заболеваний, с которой мы столкнулись прошлой зимой, была лишь первой, но боюсь, что будут и другие). Вплоть до того, что были эпидемии Цитомегаловируса и других заболеваний, вызванных вирусом, который проникает в наш организм с вдыхаемым воздухом, и приковывает нас на месяц к постели с температурой 40° С. Формы астенического синдрома, общей усталости, поражают огромное количество людей. Половина населения *за сорок* стало стерильным. Несчетное количество мужчин жалуется на сексуальное бессилие в возрасте до сорока лет или, в лучшем случае, на колоссальное падение сексуального желания, физических сил, и можно было бы продолжать на многих страницах описание этого малорадостного исследования.

И это не говоря уже о целом море депрессий, ревматических и упорных головных болей (цефалгий), болей в костях, и можно еще долго продолжать (и все это, естественно, в гораздо большем количестве по сравнению с десятком лет тому назад).

Тогда мне нужна была некая объективная информация, чтобы доказать данную *теорему*, и «наконец» я ее нашел. Прошлой зимой, то есть 2003 года, сначала в Соединенных Штатах (*Washington Post*), а затем в Италии (*Corriere della Sera*) вышла статья, в которой сообщалось об одной блестящей идее, пришедшей в голову членам лидирующей американской экологической организации. Эти люди, занимающиеся защитой окружающей среды практически полный рабочий день, являются наилучшими экспертами в этом вопросе, а одна из них, подруга лидера организации, на протяжении последних десяти лет питается исключительно по макробиотике. Они задались вопросом: «До сегодняшнего дня мы следили за загрязнением *помойки под названием Земля*, анализировали уровень загрязнения воды, воздуха и почвы, но никогда не пытались проанализировать загрязнение *помойки под названием Человек*... пожалуй, в этот раз мы это и сделаем». Таким образом, эти люди подвергли себя очень специальному осмотру, который можно произвести только в нескольких университетах мира, с изощренными анализами в одном из самых престижных американских вузов, стоимостью 5.000 долларов с человека. В результате выяснилось, что каждый из них имел в своем организме 101 вещество, считающееся *высоко канцерогенным*, начиная с диоксина, и продолжая с цианидом, мышьяком, свинцом, ртутью, и так далее. Причем в равной степени это относилось и к мужчинам, и к женщине, которая обманывалась тем, что якобы питалась по макробиотике на протяжении десяти лет. Я говорю «обманывалась», потому что эта бедняжка выращивала свой цельный рис на огородике возле ее дома на северо-востоке от Сан-Франциско, в тех бескрайних лесах, где снимался фильм *Рэмбо*, где нет крупных промышленных предприятий, и где не фиксируются никакие значительные атмосферные загрязнения, где не проходят высоковольтные линии, и так далее.

Она, естественно, не использовала на своей земле химические вещества, но не понимала того, что всякий раз, когда шел дождь, в ее огороде оказывался диоксин, цианид, мышьяк, свинец, ртуть, и так далее.

Теперь, это говорит нам о двух вещах: во-первых, что каждый из нас имеет вышеназванные 101 высоко канцерогенное вещество в своем собственном теле (с очень маленькой разницей в измеряемых значениях) и во-вторых, что мы никогда не сможем вывести их из своего организма. Уровень загрязнения на сегодняшний день во много раз превышает тот, от которого пострадали люди, пораженные ядовитым облаком диоксина, в результате аварии на химическом заводе в Севезо, к примеру говоря. Мы с ужасом смотрели на изображения телевизионных выпусков новостей в 1976 году, но сегодня мы подвержены большему загрязнению, чем те несчастные люди.

Итак, что же, в сущности, я думаю? Я думаю, что с подобным страшным загрязнением нашего организма, по крайней мере, в отношении людей старше 50 лет, и старше 55-60, таких как я, можно с уверенностью сказать, что в ближайшие десять лет мы все получим рак. Все – означает от первого и до последнего человека. Но также я считаю, что медицина значительно продвинулась вперед, а значит большая часть людей, пострадавших от злокачественной опухоли, сможет спастись.

А теперь, воспроизведя пройденный путь с точки зрения *Активной Астрологии*, я должен сказать, что если в нашем теле имеется болезнь, которая блуждает внутри уже десяток лет, то

Целенаправленный день рождения не может защитить нас на все 100 процентов. Однако он может защитить нас на 80 процентов (приблизительно), а также может защитить нас на будущее, но не от прошлого. Именно этим я и объясняю сейчас тот случай моей подруги из Рима, которая, вероятней всего, уже имела в организме ту раковую опухоль, прогрессирующую на протяжении трех или четырех лет, которая проявилась при хорошей Солнечной Революции. Думаю, что это внесло огромный вклад в ее спасение, так как мы уже добрались до ее четвертого (если не ошибаюсь) Целенаправленного дня рождения, и она прекрасно себя чувствует, и не имела никакого рецидива.

Вот почему, в первую очередь, я еще больше призываю вас принять во внимание идею перемещаться на каждый день рождения, а не один год уезжать, а другой – нет. А во-вторых, поскольку мы не можем защитить себя от предшествующих болезней, то я советую вам применять на практике целый ряд всевозможных мер предохранения, которые мы считаем полезными и подходящими для защиты нашего здоровья, любые вспомогательные средства, самые разные *опоры*. Для некоторых людей это может быть гомеопатическая медицина, для других – цветы Баха или пранотерапия, иглоукалывание, массажи шиацу. Или, почему нет? И молитва Падре Пио или Мадонне, Магомету или Будде. Для кого-то отличным лекарством может быть любовь, являющаяся сильнейшим антиоксидантом (когда человек влюблен, он редко заболевает). Для других людей речь может идти о традиционных научных средствах, например, уже почти все врачи убеждены в том, что большие дозы витамина С и Е, а также мелатонина, обладают мощным антиоксидантным воздействием и помогают бороться против рака. Кроме того, стоит помнить, что на вопрос: «Исходя из того, что все продукты отравлены, каким же будет правильный образ питания?» ответ великих врачей следующий: 1) потреблять пищу в очень малых количествах; 2) каждый день менять употребляемый продукт, потому что маленькие дозы разных ядов, принимаемые ежедневно, будут менее вредными, чем один и тот же яд, употребляемый каждый день.

В соответствии с этим способом видения тот, кто ест постоянно сыр моццарелла, и потребляет его каждый день в огромных количествах, вероятней всего умрет раньше других людей, не имеющих подобных пищевых привычек, так как будет постоянно есть один вид яда, который, накопившись в слишком опасном размере, его убьет. А кто будет есть немного яда из овощей, чуть-чуть другого яда из пасты, или из мяса, или из рыбы, тот будет иметь больше шансов на спасение.

Помимо всего этого, я также советую вам не просить у меня абсолютно никаких скидок в километраже для поездки на Целенаправленный день рождения. Потому что сегодня, когда мы должны противостоять страшному врагу с острейшими зубами, не имеет смысла думать, что можно ограничиться поездкой только до Лондона или до Парижа. Наоборот, мы должны задаваться вопросом: «Можно ли отправиться на Луну, чтобы как можно лучше защититься? Потому что если это возможно, то я поеду даже на Луну».

Вот теперь, после всего сказанного, понятно, что я призываю всех быть более агрессивными по отношению к врагу под названием загрязнение и болезнь. Естественно, что я рекомендую всем избегать, прежде всего, тех токсинов, которые мы добровольно употребляем, когда курим, пьем алкогольные напитки, принимаем наркотики, лекарства, и так далее.

Хотелось бы также заметить, что я лично питаю некоторую надежду в отношении сегодняшних молодых людей, поскольку считаю, что мы находимся в процессе генетической мутации. Также как крысы привыкли к ядовитым ловушкам, и поэтому нам уже не удается их убивать, и война с ними проиграна, аналогичным образом я думаю, что человеческие существа тоже постепенно привыкают к яду. Однако у нас людей этот процесс, думаю, является очень долгим, и занимает гораздо больше времени, чем у крыс. И вполне возможно, что когда сегодняшние дети достигнут шестидесятилетнего возраста, они, наверное, пойдут к врачу, покажут ему свои анализы, а тот им скажет: «Госпожа, что-то вы упорно продолжаете удерживать этот диоксин высоковатым, нужно его срочно понижать!», также как сегодняшний врач сказал бы: «У вас слишком высокий уровень гликемии, нужно принимать должные меры!». Но я думаю, что это будет касаться лишь ребят в будущем, а мы (те, кому за 50/60), к сожалению, подвергаемся огромному риску. Следовательно, снова повторю, что Целенаправленная Солнечная Революция представляет собой не лампу Аладдина, не Лурд, и не Падре Пио. Она является одним из самых важных вспомогательных средств, самых предохраняющих щитов, которые существуют для нашей защиты от болезней. Степень ее эффективности можно определить в размере порядка 80 % по сравнению с опасностью. Я полностью осознаю факт того, что те 20 %, которые остаются неприкрытыми, в любом случае ужасны. Но с другой стороны, существует

очевидная разница между предохранением себя с помощью щита на 80% и полным отсутствием защиты, когда каждый год мы проводим день рождения в нашем привычном месте проживания, зачастую подхватывая себе довольно коварные астральные положения. Думаю, что в этом случае мы категорически не можем, да, я сказал *категорически*, подвергать себя такому риску, и поэтому я решительно призываю вас работать именно в этом конкретном направлении, и продолжать практиковать как целенаправленный день рождения, так и *экзорцизацию символов*.

И наконец, хотелось бы добавить по вопросу здоровья (надеюсь, что ваше чтение было внимательным, и не оказалось скучным), что я решительно не советую пытаться убеждать скептиков уехать. Есть целые легионы моих учеников и отличных коллег, которые заставляют своих восьмидесятилетних родителей садиться в самолет, чтобы отправить их на Целенаправленный день рождения, когда эти бедняги совсем не верят в такую практику и, только чтобы порадовать детей, подвергают себя страшным мучениям.

Когда в 1995 году я был уверен в том, что в течение года потеряю и отца, и мать, то ничего не сделал для того, чтобы отправить их на Целенаправленный день рождения, потому что они абсолютно не верили в эту технику. Так что мое наставление будет таким: вы уезжайте, уезжайте, и снова уезжайте и, если можете, то отправляйте в поездку ваших детей, потому что вы несете за них прямую ответственность, но никогда никого не вынуждайте уехать, так как это было бы психологическим насилием над человеком, начиная с родителей или пожилых людей, не верящих в Целенаправленные Солнечные Революции.

Вот, это все. Но естественно, что и на моем сайте, и в моем журнале, вы сможете осведомляться об этом исследовании, которое я считаю временным файлом, а значит должен постоянно его обновлять. В будущем я намерен сообщать вам о любой новой информации, которая могла бы помочь всем нам еще лучше защищаться от современных угроз.

Почему все это связано с рассуждениями о действительности астрологических предсказаний?

Я постараюсь объяснить это в следующих строках. Но прежде мне необходимо еще раз подчеркнуть одну концепцию, о которой я твержу уже на протяжении многих лет.

При оценке событий, относящихся к нашим «целенаправленным» движениям, не следует забывать о том, что следует иметь в виду все задействованные в игре переменные показатели. Наши исторические противники, подсчитывая переменные, участвующие в формировании человеческой судьбы, даже не мечтают включить в список влияние звезд. Наши самые фанатичные и слепые сторонники, наоборот, забывают, что переменных в игре больше одной, и они не ограничиваются лишь «влиянием» тех *камешек*, которые кружат над нашими головами. Эта тема частично обсуждалась по итальянскому телевидению в 1997 году. Передача под названием *Corto Circuito*, которая транслировалась по каналу Canale 5, пасхальным вечером, 30 марта в 23:45, была посвящена дискуссии на тему Биоэтики. Ведущими были Дарья Биньярди и Джан Артуро Феррари. Гостями передачи были философ Джакомо Маррамао, священник дон Роберто Коломбо, мусульманин Габриэле Мандель, биолог Эдоардо Бончинелли (с которым мы вместе работали в CNR Неаполя, в 1967) и один писатель, имя которого я не помню. Обсуждалась тема клонации (или клонирования, как уточнял биолог). Это была интересная дискуссия, с различных точек зрения. Поднимался вопрос о боязни (человека? Церкви?) создания «двойников» человеческих существ, но к счастью такая ерунда была тут же отставлена в сторону. Тем не менее, чрезвычайно образованные гости программы забыли отметить очень важную деталь, а именно отношения человека со звездами. Лучше не обсуждать проблему души клонированного существа, и не потому что она неважная, а поскольку просто рискует увести нас в пустые дискуссии, абсолютно бесполезные в практическом смысле, и давайте рассмотрим другие аспекты. Все участники дискуссии казались более или менее убежденными в существовании двух фундаментальных переменных, которые фактически способны предотвратить возможность того, чтобы два человека, внешне похожих друг на друга, как монозиготные близнецы, оказались бы совершенно идентичными. Два фундаментальных переменных показателя, которые они называли, были следующими: 1) генетическая матрица, то есть информация, которая содержится в дезоксирибонуклеиновой кислоте, и 2) исторический фон, который говорит нам, насколько каждый человек подвергается влиянию географических, экономических, политических, социальных и культурных условий того времени и места, в котором он рождается и живет. В этот момент произошла небольшая эффектная сцена, неожиданный поворот событий. Биолог Бончинелли запускает в ход новую переменную, которая еще никогда раньше, насколько мне помнится, не называлась в предыдущих дебатах по данному вопросу. Он говорит о том, что при рождении новой внутриутробной жизни связь между нейронами происходит абсолютно случайным образом, и в действительности именно она и определяет, сама по себе, ту абсолютную уникальность, которая характеризует любое человеческое существо. Ученому не хватило времени, чтобы подробней объяснить свои соображения, но мне показалось, что он хотел сказать, с совершенно светской и законно мирской точки зрения, что этой переменной является не что иное, как *душа*. В любом случае, захотим ли мы назвать ее *душой*, или же мы намерены дать ей определение согласно специфическим понятиям биологии, остается фактом, что она является действительно третьей задействованной в игре переменной. Но как же быть со звездами? Неужели мы забыли, что если на самом деле хотим перечислить все переменные, то астрологическая является четвертой, и не самой маловажной переменной (а по моему мнению даже наоборот, она стоит на первом месте)?

Это краткое предисловие подводит нас к другому фундаментальному понятию, связанному с предсказаниями в астрологии:

Актуальность предсказательного языка

Приведу пример. Возьмем из разных глав этой книги ту, которая соответствует положению Юпитера Солнечной Революции в Третьем Доме (естественно СР). В ней, помимо прочего, говорится о том, что субъект в течение года посвятит себя писательской деятельности или будет посещать компьютерные курсы. И в самом деле, просто для примера, женщина старше пятидесяти лет, занимающаяся интеллектуальной и квалифицированной работой, несмотря на то, что во все предыдущие годы она от всей души ненавидела компьютер, во время актуальной Солнечной

Революции с Юпитером, расположенным в Третьем Доме, она стала брать уроки информатики и начала очень много писать с помощью программы *Word*, а ведь всю свою жизнь она писала лишь шариковой ручкой по бумаге. Теперь, думаете ли вы, что через пятьдесят лет это все еще будет возможно? Конечно же нет, ведь уже в ближайшие годы все будут писать на компьютере, начиная с первых классов начальной школы. Но значения при этом изменятся лишь немного, и подобная женщина, например, могла бы начать писать романы. В общем, за символом нужно следовать в его выражении, связанным с периодом времени, а также с культурным развитием человека, ведь то, что две тысячи лет назад было римской бигой, сегодня стало автомобилем. Таким же образом можно утверждать, что правила, описанные в этой книге, работают в очень многих случаях, но их следует читать с умом.

Лично я готов утверждать почти в безусловной, аподиктической форме, что десять лет назад тот, кто каждый год отправлялся в путешествие на свой день рождения, был практически полностью защищен от любого серьезного заболевания, которое может проявиться в пятьдесят или в шестьдесят лет. Сегодня, по вышеизложенным соображениям, это уже не действительно. Но тем не менее, остается фактом, что тот, кто перемещается на свой день рождения таким образом, чтобы, например, Марс не оказался в Первом, Шестом или Двенадцатом Доме, даже в случае серьезной болезни сможет справиться с проблемой во много раз лучше того, кто получит себе Асцендент в Первом Доме или Солнце в Шестом, или стеллиум в Восьмом Доме.

Чтобы предложить дополнительное наглядное доказательство этого, я покажу вам карты двух женщин иностранок, принадлежащих к разным поколениям. Первая из них (Рис. А), более пожилого возраста, от рождения имела Марс в Раке, расположенный в Первом Доме. В ее времена (то есть когда она была молодой), на основе положения такого рода можно было утверждать без тени сомнения, или, в любом случае, с высочайшим процентом точности предсказания, что в течение жизни ее поразила бы тяжелая болезнь, или желудка, или груди. И на самом деле, много лет назад, когда раковая опухоль молочной железы была еще большой редкостью, она стала жертвой этой болезни.

Вторая женщина (Рис. Б), более молодая, тоже недавно была поражена той же болезнью, но, как вы можете видеть, она не имеет никаких характерных специфических особенностей, подобных другой жертве этого несчастья. Конечно, мы могли бы форсировать интерпретацию ее карты, сказав, что здесь имеется Асцендент почти что в Раке и Луна в соединении с Марсом, но это было бы действительно большой натяжкой, поскольку я мог бы представить вам другие случаи молодых женщин, у которых, при наличии раковой опухоли молочной железы, в натальной карте нет ни малейшей зацепки в отношении Луны или знака Рака.

Следовательно, мы еще раз должны сделать вывод, что предсказания должны выполняться, прежде всего, имея большой багаж опыта, и они будут тем более точными, чем больше астролог будет достоин принадлежности к виду человека разумного (homo sapiens).

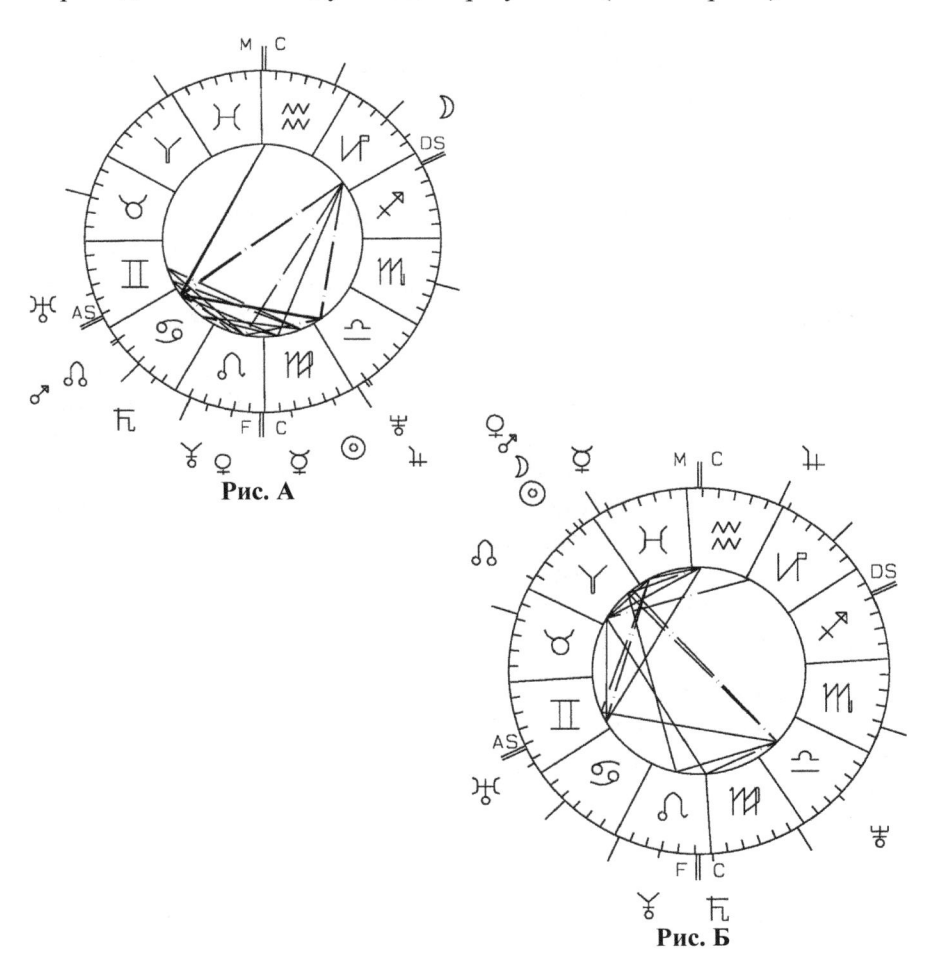

Рис. А

Рис. Б

Глава 28
Что делать, когда нельзя уехать

Во многих случаях, по целому ряду самых разных причин, не всегда тот, кто намерен уехать на Целенаправленный день рождения, может это сделать. В таких ситуациях обычно имеются две возможности. Либо несостоявшийся Целенаправленный день рождения служил для усиления какой-то важной для нас цели (любовь, деньги, карьера, и т.д.). Или же он предназначался для того, чтобы защитить нас от возможных проблем, связанных с плохими положениями планет в Базовой Солнечной Революции (то есть построенной на место нашего обычного проживания).

В первом случае думаю, что особенно комментировать нечего и, самое большее, что мы можем сделать, это довериться счастливой судьбе (вместе с рядом позитивных и конкретных действий, чтобы заработать себе «удачу» в той области жизни, где мы ее искали).

В другом случае у нас снова есть две различные возможности. Необходимо «отбиваться», например, от Марса в Седьмом Доме (обычно указывающего на разные «войны») или от Сатурна во Втором или Восьмом Доме (почти всегда предвещающего недостаток доходов или потери денег, или большие финансовые расходы). Или же мы сталкиваемся с особенно враждебными/негативными положениями, такими как Солнце, или Асцендент, или стеллиум, или Марс в Первом, Шестом или Двенадцатом Доме (или стеллиум в 8-м доме тоже).

Последняя ситуация является самой тяжелой, и с ней сложней всего справиться, поскольку она может доставить нам неприятности и проблемы практически в любой области нашей жизни, будь то здоровье, деньги, работа, любовь, дети, и так далее (но не обязательно «смертельные»).

Если нам нужно держать под контролем Марс в Пятом или Сатурн в Десятом Доме, то можно принять во внимание те особые советы и рекомендации, которые изложены в моей книге «Активная Астрология» (**Astrologia Attiva**, *edizioni Mediterranee).*

В случае же вышеназванных «очень плохих» Домов необходимо подготовить «многоцелевую» стратегию, которая могла бы быть связанной и согласованной с целым рядом действий, которые мы сами себе намечаем и добровольно выполняем, независимо от отдельно взятых специфических случаев.

Я знаю, что мои слова встретят возражение и открытую критику со стороны тех, кто утверждает, что каждый случай является уникальным в мире, и по этой причине невозможно выполнять стандартные предсказания, которые были бы достоверными для любого человека, но я лично не согласен, и объясню почему. На мой взгляд, подобно тому, как мы обычно поступаем в физических науках, необходимо отличать теорию от практики. Например, мы можем, философствуя, утверждать, что не совсем уверены в теории о том, что если попробовать миллиард раз подряд оставить ручку повисшей в воздухе, то она всегда будет падать на землю. В то время как на практике мы можем спокойно сказать, что «каждый раз, когда мы оставляем ручку повисшей в воздухе, она упадет на землю».

Таким же образом, если в больничное отделение скорой помощи поступает водитель, ставший жертвой дорожно-транспортного происшествия, с тяжелейшими травмами разных частей тела, то желая поступить согласно поборникам противоположного моему тезиса, мы должны были бы сначала сделать все возможные анализы (а может, и все те, которые еще не существуют в природе), и только потом заняться лечением пациента согласно «научно разработанной» терапии. На самом же деле дежурный врач поступает совершенно иначе, и правильным образом. Он прекрасно знает, что независимо от всех клинических анализов и анамнеза пациента, и несмотря на отсутствие сведений о болезнях его родственников по восходящей линии, когда из плеча хлещет кровь, то первое, что нужно сделать – это остановить кровотечение, чтобы после этого заняться другими чрезвычайными ситуациями, рассматривая их в отдельности, но при этом всегда с точки зрения врача, который имеет (или должен был бы иметь) целостное, холистическое видение пациента.

Таким же образом я считаю, что было бы логично и правильно, основываясь на моем опыте, предписывать правила, которые могли бы подойти к подавляющему большинству случаев, даже если я не знаком с особенным микрокосмом рассматриваемого случая, и не имею понятия, ест ли субъект мясо или он вегетарианец, атеист он или верующий, либерал или консерватор, и так далее…

Не страдая чувством неполноценности, которое могло бы спровоцировать во мне парализующую нерешительность, и не имея необходимости экзаменоваться (по крайней мере, перед большей частью ныне живущих коллег астрологов), я буду использовать привычный мне прямой и откровенный язык, даже если знаю, что легионы астрологов испытают ужас (или сделают вид, что шокированы) от жёсткости и суровости такого рода рассуждений.

Итак, максимально упрощая (во благо конечного пользователя моих рекомендаций), скажу, что этот вопрос достаточно прост, если рассмотреть его с определенной точки зрения: в момент дня рождения, плохой Солнечной Революции, которой мы не хотим или не можем избежать, мы будто бы вручаем звездам подписанный нами бланковый вексель, и некоторые из них в течение года придут к нам с требованием оплаты.

Если мы принимаем этот принцип (тот, кто не верит в это, не обязан продолжать читать следующие строки), то, само собой разумеется, что чем раньше мы заплатим наши долги, тем лучше. Во-вторых, поскольку мы не знаем, сколько должны заплатить, было бы лучше дать звездам много, предпочтительно даже больше, чем нужно, чтобы от нас не потребовалось нечто другое, что может касаться любой области жизни, и очень больно нас ударить в случае, если окажутся поражены определенные интересы, которые нам особенно дороги.

Уже эти два основных правила могли бы очень здорово помочь нам в разработке стратегии, нацеленной на сдерживание «напряженного» года, но можно еще больше углубиться в детали.

Весь накопленный опыт позволяет мне утверждать (несмотря на то, что я не знаю причины этого), что эти планеты ведут себя, как античные боги Олимпа, то есть инфантильным и капризным образом, до такой степени, что их «гнев» усмиряется, прежде всего, если мы преподносим им «человеческие жертвы». Эти жертвы не имеют ничего общего с колдовством, чертовщиной, черной магией, и другими подобными практиками, а их следует всегда рассматривать с точки зрения *экзорцизации символа*. Я не знаю почему, но длиннейший ряд примеров убедил меня в том, что некоторые «зловредные» планеты можно было бы охарактеризовать, как вампиров, которые получают удовлетворение главным образом, когда проливается кровь. Вот почему во всех случаях несостоявшихся или особенно плохих ЦСР первым делом я советую подвергнуть себя хирургической операции через месяц после дня рождения.

Я говорю один месяц, потому что двадцать дней до и после каждого дня рождения являются критическими и потенциально опасными. Следовательно, я бы не пошел добровольно ложиться под нож в вышеназванные недели, но и не стал бы слишком долго ожидать, поскольку первые требования «оплаты» могли бы поступить еще раньше, чем я начал бы действовать для «экзорцизации символов». Естественно, что мы не можем дурачить планеты, и просто запломбировав зуб мы ничего не разрешим. Необходима настоящая операция. Нет никаких хирургических вмешательств, ожидающих своей очереди? Мы в этом уверены? Первое, что следует сделать, опять же, приблизительно через месяц после дня рождения, это пройти полное обследование, при котором могло бы обнаружиться, например, что у нас имеются небольшие камни в желчном пузыре или в почках, которые по назначению врача могли бы быть удалены или раздроблены. Возможные операции, связанные с кожными или гинекологическими кистами, или геморроем, аппендиксом, миндалинами или грыжами, и всем остальным, что может быть излечено хирургическим путем, могли бы, несомненно, значительно понизить «температуру такого года».

Возможно, кто-то скажет: «А что, если потом именно плохой год спровоцирует у меня осложнения во время или после операции?». Совершенно верно, но я считаю, что пойти на этот риск будет во много раз менее опасно, чем ожидать вероятный инфаркт, последствия которого могут быть совсем неопределенными. Пластическая хирургия тоже могла бы послужить намеченной цели, как в случае успешного исхода операции, так и в противоположном (поскольку нашей целью является «усмирение гнева» так называемых планет вредителей).

Но что делать, если уж совсем нет никакой операции, которой можно было бы подвергнуться? Ну, тогда мы должны поступить иначе, и обратиться, например, к стоматологу для *поддесневой чистки корней*. Это глубокая чистка зубов, когда края десны вертикально надрезаются скальпелем и отодвигаются, удаляется зубной камень (высокоскоростной фрезой), обычно присутствующий между деснами и зубами, а после этого разрезанные десна вновь зашиваются. Речь идет о достаточно впечатляющей операции, но не представляющей никакой опасности и не дорогостоящей, и ее можно «смаковать» в течение нескольких месяцев.

Не все стоматологи расположены выполнить ее, если констатируют, что в ней нет особой необходимости, но, тем не менее, некоторые врачи практикуют эту операцию для укрепления десен и в профилактических целях.

Это все, что касается хирургических операций и крови.

Что еще можно сделать? Всего понемногу, следуя логике жертв, но не забывая, что на этом пути мы, в любом случае, будем очень далеки от эффективности первого варианта действий. Можно много учиться, упорно трудиться, читать по вечерам трудные книги, резко ограничить вечерние развлечения, следовать диете для похудения или очищения организма с неким аскетическим «фундаментализмом», решить разорвать любовную связь или закрыть совместное предприятие, отсечь множество сухих веток в широком смысле слова.

Цели могло бы послужить также волонтёрство, добровольная работа (но не в гомеопатических дозах). Исключительно полезны будут отказы и отречения: от вождения автомобиля или от покупки нового компьютера, от путешествия на Карибы, от двойственных ситуаций в любовных вопросах, и так далее.

Ключевыми словами такого года должны были бы быть следующие: упорно работать или настойчиво учиться, резко отказаться от удовольствий, найти страдания, которые могли бы способствовать нашему росту (такие как учиться по вечерам вместо расслабления перед телевизором или других развлечений), посвятить огромное количество своих сил другим людям, умерщвлять собственное эго, избрать добровольное уединение, удаляться как можно чаще для медитации или молитвы. В общем, давать, давать, давать, и снова давать.

Эти правила, будучи испытанными огромное количество раз людьми, которые прислушались к моим советам, а также мной самим, в тех случаях, когда я не смог уехать, не произвели такого же защитного результата, как предохранительная поездка на Целенаправленный день рождения, но они оказались способны в большой мере смягчить год, который ожидался очень проблематичным.

Глава 29
Результаты последних исследований

Как уже говорил ранее, я занимаюсь такой областью деятельности, где исследования, как в специальной научной лаборатории, никогда не останавливаются, все время находятся в стадии развития, *in progress*. Временный файл, день за днем собирающий результаты моего практического опыта, постоянно обновляется. Но стоит лишь оглянуться назад и подумать о потрясающих результатах, достигнутых за сорок лет исследовательской и практической деятельности, и можно убежденно утверждать, что в этой лаборатории мной были открыты и зафиксированы правила фундаментальной важности. Эти правила позволяют, по крайней мере, не повторять тяжелейших ошибок, которые могли быть допущены на заре этого удивительного приключения, когда практически не существовало никакой научной литературы, которая могла бы повести исследователя по дороге Целенаправленных Солнечных Революций. Конечно, позади остались раненые из-за допущенных ошибок, но это было неизбежно в экспериментальной работе, в настолько экспериментальной как эта, и именно поэтому я каждый раз становлюсь нетерпимым, а иногда даже жестким и прямолинейным с теми, кто претендует на корректирование правил, определяющих мою сегодняшнюю работу, пребывая в уверенности, что открыли нечто лучшее на основании двух или трех изученных Целенаправленных Солнечных Революций.

Поверьте мне, это ошибочный подход к работе. В таком секторе, где мы имеем дело с жизнью людей, нет места для салонной астрологии, которая позволяет себе произносить потрясающие глупости, неслыханные в истории астрологии: Козерог отлично справляется с ручными поделками, Рак – тщеславен, Дева – деспотична...

В таком секторе это равносильно передаче заряженного

ружья в детские руки. А если эти дети еще не достаточно взрослые, зрелые и опытные, то можете себе представить, к чему это может привести.

Я не претендую на то, чтобы оставить после себя Библейские скрижали, но, безусловно, я уже наметил очень солидный начальный фундамент, на основе которого сам продолжаю работать и проводить исследования, совместно с моими учениками и компетентными коллегами той же школы. Но попробуйте только представить себе, что нам пришлось бы начинать все заново, и снова открывать понимание того, например, что Асцендент Солнечной Революции в Первом Доме радикса наносит такой же ущерб, как и Асцендент СР в Двенадцатом натальном Доме.

Надеюсь, что после многих написанных мною книг и сотен опубликованных статей, всегда сопровождаемых большим количеством практических случаев в качестве примеров, мне удалось убедить Читателя хотя бы в одном фундаментальном вопросе: Солнечную Революцию нельзя читать таким же образом, как натальную карту. Если это не понятно, то лучше заняться чем-то другим. Когда я слышу от кого-то, кто на протяжении многих лет читает мои книги, вопрос: «Но Асцендент в Шестом Доме разве не может означать смену работы?», то у меня опускаются руки.

Самые опасные ситуации, как я полагаю, возникают у тех моих читателей, которые систематически не следили за всеми моими публикациями, а лишь почитывали отрывочно, то здесь, то там, и несмотря на это они отваживаются самостоятельно выбирать себе место для Целенаправленной Солнечной Революции, и даже советуют якобы благоприятные места для проведения дня рождения другим людям, основываясь на скудном знании предмета и не имея необходимых самых последних данных.

С другой стороны, на самом деле, вовсе нелегко следовать за развитием моих исследований, потому что их результаты я иногда лишь печатаю в моем журнале (на который подписаны даже не все мои самые верные ученики), или рассказываю о них на конференциях, или сообщаю по электронной почте в виде рассылки для ограниченного числа подписчиков.

Именно поэтому подобная книга имеет особую ценность, здесь я могу после многих лет обобщить в одной главе свои основные наблюдения и рекомендации, которые мне хотелось бы посвятить всем, кто следует за мной по этому захватывающему, но в то же время и опасному пути.

Ниже по порядку изложено все, что мне хотелось бы напомнить и порекомендовать:

1) Солнечная Революция дает нам ценнейшие указания, почти всегда очень «живописные», на период от одного дня рождения до другого. Глубоко ошибается тот, кто думает, что СР может начать работать заранее, за несколько недель или месяцев до наступления нового дня рождения, или что завершившаяся СР продолжает работать в дни, следующие за днем рождения.

2) Нет никакой разницы между Двенадцатым, Шестым и Первым Домами Солнечной Революции с точки зрения вреда и ущерба, который они могут нанести.

3) Стеллиум планет между Двенадцатым и Первым Домами СР имеет точно такое же значение, как и стеллиум в Двенадцатом Доме СР, даже если, например, Юпитер у нас находится в Двенадцатом Доме, а Венера и Меркурий – в Первом.

4) Угловые аспекты планет Солнечной Революции имеют минимальное значение по сравнению с положением планет в Домах СР, поэтому не стоит создавать себе иллюзий в случае, если ваш Марс, который попадает в Шестой Дом СР, поддерживается тригонами и секстилями: на практике результат будет таким же, как при пораженном Марсе.

5) Карта Солнечной Революции является гораздо более влиятельной, чем натальная карта с соответствующими транзитами. Поэтому не питайте иллюзий, что в год с Солнцем в Первом Доме СР вас сможет защитить транзит Юпитера по натальному Солнцу. Но, равным образом, не стоит слишком беспокоиться о транзите Урана по натальному Марсу в Двенадцатом Доме, когда вы защищены хорошей Целенаправленной Солнечной Революцией. Это правило действует в обоих направлениях, и не является плодом параноического подхода, скорее наоборот: если бы я был пессимистом, то разве смог бы посылать более тысячи человек в год для проведения Целенаправленного дня рождения, если бы не был уверен в том, что это может значительно улучшить им жизнь?

6) Пользуйтесь как можно меньше Десятым Домом, и исключительно в тех случаях, когда вы действительно умеете им пользоваться: при отсутствии солидного опыта было бы лучше всего разместить Юпитер, Венеру, или Солнце в соединении с МС, но не Асцендент СР в Десятом Доме радикса, что во многих случаях может сильно навредить заинтересованному лицу.

7) Для полной уверенности в отсутствии негативных сюрпризов, поместите Асцендент по крайней мере на расстоянии двух с половиной градусов от куспида опасного Дома СР, и проверьте, останется ли неизменным это безопасное расстояние, даже при смещении времени рождения субъекта на полчаса и на сорок пять минут назад.

8) Никогда не ставьте потенциально опасную планету вблизи куспида «зловредного» Дома. Солнце не опасно само по себе, но уже было сказано, что карта Солнечной Революции должна читаться совершенно иначе, чем натальная карта. И если наше первое светило находится, скажем, на пять градусов выше куспида Двенадцатого Дома СР, то это положение может стать очень опасным в случае, если указанное время рождения субъекта отличается от реального на полчаса (в большинстве случаев время рождения указано с избытком). То же можно сказать, например, про Марс в Пятом Доме СР, который иногда кажется очень далеким от куспида Шестого Дома, но если вы не учли, что работаете в части окружности, управляемой знаками короткого восхождения, то «задний ход» во времени рождения всего лишь на полчаса может нанести вам огромный вред.

9) Солнце или Асцендент в Восьмом Доме СР вполне допустимы, если этого не представляется возможным избежать, и при условии отсутствия в натальной карте субъекта особых тревожных показателей. Но ни в коем случае нельзя допускать размещения стеллиума в Восьмом Доме, так как при наличии подобной конфигурации этот Дом может почти сравняться с тремя самыми злыми Домами, которые вы уже знаете.

10) Если у вас никак не получается уехать, то постарайтесь использовать правила экзорцизации символов, например, подвергнуться хирургической операции, но при этом ни в коем случае не планируйте никаких хирургических вмешательств или важных медицинских обследований на период в двадцать дней до и после не только вашего дня рождения, но и дней рождения ваших родных и близких.

11) Внимательно перечитывайте тридцать правил (вместе с этими) из книги *Транзиты и Солнечные Революции*, чтобы лучше понять, например, что если у субъекта на текущий момент есть большие финансовые проблемы, то нельзя помещать ему Юпитер во Второй или в Восьмой Дом СР.

12) Следуйте философии постепенности, используя для начала посредственные Целенаправленные Солнечные Революции, но которые позволят вам продвигаться вперед постепенно, год за годом улучшая жизнь, а не пытайтесь сразу получить «выдающийся переворот», что во многих случаях может принести разрушительный результат.

13) Старайтесь использовать в качестве «целенаправленных» мест только те географические точки, в которых есть нормальный аэропорт, и избегайте поездок типа «500 километров в джунглях на внедорожнике»: в таких случаях опасности самого путешествия могут значительно превысить те, которым вы могли бы подвергнуться, оставшись дома.

14) Никто не запрещает вам экспериментировать и исследовать эту область, но не будьте слишком самонадеянны, придумывая новые правила на основе лишь нескольких десятков Целенаправленных Солнечных Революций, которыми вы прямо или косвенно управляли.

15) Тяжелое заболевание может проявиться даже в том году, когда Солнечная Революция является очень позитивной: это зависит от такого фактора, к примеру, когда канцерогенный процесс, начавшийся семь или десять лет назад, созрел и должен выйти наружу, и никакая ЦСР его не удержит. Однако в таких случаях хорошая текущая ЦСР может помочь начать максимально эффективное лечение и помочь выздоровлению.

16) Сатурн, Уран, Нептун или Плутон могут располагаться в Первом, Шестом или Двенадцатом Домах Солнечной Революции (я их размещал там тысячи раз без единого минимального намека на несчастный случай), но конечно же, по возможности лучше избегать этих положений.

17) Одиннадцатый Дом имеет отношение ко смерти гораздо большее, чем Восьмой, но не стоит из-за этого воздерживаться от его использования: смерть приходит только раз, и в течение жизни случаи траура по близким случаются очень редко. То же самое можно сказать о Третьем и Девятом Домах в отношении их связи с возможными авариями, про Пятый Дом в отношении детей, и так далее.

18) Постарайтесь добраться до места Целенаправленной Солнечной Революции, по крайней мере, за три-четыре дня до вашего дня рождения, иначе возможные забастовки самолетов или спешка в последний момент, либо дети, которые могут заболеть в последний вечер перед отъездом, могут помешать вам уехать.

19) Если вы верите в этот метод (Целенаправленных Солнечных Революций), то выполняйте его каждый год, как будто вы делаете прививку от инфекции: отмечать целенаправленный день рождения через каждые три-четыре года не имеет никакого смысла.

20) Не просите и не соглашайтесь на уменьшение протяженности пути и скидки в расстояниях: либо вы перемещаетесь, либо нет. Лететь куда-нибудь в течение всего-навсего одного часа на самолете только для того, чтобы убрать Марс из Двенадцатого Дома и оставить при этом Солнце в Первом, является самым бесполезным, а также самым глупым действием, какое только можно себе представить.

21) Не заставляйте ваших пожилых родственников отправляться в путешествие по случаю их дня рождения. Я вам советую никого не уговаривать на эту тему, так как чтобы практиковать правильным образом ЦСР требуется сильная убежденность.

22) Каждая Целенаправленная Солнечная Революция должна иметь три основные цели: защитить субъекта от самых неприятных вещей, которые могли бы случиться с ним в течение года; улучшить условия его жизни; попытаться откорректировать время рождения с использованием «датчиков» (всегда размещать какую-нибудь важную планету на куспиде между двумя Домами, чтобы выяснить через год, попала ли эта планета в ту или иную позицию, где мы и предполагали. Поиски точного времени рождения субъекта никогда не должны заканчиваться).

23) Даже и не думайте изучать случай нового субъекта, если он не предоставит вам время своего рождения, или указанное его родителями, или отмеченное в выписке из Свидетельства о рождении.

24) Планета, расположенная менее чем в двух с половиной градусах от опасного куспида, даже в том случае, когда известно точное время рождения до секунды, должна рассматриваться, как находящаяся *внутри* «зловредного» Дома.

25) Помните, что Сатурн всегда преобладает над Юпитером, Венерой, Солнцем и т.д. Само собой разумеется, что мы не можем разместить Сатурн на МС, утешая себя тем, что Солнце и Юпитер в Десятом Доме СР могут уравновесить его очень негативное влияние. По этой же причине, имея в виду понятие «Зона Гоклена», мы не можем поставить Юпитер в Десятом Доме в пяти градусах от МС, и одновременно Сатурн на таком же расстоянии от МС в Девятом Доме. В конце концов, будет преобладать Сатурн, и это значит, что с точки зрения работы, эмансипации, успеха и престижа у нас будет год именно под влиянием Сатурна, а не Юпитера. То же самое произойдет, если мы разместим одновременно Сатурн и Юпитер в Седьмом Доме, во Втором, и так далее.

Здесь я остановлюсь, но файл остается *временным*.

Глава 30
Основная библиография

- **Various Authors**, *Articles published on the quarterly* Ricerca '90, Ricerca 90 Publisher, 1990-2003, pp. 128

- **Various Authors**, *Astrology Today*, Armenia, Milan, 1976, Conference Proceedings of the 1975 Milan Conference, pp. 277

- **Various Authors**, *Special University Issue (45-46) of the* l'astrologue, Éditions Traditionnelles, Paris

- **Various Authors**, *Science and Mystery*, Sansoni Publisher, Rome, 1979

- **John M. Addey**, *Harmonic Rhythms in Astrology*, Elefante Publisher, Catania, 1979, pp. 352

- **Theodor W. Adorno**, *The Stars Down to Earth and others essays on the irrational in culture*, London and New York, Routledge, 1994 [1975], pp. 239.

- **Jacqueline Aime & Joelle De Gravelaine**, *Sotto il segno degli astri* [Under the sign of the asters], Della Valle Publisher, Turin, 1970, pp. 319

- **Antonino Anzaldi - Luigi Bazzoli**, *Dizionario di Astrologia* [Dictionary of Astrology], BUR, Milan, 1988, Dizionario Definizioni, pp. 470

- **Antonino Anzaldi**, *Miscellaneous Articles*, Ricerca '90, Ricerca '90 Publisher, Naples, 1990-2003

- **Stephen Arroyo**, *Astrology, Psychology, and the Four Elements: An Energy Approach to Astrology and Its Use in the Counseling Art*s, CRCS Publications; 1st edition, 1978.

- **Stephen Arroyo**, *Chart Interpretation Handbook: Guidelines for Understanding the Essentials of the Birth Chart*, CRCS Publications; 1st edition, 1989.

- **Luigi Aurigemma**, *Il segno zodiacale dello Scorpione* [The sign of Scorpio], Einaudi Publisher, Turin, 1976, pp. 241.

- **André Barbault - H. Latou - B. Rossi - G. Simon** - Kepler, Editions Traditionnelles (N. 52 de "l'astrologue"), Paris

- **André Barbault et als.**, *Soleil & Lune en Astrologie* [Sun and Moon in Astrology], Publications du Centre International d'Astrologie, Paris, 1953, pp. 280

- **André Barbault**, *Ariete* [Aries], La Salamandra Publisher, Milan, 1985, Monography on Signs, pp. 160

- **André Barbault**, *Astrologia e orientamento professionale* [Astrology and vocational guidance, Ciro Discepolo Publisher, Naples, 1984, Jobs Monography, pp. 93

- **André Barbault**, *Astrologia mondiale* [World Astrology], Armenia, Milan, 1980, pp. 272

- **André Barbault**, *Dalla psicanalisi all'astrologia* [From Psychoanalysis to Astrology], Morin, Siena, 1971, pp. 224

- **André Barbault**, *Giove & Saturno* [Jupiter & Saturn], Publisher Ciro Discepolo, Naples, 1983, pp. 214

- **André Barbault**, *Il pronostico sperimentale in astrologia* [The experimental prediction Astrology], Mursia, Milan, 1979, pp. 210

- **André Barbault**, *La Précession des Équinoxes et l'Astrologie* [The Precession of equinoxes and Astrology], Centre International d'Astrologie, Paris, 1972, pp. 32

- **André Barbault**, *La scienza dell'Astrologia* [The Science of Astrology], Nuovi Orizzonti, Milan, 1989, Saggio Varie, pp. 186

- **André Barbault**, *L'astrologia e la previsione dell'avvenire* [Astrology and the prediction of the future], Armenia, Milan, 1993, pp. 308

- **André Barbault**, *L'astrologia e l'avvenire del mondo* [Astrology and the future of the world], Xenia, Milan, 1996, Prediction Essays, pp. 212

- **André Barbault**, *Toro* [Taurus], La Salamandra, Milan, 1985, Monography on the Signs, pp. 153

- **André Barbault**, *Trattato pratico di astrologia* [Practical Treatise of Astrology], Morin, Siena, 1967, pp. 317

- **Armand Barbault**, *Technique de l'interprétation* [Technique of interpretation], Dervy Livres, Croissy-Beaubourg, 1991

- **Barbault & C.**, *La luna nei miti e nello zodiaco* [The Moon in Myth and in the Zodiac], Nuovi Orizzonti, Milan, 1989, Celestials Monographies, pp.190

- **Enzo Barillà & Ciro Discepolo**, *Astrologia: sì e no* [Astrology: Yes & No], Ricerca '90 Publisher, Naples, 1994, pp. 240

- **Ernst Bernhard**, *Mitobiografia* [Mythobiography], Bompiani, Milan, 1977

- **Franz Boll, Carl Bezold, Wilhelm Gundel**, *Storia dell'astrologia* [History of Astrology], Laterza Publisher, Bari, 1982, pp. 130

- **Auguste Bouché Leclerq**, *L'astrologie grecque* [Greek Astrology], Ernst Leroux Editeur, Paris, 1899

- **Angelo Brunini**, *L'avvenire non è un mistero* [The future is not a mystery], Published by the Author, Rome, 1964

- **Federico Capone et als.**, *Osservatore Astrologico* [Astrological Observer], Various Issues, Capone Publisher, Turin

- **Federico Capone**, *Astronomia oroscopia* [Horoscopic Astronomy], Capone Publisher, Turin, 1977, pp. 112

- **Federico Capone**, *Dizionario Astrologico* [Astrological Dictionary], Publisher Capone, Turin, 1978, pp. 224

- **Adriano Carelli**, *The 360 Degrees of the Zodiac*, American Federation of Astrologers, Tempe (Arizona), 1977, pp. 202

- **Charles E.O. Carter**, *An Introduction to Political Astrology*, Fowler, London, 1951, pp. 104

- **Charles E.O. Carter**, *The Astrological Aspects*, Fowler, London, 1930, pp. 160

- **Charles E.O. Carter**, The Astrology of Accidents, The Theosophical Publishing House Ltd., London, date of publication unknown, pp. 124

- **Charles E.O. Carter**, *The Principles of Astrology*, The Theosophical Publishing House Ltd., London, 1925, pp. 190

- **Yves Christiaen**, *La Domification* [Domification], Dervy Livres, Paris, 1978, pp. 40

- **Howard Leslie Cornell**, *Encyclopaedia of Medical Astrology*, Llewellyn Publications, St. Paul (Minnesota), 1972, pp. 958

- **Paul Couderc**, *L'astrologia* [Astrology], Garzanti Publisher, Milan, 1977

- **Bernard Crozier**, *Moderno trattato di astrologia* [Modern Treatise of Astrology], 3 Volls., Armenia Publisher, Milan, 1992, pp. 444

- **Franz Cumont**, *Astrologia e religione presso i greci e i romani* [Astrology and Religion of the Ancient Romans], Mimesis, Milan, 1990

- **Franz Cumont**, *L'Egypte des astrologues* [The Egypt of astrologers], Fondation égyptologique reine Elisabeth, Bruxelles, 1937

- **Nicholas De Vore**, *Encyclopedia of Astrology*, Littlefield Adams and Co., New Jersey, U.S.A. 1977

- **Thorwald Dethlefsen**, *Il destino come scelta* [Destiny as Choice], Mediterranee Publisher, Rome, 1984, pp. 202

- **Arato Di Soli**, *I fenomeni ed i pronostici* [Phenomena and predictions], Arktos, Turin, 1984, Ancient Astrological Poem, pp. 120

- **Ciro Discepolo & Autori vari**, *Osservazioni politematiche sulle ricerche Discepolo/Miele* [Polythematic observations on Discepolo/Miele Researches], Ricerca '90 Publisher, Naples, 1992, pp. 196

- **Ciro Discepolo et als.**, *Per una rifondazione dell'astrologia o per il suo rifiuto* [For a refoundation of Astrology or for its reject], Ricerca '90 Publisher, Naples, 1993, pp. 200

- **Ciro Discepolo & Luigi Galli**, *Supporto tecnico alla pratica delle Rivoluzioni solari mirate* [Technical support for the practice of Aimed Solar Returns], Blue Diamond Publisher, Milan, 2000, pp. 136

- **Ciro Discepolo**, *Astrologia applicata* [Applied Astrology], Armenia Publisher, Milan, 1988, pp. 294

- **Ciro Discepolo**, *La ricerca dell'ora di nascita* [Searching for the time of birth], Publisher Ricerca '90, Napoli, 1994, pp. 64

- **Ciro Discepolo**, *Astrologia Attiva* [Active Astrology], Edizioni Mediterranee, Rome, 1998, pp. 144

- **Ciro Discepolo**, *Come scoprire i segreti di un oroscopo* [How to discover the secrets of a horoscope], Albero Publisher, Milan, 1988, pp. 253

- **Ciro Discepolo**, *Esercizi sulle Rivoluzioni solari mirate* [Exercises on Aimed Solar Returns], Blue Diamond Publisher, Milan, 1996, pp. 96

- **Ciro Discepolo**, *Guida ai transiti* (prima e seconda edizione) [A Guide to Transits; first and second edition], Armenia, Milan, 1984, pp. 510

- **Ciro Discepolo**, *Il sale dell'astrologia* [The Salt of Astrology], Capone Publisher, Turin, 1991, pp. 144

- **Ciro Discepolo**, *Nuova guida all'astrologia* [A New Guide to Astrology], Armenia, Milan, 2000, pp. 818

- **Ciro Discepolo**, *Nuovo dizionario di astrologia* [New Dictionary of Astrology], Armenia, Milan, 1996, pp. 394

- **Ciro Discepolo**, *Nuovo trattato delle Rivoluzioni solari* [New Treatise on Solar Returns], Armenia, Milan, 2003, pp. 216

- **Ciro Discepolo**, *Piccola guida all'astrologia* [The Short Guide to Astrology], Armenia, Milan, 1998, pp. 200

- **Ciro Discepolo**, *Programmi informatici ASTRAL* [The ASTRAL Software], edited with Luigi Miele, Naples, 1979-2003

- **Ciro Discepolo**, *Prontuario calcoli* [Handbook of Calculations], Capone Publisher, Turin, 1979, pp. 72

- **Ciro Discepolo**, *Quattro cose sui compleanni mirati* [Four considerations on Aimed Birthdays], Blue Diamond Publisher, Milan, 2001, pp. 104

- **Ciro Discepolo**, *Traité complet d'interprétation des transits et des Révolutions solaires en astrologie* [The Complete Treatise on the Interpretation of Transits and Solar Returns in Astrology], Éditions Traditionnelles, Paris, 2001, pp. 502

- **Ciro Discepolo**, *Trattato pratico di Rivoluzioni solari* [Practical Treatise on Solar Returns] Ricerca '90 Publisher, Naples, 1993, pp. 208

- **Ciro Discepolo**, *Vari volumi di effemeridi [Miscellaneous volumes on Ephemeres]*, Various Publishers

- **Ciro Discepolo**, *Vari volumi di Tavole delle Case* [Various

Volumes of the Tables of Houses], Various Publishers

- **Luciano Drusetta**, *Miscellaneous Articles*, Ricerca '90, Publisher Ricerca '90, Naples, 1990-2003

- **Reinhold Ebertin**, *Cosmobiologia: la nuova astrologia* [Cosmobiology: the new Astrology], C.E.M. Publisher, Naples, 1982, pp. 208

- **Marc Edmund Jones**, *Horary Astrology*, Shambala, Berkeley & London, 1975, pp. 462

- **Michael Erlewine**, *Manual of Computer Programming for Astrologers*, American Federation of Astrologers, Tempe (Arizona), 1980, pp. 215

- **Hans J. Eysenck, S. Mayo, O. White**, *Un metodo empirico sul rapporto tra fattori astrologici e personalità* [An empirical Method on the relation between astrological factors and the personality], Linguaggio astrale quarterly, n. 42, Turin, 1981

- **Hans J. Eysenck**, *Psycologie et astrologie* [Psychology and Astrology], l'astrologue n. 45-46

- **Carlo Fenoglio**, *Perché l'astrologia* [Why Astrology], Rai Publisher, Turin, 1972, pp. 138

- **Pasquale Foglia**, *Articoli Vari* [Miscellaneous articles], Ricerca '90, Ricerca '90 Publisher, Naples, 1990-2003

- **H. Freiherr Von Klockler**, *Corso di astrologia* [Course of Astrology], Edizioni Mediterranee, Rome, 1979

- **Gabriel**, *Traité de l'heure dans le monde* [Treatise on world time], Guj Tridaniel

- **Luigi Galli & Ciro Discepolo**, *Atlante geografico per le Rivoluzioni solari* [Geographical Atlas for solar Return], Blue Diamond Publisher, Milan, 2001, pp. 136

- **Luigi Galli**, *Miscellaneous Articles*, Ricerca '90, Publisher Ricerca '90, Naples, 1990-2003

- **Eugenio Garin**, *Lo zodiaco della vita* [The Zodiac of Life], Laterza, Bari, 1976, History Essay, pp. 174

- **Michel & Françoise Gauquelin**, *Actors & politicians*, Laboratoire d'étude des relations entre rythmes cosmiques et psychophysiologiques, Paris, 1970

- **Michel Gauquelin**, *Il dossier delle influenze cosmiche* [A Report on cosmic influences], Astrolabio, Rome, 1975, pp. 232

- **Michel Gauquelin**, *La Cosmopsychologie* [Cosmopsychology], Retz, Paris, 1974, pp. 256

- **Michel Gauquelin**, *L'astrologia di fronte alla scienza* [Astrology and Science], Armenia, Milan, 1981, Statistics Essay, pp. 312

- **Michel & Françoise Gauquelin**, *Méthodes pour étudier la répartition des astres dans le mouvement diurne* [Treatise for the study of the distribution of Celestials during the day], Gauquelin Publisher, Paris, 1970

- **Michel & Françoise Gauquelin**, *Painters and musicians*, Laboratoire d'étude des relations entre rythmes cosmiques et psychophysiologiques, Paris, 1970

- **Françoise Gauquelin**, *Problèmes de l'heure risolus en astrologie* [Problems about time solved in Astrology], Guj Tredaniel, 1990

- **Michel Gauquelin**, *Ritmi biologici e ritmi cosmici* [Biological and Cosmic Rhythms], Faenza spa, Faenza, 1976, Cycles and Statistics Essay, pp. 226

- **Luigi Gedda & Gianni Brenci**, *Cronogenetica* [Chronogenetics] Est/Mondadori, Milan, 1974

- **Theodor Gomperz**, *Greek Thinkers*, University of California Libraries, 1905

- **Henri J. Gouchon and Jean Reverchon**, *Dictionnaire Astrologique - Supplément Technique* [Astrological Dictionary – Technical Support], H. Gouchon Éditeur, Paris, 1947, pp. 40

- **Henri J. Gouchon**, *Dizionario di astrologia* [Dictionary of Astrology], Siad Publisher, Milan, 1980

- **Henri J. Gouchon**, *Les Directions Primaires Simplifiées* [Simplified Primary Directions], Éditions Traditionnelles, Paris, 1970, circa 150 pp.

- **Henri J. Gouchon**, *L'Horoscope Annuel Simplifié* [Simplified Annual Horoscope], Dervy Livres, Paris, 1973, pp. 214

- **Liz Greene**, *Saturn: a New Look at an Old Devil*, Samuel

Weiser Books, 2011

- **Liz Greene**, *The Astrology of Fate*, Samuel Weiser Books, 1986

- **Hadès**, *Guide pratique de l'interprétation en Astrologie* [Practical Guide for Interpretation in Astrology], Éditions Niclaus, Paris, 1969, pp. 228

- **Hadès**, *Manuel complet d'Astrologie Médicale* [Complete Handbook of Medical Astrology], Éditions Niclaus, Paris, 1970, pp. 228

- **Robert Hand**, *Planets in Composite: Analyzing Human Relationships*, Schiffer Publishing, 1975

- **Robert Hand**, *Planets in Transits*, Para Research, 1981

- **Max Heindel & Augusta Foss Heindel**, *The Message of the Stars (Natal and Medical Astrology)*, Fowler, London, 1973, pp. 734

- **James Hillmann**, *Senex et Puer*, Uniform Edition, Vol. 3, Spring Publications, 2006

- **Brian Inness**, *The Horoscopes*, Crescent, 1988

- **Eugen Jonas**, *Miscellaneous Articles*, Ricerca '90, Publisher Ricerca '90, Naples, 1990-2003

- **Eugen Jonas**, *Il controllo naturale del concepimento* [Natural Birth Control] Blue Diamond Publisher, Milan, 1995, pp. 76

- **King Keyes**, *Master Guide to Preparing your Natal Horoscope*, Parker Publishing Company, Englewood Cliffs, N.J., 1974, pp. 214

- **Helene Kinauer Saltarini**, *Bioritmo* [Biorhythm] Siad Publisher, Milan, 1977

- **G. E. R. Lloyd**, *Polarity and Analogy*, Cambridge University Press, Cambridge, 1966

- **Louis MacNeice**, *Astrology*, Rizzoli, Doubleday, 1964

- **Marco Manilio**, *Astronomicon Arktos*, Turin, 1981, Astrological Poem, pp. 317

- **Luciana Marinangeli**, *Astrologia indiana* [Indian Astrology], Edizioni Mediterranee, Rome, 1983, pp. 200

- **Luciana Marinangeli**, *Astrologia tibetana* [Tibetan Astrology] Edizioni Mediterranee, Rome, 1987, pp. 200

- **Luciana Marinangeli**, *Introduzione all'astrologia indiana* [Introduction to Indian Astrology], Rizzoli, Milan, 1983, pp. 336

- **Jean Mars**, *L'astrologia alla sbarra* [Astrology before the bars] Mursia, Milan, 1979, pp. 224

- **John McCormick**, *The Book of Retrogrades*, American Federation of Astrologers, Tempe (Arizona), 1980, pp. 80

- **J.B. Morin de Villefranche**, *Ma Vie Devant les Astres* [My Life looking at the Asters] Éditions des Cahiers Astrologiques, Nice, date of publication unknown, pp. 88

- **Denis Mueller**, *Il fascino dell'astrologia* [The Charm of Astrology], Claudiana, Turin, 1992

- **George C. Noonan**, *Spherical Astronomy for Astrologers*, American Federation of Astrologers, Washington D.C., 1974, pp. 62

- **Sheila Ostrander & Lynn Schroeder**, *Astrological Birth Control*, Prentice-Hall, 1972

- **Tommaso Palamidessi**, *Astrologia mondiale* [World Astrology] Archeosofica P., Roma, 1941, pp. 588

- **Derek Parker, *Il mistero dell'astrologia*, Palazzi, Milano, 1971, Saggio Inchiesta, pp. 248**

- **Mitchell Beazley**, *The Power Of Magic: Secrets And Mysteries Ancient And Modern*, 1999

- **Johanna Paungger & Thomas Poppe**, *Moon Time: The Art of Harmony with Nature and Lunar Cycles*, Random House, 2006

- **Johanna Paungger & Thomas Poppe**, *Guided by the Moon: Living in Harmony with the Lunar Cycles*, Da Capo Press, 2002

- **Louis Pawels & Jacques Bergier**, *The Morning of the Magicians: Secret Societies, Conspiracies, and Vanished Civilizations*, Destiny, 2008.

- **Will-Erich Peuckert**, *L'astrologia* [Astrology], Edizioni Mediterranee, Rome, 1980

- **Laura Poggiani**, *Miscellaneous Articles*, Ricerca '90, Publisher Ricerca '90, Naples, 1990-2003

- **Karl Raimund Popper**, *The Logic of Scientific Discovery*, London, Routledge, 2002 [1959]

- **Andrea Rossetti**, *Breve trattato sui transiti* [A Short Treatise on Transits], Blue Diamond Publisher, Milan, 1994, pp. 125

- **Andrea Rossetti**, *Transiti, rivoluzioni solari e dasa indù* [Transits, Solar Returns and Hindu Dasa] Blue Diamond Publisher, Milan, 1997, pp. 188

- **Dane Rudhyar**, *Astrology and the Modern Psyche*, CRCS Publications, Davis, 1978, pp. 184

- **Dane Rudhyar**, *An Astrological Study of Psychological Complexes*, Shambhala, 1976

- **Dane Rudhyar**, *The Astrological Houses*, Doubleday Paperback Edition, USA, 1972, pp. 208

- **Alexander Ruperti**, *I cicli del divenire* [The cycles of becoming], Astrolabio, Rome, 1990, pp. 301

- **Dario Sabbatucci**, *Divinazione e cosmologia* [Divination and Astrology], Il Saggiatore, Mondadori Publisher, Milan, 1989

- **Jacques Sadoul**, *L'enigma dello zodiaco* [The Enigma of the Zodiac] Palazzi, Milan, 1973, Saggio Varie, pp. 311

- **Frances Sakoian and Louis Acker**, *Transits of Jupiter*, CSA Printing and Bindery Inc., USA, 1974, pp. 72

- **Frances Sakoian and Louis Acker**, *Transits of Saturn*, CSA Printing and Bindery Inc., USA, 1973, pp. 76

- **Frances Sakoian and Louis Acker**, *Transits of Uranus*, CSA Printing and Bindery Inc., USA, 1973, pp. 78

- **Vanda Sawtell**, *Astrology & Biochemistry*, Rustington (Sussex, England), pp. 86

- **Françoise Secret**, *Astrologie et alchimie au XVII siecle* [Astrology and Alchemy in the 17th century], French Studies, New Series, vol. 60. 3

- **Nicola Sementovsky Kurilo**, *Trattato completo di astrologia teorico e pratico* [A Complete Theoretical and Practical Treatise of Astrology] Hoepli Publisher, Milan, 1989

- **Heber J. Smith**, *Transits*, American Federation of Astrology, Tempe (Arizona), date of publication unknown, pp. 42

- **Kichinosuke Tatai**, *Biorhythm for Health Design,* Japan Publications Trading Co, 1977

- **Jim Tester**, *History of Western Astrology*, Ballantine, 1988

- **George S. Thommen**, *Biorhythtms: is this your day?*, Crown Publishing Group, 1987

- **Claudio Tolomeo**, *Descrizione della sfera celeste* [Description of the celestial spere] Arnaldo Forni, Bologna, 1990, pp. 96

- **Claudio Tolomeo**, *Tetrabiblos. Le previsioni astrologiche* [Tetrabiblos. Astrological Predictions] Mondadori, Milan, 1985, Handbook of Ancient Astrology, pp. 490

- **Claudio Tolomeo**, *Tetrabiblos*, Arktos, Carmagnola, 1980

- **Claudio Tolomeo**, *Tetrabiblos*, Arktos, Torino, 1979, Manuale Astrologia Antica, pp. 270

- **Mario Trevi / Augusto Romano**, *Studi sull'Ombra* [Studies on the Shadow] Marsilio Editori, Venice, 1990

- **William J. Tucker**, *Astromedical Diagnosis*, Pythagorean Publications, Sidcup Kent England, 1959, pp. 294

- **Peter Van Wood**, *L'astrologo nel cassetto* [The astrologer in the drawer] De Vecchi, Milano, 1978, pp. 271

- **Lorenzo Vancheri**, *Miscellaneous Articles*, Ricerca '90, Publisher Ricerca '90, Naples, 1990-2003

- **Cesare Vasoli**, *I miti e gli astri* [Myths and Asters], Guida, Naples, 1977, Ancient Astrology Essay, pp. 407

- **Emanuele Vinciguerra**, *Miscellaneous Articles*, Ricerca '90, Publisher Ricerca '90, Naples, 1990-2003

- **Mario Viterbi**, *La potenza dei pianeti* [The power of planets], Publisher CIDA, Turin, 1974, pp. 48

- **Alexander Volguine**, *Lunar Astrology*, ASI, 1972

- **Alexander Volguine**, *The Technique of Solar Returns*, ASI, 1976, pp. 206

- **Alexander Volguine**, *La teoria degli encadrements* [The theory of planetary containment] Publisher CIDA, Milan, 1974, pp. 244

- **Ugo Volli**, *La retorica delle stelle* [The rhetoric of the stars] Espresso, Milan, 1979, Saggio Sociologia, pp.153

- **Herbert Von Klockler**, *Astrology and Vocational Aptitude*,

American Federation of Astrologers, 1974

- **Herbert Von Klockler**, *Astrologia, scienza sperimentale* [Astrology as Experimental Science], Edizioni Mediterranee, Rome, 1993, pp. 183

- **Herbert Von Klockler**, *Corso di astrologia* [Course of Astrology], Edizioni Mediterranee, Rome, 1979, pp. 786

- **Ritchie R. Ward**, *The Living Clocks*, A. Knopf, 1997

- **Lyall Watson**, *Supernature*, Coronet Books, 1999

- **John Anthony West**, *The Case for Astrology*, Arkana, Penguin Books, London, 1992

- **Edward W. Whitman**, *Aspects and their Meanings*, Vol. III, FFBA, CIA, London, 1970, pp. 178

- **Edward W. Whitman**, *The Influence of the Houses*, Vol. I, FFBA, CIA, London, 1970, pp. 200

- **Edward W. Whitman**, *The Influence of the Planets*, Vol. II, FFBA, CIA, London, 1970, pp. 252

- **David Williams**, *Simplified Astronomy for Astrologers*, American Federation of Astrologers, Washington D.C., 1969, pp. 90

- **Giancarlo Zanier**, *La medicina astrologica e la sua teoria: Marsilio Ficino e i suoi critici contemporanei* [Astrological Medicine and its Theory: Marsilius of Padua and his contemporary critics], Edizioni dell'Ateneo e Bizzarri, Roma, 1977

Основная библиография автора

- **Ciro Discepolo**, *Astrologia applicata [Applied astrology]*, Armenia, Milan, 1988, 294 pages.

- **Ciro Discepolo**, *Traité complet d'intérpretation des transits et des révolutions solaires en astrologie*, Éditions Traditionnelles, 2001, 502 pages.

- **Ciro Discepolo**, *A Few Facts on Aimed Birthdays*, Ricerca '90, 2001, 104 pages.

- **Luigi Galli and Ciro Discepolo**, *Geographical Atlas for the Solar Returns*, Ricerca '90 Publisher, 2001, 136 pages.

- **Ciro Discepolo**, *Treatise on Solar Returns (In Hungarian Language)*, DFT - Hungaria 2006, 190 pages.

- **Ciro Discepolo**,*Treatise on Medical Astrology* (In Slovenian Language), Publisher: Hermes (Zalozba Astroloskega Instituta), 2007, 262 pages.

- **Ciro Discepolo**, *Transits and Solar Returns; a New System of Analysis for Two Ancient Methods*, Ricerca '90 Publisher; Reprint edition, 2007, 556 pages.

- **Ciro Discepolo**, *Transits et Révolutions Solaires: Un nouveau système pour deux méthodes anciennes*, Ricerca '90, 2008, 468 pages.

- **Ciro Discepolo**, *Die Transite und das Solarhoroskop: Ein neues System für zwei klassische Methoden*, Ricerca '90, 2008, 648 pages.

- **Ciro Discepolo**, *Transitos y Retornos Solares: Un nuevo sistema de analisis para dos metodos antiguos*, Ricerca '90 Publisher, 2009, 668 pages.

- **Ciro Discepolo**, *Treatise on Solar Returns (in Russian Language)*, Publisher: Astrolog.ru, 2009, 208 pages.

- **Ciro Discepolo**, *Aimed Solar and Lunar Returns; what you can do when you cannot leave*, Ricerca '90, 2009, 222 pages.

- **Ciro Discepolo**, *Lunar Returns and Earth Returns; two supporting methodologies for Active Astrology*, Ricerca '90, 2009, 304 pages.

- **Ciro Discepolo**, *Aimed Lunar Returns and Solar Returns; a Short Album,* Volume 1, Ricerca '90 Publisher, 2009, 108 pages.

- **Ciro Discepolo**, *Aimed Lunar Returns and Solar Returns; a Short Album,* Volume 2, Ricerca '90 Publisher, 2010.

- **Ciro Discepolo**, *Lunar Returns; the many things you should know about this fantastic tool of forecasting*, Ricerca '90, 2010, 240 pages.

- **Ciro Discepolo**, *The Protocol for Correction of Birth Time; a Practical Method to Correct Your Birth Time*, Ricerca '90, 2011, 156 pages.

- **Ciro Discepolo**, *Solar and Lunar Returns; many exercises*, Ricerca '90, 2011, 154 pages.

- **Ciro Discepolo**, *Astrologie Active: Voilà ce que vous devez faire si vous ne pouvez pas effectuer votre anniversaire ciblé*, Ricerca '90,

2011, 192 pages.

- **Ciro Discepolo and Andrea Rossetti**, *Astro&Geography; choose the best place on Earth to live with success or love or money or health...*, Ricerca '90, 2011, 138 pages.

- **Ciro Discepolo**, *The New Guide to Astrology; casting, analysing and reading the birth chart*, Vol. 1, Ricerca '90, 2011, 426 pages.

- **Ciro Discepolo**, *The New Guide to Astrology; casting, analysing and reading the birth chart*, Vol. 2, Ricerca '90, 2011, 502 pages.

- **Ciro Discepolo and Luciano Drusetta**, *Relocating Solar Returns; the Importance of Being There*, Ricerca '90, 2011, 136 pages.

- **Ciro Discepolo**, *Solar Returns; Interpreting Solar Returns: Predictions*, Ricerca '90, 2011, 228 pages.

- **Ciro Discepolo**, *The Fundaments of Medical Astrology; the grounds for understanding the pathological tendencies of an individual by reading the stars*, Ricerca '90, 2011, 238 pages.

- **Ciro Discepolo and Danila Madau Perra**, *Evaluate Your Synastry; how to enhance the prospect of a stable and fulfilling relationship*, Ricerca '90, 2012, 160 pages.

- **Ciro Discepolo**, *The Reading of the Natal Chart; the secrets of interpreting the Natal Chart illustrated with simplicity and clarity*, Ricerca '90, 2012, 402 pages.

Компендиум

Глава 31
Краткое предисловие к Компендиуму

В этом кратком компендиуме я задался целью пробудить интерес Читателя к некоторым культурным вопросам, которые могли бы подтолкнуть к более углублённому рассмотрению различных тем этой книги, но в основном двух из них: экзорцизации символов и Целенаправленной Солнечной Революции. Для этого я предложил некоторые связи, в первую очередь, с психоанализом, и преднамеренно не с теориями Юнга, что видится само собой разумеющимся в актуальном контексте книги, а с психоанализом Фрейда и с трансакционным анализом.

Я постарался привести серьёзные доводы в пользу понятия бегства, как одной из ценностей нашей жизни, а не мнимого отрицательного качества, каким его представляют отчаянно трезвомыслящие позитивисты. На самом деле, многие считают, что человек должен всегда встречаться лицом к лицу с коварными препятствиями и трудностями жизни, чтобы преодолевать их силой своего сознания и собственной силой воли. Но по какой причине? Психоанализ же, напротив, показывает нам, что механизмы бегства имеют существенное значение в жизни человека, и об этом ведётся речь в следующем ниже кратком параграфе, в связи с книгой Анны Фрейд о механизмах психологической защиты человека.

Бегство, как я считаю, не должно быть синонимом трусости, но в ситуации «войны» должно обладать тем же достоинством, что и понятие «атаки».

В природе, и прежде всего в животном мире, разговор о бегстве составляет одно единое с рассуждениями о феномене хищничества: существуют животные, которые преследуют, и животные, в свою очередь, преследуемые. И неужели тот, кто критикует мое мировоззрение (*Weltanschauung*), считает, что газель, вместо того чтобы убегать, должна развернуться лицом к лицу ко льву и вступить с ним в схватку?

Благодарю от всей души проф. Антонио Сперанца за помощь, которую он оказал мне своими советами при написании этого краткого приложения к книге.

Глава 32
Психоанализ и бегство

Совершенно очевидно, что изначально бегство проявляется на психологическом уровне, и лишь потом осуществляется в виде подлинного действия человека, животного или насекомого. Следовательно, наиболее квалифицированными специалистами, занимающимися этим явлением, в попытке исследования его атавистических корней, являются психологи, и одна книга, как мне кажется, особенно тщательно проанализировала эти механизмы. Речь идет о книге Анны Фрейд, дочери великого Зигмунда, «Психология Я и защитные механизмы», которую мне довелось прочитать в итальянском издании G. Martinelli & C., Firenze.

В предисловии к итальянскому изданию этой книги Исидор Толентино пишет: «Психическая защита человека может быть направлена не только против опасностей, исходящих изнутри, что является утвержденным и уже повсеместно признанным тезисом психоаналитического учения Зигмунда Фрейда, но также может проявляться в виде побега от боли и опасностей, исходящих от реального мира. Анна Фрейд описывает три механизма, преследующих эту цель: отрицание в фантазии, отрицание в слове и действии, и в защитном ограничении функций Я, что представляет собой оригинальный вклад ее изысканий в развитие психоаналитической мысли».

Но прежде чем вести речь о побеге от боли, интериоризированном в психическом смысле, скажу о том, что природа предлагает нам механизмы побега, которые не только совершенно корректны в этическом плане, но и обязательны. Подумайте о том, как человек отдергивает руку от такого источника опасно высокой температуры, как огонь, или же как он ограждает ребенка от опасности, которой тот еще не осознает. Так же как было бы совершенно неразумно протягивать руку к ядовитой змее, настолько же глупо будет и подставлять свою голову под удары разбушевавшегося безумца, вне зависимости оттого, по какой причине он бьет нас палкой.

С психической и психоаналитической точки зрения, можно сказать, что механизм побега и защиты является менее ярким и броским, чем случай с отдергиваемой от огня рукой. Анна Фрейд в цитируемой книге по этому поводу даже говорит, что: «...Все защитные меры Я против Оно срабатывают тихо и незаметно. Самое большое, что мы можем сделать, – это ретроспективно реконструировать их; мы никогда не можем видеть их в действии». Интересен приведенный Анной пример, объясняющий это явление, как девочка, которая завидовала отцовскому пенису и в своих фантазиях хотела укусить родительский мужской орган, из-за невозможности сознательно принять подобные фантазии, выработала невроз, при котором испытывала отвращение к еде, и даже чувствовала позывы к рвоте при принужденном приеме пищи.

Естественно, что эти «побеги» совершенно скрыты от сознания, и склонны избегать даже самого психоаналитического процесса: «... Пациент нарушает основное правило анализа, или, как мы говорим, обнаруживает «сопротивление». Это значит, что вторжение Оно в Я уступило место контратаке Я против Оно».

В лагере сторонников Юнга ситуация не столь отлична, и я не собираюсь здесь вдаваться в подробности концептуальных различий между Оно как душа, и Оно как бессознательное. Один пример можно найти в фильме Федерико Феллини «8½». Режиссер из Римини снимал его после других восьми и одного эпизода в фильме, снятом группой нескольких режиссеров. Но прежде всего, эта полнометражная картина родилась после сеансов глубинного психоанализа, пройденного Феллини в Риме с доктором Джанфранко Тедески. В фильме «8½» рассказывается история режиссера Гуидо, который, вероятно опасаясь внедрения Я и Сверх-Я в сферу своего внутреннего мира, хочет сбежать от реальности, намереваясь снять фильм, в котором показывается молодая женщина, одетая во все белое и с распущенными длинными волосами, которая бежит мимо фонтанов с чистыми минеральными водами в термальной лечебнице (девушка, чистая вода, фонтаны, термы – все это символы «anima», то есть *души*). Но рядом с режиссером возникает мрачная поучающая фигура кинокритика, некоего Думьера, который подстрекает его, говоря: «Ну что ты такое задумал? Это сцена не имеет никакого смысла. Ты должен рассказывать реальную историю, с началом, серединой и концом...». Читатель должно быть понял, что Думьер – это не что иное, как Сверх-Я режиссера Гуидо. И как разрешает Феллини эту дуэль между Думьером и Гуидо, проходящую через весь фильм? Он убивает кинокритика и, таким образом, позволяет режиссеру высвободить силы его души (финальная сцена с клоунами и оркестром, бурно играющим музыку Нино Рота – это ничто другое, как сцена высвобождения внутренних голосов художника...).

Анна Фрейд различает различные типы защиты: парапраксия в форме обмолвок и забывания, перенос либидозных тенденций, перенос защиты, действие в переносе, и так далее. По ее мнению, побег выражается главным образом в виде сопротивления во время анализа: «Таким образом, мы не можем сказать, что всякое сопротивление есть результат защитных действий со стороны Я. Но каждая такая защита против Оно, воздвигаемая в ходе анализа, может быть обнаружена лишь в форме сопротивления работе аналитика».

Также и Вильгельм Райх в своих трудах описывает «телесные характеристики, такие, как скованность и напряженность, такие особенности, как постоянная улыбка, высокомерное, ироничное и дерзкое поведение, – все это остатки очень сильных защитных процессов в прошлом, которые оторвались от своих исходных ситуаций (конфликтов с инстинктами или аффектами) и превратились в постоянные черты характера, «*броню характера*» (как говорит Райх, Character-panzerung).»

Дочь Фрейда далее пишет: «Термин «защита», которым я так свободно пользовалась в предыдущих трех главах, является самым первым отражением динамической позиции в психоаналитической теории. Он впервые появился в 1894 г. в работе Фрейда *Защитные нейропсихозы*».

Знаменитая психоаналитик завершает свою работу словами: «В этой книге я попыталась классифицировать различные защитные механизмы в соответствии с конкретными провоцирующими тревожность ситуациями, вызывающими их к действию, и проиллюстрировала это рядом клинических случаев. С ростом нашего знания о бессознательной активности *Я*, по-видимому, станет возможной более точная классификация. Еще остается много неясного относительно исторической связи между типичными переживаниями в индивидуальном развитии и выработкой конкретных типов защиты...».

Мне бы хотелось закончить эту главу тремя практическими примерами. Первый касается меня лично. В двадцатилетнем возрасте я начал мой первый глубинный анализ с одним психоаналитиком школы Юнга. Меня подтолкнула к этому одна проблема, переживаемая тогда очень остро, и которая разрешилась в очень краткие сроки. Но несмотря на это я продолжал анализ ради собственного интеллектуального обогащения. В те времена я очень страдал от клаустрофобии, до такой степени, что как только закрывались, например, двери трамвая, я начинал испытывать безудержную тревогу на грани потери сознания. «Чего вы боитесь?», – спросил меня психоаналитик, и я, анализируя проблему словно под лупой, ответил, что именно страх потерять сознание, и выглядеть нелепо в глазах других людей, приводил меня в это состояние чрезвычайно повышенной тревожности и беспокойства. Тогда мой психоаналитик посоветовал мне следующее: « Как только вы войдете в вагон трамвая, еще до того, как закроются двери, предупредите всех пассажиров, что через несколько секунд вы упадете в обморок». Так я и сделал, и с тех пор никогда больше не терял сознание.

Теперь перейдем к анализу двух астрологических случаев. Субъект А, один неаполитанский предприниматель, который уже очень давно не приходит навестить меня, и я подозреваю, что он просто умер. Когда в свое время он приходил ко мне, наши консультации не длились более пятнадцати минут, потому что он почти все время молчал. Говорил мне «здравствуйте» по приходу, и «до свидания» уходя, и ни слова больше. Я спрашивал, что с ним произошло в какой-то определенный год, который мне виделся особенно трагичным для него, но он всегда уходил от ответа. Вдруг однажды, вероятно с целью наградить меня за успешные интерпретации, он признался, что в тот самый год у него украли семь миллиардов лир (около 3,5 млн. Евро сегодня), и он не подал в суд на мошенников, поскольку эти деньги не были задекларированы в налоговой инспекции. В его натальной карте выделяются сильные значения Сатурна (на Асценденте) и знака Девы. То есть явная тенденция к закрытию, которая подчеркивается и естественной скрытностью знака Скорпиона. Страх, вероятно связанный с фобиями аспекта полутораквадрата Плутон-Солнце, завершает всю картину.

Субъект Б, в свою очередь, за все долгие годы консультаций со мной, также в общем не произнес и десятка слов. Наши встречи всегда длятся недолго, потому что мы здороваемся, потом говорю только я, а он лишь делает вид, что не слышит моих вопросов, потом мы прощаемся, и он уходит. В его натальной карте заметны сильные значения Козерога и Девы, а также Лунная доминанта, которая, по всей вероятности, и определяет его боязнь слишком открыться.

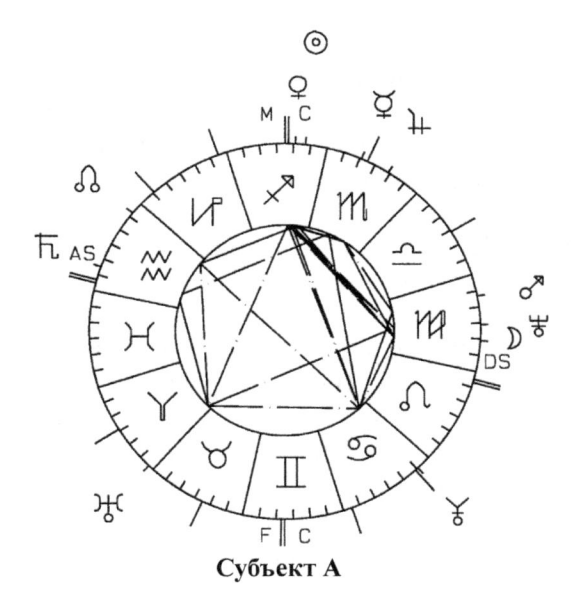

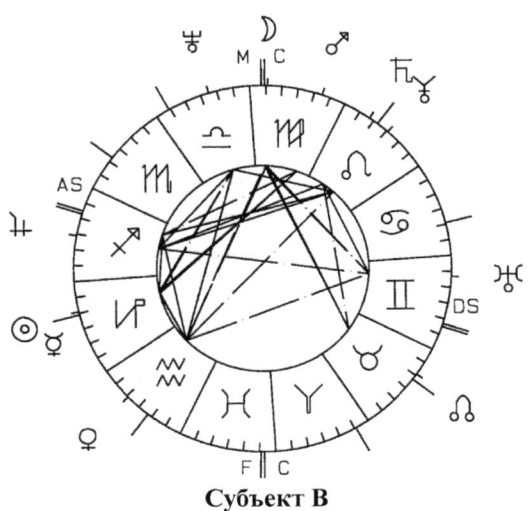

Субъект A

Субъект B

Глава 33
Ссылки на трансакционный анализ

В трансакционном анализе предлагается особая схема прочтения Я-состояний и последующих взаимодействий, которые могут возникать между этими состояниями, в двух и более индивидуумах. Начнем с начала и посмотрим, как нас может заинтересовать это в связи с *Активной Астрологией*. Обратимся к книге Эрика Берна «Люди, которые играют в игры». В ней, кратко говоря, теоретически обосновывается, что структура Я не есть нечто единое и нераздельное, в отличие от трактовок других психоаналитических теорий, но имеет вертикальную структуру, состоящую из трех уровней. Прочитаем в книге то, что соответствует приведенному здесь рисунку: «На рисунке 1 А представлена полная диаграмма личности, включая все, что чувствует и говорит человек, о чем он думает и что делает. (В упрощенной форме эта диаграмма показана на рисунке 1 Б.) Более тщательный анализ не открывает новые состояния Я, а только подразделяет первичные. Так, подобный тщательный анализ раскрывает в каждом случае два компонента Родительского Я: одно, исходящее от отца, другое – от матери; в состоянии Ребенка также раскрываются компоненты Родителя, Взрослого и Ребенка, которые уже были налицо, когда формировался Ребенок, что можно подтвердить, наблюдая за реальными детьми. Этот вторичный, более углубленный анализ представлен на рисунке 1 В. Различение одного устойчивого рисунка чувств и поведения от другого в состояниях Я называется *структурным анализом*».

Трансакционный анализ стремится обнаружить ошибочные образы действий Я по отношению к окружающим, и особенно внутри семьи, где часто и происходят *драмы*: «...Еще один хороший способ выявить основной сюжет и главные ответвления его в сценарии человека – спросить: "Если бы ваша семейная жизнь была представлена на сцене, какая бы это была пьеса?" Прототипом большинства семейных драм нередко считают древнегреческие трагедии об Эдипе и Электре: юноша соперничает с отцом за мать, а девушка желает получить своего отца. Но анализирующему сценарий необходимо также знать, к чему стремятся родители, которых для удобства называют Пидэ и Арткелэ. Пидэ – это Эдип задом наперед, он выражает открытое или скрытое половое влечение матери к сыну, а Арткелэ – прочитанная справа налево Электра, символ отцовских чувств к девушке. Внимательное изучение ситуации почти всегда позволяет вскрыть транзакции, которые доказывают, что это не просто воображаемые чувства, хотя родители обычно пытаются их скрыть за игрой в "Скандал". Обеспокоенный родитель пытается скрыть половое влечение своего Ребенка к собственному потомку и начинает придираться к нему. Но в отдельных случаях, несмотря на все попытки их скрыть, эти чувства просачиваются наружу. В сущности, самые счастливые родители те, кто открыто восхищается привлекательностью своих детей».

Следовательно, как можно было убедиться, психология трансакционного направления тоже предусматривает констелляцию символа, его выпускание наружу. На самом деле, трансакционный аналитик предлагает своим пациентам проиграть на воображаемой сцене собственные внутренние драмы. Пациент каждый раз должен будет изменить голос, снова стать ребенком, быть плаксивым или авторитарным и так далее. Таким образом, этот тип анализа предполагает воспроизведение, изображение, разрядку сил, которые давят изнутри. Как и в случае психолога-психиатра Джанфранко Тедески, здесь также переживается символ, даже если несколько иным образом.

Среди астрологов есть один мой коллега и друг, Паоло Гримальди, который, будучи также психологом с основной трансакционной специализацией, приглашает своих пациентов-консультируемых представлять, как на театральной сцене, свою натальную карту.

Я умышленно затронул область, от которой далек, чтобы продемонстрировать, что мое толкование экзорцизации символов не сводится лишь к психологии Юнга, но может рассматриваться гораздо шире.

Структурная
диаграмма
личности
А

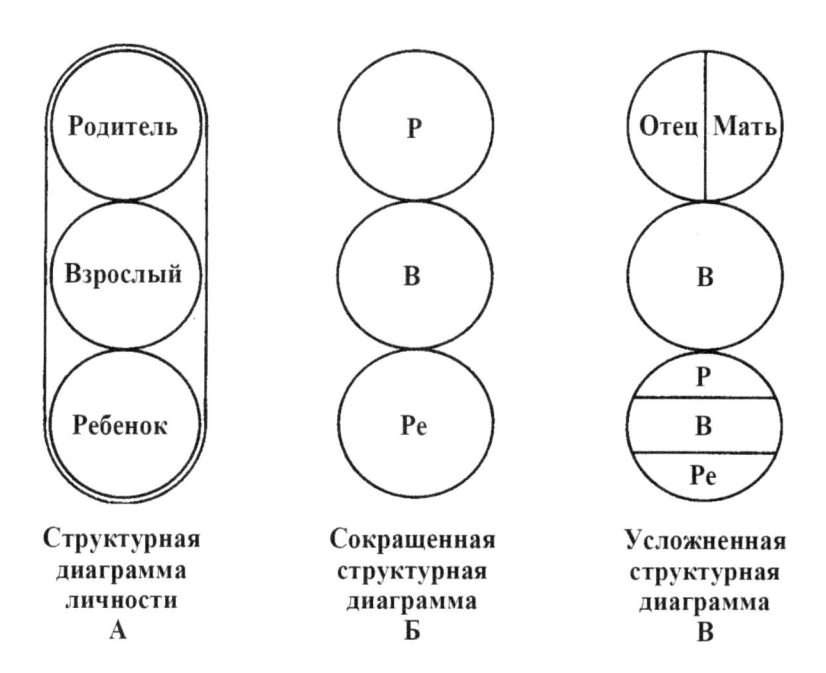

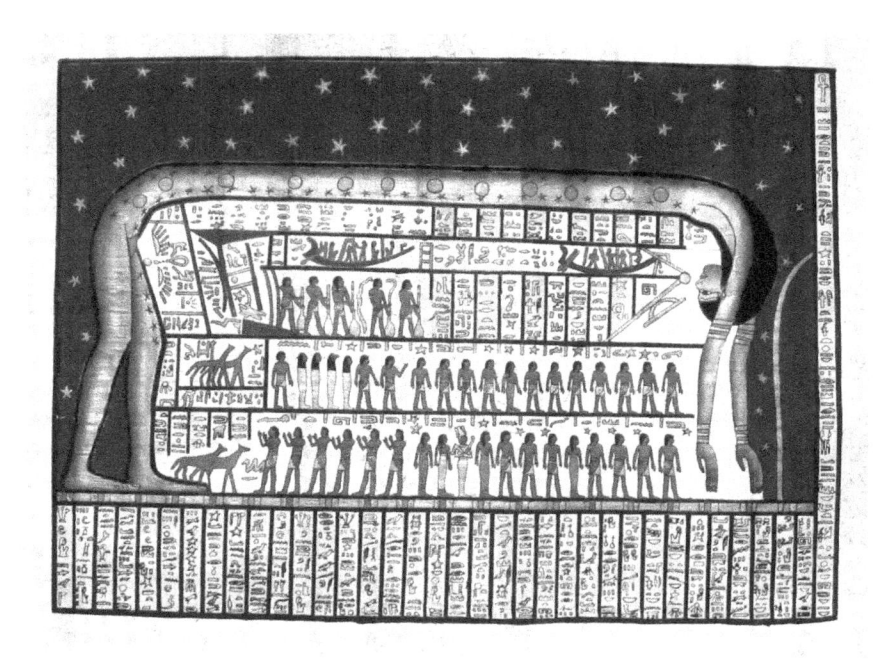

Сокращенная
структурная
диаграмма
Б

Усложненная
структурная
диаграмма
В

Глава 34
Некоторые связи с мифологией

В мировой литературе всех времен, и также в фантазийном жанре, *путешествие* обычно ассоциируется с позитивными символами, с возрождением, с поиском самого себя (как в романе «*Чай в пустыне*» Пол Боулза), веры (как в фильме Луиса Буньюэля «*Млечный путь*»), или своей дражайшей половины, как в «*Одиссее*» Гомера. Здесь мы можем найти древнейшие корни позитивной символики, связанной с *Целенаправленными Солнечными Революциями*.

В этой книге мне бы не хотелось делать пространные отступления в виде путешествий в материи, мне не принадлежащие, поэтому здесь вы найдете лишь кратко обозначенные базовые концепции этого вопроса, а за более глубоким ознакомлением с ним я посоветую вам обратиться к изумительной книге Карла Кереньи «Боги Греции», например.

Здесь же я приведу цитату из итальянской энциклопедии Treccani о *Гермесе*, которая дает представление о сути общей тематики, составляющей предмет этой книги.

«...Гермес также является античным покровителем дорог, и не менее антично поклонение ему в именно в такой его ипостаси, в качестве божества постоянно присутствующего и активного там, где люди действуют и передвигаются. Особенно заметно, в отношении этого, присутствие культа этого божества на дорогах и на перекрестках, в виде груд из камней и четырехугольных пилястров, увенчанных изображениями его головы. И с этой точки зрения Гермес всегда считается божеством благотворным и вездесущим, покровительствующим торговым путям и активным человеческим деяниям, связанным с передвижением, поэтому все путешествующие, а также охотники и солдаты, обращаются к нему, как к богу, дарующему счастье, успех и удачу. (Именно в этой фразе, как и во многих других мифологических эпизодах, подчеркивается связь между путешествиями, переменой мест и удачей, и счастьем вообще, – *прим. автора*). К этому его значению добавляются эпитеты, данные ему античной эпикой, что он дарует удачные и счастливые случаи получения денег тем, кто умеет действовать хитро, а значит и удачные заработки воров включительно.

Характер бога защитника…».

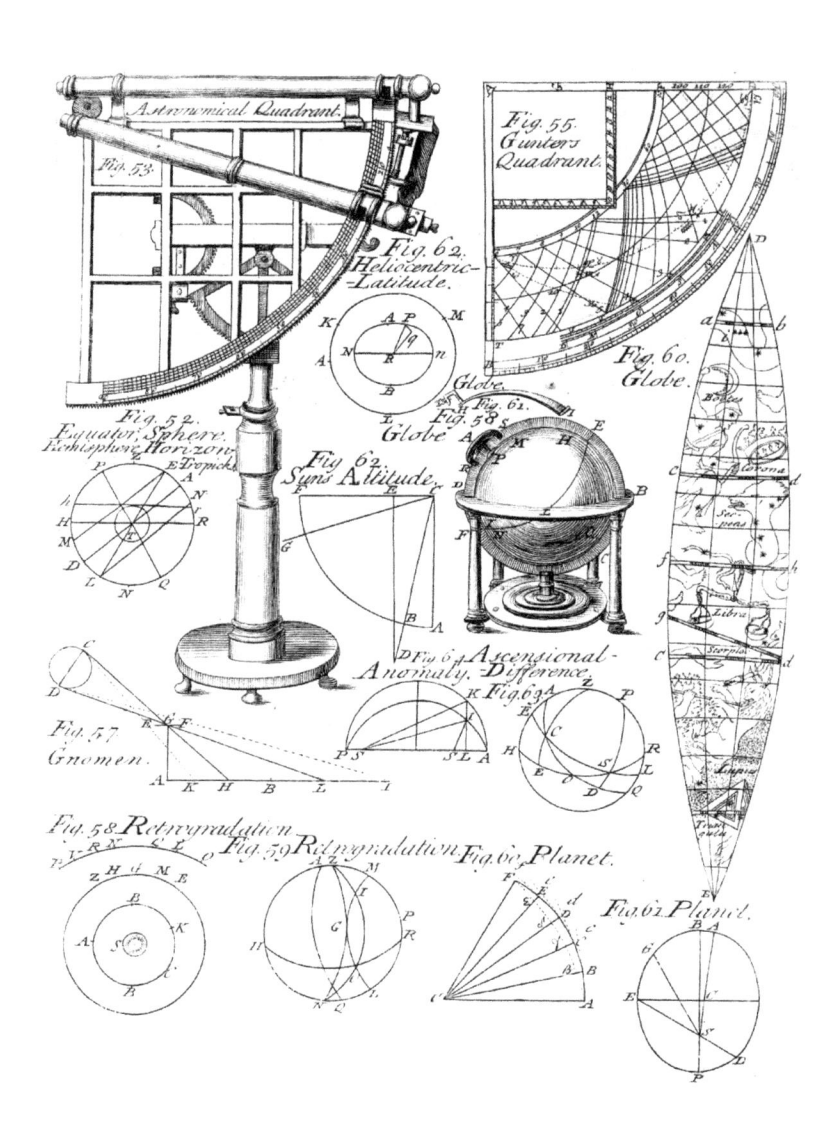

Глава 35
Некоторые связи с религией античного Рима

Мы уже увидели, как обстояли дела с *экзорцизацией символов* в Древней Греции, а сейчас посмотрим, что происходило в другой античной культуре, более нам близкой. Я говорю об эпохе Римской Империи. И эта тема на самом деле очень непростая, поскольку, несмотря на то, что думают многие, археологических свидетельств религиозных обрядов сохранилось не так уж много. Разъяснить ситуацию может труд Джона Шейда «Римская религия», достаточно сложный в изложении.

Здесь мы находим два интересных примера, касающихся обсуждаемых нами вопросов:

«...Другой пример поможет внести ясность в наши наблюдения. Мы найдем его в документе о нанесении ущерба сакральному объекту, как пример осквернения святилища, или же похищения священного предмета (так называемый *sacrilegium*). Знаменит факт надругательства над святыней неким Племиниусом, легатом Сципиона, который после взятия войсками города Локри в 204 г., подвергнул его разорению и осквернил храмы, особенно сокровища из святилища Прозерпины. Оскорбленные жители Локри отправили делегацию в римский Сенат с жалобой о предумышленном преступлении, и сенаторы, раздраженные такими действиями воинов Племиниуса и его командующего Сципиона, спрашивают совета у верховного жреца о принятии должных религиозных мер, во искупление святотатства отправляют на место комиссию, которая на месте расследует действия Племиниуса и Сципиона. Комиссия возвратила городу украденные ценности, удвоив их стоимость, и предложив городу положенные в таких случаях очистительные жертвоприношения (*экзорцизация символов*, – прим. автора). Потом арестовывает Племиниуса...»

Второй пример следующий: «В 173 году цензор, он же

понтифик, Квинт Фульвий Флакк разорил храм Юноны в Кротоне, вывезя из него мраморные плиты, чтобы покрыть ими храм Конной Фортуны, который он строил в Риме. Это вызвало неподдельное возмущение в городе, Цензор был сурово осужден Сенатом, не только за осквернение храма, но прежде всего за то, что обрек на неизбежное разрушение святыню, которую он в качестве цензора должен был, наоборот, беречь и охранять. Фульвий таким образом был обвинен в своего рода «*должностном преступлении*», которое состояло в вовлечении в святотатство всего *римского народа*: 'Именно это действие, которое уже казалось бы невероятным, если бы было совершено против частного жилища, но он совершил его против храма бессмертных богов, и для постройки одного храма разрушил другие'.

В то же время, сенат приказал вернуть оскверненному храму украденные плиты и принести в дар Юноне *piacula* (*экзорцизация символов, – прим. автора*), и все это, естественно, именем римского народа, невольно вовлеченного в осквернение».

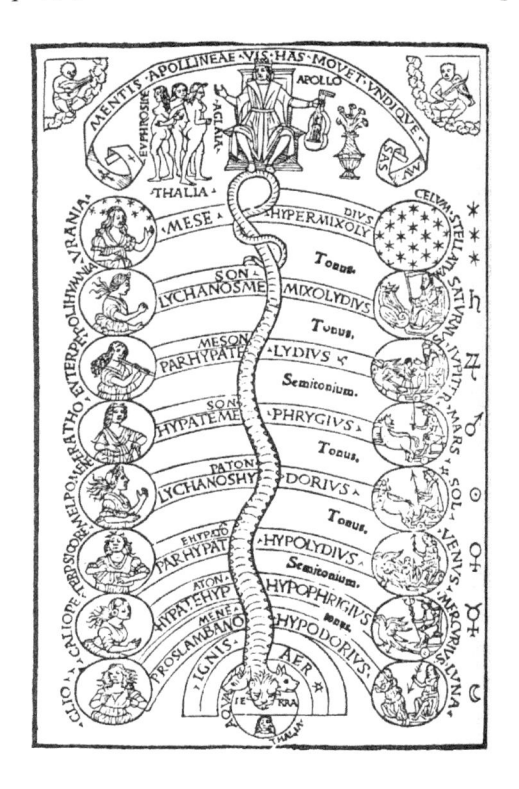

Глава 36
Активная Астрология и Магия

Некоторые суровые критики считают, что техники, описанные в этой книге и лежащие в основе Активной Астрологии, относятся к магическим. Не знаю, есть ли необходимость рассматривать с этой точки зрения весь культурный фон, *background* моих исследований, и есть ли потребность искать эпистемологическиеистоки, которые могли бы обосновать применяемую мной технику. Но, в общем и целом, я задаюсь вопросом, а так ли уж важно установить, имеет ли всё это отношение к магии, или нет.

Прежде всего, попробуем определить, что собственно подразумевается под магией. Вот какое определение дает нам энциклопедия Encarta Microsoft:

Магия. *Практика, которая полагает, что может влиять на ход событий, претендует на получение знаний с помощью сверхъестественных средств, связана с алхимией, оккультизмом, спиритизмом, с суевериями и колдовством. Термин происходит от названия античных персидских магов, чьим занятием было священное служение, включающее связь с оккультными силами. Магические верования и практики существовали в большей части культур, и во многих она остается в разных формах, среди которых предсказание будущего, общение с мертвыми, астрология, вера в магию счастливых цифр и в сглазы.*

В менее развитых обществах магия лежит в основе любого знания или медицинской, или научной практики, но с другой стороны и современные химия и физика, и, частично, астрономия берут свои начала в традициях, которые первоначально являлись магическими, таких как средневековая алхимия и астрология.

Магия может быть благотворной и губительной: белая магия используется для излечения или для того, чтобы защититься от влияния черной магии; к черной же обращаются, чтобы ради своей выгоды нанести вред другому лицу, или даже чтобы его убить.

Магические практики могут быть объединены в четыре категории. В так называемой «симпатетической» магии результат достигается путем символического воспроизведения желаемого события и использования соответствующих предметов. Например, противника можно погубить, упоминая его имя в магической формуле, сжигая его волосы или обрезки ногтей, или прокалывая его изображение. Подобным образом, получить силы или возможности какого-либо животного можно путем изготовления из его останков неких орудий, или поедая его. На этом, по мнению некоторых, основан каннибализм.

При предвидении событий тайные знания получают благодаря пророчествам (интерпретации чудесных явлений, предзнаменований), выбору по жребию, астрологии (интерпретация позиций и соединений небесных тел), толкованию произносимого медиумами, оракулами, людьми в трансе. Алхимия и колдовство – это формы чудотворства, третья категория магических практик или способностей творить чудеса. Четвертая форма магии – это колдовство, при котором эффект достигается путем повторения волшебных формул или стихов с именами сверхъестественных существ или людей, во благо или во вред которых нацелен обряд. Обычно, магические ритуалы представляют собой смесь из этих различных форм». («Магия», Enciclopedia® Microsoft® Incarta © 1993 – 1997 Microsoft Corporation.)

Возможно, следуя подобным критериям, мы должны считать магической всю школу психоаналитической мысли Юнга. Но разве это может ее дискредитировать? Я считаю, что нет. Если магия означает манипулирование символами в целях изменения реальности и судьбы человека, то тогда то, чем мы занимаемся – это магия. Но магией будет также и эффект плацебо, который провоцирует врач у пациента, успокаивая его, и тем самым активно вмешиваясь в процесс его выздоровления. Если мы выполняем *магические* действия, и это помогает улучшить качество жизни людей, то почему бы не использовать эту технику? Скорее, мы должны задаться вопросом, работает ли эта магия? И если да, то давайте будем ей пользоваться, если же нет – то стоит от нее отказаться.

На эту тему, чтобы антропологически углубиться в вероятные древнейшие связи с моей практикой, приведу вам отрывок из книги *«Юг Италии и магия»* Эрнесто Де Марсино, изд. Feltrinelli:

«Тема колдовства в виде сглаза или зависти возвращается в связи со свадебным ритуалом и с первой брачной ночью. Чтобы избежать вредоносных чар, которые могут угрожать новобрачным, в Виджано и Савойе свадебный кортеж не должен проезжать по одной и той же дороге в церковь и обратно. В Колобраро и в Марсико Ветере новобрачные должны перепрыгнуть через порог церкви, иначе они могут стать жертвой колдовского сглаза, поскольку в порог может быть спрятан какой либо злокозненный заговоренный предмет. В том же Колобраро новобрачные не должны трогать воду в кропильнице (обычный ритуал при входе в католическую церковь), так как там предварительно злоумышленник мог растворить какой-нибудь колдовской порошок, под воздействием которого может возникнуть половая слабость у молодожена. Во время свадебной мессы, в зависимости от читаемого Евангелия, для пары предвещается будущее: для брачующихся считается самым благотворным Евангелия от Св. Иоанна, немного менее хорошим – от Св. Марка или Св. Матфея, в то время как чтение Евангелия от Св. Луки произвело бы настоящую панику среди гостей. Часто гости в конце мессы окружают священника и озабоченно спрашивают, какое Евангелие сегодня «выпало» читать, и тот, зная суеверие своих прихожан, успокаивает их: «Св. Иоанна!»...

Глава 37
Хищничество

«Хищничеством может считаться взаимодействие, имеющее место, когда один организм убивает другой в целях собственного пропитания... Более широким определением, включающим также две формы названных межвидовых отношений, является такое, которое рассматривает хищничество в качестве процесса, когда особь одного биологического вида питается особью другого вида. Качеством, являющимся общим для этих определений, является отсутствие симметрии в отношениях между двумя существами, хищником и его жертвой, из которых только первый получает полное преимущество. Это контрастирует с другими типами межвидовых связей, такими как соперничество и мутуализм (взаимопомощь), в которых разные виды одинаково заинтересованы в результате отношений, как в позитивном, так и в негативном» (Данило Маинарди, *Словарь по этологии*, изд. Einaudi, 1992).

Говорить о хищничестве мне кажется важным в данном контексте, в котором с моей стороны нет желания изображать планеты в качестве вампиров по отношению к человеку, или представлять себе, что планеты (или Бог?) непосредственно поражают нас сверху. Однако таким же образом нельзя допускать видение диалектики отношений Небо-Человек, как анархичной и/или ничего не значащей. Человек может становиться как целью «симпатий» планетарного транзита, так и избранной мишенью для ударов. На этих страницах я не собираюсь утверждать превосходство одной реальности над другой, но всего лишь хотел бы проанализировать, с точки зрения Активной Астрологии, подневольные отношения, которые могут связывать человека с возвышающимся над ним небесным сводом. Понятие хищничества не может рассматриваться отдельно от понятия бегства, и пишущий эти строки намерен доказать, или хотя бы подчеркнуть, что в природе бегство не является негативным элементом, но вполне заслуживающей уважения реальностью, и что оба понятия имеют равное достоинство, что выражается, например, в инстинкте самосохранения, заставляющем одни виды животных пожирать другие.

«Несмотря на то, что хищничество обычно происходит между особями разных видов, оно также может происходить и внутри одного и того же вида, и в таком случае называется каннибализмом. Эта форма хищничества крайне распространена среди беспозвоночных, а также среди хищных видов рыб. Среди рептилий каннибализм встречается у некоторых видов крокодилов, например «крокодил Нила» (*Crocodilus niloticus*): в этом виде самки должны защищать участок берега вблизи собственного гнезда для сохранения яиц и детенышей в первые месяцы их жизни...» (*там же*).

Природа помогает как хищнику, так и его жертве, оттачивая когти первого и улучшая способность к бегству у второй. Читаем дальше в словаре Маинарди: «Взаимодействие между видами хищников и жертв вызывает их эволюционное развитие, вследствие которого происходит натуральный отбор и развитие способов приспособляемости с целях соответственного усовершенствования эффективности способов нападения у хищников и способов защиты у жертв. Эта ситуация создает очень ярко проявленную морфологическую адаптацию и у хищников, и у жертв. Некоторым примером этого могут быть перья ночных птиц, структура которых позволяет филинам и совам приближать к жертве в практически бесшумном полете; или же шипы, имеющиеся на нижних конечностях ястреба-рыболова (*Pandion haliaetus*), позволяющие этой хищной рыбоядной птице лучше удерживать такие скользкие жертвы, как рыба. Со своей стороны, жертвы прошли соответствующую эволюцию: у копытных, являющихся типичными жертвами хищников, можно наблюдать исключительно развитые конечности, а у жвачных животных выработался двухступенчатый тип пищеварения, позволяющий им сокращать до минимума время, в которое они подвергают себя опасности нападения хищников».

В бесконечной погоне каждый вид животных приспосабливается к своей «противоположности», то есть «защитное поведение жертвы адаптируется к разным типам хищников» (там же).

Рассмотрим два примера хищников: гепард и паук. Первый (*Acinonyx jubatus*), по описанию в «*Большой книге о животных*» Джорджио Панини, изд. Mondadori, «является самым быстрым млекопитающим в мире, который на короткой дистанции может развивать скорость в 113 км в час. Его любимой жертвой является антилопа, но не гнушается он и зайцами, грызунами и птицами. Не имея мощных клыков, он убивает животных, перекусывая им горло, раздирая живот, и начинает пожирать внутренности».

Что касается пауков, то я советую прочитать восхитительную книгу «*Тайная жизнь пауков*» Миреллы Дельфини, изд. Franco Muzzio. В ней автор приводит воображаемую беседу, которую паук ведет с ней и читателем. «Паутина для паука очень важна, как ты знаешь. Для нас это и убежище, и работа, и средство для охоты, альков для интимных свиданий, и орудие смерти. Но иногда, глядя против света, это и чудо чистой красоты: прозрачный пример такого места, где приносить в жертву становится не столько обязанностью в целях выживания, сколько гимном гармонии вселенной... Если сравнить с теми, кто ее выткал, то паутина кажется необъятной, но для ее создания требуется не более часа, и когда она готова, ее создатель наслаждается отдыхом, пока в воздухе не возникнет пища, которая немедленно начинает биться и кричать беззвучно, по крайней мере для моих ушей».

И Мирелла Дельфини продолжает свой впечатляющий рассказ, уже от своего имени: «Те, кто меня особенно забавляют, это *Mastophora*, которые плетут сети, смачивая их липучей жидкостью, подвешивают тяжелую каплю этого густого клея и забрасывают ее на свою несчастную жертву, как индейцы лассо. Но, может быть, это индейцы научились у пауков. С другой стороны, количество изобретений, которые мы украли у природы, бесчисленно. Я читала, что пауки используют это лассо только ночью, специализируясь на ловле ночных бабочек самцов, испуская запах, идентичный запаху бабочек самок...»

Здесь я останавливаюсь, но в природе мы можем найти примеры миллионов существ, которые убегают, и тех, кто их догоняет. Как говорилось в одной популярной рекламе: «Будь ты львом или газелью – все равно беги!»

Сартр говорил, что ад – это другие, и возможно он прав.

Глава 38
Библиография Компендиума

- Autori vari, *Dodici monografie sui segni zodiacali* curati da Serena Foglia, Armenia, pagg. 124.

- Autori vari, *Articoli apparsi sul trimestrale* Ricerca '90 dal 1990 al 1997, Ricerca '90, pagg. 128.

- André Barbault, *Giove&Saturno*, Edizioni Ciro Discepolo, pagg. 214.

- André Barbault, *Dalla psicanalisi all'astrologia*, Morin, pagg. 224.

- André Barbault, *Il pronostico sperimentale in astrologia*, Mursia, pagg. 210.

- André Barbault, *L'astrologia e la previsione dell'avvenire*, Armenia, pagg. 308.

- André Barbault, *Trattato pratico di astrologia*, Morin, pagg. 317.

- Angelo Brunini, *L'avvenire non è un mistero*, edito dall'Autore, pagg. 525.

- Charles E.O. Carter, *The principles of astrology*, The Theosofical Publishing House Ltd, pagg. 188.

- Charles E.O. Carter, *An encyclopaedia of psychological astrology*, The Theosofical Publishing House ltd, pagg. 200.

- Mirella Delfini, *La vita segreta dei ragni*, Franco Muzzio Editore, pagg. 172.

- Ernesto De Martino, *Sud e magia*, Feltrinelli, pagg. 206.

- Thorwald Dethlefsen, *Il destino come scelta*, Edizioni Mediterranee, pagg. 202.

- Ciro Discepolo, *Il sale dell'astrologia*, Capone, pagg. 144.

- Ciro Discepolo, *Esercizi sulle Rivoluzioni solari mirate*, Blue Diamond, pagg. 96.

- Ciro Discepolo, *Astrologia applicata*, Armenia, pagg. 294.

- Ciro Discepolo, *La ricerca dell'ora di nascita*, Ricerca '90, pagg. 64.

- Ciro Discepolo, *Nuova guida all'astrologia*, Armenia, pagg. 817.

- Ciro Discepolo, *Guida ai transiti*, Armenia, pagg. 459.

- Ciro Discepolo, *Effemeridi e Tavole delle Case*, volumi vari, Armenia.

- Ciro Discepolo, *Trattato pratico di Rivoluzioni solari*, Blue Diamond, pagg. 204.

- Ciro Discepolo, *Nuovo dizionario di astrologia*, Armenia, pagg. 392.

- Ciro Discepolo, *Transiti e Rivoluzioni solari*, Armenia, pagg. 500.

- Ciro Discepolo, *Astrologia Attiva*, Edizioni Mediterranee, pagg. 140.

- Reinhold Ebertin, *Cosmobiologia: la nuova astrologia*, C.E.M., pagg. 204.

- Ellenberger, *La scoperta dell'inconscio*, Universale scientifica Boringhieri, volume doppio.

- Anna Freud, *L'Io e i meccanismi di difesa*, G. Martinelli & C., pagg. 192.

- Erich Fromm, *Psicanalisi della società contemporanea*, Edizioni di comunità, pagg. 348.

- Michel Gauquelin, *Il dossier delle influenze cosmiche*, Astrolabio, pagg. 236.

- Henri J. Gouchon, *Dizionario di astrologia*, Armenia, pagg. 872.

- Hadès, *Guide pratique de l'interprétation en astrologie*, Editions Niclaus, pagg. 226.

- R.F.C. Hull e William McGuire, *Jung parla*, Adelphi, pagg. 592.

- Károly Kerényi, *Gli dei della Grecia*, Il Saggiatore, pagg. 254.

- Aniela Jaffé, *Ricordi sogni riflessioni di Carl Gustav Jung*, Il Saggiatore, pagg. 432.

- Carl Gustav Jung, *L'uomo e i suoi simboli*, Edizioni Casini, pagg. 320.

- Carl Gustav Jung, *Mysterium coniunctionis*, Boringhieri, pagg. 288.

- Carl Gustav Jung, *La sincronicità*, Biblioteca Boringhieri, pagg. 124.

- Carl Gustav Jung, *Psicologia della schizofrenia*, Newton Compton Italiana, pagg. 218.

- Carl Gustav Jung, *La dinamica dell'inconscio*, Boringhieri, pagg. 606.

- Carl Gustav Jung, *Opere – volume nono*, Boringhieri, pagg. 314.

- Carl Gustav Jung, *Simboli della trasformazione*, Boringhieri, pagg. 596.

- Carl Gustav Jung, *Tipi psicologici*, Boringhieri, pagg. 612.

- Carl Gustav Jung, *Psicogenesi delle malattie mentali*, Boringhieri, pagg. 322

- Carl Gustav Jung, *Psicologia e alchimia* , pagg. 548.

- Danilo Mainardi, *Dizionario di etologia*, Einaudi, pagg. 868.

- Luciana Marinangeli, *Astrologia indiana*, Edizioni Mediterranee, pagg. 200.

- Lisa Morpurgo, *Il convitato di pietra*, Sperling e Kupfer, pagg. 387.

- Lisa Morpurgo, *Introduzione all'astrologia*, Longanesi, pagg. 373.

- Pietro Orlandini, *L'agopuntura cutanea*, Rizzoli, pagg. 218.

- Giorgio P. Panini, *Il grande libro degli animali*, Mondadori, pagg. 252.

- John Scheid, *La religione a Roma*, Editori Laterza, pagg. 180.

- N. Sementovsky-Kurilo, *Astrologia*, Hoepli, pagg. 887.

Printed in the USA
CPSIA information can be obtained
at www.ICGtesting.com
LVHW010739010224
770365LV00008B/4

9 781494 267186